中期古墳編年を
再考する

中国四国前方後円墳研究会 編

六一書房

序

　このたび、中国四国前方後円墳研究会は『中期古墳編年を再考する』を上梓することになった。先に『前期古墳編年を再考する』を刊行して以来、6年目にあたる。関係の諸氏に感謝したい。

　さて、この研究会は、故近藤義郎先生が主宰した前方後円墳研究会を後継する研究団体の一つで、1995（平成7）年に創設された。以来、新進気鋭の若手の研究者が地域を問わず、それぞれの問題意識をもとに持論を闘わせ、毎年の研究集会で大きな成果を残してきた。私は、この小さな研究会を、山椒は小粒でもピリリと辛い、がよく似合う学会と高く評価している。

　当初は、継続する研究課題を決めずに、年ごとにテーマを設定して検討してきたが、2014（平成26）年から、前方後円墳研究会編年（集成編年）を再考して、その後の研究成果、蓄積された考古資料をもとに中国四国前方後円墳研究会編年（中四研編年）を組み立てることとした。前期古墳については、2014（平成26）年〜2016（平成28）年の3カ年間、様々な素材をもとに詳細に検討し、前述の成果を刊行した。中期古墳については、2017（平成29）年から2022（令和4）年までの6年間をかけて、墳丘、副葬品など多岐にわたる素材を詳細に検討し、中期古墳の編年を巡る諸問題を明らかにしてきた。その成果がこの『中期古墳編年を再考する』である。『前方後円墳集成』の刊行による集成10期編年案の提示から30年ほどを経て、新たな視点を提示しながら組み立てたものである。今後の10年、20年の編年指標となることを期待している。

　私個人としては、中期古墳の始まりと終焉とをどこに設定するのかが一番の関心事であった。特に始まりに関して、中四研編年案V期、VI期あたりでの線引きが最後まで微妙な意見の交錯点となったようである。しかし、豊富な資料の提示とともに、研究者各位の真摯な研究成果が示され、大いに満足できる内容に仕上げていただいたことに感謝している。関係諸氏にお礼申し上げる次第である。今後は2年前から検討が始まっている後期古墳の新編年案の提示が本研究会の最大の課題である。諸賢の関わりを大いに期待しつつ、ひとまず擱筆したい。

　　　　　　　　　　　　　　　　　　　　　　2024年10月　　中国四国前方後円墳研究会
　　　　　　　　　　　　　　　　　　　　　　　　　　　共同代表　古 瀬 清 秀

例　　言

1．本書は、中国四国前方後円墳研究会が開催した、第20回研究集会『中期古墳研究の現状と課題Ⅰ～広域編年と地域編年の齟齬～』（徳島大会）、第23回研究集会『中期古墳研究の現状と課題Ⅳ～副葬品による広域編年再考～』（鳥取大会）、第24回研究集会『中期古墳研究の現状と課題Ⅴ～古墳時代中期の土師器・須恵器をめぐって～』（愛媛大会）、第25回研究集会『中期古墳研究の現状と課題Ⅵ～新編年で読み解く地域の画期と社会変動～』（島根大会）の報告と討論の成果をふまえて作成した研究成果図書である。

2．第20回研究集会は2017（平成26）年11月18・19日にレキシルとくしま（徳島県徳島市）を会場に、第23回研究集会は2020年（令和2）年12月12・13日にオンライン開催、第24回研究集会は2021年（令和3）年11月27・27日にオンライン開催、第25回研究集会は2022年（令和4）年12月3・4日に島根大学松江キャンパス（島根県松江市）を会場に開催（オンライン同時開催）したものである。

3．本書の執筆分担は目次で示すとおりである。執筆者・所属は巻末の一覧に掲げる。

4．本書は、第Ⅰ部 広域編年の検討、第Ⅱ部 土器編年の検討、第Ⅲ部 古墳時代中期の社会と中国四国からなる。

　　第Ⅰ部は第20回研究集会の一部と第23回研究集会の報告内容を統合し、当日の資料集をもとにその後の検討をふまえた〈基調報告〉と〈研究報告〉からなる。なお、〈基調報告〉は研究集会での講演内容を音声記録から書き起こしたものであり、ほかとは文体が異なる。また、第20回研究集会では「帯金式甲冑」の報告は阪口英毅氏が担当されたが、2020年12月15日に逝去された。当会への阪口氏の生前のご尽力に深謝するとともに、あらためて氏のご冥福を心よりお祈り申し上げる。なお、本書の「帯金式甲冑」の担当については中国四国前方後円墳研究会役員のなかで議論をおこない、研究の今日的な到達点を勘案して川畑純氏に執筆をお願いした。

　　第Ⅱ部は当日の資料集をもとにした〈基調報告〉と〈研究報告〉、〈地域報告〉からなる。なお、山陽中部については諸般の事情から、中国四国前方後円墳研究会役員の村田晋が執筆した。

　　第Ⅲ部は当日の資料集をもとにした〈研究報告〉と〈地域報告〉からなる。

5．表記・用語などについては各報告者の意図を尊重し、あえて統一をおこなっていない。

6．カバーデザインは、篠塚明夫氏によるものである。デザインに使用した写真は鳥取県倭文6号墳の各種副葬品であり、鳥取市教育委員会から提供を受けた。

7．本書の企画・編集は、各大会の実行委員の任にあたった栗林誠治（徳島大会担当）・君嶋俊行（鳥取大会担当）・冨田尚夫（愛媛大会担当）の助力を得て、岩本崇（事務局）と吉松優希（島根大会担当）が主担した。企画・編集の過程において、中国四国前方後円墳研究会役員の助言とともに、中国四国前方後円墳研究会共同代表の古瀬清秀・乗岡実から種々の助言・配慮を得た。

目　次

序　　　　………………………………………………………………… 古瀬　清秀　　i

例　言

目　次

趣旨説明

　中期古墳編年を再考する　………………………………………… 岩本　　崇　　1

第Ⅰ部　広域編年の検討

　〈基調報告〉

　　古墳時代中期編年の研究史と課題　……………………………… 和田　晴吾　　7

　〈研究報告〉

　　銅　　鏡　…………………………………………………………… 岩本　　崇　21

　　玉　　類　…………………………………………………………… 米田　克彦　33

　　石製模造品　………………………………………………………… 北山　峰生　45

　　帯金式甲冑　………………………………………………………… 川畑　　純　57

　　札式甲冑　…………………………………………………………… 初村　武寛　69

　　鉄　　鏃　…………………………………………………………… 尾上　元規　81

　　刀剣ヤリ鉾　………………………………………………………… 齊藤　大輔　93

　　馬　　具　…………………………………………………………… 片山健太郎　105

　　金　工　品　………………………………………………………… 土屋　隆史　117

　　農工漁具　…………………………………………………………… 魚津　知克　129

　　埴　　輪　…………………………………………………………… 野﨑　貴博　141

第Ⅱ部　土器編年の検討

　〈基調報告〉

　　西日本地域の古墳時代中期の土器研究と暦年代　……………… 田中　清美　155

　〈研究報告〉

　　畿内地域の中期土師器編年と外来系土器　……………………… 中野　　咲　169

　〈地域報告〉

　　九州北部　…………………………………………………………… 重藤　輝行　181

　　山陰東部　…………………………………………………………… 君嶋　俊行　193

　　山陰中西部　………………………………………………………… 松山　智弘　205

iii

目　次

山陽東部　………………………………………………………　河合　　忍　217

山陽中部　………………………………………………………　村田　　晋　229

山陽西部　………………………………………………………　小林　善也　239

四国南東部　……………………………………………………　田川　　憲　251

四国北東部　……………………………………………………　蔵本　晋司　263

四国北西部　……………………………………………………　三吉　秀充　271

四国南東部　……………………………………………………　宮里　　修　283

第Ⅲ部　古墳時代中期の社会と中国四国

〈研究報告〉

中期古墳の相対編年と暦年代　…………………………………　岩本　　崇　295

古墳時代中期における馬具の暦年代　…………………………　諫早　直人　309

河内政権と中四国　………………………………………………　岸本　直文　323

文献からみた古墳時代中期と東アジア　………………………　田中　史生　335

〈地域報告〉

山陰東部　………………………………………………………　森藤　徳子　347

山陰中西部　……………………………………………………　吉松　優希　357

山陽東部　………………………………………………………　寒川　史也　367

山陽中部　………………………………………………………　村田　　晋　377

山陽西部　………………………………………………………　岡田　裕之　387

四国南東部　……………………………………………………　栗林　誠治　397

四国北東部　……………………………………………………　真鍋　貴匡　405

四国北西部　……………………………………………………　冨田　尚夫　413

四国南東部　……………………………………………………　宮里　　修　421

総　　括

中期古墳編年の到達点と課題・展望　…………………………　岩本　　崇　433

後　　記　…………………………………………………………　岩本　　崇　438

執筆者一覧

iv

〈趣旨説明〉

中期古墳編年を再考する

岩　本　　崇

はじめに

　本書では、古墳時代を通じた古墳編年と時期区分の再構築を目的に、前書『前期古墳編年を再考する』［中国四国前方後円墳研究会（編）2018］をうけて、中期古墳編年の再検討をおこなう。冒頭にあたり、本書の課題意識と意図するところを概括的ながら説明する。

1．中期古墳編年の現状

　中期古墳編年は古墳時代の通時期的な編年研究の一部分としてたびたび検討されてきた。そして近年は、中期を直接的な対象とした時期区分にかかわる重要な論点や分析も示されており［阪口2008、鈴木2014］、中期古墳編年をとりまく研究現状は徐々に変化をとげてきた。

　中期古墳編年の主要成果と位置づけられる編年案としては「和田編年」［和田1987］、「集成編年」［広瀬1991］、「大賀編年」［大賀2002・2013］、「岸本編年」［岸本2011］、「鈴木編年」［鈴木2005・2014・2017］などがある。これらの中期古墳編年案では、前期古墳とは異なって三角縁神獣鏡のような編年基軸となる資料が抽出されず、諸要素の組み合わせのみを時期区分の指標とすることが多い［和田1987、広瀬1991、大賀2002・2013、岸本2011など］。編年を構築するにあたっての考え方や具体的な方法はほとんど提示されていないが、各氏の記述からは埴輪と須恵器の編年に重きを置いた内容であることは明白である。そこには、共通性の高い埴輪と須恵器の広域波及といった古墳時代中期ならではの資料状況が大きく影響をおよぼしており、それは前期古墳編年との端的な相違点でもある。

　そうしたなかでも、武器・武具とりわけ鉄鏃編年を基礎として馬具・金工品・農工具といった副葬品組成の変化を細かく整理し、埴輪や須恵器との対応関係を確認した鈴木一有氏の一連の分析は、細分化された個別品目の成果を総合化した中期古墳編年の現段階における到達点である［鈴木2005・2014・2017］。しかし、鉄製品に編年指標が偏った内容である点には課題が残されている。したがって、鈴木のとった方法をさらに吟味し、いかに深化させるかが今日的な課題といえよう。

2．中期古墳編年の課題

　中期古墳編年の大局は見解の一致をみているが、編年の具体的な方法はなお議論すべき点が多い。そして、そのことが中期古墳の根幹となるような部分での相違点として顕在化していると考える。

　中期古墳編年の根幹にかかわる相違点は、誉田御廟山古墳の時期表現にもっとも明瞭にあらわれている。そして、そこから派生して埴輪・副葬品・須恵器の時期的な対応関係に若干の差が生ずる

結果となっている点は、中期古墳編年の方法にかかわる問題として無視できない。見解の不一致となっている部分を概観しておこう。

　誉田御廟山古墳の埴輪は、窖窯焼成技法の導入が達成された、外面2次調整のB種ヨコハケの完成期の資料である［一瀬2005：128］。須恵器型式との対応は、TK73型式期［田辺1981、上田2003］ないしはTK216型式期［一瀬2005、加藤2008］とする二つの考えがある。TK73型式期説はそもそも、埴輪焼成への窖窯導入と須恵器の出現にタイムラグを想定しない立場からの理解である［川西1978］。ただし、現在はTG232型式期をTK73型式に先行させる理解が有力であり、それをみとめるなら須恵器の出現と埴輪への窖窯導入にはタイムラグを想定することとなる。TK73型式期説ではこのタイムラグについての説明が必要となる。これにたいし、TK216型式期説では誉田御廟山古墳にわずかながらBd種ヨコハケが存在する点をもって［森下・廣瀬2003］、その初現となる可能性を考慮しつつ出土した須恵器がON46型式期とされる大山古墳の埴輪との近似性を重視する［加藤2008］。誉田御廟山古墳の年代観の相違には、埴輪と須恵器にみる製作から消費までのプロセスの違い、出土のあり方などコンテクストの違いが介在しており、それぞれの資料特性の違いが表出した具体例とみるべきであり、この点を念頭においた編年の枠組みが必要であることがわかる。

　さらに問題を複雑かつ根深いものとしているのは、いわゆる「鋲留技法導入期」［阪口2008］を埴輪における窖窯焼成導入と同じ背景で一体性をもつ様式として理解しようとする点である。副葬品と埴輪という異なるコンテクストにある資料群の時期的対応をいかにとらえるべきか、あらためて検討と議論が必要である。さらに、須恵器の出現、鋲留技法の導入、金銅技術の受容、埴輪における窖窯焼成の導入などといった古墳時代中期の技術革新がすべて同じ背景のもとに進行したのかを問い直すことは、「古墳時代中期」の歴史的な評価に直結する重要な論題でもある。近年の中国大陸と韓半島における資料増加と研究深化もふまえるならば、古墳時代中期の技術革新は複雑な社会関係のなかで理解したほうが実態に即しているのではないか。こうした議論を深めるためにも、高解像度かつ高精度な古墳編年が必要となることは論を俟たない。

3．中期古墳編年を再考する

　上記の研究現状と課題意識をふまえ、本書では全体を3部構成として中期古墳編年を再考する。簡単ではあるが、本書の基本的な方針と考え方を説明する。

第Ⅰ部　広域編年の検討

　第Ⅰ部では中期古墳編年を再考する出発点として、各種副葬品および埴輪の編年研究における到達点を確認する。そして、中期古墳編年を整備してゆくうえでの基軸となる資料を選定するためにも、それぞれの資料特性を明らかにし、比較検討の材料を整備する。前期古墳編年の検討では、基軸となる資料の抽出にあたって4つの資料特性に注目した。その資料特性とは、①画一性、②広域性、③一括性、④細分安定性である［中国四国前方後円墳研究会（編）2018、e.g.阪口2017］。こうした資料特性に留意しつつ、古墳時代中期に盛行する各種副葬品ならびに埴輪の編年について理解を深

め、古墳時代中期をどの程度に区分しうるかを確認する。広域編年を構築するに際しての基軸となる資料については、前期古墳編年の検討においても確認したとおり、資料特性のなかでも①画一性と④細分安定性が重視されることになる。この①画一性と④細分安定性は密接な関係にある特性であり、細分が可能かつ同時にそれが時期差に由来することになる後者の特性は、限られた系統として把握される前者の特性によって認識されるものである。第Ⅰ部では、上記した広域編年を構築するうえでの基盤となる情報の整備を目標に掲げることとする。

第Ⅱ部　土器編年の検討

　第Ⅱ部では、考古学における編年研究において基礎をなすといっても過言ではない土器編年をとりあげる。土器は数量的にも卓越した普遍的な考古資料であるが、古墳編年との接合は十分な議論がなされていないように思う。しかし、古墳時代の社会の実相に迫るには、古墳は当然のこととして、集落の実態や動向の把握も不可欠である。副葬品や埴輪によって広域編年を構築しえても、それが集落といった生活域の様相や変化とつきあわせられなければ、時代や社会を動態的に解明することはできない。

　いっぽうで、古墳編年においては須恵器編年がこれまでも大いに活用されてきた。しかし、須恵器は②広域性を備えているようにみえるが、①画一性においては必ずしも条件を満たしているわけではない。すなわち、陶邑だけでなく各地で須恵器が生産されているため、方法論的には製作系統ごとに編年を考えていく必要があるといえる。いうまでもなく土師器には、さらに多数の製作主体の存在が想定されるため、地域ごとの土器編年の検討が求められるであろう。

　こうした問題意識をふまえて、第Ⅱ部では中国四国地方の諸地域での土器編年を検討するとともに、土器から広域的な関係性を考える材料を得るため、近畿や九州の研究現状を確認することとした。そのうえで、各地における土師器編年の分析結果をより広域性の高い須恵器編年と交差させることによって西日本における広域的な土器の様相を把握することを目標とする。

第Ⅲ部　古墳時代中期の社会と中国四国

　第Ⅲ部では副葬品・埴輪・土器の各種編年を交差させつつ、古墳時代中期の総合編年を構築し、編年案の運用と検証を中国四国各地を具体例に実践する。また、中国四国の地域社会に迫るにあたっても、古墳時代中期の時代・社会像を十分にふまえる必要があると考え、東アジア史におけるその位置づけの策定をめざして、暦年代論、倭王墓論、文献史学による倭王権論をとりあげることとした。

　繰り返すが、今日的な研究成果をふまえて中期古墳編年を再構築するうえでは、編年の基軸となる資料の選定が必須である。そのうえで、ほかの副葬品や埴輪、土器の編年をいかに交差させるかの方法論を確認することが第Ⅲ部の重要な目標となる。前期古墳編年を再検討する際にも強調したことであるが［中国四国前方後円墳研究会（編）2018］、本書は古墳時代中期の総合編年の完成版を提示することを目的とはしていない。それよりも、古墳編年と古墳時代編年を両立させ、今後の資料と研究の蓄積によってより高精度かつ安定的な総合編年へと更新しうるようにするためには何が必要であるか、その問題意識と方法を共有することを本書の到達目標として掲げることとする。

趣旨説明

引用文献

一瀬和夫　2005『大王墓と前方後円墳』吉川弘文館

上田　睦　2003「古墳時代中期における円筒埴輪の研究動向と編年」『埴輪論叢』第5号　埴輪検討会　pp.1-32

大賀克彦　2002「凡例　古墳時代の時期区分」『小羽山古墳群』清水町埋蔵文化財調査報告書Ⅴ　清水町教育委員会　pp.1-20

大賀克彦　2013「前期古墳の築造状況とその画期」『前期古墳からみた播磨』第13回播磨考古学研究集会の記録　第13回播磨考古学研究集会実行委員会　pp.61-96

加藤一郎　2008「大山古墳の円筒埴輪－窖窯焼成導入以後における百舌鳥古墳群の円筒埴輪－」『近畿地方における大型古墳群の基礎的研究』平成17年度～平成19年度科学研究費補助金〔基盤研究（A）〕研究成果報告書　奈良大学文学部　pp.491-514

川西宏幸　1978「円筒埴輪総論」『考古学雑誌』第64巻第2号　日本考古学会　pp.1-70

岸本直文　2011「古墳編年と時期区分」『古墳時代史の枠組み』古墳時代の考古学1　同成社　pp.34-44

阪口英毅　2008「いわゆる「鋲留技法導入期」の評価」『古代武器研究』Vol. 9　古代武器研究会　pp.39-51

阪口英毅　2017「中期古墳編年と甲冑研究」『中期古墳研究の現状と課題Ⅰ～広域編年と地域編年の齟齬～』中国四国前方後円墳研究会第20回研究集会　同実行委員会　pp.47-60

鈴木一有　2005「鉄器の受容からみた古墳時代中期の東海」『考古学フォーラム』17　考古学フォーラム　pp.22-33

鈴木一有　2014「七観古墳出土遺物からみた鋲留技法導入期の実相」『七観古墳の研究―1947年・1952年出土遺物の再検討―』京都大学大学院文学研究科　pp.353-380

鈴木一有　2017「志段味大塚古墳と5世紀後半の倭王権」『埋蔵文化財調査報告書77　志段味古墳群Ⅲ―志段味大塚古墳の副葬品―』名古屋市文化財調査報告94　名古屋市教育委員会　pp.175-186

田辺昭三　1981『須恵器大成』角川書店

中国四国前方後円墳研究会（編）　2018『前期古墳編年を再考する』六一書房

広瀬和雄　1991「前方後円墳の畿内編年」『前方後円墳集成』中国四国編　山川出版社　pp.24-26

森下章司・廣瀬　覚　2003「円筒埴輪の製作技法」『埴輪―円筒埴輪製作技法の観察・認識・分析―』第52回埋蔵文化財研究集会発表要旨集　埋蔵文化財研究会　pp.331-382

和田晴吾　1987「古墳時代の時期区分をめぐって」『考古学研究』第34巻第2号　考古学研究会　pp.44-55

第Ⅰ部

広域編年の検討

〈基調報告〉

古墳時代中期編年の研究史と課題

和 田　晴 吾

はじめに

　1994 年、岡山大学におられた近藤義郎先生が中心となり、『前方後円墳集成』がまとめられ、第5巻が出た頃ですね、近藤先生から全国各地で前方後円墳の研究会を開いたらどうかというお話がありまして、関東・東北、九州、中国・四国で研究会ができまして活発に研究されているわけでありますが、中部、近畿には前方後円墳研究会がございません。理由としては、近藤先生が提案された時に積極的に「やろう」という人がいなかったものですから、そのまま終わってしまった格好になっているかと思います。『前方後円墳集成』を作っていた頃には何度も研究会がありまして、それで一段落したという気持ちがあったのかもしれません。他の地域では現在も積極的に調査研究がなされています。特に今回はコロナで大変な時期ではありますが、それでも積極的にオンラインで研究会をやろうという皆さんの熱い思いに感激いたしております。

　それでは本題に入っていきますけれども、資料 [1] の最初に「認識は定義に始まり定義に終わる」と書いてあります。これは、たまたま買って数頁読んだだけの哲学関係の事典、鶴見俊輔さんらが書いたものだったと思いますが、その最初に出てくる言葉でありまして、これは、やはり、いつもそういう姿勢で、物事を定義して研究を進めていって、その定義をどんどん修正していく柔軟さも重要で、そういう作業を繰り返していく。例えば古墳時代中期という時期の区分などもそれにあたるわけですけれども、そうした用語の定義の内容の充実化が非常に大事なことと思います。特に分類と編年に関しましては、考古学の研究では最も重要な作業でありまして、時間の尺度を整える、あるいは文化の系統の流れの整理をきちんと行う、あるいは変化の画期を見定める、そういったいろいろな要素がございます。例えば中国では墓誌が出てきまして、お墓の年代がどんどん決まっていくわけですから、あまり型式学的な編年研究は進んでいるようには見えませんけれども、単に墓の年代が決まればいいということではなくて、そこに副葬されているものも含めて、いろいろな「もの」の系統でありますとか変化の画期、そういったものを見つけるために編年は非常に重要な役割を持つものだと思います。

　しかし、その時に「編年のための編年」に陥りがちな部分がどうしても出てくるわけであります。編年は詳しければ詳しいほどいいわけですけれども、その編年を使って何をするかによって、自分の使いたい時間の単位なども変わってくるわけでありますので、最終的には、古墳時代なら古墳時代の社会や文化を知るための一つの手段として編年が使われることが大切だということだと思います。

　今回は最初に、簡単な編年の研究史の話をさせていただきまして、それに対して自分がどのようなことをしてきたのかということを踏まえて話をさせていただきたいと思います。

第Ⅰ部　広域編年の検討

1．編年と時期区分の研究略史

　第1番目は編年と時期区分の研究略史でして、蒲生君平さんが江戸時代に『山陵志』[蒲生1808]を書かれましたけれども、そこでは、その後の研究の動向をすでに察知したような、逆に言えば『古事記』や『日本書紀』『延喜式』などに書かれていることも、あながち古墳の移動や変化と無関係ではないということだと思うのですけれども、かなり正確なことが書かれています。奈良文化財研究所から九州大学に行かれました横山浩一さんの研究史に「当時としては驚くほど正確な古墳変遷観」[横山1955]と書かれていますけれども、江戸時代後期には、すでに、このようなかなり正確な認識があったわけであります。

　「古墳時代」という用語自体は、明治時代に八木奘三郎さんが「日本の古墳時代」という論文を『史学雑誌』に書かれまして[八木1896-97]、これが古墳時代という用語を使った最初のものになるかと思います。

　その次に編年に関係するものとしましては、古墳の年代論争があります。喜田貞吉さんと高橋健自さんの間で年代論争が盛んに行われました[喜田1913・1914-15、高橋1914など]。喜田さんは基本的には前期と後期の2時期に分けながらも、その間に「推移期」を設けられています。推移の時期については、前期は箸墓古墳から安閑（天皇陵）、後期は推古（天皇陵）から文武（天皇陵）となっていまして、安閑天皇が亡くなったのが536年、推古天皇が亡くなったのが628年ですので、非常に長い推移期があるというところに不十分さが残っていますが、前期・後期に大きく二分するというのが、その頃からしばらくの間の研究者の基本的な考え方でありました。

　実際の考古学的な編年の動きとしては、大体1920年代くらいになると応神・仁徳天皇陵を中心としました古墳を最盛期と捉え、それより古い時期の古墳、新しい時期の古墳といった捉え方が広がってまいります。この時期に前期・後期でなく3時期に区分する考え方が広がっていきます。また、日本に型式学的な考え方を持ち込んだ濱田耕作さんの『通論考古学』が1922（大正11）年に出ています[濱田1922]。

　そして、実際の古墳の資料に合わせて編年を行いましたのは、後藤守一さんを中心としました群馬県の白石古墳群の研究であります[後藤・相川（編）1936]。これは墳丘、埋葬施設、埴輪、副葬品なども考慮しながら研究が進められまして、「前期様式」と「後期様式」という言葉が使われています。この前期と後期の間に当たるところを中間的なものとして「中期様式」としました。これは関東の古墳を扱ったからということもあるかもしれませんが、後藤さんはその後も前・中・後の3時期で研究を進められるのですけれども、全般的に中期は「中間型」という考え方であったと思います。この白石古墳群の研究は古墳を「古墳群」として研究した最初の例にも当たるのではないかと思います。この方向性は戦後になって初めて本格的に広がりますが、その出発点であったと言えます。

　ほぼ同じ頃に濱田耕作さんは、宮内省（後の宮内庁）が持っておりました陵墓図を見て、1936年に論文を書かれました[濱田1936]。皆さんのお手元の資料にあります前方後円墳の変遷図（図1）に、前期・中期・後期という言葉ではありませんが、古期（後円部に比べて前方部が幅狭い崇神・景行陵）、最

8

盛期（前方部が発達して後円部に匹敵するようになる応神・仁徳陵）、後期（前方部幅が後円部径を凌駕するようになる欽明・敏達陵）とありまして、ここで今の一般的な墳形の変化の理解が示されたということであります。この図面を見ましたら一番上に最古期というのがありまして、小林行雄さんが勝手に書き加えたと漏れ聞いておりますが、真偽のほどはわかりません。このような格好で古墳編年の基本的な方向性が決まったのであります。古市・百舌鳥古墳群を最盛期として、それより古いもの、新しいもの。墳丘の型式の変化というものが古墳の時期を設定する出発点になっているということを知っておいていただくといいと思います。これはある意味で、時期区分は遺物だけではなかなか難しいということを示しているのかもしれません。

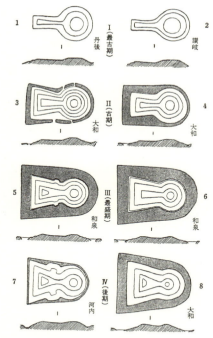

図1　前方後円墳形式発達図［濱田 1936］

　戦後になりまして、3つの重要なシリーズ本が出ました。ひとつ目は後藤守一さんが編集されました『日本考古学講座』［後藤（編）1955］でありまして、前・中・後の3時期区分に従って編年をされています。2つ目が小林行雄・近藤義郎編の『世界考古学大系』［小林・近藤 1959］で、この本の編年観に重要な役割を果たしましたのが小林行雄「古墳時代における文化の伝播」［小林 1950］などでありまして、古墳時代前期あるいは中期の編年に大きな影響を与えた論文として知られています。『世界考古学大系』は小林さんと近藤さんが第1章を分担して書いているわけですが、小林さんは前方後円墳を前・中・後期の3時期区分で、近藤さんは古墳全体を前・後期の2時期区分で書いています。

　小林さんは4世紀の大半を前期、4世紀末から5世紀末を中期、5世紀末から7世紀末の飛鳥時代を含めて後期としています。近藤さんの方は第1章の第7節で前期の古墳、第8節で後期の古墳とされまして、前期は司祭者的性格を脱却し支配者的地位を占めた共同体の首長が中心になって、後期は共同体が国家機構に吸収される過程の有力家族、官人らのものになっていて非常に大陸的だというように分けられて、それに合わせて編年を行っています。近藤さんの意見をわざわざ挙げましたのは、編年をして画期を設けて、どういう時代を自分は表現しようとしているのかを絶えず考えておく必要がありまして、この時期にも、すでにそういうことが行われているということを言いたいので、細かいですが加えておきます。結局、ここでは小林さんが前方後円墳を3時期に分けまして、近藤さんは終末期古墳も含めて古墳全体を前期・後期に分けておられます。

　そして、その次が近藤義郎・藤澤長治編の『日本の考古学』［近藤・藤澤（編）1966］でありまして、ここでは、『大系』の近藤説を補強するかたちで、大塚初重さんが具体的な編年を書かれておりまして［大塚 1966］、前後2期区分、前期を4小期、後期を3小期として、これも終末期古墳を含んでいるという考え方になっております。ここから私たちは勉強を始めたようなもので、この河出書房新社

第Ⅰ部　広域編年の検討

の『日本の考古学』は私たちの研究の出発点ということが言えます。墳形、そして副葬品を含めた古墳の基本的編年観はこの段階ではほぼ確定していて、それを踏まえて古墳群論や地域史的研究も盛んになってきました。また、群集墳の研究も、古墳群研究の一環として、非常に活発に研究が行われだしていたのも［近藤（編）1952］、編年や時期区分を考える背景にあったと思います。

　その後ですね、資料には書かれていませんけれども、1972年に高松塚古墳の発見がありまして、一気に終末期古墳、飛鳥時代の古墳の研究が盛んになりました。森浩一さん編集の『論集　終末期古墳』［森（編）1973］はそれらをまとめた本として支持されました。

　編年の次の画期としましては、川西宏幸さんの「円筒埴輪総論」が出ましたのが1978年から79年であります［川西 1978-79］。川西さんと私とは同い年で、大学での学年は彼が一つ上になります。埴輪研究に誘われたのですが、私はそちらにはいかずに、家形石棺の研究を始めました。その後、この度、岩波書店の文庫本になりました近藤義郎さんの『前方後円墳の時代』が1983年に出まして［近藤 1983］、そこでは、古墳時代は前方後円墳の時代である、ということが明確に書かれています。

　そして、私が考古学研究会に呼ばれて、時期区分について何かしゃべれ、と言われて発表したのが、1987年の「古墳時代の時期区分をめぐって」であります［和田 1987］。弥生時代から古墳時代を大きく、いくつかに分けまして、その中に古墳時代を位置づけるという形でやりました。発表の時には古墳時代の終末は「古墳時代終末期」という格好だったのですが、発表後、雑誌に載せる原稿を書く段階で、終末期は古墳時代から切りはなしました。それ以後は、終末期は古墳時代には入れておりません。切りはなしてよかったと思っています。

　その後、ちょうど同じ頃に一緒に研究をやっておりました広瀬和雄さんの『集成』の編年が出ました。古墳時代を前方後円墳に限って順に分けていくのですが、広瀬さん自身は飛鳥時代も古墳時代に入れているかと思いますが、ここでは10期のところでストップしています［広瀬 1991］。それは基本的に近藤先生の考え方に合わせているところもあると思いますし、近藤さんは中期という言葉をあまり使わないということもありまして、広瀬さんも1期から10期までを、さらに前期・中期・後期に分けるようには書かれておりません。考古学研究会で発表した時に「中期」という言葉を使いましたら、近藤さんに「お化けが出た」というふうに言われましたが、あとで述べますように、中期を置くことで非常に歴史が書きやすくなると思っていますので、「中期」を使っております。歴史は叙述するところまで大切です。

　しかし、時期の区分は前もって先天的にあるわけではなくて、今までどのように区分するかが議論されてきて、前半・後半の2つに分ける意見、3つに分ける意見、あるいは終末期を古墳時代に入れるか入れないかというものは、全てですね、その時期の各人の考え方によって変化してきているということを知っていただきたい。今回のテーマ設定（中期古墳研究の現状と課題）、それから資料集成を頑張って作っていただきましたけれども、そういうのを見ていると、これは私の危惧かもしれませんけれども、「中期」というものが（初めから）あるものだという認識から出発しているんじゃないかと心配しました。しかし中期を知るためには、前期も後期もあってはじめて中期を設定することができるのでありまして、そういう気持ちでいつも考えていただいて、それを使うかどうか、あるいはもっと違う分け方ができるかどうか、それぞれの人がチェックして考えていただくのがいいのではないか

古墳時代中期編年の研究史と課題（和田）

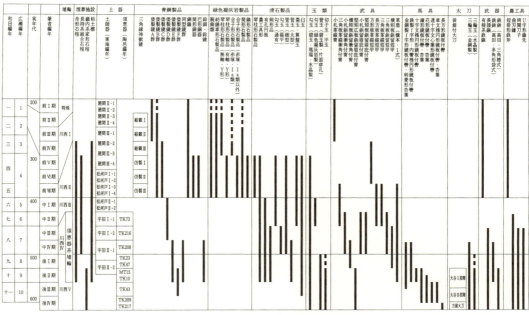

図2　副葬品組成の変遷［大賀2002］

と思っております。

　編年としましては、その後、大賀克彦さんが「古墳時代の時期区分」［大賀2002］を書かれました。良い論文なのに、これはなかなか手に入らない報告書に書かれたものですので、もっとみんなが読めるところに書いてほしいと思います。たまたま僕はその本をもらえたものですから見られましたが、探して読むとなるとなかなか大変だなと思います。

　そして、最近では岸本直文さんが『古墳時代の考古学』の中で「古墳編年と時期区分」という論文を書かれています［岸本2011］。今、大賀さんの変遷図（図2）と、岸本さんの作ったものを出していますが（図3）、それぞれの変遷図を比較してください。図3の私のところで終末期となっているのは飛鳥時代としていただいた方が一番すっきりす

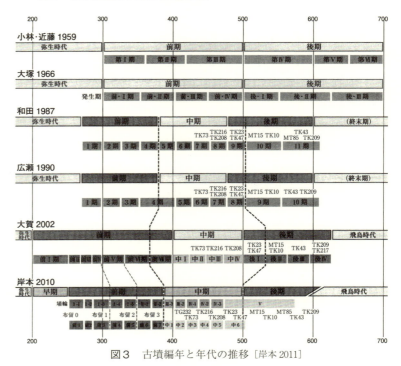

図3　古墳編年と年代の推移［岸本2011］

11

第Ⅰ部　広域編年の検討

ると思います。私が、大賀さんも採用していますように、棒線を引いているのは、またあとで、図4のところでお話ししようと思います。

2．編年区分と時期・時代区分

　それでは次に、編年や時期区分を自分でどう考えているのかということに話を向けさせていただきたいと思います。資料の2頁目の真ん中のところですが、「和田の場合」となっていまして、1987年に考古学研究会で話をしたのですけれども、これは作業としましては、基本的にそれぞれの遺物の型式分類をやって、型式の組列を作ります。それをいろんな遺物でやるわけですね。そして、墳形も含めて、どのように組み合わさってできているのか、そういう型式の組合せ、型式の組列と型式の組合せで処理していく。そういう、ごく一般的なやり方かと思いますが、古墳では、そういった「もの」の、非常に純粋な同一時期の一括資料が得られるために、製作年代はそれぞれ違っているかもしれませんけれども、そういったものを利用して作ったということです。

　そして、それまではですね、編年を文章で読んでおりますと、いつ始まるかはよく書いてあるものの、いつ終わるかは書いていない、というように、なかなかわかりにくいところがあります。また、多少矛盾したものがあったりすると思いますので、できるだけわかりやすいものにしようということで、多少は強引に線を引いております。当然、極く古く出てくるものとか、後に残ってくるようなものを切ってしまわざるを得ないという格好ですが、絶えず一定の抽象化を伴った作業が必要ということであります。岩波書店の『日本史辞典』のなかに、考古学研究会で作ったものをほとんど修正していませんけれども「もの」の図を加えて、墳丘図あるいは埴輪の図も含めて作ったものがあります（図4）［和田1999］。私はこれを古墳時代の編年図として使っております。けれども、よく考えると、これは古墳時代の墳墓様式の編年図に当たるわけですね。それで、個々の遺物の編年図があるとしたら、墳墓様式の編年図もあるわけですけれども、実際はそれだけではなくて集落遺跡の編年、あるいは生産遺跡の様式編年、そういったものが組みあわさって初めて古墳時代の様式編年図というものができてくるのであります。私は古墳で代表させてもらって、それで古墳時代の編年図という使い方をしていますので、必ずしも十分なものではない、ということもいえるかもしれません。

　これは基本的に11個の時期に区分していますけれども、前期・中期・後期というものはこれをそのまま反映したものとはしていません。古墳時代というからにはもっと他の要素を加えてですね、古墳時代全体として様式区分できるようなものにしたいという思いがありました。いろんな生産やいろんな活動の究極的な変化は政治社会的な変化として表れてくるだろうと考えまして、古墳時代の政治社会的な変化を一番端的に示しているのは「いつ、どこに、どういう形と規模の古墳を作ったのか」という古墳の築造状況ですね、それが一番的確に表現しているのではないか、ということで、それを主な指標に前期・中期・後期を分けるようにしているわけであります。

　図5の南山城の変遷図を見ていただければわかりやすいと思うんですが、実際にその編年を使って地域の古墳の編年図を作ります。これは京都の木津川が流れている流域でありまして、北の端は宇治川、旧巨椋池、淀川、南の端は京都と奈良の境にあたる佐保・佐紀丘陵（平城山）というところで、

12

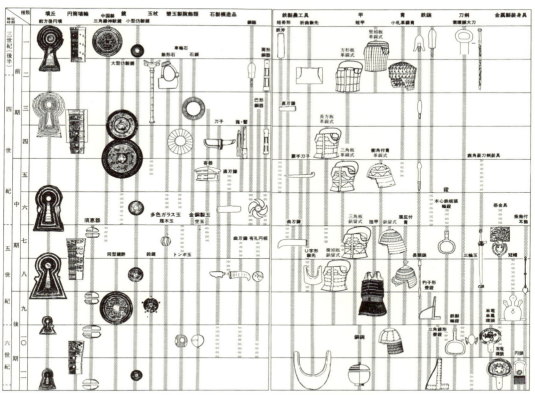

図4　古墳時代編年図　[和田 2018 ※初出 1999]

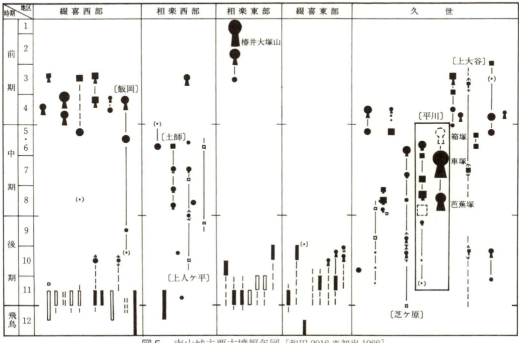

図5　南山城主要古墳編年図　[和田 2018 ※初出 1988]

第Ⅰ部　広域編年の検討

私は今そこに住んでいるわけですけれども、そこが南の端ということで、非常にまとまった地域だということです。しかも、ここはずいぶん開発が進みまして、発掘して壊された古墳もたくさんありますし、西側の丘陵の古墳なんかは盗掘団が横行していまして、多くの古墳が盗掘されまして、遺物がどこから出たかわかっているものがあります。多くの古墳の情報を集めることができるという利点がありますので、大きい古墳だけでなく、小さい古墳も含めて変遷を考えようとして作ったのがこの図であります。

　小さい古墳も大きい古墳と必ず関係しながら変化しているわけですね。だから主要な古墳だけでは見えてこないものがたくさんありまして、小さい古墳も大きい古墳も一緒に見ることによって全体が見えてくる。小さい古墳には小さい古墳なりの歴史的意味がある。私は保存運動をしていましたので、どんな遺跡にも価値があるんだ、というようなことを言いたい気持ちも加わってですね、大小を問わず編年図を作ったということであります。

　日本の古墳の大きな特徴ですが、それぞれの地域で造られた古墳群というのは、首長墳クラスの系列でたいてい１～３基で、長期にわたって造られたものはほとんどないわけです。長く続いて、せいぜい５基、６基というところです。一番長く続いているのが古市・百舌鳥古墳群になりますが、あれが一連の大王墳が場所を変えながら続いているとしたら、それぐらいのものであります。途切れているというのは日本の古墳の大きな特徴かと思います。朝鮮半島の伽耶を見ましたら、世界遺産に伽耶古墳群が申請されているという状況下でありますが、金官伽耶の大成洞古墳群とかですね、あるいは玉田古墳群、あるいは昌寧校洞の古墳群など、いくつもの古墳群は、盛期に差がありますが、主要なものは４世紀ぐらいから５世紀を経て６世紀前半、伽耶が滅びる頃までの間、ずっと同じところにそれぞれの地域の王墓が作られている、というような特徴があって日本とは大きく違っていると思います。

３．なぜ中期を設けるか

　なぜ、日本の古墳はこのように途切れているのかということも十分検討しないといけませんけれども、図５を見ていただきましたら前期・中期・後期と分けたら喋りやすいなというのは非常によくわかっていただけると思います。中期と言ったら木津川の、右岸の方でしたら久津川古墳群の平川支群を中心とした一群が圧倒的でありまして、それ以前、それ以後と分けた方が話をしやすいということですね。たまたま最近『賤機山古墳と東国首長』という本［鈴木・田村（編）2019］をもらいました。図６と図７を見ていただいたら、これは非常によくできた編年図であるわけですが、これを見ていただけましたら、私の時期区分（図４）では須恵器のTK23・47型式は後期に入っているわけです。ですが、鈴木一有さんはMT15型式からを後期にしています（図６）。ご本人に聞きましたら、倭の五王の時代を中期にしたいという気持ちもあって中期の幅を広げているということだったんですけれども、このTK23・47型式の上に横棒を一本引いていただきましたら、もっと前期・中期・後期の差が分かりやすい。古墳の築造状況から見たら、そうした方がずっと説明しやすくなるんじゃないかと思います。次にもう一つの図面、富士市の藤村翔さんという方の図なんですけれども（図７）、これ

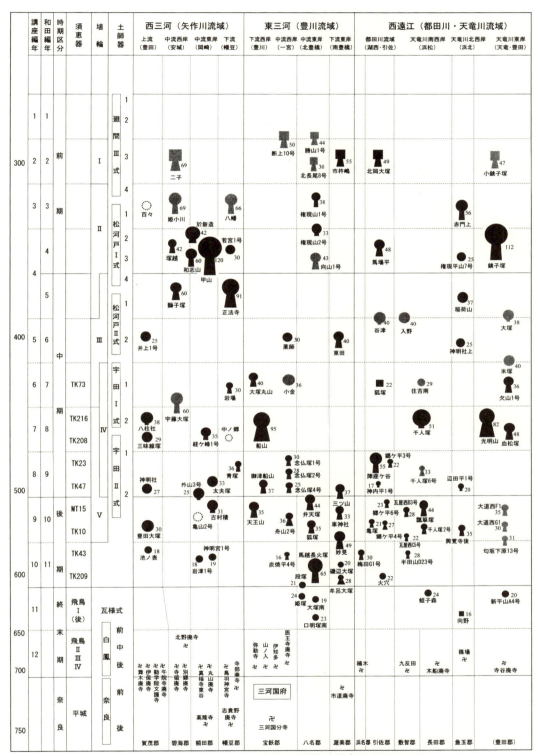

図6　三河・西遠江における古墳の変遷と古代寺院［鈴木2019］

第Ⅰ部　広域編年の検討

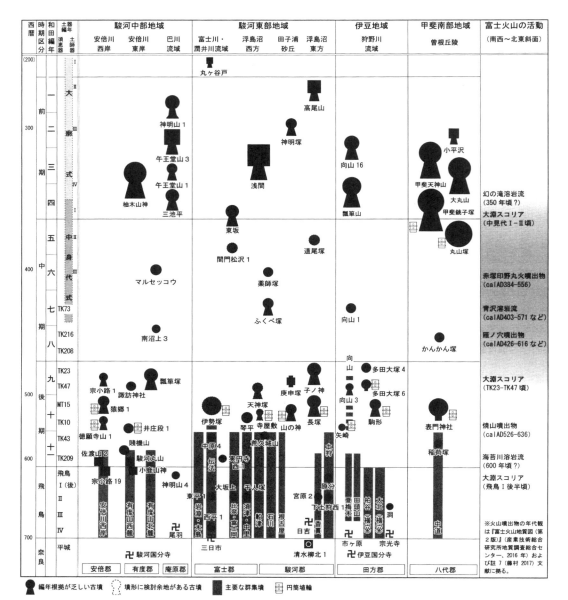

図7　富士山周辺地域における古墳の変遷［藤村2019］

はTK23・47型式からを後期としている図であります。これなんかはもっと中期と後期の境がはっきりと出てきて、前期には大きい前方後円墳が多くて中期には大きい古墳が本当に少ない。そして後期になるとまた出てくるというような一つの典型的な動きが見られると思います。

　どうもこういう古墳の変遷というものはですね、それぞれの地域でそれぞれの固有性は持っているわけですけれども、どこかをやったら必ず他の地域と比べるということが大事になってくるわけです。だから南山城であったら南山城と他の地域を比べる。その時に私が最初に比べたらいいと思ったのはやはり大王墳の変遷です。前期・中期・後期の変遷と、もっと細かくもありますけれども、奈良盆地

の東南部にあった大王墳が奈良盆地の北の佐紀古墳群西群ときて、大阪平野南部の古市・百舌鳥古墳群、北部の今城塚古墳と移って、その後、奈良県の飛鳥付近へと移る、そういう動きと比べてみるとかなり関連がありそうだということがわかりますし、もっと他の地域ですね、東北地方と九州地方のものと比べるとどうかということをやれば、それぞれ一定の関連性を持っている、ということを指摘できるんじゃないかと思います。そういう意味では、地域の古墳を研究するということは、必ず各地のものと連動している部分もたくさんありますし、連動していなければ連動していないことの意味というものがまた大事なわけでありまして、「地域から全国が見える」ということをスローガンに頑張っていただければ、自分もそれで頑張ろうと思ってきたわけですけれども、非常に面白いのではないかと思っております。その場合に、自分の地域の考古資料のそれぞれの特徴はなんであるのかということをしっかり考えて、どの地域においても、他の地域とは違う長所が必ずあるわけです。それをできるだけ活かそうということも大事であろうと思います。

4．中期の評価

今話しましたのは、編年表を作って地域の古墳を縦に並べるやり方でしたけれども、縦を比べれば必ず横も比べる必要があります。その時に、南山城で比べて作りましたのが、資料の中期の古墳の組合せですね。今度は時期的な変化ではなくて、横の組合せを検討しようということであります。図8を見ていただきましたら、同じ地域にある首長層の繋がりを比べるとどうなるのかということで、一応ここに書きましたような、A型、B型、C1型、C2型というふうにしますと（図8－2）、かなり強引に作っているという批判が出るかもしれませんけれども、それぞれの地域で、ある時期を境に、こ

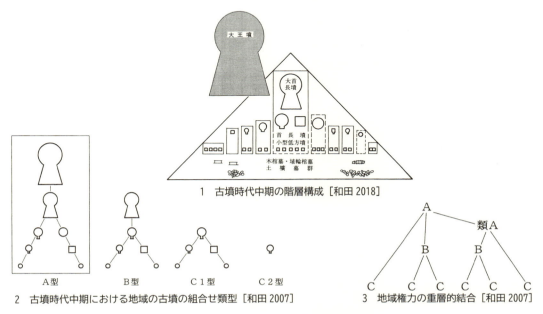

図8　墳墓の階層構成と古墳の重層的関係

れは古墳時代中期でありますけれども、中期になったらよく似たパターンのところがいくつもあるわけでありまして、そういったものが非常に重層的に重なって、大王墓の下に位置しているという体制が古墳時代中期の体制になっていると思うわけであります。弥生時代中期後葉ぐらいから首長の墓というものが見られるようになります。それが弥生後期、弥生終末期と続き、古墳時代になって一定の古墳の秩序が形成される。そして、古墳時代中期がその到達点というふうに考えております。

　古墳の場合、例えば楯築の墳丘墓を見ましたら、大きさといい副葬品といい埋葬施設の木槨といい、なぜあれは古墳ではないのかという人がよくいます。私は、一つの遺跡だけで比べれば楯築墳丘墓を古墳にすることも可能かもしれないと思いますけれども、古墳は決して一つの古墳だけで古墳かどうかを決めるのではなくて、古墳は大和王権の発展と非常に密接に結びついていると考えていますので、絶えずいくつもの古墳の間に一定の秩序があると考えています。そして、その秩序の到達点というのが、この中期の形でありまして、そういった秩序があるからこそ、古墳は古墳たり得るのだと考えているのであります。

　それは大和王権の政治体制が首長連合体制というものであって、それぞれ各地で在地を支配している首長たちが政治的に結びついて、非常に高度な階層差をもった序列のある結びつきをしている。それがこの一つの首長層の重層的な結びつきになるわけであります。そういうものが形成されていくから古墳は弥生の墳丘墓と分けて、箸墓古墳からと考えています。それ以前にも多少そういう傾向がある可能性もありますので、そういったところは萌芽期という形で呼ぶこともできると思いますけれども、小期というほどではないと思います。そのため、箸墓古墳以降を古墳時代と呼ぶことにしたいと思っております。

　そして、こういう体制が古墳時代後期になると解体され崩れていって、王権がそれまで地域首長の下にあった民衆層を直接的に把握していく、これが群集墳に当たるかと思います。言ってみましたら、後の時代で言えば公民化というんですかね。ちょうど６世紀ぐらいなら王民といった方がいいんじゃないかという人もいますけれども、王権が一般民衆を古墳の秩序の中に組み込んでいく、支配の中に組み込んでいく。それで地域の首長たちはだんだん官僚化していく。そういった段階が後期の中で現れると考えていまして、一気に中期から後期に移るのではなくて、２段階はあるかと思います。５世紀後葉ぐらいの段階と６世紀前葉ぐらいの段階の２段階があろうかと思います。自分流でいえば、群集墳が古式群集墳の段階から新式群集墳の段階へ移るような形で「後期」ができてくる。そこで初めて国家的な体制が始まっていくのではないか、という考えの下で中期と後期を分けたいと考えているわけであります。だから編年でもなんでもそうですけれども、自分の言いたいことをより良く言えるように、あるいは諸現象がよりうまく説明できるようにということをいつも意識しながら編年や時期区分をしていく。遺物一つにとっても、こういう技術革新があって、こういうようなものができてきて、こういうふうに広がっていったんだというように、「もの」を整理する出発点が編年であります。それを意義付けてうまく説明していく段階も含めて、最終的な編年・段階区分の枠の中に入ってくるような形になるだろうと考えております。

おわりに

　最後になりましたが、古墳時代をいろいろ考えて見ましたら、まだまだわかっていないことだらけのような気がします。ある程度編年の枠組みができて、ある程度組合せなんかもわかりますが、たとえば、一基の古墳を作るのにどれだけの地域の広さが必要か、どれぐらいの集落がいるのか、どれぐらいの人がいるのか。そういったことはなかなか簡単に答えることができません。でもそれに答えていかなければいけない。地域的なまとまりというのはどの地域においてもありますが、それをどう捉えるのか。小さな古墳をたくさん掘っているところの方が、そういったものをよりうまく捕まえることができるのかもしれませんし、もっと具体的に古墳を語ろうとした時に、欠けている要素、分かっていない要素というのは非常にたくさんあるわけであります。それを今後解明していくために、編年図ができたらそれを基にさらに先に向かってやっていく。最終的には、古墳時代の通史を何らかの形で自分なりに、それぞれ違うかもしれませんけれども、自分なりの武器を使って通史というものを死ぬまでに書くというような気持で頑張っていただければありがたいかな、というようなことを考えております。

　これで話を終わらせていただきます。また何か言い足りないことがありましたらまた後の討論のところで言わせていただきたいと思います。どうもご静聴ありがとうございました。

註
（１）　第 23 回研究集会の資料集（予稿集）『中期古墳研究の現状と課題Ⅳ』に収載の「古墳時代中期編年の研究史と課題」［和田 2020］参照。以下、本稿での「資料」はこの文献を指す。ただし、本稿での挿図番号は［和田 2020］から変更している。

引用文献
大賀克彦　2002「凡例　古墳時代の時期区分」『小羽山古墳群』清水町埋蔵文化財発掘調査報告書Ⅴ　福井県清水町教育委員会　pp.1-20

大塚初重　1966「古墳の変遷」『日本の考古学Ⅳ　古墳時代上』　河出書房新社　pp.60-100

蒲生君平　1808『山陵志』（古典刊行会、1973 年）

川西宏幸　1978-79「円筒埴輪総論」『考古学雑誌』第 64 巻第 2・4 号　日本考古学会

岸本直文　2011「古墳編年と時期区分」『古墳時代の考古学 1　古墳時代史の枠組み』　同成社　pp.34-44

喜田貞吉　1913「上古の陵墓（太古より奈良朝に至る）」『皇陵』（『歴史地理』臨時増刊号）　日本歴史地理学会　pp. 1 -42

喜田貞吉　1914-15「古墳墓年代の研究」『歴史地理』第 24 巻第 3・5・6 号、第 25 巻第 3 ～ 6 号　日本歴史地理学会

後藤守一（編）　1955『日本考古学講座 5　古墳文化』　河出書房新社

後藤守一・相川龍雄（編）　1936『多野郡平井村白石稲荷山古墳』群馬県史蹟名勝天然紀念物調査報告第 3 輯　群馬県

小林行雄　1950「古墳時代における文化の伝播」『史林』第 33 巻第 3 号・第 4 号　史学研究会（「中期古墳時代文化とその伝播」と改題のうえ［小林 1961］に収録）

小林行雄　1961『古墳時代の研究』青木書店

小林行雄・近藤義郎　1959「古墳の変遷」『世界考古学大系3　日本Ⅲ古墳時代』　平凡社　pp.11-50

近藤義郎　1983『前方後円墳の時代』　岩波書店

近藤義郎（編）　1952『佐良山古墳群の研究』第1冊　津山市教育委員会

近藤義郎（編）　1991-2000『前方後円墳集成』全6巻　山川出版社

近藤義郎・藤沢長治（編）　1966『日本の考古学Ⅳ　古墳時代上』　河出書房新社

鈴木一有　2019「東海地方における古墳時代後期の地域社会」鈴木一有・田村隆太郎（編）　2019『賤機山古墳と東国首長』季刊考古学別冊30　雄山閣　pp.79-93

鈴木一有・田村隆太郎（編）　2019『賤機山古墳と東国首長』季刊考古学別冊30　雄山閣

高橋健自　1914「喜田博士の『上古の陵墓』を読む」『考古学雑誌』第4巻第7号　日本考古学会　pp.29-36

濱田耕作（青陵）　1922『通論考古學』　大鐙閣

濱田耕作　1936「前方後円墳の諸問題」『考古学雑誌』第26巻第9号　日本考古学会　pp.1-13

広瀬和雄　1991「前方後円墳の畿内編年」近藤義郎（編）『前方後円墳集成　中国・四国編』　山川出版　pp.24-26

福永伸哉他（編）　2011『古墳時代の考古学1　古墳時代史の枠組み』　同成社

藤村　翔　2019「富士山・愛鷹山南麓の古墳群の形成と地域社会の展開」鈴木一有・田村隆太郎（編）『賤機山古墳と東国首長』季刊考古学別冊30　雄山閣　pp.33-46

森　浩一（編）　1973『論集　終末期古墳』塙書房

八木奘三郎　1896-97「日本の古墳時代」『史学雑誌』第7編第11号、第8編1・4号　史学会

横山浩一　1955「日本考古学の発達　古墳文化」『日本考古学講座2　考古学研究の歴史と現状』　河出書房新社　pp77-92

和田晴吾　1987「古墳時代の時期区分をめぐって」『考古学研究』第34巻第2号　考古学研究会　pp.44-55

和田晴吾　1988「南山城の古墳－その概要と現状―」『京都地域研究』VOL.4　立命館大学人文科学研究所京都地域研究会　pp.22-34

和田晴吾　1994「古墳築造の諸段階と政治的階層構成－五世紀代の首長制的体制に触れつつ－」荒木敏夫（編）『古代王権と交流5　ヤマト王権と交流の諸相』　名著出版　pp.17-47

和田晴吾　1999「古墳時代編年表」永原慶二（監）『岩波日本史辞典』　岩波書店　pp.1376-1377

和田晴吾　2007「古墳群の分析視覚～群集墳を中心に～」『考古学リーダー12　関東の後期古墳群』　六一書房　pp.7-32

和田晴吾　2011「古墳時代研究小史」広瀬和雄・和田晴吾（編）『講座日本の考古学7　古墳時代上』　青木書店　pp.54-99

和田晴吾　2018『古墳時代の王権と集団関係』吉川弘文館

和田晴吾　2020「古墳時代中期編年の研究史と課題」『中期古墳研究の現状と課題Ⅳ～副葬品による広域編年再考～』中国四国前方後円墳研究会第23回研究集会実行委員会　pp.1-8

〈研究報告〉

銅　鏡

岩　本　　崇

はじめに

　中期古墳の時期比定に際して、その積極的な根拠資料として銅鏡が活用されることはあまりない。その理由の一つは、前期古墳に比べて鏡の出土数が少なく、かわって武具・武器を中心とした鉄製品が資料的に充実している点にある。しかし、それ以上に中期古墳から出土する銅鏡の実態が、一部を除いて十分に把握されていないことのほうが本質的には問題が大きい。

　そこで本論では、古墳時代中期における倭鏡の製作動向にもとづいて該期の銅鏡の変遷を明らかにすることによって、古墳編年に資するための該期の銅鏡の編年基盤を確立する。

1. 古墳時代中期における鏡の変遷についての成果と到達点

　古墳時代中期の銅鏡を分類するうえでの基本的な枠組みは中国鏡と倭鏡の大別系統区分であり、変遷はこの区分に即してそれぞれに検討する必要がある。ただし、この時期の中国鏡は実態が不明瞭であり、古墳編年と関連づけうるのはいわゆる「同型鏡群」となる。いっぽうの倭鏡も古墳時代中期全体の編年整備がようやく緒についたところである。以下、同型鏡群と倭鏡について、とくに年代論にかかわる先行研究の成果を確認し、問題の所在を明らかにする。

　同型鏡群　倭の五王の南朝遣使にかかわるとされるいわゆる同型鏡群［小林1966など］が中期古墳編年において問題となるのは、その副葬開始年代である。ただし、これについては見解の一致をみていない。すなわち、Ⅰ説が須恵器でいうON46型式期［川西2004、上野2013、辻田2015・2018］、Ⅱ説がTK208〜TK23型式期［加藤2014・2020、岩本2021］とする二案がある。そして、こうした異論が生ずる背景には、同型鏡群の年代を副葬年代に依拠せざるを得ないという方法論的な問題がある。同型鏡群を出土した古墳の時期比定が不安定なためにその副葬開始時期が定まらない現状をかんがみれば、上記の問題を解決するには中期古墳編年の整備が不可欠である。したがって、本論では同型鏡群については研究現状の確認にとどめる。

　倭　鏡　古墳時代中期以降の倭鏡編年の枠組みは、森下章司の外区文様の分析によって基礎が固められた。そこで倭鏡は古墳時代を通じて大きく3段階に変遷する点が示され［森下1991］、「前期倭鏡」「中期倭鏡」「後期倭鏡」として全体が把握された［上野2013、加藤2014］。こうした先学の成果をふまえて、筆者は鋳型成形技法と文様割付技法など製作技術の変化を基礎に、倭鏡の系列群の動向を整理し、倭鏡様式として新たに「前期倭鏡」「中期倭鏡」「後期倭鏡」を設定した［岩本2017a］。

　いっぽうで近年は、古墳時代中期の倭鏡の変遷を詳細に分析して整理する作業も着実に進められてきた。辻田淳一郎は系列の上位概念として鏡群を設定し、中・後期倭製鏡を4期に区分した。その結果、

第Ⅰ部　広域編年の検討

TK47 型式期までの古墳時代中期が３期に区分された［辻田 2018］。また加藤一郎は、森下の区分に対応する中期倭鏡と後期倭鏡について個別の鏡群ないしは系列にたいする分析を進め、その時期的関係を整理した。中期古墳年代論にひきつけるならば、おおまかに TK208 型式期までを中期倭鏡の製作期間とみなしうること、TK23 ～ TK47 型式期を後期倭鏡によって２期に細分しうるとした［加藤 2020・2021］。また、筆者もおおよそ古墳時代中期に相当する自身の中期倭鏡、後期倭鏡古段階、後期倭鏡新段階への変遷の具体的な内容を示すとともに［岩本 2017b］、後期倭鏡新段階を５期に細分する案を提示した［岩本 2018・2023c］。その成果を敷衍すれば、倭鏡によって少なくとも中期古墳を４期には区分しうる見通しが得られたことになる。

課題と本論の意図　　古墳時代中期における鏡の変遷については、辻田・加藤・岩本の３者がそれぞれの方法論にもとづき検討を進めた結果、大枠の共通認識が得られつつある。３者の方法論には、森下が外区文様と系列の関係から設定した古墳時代倭鏡の枠組みを踏襲する辻田・加藤にたいし、森下の枠組みを製作技術から検証することで新たに再構成した筆者との差がある。また、辻田や加藤の検討では、系列間の時期的関係の整理に際して型式学的な理解だけでなく古墳編年に依拠する部分が大きいが、筆者は系列横断的な要素に着目して時期的関係を決定する方法をあくまでも基本とする点でも差がある。古墳時代には普遍的に鏡の「伝世・長期保有」が見出されるため［森下 1998］、出土古墳の時期にもとづく倭鏡の製作年代の推定には特段の注意を要すると考える。そこで、本論では副葬年代や共伴関係から検証可能な編年的枠組みとして、既往の分類案との対応関係に留意しつつ筆者による古墳時代中期に属する倭鏡の４期区分案を提示する。

２．古墳時代中期における倭鏡様式とその諸系列

　古墳時代倭鏡様式―前期倭鏡・中期倭鏡・後期倭鏡―のうち古墳時代中期にリアルタイムに生産が展開するのは、中期倭鏡と後期倭鏡である［岩本 2017b］。したがって、以下では中期倭鏡と後期倭鏡に属する諸系列の時期的な推移を概観する。倭鏡各様式における諸系列の帰属と先行研究の分類との対応関係は表１に示す。

中期倭鏡　　分離式神獣鏡Ｂ系、回転式神獣鏡系、二神二獣鏡Ｂ系、斜縁神獣鏡Ｂ系、鳥頭四獣鏡Ｂ系、捩文鏡三日月文系などがおもな系列である。系列を超えて神獣像をはじめとする主像表現が共通するため、系列は意匠の差を反映したものとみてよい。分離式神獣鏡Ｂ系の一部や小型鏡以下にはあてはまらない部分もあるが [1]、不均等ながら乳による鏡背分割をおこない、内外区の境界に小さな段差をもつものが多い（図１）。鋳型成形技法による区分はⅠ群（挽型への依存度の高い成型技法）ではなく、Ⅱ群（挽型への依存度の低い成型技法）に属し、前期倭鏡と連続しつつも変容が著しい点から別の様式として分離できる。つまり、中期倭鏡は前期倭鏡の変容が進んだ様式と位置づけうる。

　分離式神獣鏡Ｂ系は、前期倭鏡の分離式神獣鏡Ａ系に後続する系列である。Ａ系が神像の構図をとどめるあるいは神頭表現を多用するのにたいし、Ｂ系は神頭表現がごくわずかにしかみられず、獣像に形骸化した文様として付随する例がほとんどである（図２−１）。分離式神獣鏡Ｂ系と関連の深い系列に回転式神獣鏡系がある。形骸化した神頭表現があり、獣像も細部表現が共通するいっぽう、神頭

表1 古墳時代中期における倭鏡の様式と系列

様式	時期	系列名	主像の基本的特徴	先行研究の系列（一部） [森下 1991・2002]	[下垣 2003・2011]	鏡群［区分との対応関係］[加藤 2020]	[辻田 2018]
中期倭鏡	中期前半	分離式神獣鏡B系	直線的に前肢が伸びる鳥像や、鹿・神像や、神像、小児を頭部とした獣像から成る。頭部を鈕側に配置。	分離式獣鏡系の一部	分離式神獣鏡系の一部	分離式神獣鏡系の一部	—
		回転式神獣鏡系	頭部を鈕側以外に向く神像・神像や、小児を頭部とした獣像から成る。	—	中期型神獣鏡	中期型神獣鏡	—
		鼉龍鏡分離系	前期倭鏡の鼉龍鏡双胴部に由来する文様構成をもつ。獣像胴部が分離する様相がみられる。	鼉龍鏡系の一部	鼉龍鏡系の一部	鼉龍鏡系の一部	—
		盤龍鏡B系	前期倭鏡の鼉龍鏡の整胴鏡系に由来する文様構成をもつ。盤龍鏡の各部位の変容が顕著である。	—	盤龍鏡A系の一部	盤龍鏡A系の一部	—
		二神二獣鏡B系	坐した神像の区画とS字状の体躯に長頭をもつ獣像の区画とを対向させる。	斜縁神獣鏡A系の一部	盤龍鏡Ⅰ・Ⅱ系の一部	二神二獣鏡Ⅰ・Ⅱ系の一部	—
		斜縁神獣鏡B系	乳による区画に神像を挙手する脇侍、前方に細長い頭部を突き出す獣像を配する。	斜縁神獣鏡B系	二神二獣鏡Ⅱ系の一部	二神二獣鏡Ⅲ系関連鏡群	斜縁神獣鏡B系
		鳥頭四獣鏡B系	鳥頭の頭部をもつ獣像を4像（BⅠ系）に配分と鳥頭方を振り返る姿態（BⅡ系）に配分。	—	中期型神獣鏡	近江4号墳関連鏡群	—
		振文鏡三日月文系	振文鏡羽文系に類似した三日月文を連続させて主像とする。	三日月文鏡系	三日月文鏡系	—	—
		渦文鏡BⅠ系	渦文や弧文を主像とすることにより主像を表現する。振文鏡三日月文や鳥頭四獣鏡系の構図を踏襲する。	—	—	—	—
		珠文鏡変容B系	列状ないしまばらに配列した珠文と弧文・神図を忠実に再現したもの。	珠文鏡系	珠文鏡	珠文鏡先塡系	珠文鏡先塡系
古段階	中期中葉	斜縁四獣鏡B系	斜縁四獣鏡の文様・構図を忠実に再現したもの。	斜縁四獣鏡B系	—	—	斜縁四獣鏡B系
		鳥頭獣像鏡B系	胴部にたいして縦向きの細長く矮小化した鳥頭の獣像をB系の獣像を配する。対置神獣鏡B系の獣像と類似。	—	中期型獣像鏡	久津川車塚古墳鏡関連鏡群 / 黒川古文化研究所 M88 関連鏡群 / 一束古墳鏡関連鏡群 / 大鳥塚古墳鏡関連鏡群	多重波故文鏡系
		獣像鏡B系	乳による区画に、紐をはさんで神像同士、獣像を配する。	斜縁神獣鏡B系	中期型神獣鏡	伝 持田古墳群鏡関連鏡群「六鼠」／ 二神二獣鏡Ⅲ系関連鏡群 / 斑鳩鏡鏡群	四神四獣鏡系
		対置式神獣鏡B系	前期倭鏡の鼉龍鏡系に由来するS字構成をもつ神像と、文様構成に近い原型成は異なる形を呈するが、文様構成は原型とする。	—	—	—	潜続獣像鏡系
		鼉龍鏡B系	房状に開いた乳に開状や巻小なΩ字形文様を付属させる。	—	—	—	乳脚文鏡系
		乳脚文鏡房文系	乳による区画と獣像を埋め込むように配する。外区文様から鏡像を細分。	乳脚文鏡a・d系	乳脚文鏡	乳脚文鏡A系・b式	乳脚文鏡系
		珠文鏡先塡系 A・B群	乳による区画をなす。同一方向にめぐる5・6体の獣像を配する。前期倭鏡の対置式神獣鏡A系の獣像が原型か。	珠文鏡系	珠文鏡	珠文鏡A系・b式	珠文鏡先塡系
後期倭鏡	中期後葉 / 後期 新段階中葉	旋回式獣鏡旋回系	同一方向に旋回する獣像を配置。前期倭鏡の同向式神獣鏡A系の獣像を配する。	旋回式獣像鏡系	旋回式獣鏡	旋回式獣鏡系	旋回式獣鏡系
		同向式神獣鏡B系	乳をとりまくS字状の胴部をもつ獣像を配する。前期倭鏡の	同向式神獣鏡B系	中期型神獣鏡	同向式神獣鏡B系	潜続獣像鏡系
		内行花文鏡龍文系	連続文を主像とし、花文間に鱗状の文様を主像とする。	内行花文鏡龍文系	後期型内行花文鏡	内行花文鏡龍文系	内行花文鏡龍文系
		渦文鏡BⅡ系	細線文で表現した渦文状の文様を主像とする。	—	—	—	—
	後期 新段階	交互式神獣鏡対向系	神像と獣像を交互に配置。獣像は同一方向に旋回する対様群を細分する。	交互式神獣鏡系	後期型神獣鏡系	交互式神獣鏡 Aa系 / Aa・b・c・e系	交互式神獣鏡 A・B・C系
		交互式神獣鏡旋回系	神像と獣像を交互に配置。獣像は膨らみで表わす神像を単像化し、細線による細線表現する原型。	交互式神獣鏡旋回系	後期型神獣鏡	交互式神獣鏡 Aa・b・B系	交互式神獣鏡 A・B・C系
		単像式神獣鏡B系	頭部・肩・接より独立した膨らみで表わす細線による細線表現する鏡群の画一化の原型か。同型	—	後期型神獣鏡Ⅰ系	後期型神獣鏡Ⅰ系	多条文様帯神獣鏡系
		乳脚文鏡Ω字文系	小乳による区画の乳に細線によるΩ字文を付属する。Ω字文の用みは	乳脚文鏡b・c・d系	後期型神獣鏡Ⅰ系	乳脚型神像鏡Ⅰ系 c・d・e式	乳脚型神像鏡系
		乳脚文鏡短脚系	小乳に歯車状の乳で細線表現を付属させる。	乳脚文鏡e系 / 乳脚文鏡f系	—	乳脚紋鏡B系 / 乳脚紋鏡C系	
		珠文鏡先塡系 B・C・D・E・F群	小乳に長い渦文をもつ。小乳による区画、小さな珠文を埋めるように配する。外区文様に乳による区画を細分。	珠文鏡B系	珠文鏡	珠文鏡先塡系	珠文鏡先塡系

第Ⅰ部　広域編年の検討

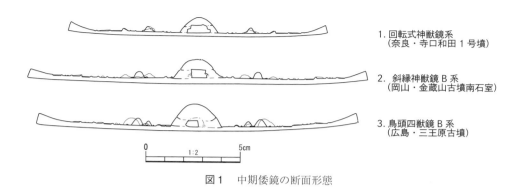

1. 回転式神獣鏡系
　（奈良・寺口和田1号墳）
2. 斜縁神獣鏡B系
　（岡山・金蔵山古墳南石室）
3. 鳥頭四獣鏡B系
　（広島・三王原古墳）

図1　中期倭鏡の断面形態

および獣像の頭部を縁部側に配置する点で文様構成を異にする（図2-2）。鼉龍鏡分離系は単頭双胴表現をもつ前期倭鏡の鼉龍鏡双胴系に関連する系列である。獣像胴部の表現が複雑で立体的な表現をもい、神像頭部との接続が明瞭な例から（図2-3）、獣像胴部が三日月文となった例や神像胴部と獣像胴部の位置関係が錯誤した例へと変遷すると考える（図2-4）。二神二獣鏡B系は二神二獣鏡A系に後続する系列であり、A系にたいしB系は獣像の頭部・頸部・体部が分離し、変容が著しい（図2-5）。新相の例では、さらに神獣像表現が不明瞭なものとなる（図2-6）。斜縁神獣鏡B系は吾作系斜縁神獣鏡を原型とし、直接的に前期倭鏡からの系譜を想定しがたい系列である。神獣像が比較的明瞭に表現される例から（図2-7）、変容して表現が不明瞭な例へと変遷したとみられる（図2-8）。鳥頭四獣鏡B系は獣像の頸部が短く頭部が前方を向く構図のBⅠ系（図2-9）、獣像頭部が大きく後方を振り返る構図のBⅡ系（図2-10）に細分でき、獣像の頭部表現が立体的なものから線表現ないしは欠落するものへと推移すると考えられる。捩文鏡三日月文系は、前期倭鏡の捩文鏡羽文系に後続する系列である。羽文系に比べると捩文表現が相対的に小さくなり、これに対応して内区主文部の文様帯幅が狭くなる。また、捩文表現の数は多くなる（図2-11）。さらに、捩文鏡三日月文系から派生して、主像表現が細線表現に変化したものが渦文鏡BⅠ系であろう（図2-12）。

　中期倭鏡の一部の系列を新古の2時期程度に細分することは可能であるが、同じ系列でも個々の資料で文様の変異が著しいこともあって、系列群全体を安定的に細分することは難しい。中期中葉以降の古墳からも出土するため「伝世・長期保有」例も多いとみられるが、文様のデフォルメの少ない例と顕著な例がともに中期前半に比定できる古墳から出土しており、その製作期間は短期であったと想定しうる。それゆえ、中期倭鏡は中期前半に製作された可能性が高いとしておくのが穏当であろう。

　後期倭鏡　後期倭鏡は、系列群の関係と時期差から古段階と新段階に区分できる［岩本2017a］。さらに新段階は古相と新相に細分できる［岩本2018・2023c］。新段階古相にあたる部分を細分する案もあるが［加藤2020］、安定的な時期差があるとの共通認識を得るには至っていない。

　後期倭鏡には、様式的な特徴として前期副葬鏡群をモデルとした「復古再生」を指摘できる［岩本2017a・2023b、e.g. 加藤2015など］。製作技術に関連する特徴として、モデルを比較的忠実に再現する交互式神獣鏡系や斜縁四獣鏡B系の一部は例外だが、乳による鏡背分割が重視されず、乳が文様の一部に組み込まれたもの、乳のないものが目立つようになる。内外区の境界を段差ではなく、痕跡器官的に一部分を高く突出させるものがあるが、段差のないⅡ群倭鏡（挽型への依存度の低い成型技法）の

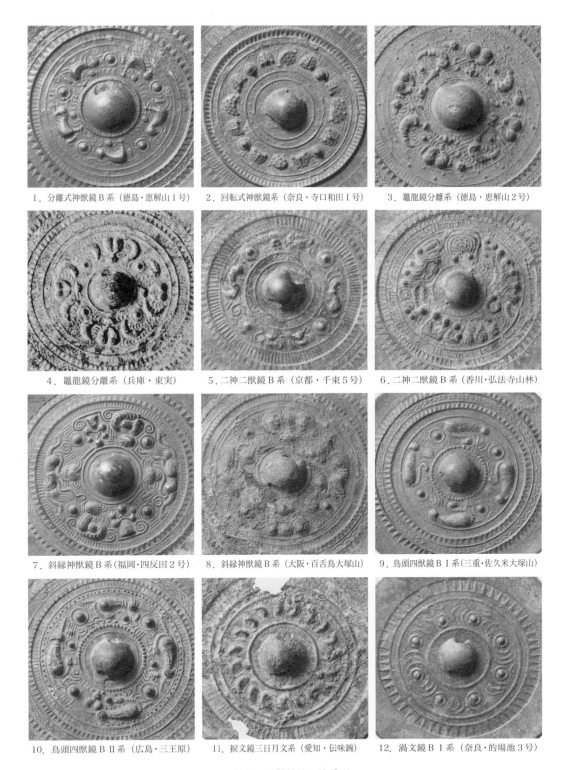

図2　中期倭鏡の諸系列

第Ⅰ部　広域編年の検討

典型的な形態的特徴をもつものがほとんどである（図3）。

　後期倭鏡古段階の主要系列は、斜縁四獣鏡B系、対置式神獣鏡B系、鳥頭獣像鏡系、獣像鏡B系である。このうち、獣像鏡B系は獣像鏡A系（図4‐1）、鳥頭獣像鏡系は鳥頭四獣鏡A系（図4‐2）、対置式神獣鏡B系は対置式神獣鏡A系（図4‐3）といったように、前期倭鏡をモデルにした系列が主体をなす［岩本2023b］。いっぽう、斜縁四獣鏡B系は前期副葬鏡群の吾作系斜縁四獣鏡をモデルにしたものである可能性が高い（図4‐4）。

　これら系列群の副葬年代の上限は、出土古墳の様相から鋲留技法導入期あるいは窖窯焼成による埴輪の出現とおおよそ重なる。各系列の末期型式がON46型式期あるいは新しくみてもTK208型式期には出現しており、製作時期をある程度まで絞り込むことが可能である。

　後期倭鏡新段階の主要系列は、旋回式獣像鏡系、同向式神獣鏡B系、内行花文鏡髭文系、蕨手文鏡系、乳脚文鏡Ω字文系・短脚系・八字文系・蕨手文系・長脚系である。旋回式獣像鏡系は鳥頭獣像鏡系や獣像鏡B系さらには対置式神獣鏡B系（図5‐1・2）、同向式神獣鏡B系は鼉龍鏡B系といったように後期倭鏡古段階の諸系列の系譜をひく（図5‐3）。内行花文鏡髭文系は前期倭鏡の「復古再生」を具現化した系列とみられる（図5‐4）［加藤2015］。上記の主要系列では系列横断的に縁部形態が共通し、縁部形態は時期が下降するにつれて扁平化する。縁部型式は1〜4式に分類でき、4式は文様帯部分との境界に段差をもつ古相と圏線をめぐらす新相に細分できる（図6・7）。1式→2式→3式→4式（4式古相→4式新相）へと重複期間をもちつつ変遷をとげる。おおまかに副葬年代の上限は、縁部1・2式がTK208〜TK23型式期、縁部3式がTK47型式期、縁部4式がMT15型式期にあると考えられる。文様が大きく変容するのは縁部3式以降であり、ここに生産の画期があったと判断できる［岩本2018・2023c］。倭鏡製作からみると、この生産の画期が古墳時代中期と後期の画期に対応する可能性は考慮しておく必要があろう。

　いっぽう、主要系列で想定した縁部型式をそのまま適用しがたい系列として、交互式神獣鏡系（旋回a系は除く）と単像式神獣鏡系がある（図5‐5・6）。これらの系列は、主要系列が「復古再生」を様式的特徴とするのにたいし、同時期に列島に流入した同型鏡群をモデルとする点で製作指向性を異にする。ただし、主要系列とまったくの没交渉であったわけではなく、内区の空隙に充塡される乳脚文、連続S字文や連続C字文、擬銘帯の種類など単位文様が共通するなど関連性をもつため、併行関係を探ることができる。それによれば、旋回a系[2]を除く交互式神獣鏡系と単像式神獣鏡系は主要系列の縁部3式以降に比定しうる。

　乳脚文鏡系と珠文鏡充塡系は後期倭鏡の古段階と新段階を通じて確認できる系列だが、段階差に対応する差も看取される。乳脚文鏡系では、房文系が古段階（図4‐5）、Ω字文系・短脚系・八字文系・蕨手文系・長脚系（図5‐7〜10）が新段階に対応する。このように乳脚文鏡系は古段階と新段階に対応する系列に差があり、後期倭鏡のなかでの小様式区分としての系列群交替と連動するものとみる。珠文鏡充塡系は属性が少ないため明瞭でないが、A・B群が古段階（図4‐6）、C・D・E・F群が新段階（図5‐11・12）におおよそ対応する。

　鈴鏡は後期倭鏡新段階の系列群と出現を同じくする。鈴鏡の出現は後期倭鏡新段階への様式展開を特徴づける動きであり、鈴付鋳造馬具や鈴釧の出現といった鋳銅品生産の画期と評価できる。

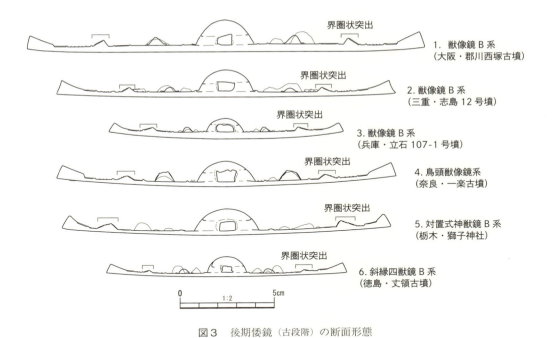

図3　後期倭鏡（古段階）の断面形態

1．獣像鏡B系（兵庫・立石107-1号）

2．鳥頭獣像鏡系（奈良・一楽）

3．対置式神獣鏡B系（宮崎・伝持田）

4．斜縁四獣鏡B系（徳島・丈領）

5．乳脚文鏡房文系（京都・久津川青塚）

6．珠文鏡充填系（奈良・五條猫塚）

図4　後期倭鏡（古段階）の諸系列

第Ⅰ部　広域編年の検討

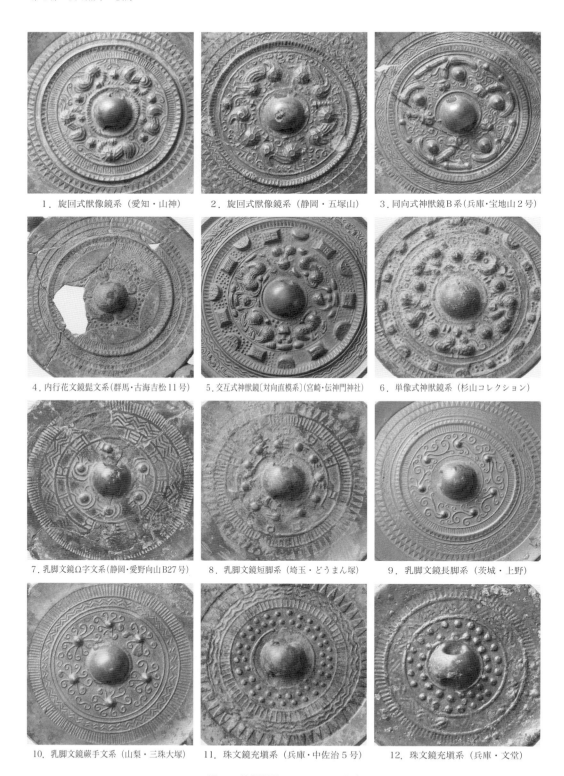

図5　後期倭鏡（新段階）の諸系列

銅　鏡（岩本）

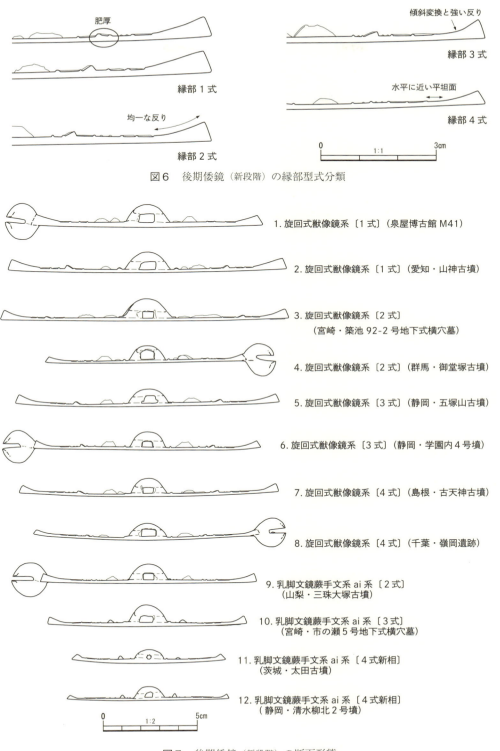

図6　後期倭鏡（新段階）の縁部型式分類

図7　後期倭鏡（新段階）の断面形態

29

第Ⅰ部　広域編年の検討

図8　祇園大塚山古墳出土の画文帯仏獣鏡

3．同型鏡群の年代

　前期古墳と同様に、中期古墳からも倭鏡だけでなく、中国鏡が出土する。ただし、中国鏡には倭鏡よりも「伝世・長期保有」例が目立つため、古墳編年には積極的に活用しがたい。西日本では散見される双頭龍文鏡も山口県赤妻古墳や岡山県随庵古墳、島根県玉造築山古墳などの諸例はいずれも華北系の西晋鏡であり［森下2007ほか］、副葬に至るまでの「伝世・長期保有」を想定できる。

　こうした中国鏡の流入動向において、いわゆる同型鏡群は古墳時代中期の中国鏡を象徴する存在となる。ただし、中国大陸での実態が不分明であるため、その流入時期を出土古墳の年代から導出している現状だが、その見解が一致するには至っていない。すなわち、同型鏡群の副葬開始時期については、千葉県祇園大塚山古墳を重視してON46型式期とやや早く見積もるⅠ説［川西2004、上野2013、辻田2015・2018］、同型鏡群の主たる出土古墳の年代傾向を根拠にTK208〜TK23型式期にやや下降させるⅡ説［加藤2014・2020、岩本2021］の二案がある。

　祇園大塚山古墳の年代　　同型鏡群の副葬を相対的に早くはじまるとする理解の最大の拠り所は、千葉県祇園大塚山古墳の年代であり、石棺周辺から出土した須恵器甕をON46型式と比定した点にある。しかし、属性じたいの時間幅、陶邑産搬入品であるとしうるか、そうでなければ系統と併行関係についての整理など須恵器それ自体の評価を十分にふまえる必要があると考える。共伴した札甲の型式が須恵器で想定した年代より新相を示す点も［橋本2013］、祇園大塚山古墳の時期比定じたいに課題のあることをうかがわせる。同型鏡群の副葬が急増するのがTK23〜TK47型式期の古墳である点、ほかの副葬品の年代観からも不確定要素を抱える祇園大塚山古墳の一例をもって、同型鏡群の副葬をON46型式併行期にはじまると固定するのはやや難があると考える（図8）。

　同型鏡群と後期倭鏡新段階　　また、築造年代を古くみなしうる同型鏡群の副葬例としてTK208型式期とされる福岡県勝浦峯ノ畑古墳がある［辻田2015・2018］。勝浦峯ノ畑古墳では後期倭鏡新段階の系列（乳脚文鏡Ω字文系）が共伴し、同型鏡群と後期倭鏡新段階との時期的な接点を示す根拠となる［岩本2021］。このほか、同型鏡群と後期倭鏡新段階鏡群との共伴例は9例あるが、同型鏡群と後期倭鏡古段階のみの共伴例は群馬県綿貫観音山古墳と大阪府郡川西塚古墳となる[3]。これらはいずれも古墳の築造年代がTK23〜TK47型式期以降となり、後者の組み合わせの時期的有意性は考えがたい。副葬古墳の築造年代や鏡の共伴関係からは、同型鏡群副葬の嚆矢はTK208〜TK23型式期にあり、後期倭鏡新段階に移行する様式転換と時期的に近接する可能性が高い。

まとめ

本論では鏡から中期古墳の編年的位置づけを探るための基礎作業として、倭鏡の変遷の大枠を確認した。また、いわゆる同型鏡群の副葬開始年代についても現状の理解と問題点を概略的に整理した。古墳時代中期における鏡の変遷の大枠は、中期初頭ごろの中期倭鏡の成立、中期中葉の後期倭鏡の成立、中期後葉の後期倭鏡における系列群交替と同型鏡群副葬の３段階に整理できる。このうち、後期倭鏡新段階はTK47型式期までを２期に細分しうるため、鏡から古墳時代中期は４時期に区分することが現状では可能である。なお、古墳時代中期以降の倭鏡諸様式は系列横断的な要素が顕著で、技術的なまとまりも強い点から、系統差を含みつつも生産拠点は限定されたものであったと考える。

最後に銅鏡から古墳編年を検討するにあたっては、「伝世・長期保有」例がしばしばみられる点に言及しておく。古墳時代中期以降、鏡の年代が古墳の築造年代と一致しないケースは増えるように思われる。そのいっぽうで本論では便宜上、鏡の年代を表現するにあたって古墳の年代と親和性が高いとされる須恵器型式を示したが、それぞれの型式がもつ時期幅は同一ではなく、あくまでも時間軸上の目安でしかない。鏡はもとより副葬品の年代を須恵器型式で表現することには注意が必要である。

註

（１）　中期倭鏡にみる鏡背分割の有無による系列群の差は、おおまかに生産系統の違いを反映するものと推定する。ただし、系統差はあるが相互に関連性をもつことから、生産拠点はある程度限られていたと考える。

（２）　交互式神獣鏡旋回ａ系は、主要系列と共通した縁部形態をもち、その製作は縁部１・２式から始動したと想定される［岩本2023c］。

（３）　ちなみに、熊本県江田船山古墳の鳥頭四獣鏡Ｂ系（中期倭鏡）や群馬県八幡観音塚古墳例の内行花文鏡系（前期倭鏡）、福岡県勝浦峯ノ畑古墳の内行花文鏡系（前期倭鏡）は、「伝世・長期保有」鏡と同型鏡群との共伴例である。

引用文献

岩本　崇　2017a「古墳時代倭鏡様式論」『日本考古学』第43号　日本考古学協会　pp.59-78

岩本　崇　2017b「古墳時代中期における鏡の変遷─倭鏡を中心にして─」『中期古墳の現状と課題Ⅰ～広域編年と地域編年の齟齬～』中国四国前方後円墳研究会第20回研究集会　中国四国前方後円墳研究会　pp.11-22

岩本　崇　2018「旋回式獣像鏡系倭鏡の編年と生産の画期」『古天神古墳の研究』島根大学法文学部考古学研究室調査報告第17冊　島根大学法文学部考古学研究室・古天神古墳研究会　pp.73-90

岩本　崇　2021「福岡県勝浦峯ノ畑古墳出土鏡群の再検討」『社会文化論集』第17号　島根大学法文学部社会文化学科　pp.43-57

岩本　崇　2023a「乳脚文鏡の評価」『豊橋市寺西１号墳の研究（２）論考編』愛知大学綜合郷土研究所　pp.50-58

岩本　崇　2023b「古墳出土鏡の「伝世」にかんする実証的研究序説」『器物の「伝世・長期保有」「復古再生」の実証的研究と倭における王権の形成・維持』島根大学法文学部　pp.11-36

岩本　崇　2023c「後期倭鏡新段階鏡群の分類と変遷」『後期古墳研究の現状と課題Ⅰ～交差編年の手がかり～』中四国前方後円墳研究会第26回研究集会（高知大会）資料集　中国四国前方後円墳研究会　pp.1-24

上野祥史　2013「祇園大塚山古墳の画文帯神獣鏡─同型鏡群と古墳時代中期─」『祇園大塚山古墳と５世紀という時代』六一書房　pp.107-134

第 I 部　広域編年の検討

加藤一郎　2014「後期倭鏡研究序説─旋回式獣像鏡系を中心に─」『古代文化』第 66 巻第 2 号　古代学協会　pp.1-20

加藤一郎　2015「後期倭鏡と三角縁神獣鏡」『日本考古学』第 40 号　日本考古学協会　pp.53-68

加藤一郎　2020『古墳時代後期倭鏡考─雄略朝から継体朝の鏡生産』六一書房

加藤一郎　2021『倭王権の考古学─古墳出土品にみる社会変化─』早稲田大学エウプラクシス叢書 27　早稲田大学出版部

川西宏幸　2004『同型鏡とワカタケル─古墳時代国家論の再構築─』同成社

小林行雄　1966「倭の五王の時代」『日本書紀研究』第二冊　塙書房　pp.130-162（1976『古墳文化論考』平凡社　pp.93-126 に所収）

下垣仁志　2003「古墳時代倭製鏡の編年」『古文化談叢』第 49 集　九州古文化研究会　pp.19-50

下垣仁志　2011『倭製鏡一覧』立命館大学考古学資料集第 4 冊　立命館大学考古学論集刊行会

辻田淳一郎　2015「古墳時代中・後期における同型鏡群の授受とその意義─山の神古墳出土鏡群の位置づけをめぐって─」『山の神古墳の研究─「雄略朝」期前後における地域社会と人制に関する考古学的研究：北部九州を中心に─』九州大学大学院人文科学研究院考古学研究室　pp.248-262

辻田淳一郎　2018『同型鏡と倭の五王の時代』同成社

橋本達也　2013「祇園大塚山古墳の金銅装眉庇付冑と古墳時代中期の社会」『祇園大塚山古墳と 5 世紀という時代』六一書房　pp.57-83

森下章司　1991「古墳時代仿製鏡の変遷とその特質」『史林』第 74 巻第 6 号　史学研究会　pp.1-43

森下章司　1998「鏡の伝世」『史林』第 81 巻第 4 号　史学研究会　pp.1-34

森下章司　2002「古墳時代倭鏡」『考古資料大観』第 5 巻 弥生・古墳時代 鏡　小学館　pp.305-316

森下章司　2007「銅鏡生産の変容と交流」『考古学研究』第 54 巻第 2 号　考古学研究会　pp.34-49

図表出典

図 1：1. 奈良・寺口和田 1 号墳（奈良県立橿原考古学研究所附属博物館蔵）、2. 岡山・金蔵山古墳南石室（倉敷考古館蔵）、3. 広島・三王原古墳（立専寺蔵）。図 2：1. 徳島・恵解山 1 号墳（徳島市立考古資料館蔵）、2. 奈良・寺口和田 1 号墳（奈良県立橿原考古学研究所附属博物館蔵）、3. 徳島・恵解山 2 号墳（東京国立博物館蔵）、4. 兵庫・東実古墳（個人蔵［橋本誠一氏提供]）、5. 京都・千束 5 号墳（京都府埋蔵文化財調査研究センター蔵）、6. 香川・弘法寺山林古墳（東京国立博物館蔵）、7. 福岡四反田 2 号墳（個人蔵）、8. 大阪・百舌鳥大塚山古墳（堺市博物館蔵）、9. 三重佐久米大塚山古墳（松阪市文化財センター蔵）、10. 広島・三王原古墳（立専寺蔵）、11. 愛知・（伝）味鋺（味鋺神社蔵）、12. 奈良・的場池 3 号墳（奈良県立橿原考古学研究所附属博物館蔵）。図 3：1. 大阪・郡川西塚古墳（東京国立博物館蔵）、2. 三重・志島 12 号墳（個人蔵）、3. 兵庫・立石 107 − 1 号墳（豊岡市教育委員会蔵）、4. 奈良・一楽古墳（奈良文化高等学校蔵）、5. 出土地不明（獅子神社蔵）、6. 徳島・丈領古墳（丈六寺蔵）。図 4：1. 兵庫・立石 107 − 1 号墳（豊岡市教育委員会蔵）、2. 奈良・一楽古墳（奈良文化高等学校蔵）、3. 宮崎・（伝）持田古墳群（宮崎県総合博物館蔵）、4. 徳島・丈領古墳（丈六寺蔵）、5. 京都・久津川青塚古墳（京都府立山城郷土資料館蔵）、6. 奈良・五條猫塚古墳（奈良国立博物館蔵）。図 5：1. 愛知・山神古墳（東京国立博物館蔵）、2. 静岡・五塚山古墳（掛川市教育委員会蔵）、3. 兵庫・宝地山 2 号墳（丹波篠山市教育委員会蔵）、4. 群馬・古海吉松 11 号墳（東京大学総合研究博物館蔵）、5. 出土地不明（神門神社蔵）、6. 出土地不明（東北歴史博物館蔵）、7. 静岡・愛野向山 B 27 号墳（袋井市教育委員会保管）、8. 埼玉・どうまん塚古墳（國學院高等学校蔵）、9. 茨城・上野古墳（東京国立博物館蔵）、10. 山梨・三珠大塚古墳（市川三郷町教育委員会蔵）、11. 兵庫・中佐治 5 号墳（兵庫県立考古博物館蔵）、12. 兵庫・文堂古墳（香美町教育委員会蔵）。図 6：岩本作成。図 7：1. 出土地不明（泉屋博古館蔵）、2. 愛知・山神古墳（東京国立博物館蔵）、3. 宮崎・築池 92-2 号地下式横穴墓（宮崎県立西都原考古博物館蔵）、4. 群馬・御堂塚古墳（神明山西光寺蔵）、5. 静岡・五塚山古墳（掛川市教育委員会蔵）、6. 静岡・学園内 4 号墳（浜松市博物館蔵）、9. 山梨・三珠大塚古墳（市川三郷町教育委員会蔵）、10. 宮崎・市の瀬 5 号地下式横穴墓（国富町教育委員会蔵）、11. 茨城・太田古墳（八千代町歴史民俗資料館蔵）、12. 静岡・清水柳北 2 号墳（沼津市教育委員会蔵）。図 8：祇園大塚山古墳（宮内庁書陵部蔵）。表 1：岩本作成。※以上の図はすべて岩本 2017a・2017b・2018・2023b・2023c からの引用。

〈研究報告〉

玉　類

米田　克彦

はじめに

　本稿では、中国四国地方における中期古墳の広域編年を再考することを目的として、副葬品の一つである玉類を取り上げる。具体的には、古墳時代中期を中心に玉生産について概観したうえ、中国四国地方における中期古墳を中心として副葬玉類及び組成の変遷を検討する[1]。

1．古墳時代中期における玉生産

　古墳時代の玉作遺跡は前期109、中期52、後期35の計196か所が確認されており、その検討から玉類が製作された時期や地域、製作技術を探ることができる［米田2019］。各地域の主な玉作遺跡における古墳時代中期の勾玉・管玉未成品は図1、古墳時代玉作遺跡の消長や生産内容は表1[2] にまとめたとおりである。

　前期は北陸を中心として、東北南部、関東、甲信、東海、近畿、山陰、北部九州に玉作遺跡が分布する。特に北陸の石川県片山津玉造遺跡では緑色凝灰岩製管玉とともに腕輪形石製品が大量に生産された。中期になると、北陸の加賀地域などの東日本各地で玉生産が急に衰退する一方、近畿や山陰で玉生産が活発になる。

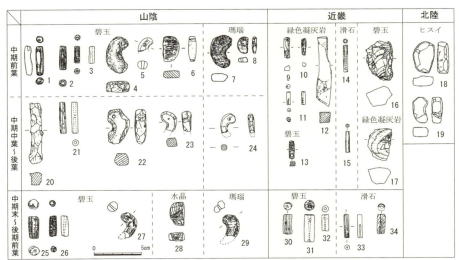

1・6～8 島根県大角山、2～5 島根県勝負、9・10・16・17 大阪府長原、11・12 奈良県下茶屋カマ田、14・31・32 奈良県曽我、18・19 新潟県笛吹田、20～24 島根県大原、26 島根県四ッ廻II、13・15・30・34 奈良県布留、25～29 島根県福富、35 滋賀県古高

図1　古墳時代中期の玉未成品（S=1/4）

33

第Ⅰ部　広域編年の検討

表1　古墳時代における主な玉作遺跡の消長と生産内容

地域		遺跡	時期（3C布留古〜7C TK209）	琥珀 勾玉	緑色凝灰岩 管玉	緑色凝灰岩 石製品	碧玉 管玉	碧玉 勾玉	瑪瑙 丸玉	水晶 管玉	水晶 勾玉	水晶 算盤玉	水晶 切子玉	水晶 丸玉	滑石 子持勾玉	滑石 勾玉	滑石 臼玉	滑石 有孔円板	滑石 剣形品	滑石 石製品	玉類
東北	山形	玉作第1	布留新	●			●														
	福島	富ノ北	布留新	●	○																
関東	茨城	烏山／八幡脇					●	●							●	●					
	栃木	市ノ塚					●								●			?			
	群馬	下佐野					●		?						●	○					
	埼玉	反町／前原						●							●	○				●	
	千葉	外小谷・八代			○		○								●	●					○
	神奈川	本郷・社家宇治山ほか		○			○								○						
甲信	山梨	寿岳田		○											●						
	長野	社軍寺	布留中					●								○					
東海	静岡	釜蓋／川合		●											●	●					
北陸	新潟	笛吹田・大角地・三又ほか		●				●							●	●					
	富山	浜山		●				●							●	●					
	石川	片山津／浜竹松Bほか		○				○							●	●					
	福井	河和田						○													
近畿	滋賀	播磨田東／辻／辻					●								●	●	●			●	
	大阪	上之庄／長原			●		●	○													
	奈良	曽我／南郷／布留／秦楽寺		○	●		●	●	?		?		?		●	●	●			●	
	兵庫	新方		?			●									●	●				
山陰	鳥取	百塚第一					○	○	○							○					
	島根	出雲玉作跡／勝負					●	●	●							○	○				
		大角山					●	●	●							○	○				
		大原					●	●	●							○	○				
		四ツ廻Ⅱ					●	●	●							○	○				
		原ノ前					●	●	●												
		田和山A					●	●	●		●				●						
		面白谷					●	●	●		●				●	●					
		福富Ⅰ					●	●	●	●	●				●	●	●	?			
		出雲玉作跡宮垣地区／杉谷					●	●	●	●	●			?	●	●	●				
		面白谷					●	●	●						●	●					
		堂床					●	●	●		●			?	●	●	●	?			
		平床Ⅱ					?	●	●	?	●				○	●					
九州	福岡																				

（●：製作あり、○：わずかに製作、？：製作の可能性あり）

　北陸では新潟県笛吹田遺跡（18・19）や富山県浜山遺跡などでヒスイ製勾玉や滑石製玉類が作られた。

　近畿では滋賀県、大阪府、奈良県、兵庫県で玉生産が行われた。特に奈良県曽我遺跡では前期後半から多様な石材を各地から大量に搬入して特徴的な玉類を生産し、中期は全盛となる［関川1985・絹畠2022］。同遺跡では前Ⅶ期〜中Ⅱ期（3）は細長形の緑色凝灰岩・滑石製管玉（14）、滑石製勾玉・臼玉、中Ⅲ・Ⅳ期は滑石製の板状勾玉・臼玉・有孔円板、琥珀製棗玉・丸玉、後Ⅰ期は片面穿孔による太型の碧玉製管玉（31・32）が主に生産された［大賀2008］。また、大阪府長原遺跡、奈良県南郷遺跡群（下茶屋カマ田遺跡）、布留遺跡では細長の緑色凝灰岩製管玉（9〜12）、一部で碧玉・緑色凝灰岩製勾玉（16・17）が作られた（4）。

　山陰では島根県勝負遺跡、大角山遺跡（1〜8）、大原遺跡、四ツ廻Ⅱ遺跡、面白谷遺跡などで碧玉・瑪瑙製勾玉、碧玉製管玉（22〜24）が主に製作された。中期末〜後期前葉には、福富Ⅰ遺跡では碧玉・瑪瑙・水晶製勾玉とともに片面穿孔による太型の碧玉製管玉（25〜29）が生産されはじめる。この管玉は奈良県曽我遺跡と山陰の出雲地域の玉作遺跡でほぼ同時期に製作されており、両地域で作られた管玉は石材や製作技術、規格が共通する。このことは、出雲地域から膨大な量の碧玉を曽我遺跡に搬入するとともに、多くの玉作工人も赴いて曽我遺跡で同管玉を大量生産したことを示唆する［米田2008・2009］。

玉　類（米田）

２．古墳時代中期における玉類の特徴と変遷

（１）管　玉

　古墳時代の管玉は碧玉、緑色凝灰岩、滑石、ガラス製がある（図２）。中期前葉から中葉（中Ⅰ・Ⅱ期）
は、前期末（前Ⅶ期）に出現した畿内系（領域Ｌ）の緑色凝灰岩・滑石製、山陰系（領域ＪＬ）の花仙山
産碧玉製の細長管玉が主体となり、法量的な指向性が共通する［大賀2009・2013］。緑色凝灰岩製管玉
は大阪府豊中大塚古墳（第１主体）、鳥取県北山１号墳（24）、岡山県月の輪古墳（25）、上ノ山古墳（28）
などで認められ、出土数が多い。また、滑石製管玉は大阪府珠黄金塚古墳（南槨）、徳島県大代古墳（27）、
広島県三ツ城第１号古墳（29）、花仙山産碧玉製の細長管玉は京都府産土山古墳、徳島県大代古墳（26）
などで出土している。
　中期後葉（中Ⅲ・Ⅳ期）は細長管玉が減少し、管玉の副葬も限定的である。
　中期末（後Ⅰ期）になると、山陰系の花仙山産碧玉製管玉が直径６mm以上で、全長が直径の３倍
弱の太型（領域ＪＦa）を指向し、穿孔技術が両面穿孔から片面技術に移行する。ただ、その移行期に
は太型の管玉は片面穿孔と不規則な両面穿孔が混在することが指摘されている［大賀2009］。当地方
では後Ⅰ期前半（TK23型式併行期）の島根県金崎１号墳や後Ⅰ期後半（TK47型式併行期）の岡山県日
上畝山６号墳（32・33）では両者が混在するものの、岡山県中山６号墳、香川県大井七つ塚４号墳、
愛媛県斎院茶臼山古墳（34・35）では副葬された全ての太型管玉が片面穿孔となることから、後Ⅰ期
後半には太型管玉の大部分が片面穿孔に移行したことが窺える。なお、この管玉は後期も主体となる
（36～39）。

（２）勾　玉

　古墳時代の勾玉は、ヒスイ、碧玉、緑色凝灰岩、瑪瑙、水晶・紫水晶、滑石、琥珀、ガラス製があ
る（図３）。
　ヒスイ製勾玉　　前期末（前Ⅶ期）に片面穿孔で白濁したヒスイ製勾玉が出現する。このうち、腹部
の断面がＤ字形をなすものはNn型［大賀2012］に分類され、京都府愛宕山古墳、奈良県室宮山古墳、
島根県石田古墳（図４-38・39）、山口県妙徳寺山古墳などで類例があり、中Ⅱ期まで盛行する。
　碧玉・瑪瑙・水晶製勾玉　　古墳時代前期後葉（前Ⅴ期）に出現し、古墳時代を通して見られる。碧玉・
瑪瑙・水晶製勾玉の大部分は山陰系に分類される［大賀2009・2013］。前期の瑪瑙・碧玉製勾玉は全長
40mm以上の大形で、精巧なつくりのものが多く、片面穿孔と両面穿孔が混在する。
　中期前葉（中Ⅰ期）になると、碧玉・瑪瑙製勾玉は前期後葉よりやや小形化して全長20～40mmの
ものが多くなる。形態は全体的に整ったＣ字形を呈し、片面穿孔に特化する。類例として、碧玉・瑪
瑙製は岡山県月の輪古墳（42～45）、福岡県神領２号墳、碧玉製は大阪府豊中大塚古墳、盾塚古墳、
徳島県大代古墳（40）、瑪瑙製は京都府産土山古墳、鳥取県越敷山51号墳などがあげられ、同質同形
で２個一対を単位として副葬されるのが特徴的である。また、当該期から水晶製勾玉は希少となる。

35

第Ⅰ部　広域編年の検討

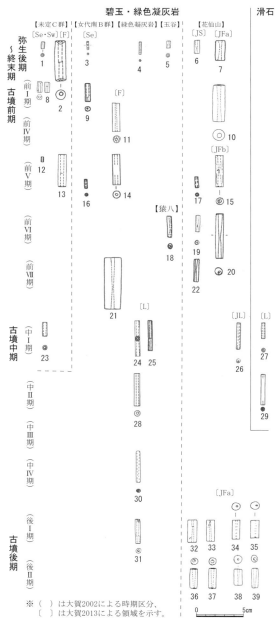

図2　中国四国地方における弥生時代後期～古墳時代後期の管玉の変遷（S=1/4）

1島根県西谷3号墓、2岡山県楯築墳丘墓、3鳥取県宮内1号墓、4〜6鳥取県湯坂1号墓、7岡山県和田B区1号墓、8徳島県萩原1号墓、9徳島県蓮華谷Ⅱ-2号墓、10岡山県七ツ丸1号墳、11鳥取県馬ノ山4号墳、12・13島根県造山3号墳、14広島県中小田1号墳、15島根県松本1号墳、16・17島根県五反田1号墳、18香川県野牛古墳、19・20島根県上野1号墳、21・22岡山県金蔵山古墳、23・26・27徳島県大代古墳、24鳥取県北山1号墳、25岡山県月の輪古墳、28鳥取県上ノ山古墳、29島根県三ツ城第1号古墳、30岡山県一国山古墳、31鳥取県印賀7号墳、32・33岡山県日上畝山6号墳、34・35愛媛県斉院茶臼山古墳、36・37広島県助平古墳、38・39岡山県河辺上原1号墳-2

こうした勾玉の特徴は中期中葉（中Ⅱ期）も続き、碧玉製は徳島県恵解山9古墳、碧玉・瑪瑙製は鳥取県上ノ山古墳（48〜51）、瑪瑙製は細曽1号墳、広島県三ツ城古墳などで確認される。また、大阪府豊中大塚古墳、盾塚古墳などで出土した緑色凝灰岩製勾玉は、中Ⅰ期〜中Ⅱ期を中心に山陰系の玉作工人の関与によって畿内で製作されたことが想定されている［大賀2023］。

前期末〜中期後葉には碧玉・緑色凝灰岩製勾玉の一部に、頭部に線刻がある丁字頭勾玉が限定的に認められる。碧玉製は奈良県室宮山古墳、大阪府風吹山古墳、塚廻古墳、岡山県月の輪古墳、緑色凝灰岩製は山口県妙徳寺山古墳、両者は京都府飯岡車塚古墳、大阪府盾塚古墳などで出土している［瀧音2019］。これらは山陰系勾玉に含みつつ、山陰系の工人が畿内で製作したことを大賀氏［2009］は想定している。このことは、山陰の出雲地域の玉作遺跡では丁字頭をもつ花仙山産碧玉製勾玉が製作されていないことや、形態や片面穿孔によることからも同意できる［米田1998・2009］。これらの碧玉・緑色凝灰岩製の丁字頭勾玉は、ヒスイ製の丁字頭勾玉の模倣、王権が関与した製作背景を考えるうえで注意される。

中期後葉（中Ⅲ・Ⅳ期）〜中期末（後Ⅰ期）になると、碧玉・瑪瑙製勾玉は全長25〜35mmの中型品が多くなり、厚みがやや平板状となるほか、表面に研磨痕を残すものや終孔部の円錐状の窪みを残す［大賀2009］。類例として、碧玉製は岡山県法蓮23号墳（58）、瑪瑙製は鳥取県長瀬高浜77号墳（59）、広島県酒屋高塚古墳、碧玉・瑪瑙製は島根県金崎1号墳、水晶製は広島県三玉大塚古墳、鳥取県長瀬高浜3号墳（73）などがあげられる。

玉　類（米田）

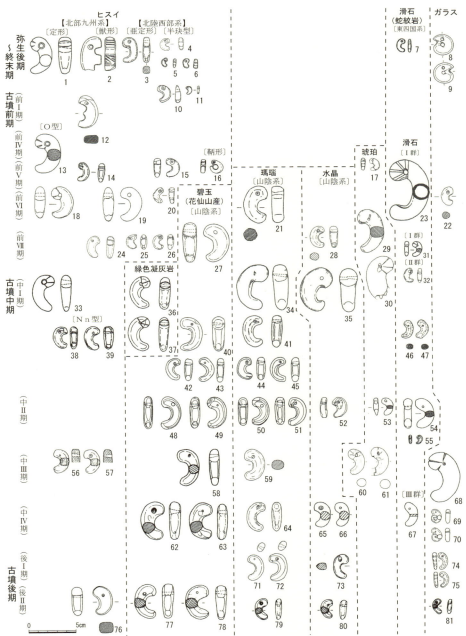

※（　）は大賀2002による時期区分、〔　〕は木下1987、大賀2012、戸根2014による分類を示す。

1岡山県楯築、2岡山県矢藤治山、3岡山県黒宮大塚、4島根県沢下6号、5・6岡山県立坂、7岡山県和田Ｂ区1号、8・9島根県西谷3号、10・11香川県奥14号、12岡山県近長丸山1号、13香川県快天山、14広島県中小田1号、15〜17島根県石鎚山1号、18・19香川県岩崎山4号、20〜22島根県上野1号、23島根県鶴山丸山、33・34・35鳥取県北山1号、24鳥取県古郡家1号、25・26島根県五反田1号、27島根県釜代1号、28島根県苅捨、29島根県奥才34号、30・32山口県松崎、31岡山県金蔵山、36・37山口県妙徳寺山、38・39・41島根県石田、40徳島県大代、42〜45岡山県月の輪、46・47島根県斐伊中山3号、48〜51・55鳥取県上ノ山、52山口県新宮山、53・54広島県三ッ城第1号、56・57四拾貫小原第1号、58岡山県法蓮23号、59鳥取県長瀬高浜77号、60・61鳥取県横枕73号、62・63岡山県四辻1号、64広島県上定第27号、65〜67岡山県随庵、68岡山県築山、69・70広島県三玉大塚、71・72鳥取県印賀7号、73鳥取県長瀬高浜3号、74・75岡山県みそのお2号、76岡山県斎富2号、77〜81岡山県北山1号

図3　中国四国地方における弥生時代後期〜古墳時代後期の勾玉（S=1/4）

37

第Ⅰ部　広域編年の検討

紫水晶製勾玉は当地方では島根県月廻4号墳で1点、広島県中小田1号墳（前Ⅴ～Ⅶ期）で1点、岡山県随庵古墳（中Ⅳ期）で2点が出土している。このほか、列島では福岡県稲荷元久保14号墳、宮崎県下北方5号横穴墓、大分県川部遺跡Ⅰ区1号石棺、愛知県十三塚3号墳、香川県緑ヶ丘古墳、朝鮮半島の福泉洞33号墳で各1点が出土している［大賀2020、福岡博物館2013］。このうち、随庵古墳、下北方5号横穴墓例は中Ⅳ期にあたり、同形同大の2個一対となる点が共通する。紫水晶製勾玉について、大賀氏は形態、穿孔方法の特徴から山陰系［大賀2009］に属するものと考えられてきたが、紫色への色調の指向性を重視して、製作地や素材選択についてさらなる検討の必要性を説く［大賀2020］。

　　滑石製勾玉　　前期末（前Ⅶ期）になると、滑石製勾玉が畿内を中心に急増する。戸根比呂子氏［2014］によると、墳墓出土の滑石製勾玉のうち、丁寧な精製の勾玉（Ⅰ群・丁字頭はⅠ'群）は前Ⅶ期～中Ⅰ期、やや扁平で腹部にケズリ痕が側面の短軸方向に認められる勾玉（Ⅱ群）は前Ⅶ期～中Ⅱ期、板状の勾玉（Ⅲ群）は中Ⅲ期以降に盛行する。当地ではⅡ群の小型勾玉の多量副葬が徳島県国高山古墳、広島県亀山第1号古墳、鳥取県上ノ山古墳（55）などで見られ、中Ⅰ・Ⅱ期に顕著となる。

　　琥珀製勾玉　　弥生時代後期に出現し、古墳時代にはヒスイ・碧玉・瑪瑙製勾玉と比べると出土数が極端に少ない。当地方では中Ⅱ期の広島県三ツ城古墳の第3埋葬施設（53）、鳥取県横枕73号墳（60・61）、後Ⅰ期の香川県大井七ツ塚4号墳の1号竪穴式石室などで出土しており、限定される。

　　ガラス製勾玉　　古墳時代中期になると、ガラス製小玉の増加に伴い、同勾玉も増加する。中Ⅳ期の築山古墳の例は全長5.5cmの大型品で、整った定形勾玉で頭部に線刻がある（68）。また、中Ⅳ期の三玉大塚古墳は鞆形勾玉（69・70）、後Ⅰ期の岡山県みそのお2号墳（74・75）と中期後半の法蓮広堂山1号墳は紺色のガラスによる亜定形勾玉で、いずれも同形同大で2点が一対になる。

（3）算盤玉・棗玉・切子玉

　古墳時代中期以前の算盤玉は碧玉、瑪瑙、水晶、滑石製、棗玉はヒスイ、碧玉、瑪瑙、水晶、琥珀、滑石製がある（図4）。これらについては、大賀氏［2009・2013］が検討している。

　　算盤玉　　碧玉製は前Ⅴ～Ⅶ期に出現し、中Ⅰ～Ⅲ期にやや出土が偏る。当地方では四拾貫小原第1号古墳（21～23）、鳥取県名土古墳（31）、島根県丸子山古墳で類例がある。瑪瑙製は希少で、山口県赤妻古墳で認められる。水晶製算盤玉は山口県新宮山1号墳（16～18）、島根県丸子山古墳、愛媛斎院茶臼山古墳（29・30）が出土している。滑石製算盤玉は前Ⅶ期から中Ⅱ期の畿内を中心に認められ、当地方では広島県表山第2号古墳、島根県経塚山古墳でまとまった数が副葬される。

　　棗　玉　　ヒスイ製は前Ⅵ期から中Ⅳに盛行する。近畿を中心に分布し、中期後半にやや偏る。当地方では綾杉文が線刻された棗玉は岡山県金蔵山古墳（9）、鳥取県横枕73号墳（24・25）で認められる。碧玉製棗玉は中Ⅰ期になって出現する。中期前半に類例が多く、いずれも小型である。岡山県月の輪古墳では棗玉3点（12～14）のうち、綾杉文をもつ棗玉2点がある。琥珀製棗玉は、当地方では中Ⅰ期の鳥取県北山1号墳（15）、中Ⅱ期の三ツ城第1号古墳（19・20）、鳥取県横枕73号墳（28）、後Ⅰ期の鳥取県印賀7号墳（32・33）、広島県高屋東第2号遺跡7号古墳（34・35）などで出土しており、古墳への副葬は限られる。滑石製棗玉は前Ⅶ期に出現し、中Ⅱ期にかけて畿内を中心に認められる。当地方では広島県才谷第4号古墳で1点、長迫福田遺跡3-2T第1主体で6点（36～39）がある。

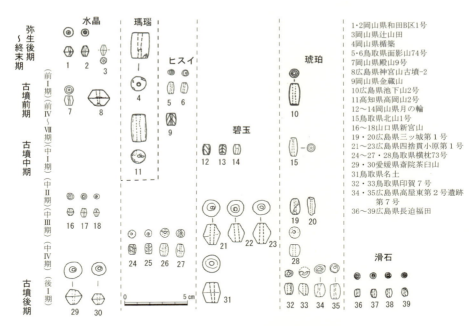

図4　中国四国地方における弥生時代後期～古墳時代後期の算盤玉・棗玉（S=1/4）

切子玉　水晶製は鳥取県横枕72号墳、野山2号墳－第2号棺、碧玉製は広島県池下山第2号古墳で出土している。このうち、横枕72号墳例は摩滅が著しいものの、石材の質感や穿孔技術から朝鮮半島から舶載された可能性がある。

（4）臼玉

　滑石製臼玉は古墳時代前期後半に出現し、中期に盛行する。当地方では古墳時代前期は11例301点であったが、中期は88例11,074点以上と大幅に増加している。多量副葬された例は前期後半から中期に顕著で、前Ⅴ～Ⅶの茨城県常陸鏡塚古墳、前Ⅶ期の大阪府交野東車塚古墳、中Ⅰ～Ⅱ期の大阪府鞍塚古墳、中Ⅳ期の大阪府カトンボ山古墳では2,000点以上の夥しい数の臼玉が副葬されている。当地方では鳥取県面影山75号墳、長瀬高浜77号墳、岡山県月の輪古墳で臼玉が1,000点を超える。

　臼玉は側面の形状、側面と孔面の研磨状態、穿孔方法を分類の視点とし、製作時の技術的難易度を考慮することで、A1～E4に変化するという編年試案を篠原祐一氏が示した。側面形状はA（算盤玉状）→B（棗玉状）→C（臼玉状）→D（管玉状）→E（平玉状）、側面研磨状態は1（縦）→2（斜）→3（横）に変化し、A1～3は4世紀後葉～5世紀初、B1～3は5世紀前葉～中葉、C1～3は5世紀中葉～末、D2・3は5世紀末～6世紀初、E3・4は6世紀を主体とすることを整理した［篠原1995］。当地方では、中Ⅲ期の香川県原間6号墳はA、中Ⅲ～Ⅳ期の島根県塚山古墳はD、後Ⅰ期の岡山県勝負砂古墳、中山6号墳はAを主体しており、古相のAが中期後半も継続している可能性がある。

第Ⅰ部　広域編年の検討

（5）ガラス製小玉・丸玉

　古墳時代中期は高アルミナソーダ石灰ガラスが増加するほか、後半には植物灰ガラスが出現する。中期前半（中Ⅰ・Ⅱ期）は、引き伸ばし法による紺色の小玉（BDⅠ型）が増加するほか、巻き付け法、連珠法もしくは融着法、鋳型法などの多様な製作技法による小玉が散見されるようになる［大賀2002c］。なかでも、引き伸ばし法による赤褐色の小玉（BDⅡ型）は弥生時代後期から終末期に列島へ流入した後、古墳時代前期は認められなかったが、中Ⅰ期に再び列島にもたらされた。特に中Ⅰ期から後Ⅰ期にかけて、兵庫県中山12号墳、鳥取県面影山75号墳、岡山県長畝山北4号墳、広島県弘住第2号古墳、和歌山県大谷古墳などで多量に副葬されている。

　中期後半（中Ⅲ・Ⅳ）には紺色の植物灰ガラスの小玉（BDⅢ型）、黄緑色不透明、黄色不透明、淡青色透明のソーダガラスの小玉（BDⅡ）が出現する。類例として、福岡県勝浦41号墳、兵庫県宮山古墳、和歌山県車駕之古址古墳などがあげられる。このほか、広島県国成古墳ではナトロンガラス製丸玉が8点、香川県盛土山古墳では雁木玉やトンボ玉が出土しており、希少な例と言える。

（6）金属製玉類

　中Ⅱ期の島根県毘売塚古墳では金銅製空玉が3点が出土しており、「楕円形で両端に針金を通す小孔が2個ずつ並んでいる」という［山本1966］。中期の金銅製空玉は希少で、中Ⅲ期の大阪府珠金塚古墳（北槨）で12点、中Ⅳ期の兵庫県宮山古墳（第3主体）で32点がある。また、刀装具である三輪玉のうち、金属製は列島では古墳時代中期後半から後期にかけて171点以上の出土例が知られている［岩橋2019a］。そうしたなか、中期中葉の広島県空長第1号古墳では大型の鉄剣、蛇行剣、鐶に伴って金銅製三輪玉が出土しており、希少かつ特異な副葬品の組成である［岸本2020］。

3．中期古墳における玉類副葬の変遷

　玉作遺跡の消長や生産内容、玉類の類型・系統の変遷［大賀2013］をもとに、中国四国地方の中期古墳における副葬玉類の組成を類型化し、共伴遺物をもとにその変遷を提示する（図5）。類型については［米田2020］に準ずる。なお、中期の様相を把握するため、前Ⅳ期・後Ⅰ期を含めて整理する。

　古墳時代前期は丁字頭・半玦型のヒスイ製勾玉、小型（領域Se・Js）や半島系の管玉、ガラス小玉、後半は北陸系の太型（領域F）の緑色凝灰岩製管玉、山陰系の太型の碧玉製管玉（領域JFb）、山陰系の碧玉・瑪瑙・水晶製勾玉が主に副葬された［大賀2002a・2013、谷澤2020など］。近年、島根県内の前期〜中期古墳の玉類については岩橋孝典氏［2019b］が多角的に検討したほか、広島県の古墳時代玉類は岸本晴菜氏［2020］が副葬状況や地域性について検討している。

　当地方の前期古墳における副葬玉類の変遷については、複雑な様相を示す［米田2014］。副葬された玉類の組成をみると、古墳時代前期前半は列島各地の玉生産が一時的に衰退したことで、玉類は弥生時代的な流通が続き、玉類副葬は低調で選択的に行われた。そして、前期後半には列島の広範囲で玉生産が活発化したことで、勾玉と管玉は生産地周辺でそれぞれが流通し、消費地となる各地域の古

玉　類（米田）

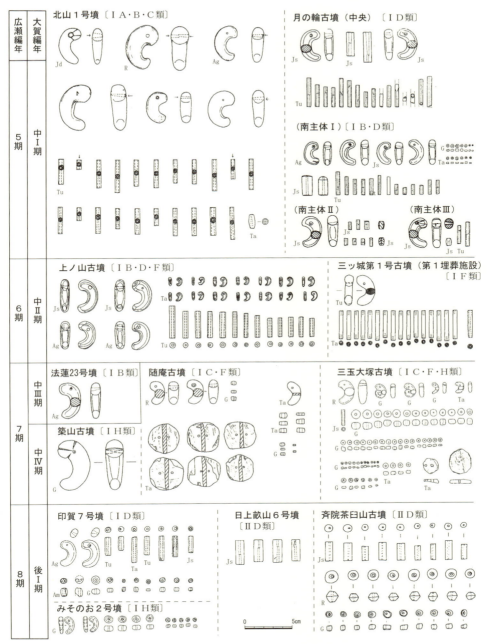

図5　中国四国地方における中期古墳の玉類組成の変遷案（S=1/4）

墳ではこれらを個別に入手することが多かったことが想定される。

　前Ⅶ期　　新相（Nn型）のヒスイ製勾玉、畿内系の細長型（領域L）の緑色凝灰岩・滑石製管玉、山陰系の細長型（JL）の碧玉製管玉が出現し、これらは中Ⅰ・Ⅱ期に盛行する。類例として、大阪府

41

第Ⅰ部　広域編年の検討

和泉黄金塚古墳、巣山古墳、津堂城山古墳、岡山県金蔵山古墳などがあげられる。

中Ⅰ期　　北陸系の太型（領域F）の緑色凝灰岩や腕輪形石製品が急に減少する一方、畿内系の細長型（領域L）の緑色凝灰岩・滑石製管玉、滑石製勾玉・臼玉、山陰系の碧玉・瑪瑙製勾玉、Nn型のヒスイ勾玉が盛行する。また、赤褐色などの高アルミナソーダ石灰ガラスの小玉（BDⅡ型）が弥生時代後期以来、列島で再び流通するほか、希少ながら金属製空玉も出現する。さらに、棗玉はヒスイ以外に琥珀、碧玉、滑石製も出現し、材質転換が進む。同質同形の2個一対の勾玉に細長型（領域L）の管玉を伴う組成（ⅠA・B・D類など）が顕著で、広範囲に地域を越えて数多くの古墳で共通する。こうした副葬玉類の組成は、大阪府豊中大塚古墳、京都府産土山古墳、奈良県島の山古墳、室新山古墳、兵庫県茶すり山古墳、鳥取県北山1号墳、岡山県月の輪古墳などで認められる。勾玉は石材に地域性があり、碧玉・瑪瑙製は山陰、ヒスイ製は北陸の糸魚川地域、碧玉・緑色凝灰岩製の丁字頭勾玉は近畿で主に製作された。このことは、北陸の糸魚川地域や山陰で製作された同質同大の2個一対の勾玉が一旦集約・管理され、畿内で作られた細長（領域L）の緑色凝灰岩・滑石製管玉あるいは山陰系の細長（領域JL）の碧玉製管玉とともにセットとして組まれ、広域に各地域の古墳に配布されるように流通したことが推測される。こうした玉類の流通の変化は、前期に盛んであった北陸の加賀地域で管玉や石製品の生産が停止した一方で、中期前半を中心に畿内各地で細長の緑色凝灰岩製管玉が生産された動きとも関連するとみられ、地域の枠組みを越えて王権が玉類の流通に直接的に関与するようになったことが想定され、劇的に社会構造が変化した画期として捉えられる。

中Ⅱ期　　前段階の副葬玉類の組成が継続する。類例は大阪府風吹山古墳、七観古墳、鳥取県上ノ山古墳、広島県三ツ城第1号古墳、徳島県恵解山9号墳がある。中Ⅰ〜Ⅱ期は副葬玉類の組成が変化せず、畿内や山陰で玉生産が活発になることから、玉類の生産と流通が安定的であったとみられる。緑色凝灰岩製勾玉は、中Ⅰ・Ⅱ期を中心に細長の管玉との斉一性のあるセットを保ちながら、関東から九州の広範囲に配布されたが、後期の出土例は時期や組成の検討から近隣の地域集団間で伝世された可能性が高いことが大賀氏によって指摘されている［大賀2023］。

中Ⅲ・Ⅳ期　　畿内系の細長型（領域L）の緑色凝灰岩・滑石製管玉、滑石製勾玉・臼玉、Nn型のヒスイ勾玉が減少する一方で、多様な滑石製玉類・模造品が増加するほか、碧玉・瑪瑙製勾玉も継続して認められる。滑石製玉類は総じて粗雑化が進み、勾玉は板状（Ⅲ群）になる。また、中Ⅲ期から紺色の植物灰ガラスの小玉（BDⅢ型）が出現し、高アルミナソーダ石灰ガラスの小玉とともに膨大な量が流通する。こうした状況から中Ⅱ期との画期が大きい。玉類の組成では中Ⅲ期と中Ⅳ期の区別が難しいが、当地方では中Ⅳ期に有孔円板の副葬が散見される。類例として、大阪府珠金塚古墳、塚廻古墳、兵庫県宮山古墳、島根県塚山古墳、岡山県法蓮23号墳、広島県四拾貫小原第1号古墳、香川県原間6号墳、愛媛県高地粟谷4号墳などがあげられる。このほか、中Ⅲ・Ⅳ期には福岡県稲童21号墳のように古墳時代前期に盛行したO型のヒスイ製勾玉や、北陸系の太型（領域F）の緑色凝灰岩製管玉が伝世した事例［大賀2005］も注意しておく必要がある。

後Ⅰ期　　山陰系の片面穿孔による太型（領域JFa）の碧玉製管玉が出現する。この管玉を主体とする組成（ⅡD類）は、茨城県三昧塚古墳、愛知県松ヶ洞8号墳古墳、京都府上狛天竺堂1号墳、岡山県日上畝山6号墳、中山6号墳、香川県七ツ塚4号墳、愛媛県斉院茶臼山古墳、徳利山古墳などで見

42

られ、広範囲で共通する。当該期は碧玉・瑪瑙製勾玉が減少するなか、島根県金崎1号墳のように、複数の碧玉・瑪瑙製勾玉、太型の管玉、多量のガラス製小玉、滑石製臼玉を副葬した例もある。このほか、ガラス製小玉（ⅢH類）や滑石製臼玉を主体とする組成（ⅣF類）も顕著となる。

おわりに

本稿では中国四国地方における中期古墳を中心として玉類組成の変遷を検討した。中期前半（中Ⅰ・Ⅱ期）と中期後半（中Ⅲ・Ⅳ）は副葬品として構成される玉類の品目や出土数が異なり、画期を見出すことができる。中Ⅰ・Ⅱ期に玉類の組成が大きく変化しないことは、玉類の生産と流通が安定的であったことも示唆した。さらに、中期末（後Ⅰ期）に出現した片面穿孔による太型の花仙山産碧玉製管玉は、奈良県曽我遺跡と山陰の出雲地域が玉生産を介して関係性を深め、列島各地の玉類の流通にも影響を与えた可能性があるとともに、管玉が生産・副葬された時期を考える上で有効と言える。

註
（1） 表1の作成にあたり、河村2010、寺村編2004、廣瀬2015、柳浦2019、米田2019などを参考にした。
（2） 米田2014のうち、鳥取県北山1号墳、岡山県牛飼山1号墳は中期前葉、鳥取県イザ原6号墳は中期前半と修正する。
（3） 時期区分の表記は大賀2002bに準ずる。
（4） 大賀2022では、布留遺跡出土の碧玉・滑石製の太型管玉未成品は古墳時代後期前半を特徴付ける規格で、山陰系の玉作工人の関与が指摘されている。

引用文献
岩橋孝典 2019a「水晶製三輪玉の変遷とその政治・社会的背景」『古墳時代の玉類の研究』島根県古代文化センター pp.159-182
岩橋孝典 2019b「島根県の古墳時代前期〜中期古墳出土の玉類」『古墳時代の玉類の研究』島根県古代文化センター pp.113-124
大賀克彦 2002a「弥生・古墳時代の玉」『考古資料大観』第9巻 小学館 pp.313-320
大賀克彦 2002b「凡例 古墳時代の時期区分」『小羽山古墳群』福井県清水町教育委員会 pp.1-20
大賀克彦 2002c「日本列島におけるガラス小玉の変遷」『小羽山古墳群』福井県清水町教育委員会 pp.127-145
大賀克彦 2005「稲童古墳群の玉類について」『稲童古墳群』行橋市教育委員会 pp.286-297
大賀克彦 2008a「古墳時代後期における玉作の拡散」『古代文化研究』第16号 島根県古代文化センター pp.41-64
大賀克彦 2008b「白水瓢塚古墳出土の玉類」『白水瓢塚古墳発掘調査報告書』神戸市教育委員会 pp.199-210
大賀克彦 2009「山陰系玉類の基礎的研究」『出雲玉作の特質に関する研究』島根県古代文化センター・島根県埋蔵文化財調査センター pp.9-62
大賀克彦 2012「古墳時代前期における翡翠製丁字頭勾玉の出現とその歴史的意義」『古墳時代におけるヒスイ勾玉の生産と流通過程に関する研究』平成21〜23年度科学研究費補助金若手研究（B）研究成果報告書（研究代表者 髙橋浩二） pp.49-60
大賀克彦 2013「玉類」『古墳時代の考古学4 副葬品の型式と編年』同成社 pp.147-159

大賀克彦　2020「下北方5号地下式横穴墓出土の玉類」『下北方5号地下式横穴墓』宮崎市文化財調査報告書128　宮崎市教育委員会　pp.257-266

大賀克彦　2022「布留遺跡出土の玉類と玉生産」『ここまで判った布留遺跡－物部氏以前とその後－』発表資料集　pp.59-63

大賀克彦　2023「玉からみた「伝世」－緑色凝灰岩製勾玉を例に－」『器物の「伝世・長期保有」「復古再生」の実証的研究と倭における王権の形成・維持』2019～2022年度科学研究費補助金基盤研究（B）研究成果報告書（研究代表者　岩本崇）　pp.55-74

河村好光　2010『倭の玉器　玉つくりと倭国の時代』青木書店

絹畠　歩　2022「奈良県曽我遺跡の調査と滑石生産」『紀伊の滑石－滑石の原産地から考える－』紀伊考古学研究会　第25回大会　紀伊考古学研究会　pp.13-30

木下尚子　1987「弥生定形勾玉考」『東アジアの考古と歴史』岡崎敬先生退官記念論文集（中）　同朋社　pp.542-591

岸本晴菜　2020「広島県における古墳出土玉類とその組成」『広島県立歴史民俗資料館　研究紀要』第9集　広島県立歴史民俗資料館　PP.43-56

肥塚隆保・田村朋美・大賀克彦　2010「材質とその歴史的変遷」『月刊文化財』566号　第一法規　pp.13-25

篠原祐一　1995「臼玉研究私論」『研究紀要』第3号　財団法人栃木県文化振興事業団埋蔵文化財センター　pp.17-49

関川尚功　1985「古墳時代における畿内の玉生産」『末永先生米寿記念献呈論文集』同記念会　pp.365-391

瀧音　大　2019「丁字頭勾玉の展開過程と地域性」『原始・古代日本における勾玉の研究』雄山閣　pp.107-132

谷澤亜里　2020『玉からみた古墳時代の開始と社会変革』同成社

寺村光晴（編）　2004『日本玉作大観』吉川弘文館

戸根比呂子　2014「七観古墳出土の玉」『七観古墳の研究』京都大学大学院文学研究科　pp.295-306

広瀬和雄　1991「前方後円墳の畿内編年」『前方後円墳集成』中国・四国編　山川出版社　pp.24-26

廣瀬時習　2015a「大和・河内における古墳時代の玉生産」『近つ飛鳥博物館館報18』大阪府立近つ飛鳥博物館　pp.49-56

福泉博物館　2013『先史・古代玉の世界』（韓国語文献）

柳浦俊一　2019「出雲における古墳時代中・後期の玉作遺跡とその特徴」『古墳時代の玉類の研究』島根県古代文化センター　pp.29-46

山本　清　1966「山陰の石棺についてⅠ」『山陰文化研究紀要』7号　島根大学　pp.54-78

米田克彦　1998「出雲における古墳時代の玉生産」『島根考古学会』15　島根考古学会　pp.21-51

米田克彦　2008「古墳時代玉生産の変革と終焉」『考古学ジャーナル』No.567　ニュー・サイエンス社　pp.28-23

米田克彦　2009「穿孔技術から見た出雲玉作の特質と系譜」『出雲玉作の特質に関する研究』島根県古代文化センター・島根県埋蔵文化財調査センター　pp.93-126

米田克彦　2014「中四国地方における前期古墳の玉類副葬に関する予察」『前期古墳編年を再考する』中国四国前方後円墳研究会　第17回研究集会　pp.23-40

米田克彦　2018「玉類」『前期古墳編年を再考する』六一書房　pp.31-42

米田克彦　2019「古墳時代玉作遺跡の分布と変遷」『古墳時代の玉類の研究』島根県古代文化センター　pp.47-80

米田克彦　2020「中四国地方における中期古墳の玉類副葬」『中期古墳研究の現状と課題Ⅳ～副葬品による広域編年再考～』中国四国前方後円墳研究会　第23回研究集会　pp.69-84

和田晴吾 1987「古墳時代の時期区分をめぐって」『考古学研究』第34巻第2号　考古学研究会　pp.44-55

※各遺跡の発掘調査報告書については、紙面の都合により割愛させていただいた。

図表出典

図1～5：各報告書等をもとに筆者作成。表1：筆者作成。

〈研究報告〉

石製模造品

北 山 峰 生

　本稿の目的は、石製模造品を手掛かりとして中期古墳を編年することである。ただし、石製模造品が前期後半から顕在化するという特性をもつ関係上、前期後半の古墳も含めて検討する。

１．対象と方法

　多種多様な石製模造品を同じ方法論で網羅的に論じることはできず、本稿では刀子形石製品を取り扱うことにする。また、近畿地方の古墳出土例を主な検討対象とし、それを補完する意味で東海地方や山陽地方の事例も取り上げる。これは一定地域に視点を定め、編年の骨格を見出したいからである。

　まず、各古墳から出土した刀子形石製品を分類する。つぎに、それぞれの分類が時間軸上のどの位置に置かれるかを想定しつつ、同一類型とみなせる分類を指摘し、かつ分類相互の関係について説明を試みる。最後に、実際の共伴関係に基づいて分類間の関係を整理する。これらの作業を通じて、石製模造品を出土した古墳の前後関係について見通しを与える[1]。

２．刀子形石製品の分類

　本稿で取り扱う資料の形態分類を図１・２に示す[2]。刀子形石製品には抜身の状態を造形したものと鞘に収めた状態を造形したものとがあり、前者を抜身系、後者を鞘入系とする［北山2002］。抜身系は現在のところ特に細分する必要を認めない[3]。鞘入系については、以下のように分類する。

　富雄丸山古墳　京都国立博物館所蔵品の中に、富雄丸山古墳から出土したと考えられている石製模造品がある［八賀1982］。刀子形石製品は６点あり、いずれも鞘入系である。これらを富雄A～Dとする。

　佐紀陵山古墳　後円部の盗掘で掘り出された遺物の石膏模型が宮内庁書陵部に収蔵されている［徳田1992］。その中に刀子形石製品は４点あり、内訳は抜身系３点、鞘入系１点である［北山2008］。鞘入系の１点を佐紀Aとする。

　芝ヶ原11号墳　第１主体部の棺内から１点、棺外から４点、合計５点の刀子形石製品が出土している［近藤1986］。いずれも鞘入系である。これらを芝ヶ原A～Cとする。

　赤土山古墳　後円部から流出したとみられる堆積土から石製模造品が出土している［松本2003］。刀子形石製品は４点あり、抜身系１点、鞘入系３点である［北山2008］。３点の鞘入系を赤土山A・Bとする。

　鞍岡山３号墳　後円部の表土や盗掘坑、それに第２主体部から石製品が出土している［大坪2011］。盗掘坑は第１主体部を破壊しており、そこから出土した遺物は第１主体部の副葬品と考えられる。そ

第 I 部　広域編年の検討

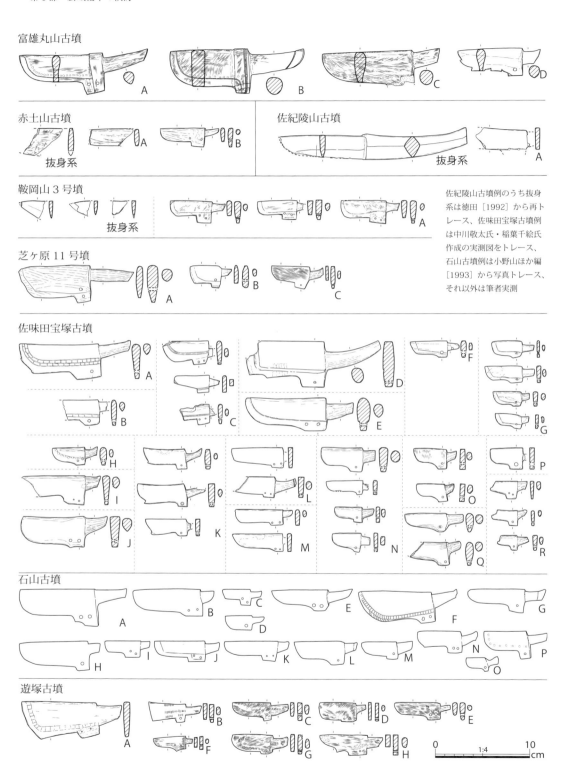

図1　刀子形石製品分類図（1）

の中に、抜身系の刀子形石製品とみられる破片が1点ある。また、墳頂部の表土からも抜身系の刀子形石製品とみられる破片2点が出土している。これらはいずれも第1主体部に伴うものとみておきたい。第2主体部では、棺内から石製模造品が出土している。刀子形石製品は3点あり、いずれも鞘入系である。これらを鞍岡山Aとする。

　佐味田宝塚古墳　　後円部から出土したと伝わる石製模造品が東京国立博物館に収蔵されている［梅原1920a］。刀子形石製品は34点あり、いずれも鞘入系である。これらを佐味田A〜Rとする。

　石山古墳　　中央槨、東槨、西槨のそれぞれから石製模造品が出土している［小野山ほか編1993］。中央槨から出土した刀子形石製品は52点で、いずれも鞘入系である。これらを石山A〜Dとする。東槨から出土した刀子形石製品は124点で、いずれも鞘入系である。これらを石山B・E〜Lとする。西槨から出土した刀子形石製品は60点で、いずれも鞘入系である。これらを石山M〜Pとする。

　遊塚古墳　　前方部の埋葬施設から石製模造品が出土している［中井ほか2011］。刀子形石製品は137点あり、いずれも鞘入系である。報告書で1類〜15類に分類されており、基本的にはそれを踏襲する。ただし、ここでは5類〜12類を包括的に扱い、改めて遊塚A〜Gとする。

　巣山古墳　　前方部から出土した可能性のある刀子形石製品11点が宮内庁書陵部において保管されている［福尾・徳田1991］。いずれも鞘入系である。これらを巣山A〜Dとする。

　金蔵山古墳　　墳頂部の中央石室東側から石製模造品が出土している［西谷・鎌木1959］。刀子形石製品は、調査での出土品とそれ以前の出土品とをあわせて約81点があるという。そのうち倉敷考古館に収蔵されている25点を対象に記述する。いずれも鞘入系である。これらを金蔵山A〜Cとする。

　鍋塚古墳　　関西大学博物館所蔵品の中に、鍋塚古墳出土と伝わる石製品がある［北山1999］。刀子形石製品は7点あり、いずれも鞘入系である。これらを鍋塚A・Bとする。

　室宮山古墳　　竪穴式石室の攪乱土や墳頂部などから石製模造品が出土している［秋山・網干1959］。刀子形石製品は20点あり、1点が抜身系、19点が鞘入系である［北山2023］。鞘入系のうち未成品とみられる1点と、欠損が著しい6点を除く12点を、室A〜Jとする。

　兵家6号墳　　西主体部の棺内から刀子形石製品10点が出土している［伊藤編1978］。いずれも鞘入系である。これらを兵家A〜Eとする。

　市尾今田2号墳　　棺外北小口付近から刀子形石製品26点が出土している［今尾編1983］。いずれも鞘入系である。このうち、部位が特定できない小破片1点を除く25点を、市尾A〜Oとする。

　久津川車塚古墳　　長持形石棺の棺内から石製模造品が出土している［梅原1920b］。刀子形石製品は40個以上が出土したようだが、現在は京都大学総合博物館および城陽市教育委員会で31点が保管されている［樋口・小泉1999］。いずれも鞘入系である。これらを久津川A〜Mとする。

　カトンボ山古墳　　土砂採取の最中に木棺付近から石製模造品が出土したとされる［森・宮川1953］。刀子形石製品は360点あり、その大半が東京国立博物館に収蔵されているが、本稿では堺市博物館に収蔵されている9点［樋口2007］を対象に記述する。いずれも鞘入系である。これらをカトンボ山A〜Fとする。

　野中古墳　　墳頂部から石製模造品が出土している［北野1976］。刀子形石製品は81点あり、いずれも鞘入系である。報告書で第1種〜第21種に分類されており、基本的にそれを踏襲する。だが、

第Ⅰ部　広域編年の検討

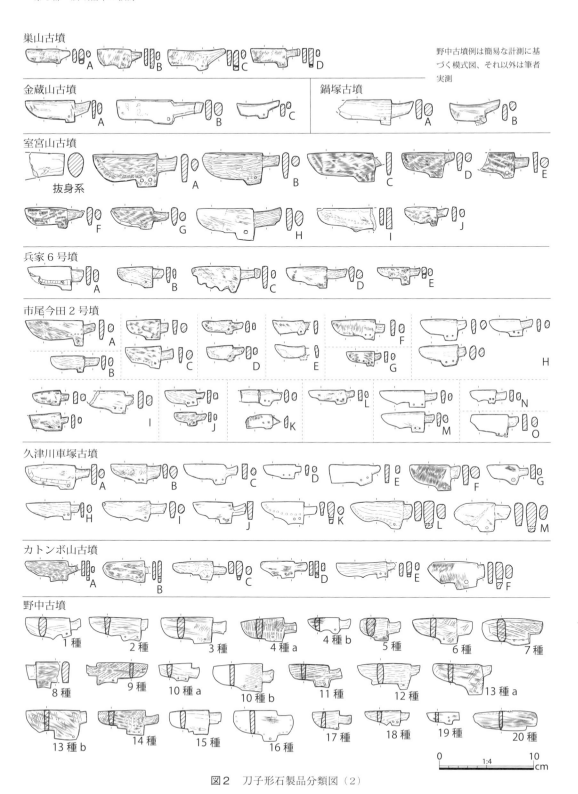

図2　刀子形石製品分類図（2）

石製模造品（北山）

第21種は欠損が著しいため本稿では省略する。また、第4種・第10種・第13種は異なる特徴をもつ個体が包括されているとみられるため、それぞれa・bに区分する。そこで、改めて野中1種〜20種（4種a・b、10種a・b、13種a・bを含む）とする。

3．刀子形石製品の形態変化

形態変化の検討にあたり、つぎの二つの仮定を設けたい。

仮定1：利器としての鉄製刀子（実物）に近い形状のものから、実物から乖離した形状のものへと推移するということを仮定する。

仮定2：相対的に大形[4]の個体や大形品の比率が高い分類が古相を呈し、逆に小形品や、その比率が高い分類が新相を呈するものと仮定する。

前節で述べた分類を、10通りの分類群に整理して特徴を記述する（図3・4）。

1　群　大形で、鞘部と柄部のバランス、鞘部の立体的な断面形など、見るからに実物を模倣して造形したのであろうと想像できる一群である。富雄A・Bが該当する。仮定1・2にのっとり、この分類群を形態変化の起点に位置づける。

2　群　大形、または大形に近い大きさではあるが、鞘部と柄部のバランス、鞘部の綴じ目の表現などに一定のデフォルメが生じている一群である。綴じ目の表現をまったく省略するものも含まれる。それゆえに、1群よりは実物からの乖離が進んだ分類群と位置づけられる。富雄C・D、佐紀A、芝ヶ原A、佐味田A・D・E、石山F、遊塚Aが該当する。このうち、石山F・遊塚Aは形態的特徴から佐味田Aと同一類型と認められる[5]。佐味田Eは富雄Aのような鞘の綴じ目に段を設ける表現を簡略化させたものとみられる。1群と2群に共通するのは、鞘部のフクラが、鞘口と同程度かそれ以上に幅がある（フクラが張る）ことである。ここからは、フクラの張る形状が古相を呈するのであろうとの予測が導かれる。

3　群　小形品のうち、1・2群と直接的な関係を想定できる一群である。赤土山A・B、鞍岡山A、芝ヶ原B、佐味田B・C・G、石山Jが該当する。このうち、佐味田Gは芝ヶ原B類型、佐味田F・石山Jは鞍岡山A類型である。赤土山Aは、一部が欠損するために断定しがたいが、佐味田Aと同じ形状を小形に造形したものであろう。芝ヶ原B類型は、芝ヶ原Aを直接の見本として造形した可能性が高い。鞍岡山A類型もこれと同様に、芝ヶ原Bと同じ形状を小形に造形したものであろう。佐味田B・Cは佐味田Aと同じ形状を小形に造形したものであろう。赤土山Bは、鞘部と柄部のバランス、長さと上下幅の比率など、全体的に形が整っており、小形品ながら丁寧な作りである。柄部の横断面が丸く、棒状に作る点は大形品の影響下にあることが想定され、富雄Cなどがその影響元として想定される。以上のように、3群は1・2群との類似性が高い一群と位置づけられる。

4　群　一分類の中に大形品と小形品が混在したり（基本的に小形品の方が比率が高い）、全長が10cmには達していないがそれに近い大きさであったりする一群である。佐味田I・J・L・M、石山B・G・H、遊塚H、室A・B・C・H、兵家Dが該当する。このうち石山Bは佐味田M類型、兵家Dは室H類型である。室Cや市尾Aは、富雄Cと同じ形状をやや簡略化させたものとみられる。この分

49

第 I 部　広域編年の検討

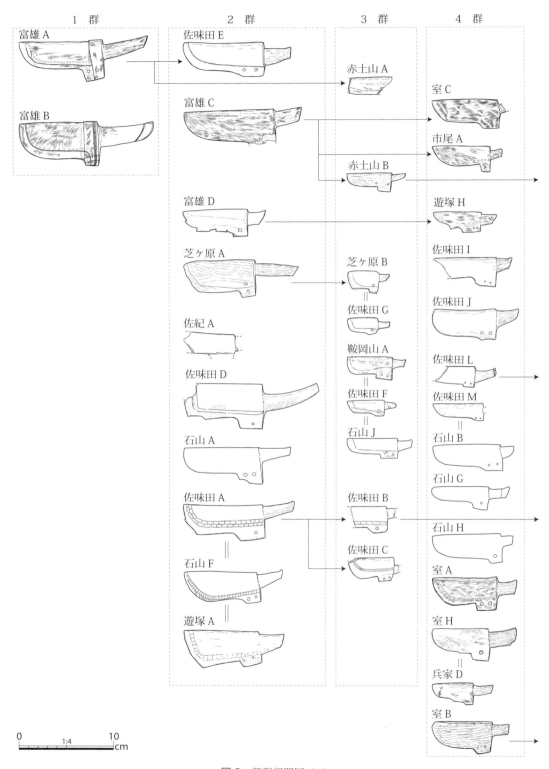

図 3　類型相関図（1）

石製模造品（北山）

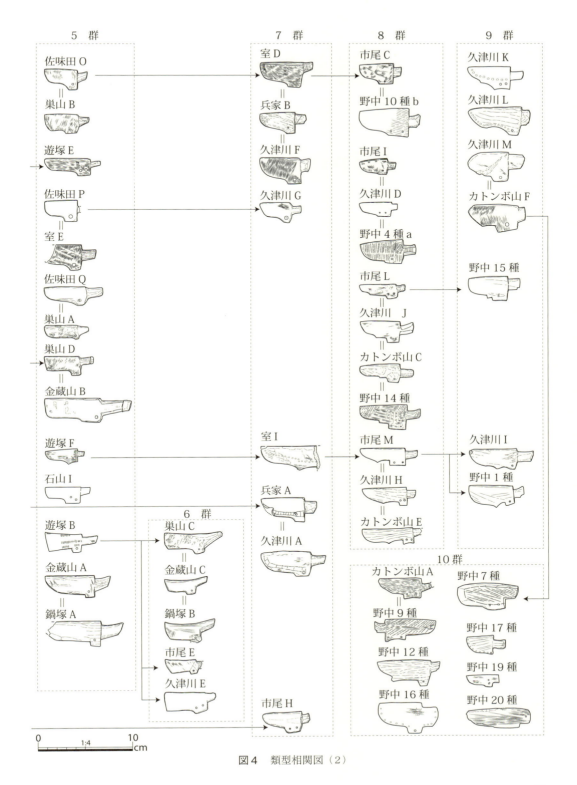

図4　類型相関図（2）

類群には、フクラが張る形状が多い。そのような中で、遊塚Hは切先が先細りとなる傾向があるが、これは鞘部の下辺に突起をつけた結果であろう。この遊塚Hにみる突起は、富雄Dにみるような鰭の造形が著しく簡略化されたものと考える。以上のように、大形品が併存しつつも小形品の比率が高まっていること、鰭の造形が簡略化されていることなどから、4群は2・3群よりも実物からの乖離が進んだ分類群と位置づけられる。

　5　群　　小形で、3・4群のいずれかと直接的な関係が考えられたり、そうではなくともフクラに張りがあって古相をとどめると考えられたりする一群である。佐味田O・P・Q、石山I、遊塚B・E・F、巣山A・B・D、金蔵山A・B、鍋塚A、室Eが該当する。このうち、巣山Bは佐味田O類型、室Eは佐味田P類型、巣山Aは佐味田Q類型、金蔵山Bは佐味田D類型、鍋塚Aは金蔵山A類型である。遊塚Eは赤土山Bと同様に均整のとれた形状で、柄部の断面が丸く棒状に作られている。鞘口の作り方などにやや簡略化された様相がある。巣山D類型のように柄尻を瘤のように膨らませるのは、佐味田Lなどに先行例がある。遊塚Fは鞘部下辺の突出部の一方が尖るのが独特だが、基本的には石山Iと同じ形状を意図したものとみられる。この5群は、3群の影響下にある形状が認められ、また一部の様相が4群と共通することから、実物からの乖離という点では4群と同程度とみられる。

　6　群　　小形で、フクラが角張る特徴的な形状の一群である。巣山C、金蔵山C、鍋塚B、市尾E、久津川Eが該当する。このうち、金蔵山C・鍋塚Bは巣山C類型［北山2003］である。これらは、いずれも遊塚Bの形状を前提として、その造形が簡略化されたものとみられる。それ故、6群は5群よりも実物からの乖離が進んだ分類群と位置づけられる。

　7　群　　小形で、切先に向けて先細りとなる形状が顕著であり、かつ3群〜5群のいずれかと何らかの関係が考えられる一群である。室D・I、兵家A・B、市尾H、久津川A・F・Gが該当する。このうち、兵家B・久津川Fは室D類型、久津川Aは兵家A類型である。室D類型は佐味田O類型を、久津川Gは佐味田P類型と同じ形状を、やや簡略的に造形したものとみられる。室Iの鞘部下辺に突起を持つ形状は、遊塚Fなどが先行形態として存在するものと想定される。兵家A類型は佐味田Bの意匠が前提としてありつつも粗雑に造形されたものであろう。市尾Hは室Bを小形に造形したものとみられる。以上のことから、7群は5群よりも実物からの乖離が進んだ分類群と位置づけられる。

　8　群　　7群の形状を基本的に踏襲しつつ、新たな方向性が生じたと考えられる一群である。市尾C・I・L・M、久津川D・H・J、カトンボ山C・E、野中4種a・10種b・14種が該当する。このうち、野中10種bは市尾C類型、久津川D・野中4種aは市尾I類型、久津川J・カトンボ山C・野中14種は市尾L類型、久津川H・カトンボ山Eは市尾M類型である。市尾C類型は室D類型の影響下に硬直化した造形表現となったものとみられる。市尾I類型は、市尾C類型がさらに簡略化され、一つの形状として定着したものとみられる。市尾M類型は室Iの形状が一つの造形表現として定着したものとみられる。そこからさらに市尾Lのような鞘部下辺を階段状に作る形状が派生したのであろう。以上のように、8群は7群よりも実物からの乖離が進んだ分類群と位置づけられる。

　9　群　　8群の形状を基本的に踏襲しつつ、全体的に厚ぼったく、肥大化する傾向を認める一群

である。久津川Ⅰ・K・L・M、カトンボ山F、野中1種・15種が該当する。このうち、カトンボ山Fは久津川M類型である。久津川Ⅰ・野中1種は市尾M類型の形状を前提とするが、厚ぼったい仕上がりとなっている。その他のものも大きさの割に厚ぼったく、仕上げの精度を欠く印象を受ける。このように、9群は8群との類似性が高い一群と位置づけられる。

10 群　9群までの各形状を直接的に踏襲したとは認めがたく、いろいろな要素が無秩序に集合して各個体を構成する一群である。その形状はもはや原体を思い浮かべるにはほど遠く、作りも粗雑である。カトンボ山A、野中7種・9種・12種・16種・17種・19種・20種などが該当する。このうち野中9種はカトンボ山A類型である。野中7種は久津川M類型と親和性が高い。野中16種・17種は列点による綴じ目の表現があり、一見すると古い要素が残存するように思えるが、その実は、刀子を石で表現しようとする意図は見出しにくく、製作者が目にしたことのある石製模造品の情報を統合して自由に造形した結果であるかと見受けられる。野中12種も、一見すると佐味田Kとの共通性があるようにも見えるが、鞘部が肥大化し、柄部が矮小化しており、形状の崩れが著しい。野中19種・20種は、鞘口において背側の段が省略された形状である。前者は縮小化、後者は肥大化と方向性が異なるものの、いずれも造形上のデフォルメが著しい。以上の通り、10群は一定の方向にむかって進行してきた形態変化が、その方向性を転じたという意味で、9群よりも実物からの乖離が進んだ分類群と位置づけられる。

以上に述べた分類群の関係を整理すると、1群→2・3群→4・5群→6・7群→8・9群→10群となり、この順に実物からの乖離が進んだものと想定する。

4．石製模造品と古墳編年

表1に、各古墳から出土した刀子形石製品の分類を一覧表示する。横軸に抜身系および鞘入系の各形態を、縦軸に古墳を配列した。古墳の配列順を決めるにあたり、1群から10群に向かって該当例が階段状に現れるように意図的に操作した。この作業を経て、一古墳（または一主体部）から出土する個体は、二つまたは三つの隣接する分類群に属する場合がほとんどであることが明らかとなった[6]。同時に、実際の共伴関係からも、一定の方向性をもって形態変化が生じていること、その形態変化は前節で想定した分類群の変化の方向性とおおむね相関性をもっていることが明らかとなった。ここにおいて、前節で述べた想定を、古→新という時間的流れの中での形態変化として捉える条件が整ったことになる。

以下では、表1の縦軸を時間軸と捉えて、刀子形石製品の様相を確認する。

1群のみを出土する古墳は存在しない。1群と2群が共伴する構成を、様相3[7]とする。富雄丸山古墳が該当する。様相3における抜身系の有無は現在のところ不明である。

2群や3群からなる構成を、様相4とする。様相4では抜身系もめだつ。赤土山古墳、佐紀陵山古墳、鞍岡山古墳、芝ヶ原11号墳が該当する[8]。

2群・3群を含みつつ、4群や5群を主たる要素とする構成を、様相5とする。佐味田宝塚古墳、石山古墳、遊塚古墳が該当する[9]。

表1　刀子形石製品形態分類

段階	様相	古墳 \ 分類群	-	1群			2群						3群						4群												5群						
			抜身系	富雄A	富雄B	富雄C	芝ケA	佐味田D	佐味田E	石山A	富雄D	佐紀A	赤土山A	赤土山B	鞍岡山A	芝ケ原B	佐味田B	佐味田C	佐味田I	佐味田J	佐味田L	佐味田M	石山G	石山H	遊塚A	室A	室B	室C	室H	市尾A	佐味田O	佐味田P	佐味田Q	石山I	遊塚B	遊塚E	遊塚F
前3期	様相3	富雄丸山古墳		A	B	C					D																										
前4期	様相4	赤土山古墳	○										A	B																							
		佐紀陵山古墳	○									A																									
		鞍岡山3号墳 第1主体部	○																																		
		鞍岡山3号墳 第2主体部													A																						
		芝ケ原11号墳					A									B																					
中1期	様相5	佐味田宝塚古墳						A	D	E					F	G	B	C	I	J	L	M									O	P	Q				
		石山古墳　中央槨								A												B															
		石山古墳　東槨						F												J		B	G	H													
		石山古墳　西槨						A																H										I			
		遊塚古墳						A																	H										B	E	F
中2期	様相6	巣山古墳																													B	A					
		金蔵山古墳																																			
		鍋塚																																			
中3期	様相7	室宮山古墳	○																							A	B	C	H		E						
		兵家6号墳																											D								
中4期	様相8	市尾今田2号墳																												A							
		久津川車塚古墳																																			
中5期	様相9	カトンボ山古墳																																			
		野中古墳																																			

　5群と6群からなる構成を、様相6とする。巣山古墳、金蔵山古墳、鍋塚古墳が該当する。

　4群や5群を含みつつも、7群を伴う構成を、様相7とする。室宮山古墳、兵家6号墳が該当する。

　6・7群を含みつつも、8群や9群を主たる要素とする構成を、様相8とする。市尾今田2号墳、久津川車塚古墳が該当する。

　8群・9群に加えて10群を伴う構成を、様相9とする。カトンボ山古墳、野中古墳が該当する。

　このように、石製模造品の形態変化を様相3〜様相9の七つに整理した。先述の通り、それぞれの様相を構成する核となる分類群は経時的変化を示すという想定が成り立っているわけであるから、それと相関する様相の差を、時間差、つまり段階差と理解する。

　最後に、石製模造品の形態変化において見出した様相と、古墳編年との関係について触れておきたい。様相3と様相4は、それぞれ古墳時代前期の中で理解する（前3期および前4期）案を、すでに提示している［北山2008］。したがって、様相5以降が中期に相当するものと考えている。このため、様相5を中1期、様相6を中2期、様相7を中3期、様相8を中4期、様相9を中5期とする。あくまでも石製模造品のみに着目した場合の時期区分であり、実際には共伴する副葬品や、その他の古墳を構成する諸要素とのクロスチェックを経て、最終的に確定する必要がある。ここで簡単に見通しを述べる。中1期は副葬品の内容などから中期初頭と考えられる。中2期は中期前葉（近畿地方での須恵器生産定着以前）に相当する可能性が高い。中3期は中期中葉、須恵器編年［中村1978］Ⅰ型式1段階頃とみられる。中5期は、中期後葉（須恵器編年Ⅰ型式3段階頃）と考えている。なお、中期末（須恵器編年Ⅰ型式4〜5段階頃）には刀子形石製品を副葬する明確な事例がなく、これを中6期として設定で

・古墳編年相関表

表の列は左から次の群に区分される。6群：巣山D／金蔵山A／巣山C／市尾E／久津川E、7群：室D／室I／兵家A／市尾H／久津川G、8群：市尾C／市尾I／市尾L／市尾M、9群：久津川I／久津川K／久津川L／久津川M／野中1／野中15、10群：カンボ山A／野中7／野中12／野中16／野中17／野中19／野中20、その他。

巣山D	金蔵山A	巣山C	市尾E	久津川E	室D	室I	兵家A	市尾H	久津川G	市尾C	市尾I	市尾L	市尾M	久津川I	久津川K	久津川L	久津川M	野中1	野中15	カンボ山A	野中7	野中12	野中16	野中17	野中19	野中20	その他
																											C
																											H,K,N,R
																											C,D
																											E,K,L
																											M,N,O,P
																											C,D,G
D		C																									
B	A	C																									
	A	B																										
					D	I																					F,G,J
					B		A																				C,E
			E					H		C	I	L	M														B,D,F,G,J,K,N,O
			E	F			A		G	D	J			H	I	K	L	M									B,C
										C	E						F				A						B,D
					10b	4a	14												15	19	7	12	16	17	19	20	2,3,4b,5,6,8,10a,11,13a,13b,18

きる可能性がある。

　以上の通り、石製模造品は前期後半に副葬品組成として顕在化し、中期初頭に多様性が拡大、その後は時期が下るにしたがって再生産を繰り返し、中期末には副葬品組成から欠落するという過程を素描した。

註

（１）　本稿のもととなった発表要旨［北山2020］で着想を述べたが、その際に示した分類を、本稿では抜本的に改めている。

（２）　図１・２には、各分類に該当する代表的な個体を挙げる。ただし、鞍岡山３号墳、佐味田宝塚古墳、市尾今田２号墳はこれまでに出土品全体の図面が公表されたことがないため、刀子形石製品の全点（市尾今田２号墳出土の小破片１点を除く）を掲載する。掲載にあたり、精華町教育委員会（鞍岡山３号墳）、東京国立博物館（佐味田宝塚古墳）、高取町教育委員会（市尾今田２号墳）の了解を得た。

（３）　抜身系には、実物の鉄製刀子の形状に近いと思われる大形品と、形骸化・縮小化が著しい小形品とがある。本稿で検討の対象とする資料には後者は含まれていない。以下で、単に抜身系（抜身と略称する場合がある）と表記するものはすべて抜身系のうちの大形品を指すものとする。

（４）　鞘入系の大形・小形を分ける基準は、中井［1993］に従い全長10cmを一応の目安とする。

（５）　この場合、佐味田A・石山F・遊塚Aの三者を総称する必要がある時は、最初に挙げた分類名を冠して佐味田A類型と呼称する。以下同様。

（６）　佐味田宝塚古墳、室宮山古墳、久津川車塚古墳は四つの分類群にまたがったり、隣接しない（つまり、古い）分

第Ⅰ部　広域編年の検討

類群が共伴したりするが、それは古墳の性格も考慮すべき問題であろう。

（７）　かつて石製品全体の変遷を考えた際に、刀子形石製品の出現を様相３と位置づける私案を提示した［北山2008］。本稿はそれを踏襲して、様相３から開始する。

（８）　鞍岡山３号墳第１主体部は鞘入系が出土していないため、本文に述べた視点からは位置づけができない。ただし、遺構の切り合いからは第２主体部に先行するが、出土遺物を総合的にとらえて、両者はさほど時期差がないものと理解している。

（９）　石山古墳西槨の出土品は、分類群の把握ができていないため、位置づけが未確定である。ここでは、中央槨や東槨と時間差はあっても大きくは同じ様相に収まるものと仮定している。

引用文献

秋山日出男・網干善教　1959『室大墓』（奈良県史跡名勝天然記念物調査報告第18冊）　奈良県教育委員会

伊藤勇輔（編）　1978『北葛城郡当麻町　兵家古墳群』（奈良県史跡名勝天然記念物調査報告第37冊）　奈良県教育委員会

今尾文昭（編）　1983「高取町市尾今田古墳群発掘調査概報」『奈良県遺跡調査概報1981年度』（第２分冊）　奈良県立橿原考古学研究所

梅原末治　1920a『佐味田及新山古墳研究』　岩波書店

梅原末治　1920b『久津川古墳研究』

大坪州一郎　2011「京都府精華町鞍岡山３号墳の調査」『考古学研究』第58巻第１号　考古学研究会

小野山節ほか（編）　1993『紫金山古墳と石山古墳』（京都大学文学部博物館図録第６冊）　京都大学文学部博物館

北野耕平　1976『河内野中古墳の研究―野中古墳発掘調査報告―』（大阪大学文学部国史研究室研究報告第２冊）　大阪大学文学部国史研究室

北山峰生　1999「石製品の研究における若干の問題点―関西大学博物館所蔵・鍋塚古墳出土石製品を巡って―」『関西大学博物館紀要』第５号　関西大学博物館

北山峰生　2002「石製模造品副葬の動向とその意義」『古代学研究』第158号　古代学研究会

北山峰生　2003「石製模造品生産・流通の一形態」『橿原考古学研究所論集』第14　八木書店

北山峰生　2008「出現期滑石製品の位置と古墳編年」『橿原考古学研究所論集』第15　八木書店

北山峰生　2020「石製模造品からみた中期古墳の相対関係」『中期古墳研究の現状と課題―副葬品による広域編年再考―』（中国四国前方後円墳研究会第23回研究集会発表要旨集・資料集成）　中国四国前方後円墳研究会

北山峰生　2023「室宮山古墳出土の石製品・玉類」『考古学論攷』第46冊　奈良県立橿原考古学研究所

近藤義行　1986「芝ヶ原10号・11号発掘調査概報」『城陽市埋蔵文化財調査報告書』第15集　城陽市教育委員会

徳田誠志　1992「書陵部所蔵の石製品Ⅱ（奈良県その２）」『書陵部紀要』第43号　宮内庁書陵部

中井正幸　1993「古墳出土の石製祭祀―滑石製農工具を中心として―」『考古学雑誌』第79巻第２号　日本考古学会

中井正幸ほか　2011「遊塚古墳群出土遺物報告」『大垣市史』（考古編）　大垣市

中村　浩　1978「和泉陶邑窯出土遺物の時期編年」『陶邑Ⅲ』（大阪府文化財調査報告書第30輯）　大阪府教育委員会

西谷真治・鎌木義昌　1959『金蔵山古墳』（倉敷考古館研究報告第１冊）　倉敷考古館

八賀　晋　1982『富雄丸山古墳　西宮山古墳出土遺物』　京都国立博物館

樋口隆康・小泉裕司　1999「久津川車塚古墳」『城陽市史』第３巻　城陽市役所

樋口吉文　2007「カトンボ山古墳出土資料の紹介―館保管資料の中から―」『堺市博物館報』第27号　堺市博物館

福尾正彦・徳田誠志　1991「書陵部所蔵の石製品Ⅰ（奈良県その１）」『書陵部紀要』第42号　宮内庁書陵部

松本洋明　2003『史跡赤土山古墳』（第４次～第８次発掘調査概要報告書）　天理市教育委員会

森　浩一・宮川　渉　1953『堺市百舌鳥赤畑町カトンボ山古墳の研究』（古代学叢刊第１冊）　古代学研究会

〈研究報告〉

帯金式甲冑

川 畑　　純

はじめに

　甲冑は古墳時代を通じて古墳に副葬される器物である。中でも中期の短甲・頸甲・衝角付冑・眉庇付冑は日本列島各地で同形式が出土する広域流通器物であり、比較的小規模な古墳から大型の古墳まで相応の出土点数があることから編年指標として有効性が高い。またそれぞれ複数の部材を組み合わせた複雑な構造をなすことから型式的な変遷の詳細解明が期待でき、かつ組み合わせて副葬されることから変遷の細分や相互検証が可能で、より高い編年精度の追究も期待できる。こうした中期の甲冑の編年指標としての特性は阪口英毅がまとめている［阪口 2017］。

　ここでは古墳時代中期の短甲・頸甲・衝角付冑・眉庇付冑の変遷と各部位の組み合わせの検証からなる甲冑編年の概要を示し、古墳編年との接続についても整理する。

１．中期の甲冑編年の現状と方向性

（１）短甲・頸甲・衝角付冑・眉庇付冑編年の現状

① 短甲編年の現状

　出土点数の多さとともに組み合わせの主体となることから中期の甲冑編年の主軸となるのは短甲である。型式的分析による編年が早くからなされ、革綴式から鋲留式への変化と長方板・三角板・横矧板という地板の変遷といった、大局的には今日でも有効性が高い変遷観が示された［小林行 1961、小林謙 1974、野上 1975］。その後は革綴短甲と鋲留短甲それぞれの中での細分が主に進められ、地板配置の変遷と各地板形式の併行関係、鋲留短甲の少鋲化・大型鋲化と鋲配置方式の変化、その他さまざまな要素が検討されている［吉村 1988、滝沢 1991、阪口 1998、鈴木 2015、川畑 2016、阪口 2019 など］。その過程で短甲にも複数系統が存在することが明らかとなっており、それを前提とした編年観の検討が求められている［滝沢 2008、川畑 2015］。

② 頸甲と肩甲編年の現状

　頸甲は甲冑のうちでは比較的単純な構造をなす部位であるが、全体的な形が比較的明瞭に変化するという他の甲冑部位とは異なる特徴から編年指標として注目され、革綴式から鋲留式への移行、肩部の下降、下縁幅の減少、襟部の伸長などが基本的な変化の方向性として示されている［小林 1975、藤田 1984・2006］。一方で近年、部材取り方式の新たな認識が提示されており［杉井・上野 2012］、長らく定説とされてきた藤田和尊による分類と変遷観が見直されつつある［川畑 2016］。

　また頸甲と組み合う肩甲についても帯板幅の減少と段数の増加が指摘されている［右島 1988］。た

だし全体的な傾向としては認められるものの、同時期に存在する肩甲の段数には多様性があることも
また示されている［阪口 2019］。

③ 衝角付冑編年の現状

衝角付冑の分類は短甲と同様に地板形態と連接技法によりなされ、それにより設定される形式が年
代差を表すとされてきた［大塚 1959］。その後、衝角底板の連接手法の分類が編年指標として有効で
あることが認識され、地板形態と連接技法による形式設定と衝角底板の連接手法による分類の両者か
ら変遷観が検討されている［小林 1974、野上 1975、山田 2002、鈴木 2009、川畑 2011 など］。その他にも三
角板の地板枚数の減少傾向、腰巻板・胴巻板の幅、前後径に対する高さの増加と衝角部の突出傾向な
ど様々な要素が編年指標として参照できることが明らかとなっており、細分が進められている。な
お衝角付冑についても衝角底板の連接手法の分類から複数の生産系統が存在したと想定できる［川畑
2011・2015］。

④ 眉庇付冑編年の現状

眉庇付冑は中期中葉に出現し短期的に大量に生産されるが、中期後葉以降出土点数が減少し後期に
は継続しない。そうした限られた時期に集中的に用いられた冑であることからか他の甲冑に比べて編
年研究はやや低調である。変遷の大枠としては竪矧板から小札、そして横矧板へという地板形態の変
遷を前提としつつ、庇部文様の変化から変遷観が論じられている［伊藤 1978、小林 1983、橋本 1995］。
ただし地板形態の変遷観と庇部文様の変遷観は一致しない場合もあり、短期的な大量の需要を満たす
ため多数の生産系統による生産が行われたことで、編年指標を確定しづらい状況となっている可能性
も想定できる。庇部文様の違いごとに受鉢・伏鉢の連接技法や受鉢・伏鉢の径、帯金を合わせる位置、
金銅装の有無など多くの属性がまとまりをみせるので、そうしたまとまりの明確化と相互の前後関係
の把握、まとまり内での変遷観の追究が有効である［川畑 2015・2016］。

⑤ 錣編年の現状

錣は本来冑と一体で用いられる部位であり、衝角付冑・眉庇付冑編年の追究と細分とともに歩を合
わせて進められ、相互に検証が進められることが望ましい。現状ではそうした状況には必ずしも至っ
ていないが、一枚錣が可動性を獲得していく過程や多段錣がもつ多様な属性と変遷観が論じられてお
り［古谷 1988、鈴木 2012］、大きな変化の方向性が明らかにされている。今後は一枚錣と多段錣を合わ
せた一貫した視点での変遷の検討とそうして得られた変遷観を冑の変遷観と相互に比較検討すること
でより精度の高い編年を追究する必要がある。

（2）甲冑の組み合わせの検討と甲冑編年の方向性

以上のように古墳時代中期の甲冑各部位の編年研究は着実に進展しており、中期の副葬品編年を牽
引する目盛りの細かさを達成している。点数についても少なくとも短甲については 500 点を超えると
され、破片資料など詳細な編年が難しいものを除いたとしても編年の中核を十分担いうる。

甲冑編年全体としては各部位個別の変遷の追究は上記のように深化しているが、一方で出土時の組
み合わせからそれぞれの部位の編年的位置づけを検証し、変遷観の妥当性の検証や精度の向上を図ろ
うとする試みはやや低調であった。甲冑だけによる型式的変遷観の提示と変化の意義の説明という意

図ならばまだしも、それを副葬品編年、古墳編年に寄与するものとしていくためには、「甲冑の組み合わせ」という他の副葬品以上に「生産時の同時期性」を想定しやすい部分の検証を行い編年精度を高める必要がある。その上で他の副葬品等との共伴関係の検討を進めていく必要がある。

　そこで本稿では筆者がこれまでに提示した甲冑各部位の編年の概要を示し［川畑2011・2015・2016］、その上でそれらの組み合わせを確認し、中期の甲冑編年の全体像を提示する。

2．中期の甲冑の変遷と組み合わせ

（1）甲冑各部位の編年

① 短甲の編年

　短甲の主な編年指標として、連接技法（革綴から鋲留へ）、地板の形式（長方板／三角板／横矧板／変形板）、地板の配置方式（長方板および三角板に限る）、鋲頭径（小型（〜6㎜）から中型（6〜8㎜）、大型（8㎜〜）へ）、鋲の配置方式と数（多鋲から少鋲へ）、地板の形態（裁断なしから裁断（小）、裁断（大）、円弧状、不整形へ）、裾板・帯金分割比（裾板三分割から後胴側が長いものへ）、開閉装置の位置（両脇開閉から右脇開閉へ）、蝶番板の数（前後2枚から1枚へ）などがある。もちろんこれら全ての要素があらゆる短甲で確認できる訳ではなく、また単一の要素を絶対的な編年指標とできる訳でもない。様々な要素を「できる限り整合的に」配列することで型式的な前後関係を検討する必要がある。

　なお鋲留短甲については蝶番金具の違いに明確に現れるように、小鉄板使用の有無や前胴6段構成のものの有無、金銅装蝶番金具の有無、覆輪の方式、前胴横矧板使用の三角板鋲留短甲の存在、前胴竪上3段の鋲数、竪上板や裾板の幅という各要素のうちのいくつかがある程度まとまって現れる一群がある。そのため生産時の系統差が存在することがわかるが、これらの各系統は分布の上でも一定のまとまりをなす。そうしたことから鋲留短甲については生産から流通にまで至る生産工房・流通機構の単位が複数あり、それぞれの工房が生産・流通を担ったことがわかる［川畑2018］。編年においてもこうした系統差を踏まえた検討が必要である。

　前期の竪矧板革綴短甲、方形板革綴短甲を除く短甲は10段階に区分できる。前期の短甲は2段階に区分できるので、3期からが中期の短甲となる。その内容は次の通りである。

　3　期　　定型的な押付板・裾板を導入した長方板革綴短甲のみからなる段階。左右前胴裾板と後胴裾板の長さがほぼ等しいA類型で（図1）［川畑2016］、地板の構成は阪口英毅によるI式［阪口1998］、鈴木一有によるI式またはIIa式［鈴木2015］である。

　4　期　　裾板分割比B類型とした後胴裾板の長さが前胴裾板の長さの1.2〜1.6倍ほどとやや長くなる一群が主体だが、一部A類型を含む。長方板革綴短甲では地板構成は阪口分類のII式・III式、鈴木分類のIII式・IV式だが、鈴木分類のV式も一部含む。三角板革綴短甲が出現し、地板構成はいわゆる等角系の地板構成である阪口分類のTI式・TII式である。

　5　期　　裾板分割比C類型とした後胴裾板の長さが前胴裾板の長さの1.6〜2.0のものが主体の段階。ただし一部B類型のものと、後胴裾板が前胴裾板の2.5倍以上の長さと明らかに特殊な一群（E

第Ⅰ部　広域編年の検討

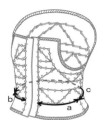
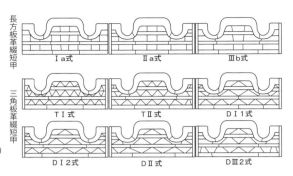

図1　帯金・裾板分割比の区分と主要な革綴短甲の地板配置

類型）も含む。長方板革綴短甲の地板構成は阪口分類のⅢ式を中心にⅡ式を一部含み、鈴木分類では一部Ⅲ式を含むがⅤ式・Ⅵ式が主体となる。三角板革綴板甲ではいわゆる鈍角系が出現し、阪口による分類のＤⅠ１・ＤⅠ２式［阪口2019］とＴⅡ式のものを当該段階とする。

　6　期　裾板分割比Ｄ類型とした後胴裾板の長さが前胴裾板の長さの2.0～2.5倍となる段階だが、Ｃ類型やＥ類型のうち地板裁断（小）（図2）のものはこの段階とする。長方板革綴短甲の地板構成は阪口によるⅢｂ式、鈴木によるⅤ式・Ⅵ式を原則とするが、一部阪口によるⅢａ式も含める。三角板革綴短甲はこの段階で全ての地板配置方式が出揃う。三角板鋲留短甲が出現するが、両脇開閉で左右両脇に2枚ずつ計4枚の蝶番板を用いる長方形2鋲系統のものに限定される。

　7　期　基本的に革綴短甲はみられず、三角板鋲留短甲と変形板鋲留短甲のみの段階。ただし、一部の襟付短甲や開閉構造をもつ革綴短甲はこの段階に該当する可能性がある。鋲頭径は小型で、後胴竪上3段鋲数11以上、前胴竪上3段鋲数「2＋2」以上のものが該当する。地板端部の裁断（大）を行うものが多い。

　8　期　横矧板鋲留短甲が出現するが三角板鋲留短甲が主体である。鋲頭径は中型で後胴竪上3段鋲数9以上、前胴竪上3段鋲数「3＋3」または「2＋2」を中心とする。地板端部の裁断（大）を行うものが主体である。

　9　期　三角板鋲留短甲の数が減少し、横矧板鋲留短甲が主体となる。鋲頭径は中型で後胴竪上3段鋲数8前後、前胴竪上3段鋲数「2＋2」のものを中心とする。一部大型鋲のものを含むが、後胴竪上3段鋲数が9のものに限る。地板端部が円弧状をなすものが多い。

　10　期　三角板鋲留短甲がほとんどみられなくなり、存在する場合にも前胴には横矧板を用いるものが中心である。鋲頭径は大型で、後胴竪上3段鋲数7～8、前胴竪上3段鋲数「2＋2」「1＋2」のものを中心とする。

　11期・12期　12期とできる資料は数が限られるため差し当たり同一段階としてまとめておく。11期は鋲頭径は大型で後胴竪上3段鋲数5～6、前胴竪上3段鋲数「2＋2」「1＋2」「1＋1」のものを中心とする。後胴竪上3段鋲数4のものなどが12期に該当する。

　② 頸甲・衝角付冑・眉庇付冑の編年

　頸　甲　頸甲の分類要素には本体板と引合板の形状により決定される全体的な形態、連接技法（革綴／鋲留）、前後の幅の差、襟部長がある。網羅的な実見と計測を踏まえたものでなく、実測図からの

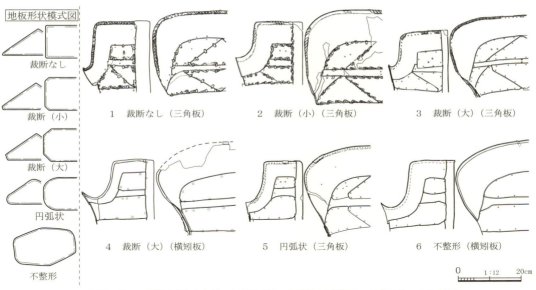

1 原間6号 2 下開発茶臼山9号 3 小野王塚 4 後出2号短甲1 5 林2号 6 鳥山2号

図2　地板形状の分類

読み取りによるものも多数含む暫定的なものであるがそれらは図3のように整理できる。
　これら各要素の組み合わせにより頸甲は大別7型式、細別11型式に分類できる（図4）[1]。各要素の型式的な変遷としては本体板はA類→E類、連接技法は革綴から鋲留へ、襟部は低いものから高いものへという変化を想定する。そのため頸甲の型式としては1式から5式の出現順序を想定でき、5a式に後出する形で5b式が、5a式から派生する6a式に後出する形で6b式が併存すると想定できる。7式は型式的には6b式に後出するが類例が限られるため現実的には1式から6式が編年区分として有効である。
　衝角付冑　衝角付冑は多くの要素が編年指標となることは先に述べたとおりだが、その中でも衝角底板の連接手法は基本的に全ての衝角付冑を対象に型式的な位置づけを比較できる点で編年指標としてかなり有効性が高い。また地板形態と連接技法による形式分類も各形式の併行関係を検証できないという欠点はあるものの大別として有効である。両者の組み合わせを前提としつつ、さらにその他の要素を参考にして詳細な型式的配列を追究できる。
　衝角底板連接手法の変遷と形式分類との対応は図5として整理できる。三角板革綴・鋲留式は横接式から上内接式まで継続する一方で、竪矧細板革綴・鋲留式が並行して出現しやがて小札鋲留式へと入れ替わること、さらに内接1式段階から横矧板鋲留式が出現し主体となることが見て取れる。一方で小札鋲留式や上下接式の横矧板鋲留式のものも並行して用いられる。
　眉庇付冑　眉庇付冑の編年は先述の通りまだまだ課題が多い。庇部文様による編年が有効な系統もあるが特定の系統に限られ系統間の併行関係の検討が難しい点が課題である。庇部文様の分類・変遷と形式分類の対応関係を示したのが図6である。眉庇付冑は地板が小札のものが圧倒的に多く、地板の違いと庇部文様を合わせて編年指標とするのはやや難しい。

図３　頸甲の分類要素

分類	本体板形状						引合板		前後幅差		連接技法		襟部長			覆輪
	A	B	C1	C2	D	E	a	b	−	＋	革綴	鋲留	短	中	長	
1式	○						○		△		○		○			
2式	○							○	△		○		○	△		
3式		○						○	△		○		○	○		
4式			○				△	○			○	△	○	○		
5a式				○			○	○		△	○	○	△	○		
5b式				○				○		△		○			○	
6a式					○		△	○		△		○			○	
6b式					○			○				○			○	○
7式						○	—			○		○			○	
1z式	○	○					—			△		○		○		
3z式		○	○				—				△	○			○	

○：主体的に存在　△：少数存在　—：事例少なく不明

図４　頸甲の各要素の組み合わせと分類

（２）甲冑各部位の組み合わせと段階

① 頸甲と短甲の組み合わせ

表１に頸甲・衝角付冑・眉庇付冑の分類と組み合う短甲の段階とその数を示した。

頸甲では１式は４期の短甲と５期の短甲とおおむね半々で組み合う。２式は５期の短甲と組み合うものが多く、６期の短甲との組み合わせもみられる。３式は６期の短甲との組み合わせが主体である。４式も６期の短甲との組み合わせが主体だが７期の短甲との組み合わせもある。５ａ式は６期から10期の短甲と組み合い、特に８期の短甲との組み合わせが多い。５ｂ式は９期から11・12期の短甲

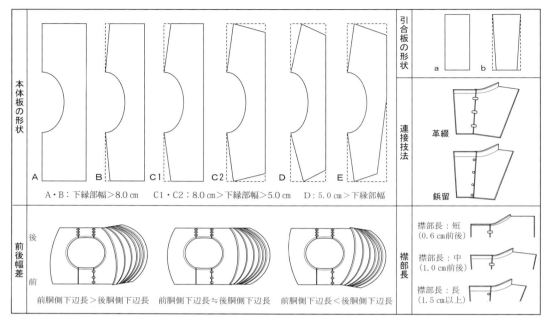

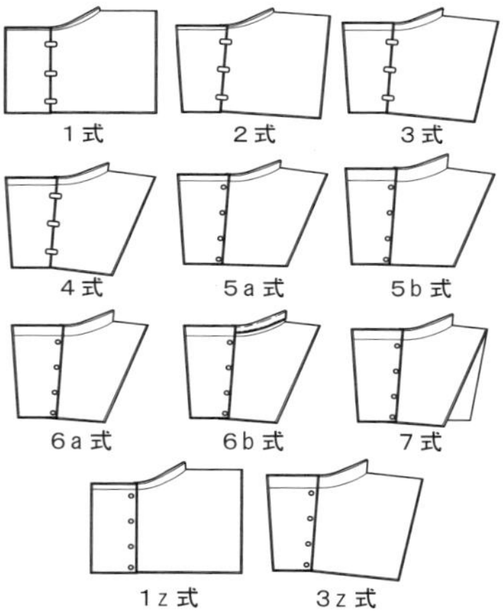

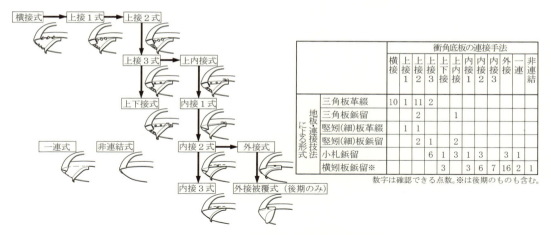

図5　衝角付冑の衝角底板連接手法の変遷と形式分類との対応

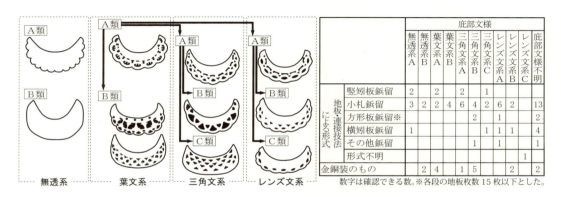

図6　眉庇付冑の庇部文様の変遷と形式分類との対応

と組み合う。6 a 式は 8 期以降の短甲と組み合う。6 b 式は 9 期以降の短甲と組み合い、特に 11・12 期の短甲との組み合わせが多い。

　以上のように頸甲 1 式から 6 式という出現順序の想定は短甲の時期とも良好に整合する。頸甲は 1 式から 6 式へと順次入れ替わっていった様子がうかがえる。

② **衝角付冑と短甲の組み合わせ**

　衝角付冑では横接式は主に 4 期の短甲と組み合い 6 期まで継続する。上接 1 式は 5 期の短甲と組み合う。上接 2 式は 5 期・6 期の短甲との組み合わせがどちらも多い。上接 3 式は 6 期の短甲と主に組み合いつつ 8 期・9 期の短甲との組み合わせも一部ある。上下接式は 6 期・7 期の短甲と、内接 1 式は 8 期の短甲と組み合う。内接 2 式は 6 期の短甲と組み合う事例があり、出現順序としては整合しない事例となるが生産時のセットではないと考え 8 期の短甲との組み合わせが本来の組み合わせと考える。内接 3 式についても 10 期の短甲との組み合わせが本来の出現段階を示すものであろう。外接式も 7 期・8 期の短甲との組み合わせがあり、これを出現時期を表すものと考えるのは冑の型式からすれば難しい。9 期の出現と考えるが検討課題といえる。上下接式は上接 3 式から派生した別系統であ

63

表1 頸甲・衝角付冑・眉庇付冑の分類と短甲との組み合わせ

【頸甲】

	短甲の段階							
	4	5	6	7	8	9	10	11・12
1式	3	4						
2式	1	2	1					
3式		1	3					
4式		1	6	1				
5a式			2	2	5		1	
5b式						1	1	1
6a式					1	1	1	
6b式						1	1	3
1z式			1	1				
3z式				3	1			

【衝角付冑】

	短甲の段階							
	4	5	6	7	8	9	10	11・12
横接	4	2	2					
上接1		2						
上接2			8	5				
上接3				4		1	1	
上内接			1	2				
上下接				1	1	1		
内接1					1			1
内接2			1			1	1	
内接3					1		2	
外接				2	1	3		2
外接被覆								

【眉庇付冑】

	短甲の段階							
	4	5	6	7	8	9	10	11・12
無透A		1	4					
葉文A				1				
葉文B				3				
三角A1					1			
三角A2		1		3				
三角A3							1	
三角B1								
三角B2			2					
三角B3				1				
三角C						1		
レンズA2					3			
レンズB1				1				
レンズB2								
レンズC								1

最も多いものまたは半数を超えるものはゴチックで示した。網掛けは短甲との対応で存続時期幅と考えるもの。

るが、そうした状況は組み合う短甲の段階からも裏付けられる。

衝角付冑については上下接式の段階までは型式的な出現順序と短甲の段階が良好に整合し、また次の型式へと順次入れ替わっていった様子がうかがえる。内接1式の出現後は必ずしも短甲の段階と整合しない事例が現れるが、これらを衝角付冑や短甲の編年観の検証・再構成により解決できるのか、あるいはそもそも副葬時に生産が同時期でない資料が混在することがあったのかを適切に見分ける必要がある。

③ 眉庇付冑と短甲の組み合わせ

眉庇付冑については理屈上は庇部文様の細分により詳細な編年が可能であるが、実際には錆膨れの影響により細分が不明なものが多く短甲の段階との比較検討が可能な資料数に達しているとは言い難い状況である。型式的編年は理屈上可能であるが、組み合う短甲との相互検証にはまだまだ課題が多く、今後の資料状況の改善が期待される。

以上、眉庇付冑については系統差に関わらず参照できる編年基準の明確化などまだまだ課題も多い。その一方で短甲・頸甲・衝角付冑についてはそれぞれの論理から構築した変遷観は出土時の組み合わせとしても基本的に良好に対応する。もちろん革綴式から鋲留式への変化など各部位で共通する要素もあるため、各部位の編年が完全に独立的な要素によって構築されているかと言われればそうでない部分もある。そういった前提はあるものの、全体として相互に相応に検証された編年が構築できていると考える。

（3）古墳編年との接続

① 埴輪・須恵器との併行関係

最後にこれまで示してきた中期の甲冑の組み合わせに基づく編年を古墳編年との関係で考えるため、古墳編年において指標とされることの多い埴輪・須恵器との共伴関係を確認する。表2に短甲の段階設定を基軸として同一古墳から出土した頸甲・衝角付冑・眉庇付冑の編年上の位置づけと埴輪・須恵器の位置づけを示した。

3期の短甲は廣瀬覚による埴輪編年［廣瀬2015］Ⅱ期の埴輪と共伴する。須恵器との共伴は無いた

表2　甲冑の組み合わせと共伴する埴輪・須恵器

古墳名	短甲									頸甲				衝角付冑				眉庇付冑				埴輪	須恵器	その他の主な古墳（短甲）
	3期	4期	5期	6期	7期	8期	9期	10期	11・12期	1式/2式	3式/4式	5a式/6a式	5b式/6b式	横接	上接1/上接2	上接3/上内接	内接3/外接	無A・B/葉A	三A1・A2・B1・B2	葉B/レA・B(古・中)	三A3・C/レA・B(新)			
鞍岡山3号																						II		古郡家1
石山																						II新		鋤崎
龍門寺1号																								佐野八幡山
交野東車塚																								和泉黄金塚
野毛大塚																						III	TG232~TK73	新沢508
盾塚														○										天神山7
豊中大塚		2																				III		亀塚
堂山1号																						III	TK73	わき塚1
宇治二子山北																						III		五ヶ山B2
井手ノ上																							TK73	心合寺山、玉田68
茶すり山																						III		下開発
私市円山																						IV中		茶臼山9
向山1号				2																		IV中	TK216~ON46	千人塚
兵家12号																							TK23・TK47	ニゴレ
新沢139号																							TK73~TK216	今林6
鞍塚																						IV古		七観
ベンショ塚																						IV	TK216	堤当正寺
岸ヶ前2号																								永浦4、ペルノリ3
新開1号				2															2					朝光寺原1
珠金塚																						IV中		二本松山
御獅子塚																						IV古	TK73~TK216	西小山
宮山																			○			IV	TK73~TK216	恵解山1
下北方5号																								東耕地3
稲童21号														○									TK216	新沢115
随庵																								法花堂2
宇治二子山南					2																	IV		六野原10
野中			2	4															4		2	IV中	TK73~TK216	入西石塚
近代																						IV	TK208	御嶽山
亀山								○														IV新		新沢109
倭文6号																						V	TK23・TK47	狐山
鶴山																								新沢510
溝口の塚																						III	TK208~TK23	正崎2
新沢281号																					○		TK23・TK47	曲2
川上																							TK208	稲童8
黒姫山					2	3	8										4				2	IV古		原田3、玉田28
塚堂											2											IV		武具八幡
相作馬塚																							TK23・TK47	多田大塚4
大谷																	○					V		セスドノ
三昧塚																	○					V		小田茶臼塚
江田船山												2		○									TK23・TK47	馬場代2
石ノ形																						V	TK23・TK47	高塚横穴、島内139

同一古墳中の複数の埋葬施設等出土のものもまとめている。
甲冑の枠内の数字は確認できる点数。○は厳密な位置づけが不明なもの（未確認のものを含む）。

め須恵器の出現以前と考える。4期の短甲はⅢ期の埴輪とTG232〜TK73型式の須恵器と共伴する。5期の短甲はⅢ期の埴輪とTK73型式の須恵器と共伴する。6期の短甲はⅢ期の埴輪、Ⅳ期古段階・中段階の埴輪と共伴する。須恵器はやや幅があり向山1号墳ではTK216〜ON46型式と組み合い兵家12号墳ではTK23・TK47型式の須恵器と組み合うが、後者は墳頂出土のものでより新しい段階のものと考えるべきであろう。そのほかの事例を考えればTK73〜TK216型式が一般的な組み合わせとできる。7期の短甲はⅣ期古段階・中段階の埴輪とTK73〜TK216型式の須恵器と組み合う。8期の短甲は事例はやや限られるがⅣ期の埴輪、TK216型式の須恵器と共伴する。9期の短甲はⅣ期中段階・新段階の埴輪、TK73〜TK208型式の須恵器と組み合う。野中古墳は最新層の甲冑が9期だが古相の甲冑も多く含むので須恵器の年代は古相の甲冑の年代に近いと考えることもできる。近代古墳でのTK208型式との共伴の方が全体的な変遷観とは整合的であるためこの段階と考える。10期の短甲は埴輪はⅢ期〜Ⅴ期にまたがり年代的な位置づけが整合しない。一方の須恵器はTK208〜TK23・TK47型式で、前後の位置づけと整合的である。なお倭文6号墳の短甲は7期と古相としたが古墳の位置づけとしては衝角付冑の位置づけから短甲の10期相当とした。11・12期の短甲は多くはⅤ期の埴輪とTK23・TK47型式の須恵器と組み合い、明らかに新相を示している。

② 甲冑編年と実年代

以上のように短甲の変遷は埴輪や須恵器の変遷とも基本的に良好に対応する。あえて強引に短甲の段階と須恵器の段階を同じ目盛りで対応させて模式的に示すならば短甲3期は須恵器の出現以前、4期はTG232型式期、5期・6期はTK73型式期、7期はTK216型式期、8期はON46型式期、9期はTK208型式期、10期はTK23型式期、11・12期はTK47型式期となるが、もちろん厳密なものではない。

甲冑各段階の実年代は年代の定点をどこにとるのかという問題があるが、中期の開始（短甲3期）を4世紀第4四半期、TK23・TK47型式を5世紀末としておよそ短甲3期〜11・12期を125年間程度と考えるならば、単純に短甲の9段階で割れば1段階13〜4年程度、2段階でおおよそ四半世紀に相当することになる。すなわち3期・4期は4世紀第4四半期、5・6期は5世紀第1四半期、7・8期は5世紀第2四半期、9・10期は5世紀第3四半期、11・12期は5世紀第4四半期におおよそ該当することになる。各段階はさらにそれぞれの四半期の前半・後半ということになる。型式的な時間差と実年代幅を均等に考える極めて乱暴な推定だが、今後の議論のため提示しておく。

おわりに

古墳時代中期の短甲・頸甲・衝角付冑・眉庇付冑の変化の流れを示し、それぞれの変遷観は組み合わせとしても良好に対応すること、それゆえ相互に検証された制度の高い編年が可能であること示した。またそうした編年については埴輪や須恵器の変遷観とも基本的に対応することから古墳編年にも十分に資するものであることを示した。

なお本稿では紙幅の関係で個別の甲冑の段階的な位置づけを示すことはできなかった。それらの多くは［川畑2023a］に示したので、合わせてご参考いただきたい。

註

（1）　前稿［川畑2016］の分類に加えて、5式のうち襟部が1.5cm以上と高いものを5ｂ式として区分し、それ以外の
　　　ものを5ａ式とした。5ｂ式は6式に併存する位置づけとなる。

引用文献

伊藤勇輔　1978　「眉庇付冑について」『北葛城郡当麻町兵家古墳群』奈良県史跡名勝天然記念物調査報告第37集
　　　奈良県立橿原考古学研究所　pp.171-176

大塚初重　1959　「大和政権の形成」『世界考古学大系』3　日本Ⅲ　平凡社　pp.67-87

川畑　純　2011　「衝角付冑の型式学的配列」『日本考古学』第32号　日本考古学協会　pp.1-31

川畑　純　2015　『武具が語る古代史　古墳時代社会の構造転換』プリミエ・コレクション60　京都大学学術出版会

川畑　純　2016　『甲冑編年の再構築に基づくモノの履歴と扱いの研究』平成24〜27年度科学研究費（学術研究助成
　　　基金助成金（若手研究（Ｂ））　研究成果報告書　課題番号：24720368　独立行政法人国立文化財機構奈良文化財研
　　　究所

川畑　純　2018　「古墳時代甲冑の系統と授受」『史林』第101巻第2号　史学研究会　pp.317-355

川畑　純　2023a　「古墳時代の甲冑の生産・流通と伝世・長期保有」『器物の「伝世・長期保有」「復古再生」の実
　　　証的研究と倭における王権の形成・維持』2019〜2022度科学研究費補助金基盤研究（Ｂ）研究成果報告書　島
　　　根大学法文学部　pp.109-132

川畑　純　2023b　「中期の甲冑1：衝角付冑・眉庇付冑」『季刊　考古学』165　雄山閣　pp.23-26

小林謙一　1974　「甲冑製作技術の変遷と工人の系統（上）（下）」『考古学研究』第20巻第4号・第21巻第2号　考
　　　古学研究会　pp.48-68・37-49

小林謙一　1975　「弓矢と甲冑の変遷」『古代史発掘』第6巻　講談社　pp.98-102

小林謙一　1983　「甲冑出土古墳の研究—眉庇付冑出土古墳について—」『文化財論叢』奈良国立文化財研究所創立
　　　30周年記念論文集　同朋舎　pp.105-113

小林行雄　1961　『古墳時代の研究』　青木書店

阪口英毅　1998　「長方板革綴短甲と三角板革綴短甲—変遷とその特質—」『史林』第81巻第5号　史学研究会
　　　pp.1-39

阪口英毅　2017　「中期古墳編年と甲冑研究」『中期古墳研究の現状と課題Ⅰ〜広域編年と地域編年の齟齬〜　発表
　　　要旨集・資料集』中国四国前方後円墳研究会第20回研究集会　中国四国前方後円墳研究会　pp.47-60

阪口英毅　2019　『古墳時代甲冑の技術と生産』　同成社

阪口英毅　2019　「頸甲・肩甲編年構築のための予備的検討」『古墳と国家形成期の諸問題』　白石太一郎先生傘寿記
　　　念論文集編集委員会　pp.401-406

鈴木一有　2009　「中期型冑の系統と変遷」『月刊考古学ジャーナル』581　ニュー・サイエンス社　pp.12-16

鈴木一有　2012　「小札鋲留衝角付冑の変遷とその意義」『マロ塚古墳出土品を中心にした古墳時代中期武器武具の
　　　研究』国立歴史民俗博物館研究報告第173集　国立歴史民俗博物館　pp.435-456

鈴木一有　2015　「狐塚古墳出土短甲をめぐる問題」『狐塚古墳』　浜松市教育委員会　pp.60-70

杉井　健・上野祥史（編）　2012　『マロ塚古墳出土品を中心にした古墳時代中期武器武具の研究』国立歴史民俗博物
　　　館研究報告第173集　国立歴史民俗博物館

滝沢　誠　1991　「鋲留短甲の編年」『考古学雑誌』第76巻第3号　日本考古学会　pp.16-61

滝沢　誠　2008　『古墳時代中期における短甲の同工品に関する基礎的研究』　静岡大学人文学部

滝沢　誠　2015　『古墳時代の軍事組織と政治構造』　同成社

中久保辰夫　2018　「古墳時代中期甲冑および須恵器の集成」『Ｘ線ＣＴ調査による古墳時代甲冑の研究』日本学術
　　　振興会科学研究費補助金基盤研究Ｂ　課題番号：26284123　鹿児島大学総合研究博物館　pp.87-96

野上丈助　1975　「甲冑製作技法と系譜をめぐる問題点・上」『考古学研究』第21巻第4号　考古学研究会　pp.34-

第Ⅰ部　広域編年の検討

58

橋本達也　1995　「古墳時代中期における金工技術の変革とその意義—眉庇付冑を中心として—」『考古学雑誌』第
　　80巻第4号　日本考古学会　pp.1-33

廣瀬　覚　2015　『古代王権の形成と埴輪生産』　同成社

藤田和尊　1984　「頸甲編年とその意義」『関西大学考古学研究紀要』　4　関西大学考古学研究室　pp.55-72

藤田和尊　2006　『古墳時代の王権と軍事』　学生社

古谷　毅　1988　「京都府久津川車塚古墳出土の甲冑—"いわゆる一枚錣"の提起する問題—」『MUSEUM』第445
　　号　東京国立博物館　pp.4-17

右島和夫　1988　「鶴山古墳出土遺物の基礎調査Ⅲ」『群馬県立歴史博物館調査報告書』第4号　群馬県立歴史博物館
　　pp.85-101

山田琴子　2002　「小札鋲留衝角付冑と横矧板鋲留衝角付冑」『溯航』第20号　早稲田大学大学院文学研究科考古談
　　話会　pp.16-36

吉村和昭　1988　「短甲系譜試論—鋲留技法導入以後を中心として—」『橿原考古学研究所紀要考古学論攷』第13冊
　　奈良県立橿原考古学研究所　pp.23-39

図表出典

図1：帯金・裾板分割比（左半）は川畑2016より改変。地板配置の模式図（右半）は阪口2019より一部抜粋改変。図2：
川畑2016より改変。図3：川畑2016より改変。図4：川畑2016より改変。図5：川畑2023bより改変。図6：川
畑2023bより改変。表1：筆者作成。表2：川畑2023aより一部抜粋、改変。

〈研究報告〉

札式甲冑

初村　武寛

はじめに

　倭における札式甲冑は、馬具や甲冑にみられる、いわゆる「鋲留技法導入期」と併行して導入される武具である。その構造は、数十〜数百枚に近い枚数の札と呼ばれる小鉄板を横綴・下搦・覆輪と威により連貫したものである。このうち威技法の採用により縦方向の大きな可動性を有する点が大きな特徴であり、乗馬風習に適した武具と位置付けられることも多い。
　ここでは古墳時代中期において倭に導入された札式甲冑の変化の過程について検討する。

1. 古墳時代中期札式甲冑変遷の研究史

　古墳時代中期の札式甲冑の編年として研究史上で重要視されるものとして、内山敏行・清水和明・塚本敏夫・橋本達也・松崎友理の研究が存在する。
　札甲編年の研究史　　清水は、札甲の①札の威孔列、②札の威技法の２点に着目し、同一の特徴をもつ札甲を分類することにより、10の型式を設定、変遷過程を提示した。清水はこの型式について製作集団の差異を示すものと理解しており、複数の製作集団により製作された札式甲冑が畿内勢力により一元管理され、各古墳被葬者へ与えられたものとする［清水1993］。また、札式甲冑の諸例を検討するに当たり、③腰札の形状、④草摺裾札の形状に着目し、大陸・朝鮮半島および日本列島出土事例の関係性の整理と自身の変遷過程の補強を行った［清水1996・2000・2009］。
　内山は、①札の頭部形状、②札の威孔列、③腰札形状、④草摺裾札形状、⑤威技法の諸属性から、５つの画期の設定を行った［内山1987］。また、この画期と清水の設定した型式をベースとし、主に古墳時代中期末以降の札式甲冑の変遷案を提示している［内山2003・2006］。円頭威孔２列札という倭で定型化した札の出現の背景には朝鮮半島南部の札甲の存在があり、そこから派生・変化したものと位置づけた［内山2008］。
　塚本は、主に大阪府長持山古墳出土札式甲冑一式を扱う中で、札甲の①腰札形状、②草摺裾札形状、③威技法という３つの属性を取り上げ、変遷案を提示した［塚本1997］。
　この３者に共通する札甲変遷に関する属性である腰札形状、草摺裾札形状、威技法という３つの属性は、現状でも変遷観の基礎となっている。だが、上記の３者が主に変遷の対象としたのは古墳時代中期末〜後期の資料であった。この背景には、古墳時代中期の資料群については希薄、ないし調査が進んでいなかったことが要因として挙げられる。また、清水が提示した変遷案では導入期の事例として存在するのは千葉県祇園大塚山古墳の金銅製札群とそれに連なる一群のみであり、同古墳出土とされる鉄製札については言及されていない。また祇園大塚山古墳出土金銅製札甲に後続する資料群とし

第Ⅰ部　広域編年の検討

て埼玉稲荷山型・沢野村63号型といった完成されたような系列が出現するとする見解は唐突であるようにみえる。威技法から変化の過程を想定する松崎も清水と同様に祇園大塚山型・埼玉稲荷山型・沢野村63号型を近接したグループとして提示する［松崎2015］が、他の属性については触れていない。

　倭における札式甲冑の導入～定着までの過程については不明瞭な点が多いのである。

　札式付属具の研究史　　札甲の導入と併せて、多数の武具が日本列島内に導入された。その中には札甲以外の甲冑（付属具）も含まれる。籠手・臑当・襟甲・肩甲・頬当・錣・膝甲・草摺とその数は多い。

　札を用いた付属具を総合的に整理した清水は、資料を概観しながら各付属具の出現・展開時期や工人集団にまで言及している。この分析により、いわゆる鋲留技法導入期と札甲の定型化という二つの画期を設定している［清水1995］。

　塚本は長持山古墳出土札式甲冑全体の整理を進める中で各付属具についても言及した。長持山古墳ほどの状態で遺存している札式甲冑は稀少であり、現在でも多く参照される［塚本1997］。

　この両者に共通する点として、いずれも付属具製作の中に既存の倭系甲冑（帯金式甲冑・打延式甲冑）との関係性を見出している点は重要視される。特に襟甲や籠手など、倭系の打延式甲冑の技術が採用される背景には、帯金式・打延式甲冑製作工人と札式甲冑製作工人の協業の実態が見出されている。

　この後、札式付属具を総括する形での研究は稀少であったが、橋本が各種付属具の分類・変遷過程の検討から、札式付属具全体での変遷図を提示した［橋本2014c］。これにより、現在の札式甲冑研究の到達点が明確に示された。

　札式付属具の日本列島導入期の事例については構造が不明瞭な点が多いため、構造を良好に確認できる長持山古墳例が典型事例として挙げられることが多い。だが、長持山古墳以前にも札式付属具は日本列島内に導入されていることは確実である。倭における札式甲冑の導入～定型化～展開の様相を示すためには、長持山古墳例以前の資料を整理し、変遷過程を再検討することが求められる。

　広域編年としての札式甲冑編年の有効性　　本研究会第20回研究集会で阪口英毅は、広域編年指標としての有効性を考える上で、広域性・一律性・普遍性・安定性を備えている必要があることを明示した［阪口2017］。この中で阪口が『中期甲冑』として取り上げた甲冑のうち、実質的にこの4要素が認められるのは、古墳時代中期の倭系甲冑として主体をなしていた帯金式・打延式甲冑であった。

　対象を同時期の札式甲冑に絞ってみると、広域編年としての上記4要素の有効性は担保することが難しいと言わざるをえない。そこには、既に述べてきたように④統計的に資料数が圧倒的に不足していることや、⑧出土時の状態が悪く構造復元が困難であることなどが挙げられる。

　④については、同時代の倭の武装において帯金式・打延式甲冑が主体をなしてきたことが大きい。札式甲冑は同時代においても日本列島内で製作されていたものと考えるが、あくまで帯金式・打延式甲冑が主体であり、札式甲冑はそれを補完もしくは補強するものであったようである。滋賀県新開1号墳や石川県和田山5号墳A槨の甲冑セットなどはそれを如実に物語っている。ただし古墳時代中期末になると次第に札甲が主体となる事例もみられる。古墳時代後期になると衝角付冑を残して帯金式・打延式甲冑が消滅するのにあわせて札式甲冑が倭の武装の主体となる。そのため、札式甲冑の広域性が統計的に担保できるようになるのは、現状では古墳時代後期まで待たなければならない。

　⑧については、資料を本来の姿へ復元することが難しいことが要因として挙げられる。しかし、稀

に遺存状況の良好な事例に出会うこともできる。その場合は、使用部材・技術・部位等を念頭に置きながら調査を進める必要がある。これにより得られた情報は、他資料へフィードバックし、検討することが求められる。現在の研究状況は、蓄積された情報をベースに検討し、適合可能なものかどうかを判断している段階であると言える。

2．古墳時代中期における札式甲冑の導入〜展開の諸段階

札式甲冑の変遷を考える上で、内山・清水・塚本らの研究にみえるように、胴甲である札甲の研究は不可避である。しかし、他の付属具についてはあまり触れられていないことも事実で、主に個別事例での報告・考察に留まるものに過ぎなかった。また、札式付属具については、構造に関する基礎研究・体系的な理解がなされてきたのはここ10年のことである。

ここでは各札式甲冑の変化を概観する。ただし、本稿では古墳時代中期を主題とするため、古墳時代後期の事例については極力扱わない。

①　札　甲　倭における札甲の変遷としては、先述した通り主に内山・清水による分類・変遷案が体系的に提示されてきた。しかし、これらは主に古墳時代中期末〜後期を対象としたもので、倭における札式甲冑の導入〜定型化・古墳時代中期末までの変化についての検討は出土事例の少なさと構造が不明である点から、同時代の甲冑研究と比べると進展は遅れた状態であった。

内山は日本列島で広く展開する円頭威孔2列札の出現に関して検討を行っており、朝鮮半島の方頭威孔2列札の存在に注目する傍ら、日本列島における札式甲冑の初現段階の資料である奈良県五條猫塚古墳や大阪府西小山古墳の事例についても触れており、これにΩ字形腰札等が導入されていったものとみている［内山2008］。

実際、日本列島の初期の事例の札甲を見ると、威孔2列の札はいずれも方頭札であり、威孔1列札は円頭札である。このように、少なからず規範があったように思われる。しかし、五條猫塚古墳や宮山古墳といった、日本列島における導入期の資料については、湾曲した長大な腰札を有さないなど、後の資料とは一線を画する構造であった。この点を踏まえて筆者は編年を検討した［初村2011］。

古墳時代中期における札甲は、現状で以下のような変遷過程が提示できる（図1）。

1．札甲Ⅰ類：湾曲した腰札・草摺裾札をもたない ex.奈良県五條猫塚古墳・兵庫県宮山古墳
2．札甲Ⅱ類：S字形腰札と平草摺裾札をもつ ex.奈良県円照寺墓山1号墳・福岡県塚堂古墳
➡ 3．札甲Ⅲ類：Ω字形腰札と平草摺裾札をもつ ex.福井県向出山1号墳・山梨県王塚古墳
　➡ 4．札甲Ⅳ類：Ⅲ類の様相＋円頭威孔2列札で構成 ex.大阪府長持山古墳 他
　　➡ 5．札甲Ⅴ類：Ω字形腰札とΩ字形草摺裾札をもつ ex.埼玉県埼玉稲荷山古墳 他

これまで札甲Ⅲ類の実態が不明瞭であったため、札甲Ⅰ類との関係性が不透明であった。出土事例もそれほど多くないようであるため致し方ない点は多い。しかし、Ⅰ類の奈良県五條猫塚古墳例とⅢ類の向出山1号墳例に目を向けると、縦長の方頭威孔2列札と円頭威孔1列札の併用という点で共通点が多く、また年代的にも近しい。Ⅰ類の宮山古墳とⅢ類の豊富王塚古墳でも類似した札の組成がみられることから、Ⅰ類とⅢ類の類似性を指摘することができる。

第Ⅰ部　広域編年の検討

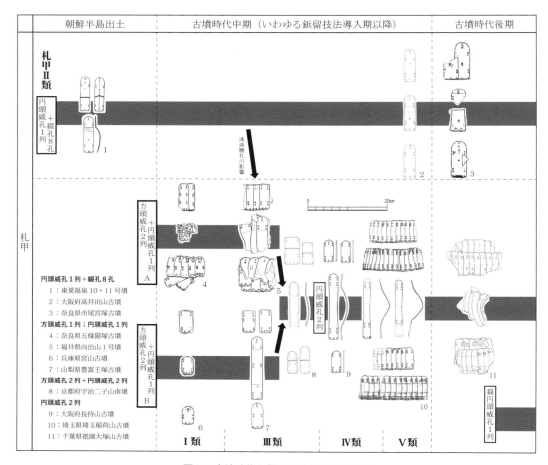

図1　古墳時代中期における札甲の変遷

　その後、宇治二子山南墳では方頭威孔2列札と併用する形で円頭威孔2列札が出現し、長持山古墳など円頭威孔2列札のみで構成される札甲が成立する。この時期から次第に札甲の出土数も増えてくるが、それらは円頭威孔2列札で統一されたものが多くみられ、倭の中での札甲の外観を統一するという意味合いがあったのだろう。その後埼玉稲荷山古墳などⅤ類を経て、6世紀代まで継続する。
　朝鮮半島で多くみられるS字形腰札を有する円頭威孔1列で構成される札甲は、日本列島でも札甲Ⅱ類として存在するが、これは5世紀代から6世紀初頭頃まで継続して出土することが知られている。
　②　膞　当　　朝鮮半島において札・篠状鉄札を威した篠膞当が存在するが、日本列島内でもこれと同様の篠膞当が存在する。
　各札・篠状鉄札の形状・威孔数・威技法に着目し、以下の変遷が考えられる（図2下）。
　　1．円頭威孔1列篠膞当　ex.滋賀県新開1号墳・奈良県五條猫塚古墳・岡山県岩井出土 他
　　2．方頭威孔2列篠膞当　ex.大阪府西小山古墳・兵庫県宮山古墳・石川県和田山5号墳A槨 他
　　➡3．円頭威孔2列篠膞当　ex.大阪府長持山古墳・愛知県志段味大塚古墳 他
威技法についてみると、1～3についてはいずれも通段威a類もしくは綴付威を採用する。

1は朝鮮半島出土資料との関係性を想定することができるが、2については現状で日本列島内での出土に限られる。両者ともに日本列島における札式甲冑導入期より存在しており、併存関係が想定される。この後、1・2は3に統一されるようである。3は、札甲で見られたように倭で定型化した札である円頭威孔2列札を用いることから、日本列島における札式甲冑生産体制がこの段階で本格的に整備されたのだろう。韓国松鶴洞1A-1号墳でも3の出土があるが、倭で定型化した札甲やf字形鏡板付轡などの倭系遺物が共伴しており、倭の武装が朝鮮半島にもたらされたものとみられる。

③ **籠手**　朝鮮半島より出土する籠手は主に板籠手であるが、日本列島内では板籠手・筒籠手・篠籠手の存在が知られる。このうち、札威手甲を伴う籠手は、筒籠手の一部と篠籠手に限られる。

手甲に用いられる札の形状・威孔数・威技法より、以下の変遷が考えられる（図2上）。

　　1．円頭威孔1列手甲札　ex.京都府坊主塚古墳・兵庫県宮山古墳・石川県和田山5号墳A槨 他
　➡2．円頭威孔2列手甲札　ex.大阪府長持山古墳・岡山県天狗山古墳・福岡県山の神古墳 他

1・2については、威技法に単段威a類もしくは綴付威を採用する。1は札威臑当と同一時期に導入されてはいるが、2は1と入れ替わる形で出現する。

遺存状況の良好な長持山古墳・天狗山古墳等の資料から、2についてはその構造が明らかにされていたが、1については不明な点が多かった。だが近年、石川県和田山5号墳A槨より出土した篠籠手の再検討から、1の篠状鉄札の配置が2とは異なる点が多いことが確認された（図3）。1は篠状鉄札は幅広（＝枚数少ない）であり横断面形が湾曲するが、2になると篠状鉄札が幅狭（＝枚数多い）となり、横断面も平坦となる。また、篠籠手・篠臑当に使用される付属の札についても、和田山5号墳の事例を参考にすることで、同段階の他古墳より出土した付属の札の用途の推定が可能となった。

④ **襟甲と付属札肩甲**　　朝鮮半島では主に襟甲に付属する札肩甲があるが、日本列島では襟甲および頸甲に付属する札肩甲がある。

襟甲についてみると、札肩甲が明らかな事例は必ずしも多くはない。断片的なものとして札肩甲の種類が判別しているものをピックアップできるのみである。使用される札には円頭威孔1列札と円頭威孔2列札が多いようである。使用する札から、以下の変遷が想定される（図4）。

　　1．円頭威孔1列札　ex.千葉県祇園大塚山古墳・奈良県円照寺墓山1号墳 他
　➡2．円頭威孔2列札　ex.大阪府長持山古墳・（福岡県山の神古墳）他

円頭威孔1列札を肩甲とする事例は朝鮮半島でも多く確認されており、日本列島出土例でもその流れを継承しているものと思われる。ただし、これらについて朝鮮半島製の武具がそのまま日本列島へもたらされているわけではないようである。図4に提示した襟甲はすべて同一スケールであるが、朝鮮半島出土襟甲は背が高いのに対し、日本列島出土例は背が極端に低くなっている。これは、朝鮮半島と日本列島における首回りの防御具の構造に起因するものと言える。

朝鮮半島の武装では、襟甲が広く展開することで首回りを防御し、冑の頬当や錣は襟甲の内部に収まる。これに対して倭の武装では、冑の錣が広く展開し、頸甲の襟は錣の内部に入り込む構造を取っていた。この倭の武具構造に背の高い襟甲を導入すれば、錣と襟甲が互いに干渉しあうこととなり武具として機能しない。そのため、日本列島出土の襟甲は高さが抑えられたと考える［初村2010］。また、朝鮮半島では縦矧板を鋲留もしくは革綴したものが多いが、日本列島では打延式とした事例も散見さ

第Ⅰ部　広域編年の検討

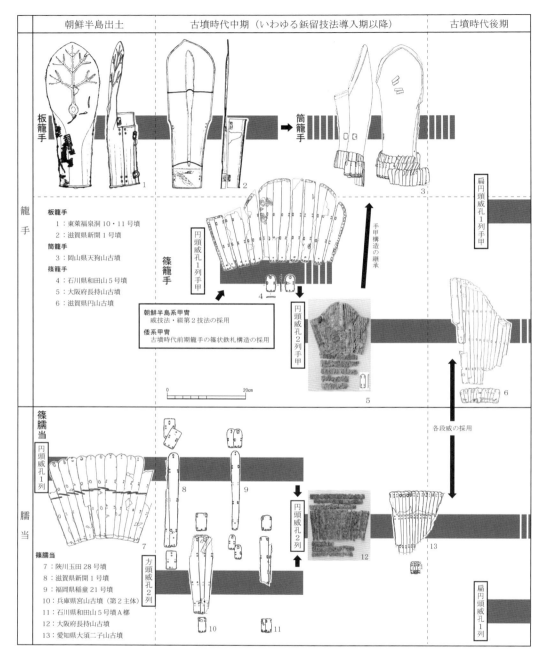

図2　古墳時代中期における籠手・臑当の変遷

れる。これについては打延式甲冑の技術を応用したものと捉えることもでき、先に述べた襟の高さが低いことも相まって倭製として捉えてよいように思われる。

　上記の資料のほか、山梨県豊富王塚古墳、和歌山県大谷古墳からも襟甲が出土しているが、いずれも札肩甲を断定するには至っていない。

札式甲冑（初村）

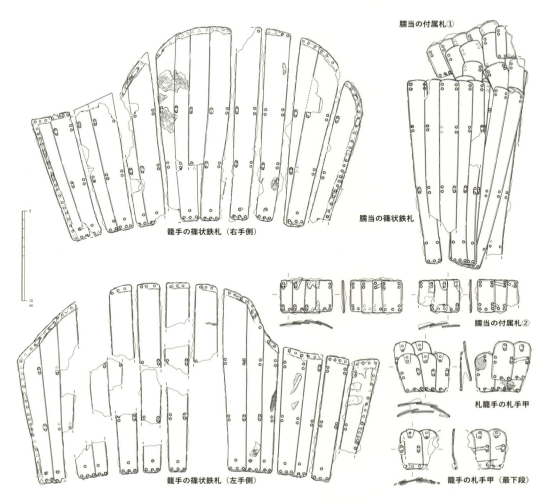

図3　石川県能美市　和田山5号墳A槨出土篠籠手・篠臑当

⑤ **頸甲と付属札肩甲**　頸甲についてみると、札肩甲の導入は基本的に鋲留技法導入後に導入される。使用される札には方頭威孔2列札・円頭威孔2列札が多い。このうち方頭威孔2列札については、綴孔の配置から①・②へ細分可能である。これらは、以下の変遷が想定される（図4）。

1. 方頭威孔2列札①　ex. 福井県向出山1号墳・韓国蓮山洞M8号墳 他
 ➡ 2. 方頭威孔2列札②　ex. 岡山県正崎2号墳・宮崎県下北方5号地下式横穴墓 他
　➡ 3. 円頭威孔2列札　ex. 福岡県稲童21号墳 他

これらとは異なり、円頭威孔1列札を肩甲としたものが京都府宇治二子山南墳より出土しているが、出土事例は稀少である。円頭威孔1列札を肩甲に用いる事例は朝鮮半島に多いので、宇治二子山南墳の事例は、それらとの関係性が強いように思われる。一方で、頸甲にみられる穿孔から札肩甲が伴うと判断できるが、札肩甲の詳細が不明である事例も多い（和歌山県陵山古墳、兵庫県宮山古墳、福岡県月岡古墳、韓国長木古墳）。これらについては詳細は今後の検討を要する。

75

第Ⅰ部　広域編年の検討

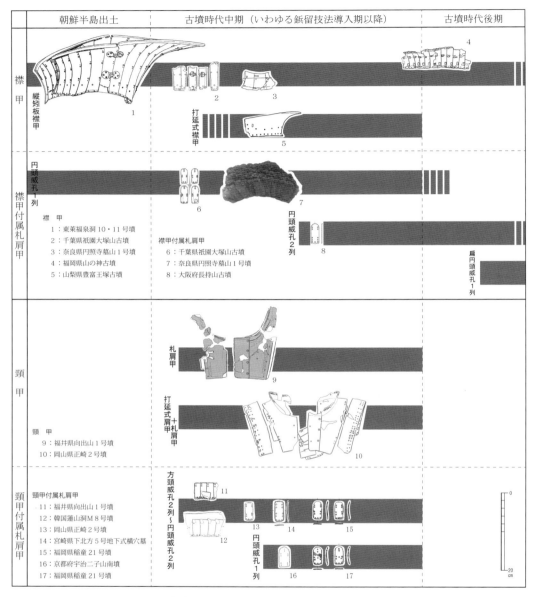

図4　古墳時代中期における襟甲・頸甲と札肩甲の変遷

⑥ **冑と付属札頬当・札錣**　冑に付属する札付属具としては札頬当・錣がある。これらは主体となる冑によりわずかに形状が異なる。

　朝鮮半島より出土する縦矧板冑に付属する札頬当・札錣には、方頭札や円頭札を用いるが、日本列島より出土する縦矧板冑についてはこれまで詳細な構造が明らかにできた事例は数少ない。山梨県かんかん塚古墳など数例で、方頭札を頬当・錣とする縦矧板革綴冑が確認できる［初村2010］。

　倭の冑としては、衝角付冑に札頬当・札錣が伴う事例が存在する。これらは先に掲げてきた札式甲

76

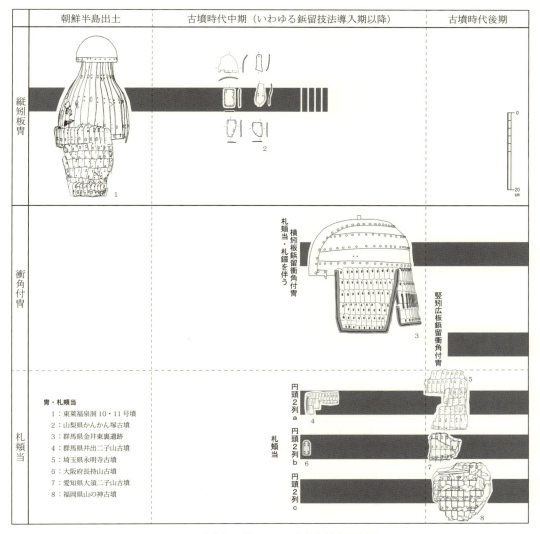

図5　古墳時代中期における冑と札頬当の変遷

冑群とは異なり、基本的に円頭威孔2列札の数が圧倒的に多い。年代的に見ても現状では長持山古墳例等を初現としており、他の札式甲冑の導入に比べると、年代的にはやや遅れる。

　衝角付冑に付属する札頬当については、綴技法により組み上げられるという特徴を有していることから破片化してもピックアップが可能である。それに反して札錣は不明なものが多い。

　衝角付冑に付属する札頬当は、穿孔により以下の分類が可能である（図5）。

　　円頭2列札A　　　ex.群馬県井出二子山古墳・和歌山県大谷古墳・埼玉県永明寺古墳 他
　　円頭2列札B①　　ex.大阪府長持山古墳・愛知県大須二子山古墳・群馬県綿貫観音山古墳 他
　　円頭2列札B②　　ex.茨城県三昧塚古墳・埼玉県小見真観寺古墳・奈良県珠城山3号墳 他
　　円頭2列札C　　　ex.福岡県山の神古墳・大阪府寛弘寺75号墳・福島県勿来金冠塚古墳 他

これらは頬当札の札足付近に穿たれた穿孔の数により、2孔があるもの（A）、4孔があるもの（B）、7孔があるもの（C）の三者に分類される。札頬当・札錏を伴う衝角付冑の出現当初の事例はBであり、やや遅れてAやCが出現してくるのであろうか。

これらは概ね札の大きさが小さいものから大きなものへ変化する傾向がある。札が大型になれば使用する枚数が減り、組み上げの簡略化につながるためであろうか。しかし、Bについては5世紀末頃の三昧塚古墳において、先行事例よりも小型のものが存在する。Bについては途中で分化し、Bの中で当初より存在し大型化の流れを辿るもの（B①）と三昧塚古墳例など小型の札を用いるが大型化を続ける一群（B②）に細分できるようである。

これらの札頬当は、横矧板鋲留衝角付冑と竪矧広板鋲留衝角付冑をまたがって存在する。綿貫観音山古墳の朝鮮半島系の冑とみられる突起付冑においても同様の札頬当を用いている可能性がある［初村2018・内山2020］。ただし、札頬当については朝鮮半島出土で円頭2列札を用いる事例も知られる［内山2023］。日本列島への円頭威孔2列札導入の背景にはこれらの影響を考える必要がある。

札錏については未だ使用札を断定できていないものも多い。そのためここでは体系的は変化の様相については触れない。

⑦ **札草摺と札膝甲**　　この他、出土数が稀少なものとして、札草摺・札膝甲がある。

札草摺は主に短甲に伴うもので、これまで数例が存在するとされる。最も著名なものは福岡県塚堂古墳出土札草摺であろう。これは横矧板革綴短甲に鋲留された爪形金具・革ベルトを介して札草摺を短甲に固定したものであった。他の事例でも札草摺とされるものがあるが、短甲との連結方法がわかっていない。実態の解明は今後の研究に拠るところとなってくる。

札膝甲については、大阪府長持山古墳の事例が著名で、札甲の下に装着し、人の大腿部を覆うものである。後世の佩楯や行縢のようなものであり、大型の平札のみで構成される。清水は篠状鉄札が膝甲に相当する［清水1989・1997］とするが、本稿では清水のいう膝甲は臑当としている。札膝甲の出土事例はあまり多くはないが、長持山古墳の事例を初現とし、愛知県大須二子山古墳等でも見られるようである［初村2018］。多くは6世紀代の資料とみられる。

そのため札草摺・札膝甲については、ここでは取り上げない。

3．札式甲冑の導入・展開にみる渡来系遺物導入と既存倭系遺物の関係

札式甲冑の導入・展開とその画期　　ここまで、古墳時代中期にみられる札式甲冑の倭への導入〜定型化について、種別毎に概観してきた。この点で着目しておきたいのは、各製品の導入に際して時間差が存在する。概略を示すと、以下の通りとなる。

第1段階…札甲・籠手・臑当の導入（倭系甲冑と渡来系甲冑は組み合わせるのみで連結しない）

第2段階…倭系甲冑と札付属具を連結した武具の出現（頸甲＋札肩甲）

第3段階…定型化した札式甲冑の出現と衝角付冑への札付属具の連結

第1段階の札甲（胴甲）と籠手・臑当は、他の武具とは構造上干渉しない。そのため、比較的早く導入することが可能であったと思われる。ただし、この段階では札式甲冑は倭系甲冑（帯金式・打延

式甲冑）を補完する役割のみであったと推測される。

　第2段階では倭系甲冑の中に次第に札式甲冑を直接連結する資料が出現する。打延式頸甲＋札肩甲の組み合わせである。

　第3段階では、衝角付冑に札頬当・錣が連結される事例が出現する。この段階になると、円頭威孔2列札を用いた札甲や肩甲などが出現し、倭での札の定型化という画期である。これ以前は複数の武具に跨って同じ札を用いることは原則的に認められていなかったが、これにより複数の札式甲冑の外観を統一するような動きが起こる。今回図示はしていないが、膝甲の出現も現状ではこの段階であり、長持山古墳の甲冑セットのように、冑鉢以外は札式甲冑で構成できるようになった。

　古墳時代中期のいわゆる「鋲留技法導入期」に出現した札式甲冑は、既存の帯金式・打延式甲冑に対して後発の武具であった。だが、馬具にみられる乗馬の風習の広がりも相まって、札式甲冑は次第にその数を増していく。その背景には構造改変による倭系武装への適合化が認められる。

　新式の渡来系遺物と既存の倭系遺物の併存　　札式甲冑と倭系甲冑のように、既存のものと新規のものが併存する図式をもつ渡来系の製品としては、盛矢具（倭系：靫、渡来系：胡籙）、装身具（倭系：石製・ガラス製装身具、渡来系：金属製装身具）、鏡（倭系：倭製鏡、渡来系：同型鏡群など）がある。倭にはなかった全く新しいものとしては、馬具（乗馬の風習も含む）がある。

　これらの多くは、後に倭の墳墓より出土する副葬品群を代表するものとなるが、必ずしも導入段階から広く展開するものでもないが、何らかの事象を契機として既存の倭製品と置き換わり、広く展開していくようである。その中では、倭製品へ適合する構造へ変化するものや、倭の独自の意匠・構造を有するようになるものなども出現することになる。

　札式甲冑では、長持山古墳出土札式甲冑の出現に大きな画期を求めたが、他の製品でもいわゆる鋲留技法導入期からワンクッションおいた時期に画期を求めることも出来るようである。

付　記

　資料の掲載に際し、下記機関にご許可を賜りました。記して感謝申し上げます。
　滋賀県立安土城考古博物館、敦賀郷土博物館、能美ふるさとミュージアム、姫路市埋蔵文化財センター、行橋市歴史資料館

引用文献

内山敏行　1987「遺物編年の現段階―武具―」『古墳文化研究会研究発表・討論会　発表要旨　関東・東北の群集墳
　　―造営年代と歴史的意義』　PHALANX―古墳文化研究会―

内山敏行　2003「後期古墳の諸段階と甲冑・馬具」『第8回東北・関東前方後円墳研究会大会【シンポジウム】後期
　　古墳の諸段階　発表要旨資料』　東北・関東前方後円墳研究会　pp.43-58

内山敏行　2006「古墳時代後期の甲冑」『古代武器研究』Vol.7　古代武器研究会　pp.19-28

内山敏行　2008「小札甲の変遷と交流―古墳時代中・後期の織孔2列小札とΩ字型腰札」『王権と武具と信仰』　同
　　成社　pp.708-717

内山敏行　2019「衝角付冑と2列小札甲―古墳時代甲冑のセット関係―」『和の考古学』ナベの会考古学論集第1集
　　ナベの会　pp.175-184

内山敏行　2020「綿貫観音山古墳の甲冑と附属具」『綿貫観音山古墳のすべて』群馬県立歴史博物館　pp.173-179

内山敏行　2023「古墳時代の外来系武具と倭系武具」『古代武器研究』Vol.18　古代武器研究会　pp.37-50

阪口英毅　2017「中期古墳編年と甲冑研究」『中期古墳研究の現状と課題Ⅰ～広域編年と地域編年の齟齬～』中国四
　　国前方後円墳研究会第 20 回研究集会　同実行委員会　pp.47-60

清水和明　1993「挂甲　製作技法の変遷からみた挂甲の生産」『第 33 回埋蔵文化財研究集会　甲冑出土古墳にみる
　　武器・武具の変遷』第Ⅰ分冊　埋蔵文化財研究会　pp.13-27

清水和明　1996 「東アジアの小札甲の展開」『古代文化』vol.48-4　古代学協会　pp.1-18

清水和明　2000「古代の甲冑製作技術について」『古代武器研究』Vol.1　古代武器研究会　pp.16-22

清水和明　2009「小札甲の製作技法と系譜の検討」『考古学ジャーナル』No.581　ニューサイエンス社　pp.22-26

塚本敏夫　1997「長持山古墳出土挂甲の研究」『王者の武装―5 世紀の金工技術―』京都大学総合博物館　pp.64-87

橋本達也　2013 「祇園大塚山古墳の金銅装眉庇付冑と古墳時代中期の社会」『歴博フォーラム　祇園大塚山と 5 世
　　紀という時代』 六一書房　pp.57-83

橋本達也　2014a「城ノ山古墳の襟甲」『堺市博物館研究報告』第 33 号　堺市博物館　pp.74-80

橋本達也　2014b「中期甲冑の表示する同質性と差異性―変形板短甲の意義―」『七観古墳の研究―1947 年・1952
　　年出土遺物の再検討―』 京都大学大学院文学研究科　pp.251-272

橋本達也　2014c「古墳時代中期甲冑における朝鮮半島系要素の導入―山の神古墳の甲冑付属具とその評価を中心に
　　―」『山の神古墳と「雄略朝」期をめぐる諸問題　研究発表資料集』 九州大学大学院人文科学研究院考古学研
　　究室　pp.59-64

初村武寛　2010「古墳時代中期における小札式付属具の基礎的検討―付属具を構成する小札の用途と装着部位―」『洛
　　北史学』第 12 号　洛北史学会　pp.92-118

初村武寛　2011「古墳時代中期における小札甲の変遷」『古代学研究』192　古代学研究会　pp.1-19

初村武寛　2015a「日本列島における導入期小札甲の構造と副葬の背景」『研究紀要』19 号　由良大和古代文化研究
　　協会　pp.1-36

初村武寛　2015b「五條猫塚古墳出土小札甲の構造と甲冑の装飾―小札甲と帯金具の関係性に着目して―」『五條猫
　　塚古墳の研究』総括編　奈良国立博物館　pp.303-312

初村武寛　2018a「小札式甲冑の研究史と導入・展開の諸様相」『古代武器研究』Vol.14　古代武器研究会　pp.47-76

初村武寛　2018b『錆情報に基づく戦後復興期消滅古墳副葬品配列の復元研究』平成 28 ～ 30 年度科学研究費補助金
　　（若手研究（B））研究成果報告書　元興寺文化財研究所

初村武寛　2019「頸甲と小札肩甲」『和の考古学』ナベの会考古学論集第 1 集　pp.163-174

松崎友理　2015「山の神古墳出土小札甲の復元」『山の神古墳の研究―「雄略朝」期前後における地域社会と人制に
　　関する考古学的研究：北部九州を中心に―』 九州大学大学院人文科学研究員考古学研究室　pp.331-334

松崎友理　2017「志段味大塚古墳における小札甲と付属具の構造」『埋蔵文化財調査報告書 77　志段味大塚古墳Ⅲ－
　　志段味大塚古墳の副葬品―』名古屋市文化財調査報告 94　名古屋市教育委員会　pp.159-166

図出典

図 1　各報告書より転載。5 は敦賀郷土博物館所蔵、筆者実測。6 は姫路市埋蔵文化財センター所蔵、筆者実測。図
2　各報告書より転載。4・11 は能美市所蔵、筆者実測。8 は滋賀県立安土城考古博物館所蔵、筆者実測。9 は行
橋市教育委員会所蔵、筆者実測。10 は姫路市教育委員会所蔵、筆者実測。図 3　能美市教育委員会所蔵、筆者実測。
図 4　各報告書より転載。10・12 は敦賀郷土博物館所蔵、筆者実測。16・18 は行橋市教育委員会所蔵、筆者実測。
図 5　各報告書より転載。2 は山梨県立考古博物館所蔵、筆者実測。

〈研究報告〉

鉄　鏃

尾上　元規

はじめに

　古墳時代の鉄鏃は、生産単位や流通状況等の詳細が明らかでないものの、各地域での生産が想定される。すでに弥生時代後期には岡山県夏栗遺跡などで鉄鏃の製作跡が確認され、降って古墳時代後期には同県窪木薬師遺跡など製作遺跡の存在とともに、鉄鏃の多彩な地域性から在地生産が推測されている［尾上1993ほか］。したがって、古墳時代中期においても同様の生産を想定することも可能であろう。しかしながら、日本列島内でいまだ本格的な鉄生産がなされていない中期の段階において、各地の古墳から質量ともに豊かな鉄製品が出土する状況に鑑みれば、鉄素材とともに鉄製品が広域に流通した状況も考えられる。したがって、中期の鉄鏃については広域性と在地性、両面からのアプローチが必要であろう。

　本稿は、「広域編年と地域編年の齟齬」をテーマとした第20回研究集会（2017）における報告をもとに書き改めたものである⁽¹⁾。鉄鏃の生産・流通状況が不明な現状において「地域」の設定は困難であるが、本稿では便宜上、本研究会が主なフィールドとする中四国地方を中心に、中期鉄鏃の編年を整理する。本会の射程はさらに広域にわたる編年の構築であるが、筆者の力不足もあり、先行研究における編年案や代表的な他地域出土資料との対比を行って、広域編年への展望としたい。

1．研 究 史

　中期鉄鏃の編年研究においては、特に長頸鏃の出現やその前段階の短頸鏃、また柳葉鏃等の動向が注目されてきた［西川1966、小林1975、杉山1988、田中1991ほか］。21世紀に入ると、鈴木一有［鈴木2003］、水野敏典［水野2003］、川畑純［川畑2009］らによって、短頸鏃の伸長化や長頸鏃の出現、その他鏃型式の消長などからより詳細な検討がなされ、中期を、鈴木及び水野編年において5段階、川畑編年において4段階に分ける案が示されている。短頸鏃や長頸鏃の長さの変化にも細かく注意が向けられ、特に川畑編年は各時期の指標として具体的な数値基準を示している点が注目される。その後、鈴木は中期後半について長頸鏃の短縮化等の視点からさらに細分を進め、中期を計7段階に分ける案を示している［鈴木2017］。現状で最も細分が進められた編年案として重要であろう。これらの諸研究により、中期鉄鏃の変遷観はおおむね定見を得るに至っているが、各編年案によって細分時期の設定単位や区分基準等にいくらかの相違がみられるのが現状である。

　一方、中四国地方における中期鉄鏃の集成や編年作業は、島根県［原1993、仁木2015］、徳島県［須崎1993］、香川県西部［乗松・中里2005］などで試みられ一定の成果が得られているが、対象地域を限定したために、資料数の制約から変遷が追いにくい面も見受けられる。本稿では、これらの研究成果

も参照しながら中四国地方出土資料を対象とし、また甲冑出土古墳など主要な古墳資料だけでなく、できるだけ網羅的な集成に基づき、編年を検討したい。

2．各部名称と分類

古墳時代の鉄鏃は、主に先端から側縁にかけて刃をもつ鏃身と、矢柄に固定する着柄部から構成される。着柄部は、棒状の茎をもつ有茎式が一般的であるが、ほかに鏃身を根挟等で挟み込む根挟式や、袋を備える有袋式がある[2]。また、鏃身と着柄部との間に頸部をもつ場合があり、本稿では鏃身と頸部を合わせた長さを便宜的に鏃長と呼ぶ。鏃身と頸部の境、頸部と茎の境は関と呼ばれ、そのうち鏃身と頸部との境を鏃身関、頸部と茎との境を茎関[3]とする。

中四国地方における中期の主要な有茎式鉄鏃は、短頸鏃・長頸鏃・柳葉鏃の３者に大別できる（図１）。そのほかにも方頭鏃・圭頭鏃などがあるが、当地域では中期を通じて一般的な存在ではない。

短頸鏃は、小型・細身の鏃身に短い頸部をもつもので、次の４者に細分する。ａ類は鏃身が柳葉形ないし三角形をなす両刃のもので、鏃身関は直角ないし鈍角の段をなすものと段が不明瞭なものとがある。ｂ類はａ類の鏃身関が逆刺になるもの、ｃ類は鏃身が片刃の刀子形をなすものである。ｄ類は鏃身が三角形、鏃身関が２段の階段状になるもので、頸部を捩る場合がある。

長頸鏃は、小型・細身の鏃身に長い頸部をもつものである。長さから短頸鏃と明確に区別することは難しいが、本稿では後述する出土事例の状況及び西岡千絵の整理［西岡2005］等により、概ね鏃長10cm以上を目安とする。次の４者に細分する。ａ類は鏃身が柳葉形ないし三角形をなす両刃のもので、鏃身関は直角ないし鈍角の段をなすものと段が不明瞭なものとがある。ｂ類はａ類の鏃身関が逆刺になるもの、ｃ類は鏃身が片刃の刀子形をなすもの、ｄ類は鏃身が柳葉形ないし三角形で頸部上方の片側に逆刺を付すいわゆる「独立片逆刺鏃」である。

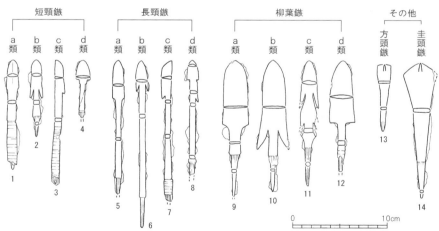

1 岡山県橋本塚１号墳　2・11 広島県亀山１号墳　3 広島県権地古墳　4 岡山県中原４号墳
5・7 岡山県随庵古墳　6 広島県禅昌寺遺跡Ｃ主体　8 岡山県法連40号墳　9・10 鳥取県下味野40号墳
12 岡山県門の山８号墳　13 山口県天神山１号墳　14 岡山県狩谷３号墳

図１　主な有茎式鉄鏃の分類

柳葉鏃は、鏃身が柳葉形ないし三角形で、それに逆刺を付すものもあり、次の4者に細分する。a類は鏃身下部が内湾あるいは徐々に幅を減じて茎につながるもの、b類は鏃身下部が逆刺になるもの、c類は二段の逆刺をもつもの、d類は鏃身関が直角に開く長三角形のものである。

なお、短頸鏃・長頸鏃など細身の鏃を細根系と呼んで、平根系と対照的に捉える場合があり、両者の区別は古墳時代後期、さらに後世へとつながっていく。中期においては両者の区別が必ずしも明瞭でないが、筆者は、後述するように両者の形態・機能分化の過程が中期鉄鏃の変化の意義として重要であると考えており、上記分類に加え細根系・平根系の語を補足的に用いる。

3．編　年

（1）編年の方法と時期区分

鉄鏃編年における「中期」の位置づけについては後述するが、本稿で扱う年代的な範囲は、短頸鏃の出現・普及段階から、根挟式鏃の激減ないし消滅段階までとする。これは、帯金式甲冑の成立から終焉までの時期と概ね一致するとみられる。そのなかで、短頸鏃と長頸鏃との関係においては、前者から後者へと置き換わっていくことが明らかにされている。したがって、副葬鏃群において短頸鏃のみで構成される段階（1期）から、短頸鏃と長頸鏃が混在する段階（2期）、さらに長頸鏃のみで構成される段階（3期）へという変遷が想定できる。ただし、その時期に存在するすべての形式の鏃が古墳に副葬されるわけではないから、弾力的な扱いも必要である。

次に、短頸鏃及び長頸鏃の鏃長変化の観点から検討する（表1）。1期は短頸鏃のみであるが、鏃長はおよそ4〜9cmの幅がある。そのなかで7〜9cm前後のやや長い一群があり、1期の他の古墳とはおよそ7cmを境に鏃長の分布域が異なる点が注意される。これを短頸鏃伸長化の画期と捉え、短い一群を1-1期、長い一群を1-2期とする。2期になると、鏃長10cmを超える長頸鏃が現れるが、いまだ12cmに達するものはない。短頸鏃も併存しているが、鏃長5.5cmに満たない短小なものは消滅しているようである。ここで、1-2期と2期との関係が問題になろう。2期には鏃長10〜11cm前後の長頸鏃が出現している一方、6〜7cm程度の短頸鏃を伴うものもあり、これらの短頸鏃は1-2期の短頸鏃よりも短い。長頸鏃が出現していることから1-2期より後出すると判断するが、時間的に近接あるいは一部重複している可能性もあり、過渡的状況を示すものと理解しておきたい。3期には短頸鏃がほぼ姿を消すが、長頸鏃は著しく伸長化するものが現れる一方、短いものも含み鏃長のばらつきが大きい。先行研究において中期後半に長頸鏃が短縮化する傾向が指摘されており［鈴木2003・2017、西岡2005、川畑2009ほか］、この視点により3期を細分することも考えられるが、表1からは、全体的な傾向として短縮化を読み取ることができるものの、3期を細分する明瞭な画期は見出し難い。一方、3期には柳葉鏃において鏃身最大幅が2.5cmを超える幅広のものが増加しており（図6-10・11ほか）、有窓品（図6-20）や、新たな形式として柳葉d類（図6-19）も加わる。このような幅広の柳葉鏃は後期に盛行するものであることから、3期のなかでも新相として位置づけることができよう[4]。これらに伴う長頸鏃は総じて短いものが多く、また前段階に比べ須恵器を伴う事例も増加す

表 1　中四国地方における主な鉄鏃出土古墳

時期	古墳名（主体部略称）	所在県	短頸鏃・長頸鏃の鏃長（cm）	短頸鏃 a類	b類	c類	d類	長頸鏃 a類	b類	c類	d類	柳葉鏃 a類	b類	c類	d類	方頭鏃	主頭鏃	根挟式	銅鏃	須恵器
Ⅰ-1	大代古墳	徳島		○														○	○	
	月の輪古墳(中)	岡山																		
	金蔵山古墳(南)	岡山		○		○						○							○	
	天神山1号墳	山口														○	○		○	
	旗振台古墳(南)	岡山							○											
	護国神社裏山古墳	岡山						○												
	中原4号墳	岡山									○									
	亀山1号墳	広島		○	○	○							○						○	
	旗振台古墳(中)	岡山		○															○	
	旗振台古墳(北)	岡山		○																
	湊茶臼山古墳	岡山				○							○							TG232-ON231
	恵解山9号墳	徳島		○									○							
1-2	狩谷3号墳(1)	岡山		○									○				○			TK73
	後池内古墳	岡山		○									○							
	蓮華谷1号墳	徳島		○										○						
	唐子台No.80地点	愛媛		○									○							TK73
	湯山6号墳	鳥取		○																
2	今岡10号墳	岡山		○				○												
	橋本塚1号墳(2)	岡山		○				○											○	
	権地古墳	広島		○				○											○	
	四拾貫小原1号墳	広島		○				○											○	
3-1	城ノ下1号墳	広島						○	○	○										TK216
	二名留3号墳	島根						○	○	○										ON46
	一の谷古墳	島根						○	○	○										TK208
	大明地2号墳	広島						○	○	○										TK208
	神昌寺西遺跡(C)	広島						○	○	○	○									
	増福寺4号墳	島根						○	○		○									
	三ツ城古墳(3)	広島						○	○										○	
	樋端2号墳	香川						○											○	
	奥小山8号墳(3)	鳥取						○	○					○					○	TK208
	男戸嶋古墳	岡山						○	○					○						
	観音寺2号墳	島根						○	○											
	山崎古墳	島根						○	○											
	鍛冶屋逧B2号墳	岡山						○						○		○			○	
	随庵古墳	岡山						○						○		○			○	
	横枕70号墳	鳥取						○												
	中小田2号墳	広島						○												
	中原28号墳	岡山						○												TK208
	一国山1号墳(棺1)	岡山						○												TK208
	横枕73号墳(2)	鳥取						○												
	増福寺3号墳	島根						○												
3-2	川上古墳	香川						○	○		○		○							TK208
	下味野40号墳	鳥取						○	○	○										
	長畝山北5号墳(1)	岡山						○												TK23
	長畝山北9号墳(1)	岡山						○											○	TK23
	倭文6号墳	鳥取						○												TK23-TK47
	横枕26号墳	鳥取						○											○	TK23-TK47
	中山6号墳(2)	岡山						○												TK47
	原間4号墳	香川						○	○										○	TK47
	徳利山古墳	愛媛						○												TK47
	岡の御堂1号墳	香川						○												
	桧山峠7号墳	愛媛						○												TK47
	長畝山北3号墳	岡山						○	○					○						TK47
	法蓮40号墳	岡山						○	○											
	山之城1号墳	岡山						○												TK47
	長福寺裏山東塚古墳	岡山						○											○	
	天狗山古墳	岡山						○	○	○									○	TK47
	日上畝山6号墳(中)	岡山						○												TK47
	弘住4号墳	広島						○												TK47
	前内池遺跡(棺7)	岡山						○											○	
	中小田3号墳	広島						○												
	古曽志大谷1号墳	島根						○												TK47
	長畝山北1号墳	岡山						○	○					○						
	横枕59号墳	鳥取						○						○						TK47
	門の山8号墳(1)	岡山						○							○					TK47
	北山野神古墳	岡山						○												TK47
	松原10号墳	鳥取								○			○					○		TK47-MT15
	池の内5号墳	広島						○						○						TK47-MT15
	金子2号墳	広島						○						○						TK47-MT15

・短頸鏃・長頸鏃の鏃長は、複数個体の計測値を一連の範囲として示した。ただし、計測値が大きく離れている場合などは範囲を分けている。

・計測値の根拠は、筆者による実測、報告書等に記載された計測値、報告書等掲載図からの筆者による計測等であり、誤認や誤差も否定できない。

る（TK23・47型式）。これらの特徴をもつ3期新相を3-2期とし、古相を3-1期とする。

（2）各期の鏃組成と特徴

次に、上で区分した計5期について、各期の鉄鏃の形態的特徴や組成、共伴遺物などを確認する。

① 1-1期（図2）

短頸鏃が出現・普及する段階で、鏃長は4〜7cmを中心とする。短頸a類からd類までが出揃っており多様な鏃身形態がみられるが、銅鏃を伴い当期のなかでも古相を示す徳島県大代古墳や岡山県月の輪古墳の短頸鏃はa類に限られる。柳葉鏃は、全体的に小型でa類からc類までがみられ、山形関（6・11）や鏃身に鎬を立てるもの（20・21）も多い。根挟式も形態が変化に富み、岡山県旗振台古墳例（31）など大形の有窓品も特徴的で、多様性が最も顕在化する段階といえる［川畑2009ほか］。方頭鏃（22・23）・圭頭鏃（24・25）も散見され、方頭鏃は朝鮮半島、圭頭鏃は九州の系譜を引くものが多いと考えられる。

長方板及び三角板革綴短甲、TG232ないしON231段階とみられる須恵器を伴う例がある。

② 1-2期（図3）

短頸鏃の伸長化がみられ、鏃長は7〜9cmを中心とする。短頸鏃の鏃身形態はa類が主体となり、1-1期ほど多様なあり方を示さない。柳葉鏃は事例数が少ないが、a類（15）・b類（6・9）が認められる。柳葉c類は当期の事例としては確認できないが3-1期の例があり、その時期まで残存するとみられる。根挟式鏃は多様性に乏しくなり、逆刺をもつ三角形のものが中心で、大型品や有窓品は減少するようである。また、1-1期に引き続き方頭鏃・圭頭鏃（10）を伴う例が認められる。特に方頭鏃は、中期では1-1期及び1-2期に限って認められ、この時期の指標となりうる。

小札鋲留眉庇付冑や三角板革綴短甲、TK73型式に相当する須恵器を伴う例がある。

③ 2 期（図4）

鏃長10〜11cm程度の長頸鏃が出現し、短頸鏃と共伴する。短頸鏃は1-2期に引き続きa類が主体で、ほかにc類が少数みられる。長頸鏃はa類のみで、b類からd類はまだ出現していないようである。根挟式は1-2期と同様、バリエーションに乏しく出土例も少ない。

一括副葬資料で組成をみると、岡山県橋本塚1号墳第2主体では18本の鉄鏃が出土し、根挟式（7）2本、長頸鏃（5・6）3本のほかはすべて短頸鏃（1〜4）、同県今岡10号墳でも約30本の鉄鏃のうち長頸鏃（12）1本のほかはすべて短頸鏃（8〜11）で、いずれも短頸鏃多数に長頸鏃少数の構成である。これらの長頸鏃については、短頸鏃が伸長化したものとみて長頸鏃に分類しない見解もあるが、両墳ともに鏃長において短頸鏃との区別が意識されている可能性があり、日本列島における導入期の長頸鏃とみることもできよう。一方、広島県権地古墳ではやや様相が異なる。20本の鉄鏃のうち、短頸c類（13・14）が11本、短頸ないし長頸のa類（15〜18）が7本、根挟式（19）が2本である。このうち短頸ないし長頸のa類は鏃長約8〜11cmと個体差があるが、その変化は漸移的で短頸鏃と長頸鏃とを明確に区別できない。広島県四拾貫小原1号墳なども同様で、短頸鏃の伸長化が進んだ結果、長頸鏃との区別が曖昧になっている状況と考えられる。2期にみられる以上の2相は時期差を反映している可能性もあるが、現状では事例数が少なく明確でない。

第Ⅰ部　広域編年の検討

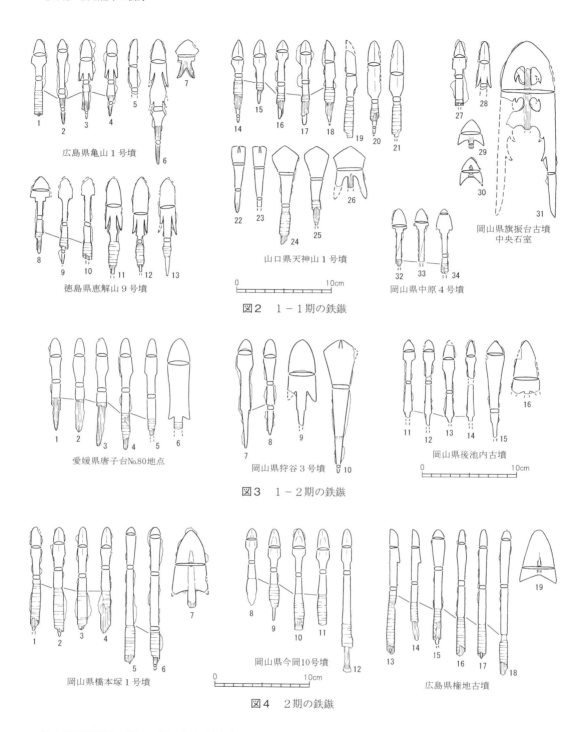

図2　1-1期の鉄鏃

図3　1-2期の鉄鏃

図4　2期の鉄鏃

他の伴出遺物に乏しいが、概ね須恵器のTK73〜TK216型式期に当たるとみられる。

④ 3-1期（図5）

短頸鏃が激減し、少なくとも中四国地方ではほぼ姿を消す。長頸鏃の鏃長は11〜14cm前後が中

心で２期との差が大きく、15cmに達するものもみられる。ただし、伸長化が顕著ではあるものの、同一古墳から出土する長頸鏃でも鏃長には幅があり、短いものを含む場合も多い。鏃身形態では長頸a類からd類までが出揃っているが、主体はa類である。特殊な形態として、長頸a類のうち鏃身が長く頸部が短いものが散見され（16・20）、当期を特徴づけるものといえる。長頸c類は鏃身が大振りで逆刺の深いものが特徴的だが（4～7）、逆刺をもたないものもある。長頸d類はわずかな事例しかないが、片逆刺部が外

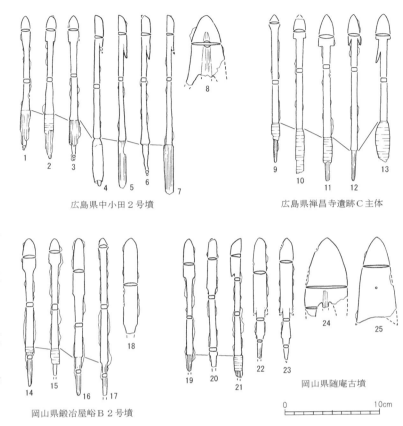

図５　３−１期の鉄鏃

方に開く形態をなし逆刺が比較的深い（13）。柳葉鏃は、長頸鏃の影響からか著しく長身化が進んでおり、a類では鏃身が細長く両側縁が平行になる剣身形のものが特徴的である（18）。柳葉b類では、頸部が長くなる傾向があり、逆刺は外方に広がらず頸部に沿って直線的に垂下する（22・23）。根挟式は２期に引き続き少ない傾向にある。

　横矧板鋲留衝角付冑、三角板及び横矧板鋲留短甲、TK216～TK208型式の須恵器を伴う例がある。

⑤　３−２期（図６）

　長頸鏃は、鏃身が小振りで頸部の細い華奢なものが多くなる。岡山県中山６号墳例（１～３）など鏃長14cm前後の長い一群が認められる一方、10cm前後の短いものも多く、中心は10～12cm前後で３−１期に比べ短縮化が進んでいる。岡山県門の山８号墳などでは鏃長が10cmに満たないものもあり長頸鏃としては短いが、鏃身が小さく相対的に頸部が長いタイプで（18）、１・２期の短頸鏃とは区別される。長頸鏃の鏃身形態ではc類・d類の増加が著しい。長頸c類の逆刺は浅くなる傾向があるが、深いものも少数ながら残存している。長頸d類は３−１期に出現していたが、３−２期には著しく増加し当期を特徴づけるものとなる。片逆刺部は頸部や鏃身との一体化が進み、逆刺が浅くなるなど退化傾向を示す。柳葉鏃は、上述のとおり形態が大きく変化する。鏃身が幅広く扁平な形態が

第Ⅰ部　広域編年の検討

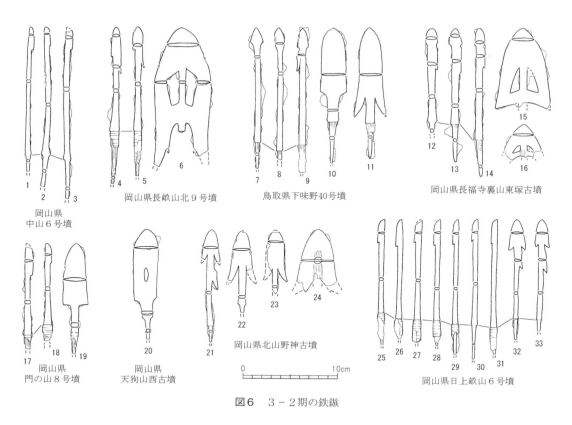

図6　3－2期の鉄鏃

増え、柳葉 b 類の逆刺は外反して広がる（11・22・23）。さらに、柳葉 d 類（19）や有窓の柳葉鏃（20）も加わるが、これらは出土例が少なく、後期に増加することを考えれば当期のなかでも新しい様相を示すものと理解できる。根挟式は 2 期から 3-1 期にかけて減少傾向にあったが、再び当期に山陽地域で盛行し、岡山県長畝山北 9 号墳例（6）、同県長福寺裏山東塚古墳例（15・16）など有窓品、大型品も増える。一方、山陰や四国では根挟式の分布が希薄で地域差を表している。そして次の段階（後期初頭）には根挟式は激減し、西日本の多くの地域で消滅に向かう。

横矧板鋲留衝角付冑や横矧板鋲留短甲、札甲、ｆ字形鏡板付轡、剣菱形杏葉、TK23・TK47 型式の須恵器を伴う例が多数ある。

（3）広域編年への展望

最後に、上でまとめた中四国地方の編年案について、先行研究における畿内地域及び広域にわたる編年案、また他地域出土資料との比較を行い、広域編年への展望としたい。

① 先行研究との比較

先行研究として、2000 年以降に示された鈴木一有［鈴木 2003・2017］、水野敏典［水野 2003］、川畑純［川畑 2009］の編年案との対比を試みる（図 7）。

1-1 期は短頸鏃の導入・普及期であり、概ね鈴木「中Ⅰ期」及び「中Ⅱa 期」、水野「中期 1 段階」、川畑「Ⅲ期古段階」の特徴をもつ。なかでも銅鏃を伴う大代古墳や月の輪古墳は古く位置づけられ、

鈴木「中Ⅰ期」に当たるとみられる。

　1-2期は短頸鏃の伸長化が進む段階である。概ね鈴木「中Ⅱb期」、水野「中期2段階」に相当するが、両者ともに本稿の2期を含む点で異なる。本稿2期段階の長頸鏃を、短頸鏃が伸長化したものとみて長頸鏃に分類しないことなどによるものである[5]。本稿では、長さにおいて短頸鏃との区別が意識されているとみられる事例が複数あることを重視して、これらを出現期の長頸鏃とみており（図4-5・6・12）、1-2期とは区別して2期を設定した。

本稿	鈴木 2003・2017	水野 2003	川畑 2009
1-1期	中Ⅰ期	中期1段階	Ⅲ期古段階
	中Ⅱa期		
1-2期	中Ⅱb期	中期2段階	Ⅲ期新段階
2期			Ⅳ期古段階
3-1期	中Ⅲ期	中期3段階	
	中Ⅳa期	中期4段階	
3-2期	中Ⅳb期 中Ⅳc期	中期5段階	Ⅳ期新段階

図7　先行編年研究との対応関係

筆者と同様に鏃長10cm以上を長頸鏃とみる川畑は、本稿1-2期とほぼ一致する「Ⅲ期新段階」を設定する。これらの相違は、主に長頸鏃の定義や評価に関わるもので、鉄鏃の変遷観は概ね一致しており、先行諸研究を追跡できるものである。

　3-1期は長頸鏃が飛躍的に伸長化する段階である。鈴木、水野はともに本稿3-1期に相当する段階を2つに分け、その前半（鈴木「中Ⅲ期」、水野「中期3段階」）の特徴として短頸鏃の併存等を、代表例として大阪府野中古墳等を挙げる。中四国地方ではこの段階には短頸鏃はほぼ消滅しているとみられ、短頸鏃と長頸鏃の明確な共伴例は確認できない。野中古墳（図8）では、鏃長7〜8cmほどの短頸鏃（1〜3）がある一方で13〜14cmに及ぶ長い長頸鏃（4・5）も伴う。本稿の編年案では1-2期から3-1期にかけての特徴をもつ鏃群といえるが、時期差のある鉄鏃の集積とする見方もあり［川畑2015］、武器・武具の大量埋納という特殊性も考慮すべきかもしれない。

　3-2期は柳葉鏃の幅広化や長頸鏃の短縮傾向がみられる段階で、概ね鈴木「中Ⅳb期」、水野「中期5段階」、川畑「Ⅳ期新段階」に相当するが、基準とする長頸鏃の鏃長など細かな部分ではうまく整合しないところがある。繰り返すが、中期後半における長頸鏃の短縮化については、同一古墳から一括出土する長頸鏃群のなかでも鏃長の個体差が大きく、また共伴須恵器の型式等を参照しても、必ずしも鏃長の長いものから短いものへ順次変化しているとはいえないようである。長頸鏃の伸長化がピークアウトし、全体として短縮傾向にあるのは確かだが、長さに基づくこの時期の編年細分には慎重にならざるを得ない。

② 他地域出土資料との比較

　次に他地域出土資料との比較を行うが、ここでは「中期古墳編年基準資料集成」［寒川・安川（編）2020］を参照した。代表的な事例に限られるが、本稿編年案との関係は次のようになろう。

　1-1期は大阪府盾塚古墳、京都府今林6号墳、兵庫県茶すり山古墳など、鏃長5〜7cmを中心とする短頸鏃が該当し、その鏃身形態はa類からd類まで多様である。ただし、銅鏃を伴う大阪府和泉黄金塚古墳などではa類のみであり、中四国地方でみたように出現期の短頸鏃はa類に限られる可能性がある。

　1-2期は大阪府鞍塚古墳、京都府私市円山古墳など、鏃長およそ7〜10cmに伸長化した短頸鏃

第Ⅰ部　広域編年の検討

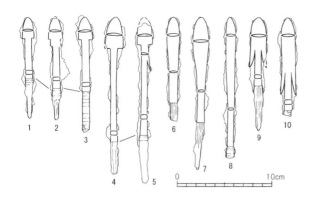

図8　大阪府野中古墳の鉄鏃

が相当し、鏃身形態はa類が中心でb類・c類もみられる。短頸鏃の鏃長が約5.5～8.5cmを中心とする奈良県五條猫塚古墳例や、約5～10cmの石川県下開発茶臼山9号墳例などは1-1期と1-2期の中間的な様相を示しているといえる。このような事例については、製作時期の異なる鉄鏃が合わせ副葬されている可能性も考慮すべきかもしれない。

　2期は事例数が少ないが、短頸鏃と長頸鏃が共伴する事例が該当しよう。鏃長約7.5cmの短頸鏃と約12cmの長頸鏃が伴い短頸鏃の方が多数を占める滋賀県新開1号墳南遺構例や、鏃長約7～8cmの短頸鏃と約10～12cmの長頸鏃が伴う兵庫県小野大塚古墳例などがある。

　3-1期は長頸鏃の伸長化がピークに達する時期である。近畿地方では鏃長約17cmの兵庫県亀山古墳例や20cmに達する大阪府珠金塚古墳北槨例など、中四国地方では例をみない長大な長頸鏃が出土しているが、事例数は少なく大部分は15cm前後までに収まるようである。野中古墳も当期に位置づけ得るが、上述のとおり短頸鏃が伴うなどの点で本稿の編年案とは異なる様相を示している。

　3-2期は、3-1期に比べ長頸鏃の鏃長が短縮傾向を示し、鏃長15cmを超えるものは姿を消しているが、やはり中四国地方と同様に個体差が大きく、鏃長から時間的変化を細かく読み取ることは難しいようである。長頸鏃の鏃身形態ではc類・d類の増加が著しく、柳葉鏃では鏃身幅の広いものが多くなる。また、根挟式鏃は長頸鏃導入期以降減少することが指摘されているが［小林1975、水野2003ほか］、上述の山陽地域のほか畿内地域でも当期に再び盛行しており、地域差がうかがえる。

　以上、一部に特殊な事例や地域性も認められるが、全体としては中四国地方の状況と整合的な変遷を示している。中四国以外の地域の検討が不十分ではあるが、本稿で示す編年案は広域編年としても概ね有効であると考えられる。

おわりに ─中期鉄鏃の画期と意義─

　中期の鉄鏃の変遷においては、短頸鏃の導入（1-1期）、長頸鏃の導入（2期）という2段階の画期がまず注目される。特に長頸鏃は、他の鏃群にも大きな影響を与えて様々な形態の鉄鏃を生み出し、非常に複雑な鏃構成がみられるようになる。短頸鏃とも長頸鏃とも判別し難い鏃群（図4－15～18）や、長頸鏃と見まがうほど細長く発達した柳葉鏃（図8－8）なども認められ、鏃の形式や構成が複雑化し、混乱が生じているとみることができる。

　そうした状況を整理・再構成していくのが、中期後半から後期初頭の動きである。すなわち、①長頸鏃の飛躍的な伸長化と普及（3-1期）、②それと呼応する短頸鏃の廃止（3-1期）、③柳葉鏃の幅広化（3-2期）、④根挟式鏃の廃止（後期初頭）という4つの変革が段階的に進められたとみられる。そ

の結果、①②により「細根系＝長頸鏃」、③④により「平根系＝柳葉鏃」という関係が成立することになる。このような後期的鏃組成は後世にもつづいていくことになるが[6]、これを整備した中期後半から後期初頭の動きは大いに注目されよう。

　なお、柳葉鏃は3-1期までは細根系鉄鏃と同様に扱われる場合も多く、岡山県随庵古墳などのように同形の細長い柳葉鏃（図5－22・23）を多量副葬する傾向が看取される。3-2期における柳葉鏃の幅広化、さらに有窓品の出現などの変化は、柳葉鏃の機能を平根系に転換、統一する意味をもっていたと考えられ、次の段階の根挟式鏃廃止の布石と捉えられる。このような一連の変革は、MT15型式期における根挟式鏃の廃止で一応の完成をみており、これをもって中期と後期を区分したい。

　変化が著しい中期の鉄鏃は古墳の編年材料として有効であり多用されるが、本稿でみたように一括副葬された鏃群の組成の視点も重要であり、土器のようにわずか数点の資料で年代を決めることは、特定の鏃型式以外では危険といわざるを得ない。そのような資料の特性・限界を踏まえた上で古墳の年代決定に活用すべきであろう。

付　記

　研究報告及び本稿作成にあたり、津山弥生の里文化財センター　仁木康治氏・宮﨑絢子氏、笠岡市教育委員会安東康宏氏・横田美香氏、総社市埋蔵文化財学習の館　平井典子氏には資料実見の便宜を図っていただいた。末筆ながら記して謝意を表する。

註

（1）　編年案の大枠に変更はないが、報告では中Ⅰ期から中Ⅳ期の4期区分としていたものを5期区分に改めた。その対応関係は、中Ⅰ期＝1-1・1-2期、中Ⅱ期＝2期、中Ⅲ期＝3-1期、中Ⅳ期＝3-2期である。また、編年の根拠や基礎データが不明瞭であるなどの批判をいただいており、本稿において極力補った。

（2）　同様に、水野敏典［水野2003］、川畑純［川畑2009］らも着柄方法を第一分類としている。

（3）　「鏃身関」と統一感をもたせれば「頸部関」と呼ぶべきかもしれないが、頸部には上下両側に関があることから、分かりやすさを優先する。歴史的な呼称から「篦被」と呼ばれることもあるが、考古学においては頸部や茎を指す場合も見受けられ、混乱がある。

（4）　水野の「広根系腸抉三角形式ｂ」［水野2003］、川畑の「有頸平根Ｂ式・Ｃ式」［川畑2009］などが該当するが、筆者は柳葉鏃全体の幅広化と捉えている。

（5）　ただし、水野は長頸鏃を「鏃身長の二倍以上の頸部長をもつもの」と定義しており、絶対的な長さを比較する本稿とはやや観点が異なる。

（6）　後期後半以降、方頭鏃・圭頭鏃・雁又鏃など平根系鉄鏃の種類が再び増加するが、細根系鉄鏃との区別は明瞭に維持される。

引用文献

尾上元規　1993「古墳時代鉄鏃の地域性―長頸式鉄鏃出現以降の西日本を中心として―」『考古学研究』第40巻第
　　　1号　考古学研究会　pp.61-85

川畑　純　2009「前・中期古墳副葬鏃の変遷とその意義」『史林』第92巻2号　史学研究会　pp.1-39

川畑　純　2015『武具が語る古代史－古墳時代社会の構造転換』京都大学学術出版会

寒川史也・安川　満（編）　2020「中期古墳編年基準資料集成」『中国四国前方後円墳研究会第23回研究集会　発表

要旨集・資料集成』pp.97-410

小林謙一　1975「弓矢と甲冑の変遷」『古代史発掘』6　古墳と国家の成立ち　講談社　pp.98-111

杉山秀宏　1988「古墳時代の鉄鏃について」『橿原考古学研究所論集』第八　pp.529-644

須崎一幸　1993「徳島県下古墳出土の鉄鏃について」『徳島県埋蔵文化財センター研究紀要　真朱』第2号　pp.101-116

鈴木一有　2003「中期古墳における副葬鏃の特質」『帝京大学山梨文化財研究所研究報告』第11集　pp.49-70

鈴木一有　2014「野中古墳の築造時期と陪冢論」大阪大学大学院文学研究科編『野中古墳と「倭の五王」の時代』大阪大学出版会　pp.57-65

鈴木一有　2017「志段味大塚古墳と5世紀後半の倭王権」『名古屋市文化財調査報告』94　名古屋市教育委員会　pp.175-186

田中晋作　1991「古市古墳群・百舌鳥古墳群の鉄鏃」『盾塚　鞍塚　珠金塚古墳』由良大和古代文化研究協会　pp.211-247

仁木　聡　2015「出雲の豪族とその序列―古墳副葬の鉄製武器について―」『島根県古代文化センター研究論集』第14集　pp.251-266

西岡千絵　2005「計測値からみた短頸鏃と長頸鏃」『古文化談叢』第53集　九州古文化研究会　pp.47-61

西川　宏　1966「武器」『日本の考古学』V・古墳時代（下）　河出書房新書　pp.251-273

乗松真也・中里信明　2005「香川県西部地域における後期古墳の階層性と鉄鏃」『香川県埋蔵文化財センター研究紀要』I　pp.63-88

原喜久子　1993「島根県における古墳時代の鉄鏃について」『島根考古学会誌』第10集　島根考古学会　pp.39-67

水野敏典　2003「古墳時代中期における鉄鏃の分類と編年」『橿原考古学研究所論集』第十四　pp.255-276

図出典

図1－1・4・5・7・8・14、図2－32～34、図3－7～10、図4－1～7、図5－19～25、図6－4～6・12～16　筆者による実測、または実見に基づき報告書等掲載図を改変。図8　鈴木2014から抜粋のうえ再トレース。その他　各報告書等から一部改変のうえ再トレース。各古墳等の出典については割愛するが、本研究会第25回研究集会資料集［2022］において主要なものがまとめられているので参照されたい。

〈研究報告〉

刀剣ヤリ鉾

齊藤　大輔

はじめに

　古墳時代の刀・剣・ヤリ・鉾のなかで一定数の出土があり、有機質製装具に頼らない本体のみによる編年が期待できるのは刀である。古墳時代中期の刀を編年する方法として、①鉄製刀身本体の型式分類にもとづく編年［臼杵1984］、②把のデザインや取りつけかたにもとづく編年［豊島2010、岩本2010］、③剣との組成比率の推移にもとづく編年［鈴木2014、高橋2015］などが示されてきたが、かならずしも古墳そのものの編年に結びついているわけではない。

　筆者は、中国四国前方後円墳研究会第20回徳島大会において、刀身の全長や刃関幅の大型化に注目しながら、中期刀剣類の副葬年代を4段階にわけた［齊藤2017、以下「前稿」と記す］。この作業は、石川県河田山古墳群で出土した大量の鉄製品を検討するなかで実践されるなど［繰納2020］、特定の古墳群出土刀剣類を総合的に分析するうえでとくに有効であることが確かめられている。

　ただ、現状では前稿の4段階編年についておおきな修正は要しないと考えるものの、中期古墳の広域編年にどこまで適しているのかといった見とおしは、いまだ模糊としている。小稿ではあらためて中期刀剣類を編年するうえで留意すべき特性をまとめ、補遺としたい。

　なお、小稿でいう古墳時代中期とは、刀剣をふくめた中期的武装具様式の消長、すなわち帯金式甲冑の成立から終焉までと認識したうえで［橋本2005］、刀剣独自の小期を設定する。鉄剣の編年については池淵俊一［1993］、ヤリの編年については豊島直博［2008］、鉄鉾の系譜および刀剣様式の変化の背景については筆者［齊藤2015・2022］による考察があるので併読されたい。小稿の主眼は、中期古墳編年における刀剣の資料特性を考えることである。

1．中期鉄刀の分類と編年の骨格

（1）中期鉄刀の分類（図1）

　中期初頭に隅抉尻茎系列の鉄刀が出現し、前期以来の一文字尻茎系列と並存しながら後期へつながる。隅抉尻茎系列は日本列島各地で多くの出土事例があることから、倭で生産された鉄刀（≒倭装大刀）とみてよい。出現初期の事例のうち、把との良好な対応が知られる大阪府豊中大塚古墳や兵庫県茶すり山古墳例は、刃側に大きく突出した楔形の把頭をともなう。楔形把頭の系譜は、前期後半の奈良県富雄丸山古墳から出土した古代東アジア最大級の蛇行剣までさかのぼりうるが、現状では前期の事例はとぼしい。いずれにせよ楔形把頭の登場は、倭の刀剣秩序の刷新を反映するものであり、中期刀剣編年の本質にかかわる要素であろう。倭装刀剣のデザインが前期後半に芽生えていた可能性に留意つ

93

第Ⅰ部　広域編年の検討

つも、以下では、隅抉尻茎系列を軸とした編年観を示したい。

　鉄刀の関が浅いか深いか、茎が太いか細いかといった分類には主観を多く含み、とくに茎のなかほどの幅はほとんど変化しない。いっぽう、刃関幅は2cm台前半〜4cm、あるいはそれ以上の開きがあり、その広狭は破片であっても明瞭に認識できる（図2）。これをふまえて筆者は、茎尻の系列を鉄刀の上位分類、刃関幅の広狭を下位分類に据えて、つぎのように分類する。ただし、一文字尻茎系列も隅抉尻茎系列も同調した変化をたどるため、実質、刃関の幅広化にもとづいた編年が有効である。

　上位分類（茎　尻）　①一文字尻茎系列（前稿のⅡ群）　②隅抉尻茎系列（前稿のⅢ群）

　下位分類（刃関幅）　a式：〜3.1cm　　b式：3.2〜3.4cm　　c式：3.5〜3.9cm　　d式：4.0cm〜

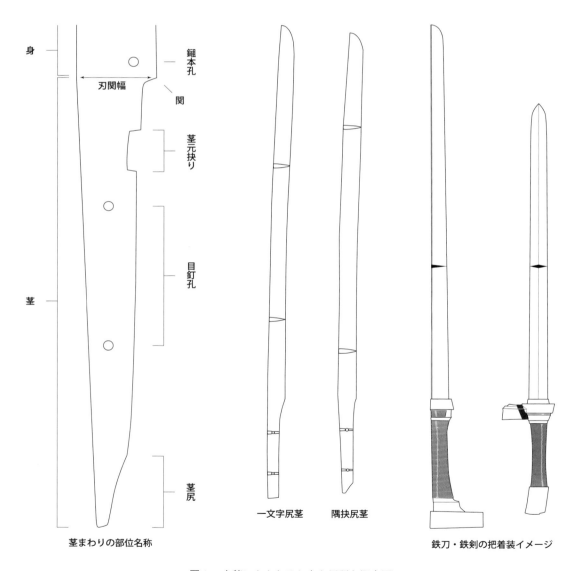

図1　小稿にかかわるおもな用語と概念図

（2）中期刀剣編年の骨格

　隅抉尻茎鉄刀の初現は大阪府交野東車塚古墳（隅抉 a 式）とみられる。隅抉 a 式の多くは TG232 〜 TK73 型式期に属するが、TK73 型式期の古墳からは a 式だけでなく b 式も多く出土する。

　TK216 型式期に a 式が減り、b 式が主体となるが、b 式が出土したからといって TK216 型式期であるとは即断できない。b 式は TK73 〜 TK216 型式期を中心としつつも、TK208 型式期までは比較的多い。

　ON46 型式期以降には a 式がほとんど副葬されない。TK208 型式期には、b 式と c 式が主体となる。ON46 型式期以前は c 式の単独副葬がほとんどないため、この段階はおおきな画期ととらえうる。

　奈良県新沢千塚 109 号墳では a・c・d 式が出土しており、さまざまな型式が混在する古墳では、数量やサイズにおいて組成の中心となる刀が副葬年代を示すとみられる。あわせて、古墳の築造年代よりもあきらかに古相を示す刀剣が 1 振だけ出土する事例はとぼしい。

　TK23・TK47 型式期に d 式が定型化する。d 式の多くは全長 100cm 以上の大型品である。

　このように、隅抉尻茎鉄刀は出現以来漸次的な大型化を経る。この変化は一文字尻茎鉄刀もおおむね同調するため、同一工房におけるつくりわけが想定される。

　以上に示した変遷観を一基の古墳のなかで完結した事例として、東京都野毛大塚古墳第 1・3・4 主体部出土の刀剣類がある（図 3）。報告者である寺田良喜のまとめ［寺田 1999］を発展させることにより、時期の下降とともに素環頭大刀が欠落し鉾が加わること、一文字尻茎鉄刀・隅抉尻茎鉄刀・剣・ヤリのいずれもが大型化する傾向が読みとれる。単一の遺跡のありかたをもって器物全体の編年観に敷衍化することはためらわれるし、図 3 をみても「外れ値」を示す個体がすくなからずあるが、中期刀剣編年の方向性や本質を示す好例ととらえたい。

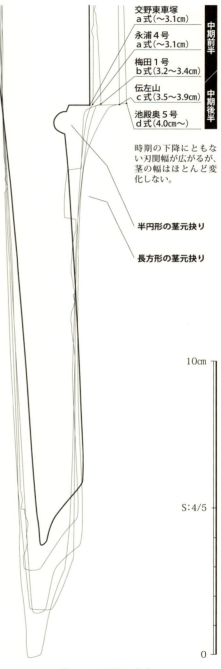

図 2　刃関幅の変化

第Ⅰ部　広域編年の検討

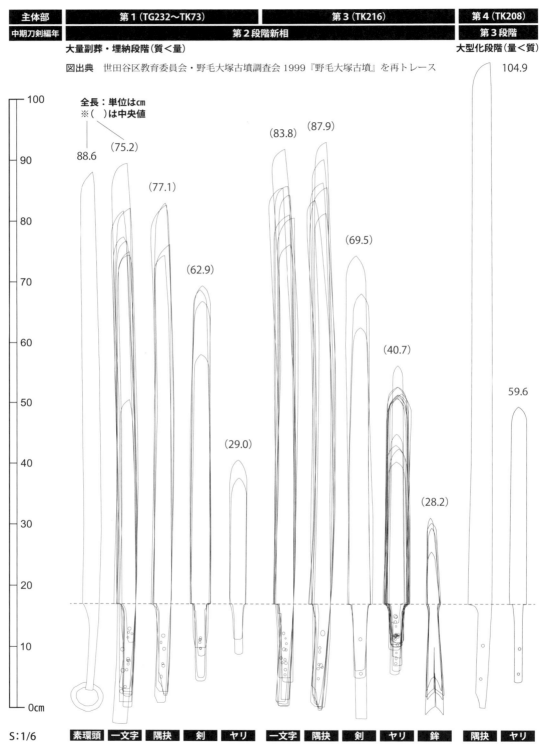

図3　中期刀剣の編年の骨格

2. 中期刀剣類の様式編年

中期第1段階：素環頭大刀や剣が刀剣様式の中心（図4）

　中期初頭の岐阜県遊塚古墳では、平均30cmほどの短刀3本にたいして、剣は60cmを超えるもの2本を含む13本以上が出土している。遊塚古墳とほぼ同時期か、やや新しい岐阜県昼飯大塚古墳では刀15本、剣5本と刀優位だが、刀は最長でも60cmに満たない。

　最古段階の帯金式甲冑が出土した古墳のうち、古市古墳群最初の大型前方後円墳である大阪府津堂城山古墳では石棺内から素環頭鉄剣、石棺外から三葉環頭大刀が出土している。二種ともに中国大陸製とみる意見がつよい［加藤2013］。鳥取県古郡家1号墳の北棺では、剣が5本出土したが刀を含まない。福岡県鋤崎古墳では素環頭大刀が刀剣のなかで最大である。鋤崎古墳とならんで最古級の横穴式石室をもつ佐賀県谷口古墳では、西石室で剣5本、前方部石棺で剣2本が出土している。

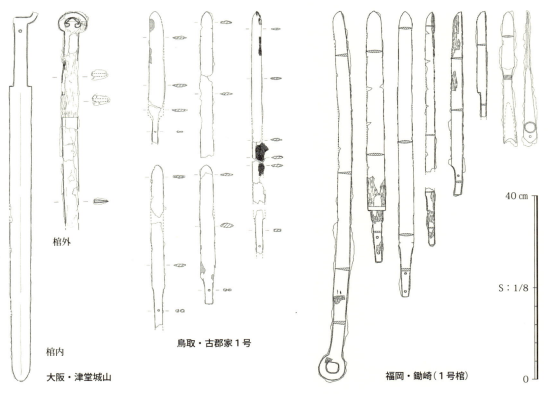

図出典
津堂城山［藤井寺市教育委員会　2013『津堂城山古墳』古市古墳群の調査研究報告Ⅳ　藤井寺市文化財報告33］
古郡家1号［鳥取県　2013『古郡家1号墳・六部山3号墳の研究 ― 出土品再整理報告書 ―』］
鋤崎［福岡市教育委員会　2002『鋤崎古墳 ― 1981～1983年調査報告 ―』福岡市埋蔵文化財調査報告書730］

図4　中期第1段階の刀剣様式

百舌鳥・古市古墳群の造営がはじまり、帯金式甲冑や初期横穴式石室の導入期にもあたるこの段階には、確実に倭製品といえる刀剣本体はみいだしにくい（絶無ではない）。むしろ、素環頭大刀や剣を主体とする刀剣様式を色濃くのこしており、古墳時代前期のおわりとみる意見もありうるだろう。

中期第2段階古相；隅抉系列の出現 （図5）

大阪府交野東車塚古墳では、隅抉尻茎鉄刀の最古例とみられるものと、最古段階の三角板革綴襟付板甲がともなう。刀剣比率は4：5～6とわずかに剣優位だが、共伴した刀剣のなかでは全長72.5cmの隅抉尻茎鉄刀が最大級である。この個体は、最古段階とみられる半円形の茎元抉りを有することも注目される。茎元抉りは、把にあけられた孔に紐をとおして把と固定したり、護拳帯を結びつけるための造作であると考えられている。茎元抉りのある鉄刀は比較的優位な古墳から出土することが多いこととあわせ、装飾性ゆたかな大刀を構成していたと考えられる。

なお、この段階はTG232型式期に接点をもつと考えられるが、須恵器型式による時期の表現にはなお慎重を要する。

第2段階新相（TK73-TK216併行）；刀剣の多量副葬・埋納 （図5）

刀　剣　隅抉a・b式が刀剣様式の主体となる。熊本県長目塚古墳や三重県小谷13号墳例のような全長100cmを超える大型の個体（外れ値）もあるが、数はきわめて少ない。

近畿地方を中心として刀剣の大量副葬・埋納がみられるのも、この段階の特徴である。京都府恵解山古墳（147振）を最多として、大阪府七観古墳第3列（132振）、アリ山古墳北施設（77振）、野中古墳第4列（145振）等を代表とする［川畑2015］。施設ごとに刀の長さに規格性があり、戦闘用ではなく埋納儀礼にさいして特別につくられたものという理解があるほか［豊島2000］、剣優位の組成から刀優位の組成へと転換していくのもこの時期であることが指摘されている［鈴木2014］。

兵庫県茶すり山古墳では、第1主体部から83点（刀30、剣19、ヤリ15、鉾19）、第2主体部から刀2点、合計85点の刀剣類が出土した。鉄刀と鉄剣の多くは、鞘尻や把頭などの外装がよくのこっており、刀は刀、剣は剣で、基本的には共通した外装であることがわかっている［岩本2010］。すなわち、鉄刀の把頭の形状をとどめるものはいずれも「楔形把頭」であり、鉄剣の柄は、一方に把縁突起をつくりだす一木造りである。これこそが、倭装刀剣の最も基本的なデザインである。

また、刀の特殊な造作や付属具の最古事例として、茶すり山古墳第1主体部西1区画刀12の鋼本孔や兵庫県小野王塚古墳の碧玉製三輪玉がある。それぞれ隅抉尻茎鉄刀にともなうことが注目される。

鉄　鉾　長野県倉科将軍塚古墳例のような屈曲形目釘をともなう事例がこの段階までに出現する。鉾本体の形状は朝鮮半島でもみられるものであることから、現状では倭製品かどうか判断できないものの、屈曲型目釘をともなう鉄鉾は朝鮮半島に類例がとぼしいため、列島社会のなかで流通、機能した武器として評価できるだろう。

第3段階（ON46-TK208併行）；刀剣の量質転化 （図6）

刀・剣　a式はこの段階にはほとんど副葬されていない。b式は一定数副葬されるが、刃関幅3.5

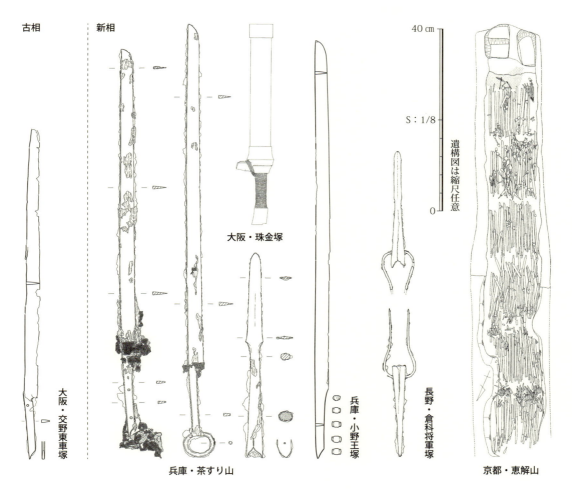

図出典
交野東車塚［交野市市教育委員会蔵］　小野王塚［小野市教育委員会蔵］
茶すり山［兵庫県教育委員会　2010『史跡 茶すり山古墳』総括編　兵庫県文化財調査報告383］
珠金塚［細川晋太郎　2007「古墳時代中期の鉄剣と鉄刀の構造 ― 珠金塚古墳南棺出土刀剣の観察 ―」
　　　　『古文化談叢』58　九州古文化研究会　pp.97-137］
倉科将軍塚［更埴市教育委員会　2002『更埴市内前方後円墳範囲確認調査報告書 ― 有明山将軍塚古墳・倉科将軍塚古墳 ―』］
恵解山［長岡京市教育委員会　2012『国史跡恵解山古墳の調査』長岡京市文化財調査報告書62］

図5　中期第2段階の刀剣様式

cm以上のc式も同数程度出土する点において、第2段階よりも鉄刀の大型化がすすんでいる。第2段階にみられた刀剣の多量副葬・埋納も衰退しており、刀剣の「量」が「質」に転化したのだろう。
　野毛大塚古墳第4主体部では須恵器が出土していないが、先行する第3主体部がTK216型式期に位置づけられるため、おそらくはこの段階におさまる。大阪府藤の森古墳や福岡県稲童21号墳などに代表される金銅製三輪玉が出現するのもおおむねこの段階である。金銅製三輪玉が剣にともなうか、刀にともなうかというたしかな原則はうかがえないが［齊藤2021］、古墳時代中期における金工技術の変革が刀剣にも波及していたことを第一に評価したい。

第Ⅰ部　広域編年の検討

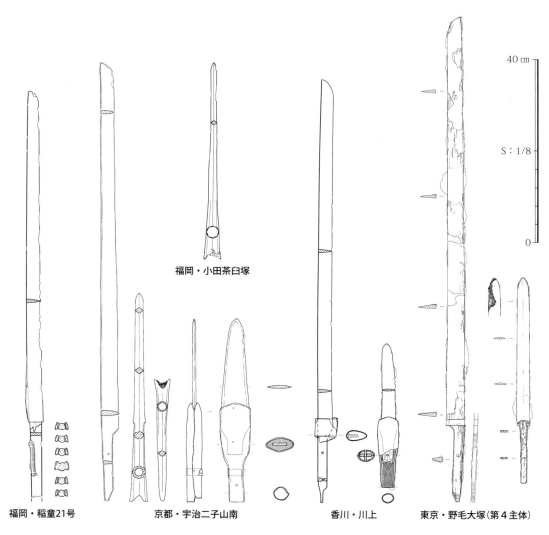

図出典
稲童21号［行橋市教育委員会蔵］
宇治二子山南［宇治市教育委員会　1991『宇治二子山古墳』宇治市文化財調査報告書2］
川上［さぬき市教育委員会蔵］
野毛大塚［世田谷区教育委員会・野毛大塚古墳調査会　1999『野毛大塚古墳』第1分冊　本文編］
小田茶臼塚［朝倉市教育委員会蔵］

図6　中期第3段階の刀剣様式

　香川県川上古墳では、隅抉b式に鉄製の鎺と鞘口金具をともなう。これらの装具が倭で安定的に生産されるのは後期後半以降であり、中期の倭装大刀には装着しないことをふまえれば、外来系大刀の影響をうけて単発的につくられたとみなすべきであろう。
　ヤリ・鉾　和田山5号墳や野毛大塚古墳第4主体部では最新段階とみられるヤリが出土している。新式の長柄武器として、香川県川上古墳や京都府宇治二子山南墳などで、ヤリの茎部分を鉄板で包

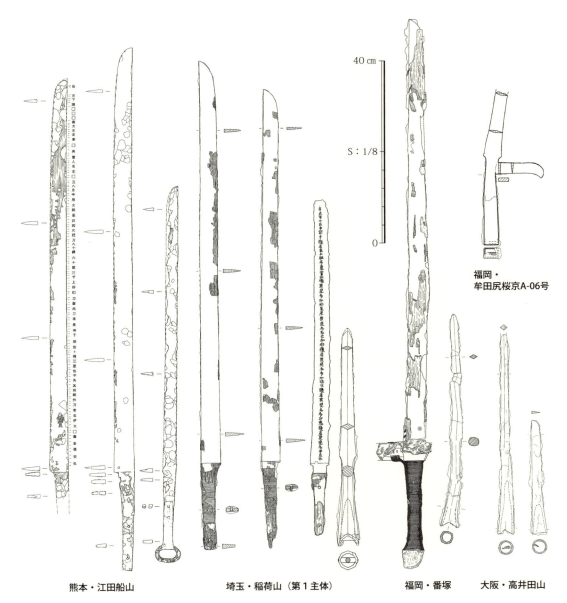

熊本・江田船山　　　　　　埼玉・稲荷山（第1主体）　　　福岡・番塚　　大阪・高井田山

図出典
江田船山［菊水町史編纂委員会　2007『菊水町史　江田船山古墳編』和水町］
稲荷山［埼玉県教育委員会　1980『埼玉　稲荷山古墳』］
番塚［苅田町教育委員会・九州大学文学部考古学研究室　1993『番塚古墳』苅田町文化財調査報告書 20］
高井田山［柏原市教育委員会　1996『高井田山古墳』柏原市文化財概報 1995-2］
牟田尻桜京A-06号［宗像市教育委員会蔵］

図7　中期第4段階の刀剣様式

むことによって「鉾」であるかのようにみせる「槍身鉾」が出現する。鉄鉾の出土点数もこの段階から増えはじめ、宇治二子山南墳や福岡県小田茶臼塚古墳などで全長40cm内外の長身式鉄鉾が出土している。主要な長柄武器がヤリから鉾へ交代する時期ととらえられよう。

第Ⅰ部　広域編年の検討

中期古墳における武器・武具の副葬点数の推移を大胆かつ精細に分析した川畑純もまた、この段階に武器大量埋納（副葬）古墳が減少し、少数を埋納する古墳が広域に展開したことを指摘するとともに、その背景に「量的格差表象システム」から「質的格差表象システム」へという、器物の保有へたいする価値観の転換をみいだしている［川畑2015］。

第4段階（≒TK23-TK47型式期）；後期への胎動（図7）

刀　一文字尻茎系列、隅抉尻茎系列ともに全長100cm超、刃関幅約4cmのd式が一定数副葬され、刀剣組成の主体となる。鋼本孔鉄刀もこの段階に拡散する。

一文字d式のなかでも、全長100〜120cm、茎長20cm前後に規格化され、目釘孔を三つ穿つ一群は、捩り環頭大刀を中心とする古墳時代後期の倭系装飾大刀にも採用され、後期末までたかい規格性を保ちながら生産される。これまで「6世紀型」と認識されてきた一群ともかさなるが、じっさいには、西暦489年の雄略没後間もない頃につくられたと考えられる獲加多支鹵銘刀剣が出土した熊本県江田船山古墳や埼玉稲荷山古墳第1主体部にも副葬されていることから、おそくとも5世紀末には成立したとみられる。

外来系の環頭大刀は絶無でないにしても、江田船山古墳出土品にみるように、倭の刀剣様式のなかでは大きさ、量ともに客体化している。刀剣様式のなかでの外来系環頭大刀と倭系大刀の比重が完全に逆転し、倭系大刀を最上位に据えた刀剣の秩序が成立したとみてよいだろう。

剣　長大化がすすみ、江田船山古墳の鉄剣（88.2cm以上）や埼玉稲荷山古墳の辛亥年銘金象嵌鉄剣（73.5cm以上）は、この段階における最大級の一群に含まれる。剣の象徴性が最大限にあらわれた段階として評価できるだろう。捩り環頭大刀が倭の刀剣秩序の最上位に位置づけられたMT15型式期以降にもすくなからず剣の副葬はつづくが、質、量ともに刀を凌駕することはない。

鉾　大阪府高井田山古墳や福岡県番塚古墳などを最後に長身式がみられる。茨城県三昧塚古墳や福岡県牟田尻桜京A-06号墳では戟が出土しており、6世紀の千葉県禅昌寺山古墳例などにつながるが数は少ない。朝鮮半島ではこの段階にさかのぼりうる三角穂式鉄鉾がソウル・風納土城ナ地区1号住居や羅州・丁村古墳1号石室などで出土しているが、日本列島ではこの段階の確実な事例は知られておらず、日本列島における広域展開の前段階に位置づけられる［齊藤2023］。

このように、中期第4段階の刀剣様式は、刀、剣、鉾のいずれもが、後期的な様式の萌芽期としての性格を色濃くまとっている。刀剣様式からみた後期のはじまりとみる意見もありうるだろう。

おわりに

中期古墳の広域編年指標へたいする鉄刀の資料特性、すなわち「広域性」、「一律性」、「普遍性」、「安定性」［阪口2017］、「編年の自立性」、「「系統」「系列」の考え方」、「他器物との接点・連動」［宮里2024］への適性について、つぎのようにまとめる。

①広域性（○）：広域に分布しているかどうか

古墳築造地域のほぼ全域に分布し、甲冑の数倍〜数十倍の数が存在したとみられる。

102

②一律性（△）；型式変化が一律で地域様式がないかどうか

各地の出土品が「大型化」という方向性で変化する。多量に出土したばあいは、全長の平均値よりも中央値に注目する。ただし、全長や刃関幅以外の属性分析やセリエーションを示しにくい。「外れ値」が単体で出土したばあいの位置づけはむずかしい（ほぼ破綻する）が、出現頻度は低い。

③普遍性（△）；地域的・階層的に普遍性がたかいかどうか

隅抉尻茎鉄刀は、比較的上位階層の古墳から出土することが多い。安定した編年観をもつ帯金式甲冑との共伴事例が目立つことも編年の安定性をたかめるが、階層的に普遍性がたかいとはいえない。また、この期におよんでではあるが、一文字尻茎鉄刀は舶載品との峻別基準に課題がのこる。

④安定性（○）；編年が安定しているかどうか

剣・ヤリ・鉾をふくめて「様式」としてとらえるばあい、それぞれの型式について時間差をみいだしうる要素が多い。構成比率の推移からも、おおむね安定した編年を構築しうる。

⑤自立性（○）；器物単体で編年が自立しうるかどうか

あえて刀剣様式から「中期」を設定するならば、津堂城山古墳段階は前期末、TK23型式期が後期のはじまりと評価しうるほどに自立する。これは、和田晴吾［1987］や大賀克彦［2002］、加藤一郎［2020］による「中期」の認識にちかい短期区分となるが、単一の器物による議論は短絡的にすぎようから、小稿では武装具様式にもとづく中期観にしたがった。

⑥系統・系列（○）；型式よりも上位の「系統」ないし「系列」の設定が有効かどうか

茎尻の形態を基準として「系統」や「系列」をとらえる視点は有効で、とくに隅抉尻茎系列の鉄刀は倭製品として認識できる。ただし、特定のデザインの把と１：１で対応するかは要検討。

⑦他器物との接点（△）；他の副葬品編年との親和性

各種三輪玉や象嵌技術などの導入にその可能性を読みとりうるが、資料数が限定的。逆に、後期の鉄刀については検討すべき付随要素が多くなるため、古墳編年の指標となりうる。

結論、刀剣から古墳時代中期を時期区分するうえでは、単一の器物としての質・量が担保されている隅抉尻茎鉄刀を基軸とするのが最も合理的である。刀剣様式の推移からは、副葬年代として中期を４段階に区分できる。甲冑や鉄鏃よりも他の副葬品との複合分析を深める必要性はたかいものの、ことさら「古墳時代の鉄刀は変化にとぼしく、時期決定の指標にならない」と諦観する必要は、ない。

引用文献

池淵俊一　1993「鉄製武器に関する一考察 ― 古墳時代前半期の刀剣類を中心として ―」『古代文化研究』1　島根県古代文化センター　pp. 41-104

岩本　崇　2010「古墳時代中期刀剣の復元的検討」『史跡　茶すり山古墳』総括編　兵庫県文化財調査報告383　兵庫県教育委員会　pp. 481-499

臼杵　勲　1984「古墳時代の鉄刀について」『日本古代文化研究』創刊号　PHALANX ― 古墳文化研究会 ―　pp. 49-70

大賀克彦　2002「凡例　古墳時代の時期区分」『小羽山古墳群』清水町埋蔵文化財調査報告書Ⅴ　清水町教育委員会

pp. 1-20

加藤一郎　2013「津堂城山古墳出土の刀剣類について」『津堂城山古墳』古市古墳群の調査研究報告Ⅳ　藤井寺市文化財報告 33　藤井寺市教育委員会　pp. 317-321

加藤一郎　2020『古墳時代後期倭鏡考』六一書房

川畑　純　2015『武具が語る古代史　古墳時代社会の構造転換』京都大学学術出版会

阪口英毅　2017「中期古墳編年と甲冑研究」『中期古墳研究の現状と課題Ⅰ ～ 広域編年と地域編年の齟齬 ～』中国四国前方後円墳研究会　pp. 47-60

齊藤大輔　2015「古代東アジアにおける特殊鉄鉾の系譜」『古代武器研究』11　古代武器研究会　pp. 7-26

齊藤大輔　2017「古墳時代中期刀剣の編年」『中期古墳研究の現状と課題Ⅰ ～ 広域編年と地域編年の齟齬 ～』中国四国前方後円墳研究会　pp. 73-88

齊藤大輔　2021「古墳時代中期の三輪玉付刀剣」『古文化談叢』87　九州古文化研究会　pp. 129-138

齊藤大輔　2022「古墳時代日本列島における東アジア刀剣文化の受容と内製化の諸段階」『韓日の武器・武具・馬具』九州考古学会・嶺南考古学会　pp. 75-93

齊藤大輔　2023「古墳時代後期における鉄鉾の変遷」『後期古墳研究の現状と課題Ⅰ — 交差編年の手がかり —』中国四国前方後円墳研究会　pp. 159-172

鈴木一有　2014「七観古墳出土遺物からみた鋲留技法導入期の実相」『七観古墳の研究』七観古墳研究会　pp. 353-380

繰納民之　2020「河井田山古墳群出土鉄製品の検討」『河井田山古墳群』小松市　pp. 191-236

髙橋克壽　2015「向山１号墳の副葬品組成」『若狭　向山１号墳』若狭町　pp. 247-252

寺田良喜　1999「まとめ」『野毛大塚古墳』世田谷区教育委員会・野毛大塚古墳調査会　pp.458-465

豊島直博　2000「鉄器埋納施設の性格」『考古学研究』46-4　考古学研究会　pp. 76-92

豊島直博　2008「古墳時代前期におけるヤリの編年と流通」『東国史論』22　群馬考古学研究会　pp. 1-26

豊島直博　2010『鉄製武器の流通と初期国家形成』塙書房

橋本達也　2005「古墳時代中期甲冑の出現と中期開始論 — 松林山古墳と津堂城山古墳から —」『待兼山考古学論集 — 都出比呂志先生退任記念 —』大阪大学考古学研究室　pp. 539-556

宮里　修　2024「『後期古墳研究の現状と課題Ⅰ ～ 交差編年の手がかり ～』総括」『中四研だより』53　中国四国前方後円墳研究会　pp. 2-3

和田晴吾　1987「古墳時代の時期区分をめぐって」『考古学研究』34-2　考古学研究会　pp. 44-55

〈研究報告〉

馬　具

片 山　健太郎

はじめに

　馬具は古墳時代中期以降に本格的に導入される。騎乗の道具であるが、所有者の墓葬に伴うことも
ユーラシアで共通する。この特徴から、馬具はそれが納められた墓葬の編年的位置づけに一役買って
きた。特に古墳時代とその併行期においては、朝鮮半島や中国大陸の馬具の舶載と列島内での模倣が
繰り返されていたことから（画一性・一律性と統一性）、東北アジアの広域編年を構築するうえで重要
な器物である。また、馬具は複数の騎乗、装馬の道具が組み合わされて用いられること、往々にして
組み合わせ（セット）を意図して個々の生産（一括性）がおこなわれることに大きな特徴があり、これ
もまた編年指標上の優位性を示す。

　本稿では、以上のような特徴に留意し、古墳時代中期の馬具を対象として編年案を提示する。本稿
で対象とする古墳時代中期は、馬具の出現から環状鏡板轡や十字文楕円形鏡板轡、三葉文楕円形杏葉
などの出現、鉢状雲珠および辻金具の本格的な導入までとする[1]。

　なお、古墳時代中期前半はいわゆる初期馬具[2]の段階で、中期後半以降と同じ精度で型式学的操
作と編年作業をするほどの資料数には恵まれていない。これまでの先学の研究にもとづき、編年の概
要をまとめる。参照の軸となるのは、広く東北アジアの古代馬具を位置づけた諫早直人の編年案［諫
早 2012］と鈴木一有による鐙と轡の組み合わせ関係による編年案［鈴木 2014］である。諫早は初期馬
具をⅠ～Ⅲの3段階に編年したが、これに後続するⅣ段階は設定していない[3]。f字形鏡板轡と剣菱
形杏葉の出現を指標としてⅣ段階を設定することは諫早の意図とは異なる可能性もあるが、ここでは
森下章司［森下 2011］と同様に、f字形鏡板轡と剣菱形杏葉の出現を指標としてⅢ段階とは別の様相
段階を設定する。

1．編年の方法

　報告では、要旨集第1表に示した「古墳時代中期馬具の編年」を提示したが［片山 2020］、編年の
方法については明確にしていなかった。中期前半の初期馬具については、先行研究をもとに個々の馬
具の編年的位置づけを決めているので、ひとまずおくこととする。後半については、型式学的な変遷
のおえる個々の馬具ごとに編年を構築し、各古墳の馬具のセットに立ち返り、セットを構成する馬具
の編年を位置づけ、もっとも新相を示す馬具をもって位置づけをおこなっている。要旨集第15図を
中心として各馬具の各型式はあくまで初現を示すものであって、製作はセットを構成する馬具のうち
最も新相を示す馬具の製作年代まではすくなくとも継続していたものとみる（ただし、長期保有や伝世
の例については留意が必要である）。

第Ⅰ部　広域編年の検討

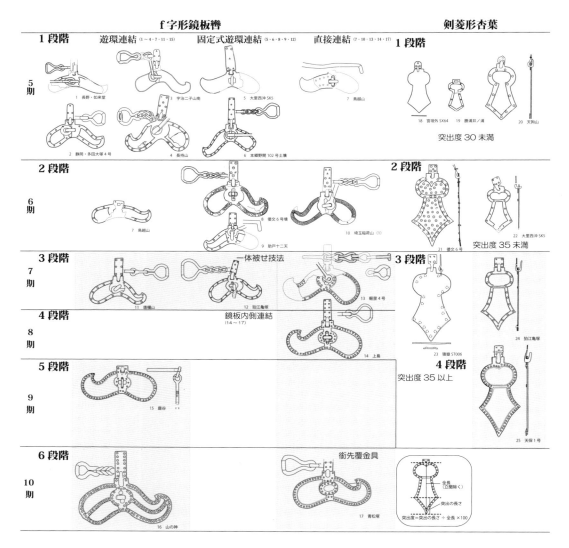

図1　古墳時代中期後半

　なお、暦年代に触れないのは、画竜点睛を欠くともいえるが、報告以降、諫早によって筆者編年もふまえての暦年代論が展開されている［諫早2022］ので、本報告では言及しない。

2．中期前半の馬具編年

　中期前半の馬具編年については、諫早による編年案に基本的に従う［諫早2012］。要旨集ではややわかりにくい点もあったため以下のように補足する。諫早編年は朝鮮半島南部の轡の製作技法、構造、木心鉄板張輪鐙などに注目してⅠ～Ⅲ段階に区分し、それを基軸として、朝鮮半島北部、中国大陸、日本列島の馬具も位置づけを行った。諫早編年の概要は以下のとおりである。

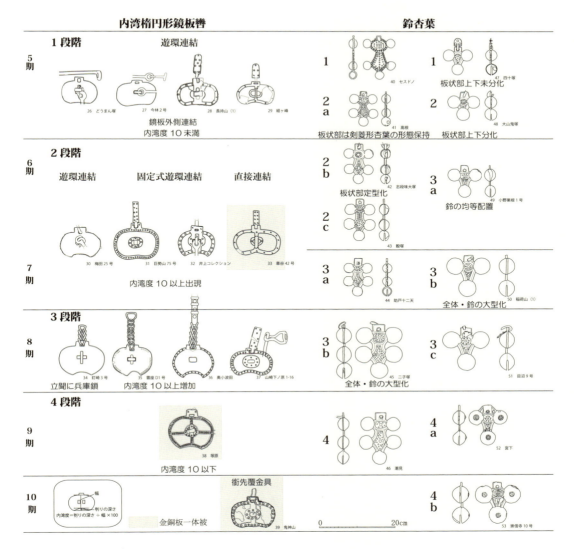

を中心とする馬具編年

　Ⅰ段階は3條捩り技法の銜、多條捩りの引手がみられる段階である。日本列島ではこの段階の木心鉄板張輪鐙はみられない（朝鮮半島南部Ⅰ段階には柄部と輪部の補強部のみのC型がみられる）。

　Ⅱ段階は3條捩り技法の銜がまだみられると同時に、1條捩り技法や無捩り技法の銜、遊環による銜と引手連結が出現する段階である。引手は多條捩り引手もまだ残るが、2條線引手もしくは新出の1條線引手a1、a2類がみられる。鏡板B類の轡が出現するのも当段階である。鐙はIA型式が主としてみられる。日本列島では当段階に馬具が増加する。

　Ⅲ段階はそれまでみられた3條捩り技法の銜や多條捩りの引手がほとんどみられなくなり、新たに鏡板B類や、1條線引手a3類が出現する段階である。鐙は踏込鋲をもつIB型式や新出のⅡB型式が主体となる段階である。日本列島ではさらに馬具の出土古墳が増加する。無捩りもしくは1條捩り

第Ⅰ部　広域編年の検討

の鑣轡に木心鉄板張輪鐙ⅠB₄式、ⅡB₁式がセットとなる例があり、鏡板A類の轡の出土例も増える。

諫早がⅠ～Ⅲ段階に区分した馬具の編年については、第1表の右端に示すように、諫早［諫早2012］、鈴木［鈴木2014］、内山敏行［内山1996・2013］の各氏で編年上の位置づけが異なる例が存在する。鈴木は木心鉄板張輪鐙における踏込鋲の有無を指標として中3期を古相と新相とに分ける。諫早は鈴木の中3期における古相、新相をそれぞれⅡ段階とⅢ段階以降に区分する。

報告では、木心鉄板張輪鐙における踏込鋲の出現と、踏込部を幅広にするⅡB₁式、ⅡB₅式の出現を重視する立場から、ｆ字形鏡板轡・剣菱形杏葉出現以前の馬具を1～4期に編年した。結果として、鈴木による編年案と近しく、諫早編年におけるⅢ段階を木心鉄板張輪鐙のⅡB式の出現、鑣轡における遊環連結の出現を後半段階の指標として2期に区分して編年した。

3．中期後半の馬具編年

（1）各馬具の編年

中期後半とするのはｆ字形鏡板轡と剣菱形杏葉が出現する5期以降である。属性、資料数も多く、同時期の他の馬具とのセット関係が多様なｆ字形鏡板轡が中期後半以降の編年の基軸となる。

① ｆ字形鏡板轡・剣菱形杏葉の編年

ｆ字形鏡板轡の編年にあたっては、①鏡板の製作技法、を中心に轡としての構造に関わる、②引手の連結位置、③引手と銜と連結方法、④銜の固定方法、⑤引手の形態に加えて、補助的な属性として、⑥面繋との連結位置、⑦繋の種類に注目する。このうち、時間的な変化を示すものとしては、鏡板の製作技法であり、③の引手と銜の連結方法は時間的な変化もするが、系統差とみるべき要素である。

② 剣菱形杏葉の編年

剣菱形杏葉はｆ字形鏡板轡に比べて属性が少ない。製作技法や繋に加えて、剣菱部の突出度[4]を補属性とすると大別4段階に編年できる（図1）。

③ 内湾楕円形鏡板轡の編年

内湾楕円形鏡板轡もｆ字形鏡板轡と同様に、轡構造と製作技法に注目して編年する。ただし、内湾楕円形鏡板の多くは縁金をもたず、鉄板一枚つくりであるため、内湾度[5]を補属性として用いる。

④ 鈴付鋳銅馬具の変遷と編年

鈴付楕円形鏡板轡　　鏡板の銜留棒のつくりや鈴のとりつき方をもとに編年する［片山2017］。銜留棒の表裏、断面のつくりで分類し、セスドノ古墳、志段味大塚古墳（1）、四十塚古墳、京都国立博物館→静嘉堂文庫蔵例、名古屋市博物館蔵例→兵庫県伝よせわ1号墳例、長瀞総合博物館例と変化する[6]。

鈴付鑣轡　　鈴付鑣轡の確実な出土資料は群馬県姥山古墳と岡山県勝負砂古墳の2例である。立聞の形状、表の形状に留意すれば、勝負砂古墳例・河内金剛輪寺旧蔵→福岡県勝浦採集例→姥山古墳例となる。TK23～TK47型式期の生産とみられる。

鈴付ｆ字形鏡板轡　　鈴付ｆ字形鏡板轡は2例がある。長野県権現3号墳例の鏡板の板状部は細身の

馬　具（片山）

ｆ字形で、鉄Ⅰ式、鉄縁式、鉄縁別被式など初期のｆ字形鏡板轡に同様の形態がみられる。田中由里のⅢ式［田中2004］の鏡板に類似する。鈴の形態は小型である。一方、山口県上の山古墳例は、鏡板の外側で遊環を介して引手と銜を連結する。こちら鏡板の板状部は鉄縁式、鉄縁別被式などにみられる田中分類ⅠB式の鏡板形態に類似する。鈴の形態は小型である。以上の特徴から、権現３号墳例は５〜７期に、上の山古墳例については６、７期に位置づけるが、絞り込みは困難である。

　　五鈴杏葉　　部分名称については［片山2017］を参照。板状部全体の形状、剣菱部の突出度、鈴のとりつき方を主属性として、Ⅰ〜Ⅶ類に大別し、鈴の側面形、鈴の大きさ、縁部断面・扁円部の形状などを補属性として細分する。大別４段階に編年し、２段階をa〜c、３段階をa・bに細分する。

　　三鈴杏葉　　鈴の配置方式[7]、板状部の区画方法、鈴中子の鍔状型持の位置（笵の合わせ目）を主属性として、不均等Ⅰ〜Ⅲ式、均等Ⅰ・Ⅱ式に大別し、鈴の側面形、鈴の大きさ、縁部断面、扁円部の形状などを補属性として細分する。変遷の大まかな流れは、不均等配置から均等配置へ、板状部を分割区分しないものから、剣菱形杏葉のように、上部（扁円部相当）と下部（剣菱部相当）に区分するものへ変化すると考えられる。以上のような変化の二相に注目すれば、三鈴杏葉を１〜４段階に編年し、３段階をa〜c、４段階をa・bに細分できる。

（２）その他の馬具の編年

　ｆ字形鏡板轡を基軸とした編年案にもとづき、その他の中期後半の馬具についてみておく。

　　その他の轡　　鑣轡は無振りの銜と１条線引手ｂ類をもつものが主流である。多くは７期までに生産・副葬が完了する。複環式轡にはいくつかの系列があるが、滝沢分類のA類［滝沢1992］はTK47型式段階の須恵器の伴出例がある。複環式轡は７期以降に出現すると考えられる。一方、環状鏡板轡は８期以降に出現する。

　　雲珠・辻金具　　環状雲珠や組合辻金具に用いられる無鋲頭爪形飾金具（鋲頭を出さない爪形飾金具）は繋が太くなるのにつれて大きくなる。幅2.0cmを基準として、2.0cm未満のものを幅狭、2.0cm以上のものを幅広とすれば、前者が古相を示し、後者が新相を示す。

　板状辻金具のうち、中期後半にみられるのは脚が半円形である。ここでは脚幅の狭い半円a式と脚幅の広い半円ｂ式に分類する。両者はセットとなる馬具からみた場合、半円a式は５〜６期、半円ｂ式は６〜７期に中心がある。なお、方形脚は７期に出現するが盛行するのは８期になってからである。

　鉢状辻金具は小型のものが７期には出現するが、雲珠と大型の辻金具、無脚雲珠が出現するのは８期になってからである。

　これらに共通して用いられる責金具は、６期から７期にかけて無刻目責金具から刻目入責金具に変化し、指標の一つとなる。

　　鞍　　鞍は、鞍の脚の構造の変化が時間的変化を示す。大勢としては、双脚留棒式から双脚折曲式を経て単脚折曲式へと変化する。双脚折曲式の出現は７期、単脚折曲式の出現は８期である。なお定型的な分離式の磯金具鞍B類の出現は５期である。５期から７期にかけての例は少ない。

　　鐙　　鐙のうち木心鉄板張輪鐙は踏込部が幅広で全面に鉄板を張るⅡB$_5$式が５期に出現する。また、４期以降、部分鉄板張で踏込部の幅広のⅡB$_1$式が盛行する。さらに５期以降、木心鉄板張杓子形壺

表1　古墳時代中期

片山段階	古墳名	轡「字段階	轡「字型式	轡楕円段階	轡楕円型式	鋳造鈴付	轡その他	杏葉剣菱段階	杏葉剣菱型式	杏葉鈴段階	杏葉鈴型式	双葉剣菱	花弁	杏葉その他	鐙	鞍金具	三環鈴	馬鐸	繋	板	組合無鋲頭	組合有鋲頭	責金具	鉢	鈴木	諫早	内山
1	兵庫 行者塚													板A											中2	I	中2
2	奈良 南山4号						鑣																		中2~3	II	中3?
2	大阪 鞍塚													板A		磯A	●								中3(古)	II	中3
2	大阪 七観(1)						環板		IA₁・IA₂						IA₁	磯A	●								中3(古)	II	中3
2	宮崎 六野原10号						環板		IA₂																		
2	岐阜 中八幡								IA₂							磯A									中4	II	中4
3	奈良 ベンショ塚(2)															磯A									中4	II	
3	兵庫 宮山(3)						鑣																		中4		
3	滋賀 新開1号(南)													板A	IA₁・IA₂鈴		○								中4(新)	III	中4
3	福岡 月岡												○		板A	IB₁鈴		○							中4	II	中4
3	大阪 御獅子塚(1)												○				磯C	○							中4		中4
3	宮崎 下北方地下5号						鑣環		IB₁鈴								磯A	○	I						中4	III	中5
4	福岡 瑞王子						鑣環		IB₁鈴																中4	II	中4
4	岡山 随庵(中央)						鑣環		IIB₁											双棒					中4		
4	兵庫 甲山(2)						鑣環		IIB₁																中4	III	中4
4	山梨 甲斐銚塚						鑣環		IIB₁											双棒					中5~6	II	
4	兵庫 池尻2号								IIB₁鈴																中4~5		中4~5
4	福岡 勝浦峯ノ畑						鑣環		IB₁鈴																		
4	大阪 伝・誉田丸山			1	鑣縁I?		鑣・板A										磯C								中4	III	
5	岡山 正崎2号(1)	1	鉄I														●		素				無刻		中5		
5	香川 川上	1	鉄I																						中5		
5	広島 三玉大塚					●													双棒						中5		
5	京都 宇治二子山南	1	鉄I						鉄縁別被I・縁無被							IIB₁	磯A	●		双棒	素			無刻		中5		中5
5	福岡 塚堂(後)						鑣環					1				輪	磯A				狭			無刻		中5		中5
5	静岡 多田大塚4号		鉄縁別被I																	素			無刻		中5		
5	大阪 長持山(1)		別被I	1	鉄縁I				鉄縁別被I・鉄							IIB₁鈴・壺I	磯?	●		双棒	素			無刻		中6		
5	大阪 城ノ山																			双棒						中5		
5	愛知 経ヶ峰1号・伝岡崎		別被I	1	鉄I				別被I											鉄					中5		
5	鳥取 東郷猿21号		鉄縁別被I																	半円a・b	素			無刻				
5	福岡 セスドノ				楕						1	五I								半円a						中6		中7
5	埼玉 五十塚		鉄I	1	楕				三不均Ia											半円a						中6~7		
5	山梨 三珠大塚(前)		鉄						鉄																	中6~7		
6	愛知 志段味大塚(1)				楕				2b	五IIIa					IIB₁鈴	磯A	●		双棒	素			無刻		中6~7		中6
6	京都 鞍塚	1	鉄I						2b	五IIIa					IIB₁鈴		●			素			無刻		中6		中6
6	鳥取 倭文6号	2	別被II						2	鉄縁別被III					IIB₁				双棒	素			無刻		中7~後1		後1
6	埼玉 どうまん塚			1	鉄I				2	鉄縁別被III										半円a	狭・広		無刻		中6		
6	山梨 豊富大塚	2	鉄縁別被II																素					中6		
6	福岡 井ノ浦		鉄縁別被I	1	鉄縁I		鑣環		金銅縁別被I・鉄縁別被I						均Ib		双棒			素			刻		中6		中6
6	岡山 勝負砂						鑣		2c	五VI					IIB₁		双棒			素			狭		無刻	中6		中6
6	栃木 牛塚		鉄						2c	五IIIc					倭										中6(古)		
6	福井 西塚			●											IIB₁									偏B	中6		
6	大阪 高井田山			別f											IIB₁					半円a					中6		
6	熊本 江田船山(初)			別f					1	鉄縁別被II							双曲			半円a					中7		中6
6	岡山 天狗山	2	金銅縁別被I											IIB₁		双曲			素			無刻		中7		中6
6	埼玉 稲荷山(1)	2	別被III						3b	三均Ib					均Ia										中6		中6
6	和歌山 大谷			別f											均I・均Ib	磯B・双曲			縁・組			無刻	小透		中6		
7	静岡 石ノ形(西)	3	一体被II	1	鉄I														半円b			刻		中7		中7
7	京都 トブカ	3	一体被II	1	鉄I				3	一体被II										素			刻		中7		中7
7	茨城 三昧塚	3	一体被II						4	一体被II					均I		双棒			広			刻		中7		中7
7	福岡 山の神(初葬)	3	一体被II																狭・広			刻		中7		中6
7	群馬 井出二子山	3	一体被II	2	鉄縁III														素			狭・広		中6		中6
7	群馬 古海原前1号(4)																									後1		
7	愛知 大須二子山	2	鉄縁別被II						鉄縁				心			縁・組			刻		小				後1		
7	福岡 十善ノ森			別f					4	一体被IIa	●	●	●	IIB₁	磯B・双			縁繰		広			刻		後1(古)		中7
7	大阪 芝山		●												均Ib	磯B・双			縁繰								
7	大阪 峯ヶ塚(後)														均Ib	磯B・双			縁繰								
7	福岡 番塚	3	金銅縁別被I・一体被II						4	一体被IIa									縁繰						後1(古)		
7	熊本 塚坊主	3	一体被II		複	2・3			鉄縁Ia・縁無被						IIB₁					素			無刻		中7~後1		
7	東京 亀塚(2)	3	一体被II						4	一体被I					IIB₁		双棒			素			刻		中7		中7
7	栃木 十二天塚	3	鉄縁別被II						4	五Va					鉄輪		双棒			素			刻		中6		中7
7	奈良 石光山8号(木)								4	一体被IIa	●			IIB	双曲			縁繰		広			刻		後1(古)		
8	大阪 七ノ坪	4	一体被V						3	一体被I					IIB	双曲			縁繰		広		刻				
8	奈良 市尾墓山								4	一体被	●	●		鉄輪	磯・単折			縁繰		素			刻	鉢別	後1		
8	群馬 前二子								4	一体被Ib				鉄輪	単折			素		広			刻		後1		
8	三重 井田川茶臼山	4	一体被V		十楕				4	一体被Ib					楕	磯A			単棒		広		偏A	鉢別	後1(新)		後1

【凡例】遺跡名の（　）：各施設の略称、馬具：［轡］その他の轡（諫早2012）［繋］分類（片山2016）、［杏葉］三鈴=三鈴杏葉、五鈴=五鈴杏葉。［鐙］木心鉄板張輪鐙（柳昌煥1985）、木心鉄板張壺鐙（李尚律2007）、鉄製輪鐙（柳昌煥2007）、［鞍］磯金具（花谷1996）、馬鐸（大橋1986）。その他は報告者の分類。

鐙がみられるようになるが、盛行するのは7期～8期にかけてである。

　そのほか、鉄製輪鐙のうち、柳昌煥のⅡ類［柳昌煥2007］（踏込部が二本に分かれるもの）が7期には出現するが、増加するのは8期以降である。

　音響具(8)　馬鐸は大橋泰夫の分類［大橋1986］による1類（鐸身が短く小型のもの）から、2類（鐸身が長く大型のもの）へと変化する。1類は6期までにはほぼみられなくなり、2類が盛行するのは8期以降である。

馬　具（片山）

の馬具編年（中四研編年をふまえて）

青革綴	鋲留	革綴	鋲留	川畑板甲段階	札甲	様式	鳥舌鏃	短頚鏃	長頚鏃	盛矢具	外装	刀	三輪玉	振環	多角形鏤鈿	舶載鏡	前	中	後古	後新	後新新	鈴釧	帯金具	乗馬耳飾	冠帽	飾履	埋輪	須恵器	時期区分	古墳名
						一																	晋式						Ⅶ期	兵庫 行者塚
						二																						陶質	Ⅶ期	奈良 南山4号
○	●	○		6		Ⅱb	○	○				3a				●													Ⅷ期（IV古）	大阪 鞍塚
						Ⅱ						～3b																	Ⅷ期（IV古）	大阪 七観(1)
		●				Ⅲ		●																					Ⅳ	宮崎 六野原10号／岐阜 中八幡
	●		●	6		Ⅲ		●														●						TK216	Ⅸ期	奈良 ベンショ塚(2)
	●	●		7		Ⅲ	○	●											●			●						TK73～216	Ⅳ	兵庫 宮山(3)
○	●		○	4・6・7	1	Ⅱb										○						葉透					有		Ⅸ期	滋賀 新開1号(南)
	●	○	●	【7?】	1	Ⅱb		Ⅰ								●	●	●				龍透1・葉透							Ⅳ中	福岡 月岡
	●		●	7		Ⅲ		●				2a				●			●								【Ⅳ古】	TK73～216	Ⅸ期	大阪 御獅子塚(1)
	●		●	7・8		Ⅲ	○	●				2a?		●		●											―		Ⅸ期	宮崎 下北方地下5号
	●		●	8		Ⅲ		●				2a?				●												TK216	Ⅸ期	福岡 瑞王寺
	●		●		2	Ⅳa		●		Ⅱ						●						葉透					【Ⅳ】	TK216	X期	岡山 随庵(中央)／兵庫 宮山(2)
	●				(○)	Ⅳ		●								●											―	TK216	X期	山梨 甲斐茶塚
●			●	【11】		Ⅳa		落込B							●												―	TK216	XI期	兵庫 池尻2号
	●					Ⅳb		落込B							●	●			●	●			(●)	(●)	●		V		XI期	福岡 勝浦峯ノ畑
	●					Ⅳ																							Ⅳ	岡山 正崎2号(1)／大阪 伝・誉田丸山
	●			10		Ⅳa		●				3b															有	TK208	X期	香川 川上
	●			10		Ⅳ		●								●											―	TK208	X期	広島 三玉大塚
	●	●		8		Ⅳa		取Ⅰ				3c		●		●											―		XI期	京都 宇治二子山南
○横	●		●			Ⅳb				Ⅱ						●											Ⅳ		XI期	福岡 塚堂(後)
				8・9・11												●											―	TK208	XI期	静岡 多田大塚4号
	●		●	【11】	3古			取Ⅰ				● 金		●		【●同】						(●)	龍透2				Ⅳ新 有		XI期	大阪 長持山(1)
	●			11		Ⅳ																						TK208		大阪 城ノ山／愛知 経ヶ峰1号+伝岡崎
	●			11		Ⅳb																					V			鳥取 東宗像21号／福岡 セスドノ
	●			10	○	Ⅳb				Ⅱ						●											Ⅳ新	TK208～23	X期	埼玉 四十坂／山梨 三味大塚(前)
	●			【10～】	3新	Ⅳb								●								●	獣透			●	【Ⅳ新】	TK23	XI期	愛知 志段味大塚(1)／京都 鞍塚
●	●		●	【8～11】		Ⅳ		●				2d				●						●					―	TK23～47	XI期	鳥取 倭文6号
	●				3古	Ⅳb										●														埼玉 どうまん塚／山梨 豊臣大塚
	●					Ⅳb																								福岡 井ノ浦
	●					Ⅳ				Ⅱ				●								●							XI期	岡山 勝負砂／栃木 牛塚
●	●		●	【11?】	3新	Ⅳ						3b		【●同】		●						●	獣彫				V	TK23	XI期	福井 西塚／大阪 高井田山
	●			11		Ⅳ		落込B・有段B2						【●同】								●	獣彫	●			V	TK23	XI期	熊本 江田船山(初)
	●				3新	Ⅳb						3d											龍透2				V	TK47	XI期	岡山 天狗山／埼玉 稲荷山(1)
	●			12	3新	Ⅳ				Ⅱ・Ⅲ		2d				●						●	獣彫				V古		XII期	和歌山 大谷
	●			11		Ⅳc						2c				●			●	●							V	TK216～MT15	XII期	静岡 石ノ形(西)
	●					Ⅳc		有段B2															龍透2				―		XII期	京都 トツカ
	●			11	3新	Ⅳc				Ⅱ		2d				●			●				●		二（二）			―		XII期	茨城 三昧塚
					4	Ⅳc				Ⅲ	● 金	2d?				【●同】											V	TK23～47	XII期	福岡 山の神(初葬)
				4		Ⅳc				Ⅲ																(●)	V	TK47	XII期	群馬 井出二子山／群馬 古海原前1号(4)
	●				4	【11?】								【●同】	○							●					【V古】		XII期	福井 十善ノ森／愛知 大須二子山
										Ⅲ	● 金			【●同】								獅		二		V中	MT15～TK10	XIII期	大阪 芝山
						Ⅳc				Ⅲ	● 金			【●同】										二		V中		XIII期	大阪 峯ヶ塚(後)
						○		落込B・有段B2				2d ● 金		【●同】								(獣彫)	●			V中	MT15～TK10	XIII期	福岡 番塚
					4	後Ⅰ		落込B・有段B2		Ⅲ		2c															V	TK47～MT15		熊本 塚坊主
											● 金			【●同】			●									―	TK47		東京 亀塚(2)／栃木 十二天塚
						Ⅳb																						MT15		奈良 石光山8号(木)
										Ⅲ																―	TK47～MT15		大阪 セノ坪
					4	後Ⅰ				Ⅲ					(●)												V新		XIII期	奈良 市尾墓山
						後Ⅰ				取Ⅲ		2c		【●同】										二		V	MT15～TK10	XIII期	群馬 前二子／三重 井田川茶臼山

【凡例】【甲冑】川畑編年（川畑2016）、小札甲（初村2020）。〔鉄鏃〕（鈴木一2003・2017・2018）。〔盛矢具〕（土屋2011・2018・2020）。〔倭鏡〕（岩本2017a・2017b〔帯金具〕岩本2016、鈴釧（加藤一2018）。〔埋輪〕廣瀬2013・2021。〔須恵器〕（田辺1981）。編年〕鈴木一（2014・2017）、諫早（2012）、内山（1996・2011）、大賞（2002）。略号は次の通り、〔舶載鏡〕ローマ数字は三角縁神獣鏡の時期、●同：同型鏡群、〔帯金具〕龍透1：龍文透彫1類、龍透2：龍文透彫2類、獣帯：獣文透彫帯金具2類、獣彫：獣文鏑彫、三透：三葉文透彫、葉透：葉文透彫、〔冠帽〕二：広帯二山式、

　環鈴については、鈴の径が小型で側面が俵形のものから、大型で扁円形のものへという鈴の変化と、三環鈴の鈴の配置が環の周を4分割したものから、3分割したものへと変化することが知られている。小型で俵形のものは6期にはみられなくなり、6期以降には大型で均等配置のものが主体となる。

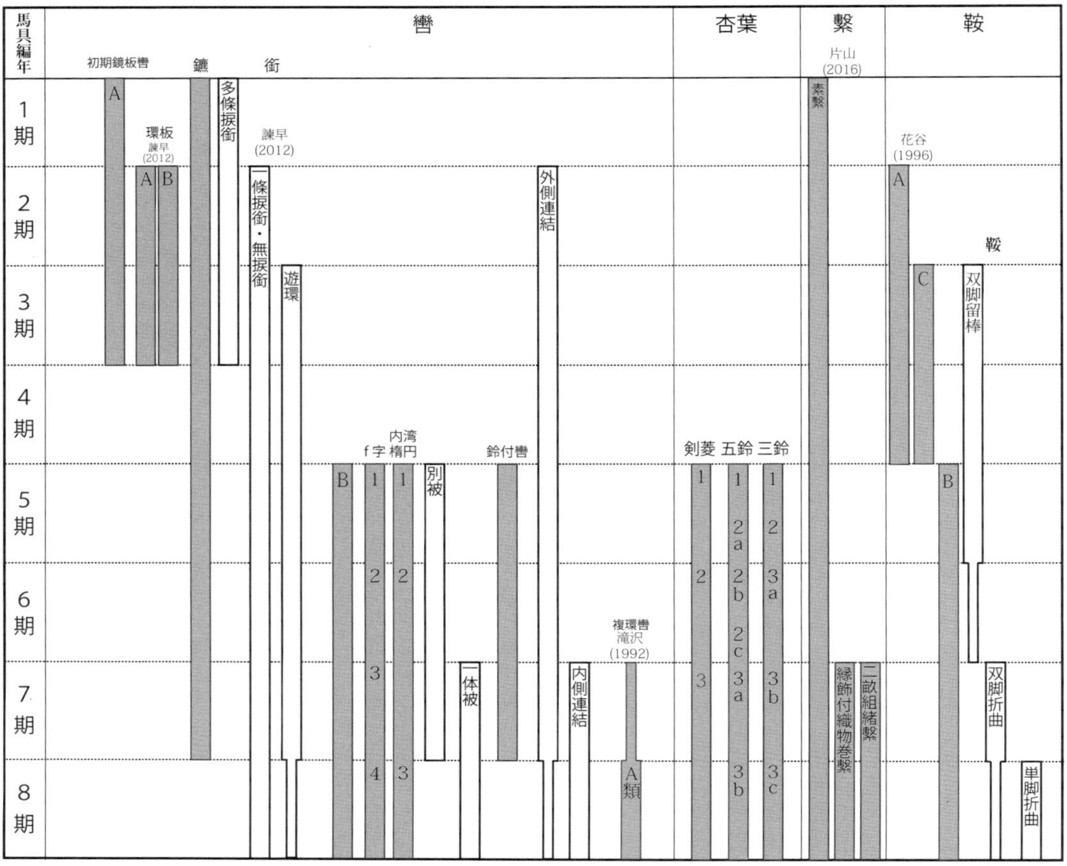

図2　古墳時代

4．中四研編年との対応関係

　研究会では、編年基軸に求められる４つの特徴からほかの器物に比べて馬具の優位性が指摘された［君嶋2021］。馬具研究の立場からもこの点については同意するがほかの器物に比べて精緻な編年を構築することが可能と考えている。しかし、岩本崇（中四研）による「古墳時代中期における時期区分の指標」［岩本2022：図４］によれば、ほかの器物との時期区分が一致せず、連動性に欠けるという点では、古墳編年の基軸としてはやや劣るのかもしれない。しかし、これも一つの見方ではあって、馬具を編年区分の基軸としてほかの器物の編年区分をずらすという見方も当然あり得る。中四研編年を受けて、筆者も編年表を整理しなおした（表１）。この編年表に今一度立ち返ってみても、馬具編年を基軸とした古墳編年もそれなりに有効ではないかと考えている[9]。

　さきの「古墳時代中期における時期区分の指標」では、各古墳の出土器物をもとに、筆者の馬具編年を今一度、整理していただいた。編年区分の基準がやや不明確で、ほかとの連動性が弱い時期については、便宜上一つにまとめれられたとみられる。具体的には３期と４期についての筆者の区分

中期の馬具編年

鐙	音響具	雲珠・辻金具	古墳例	須恵器 田辺(1981)	諫早(2012)	内山(1996)	鈴木(1996)	和田(1987)	集成(1991)	中四研(2022)
木心鉄板張輪鐙 柳昌煥(1985)／IA₁・IA₂／環鈴			行者塚		I段階	中期2	中2期	五期	4期	VI期
踏込鋲／馬鐸 大橋(1986)／古・I類			南山4号／鞍塚／七観(西)	TG232	II段階	中期3	中3期古	六期	5期	VII期
木心鉄板張杓子形壺鐙 李尚律(2007)／IB₁・IB₂／新		板状／無鈴頭組合／貴金具	宮山(3)／ベンショ塚／新開(南)	TK73		中期3	中3期新	七期	6期	VIII期
IIA／IIB₁		半円a／無鈴頭狭／無刻目	随庵(中央)／池尻2号／甲斐茶塚／伝・誉田丸山	TK216	III段階	中期4	中4期	八期	7期	IX期
IIB₃／Ia	鈴 白木原(1997)／圏文	方形鈕	宇治二子山／四十塚／多田大塚4号	TK208		中期5	中5期			X期
		刻目	志段味大塚(1)／倭文6号／どうまん塚	TK23		中期6	中6期	九期	8期	XI期
鉄製輪鐙 柳昌煥(2007)／Ib	方形	半円b／鉢状・小型鉢	天狗山／埼玉稲荷山(1)／番塚／石光山8号	TK47		中期7	中7期			XII期
II式	II類	無鈴頭広／無脚偏平鉢A・偏平鉢	七ノ坪／市尾墓山／前二子／井田川茶臼山	MT15		後期1	後1期	十期	9期	XIII期

は初期馬具段階の諫早III段階を2期区分しており、ここは1つの時期とする見方も有力である［諫早2012、内山1996・2021］。また、ほかの器物と比較して馬具の中での区分が明瞭でない6・7期については、雲珠や辻金具、繋を考慮するとより明確になるので、これらが指標として取り扱われなかったことも影響しているとみられる[10]。6・7期の区分に関連して、f字形鏡板付轡と剣菱形杏葉に比べて、鈴付鋳造の轡類、鈴杏葉の出現を遅くみるのは筆者が鈴付楕円形鏡板轡と五鈴杏葉の最も古相を示すとみたセスドノ古墳を分析の対象としなかったことによるのであろう。

　また、他の器物との編年区分の不一致は、当時もっとも細分されていた須恵器編年による表記をしてきたという馬具編年のこれまでの歩みと、既存の枠組みに筆者を含めた馬具研究者が縛られていることも要因の一つでもあろう。現段階では、編年上、甲冑や鉄鏃などと連動しないという理由で、馬具編年の区分の再検討はしない。今後の課題としたい。

　今後、編年の再検討をしたうえで、それでもほかの器物との編年区分の齟齬が認められるのであれば、馬具に特有の事情を考えていく必要があるであろう。その背景としては、馬具（やそれをつけた馬）の入手のタイミングやライフサイクルの違いが想定できよう。

第Ⅰ部　広域編年の検討

5.　馬具からみた古墳時代中期以降の画期

　報告では以下の２つの画期を指摘した。①ｆ字形鏡板轡と剣菱形杏葉の出現（片山５期）、②ｆ字形鏡板轡や剣菱形杏葉における一体被せ技法の導入や双脚折曲の鞍の鞍、鉄製輪鐙などの出現（片山７期）、である。一方、馬具の出現に関係して、馬具すなわち乗馬の風習がどのように日本列島内で広まったかについては資料数が少なく、画期性が見出せるような普及状況だったのか、明らかではない。①については、ｆ字形鏡板轡や剣菱形杏葉以外の鐙や鞍などにおいても、加耶地域や百済地域と変化が連動しており、３期と５期の間における４期の介在をひとまず保留しておくにしても、大きな画期であることには間違いなかろう。②については、①に比べれば画期性は弱い。また、後続する片山８期に比べても同様である。

　馬具は大変複雑な器物である。個々の馬具の属性のほかに、セット構成というスケールでの見方も必要になる。逆に言えば、この特性を十分に利用することができれば、ほかにもましてより精緻な編年を組みうる器物ともいえる。加えて多くが認めるように、東北アジアスケールでの共通性、連動性も認められる。本報告は、編年案の基礎データの提示に留意しつつ、中期の編年案を提示した。個々の資料の位置づけについてはまだまだ検討すべき点もあることと思われるが、これを叩き台として理解が進むことを望む。

　なお、後期の編年は栗林誠治によって第26回研究集会で報告された［栗林2023］。中四研編年の馬具の参照軸としての筆者の中期編年と、栗林の後期編年はやや編年の考え方が異なると思われるので、同一視点に基づく連続的な編年として利用するのには注意が必要と思われる。

註

（１）　要旨集（第20回研究集会の発表要旨集・資料集、以下「要旨集」）の時点で後期初頭にあたる８期を設定し、提示していたが、これは中期までの様相との比較のためであって、８期は中期には含まれない。

（２）　初期馬具の概念の整理については［諫早2013］に詳しい。ここでは「日本列島で独自の定型性をもった馬具が生産される以前の段階の馬具」［諫早2013：32］の定義にしたがう。

（３）　諫早は朝鮮半島南部と日本列島の馬具の併行関係と製作年代を検討した中で［諫早2012］、日本列島のⅢ段階には、TK216型式期とTK208型式期の古墳から出土した馬具を含み、これらは朝鮮半島南部Ⅲ段階（５世紀前葉〜中葉）の馬具とおおむね対比できるとする［p.74］。なお、TK208型式期の古墳から出土する馬具に、ｆ字形鏡板轡や剣菱形杏葉を含むが、その製作年代は朝鮮半島南部Ⅲ段階後半を遡ることは考えにくいとする［p.76 註18］。

（４）　突出度の算出は［田中2005］とは異なり、全長に対する突出部の長さによる（図１）参照。

（５）　片山［2018］、内湾の深さ／立開部を除く幅／100。

（６）　宮代は筆者の編年案に近く、鈴の喰い込みの強いものから弱いものへの変化を想定し［宮代2010］、内山は鈴の喰い込みの弱いものから強いものへの変化を想定する［内山1996］。

（７）　鈴の配置方式については、３つの鈴の中心間の長さが異なり、不均等配置となるものと、中心間の長さがほぼ等しく、均等配置となるものに分けられる。

（８）　報告及び要旨では、鳴り物としたが、諫早にならい音響具とする。

114

（9）　内山による参加記［内山 2021］の中で個々の資料の位置づけについても反応をいただいた。このうち、筆者の中でも位置づけがやや流動的で、その後再度検討をおこなった資料について説明を加えておきたい。

　　　岐阜県中八幡古墳　　中八幡古墳からは鉄製磯金具鞍 A と現状で踏込鋲をもたない IA_4 式の木心鉄板張輪鐙が出土している。報告の編年では木心鉄板張輪鐙の踏込鋲の出現を 2 期と 3 期を区分する指標の一つとしたため、中八幡古墳例を 2 期に位置づけることとなった。しかしながら、中八幡古墳の輪鐙の踏込部は破損しており、判断は難しい。2 期、3 期のいずれかに絞り込む馬具は他にはなく、1 段階下げるべきかもしれない。

　　　大阪府鞍塚古墳　　鏡板轡 A 類、木心鉄板張輪鐙 IA_1（踏込鋲無）、IA_4（踏込鋲有）、磯金具鞍 A がなどが出土している。以上から 2 期に位置づけた。しかしながら、第 15 図では、鞍塚古墳を 3 期の古墳の例として位置付けてしまった。なお、鞍塚古墳の磯金具鞍 A は、中八幡古墳例と類似し、鞍からみれば両例とも同段階でもよかろう。明記して 2 期に訂正する。

　　　大阪府伝・誉田丸山古墳　　誉田丸山古墳では金銅製透彫の磯金具鞍 C 二背と梯形透彫の鏡板轡 A 類がよく知られているが、それ以外にもいくつかの馬具が断片的に残されている。（内湾）楕円形鏡板轡は破片であるが鏡板轡 B 類で、引手壺 b3 類の引手が伴う。轡には新旧の特徴がみられ、鏡板轡 B 類の出現が TK216 型式期にまでさかのぼる可能性は低い。ただし日本列島での本格的導入はやや遅れる［諫早 2012：252］という見方に従うならば、一段階遅らせて 5 期とすべきであるが、誉田丸山古墳の馬具の様相を f 字形鏡板轡出現以降の馬具様相と同段階とみるのはやや困難であるか。

　　　栃木県助戸十二天古墳　　助戸十二天古墳からは鉄製 f 字形鏡板轡、五鈴杏葉、三環鈴、鉄製輪鐙が出土している。助戸十二天古墳の五鈴杏葉は、片山 2017 の段階で志段味大塚古墳（1）大型に後続し、雀宮牛塚古墳と同段階、潮見古墳例や、二子塚 1 号墳例の前段階に位置づけた。報告では、本文中に記したように、突出度、鈴の偏平度から 4 段階に位置づけた。一方で、筆者は助戸十二天古墳の馬具セットとしては 7 期に位置づけている［片山 2020］。さきの鈴杏葉の編年にもとづくのであれば内山の指摘するように［内山 2021：21］、8 期に位置づけるべきであろう。その後、肥田翔子は筆者の編年［片山 2017］に基づいて、宮崎県島内 139 号墓の五鈴杏葉を助戸十二天古墳例と同時期の TK47 型式期に位置づけた［肥田 2021：46］。筆者もいまいちど、助戸十二天古墳例について、3a 段階に位置づける。この間の編年的位置づけのブレについての批判は、甘受する。資料の特徴に注目すれば、扁円部に付く 2 つの鈴と剣菱部の両端に付く 2 つの鈴の間の屈曲部の円弧がきつくなり、新しい様相をみせることが、突出度の数値に影響をしているものと考えられる。

（10）　雲珠・辻金具を編年上重視する点は宮代や内山と同様である。ただし、筆者は轡や杏葉と雲珠・辻金具のセットとしての生産を前提としないので、この点、内山とやや異なる。

引用文献

諫早直人　2012『東北アジアにおける騎馬文化の考古学的研究』雄山閣出版

諫早直人　2013「日韓初期馬具の比較検討」『第 1 回　共同研究会　日韓交渉の考古学―古墳時代―」「日韓交渉の考古学―古墳時代―」研究会　pp.32-47

諫早直人　2022「馬具の暦年代論と古墳時代中期の対外交渉」『中期古墳研究の現状と課題Ⅵ～新編年で読み解く地域の画期と社会変動～発表要旨集・資料集』pp.21-42

石山　勲　2005「環鈴について」　山中英彦（編）『稲童古墳群―福岡県行橋市稲童所在の稲童古墳群調査報告―」行橋市文化財調査報告書第 32 集　行橋市教育委員会　pp.311-326

岩本　崇　2022「中期古墳年代論―相対編年とその暦年代―」『中期古墳研究の現状と課題Ⅵ～新編年で読み解く地域の画期と社会変動～発表要旨集・資料集』pp.1-19

内山敏行　1996「古墳時代の轡と杏葉の変遷」大谷晃二（編）『'96 特別展　黄金に魅せられた倭人たち』島根県立八雲立つ風土記の丘　pp.42-47

内山敏行　2013「馬具」一瀬和夫・福永伸哉・北條芳隆（編）『古墳時代の考古学 4　副葬品の型式と編年』同成社　pp.125-135

内山敏行　2021「中期古墳研究の現状と課題Ⅳ～副葬品による広域編年再考～参加記」『中四研だより』第47号　中国四国前方後円墳研究会　pp.20-22

内山敏行　2024「副葬品・須恵器編年と複合的分析」『中四研だより』第53号　中国四国前方後円墳研究会　pp.15-18

大橋泰夫　1986「馬具」大金宣亮・岩淵一夫・大橋泰夫・田代隆ほか『星の宮神社古墳・米山古墳』栃木県埋蔵文化財報告書第76集　（財）栃木県文化振興事業団　pp.86-98

片山健太郎　2017「鈴付馬具からみた志段味大塚古墳」深谷淳（編）『埋蔵文化財調査報告書77　志段味古墳群Ⅲ―志段味大塚古墳の副葬品―』名古屋市文化財調査報告94　名古屋市教育委員会　pp.167-174

片山健太郎　2018「馬具からみた倭文6号墳」高田健一（編）『倭文6号墳出土遺物の研究　出土品再整理報告書』鳥取市教育委員会　pp.46-73

片山健太郎　2020「古墳時代中期の馬具編年―中期後半を中心として―」『中期古墳研究の現状と課題Ⅳ～副葬品による広域編年再考～』中国四国前方後円墳研究会　pp.9-24

君嶋俊行　2021「第23回研究集会「中期古墳研究の現状と課題Ⅳ～副葬品による広域編年再考～」を振り返って」『中四研だより』第47号　中国四国前方後円墳研究会　pp.2-4

栗林誠治　2023「金銅装馬具の様相」『後期古墳研究の現状と課題Ⅰ～交差編年の手がかり～』中国四国前方後円墳研究会　pp.73-98

白木原宜　1997「古墳時代の鈴―主として鋳造鈴について―」『HOMINIDS』　Vol.001　CRA　pp.71-81

鈴木一有　2014「七観古墳出土遺物からみた鋲留技法導入期の実相」阪口英毅（編）『七観古墳の研究―1947年・1952年出土遺物の再検討―』京都大学大学院文学研究科　pp.353-380

滝沢　誠　1992「複環式鏡板付轡の検討」森将軍塚古墳発掘調査団『史跡　森将軍塚古墳－保存整備事業発掘調査報告書－』更埴市教育委員会　pp.558-566

田中由理　2004「f字形鏡板付轡の規格性とその背景」『考古学研究』第51巻第2号　考古学研究会　pp.97-117

田中由理　2005「剣菱形杏葉と6世紀前葉の馬具生産」『待兼山考古学論集―都出比呂志先生退任記念―』pp.641-656

田辺昭三　1981『須恵器大成』角川書店

花谷　浩　1996「鞍作の技術とその変遷」『畿内政権と鉄器生産　第2回鉄器文化研究集会発表要旨』鉄器文化研究会　pp.43-48

肥田翔子　2021「島内139号地下式横穴墓出土馬具のセット検討」橋本達也（編）『島内139号地下式横穴墓Ⅱ』えびの市埋蔵文化財調査報告書第60集　pp.45-49

広瀬和雄　1991「前方後円墳の畿内編年」『前方後円墳集成』中国四国編　山川出版社　pp.24-26

森下章司　2011「前・中期の実年代」一瀬和夫・福永伸哉・北條芳隆（編）『古墳時代の考古学1　古墳時代の枠組み』同成社　pp.213-221

宮代栄一　1993「5・6世紀における馬具の「セット」について―f字形鏡板付轡・鉄製楕円鏡板付轡・剣菱形杏葉を中心に―」『九州考古学』第68号　九州考古学会　pp.19-48

宮代栄一　2010「名古屋市博物館所蔵の馬具について」『美濃の考古学』11　美濃の考古学刊行会　pp.100-113

和田晴吾　1987「古墳時代の時期区分をめぐって」『考古学研究』第34巻第2号　考古学研究会　pp.44-55

柳　昌煥　1995「伽耶古墳 出土 鐙子에 대한 研究」『韓国考古学報』第33輯　韓国考古学会　pp.91-135

柳　昌煥　2007「三国時代 鉄製鐙子에 대한 一考察」『考古学廣場』創刊号　釜山考古学研究会　pp.289-312

李　尚律　2007「삼국시대 호등의 출현과 전개」『韓国考古学報』第65輯　韓国考古学会　pp.46-73

〈研究報告〉

金 工 品

土屋　隆史

はじめに

　古墳時代中期の古墳から出土する金工品として、冠、帯金具、垂飾付耳飾、金属製玉などの装身具、装飾付大刀、胡籙金具などの武具、装飾馬具などが挙げられる。本稿では紙幅の都合、胡籙金具に注目して編年を検討する。

1．胡籙金具の属性分析

　胡籙は中国東北部、朝鮮半島、日本列島に広がる盛矢具の一種である。胡籙に装着される胡籙金具は朝鮮半島南部で多く確認されており、地域性もみられるが、広域で共通する変化がみられることから、一貫した指標で広域編年を作成することができる。また日本列島においても、古墳時代中期から後期にかけて胡籙金具は多く出土しており、朝鮮半島南部の胡籙金具の影響を強く受け続けることから、朝鮮半島南部の事例と同様の指標で編年することが可能であると考える。

　胡籙金具の編年についてはこれまでにも論じたことがある［土屋2011・2018］。この編年は朝鮮半島南部に分布する胡籙金具の広域編年の作成を主な目的としたもので、その変遷過程が日本列島においても矛盾しないことを示したものであった。本稿では日本列島における胡籙金具を主体とし、改めて編年について検討する。とくに精度の高い編年が作成されている鉄鏃との共伴関係を重視し、日本列島における胡籙金具の変化をより細かく検討することを目指す。

（1）分　類

　胡籙金具は吊手金具、収納部金具、矢留金具、勾玉状金具、帯金具という部位から構成される（図1）。この中でも時期によって属性の変化がみられる部位が、吊手金具と収納部金具である。

　日本列島にみられる吊手金具は、筆者の分類でいう双方中円形と短冊形B類である。とくに双方中円形吊手金具は出土数が多く属性の変化も多くみられることから、編年の指標となる。双方中円形吊手金具は、外部構造、文様規格、鋲配置、軸受構造、鉸具形態というそれぞれの属性の相関から、1類、2類、3類に分類できる（図2・3）。古墳時代中期にみられるものは1・2類である。また短冊形B類吊手金具は、材質、鋲配置、軸受

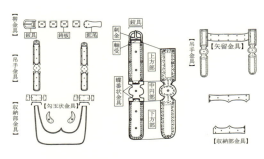

図1　胡籙金具の各部名称（S=1/5）

117

第Ⅰ部　広域編年の検討

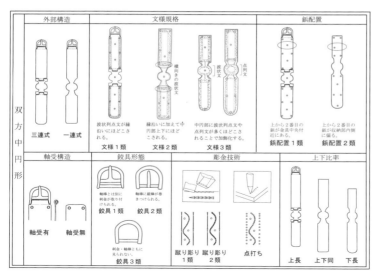

図2　双方中円形吊手金具の諸属性

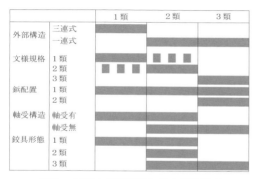

図3　双方中円形吊手金具の属性構成

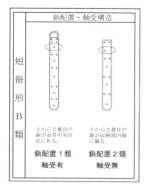

図4　短冊形B類吊手金具の諸属性

構造という属性の相関から1類と2類に分類でき（図4・5）、古墳時代中期にみられるものは1類である。

収納部金具は、形態的な特徴に基づいてW字形金具、コ字形金具、帯形金具A類、山形突起付帯形金具、三葉形立飾付帯形金具に分類した（図6）。収納部金具の組み合わせとしては3パターンがみられる。ここでは断面長方形の収納部に装着されるW字形金具・コ字形金具を収納部金具A類、断面半円形の収納部に装着される帯形金具A類を収納部金具Ba類、山形突起付帯形金具・三葉形立飾付帯形金具を収納部金具Bb類と呼ぶ。古墳時代中期にみられるものは、収納部金具A類（W字形金具、コ字形金具）、収納部金具Ba類（帯形金具A類）である。なお、古墳時代中期の胡籙金具には矢留金具は伴わない。

（2）段階設定

日本列島の胡籙金具は、双方中円形1類吊手金具と収納部金具A類（コ字形金具・W字形金具）がみられるⅠ段階、双方中円形2類、短冊形B1類吊手金具と収納部金具Ba類（帯形金具A類）が出現するⅡ段階、双方中円形3類、短冊形B2類吊手金具と収納部金具Bb類（山形突起付帯形金具・三葉形立飾付帯形金具）、矢留金具が出現するⅢ段階に区分される[1]（図7）。共伴遺物による変化の検証については、表1、2のとおりであり、想定する変化と共伴遺物の編年的位置づけに矛盾はない。古墳時代中期はⅠ・Ⅱ段階に相当する。

2．各段階における胡籙金具の特徴

ここではⅠ～Ⅲ段階における胡籙金具の特徴について検討する（表3）。先述したとおり、ここでは共伴する鉄鏃の編年的位置づけに注目したい。古墳時代中期の鉄鏃編年は胡籙金具編年よりも細か

い時間幅で変化が抽出されているため［水野2003、鈴木2003a・2003b・2014・2017など］、より詳細に各事例の副葬時期を検討することが可能である。

（１）Ⅰ段階

この時期には双方中円形１類吊手金具、収納部金具Ａ類（W字形金具、コ字形金具）、方形帯金具、円頭形勾玉状金具が確認できる。

① 中期Ⅱｂ様式の鉄鏃が共伴する事例

共伴する鉄鏃の編年的位置づけからみて、最も古い時期に副葬されたと考えられる事例として、福岡県月岡古墳①②③④例（図8－1）、京都府私市円山古墳第１主体部例（図8－3）が挙げられる。これらの古墳では、鈴木一有編年でいう中期Ⅱｂ様式の鉄鏃（長頸鏃出現以前）が共伴している。また鉄鏃は出土していないが、共伴する甲冑の編年的位置づけ[2]からこの時期に相当すると考えられるものとして、福岡県堤当正寺古墳例（図8－2）が挙げられる。

月岡古墳からは双方中円形１類吊手金具、収納部金具Ａ類（コ字形金具、W字形金具）、方形帯金具が４個体、私市円山古墳第１主体部からは双方中円形１類吊手金具、収納部金具Ａ類（コ字形金具）、方形帯金具が１個体、堤当正寺古墳からは双方中円形１類吊手金具、収納部金具Ａ類（コ字形金具）が１個体出土している。このような胡籙金具は朝鮮半島南東部の新羅領域でまとまって分布している

図５　短冊形Ｂ類吊手金具の属性構成

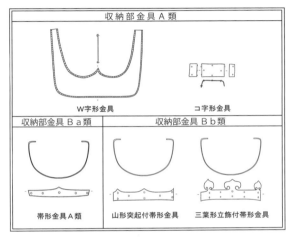

図６　収納部金具の分類

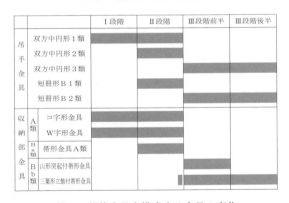

図７　胡籙金具を構成する金具の変化

［土屋2018：39.41］。新羅出土例と日本列島出土例は、金具の属性に違いがみられないことから、この時期の胡籙金具は新羅からの移入品もしくは新羅系工人によって製作されたものと考えられる。

中期Ⅱｂ様式の鉄鏃は、鈴木編年でいう中３期（TK73型式期）にみられる。また、月岡古墳、私市円山古墳、堤当正寺古墳からは廣瀬覚編年Ⅳ期古相に位置づけられる窖窯焼成による円筒埴輪［廣瀬2011：180］も出土しており、これらは岩本崇編年のⅧ期［岩本2022］に相当する事例と考えられる[3]。

第Ⅰ部 広域編年の検討

表1 双方中円形吊手金具の変化と鉄鏃編年の相関

古墳名	吊手金具 双方中円形 1類	2類	3類	収納部金具 A類 コ字	W字	Ba類 帯A	Bb類 山形	三葉形	矢留金具	鉄鏃編年
京都 私市円山第1	○			○						中期Ⅱb
福岡 月岡	○			○	○					中期Ⅱb
福井 天神山7号第1	○			○						中期Ⅲ
鹿児島 神領10号	○			○						中期Ⅲ
福岡 堤当正寺	○									—
千葉 内裏塚乙石室	○			○	○					**中期Ⅳa**
東京 御嶽山	○									中期Ⅳa
兵庫 カンス塚	○			○						**中期Ⅳa**
岡山 天狗山		○			○					中期Ⅳb
兵庫 宮山第2		○				○				**中期Ⅳa**
福岡 竹並H26号		○				○				中期Ⅳb
千葉 北の内		○								中期Ⅳb
千葉 浅間山1号		○				○				中期Ⅳb
岡山 長畝山北5号第1		○				○				中期Ⅳb
福岡 塚堂2号石室		○								中期Ⅳb
福岡 山の神①		○								中期Ⅳb
岡山 一国山1号石棺2		○								中期Ⅳ
岡山 勝負砂		○				○				中期Ⅳ
和歌山 大谷		○				○	○			中期Ⅳ
宮崎 島内10号横穴			○							中期Ⅳb
群馬 井出二子山			○							中期Ⅳc
大阪 峯ヶ塚後円部			○				○			後期Ⅰ
奈良 市尾墓山			○					○		中期Ⅳb

〔凡例〕鉄鏃編年：（鈴木2003a、2003b、2014、2017）による。○：存在を示す。コ字：コ字形金具。W字：W字形金具。帯A：帯形A類。山形：山形突起付帯形金具。三葉形：三葉形立飾付帯形金具。鉄鏃編年の太字は鈴木2014と見解が異なることを示す。第1：第1主体部。第2：第2主体部。

表2 短冊形B類吊手金具の変化と鉄鏃編年の相関

古墳名	吊手金具 短冊形B類 1類	2類	収納部金具 帯A	Ba類 山形	Bb類 三葉形	鉄鏃編年
長野 宮垣外SK18土壙	○					中期Ⅳb
長野 月の木1号第2	○					中期Ⅳb
兵庫 芝花14号SX1401	○		○			中期Ⅳb
岡山 法蓮40号	○					中期Ⅳb
宮崎 島内77号	○		○			中期Ⅳb
千葉 花野井大塚1号	○					中期Ⅳ
大阪 芝山		○		○		中期Ⅳc
香川 王墓山		○		○	○	後期Ⅰ

〔凡例〕鉄鏃編年：（鈴木2003a、2003b、2014、2017）による。帯A：帯形A類。山形：山形突起付帯形金具。三葉形：三葉形立飾付帯形金具。

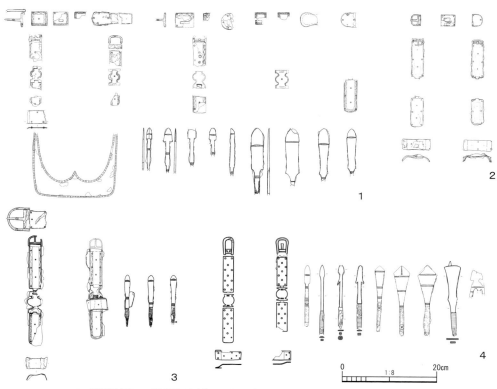

1. 福岡月岡古墳　2. 福岡堤当正寺古墳　3. 京都私市円山古墳第1主体部　4. 福井天神山7号墳第1主体部

図8　Ⅰ段階の胡籙金具と共伴する鉄鏃（S=1/8）

金 工 品 （土屋）

表3　日本列島におけるI・II段階の胡籙金具の諸属性と鉄鏃編年

遺跡名	吊手	収納	矢留	勾玉	帯	鉄鏃編年	胡籙編年
京都 私市円山第1主体	双1類	A類（コ字）	—	—	方	中期IIb様式	I
福岡 月岡①	双1類	A類（W字、コ字）	—	—	方	中期IIb様式	
福岡 月岡②	双1類	—	—	—	方		
福岡 月岡③	双1類	—	—	—	方		
福岡 月岡④	双1類	—	—	—	—		
福井 天神山7号第1主体	双1類	A類（コ字）	—	—	—	中期III様式	
鹿児島 神領10号	双1類	A類（コ字）	—	—	方?	中期III様式	
群馬 山名	双1類	A類（W字）	—	—	方	—	
奈良 高山1号	双1類	—	—	—	—	—	
福岡 堤当正寺	双1類	A類（コ字）	—	—	方	—	
千葉 内裏塚乙石室	双1類	A類（W字、コ字）	—	—	—	中期IVa様式	II
東京 御嶽山	双1類	—	—	—	—	中期IVa様式	
兵庫 カンス塚	双1類	A類（コ字）	—	—	—	中期IVa様式	
愛知 おつくり山	双1類	A類（W字）	—	—	方	—	
兵庫 宮山第2主体部①	双2類	—	—	—	—	中期IVa様式	
兵庫 宮山第2主体部②	双2類	Ba類	—	円頭	—	中期IVb様式	
千葉 浅間山1号(主体部外)	双2類	Ba類	—	円頭	—	中期IVb様式	
千葉 北の内	双2類	—	—	—	—	中期IVb様式	
岡山 天狗山	双2類	A類（W字）	—	円頭	—	中期IVb様式	
岡山 勝負砂	双2類	Ba類	—	円頭	—	中期IV様式	
岡山 長畝山北5号第1主体	双2類	Ba類	—	円頭	—	中期IVb様式	
岡山 一国山1号石棺2	双2類	Ba類	—	円頭?	—	中期IV様式	
福岡 竹並H-26横穴	双2類	Ba類	—	円頭	—	中期IVb様式	
福岡 山の神①	双2類	—	—	—	—	中期IVb様式	
福岡 山の神②	双2類	—	—	—	—		
福岡 塚堂2号石室	双2類	—	—	—	—		
山梨 三珠大塚（前）	双2類	Ba類	—	—	—	—	
京都 幡枝2号	双2類	—	—	—	—	—	
和歌山 椒浜	双2類	Ba類	—	—	—	—	
宮崎 石舟塚古墳	双2類	Ba類	—	—	—	—	
千葉 稲荷台1号北施設	双2類 or短B1類	Ba類	—	円頭	—	—	
長野 宮垣外遺跡SK18土壙	短B1類	—	—	—	—	中期IVb様式	
長野 月の木1号第2埋葬	短B1類	—	—	—	—	中期IVb様式	
兵庫 芝花14号SX1401	短B1類	Ba類	—	—	—	中期IVb様式	
岡山 法蓮40号	短B1類	Ba類	—	—	—	中期IVb様式	
宮崎 島内77号地下式横穴	短B1類	Ba類	—	—	—	中期IVb様式	
千葉 花野井大塚1号	短B1類	Ba類	—	円頭	—	—	
鹿児島 祓川29号地下式横穴	短B1類?	Ba類	—	—	—	—	
石川 永禅寺1号	—	A類（W字）	—	—	—	中期IVa様式	
福岡 山の神③	—	A類（W字）	—	—	—	中期IVb様式	
福岡 塚堂第1主体	—	A類（W字）	—	円頭	—	—	
山梨 甲斐茶塚	—	—	—	—	方	—	
滋賀 伝車塚	—	—	—	—	逆心葉	—	
宮崎 島内地下式横穴10号	双3類	Ba類（帯A）	—	円頭	—	中期IVb様式	II・III
和歌山 大谷①	双2類	Ba類（帯A）	○	—	—	中期IV様式	
和歌山 大谷②	双2類			—	—		
和歌山 大谷③	双2類	Bb類（三葉形）		—	—		
和歌山 大谷④	双2類		—	—			

〔凡例〕　―：無を示す。吊手―吊手金具、矢留―矢留金具、収納―収納部金具、勾玉―勾玉状金具、帯―帯金具、双―双方中円形、短―短冊形、W字―W字形金具、コ字―コ字形金具、帯A―帯形A類、山形―山形突起付帯形金具、三葉形―三葉形立飾付帯形金具、円頭―円頭形、方―方形、逆心葉―逆心葉形、鉄鏃編年―鈴木2003a, 2003b, 2014, 2017に基づく。

第Ⅰ部　広域編年の検討

② 中期Ⅲ様式の鉄鏃が共伴する事例

中期Ⅲ様式（長頸鏃出現期）の鉄鏃が出土した事例として、福井天神山7号第1主体例（双方中円形1類吊手金具、収納部金具A類（コ字形金具））（図8－4）と鹿児島神領10号例（双方中円形1類吊手金具、収納部金具A類（コ字形金具）、方形帯金具）が挙げられる。

神領10号墳例は、先述した私市円山古墳第1主体部、月岡古墳、堤当正寺古墳例と同じ技術系譜を引くものであろう［土屋2023a］。天神山7号第1主体例は金具に銀が用いられており、彫金装飾がない点が特徴である。同様の特徴がみられる吊手金具は、朝鮮半島南部でも確認できない。この時期、朝鮮半島南部で双方中円形1類吊手金具が製作されていたと考えられるのは新羅と百済であり、このどちらかからの移入品である可能性が高いが、現状では系譜を絞り込むことは難しい。中期Ⅲ様式の鉄鏃は鈴木編年中4期（TK216型式期）にあたり、これらは岩本編年のⅨ期［岩本2022］に相当する事例である。

このように日本列島における初期の胡籙金具の副葬時期は、陶邑編年でいうと TK73～TK216型式期頃にあたる。実年代については研究者ごとに違いはあるが、岩本崇編年のⅧ～Ⅸ期（5世紀第1四半期末～第2四半期後半ごろ、420～440年代）［岩本2022］、諌早直人編年でいう5世紀前葉～5世紀中葉ごろ［諌早2022］にあたる。同様の胡籙金具は、新羅では4世紀後葉～5世紀中葉にかけてみられるものであり［土屋2018：62,64］、日本列島における胡籙金具の出現は、新羅と比べると四半世紀ほど遅い。

（2）Ⅱ段階

双方中円形2類、短冊形B1類吊手金具、収納部金具Ba類（帯形金具A類）の出現がⅡ段階の指標となる。

① 中期Ⅳa様式の鉄鏃が共伴する事例 [4]

双方中円形2類吊手金具、収納部金具Ba類が出土する古墳の中で共伴する鉄鏃の編年的位置づけが最も古い事例として、兵庫県宮山古墳第2主体部例が挙げられる（図9－4）。双方中円形2類吊手金具と収納部金具Ba類のセットは新羅、大加耶、阿羅伽耶で一定数が確認できるが、とくに多く出土しているのは大加耶である。日本列島出土例は大加耶例と同じ属性がみられ、大きな違いがみられないことから大加耶からの移入品、あるいは大加耶系工人によって製作されたものである可能性が高い。

同じく中期Ⅳa様式の鉄鏃が出土する事例として、千葉県内裏塚古墳乙石室（図9－1）、東京都御嶽山古墳（図9－2）、兵庫県カンス塚古墳（図9－3）、石川県永禅寺1号墳例（図9－5）が挙げられる。これらはⅠ段階の胡籙金具と同じ特徴を有しており、双方中円形1類吊手金具や収納部金具A類がこの時期まで残存していたことを示す。内裏塚古墳乙石室例は先述した私市円山古墳第1主体部、月岡古墳、堤当正寺古墳、神領10号墳例と同様に新羅からの移入品、もしくは新羅系工人によって製作されたものと考えられる。御嶽山古墳例の双方中円形1類吊手金具は、中円部が金銅製、上下方形部が鉄製、鋲が金銅製である。吊手金具の材質や中円部と上下方形部の連結方法からみて百済製の可能性がある［土屋2018：105-109］。カンス塚古墳例も彫金装飾がみられないことから、百済製である可能

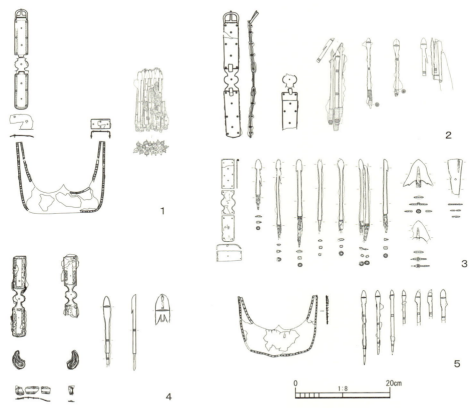

1．千葉内裏塚古墳乙石室　2．東京御嶽山古墳　3．兵庫カンス塚古墳　4．兵庫宮山古墳第2主体部　5．石川永禅寺1号墳
図9　Ⅱ段階の胡籙金具と共伴する鉄鏃（1）（S=1/8）

性がある［土屋 2018：109］。

　中期Ⅳa様式の鉄鏃は鈴木編年中5期（TK208型式期）に相当し、実年代は岩本編年のⅩ期（5世紀第3四半期前半～末ごろ、450～460年代）［岩本 2022］にあたる。大加耶における双方中円形2類吊手金具と収納部金具Ba類の出現は5世紀中葉頃であり［土屋 2018：77］、日本列島における出現とほぼ同時期である。ただ、この時期には双方中円形2類吊手金具と収納部金具Ba類は1例がみられるだけであり、大部分はⅠ段階と同様の双方中円形1類吊手金具と収納部金具A類である（表3）。

　なお新羅では、双方中円形1類吊手金具と収納部金具A類は5世紀中葉頃まで残存するため（慶州皇南大塚南墳例など）［土屋 2018：56］、副葬までの時間差は大きくない。一方、百済では5世紀中葉以降はこれらがほとんどみられず［土屋 2018：66］、百済製は副葬までの時間差があるようである。

② 中期Ⅳb様式の鉄鏃が共伴する事例

　中期Ⅳb様式の鉄鏃が出土する古墳の中で、双方中円形1類吊手金具の出土はみられない（表3）。双方中円形2類吊手金具が出土する古墳として、千葉県浅間山1号墳、千葉県北の内古墳、岡山県天狗山古墳、岡山県勝負砂古墳、岡山県長畝山北5号墳第1主体部、岡山県一国山1号墳石棺2、福岡県山の神古墳、福岡県竹並H26号墳、福岡県塚堂古墳2号石室（前方部）例が挙げられる（図10）。天狗山古墳例（図10－1）では収納部金具A類（W字形金具）が組み合うが、その他は収納部金具Ba

第Ⅰ部　広域編年の検討

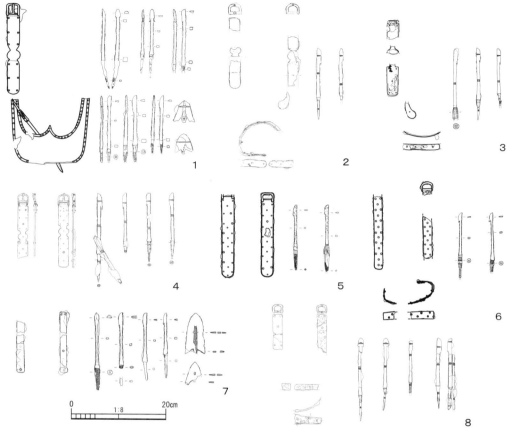

1．岡山県天狗山古墳　2．岡山長畝山北5号第1主体部　3．福岡竹並H-26横穴墓　4．千葉北の内古墳　5．長野県宮垣外遺跡SK18土壙墓
6．兵庫芝花14号墳SX1401　7．長野月の木1号墳第2埋葬施設　8．岡山法蓮40号墳

図10　Ⅱ段階の胡籙金具と共伴する鉄鏃（2）（S=1/8）

類が組み合う。収納部金具A類が減少し、収納部金具Ba類が主体となることがわかる。これらも大加耶から移入されたか、大加耶系工人によって製作されたものであろう。

　また、中期Ⅳb様式の鉄鏃が出土する古墳の中に、短冊形B1類吊手金具を伴うものが出現する（表3）。長野県宮垣外遺跡SK18土壙墓、長野県月の木1号墳第2埋葬施設、兵庫県芝花14号墳SX1401、岡山県法蓮40号墳、宮崎県島内77号墳例が挙げられる（図10-5～8）。また鉄鏃の残存状態が悪く編年的位置づけの判断が難しいが、同時期の事例の可能性があるものとして千葉県花野井大塚1号墳例、鹿児島県祓川29号地下式横穴例がある。これらは収納部金具Ba類と組み合い、A類とは組み合わない。これらの大部分は鉄製で、法蓮40号墳例の収納部金具のみが鉄地金銅張製である。

　朝鮮半島南部における短冊形B1類吊手金具の類例は、百済の烏山水清洞4地点25号木棺例のみである［土屋2018：53-54］。また収納部金具Ba類は、双方中円形2類吊手金具と組み合って、大加耶に多くみられる。短冊形B1類吊手金具と収納部金具Ba類のセットは、技術系譜としては百済・大加耶系と考えられるが、朝鮮半島南部における類例が少ないため、製作地の判断が難しい。日本列

島で多く出土しているため、分布状況としては日本列島での製作も想定しうる。

中期Ⅳb様式の鉄鏃は、鈴木編年中期6期（TK23型式期）～後期1期にかけてみられる。実年代は岩本編年のⅪ期（5世紀第3四半期末～第4四半期前半ごろ、470～480年代）[岩本2022]にあたる。

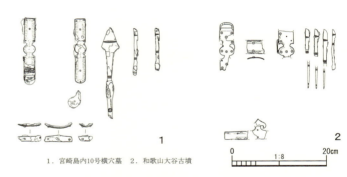

1．宮崎島内10号横穴墓　2．和歌山大谷古墳

図11　Ⅱ～Ⅲ段階への過渡期の胡籙金具と共伴する鉄鏃（S=1/8）

以上のように、Ⅱ段階になると新羅系に加えて、大加耶系、百済系のものも確認できるようになってくる。とくに大加耶系のものが多い。5世紀中葉～後葉頃は大加耶で胡籙金具が急増する時期とも重なることから[土屋2018：78]、大加耶との交流が活発になったという状況が考えられる。

（3）Ⅱ・Ⅲ段階の過渡期

Ⅱ段階とⅢ段階の両方の特徴がみられる事例として、宮崎県島内10号横穴墓例と和歌山県大谷古墳例が挙げられる。島内10号横穴墓例の吊手金具は、外部構造：一連式、文様規格：3類、鋲配置：1類、軸受構造：無という特徴がみられ、文様規格からみて双方中円形3類の特徴を有している（図11-1）。また収納部金具はBa類である。双方中円形3類吊手金具と収納部金具Ba類が組み合うのは本例のみであり、Ⅱ段階とⅢ段階の両方の特徴がみられる事例であるといえる。島内10号横穴墓からは中期Ⅳb様式の鉄鏃が出土しており、鈴木編年中期6～後期1に位置づけられている。

大谷古墳からは少なくとも4個体が出土している（図11-2）。吊手金具は双方中円形を呈するが極端に短く、下端が波状に括れている。また、軸受がみられるなど属性の構成としては古相を呈しており、双方中円形2類に含められる。収納部金具としては収納部金具Ba類とともに、収納部金具Bb類（三葉形立飾付帯形金具）も確認できる。さらに吊手金具の1個体（図11-2）には矢留金具が接合されている。三葉形立飾付帯形金具と矢留金具は、Ⅲ段階以降に増加する胡籙金具である。このように、本例にもⅡ段階とⅢ段階の両方の特徴がみられる。長頸片刃鏃が出土しているが、欠損の為、編年的位置づけを確定できず中期Ⅳ段階としかいえない。だが他の共伴遺物からみて鈴木編年中期6期（TK23型式期）に位置づけられている[鈴木2017]。

これらはⅡ段階とⅢ段階の過渡期の事例として認識できる。鈴木編年中6期（TK23型式期）、岩本編年のⅪ期[岩本2022]にみられる特徴である。

（4）Ⅲ段階

双方中円形3類吊手金具、短冊形B2類吊手金具、収納部金具Bb類（山形突起付帯形金具、三葉形立飾付帯形金具）、矢留金具の出現が指標となる。Ⅲ段階の事例は現状74例以上もあり、最も胡籙金具が盛行する時期である。

群馬県井出二子山古墳例（図12-1）、大阪府峯ヶ塚古墳例（図12-2）などがⅢ段階初期の事例

第Ⅰ部　広域編年の検討

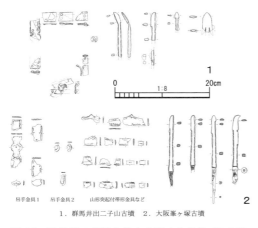

図12　Ⅲ段階の胡籙金具と共伴する鉄鏃（S=1/8）

として挙げられる。井出二子山古墳からは中期Ⅳc様式の鉄鏃やTK23・47型式期の須恵器が出土しており、鈴木編年中7期に位置づけられている(5)。峯ヶ塚古墳からは後期Ⅰ様式の鉄鏃が出土している。墳丘からはMT15型式期の須恵器が出土しており、鈴木編年では後1期（古）とされている。このように、Ⅲ段階の胡籙金具は鈴木編年中7期、TK47型式期から確認できる。Ⅲ段階の開始時期は、岩本編年のⅩⅡ期（5世紀末～6世紀初頭ごろ、490～500年代）［岩本2022］、諫早直人編年でいう5世紀後葉ごろ［諫早2022］にあたる。先述したとおり、TK23型式期にはⅡ段階の特徴をもつ胡籙金具も一定数確認できるが、TK47型式期以降になるとみられなくなり、Ⅲ段階の特徴をもつ胡籙金具に統一される。

　Ⅲ段階の吊手金具は双方中円形3類と短冊形B2類であり、これらには収納部金具Bb類と矢留金具が組み合う。朝鮮半島南部ではこれらの金具は百済と大加耶の相互の技術交流の中で5世紀後葉頃に出現し、それぞれの地域で製作されていたものであると考えられる［土屋2018：88］。日本列島におけるⅢ段階の胡籙金具の出現時期は百済・大加耶における出現時期と近い。百済・大加耶の胡籙金具と日本列島の事例では基本的な属性に違いはないが、Ⅲ段階になると畿内地域で集中して分布し、日本列島の広域で多数確認されるようになることから、百済・大加耶系工人の関与のもと日本列島での本格化な製作が開始された時期と考えられる。

おわりに

　本稿では胡籙金具に注目して編年を検討した。胡籙金具は朝鮮半島南部と日本列島の広域で共通する変化がみられることから、一貫した指標で広域編年を作成することができる。例えば馬具も鐙や轡の製作技術の変化が広域で共通することから、東北アジアを横断する精度の高い広域編年が作成されており、日本列島に分布する馬具も一貫した指標で編年することが可能になっている［白井2003、諫早2012など］。精度の違いはあるが広域編年が可能という意味では、この両者は類似している。

　一方、例えば古墳時代中期併行期の冠は朝鮮半島南部の中でも地域性が強くみられ、広域で共通する変化が見出しにくいことから、地域ごとに異なる指標で編年を検討する必要がある。古墳時代中期の冠には大加耶系とされるものが複数含まれているが［早乙女1990、毛利光1995、朴天秀2007、高田2017など］、故地の大加耶ではまだ冠の出土数が少なく編年的検討が低調であるため、日本列島の各事例を大加耶の冠と比較しながら編年することは現状では難しいと考える。

　また垂飾付耳飾は、出土数の多い新羅での編年成果を軸に大加耶、百済との技術的共通点から併行関係を探るという方法で広域編年が作成され、それをもとに日本列島の各事例について年代的位置づ

けが推定されている［金宇大2017］。

　このように、古墳時代中期における金工品の編年を検討するにあたり、各器物のもつ特性の違いを考慮しておく必要がある。なお、古墳時代後期になると日本列島内で製作された金工品が増加するため、複数器物の編年的検討が可能である。これについては、土屋2023bを参照願いたい。

註

（1）　山形突起付帯形金具の有無や三葉形立飾付帯形金具の属性変化で、Ⅲ段階は前半と後半に細分される。詳細は後期古墳の検討で述べている［土屋2023b］。

（2）　川畑分類によると、三角板革綴板甲は分割比D、頸甲は4式、小札鋲留衝角付冑は上接3式であり、これらは川畑編年6期にあたる［川畑2016］。

（3）　ただし、鈴木一有は月岡古墳、私市円山古墳第1主体部、堤当正寺古墳とも、最新相を示す共伴遺物を指標として中4期（TK216型式期）に含めて捉えている［鈴木2014］。また岩本は、月岡古墳と私市円山古墳の埴輪をⅣ期中相のものとみて、Ⅸ期の古墳と捉えており［岩本2022:10,11,14］、本稿の時期の位置づけと見解が異なっている。

（4）　千葉県内裏塚古墳乙石室、兵庫県カンス塚古墳、兵庫県宮山古墳第2主体部例を鈴木は中期Ⅲ様式に位置づけているが［鈴木2014］、これらの胡籙金具と共伴する鉄鏃には長頸腸抉柳葉形鉄鏃や長頸片刃鏃が含まれており、長頸角関長三角形鏃の出現期よりも新しいことから［水野2003］、鈴木編年中期Ⅳa様式に含められると考える。

（5）　井出二子山古墳には複数の埋葬が推定されていて時期差のある馬具が存在するため、胡籙金具の時期も古墳築造時よりも新しくなる可能性はある。

引用文献

諫早直人　2012『東北アジアにおける騎馬文化の考古学的研究』雄山閣

諫早直人　2022「馬具の暦年代論と古墳時代中期の対外交渉」『中期古墳研究の現状と課題Ⅵ〜新編年で読み解く地域の画期と社会変動〜』中国四国前方後円墳研究会第25回研究集会（島根大会）実行委員会　pp.21–42

岩本　崇　2022「中期古墳年代論―相対編年とその暦年代―」『中期古墳研究の現状と課題Ⅵ〜新編年で読み解く地域の画期と社会変動〜』中国四国前方後円墳研究会第25回研究集会（島根大会）実行委員会　pp.1–19

川畑　純　2016『甲冑編年の再構築に基づくモノの履歴と扱いの研究』平成24〜27年度科学研究費研究成果報告書

金　宇大　2017『金工品から読む古代朝鮮と倭―新しい地域関係史へ―』京都大学学術出版会

早乙女雅博　1990「政治的な装身具」『古墳時代の工芸』（古代史復元7）講談社　pp.129–140

白井克也　2003「馬具と短甲による日韓交差編年―日韓古墳編年の並行関係と暦年代―」『土曜考古』第27号　土曜考古学研究会、pp.85–114

鈴木一有　2003a「中期古墳における副葬鏃の特質」『帝京大学山梨文化財研究所研究報告』第11集（古墳時代中期の諸様相）帝京大学山梨文化財研究所　pp.49–70

鈴木一有　2003b「後期古墳に副葬される特殊鉄鏃の系譜」『静岡県埋蔵文化財調査研究所研究紀要』第10号、静岡県埋蔵文化財調査研究所　pp.217–236

鈴木一有　2014「七観古墳出土遺物からみた鋲留技法導入期の実相」『七観古墳の研究―1947年・1952年出土遺物の再検討―』京都大学大学院文学研究科　pp.353–380

鈴木一有　2017「志段味大塚古墳と5世紀後半の倭王権」『埋蔵文化財調査報告書77志段味古墳群Ⅲ−志段味大塚古墳の副葬品―』（名古屋市文化財調査報告94）名古屋市教育委員会　pp.175–186

鈴木　勉　2003「彫金―古墳時代の金工技術（1）―」『考古資料大観』7　小学館　pp.354–358

高田貫太　2017「冠をめぐる百済・栄山江流域と倭の交渉についての予察―倭における広帯二山式冠の盛行以前を

中心に―」『羅州新村里金銅冠の再照明』国立羅州博物館　pp.84-105

土屋隆史　2011「古墳時代における胡籙金具の変遷とその特質―朝鮮半島南部・日本列島出土資料を中心に―」『古文化談叢』66　九州古文化研究会　pp.29-60

土屋隆史　2018『古墳時代の日朝交流と金工品』雄山閣

土屋隆史　2023a「神領 10 号墳出土胡籙金具の意義」『大隅大崎 神領 10 号墳の研究 3』鹿児島大学総合研究博物館　pp.77-84

土屋隆史　2023b「古墳時代後期における金属製玉・盛矢具・冠・飾履の編年」『後期古墳研究の現状と課題Ⅰ―交差編年の手がかり―発表要旨集・後期古墳資料集成』中国四国前方後円墳研究会第 26 回研究集会　pp.99-114

朴　天秀　2007『加耶と倭　韓半島と日本列島の考古学』講談社選書メチエ

廣瀬　覚　2011「西日本の円筒埴輪」『古墳時代史の枠組み』（古墳時代の考古学 1）同成社　pp.173–186

水野敏典　2003「古墳時代中期における鉄鏃の分類と編年」『橿原考古学研究所論集』第 14　八木書店　pp.255-276

毛利光俊彦　1995「日本古代の冠―古墳出土冠の系譜－」『文化財論叢』Ⅱ　同朋舎出版　pp.65-129

図表出典

図 1・3～7：筆者作成。図 2：彫金技術上の模式図は鈴木勉 2003 を再トレース。表 1・2：筆者作成。図 8-1：児玉真一編 2005『若宮古墳群Ⅲ ―月岡古墳―』吉井町教育委員会。2：松尾宏編 2000『堤当正寺古墳　福岡県甘木市堤当正寺古墳発掘調査報告書』甘木市教育委員会。3：胡籙金具は土屋 2018。鉄鏃は、鍋田勇・大崎康文ほか 1989「近畿自動車敦賀線関係遺跡―私市円山古墳―」『京都府遺跡調査概報』36（財）京都府埋蔵文化財調査研究センター、pp.3-79。4：胡籙金具・左から 2・3・4・8 番目の鉄鏃は筆者実測（福井市立郷土歴史博物館）。その他の鉄鏃は田中新史 1999「古墳時代中期前半の鉄鏃（2）―東国の事例分析―」『土筆』5、土筆舎、pp.171-328。図 9-1：胡籙金具は土屋 2018。鉄鏃は白井久美子・山口典子編 2002「千葉県史編さん資料　千葉県古墳時代関係資料」第 1 分冊、千葉県。2：胡籙金具は土屋 2018。鉄鏃は松崎元樹 1997「世田谷区御嶽山古墳出土遺物の調査」『学習院大学史料館紀要』9、学習院大学史料館、pp.1-44。3：胡籙金具は野上丈助 1977「武器・武具十六の謎」『歴史読本』22-12 9 月臨時増刊号、pp.222-233。鉄鏃は川畑純・初村武寛 2012「加古川市域の中期古墳出土鉄製品の再検討」『加古川市　西条古墳群　尼塚古墳』大手前大学史学研究所、pp.57-70。4：筆者実測（姫路市埋蔵文化財センター）。5：吉岡康暢 1976「永禅寺古墳群」『珠洲市史　第 1 巻　資料編　自然・考古・古代』石川県珠洲市役所、pp.643-655。図 10-1：胡籙金具は村井嵓雄 1972「岡山県天狗山古墳出土の遺物」『MUSEUM』No.250 東京国立博物館、pp.4-17 を再トレース。鉄鏃は松木武彦・和田剛・寺村裕史編 2014『天狗山古墳』岡山大学考古学研究室。2：行田裕美・木村祐子 1992『長畝山北古墳群』津山市教育委員会。3：胡籙金具は筆者実測（行橋市歴史資料館所蔵）。鉄鏃は宮崎真理子 1979「Ⅱ 遺物とその考察」『竹並遺跡』東出版寧楽社。4：鬼澤昭夫 2005『北の内古墳』香取郡市文化財センター。5：胡籙金具は土屋 2018。鉄鏃は澁谷恵美子・小林正春編 2000『宮垣外遺跡・高屋遺跡』（一般国道 153 号飯田バイパス（3 工区）建設に先立つ埋蔵文化財包蔵地緊急発掘調査報告書）飯田市教育委員会。6：胡籙金具は岸本一宏編 2008『芝花弥生墓群・古墳群』兵庫県教育委員会を再トレース。鉄鏃は引用。7：下平博行編 2002『月の木遺跡　月の木古墳群』飯田市教育委員会。8：胡籙金具は早乙女雅博 1988「古代東アジアの盛矢具」『東京国立博物館紀要』第 23 号 東京国立博物館、pp.111-242。鉄鏃は村上幸雄編 1987『法蓮 40 号墳』総社市教育委員会。図 11-1：胡籙金具は北郷泰道 1980「地下式横穴出土の胡籙金具」『宮崎考古』第 6 号　宮崎考古学会、pp.1-8。鉄鏃は北郷泰道・岩永哲夫 1980「平松地下式古墳発掘調査（昭 54－2 号～4 号）」『宮崎県文化財調査報告書』第 22 集、宮崎県教育委員会、pp.131-155。2：胡籙金具は土屋 2018。鉄鏃は樋口隆康・近藤喬一・吉本堯俊 1967『和歌山県文化財学術調査報告』第 2 冊 和歌山県教育委員会。図 12-1：若狭徹編 2009『史跡保渡田古墳群　井出二子山古墳　史跡整備事業報告書第 2 分冊　遺物・分析・考察編』高崎市教育委員会。2：下山恵子・吉澤則男編 2002『史跡古市古墳群　峯ヶ塚古墳後円部発掘調査報告書』羽曳野市教育委員会。

〈研究報告〉

農工漁具

魚津　知克

はじめに

　中期古墳への鉄製農具・工具・漁具の副葬は、倭王権の中央勢力及び各地首長が権益の基盤とした、鉄器製作技術の動向を反映する。鉄器製作技術は当時の産業集積の一翼を担っており、一定の組み合わせをもってなされているからである。

　それゆえに、中期古墳副葬資料を概観するとき、本来は別々の生産・生業の領域に属する農具・工具・漁具を農工漁具として一括するのは許容範囲内でかつ簡潔であろう。ただし、もし古墳時代社会全体を視野に入れて論じるならば、やはり、農具・工具・漁具と分けて示すべきだと考えている。

　さて、本稿は、中国四国前方後円墳研究会鳥取大会における発表原稿［魚津 2020］（以下、大会原稿と呼ぶ）が基礎となっている。その開催趣旨には、「…中期の中四研編年、さらには新たな中期の時代像の提示へ向けて、歩を進めることにしたい。」とある。発表原稿でも触れたが、《新たな中期の時代像の提示》のために、《中期古墳副葬品編年の整備》をおこなうという趣旨である。本稿でも、その目標に向かって、筆者なりに貢献するべく、発表原稿を見直す形で、中期頃に副葬された鉄製農工漁具を資料として検討する。

　ただし、この検討は、前掲の資料を細別したうえで、小様式を設定していくものである。筆者の関心は、中期における産業集積の背景を、構成技術の系統を分析しながら考察していくことにある。本稿では、様式と編年との関係についての詳細には立ち入らないが、両者の方法論は同一ではない。

　さらに、中期前後に副葬された鉄製農工漁具資料には、薄板素材の問題［魚津 2019］が存在する。素材ごとに切り分けたうえで、両者を整合的に記述するのは、石製祭器の動向も視野に入れた作業が必要であり、容易ではない。今回、筆者の非力ゆえ、その観点から旧稿を発展させることはできなかった。本稿では薄板素材品の一部も編年の基準としており、この点については、別稿を期したい。

1. 中期に関連する鉄製農工漁具様式

　大会原稿では、筆者が以前に示した副葬農工具様式案［魚津 2000］のうち4期から9期を取り上げた。このうち、4期及び5期については、鉄製農工具副葬の様相から、前期から中期への移行期と捉える［魚津 2019］。以下、概要を示す。紙幅の都合上、各種鉄製農工漁具の分類は省略する。鉄製農工具は大会原稿（鉄鎌は「群」を「組」に変更）、鉄製漁具については拙稿［魚津 2018］をご参照いただきたい。

　4　期（移行期1：図1）　滋賀県草津市北谷 11 号墳［中司・川西 1980］、大分県宇佐市免ヶ平古墳［真野・小田 1986］、薄板素材を主とする奈良県橿原市新沢 500 号墳［伊達（編）1981］における型式組成を基準とする。

第Ⅰ部　広域編年の検討

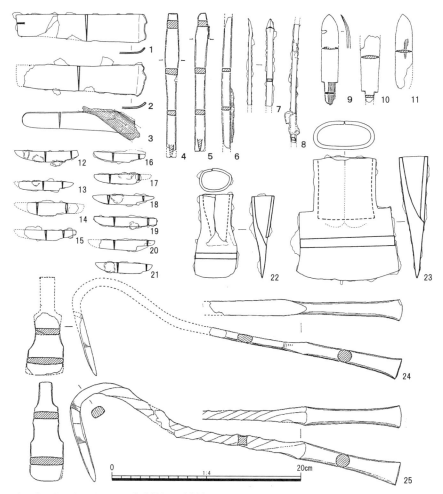

1・2・7・8・12〜23：大分県免ヶ平古墳、3・4〜6・9〜11、24・25：滋賀県北谷11号墳
図1　4期の副葬例における型式組成（1/4）

　農具は、方形鍬鋤先Ⅱ群1型a類、無茎直刃鎌Ⅰ組A型1類（図1-1・2）・Ⅱ組A型1類・2類（図1-3）が中心である。

　工具は、短冊形斧の副葬例が少数となる。ただし、福島県郡山市大安場古墳［財団法人郡山市埋蔵文化財発掘調査事業団（編）1998］のように、東北地方や関東地方では、小型の短冊形斧2型の副葬例が次の5期まで存続する。有袋斧は3期にも存在するⅡ群2型2系E2式（図1-22）やⅠ群2型4系H式に加え、大型・厚手のⅠ群3系2型E1式、さらにはⅣA群2型4系E2式（図1-23）が認められる。また、鉄柄付斧の副葬（図1-24・25）が開始される。鑿は有茎鑿Ⅰ群（図1-4〜6）・Ⅱ群、鉇はⅠ群1型、刀子は茎刀子Ⅰ群2型A類（図1-12〜21）が主要型式である。また、類例は乏しいものの、切り出し小刀の副葬例（図1-9〜11）がこの時期に認められる。

　5　期（移行期2：図2）　岡山県岡山市金蔵山古墳［西谷・鎌木1959］、奈良県宇陀市北原古墳［楠本・朴（編）1986］、静岡県静岡市三池平古墳［内藤・大塚（編）1961、佐藤1992］の型式組成を基準とする。

130

農工漁具（魚津）

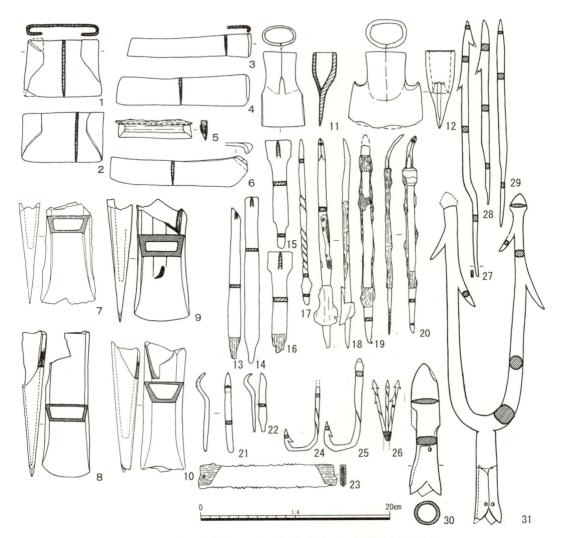

図2　5期の副葬例における型式組成（1/4）　岡山県金蔵山古墳

このうち、金蔵山古墳副葬例は、しばしば薄板系素材が用いられているものの、極めて良好なセット関係であるので、基準に含めたい。

農具は、方形鍬鋤先Ⅱ群1型・2型A態（図2-1・2）、無茎直刃鎌Ⅰ組A型（図2-3・4）・B型・b型（図2-6）の副葬例が目立つ。また、手鎌の副葬例が一挙に増加する。Ⅰ群（図2-5）とⅡ群との双方があり、分布域の違いが明白である［魚津2009］。鋳造斧形品の副葬（図2-7～10）が開始される点も注目される。

工具は、有袋斧ⅣB群4系（図2-12）、有茎鑿Ⅱ群1型（図2-14）・2型（図2-15・16）やⅢ群（図2-13）、鉤形鉇（図2-21・22）、さらには鉄柄付刀子Ⅰ群1型・2型が組成に加わる。無茎鋸Ⅰ群・Ⅱ群（図2-23）の副葬例も増える。多種多様な工具副葬例が目立ってくるのが特徴である。有茎鑿や錐の中には身部にねじりを施すN態（図2-17）が現れる。「捩りと渦巻き」［鈴木2002］の時期到

131

第Ⅰ部　広域編年の検討

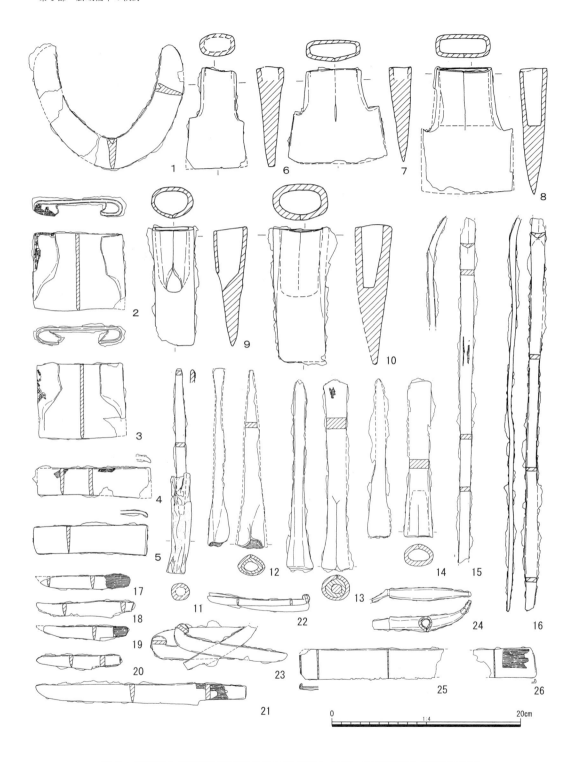

図3　6期第1地域の副葬例における型式組成（1/4）　福岡県老司古墳第3石室

132

農工漁具（魚津）

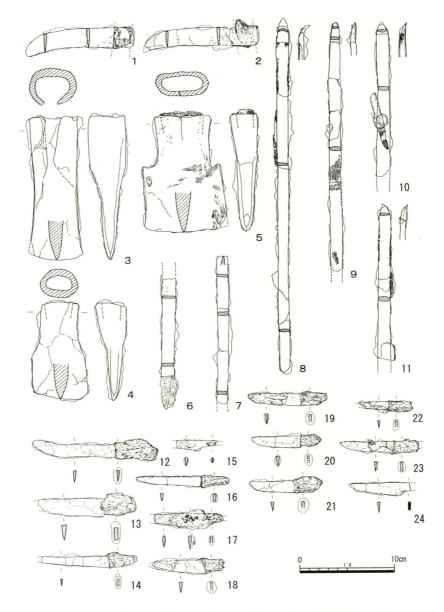

図4　6期第2地域の副葬例における型式組成（1/4）　広島県亀山1号墳

来として捉えらえる。ただし、鉄柄付手斧で4期の先行例（図1-24・25）が存在する。4期から5期を前中移行期として理解するべき根拠の1つとして示したい。

　漁具は、刺突具有茎Ⅰ群において、1c型の類例（図2-26）が増加する。有茎Ⅱ群（図2-27～29）では、平面的な浅間神社式結合や庵寺山式結合が出現する。平面的結合の出現は、朝鮮半島南部からの影響によるところが大きいと考えられる［魚津2018］。有袋Ⅰ群2型（図2-30）、有袋Ⅱ群1型（図2-31）も少数ながら出現しており、製作技法の画期を示す。工具と同様にN態が現れる。

第Ⅰ部　広域編年の検討

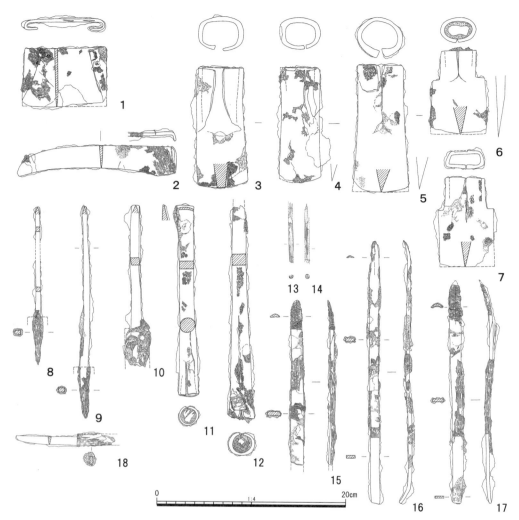

図5　7期第1地域の副葬例における型式組成（1/4）　福岡県奴山正園古墳

6 期（中期1：図3・図4）　この時期から、九州北部から山陽周防灘沿岸にかけての地域と、その他の地域とで、U字形鍬鋤先の受容に地域差が生じている。前者を第1地域、後者を第2地域として記述を進める。

　福岡県福岡市老司古墳3号石室［山口・吉留・渡辺（編）1989］、山口県田布施町木ノ井山古墳北槨［岩崎 1994］の型式組成のように、第1地域では農具にU字形鍬・鋤先Ⅰ群1型（図3-1）が出現する。ただし、現状では少数に留まる。

　広島県福山市亀山1号墳［桑原（編）1983］、大阪府河南町寛弘寺1号墳［山田（編）2001］、京都府宇治市宇治二子山北墳東槨［杉本（編）1991］を、第2地域の基準とする。方形鍬鋤先Ⅱ群1型b類・2型b類が主でU字形鍬・鋤先を欠き、無茎曲刃鎌Ⅰ群A型1・3類、B型1類（図4-1・2）、Ⅱ群a型1類が出現する。

農工漁具（魚津）

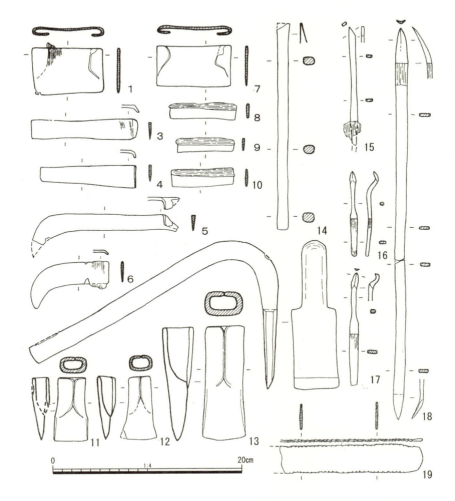

図6　7期第2地域の副葬例における型式組成（1/4）　静岡県堂山古墳

　一方、工具の型式組成は、第1地域・第2地域でほぼ共通する。有袋斧では、大型のⅠ群（無肩）4系2型E1式（図3-10）や刃幅の広いⅣA群（有肩）・ⅣB群（いかり肩）4系（図3-7・8、図4-5）、茎幅1.0cmをこえる鉇Ⅰ群2型（図3-15・16、図4-8〜11）が指標となる。また、少数ながら、有袋鑿Ⅰ群4系1型（図3-14）が副葬される。

　7 期（中期2：図5・図6）　　第1地域においては、福岡県朝倉市古寺6号土壙墓［橋口1982］でU字形鍬鋤先Ⅰ群2型b類が副葬される[1]。一方、福岡県福津市奴山正園古墳副葬例［佐々木（編）2013］（図5）はU字形鍬・鋤先を欠く。第1地域においてもU字形鍬鋤先の副葬がなお点的に留まることを示す。ただし、大分県国東市伊美崎2号墓［小林・清水・坂本（編）1989］など、該期に属する可能性があるU字形鍬・鋤先の副葬例が存在し、徐々に定着していったものと考えらえる。

　第2地域では、大阪府藤井寺市アリ山古墳［北野1964］、静岡県磐田市堂山古墳前方部埴輪棺［原（編）1995］（図6）のように、有茎曲刃鎌の副葬例がⅠ組A型1類・2類（図6-6）、Ⅱ組a型1類・2類（図

135

第Ⅰ部　広域編年の検討

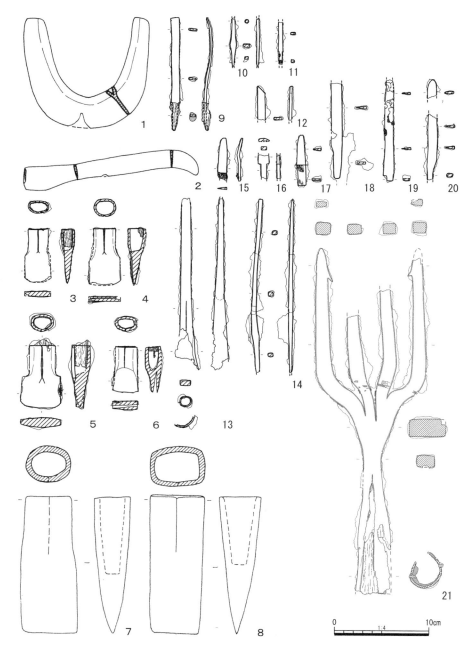

1・2・7・8：兵庫県姫路宮山古墳第3石室、3～6・9～21：奈良県五條猫塚古墳

図7　8期の副葬例における型式組成（1/4）

6-5）を中心に増加する。その他の農工具については、6期と大きな変化はない。

8　期（中期3：図7）　大阪府藤井寺市野中古墳［北野（編）1976］、兵庫県姫路市姫路宮山古墳第3主体［松本・加藤1973］、奈良県五條市五條猫塚古墳［吉澤・川畑・初村（編）2014］の型式組成を基準

136

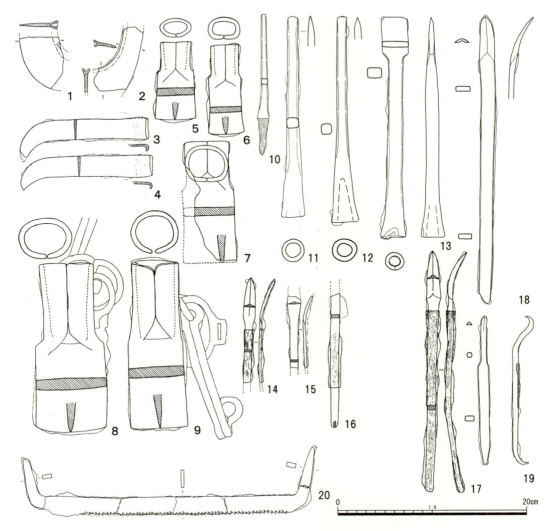

1～9・14～17：岡山県長福寺裏山1号墳、10～13・18～20：福岡県奴山1号墳

図8　9期の副葬例における型式組成（1/4）

とする。

　農具は、第2地域でもU字形鍬・鋤先の副葬が開始される。その型式は、I群1型（図7-1）が主体であり、II群1型も少数存在する。ただし、五條猫塚古墳副葬例など、工具・漁具は多様かつ先進的だが農具は方形鍬・鋤先などの薄板系雛形が採用される類例も認められる。なお、姫路宮山古墳第3主体などでは無茎曲刃鎌I組C型（図7-2）が現れる。

　工具は、7期までの中・大型有袋斧IV群（有肩・いかり肩）がほぼ姿を消し、III群（弱肩）へと形態が変化する。また、これまで少数に限られていた有袋鑿の副葬例が増加する。その型式はI群2系1型（図7-13）が多い。

　副葬漁具の中には、五條猫塚例にみられるように、鍛接技術が駆使された有袋II群2型の大型品も

第Ⅰ部　広域編年の検討

存在する（図7-21）。しかし、和歌山県田辺市磯間岩陰遺跡第1号石室副葬例［清家（編）2021］が示すように、この時期から中小規模の古墳等における釣針中心の副葬形態へと移行してゆく。

須恵器編年 TK216 型式期～ TK208 型式期にほぼ併行する。

　9　期（中期4：図8）　　岡山県笠岡市長福寺裏山1号（東塚）古墳［鎌木ほか1965］、岡山県総社市随庵古墳［鎌木（編）1965］、石川県能美市和田山5号墳A槨・B槨［吉岡・河村（編）1997］の型式組成が基準である。さらに、ほぼ全てが雛形だが、和歌山県和歌山市大谷古墳［樋口・西谷・小野山1985］副葬例も該期の型式組成を示す良好な資料である。

　農具は、U字形鍬・鋤先Ⅰ群1型（図8-1・2）・3型と無茎曲刃鎌Ⅰ組B型1類（図8-3・4）およびC型とのセットが、各地の小規模墳（初期群集墳）において目立つ。集落近辺の祭祀遺構に供献される鉄器にも同じ組み合わせが認められる［魚津2021］から、社会全体を巻き込んだ大きな変化の一環であると考えられる。

　工具は、有袋斧がⅡ群2系2型もしくは3型（図8-5～7）・3系2型（図8-9）、Ⅲ群2系2型（図8-8）もしくは3系2型で、有袋鑿4系1型（図8-11・12）・3型（図8-13）がセットが副葬される類例が同様に目立つ。また、奴山1号墳では両側にL字状の腕部を有する特殊な形態の無茎鋸（図8-20）が認められ、有茎鋸導入期の例として評価できる。

須恵器編年 TK23 型式期～ TK47 型式期にほぼ併行する。

おわりに

　以上、副葬された鉄製農工漁具の様相を整理し、古墳時代全体の中では4期から9期にあたる、移行期1・2、中期1～4の合計6つの小様式の設定を試みた。このうち、少なくとも6期や9期は、各種工具の細別などでさらに区分可能だと考えている。本稿は大枠の把握を優先しており、この点については各時期副葬例の再整理をおこなう中で、改めて提示していきたい。

　冒頭に示したように、《新たな中期の時代像の提示》というのが、大会原稿そして本書の目的だと筆者は認識している。その観点から、以下の3点を提示し、本稿の結論とする。

　① 鉄製農工漁具からは、前期から中期の間に移行期を設定したほうが、様式的に理解しやすい。移行期が存在する理由として、端的には首長層にとっても朝鮮半島との交流が多元的かつ重層的だったことが指摘できる。中期古墳文化の成立過程について、緻密な議論が必要だと考える。

　② 7期（中期2）まではU字形鍬・鋤先と曲刃鎌とのセット性は希薄で、前者の副葬品としての定着には明白な地域差が存在する。中期後半にもU字形鍬・鋤先を欠く副葬例が存在しており、副葬意識の差を背景として指摘できる。

　③ 8期（中期3）から9期（中期4）における農具や漁具の副葬様相の変化、そしてつづく10期の「工具の画期」［魚津2023］は、社会変動の一環として捉えられる。この社会変動に各地・各層がどのように対処していったかという分析こそが、後期古墳文化の成立過程も射程に入れた《新たな中期の時代像の提示》に直結する。とすると地域像（地域的動態）の提示も重要である。

　以上の3点を基軸としつつ、今後も関連資料を幅広く精査していきたい。

農工漁具（魚津）

註

（1）　古寺6号土壙墓は、大会原稿では6期とした。その後、福岡県福津市新原・奴山古墳群の鉄製農工漁具副葬様
　　　相との比較検討をおこなった［魚津2023］結果、7期と認識するに至ったので修正したい。

引用文献

岩崎仁志　1994『木ノ井山古墳』　山口県埋蔵文化財調査報告第166集　山口県教育委員会

魚津知克　2000「鉄製農工具副葬についての試論」『表象としての鉄器副葬』第7回鉄器文化研究集会　鉄器文化研
　　　究会　pp.105-120

魚津知克　2003「曲刃鎌とU字形鍬鋤先」『帝京大学山梨文化財研究所研究報告』11 帝京大学山梨文化財研究所
　　　pp.29-48

魚津知克　2009「弥生・古墳時代の手鎌」『木・ひと・文化』出土木器研究会論集　出土木器研究会　pp.163-180

魚津知克　2017「鉄製農具」『モノと技術の古代史』金属編　吉川弘文館　pp.101-141

魚津知克　2018「漁具資料からみる古墳時代の生業様相、対外交渉、統治原理」『日韓交渉の考古学―古墳時代』「日
　　　韓交渉の考古学―古墳時代」研究会　pp.694-707

魚津知克　2019「鉄製農工具副葬における前期と中期のはざま」『鳥居前古墳』大山崎町埋蔵文化財調査報告書第54
　　　集　大山崎町教育委員会　pp.228-242

魚津知克　2020「鉄製農工具の分類と様式設定」『中期古墳研究の現状と課題Ⅳ』中国四国前方後円墳研究会第23
　　　回研究集会資料集　中国四国前方後円墳研究会　pp.51-68

魚津知克　2021「古墳時代祭祀遺構における鉄製農具供献の背景」『技と慧眼』塚本敏夫さん還暦記念論集　塚本敏
　　　夫さん還暦記念論集事務局　pp.67-78

魚津知克　2023「五世紀末における鉄製工具の画期と新原・奴山古墳群」『沖ノ島研究』第9号　「神宿る島」宗像・
　　　沖ノ島と関連遺産群保存活用協議会　pp.29-46

加藤史郎　2010「宮山古墳」『姫路市史』第七巻下 資料編考古　姫路市　pp.428-443

鎌木義昌（編）　1965『随庵古墳』　総社市教育委員会

鎌木義昌（ほか）　1965『長福寺裏山古墳群』　長福寺裏山古墳群・関戸廃寺跡調査推進委員会

北野耕平　1964「野中アリ山古墳」『河内における古墳の調査』大阪大学文学部国史研究室研究報告第一冊　大阪大
　　　学文学部国史研究室

北野耕平（編）　1976『河内野中古墳の研究』大阪大学文学部国史研究室研究報告第二冊　大阪大学文学部国史研究
　　　室

楠本哲夫・朴　美子（編）　1986『宇陀　北原古墳』大宇陀町文化財調査報告第1集　大宇陀町

桑原隆博（編）　1983『亀山遺跡第2次発掘調査概報』　広島県教育委員会

小林昭彦・清水宗昭・坂本嘉弘（編）　1989『伊美崎遺跡』　国見町教育委員会

財団法人郡山市埋蔵文化財発掘調査事業団（編）　1998『大安場古墳―第2次発掘調査報告―』　郡山市教育委員会

佐々木隆彦（編）　2013『奴山正園古墳』福津市文化財調査報告書第6集　福津市教育委員会

佐藤達雄　1992「鉄製農・工具」『静岡県史』資料編3考古三　静岡県

杉本　宏（編）　1991『宇治二子山古墳発掘調査報告』宇治市文化財調査報告書第2冊　宇治市教育委員会

鈴木一有　2002「捩りと渦巻き」『考古学論文集　東海の路』『東海の路』刊行会　pp.261-282

鈴木一有　2005「蕨手刀子の盛衰」『待兼山考古学論集』　大阪大学考古学研究室　pp.519-538

清家　章（編）　2021『磯間岩陰遺跡の研究』考古報告　田辺市教育委員会・科学研究費磯間岩陰遺跡研究班

伊達宗泰（編）　1981『新沢千塚古墳群』奈良県史跡名勝天然記念物調査報告第39冊　奈良県教育委員会

内藤　晃・大塚初重（編）　1961『三池平古墳』　庵原村教育委員会

長津宗重　1993「六野原古墳群・地下式横穴群」『宮崎県史』資料編考古2　宮崎県

中司照世・川西宏幸　1980「滋賀県北谷11号墳の研究」『考古学雑誌』第66巻第2号　日本考古学会　pp.1-31

第Ⅰ部　広域編年の検討

西谷眞治・鎌木義昌　1959『金蔵山古墳』倉敷考古館研究報告第1冊　倉敷考古館

橋口達也（編）　1982『古寺墳墓群』甘木市文化財調査報告第14集　甘木市教育委員会

橋口達也（編）　1983『古寺墳墓群Ⅱ』甘木市文化財調査報告第15集　甘木市教育委員会

橋口達也（編）　1989『新原・奴山古墳群』津屋崎町文化財調査報告者第6集　津屋崎町教育委員会

原秀三郎（編）　1995『遠江堂山古墳』　磐田市教育委員会

樋口隆康・西谷置治・小野山節　1985『増補大谷古墳』　同朋舎出版

松本正信・加藤史郎　1973『宮山古墳第2次発掘調査概報』姫路市文化財調査報告Ⅳ　姫路市教育委員会

真野和夫・小田富士雄　1986『兔ヶ平古墳』大分県立宇佐風土記の丘歴史民俗資料館研究紀要第3巻　大分県立宇佐風土記の丘歴史民俗資料館

山口譲治・吉留秀敏・渡辺芳郎（編）　1989『老司古墳』福岡市埋蔵文化財調査報告書第209集　福岡市教育委員会

山田隆一（編）　2001『寛弘寺1号墳』大阪府埋蔵文化財調査報告2000－2　大阪府教育委員会

吉澤　悟・川畑　純・初村武寛（編）　2014『五條猫塚古墳の研究　報告編』　奈良国立博物館

吉岡康暢・河村好光（編）1997『加賀能美古墳群』　石川県寺井町・寺井町教育委員会

図表出典

図1：1・2・7・8・12～23；真野・小田1986、3・4～6・9～11・24・25；中司・川西1980。図2：1～4・6～10・12～19・21～31；西谷・鎌木1959、5・11・20；筆者実測（倉敷考古館所蔵）。図3：山口・吉留・渡辺編1989。図4：桑原編1983。図5：佐々木編2013。図6：原編1995。図7：1・2・7・8；加藤2010を筆者実見の上改変（姫路市教育委員会所蔵）、3～14・20・21；吉澤・川畑・初村編2014。図8：1～10・14～16；鎌木ほか1965、11～13・20；橋口1989を筆者実見の上改変（福津市教育委員会所蔵）、18・19；筆者実測（福津市教育委員会所蔵）。

〈研究報告〉

埴　輪

野﨑　貴博

１．中国地方における埴輪編年研究の現状

　川西宏幸氏の「円筒埴輪総論」［川西1978］によって、中国地方においても円筒埴輪編年の大枠が示された。小論ではそれ以降に示された埴輪編年研究について概観する。

（１）中国地方

　[島崎　東1992]　　中国地方全体を見渡して編年を提示したもの。本論では、中四国の円筒埴輪が対象で、川西編年に準拠して５期に大別し、山陰・山陽・四国の地域ごとに各期の特徴を列記する。

（２）地域・県単位

　[春成秀爾1983]　　岡山県造山・作山古墳と周辺の古墳採集埴輪について、諸要素の比較から先後関係を提示した。

　[藤永照隆1997]　　出雲の円筒埴輪を対象とする。諸要素の組み合わせに基づき、６類に分類、各類の消長を共伴土器により確認し、５期に編年する。

　[野﨑貴博2003]　　岡山県南部の円筒埴輪を対象とする。６段階の変遷と各段階の概要を提示した。

　[椿　真治2008]　　［藤永1997］による編年を追証、埴輪の諸要素と墳形との対応を一覧表として整理した。

　[田中　大2015]　　出雲における中期の円筒埴輪について、外面調整、焼成等をメルクマールに畿内の編年と対比し、編年的位置づけを整理した。

　これらのほか、多くの古墳の発掘調査報告書で年代の位置づけがなされている。

　中国地方では、資料の属性を一覧表で示した編年は［春成1983］、［藤永1997］、［椿2008］、［田中2015］が挙げられるが、時期や地域が限られる。管見では、さらに広い地域を対象とし、とりあげた資料の内容を一覧表等で示したものはみられない。編年的位置づけを行う際の齟齬を少なくするためには、前提となる資料の内容を適切に提示することが必要となろう。

２．中国地方における資料の状況と広域編年を考えるための方向性

　中国四国前方後円墳研究会が2010～2012年の３か年にわたって行った中国・四国地方の埴輪資料集成により、前期から後期までを通して当地域全体の状況を把握することが可能となった［中国四国前方後円墳研究会2010・2011・2012］。その成果に基づき、県別の埴輪出土遺跡数の推移と古墳時代中期の埴輪分布図を作成した（図１）。

第Ⅰ部 広域編年の検討

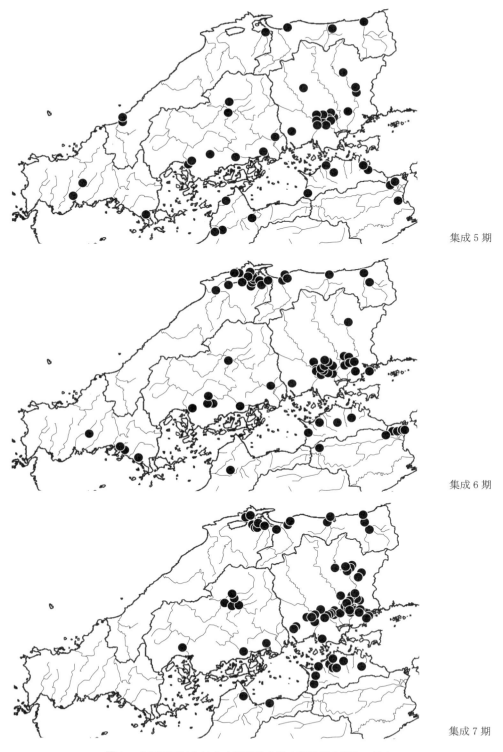

集成5期

集成6期

集成7期

図1 中国四国における古墳時代中期の埴輪出土遺跡の分布

中期の埴輪出土遺跡数は岡山県が122遺跡で最多、鳥取県が42遺跡で続くが、その数は約1/3である。前・中・後期の3期に区分した場合、中期の埴輪出土遺跡の割合が最多となるのは岡山県、広島県、香川県であるが、広島県、香川県とも遺跡数は20〜30でやはり少ない（表1）。中国・四国地方では、中期の埴輪資料が偏在していることがあらためて認識される成果である。

表1 中国四国における埴輪出土遺跡数の推移（県別）

	数				割合（%）		
	前期	中期	後期	総数	前期	中期	後期
鳥取県	10	42	125	177	5.6	23.7	70.6
島根県	13	24	115	152	8.6	15.8	75.7
岡山県	44	122	67	233	18.9	52.4	28.8
広島県	5	23	17	45	11.1	51.1	37.8
山口県	6	6	6	18	33.3	33.3	33.3
香川県	26	30	16	72	36.1	41.7	22.2
徳島県	15	10	9	34	44.1	29.4	26.5
愛媛県	5	9	62	76	6.6	11.8	81.6

広域編年を組み立てるためには、各地域単位での組列が組まれ、他地域との併行関係が求められる方向が望ましい。しかし、中国地方では、岡山県域に資料が偏在していることを踏まえ、小論では、まずは資料数が多く、中期を通して継続的に変化を追うことができる岡山県南部の資料を基軸とした編年を整備し、畿内および中国地方各地の資料との併行関係をさぐる礎としたい。

3．岡山県における円筒埴輪の分類と変遷

（1）対象とする資料

中国四国前方後円墳研究会よる2011年の集成によると、岡山県域において中期の埴輪が確認されている遺跡数は122遺跡である。今回は、この122遺跡と前後する時期のもの一部を加えて検討することとしたが、点数が僅少なもの、資料が十分に残存していないもの、実測図のないものなど、検討にあたって情報が不十分なものは除外した。また、実測図等が未公開のものにおいても、実見できたものについては一覧表に反映した。

（2）円筒埴輪の属性と分類（図2・3、表2・3）

対象とする地域の円筒埴輪には、鰭付き円筒埴輪、朝顔形埴輪、普通円筒埴輪の3形式が確認される。これらの形式ごとに型式を認定し、その組み合わせを様式的にとらえることは、対象とする地域では資料的な制約により不可能である。さらに、残存部位によってはどの形式に該当するかも判断できない資料もある。

そこで一つの古墳に共存する円筒埴輪群に認められる属性を古墳ごとにまとめ、属性が共通する埴輪群を有する古墳をまとめることで分類を行う。したがって、一覧表に示される属性は、必ずしも単一の円筒埴輪に認められる属性を示すものではなく、一つの古墳に使用された円筒埴輪群に認められる属性で、そのうち、確認されたものが示されたものであることを断っておく。

属性は形態的属性（スカシの形状、法量：基底部高、突帯間隔、口縁部高）、技術的属性（外面調整、基底部外面の調整、内面調整、押圧技法、焼成）について有無を示した。

第Ⅰ部　広域編年の検討

① 形態的属性

【スカシ】　半円形・三角形・方形など多様な形状のもの／円形のもの、がある。

【法　量】　基底部高、突帯間隔、口縁部高を計測した。基底部高は下端から第一段突帯の上辺まで、突帯間隔は下位の突帯上辺から上位の突帯上辺まで、口縁部高は口縁部下突帯上辺から口縁端部までの高さである。計測誤差や埴輪の傾きによって生じる斜距離への換算を捨象するため、端数を四捨五入し、5mm単位で示した。

底径／胴部径／口縁部径、埴輪の段数については、大小や段数の多寡の作り分けがなされていることが明らかにされていること、十分な資料が得られないことから、検討から除いた。

② 技術的属性

【外面調整】　二次調整手法として、タテハケ調整、ヨコハケ調整、ナデ調整があり、二次調整を省略するものがある。ヨコハケ調整は、一瀬和夫氏の細分案［一瀬1992］に基づくが、資料の遺存状態によっては細分を判定しがたいものもある。そこで、一段を二周以上／一周で充填しているか、断続的か／継続的・連続的か、という属性を設定し、さらに細分がわかるものについては種を記載した。

【基底部外面の調整】　基底部外面への二次調整にはヨコハケ、ナデ、ケズリがあり、二次調整を欠くタテハケ・ナナメハケのものを併記した。

【押圧技法】　最下段突帯の貼付に押圧技法が用いられるもの。突帯の上下辺にヨコナデ調整を施さず、上下端が波打っ

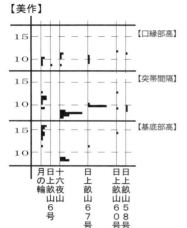

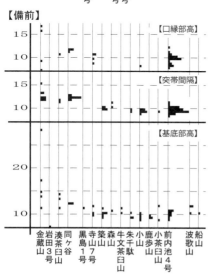

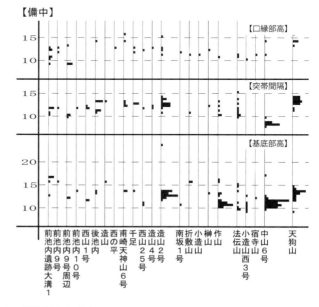

図2　部位別高さ分布

た形状をなす。突帯端面を板状工具でなでるものはカッコを付した。

【内面調整】　指または工具によるハケ・ナデによって調整される。

【成　形】　粘土紐を積み上げる手法が一般的だが、タタキによって成形するものがあり、表ではタタキによるもののみを示した。

【焼　成】　黒斑の有無に基づき、有黒斑／無黒斑に大別する。

③ 分　類

【1　類】　本類のみ鰭付き円筒埴輪を有する。スカシの形状は多様である。外面調整は二次調整タテハケ、C種ヨコハケで一段に二周以上施す。基底部外面にヨコハケを施す。有黒斑である。金蔵山古墳（南石室を除く）が該当する。

【2　類】　普通円筒・朝顔形埴輪で構成される。スカシは円形である。外面調整は二次調整タテハケ、C種ヨコハケで一段に二周

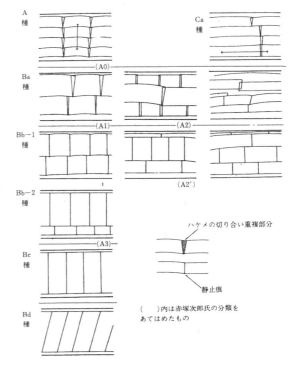

図3　ヨコハケの細分（[一瀬1992] を引用）

以上施す。基底部外面にヨコハケを施す。有黒斑である。岩田3号墳が該当する。

【3　類】　普通円筒・朝顔形埴輪で構成される。スカシは円形である。外面調整はC種ヨコハケで、一段に二周以上施す。基底部外面にヨコハケを施す。有黒斑である。湊茶臼山古墳が該当する。

【4　類】　普通円筒・朝顔形埴輪で構成される。スカシは円形であるが、多様なものが併存する1例を含む。外面調整はB種・C種ヨコハケで、一段に二周以上施す。二次調整タテハケを施すものが併存する1例を含む。基底部外面にヨコハケを施すものが多い。有黒斑である。スカシの形状・二次調整タテハケの1例である月の輪古墳と釜の上古墳を除き、備中南部の古墳に認められる。

【5　類】　普通円筒・朝顔形埴輪で構成される。スカシは円形である。外面調整はB種・C種ヨコハケで、一段に二周以上施す。基底部外面にヨコハケを施すものが多い。有黒斑・無黒斑のものが併存する。造山古墳周辺の古墳に認められる。共伴する須恵器にはTK73のものがある。

【6　類】　普通円筒・朝顔形埴輪で構成される。スカシは円形である。外面調整はB種・C種ヨコハケで、一段に二周以上施す。基底部外面にヨコハケを施すものが多い。無黒斑である。備中南部、備前南部の古墳に認められる。共伴する須恵器の型式はTK73〜TK216のものがある。

【7　類】　普通円筒・朝顔形埴輪で構成される。スカシは円形である。外面調整はB種ヨコハケで、一段を一周で充填する。基底部外面にヨコハケを施すものが多い。押圧技法をもつものが認められる。有黒斑・無黒斑のものが併存する。作山古墳のほか、備中南部の古墳に認められる。共伴する須恵器にはTK208と考えられるものがある。

第Ｉ部　広域編年の検討

表2　岡山県における古墳時代中期の円筒埴輪の属性一覧（1）

類	古墳名	鰭付	普通	朝顔	多様	円形	基底部高	突帯間隔	口縁部高	二次タテハケ	ヨコハケ	二周以上	一周	断続的	継続的・連続的	種	ナデ	二次省略タテハケ・ナナメハケ・指ナデ	ヨコハケ	タテハケ・ナナメハケ	ナデ	ケズリ	タタキ	押圧技法	ケズリ	ハケ・ナデ（指・工具）	有黒斑	無黒斑	共伴須恵器
1	金蔵山古墳	●	●		●	●	11/13.5/14.5 15/17/28	11.5-13/15	6/7.5/9.5 16/17	●	●	●			●	C			●	●						●	●	●	
2	岩田3号墳		●	●		●				●	●	●			●	C			●	●						●	●	●	
3	湊茶臼山古墳		●	●		●	11-14	11-11.5	11	●	●	●			●	Ca			●	●						●	●	●	
4	月の輪古墳		●	●	●	●	11-15.5	9.5-13	9-10.5	●	●	●		?	●	C			●	●						●	●	●	
4	釜の上古墳		●	●		●					●		?			B			●	●						●	●	●	
4	前池内遺跡大溝−1		●			●	14/17-18	10.5-12	9-12.5	●	●	●			●	C			●	●						●	●	●	
4	前池内9号墳		●			●	16	12	11.5-12.5	●	●	●			●	B?			●	●						●	●	●	
4	前池内9号墳周辺		●			●	13.5	10-10.5	9/13	●	●	●			●	B			●	●						●	●	●	
4	前池内10号墳		●			●	14	12		●	●	●			●	B			●	●						●	●	●	
4	西山26号墳		?			●					●		?						●	●						●	●	●	
4	西山1号墳		●			●					●		?						●	●						●	●	●	
4	後池内古墳		●	●		●	13.5-14	11-13.5	14	●	●	●		●	●	Bb			●	●						●	●		?
4	佐古田堂山2号墳		●	●		●				●	●	●			●	Bb/C			●	●						●	●	●	
4	行願院裏山古墳		●	●		●				●	●	●			●				●	●						●	●	●	
5	造山古墳		●			●	16	13.5		●	●	●		●	●	Bb			●	●						●	●	●	
5	甫崎天神山6号墳		●			●	15	12.5-13.5	14-15.5	●	●	●			●	Bb			●	●						●	●	●	
5	千足古墳		●	●		●	14	13	11.5-12.5	●	●	●			●	C			●	●						●	●	●	
5	西山25号墳		●	?		●	11.5-12	12	12	●	●		?			C			●							●	●	●	
5	西の平古墳		●			●			12.5	●	●	●			●	Bb		●								●	●	●	TK73
6	造山第4号古墳		●			●		12-12.5	12.5	●	●	●			●	Bb/C			●	●						●	●	●	
6	造山第2号古墳		●			●	12-14/24	11-14.5	11-12.5/15	●	●	●			●	Bb/C	●		●	●	●	●	●	(●)		●	●	●	
6	南坂1号墳		●			●	11		11.5	●	●	●			●	Bb	?		●					(●)		●	●	●	
6	同ヶ谷遺跡		●			●	12	11.5-12.5	11.5-12	●	●	●			●	Bb	?		●							●	●	●	
6	黒島1号墳		●			●	11		10	●	●		?		●	B			●	●						●	●	●	TK73〜TK216
6	寺山7号墳		●			●	9.5-11.5		9-11	●	●	●			●	B/C			●	●						●	●	●	
7	佐古田堂山5号墳		●			●				●	●			●	●	Bc			●	●						●	●	●	
7	折敷山古墳		●			●	16	11	11	●	●			●	●	(Bb/Bc?)			●	●						●	●	●	
7	小造山古墳		●	?		●			11	●	●			●	●	(Bc?Bd?C?)			●	●						●	●	●	
7	作山古墳		●			●	10.5-13.5	10.5-13.5	10.5	●	●			●	●	/Bd			●	●						●	●	●	
7	法伝山古墳		●			●		10-15.5	10.5-11	●	●		?		●				●	●	●					●	●	●	TK208?
8	築山古墳		●			●	9-11	9.5-10		●	●			●	●	Bc			●	●						●	●	●	
8	森山古墳		●			●				●	●			●	●	Bd			●	●						●	●	●	
9	榊山古墳		●			●	13.5	12.5	12	●	●			●	●	C			●	●						●	●	●	
9	新庄車塚古墳		●			●				●	●			●	●	Bd/C			●	●						●	●	●	
9	牛文茶臼山古墳		●			●	10-11			●	●			●	●	Bc?			●	●						●	●	●	
9	四辻5号墳		●	●	●	●					●			●	●	Bd				●						●	●	●	
9	正免東古墳		●			●					●			●	●	Bd				●						●	●	●	
9	用木11号墳		●	●		●					●		?		●		●			●						●	●	●	
9	井口車塚古墳		●	●		●				●	●			●	●	C			●	●						●	●	●	

●：有　？：不明または確定に至らない

表3　岡山県における古墳時代中期の円筒埴輪の属性一覧（2）

類	古墳名	形式			スカシ		法量			外面調整									基底部外面の調整				成形		内面調整		焼成		共伴須恵器
		鰭付	普通	朝顔	多様	円形	基底部高	突帯間隔	口縁部高	二次タテハケ	二周以上	一周	断続的	継続的・連続的	種	ナデ	二次省略タテハケ・指ナデ	二次ナナメハケ・指ナデ	ヨコハケ・ナナメハケ	タテハケ・ナデ	ナデ	ケズリ	タタキ	押圧技法	ケズリ	ハケ・ナデ（指・工具）	有黒斑	無黒斑	
10	宿寺山古墳		●	●		●	12.5		11	●		●		●	Bd	●				●					●	●		●	TK208
	仙人塚古墳		●	●		●				●		●		●	Bd	●				●					●				TK208
	小造山西1号墳		●			?	10.5-11			●		●					●	●		●					●	●		?	
	小造山西3号墳		●	●		●	9.5-13		10	●		●		●						●					●	●		●	KM1
	朱千駄古墳		●	●		●	9-10			●		●		●						●					●	●		●	TK23〜TK47
	小山古墳		●	●		●				●		●		●	Bd	●	●			●					●	●		●	
	鹿歩山古墳		●	●		●	9-9.5			●		●		●	Bd					●					●	●		●	
	小茶臼山古墳		●	●		●	8.5-11.5	9		●		●		●						●					●	●		●	
	前内池4号墳		●	●		●	8.5-10.5	8-11	7.5-12.5	●		●		●	C					●					●	●		●	TK47
	オノ峠1号墳		●	●		●			9	●		●		●						●					?			●	TK47
	日上畝山6号墳		●	●		●		9		●			?	●	Bc/Bd?					●					●	●		●	TK47
	十六夜山古墳		●	●		●	8-8.5	7.5-9	9-11.5	●		●		●	Bc/Bd					●			●	●	●	●		●	TK47
	日上畝山67号墳		●	●		●	11	10-10.5	9.5-11	●		●		●						●					●	●		●	TK47〜MT15
	日上畝山69号墳		●	●		●				●		●		●						●						●		●	MT15
	日上畝山60号墳		●	●		●	14	9.5/13	12	●		●		●						●					●			●	TK10
11	楠本塚1号墳		●			●				●										●						●			
	中山6号墳		●	●		●	10-13/17.5	8-10	11-14	●				●						●			●		●	●		●	TK23〜TK47
12	日上畝山58号墳		●	●		●		9-10	11.5	●										●					●			●	TK47
	波歌山古墳		●	●		●	10-11.5			●									●	●					●			●	
	船山古墳		●				10			●										●								●	
	天狗山古墳		●	●		●	9.5-15	11.5-14.5	13-15.5	●										●			●		●	●		●	TK47

●：有　？：不明または確定に至らない

【8　類】　普通円筒・朝顔形埴輪で構成される。スカシは円形である。外面調整はB種ヨコハケで、一段を一周で充填する。基底部外面にヨコハケ調整を施す。押圧技法をもつ。無黒斑である。備前南部の古墳に認められる。

【9　類】　普通円筒・朝顔形埴輪で構成される。スカシは円形である。外面調整はB種・C種ヨコハケで、一段を一周で充填する。押圧技法をもつものが認められる。無黒斑である。備中南部、備前南部、美作の古墳に認められる。

【10　類】　普通円筒・朝顔形埴輪で構成される。スカシは円形である。外面調整はB種・C種ヨコハケで、一段を一周で充填する。二次調整を省略するものが併存する。押圧技法をもつものが多い。無黒斑である。備中南部、備前、美作の古墳に認められる。共伴する須恵器はTK23〜TK47が多数で、古いものはTK208、美作ではTK10までくだるものがある。

【11　類】　普通円筒・朝顔形埴輪で構成される。スカシは円形である。タタキ成形によるものが主体である。外面調整はヨコハケが認められるもの、二次調整を省略したものがある。無黒斑である。備中、美作の古墳に認められる。共伴する須恵器にはTK23〜TK47のものがある。

第Ⅰ部　広域編年の検討

【12　類】　　普通円筒・朝顔形埴輪で構成される。スカシは円形である。外面調整に二次調整は施されない。無黒斑である。備中、備前、美作の古墳に認められる。共伴する須恵器には TK47 のものがある。

（3）諸属性の変遷

　これまでの研究で、形態的属性のうち、スカシの形状については多様なものから円形に統一されていくことが、技術的属性のうち、外面調整については、二次調整がタテハケからヨコハケへかわり、さらに二次調整が省略されるようになること、ヨコハケは断続的に施すものから継続的・連続的に施すものへ、また段間を二周以上で調整するものから一周で充填するものへ変化していくことが知られている［川西 1978、一瀬 1985 など］。各種に分類されるヨコハケは、道具や作業時の動作、作業の効率化とも有意な関係にあることが想定される。

　その他の属性のうち、基底部外面の調整について、その存否を指標に新古を求めるものがある［十河 1998］が、岡山県域ではその有効性についての検証が必要である。焼成については、有黒斑のものから無黒斑のものへと変わるが、両者が併存する事例が多数認められ、中期段階の円筒埴輪の変遷を跡づける指標とするには慎重さが求められると考えられる。

　小論では外面調整の変化を基軸に各類の消長を求め、円筒埴輪の変遷を跡づけることとし、その他の属性との相関性についても検証することとしたい。

（4）段階設定（表4）

　各段階は外面調整において新出の要素が認められたところで区切った。したがって、古い要素をのこす場合も含まれる。なお、旧稿［野﨑 2003］では、岡山県南部の円筒埴輪の変遷を6段階に分けて提示した。そのなかで中期にあたる3・4段階については今回の再検討をふまえたものへと変更する。また、前期後半の2段階と後期前半の5段階のうち、3・4段階と接続するものは今回の検討の対象として加えており、これについても今回の検討に基づき変更する。

　2段階（新）　　外面二次調整はタテハケに加え、C種ヨコハケを一段に二周以上施すものがみられる。基底部外面にヨコハケを施す。基底部高は散布の幅が大きく、基底部高＞突帯間隔となる。有黒斑である。1〜3類が該当する。

　3段階　　B種ヨコハケ、円形スカシ、窖窯焼成の導入など、円筒埴輪の製作技法が定式化する段階。ただし、有黒斑のものが併存し、焼成には前段階の要素をのこす。B種ヨコハケは一段に二周以上施す。基底部外面にヨコハケを施す。基底部高と突帯間隔の差は小さくなり、この段階のなかでほぼ等しくなるものも現れる。4〜6類が該当する。

　4段階　　外面調整はB種ヨコハケで、一段を一周で充填する。二次調整を省略するものと併存する古墳が現れる。上下端が波打つ押圧技法がみられるようになる。焼成では有黒斑・無黒斑が併存する。基底部外面に、ヨコハケを施すもの／施さないものがある。基底部高と突帯間隔はほぼ等しい。

　二次調整を省略することは5段階に引き継がれる属性であり、本段階を前後に細分するものと考え、本段階の前半を4−1段階、後半を4−2段階とする。この場合、4−1段階には7〜9類、4−2

表4　段階区分と各類の消長

段階＼類	1	2	3	4	5	6	7	8	9	10	11	12	共伴する須恵器型式
2段階（新）	■	■	■										
3段階				■	■	■							～TK73～TK216
4-1段階							■	■	■				～TK208
4-2段階										■	■		TK208～TK47～MT15
5段階（古）												■	TK47～

段階には10類が該当する。なお、11類はタタキによって成形される一群であり、外面調整を基軸とした変遷のなかに位置づけることは難しいが、タタキ以外にのこされた調整痕（ヨコハケと二次調整省略の併存）から4－2段階に含める。

　5段階（古）　外面二次調整は施されなくなる段階である。12類が該当する。

　外面調整を基軸とした変遷において、基底部外面にヨコハケ調整を施すものは2・3・4－1段階の二つの類に認められ、編年の指標として有意な要素であるとみられる。焼成については、3段階、4－1段階で、有黒斑のもの／有黒斑・無黒斑が併存するもの／無黒斑のものが認められ、3段階の時点で無黒斑のものが現れ、4－2段階の時点で有黒斑のものがみられなくなるという場合に限り、編年の指標として有用であるといえる。法量については、基底部高と突帯間隔の関係において、3段階から4段階のあいだで、基底部高＞突帯間隔から、基底部高≒突帯間隔へと推移することがうかがわれる。4段階では基底部高・突帯間隔の縮小も連動しているようであり、岡山県域の円筒埴輪でも基底部高と突帯間隔については編年の指標として用いることも可能であろう。ただし、複数個体で計測したものでは数値に幅があるので、異なる古墳間での比較については慎重を期す必要がある。

4．畿内の編年との対比（表5）

　岡山県域の円筒埴輪では中期を2大別し、後半を2分した。これを畿内の編年と対比し、相対的な位置づけを図ることとする。対比にあたっては、埴輪検討会が2003年に提示した編年案を使用する［小浜2003］。

　まず、本論で2段階（新）とした1～3類に共通するメルクマールは、Ｃａ種ヨコハケを施すことで、Ｂ種ヨコハケがみられないことである。［小浜2003］では、Ｃａ種ヨコハケの顕在化はⅡ-2段階にあたる。一方で「一般にⅢ-1段階の外面調整はいまだタテハケやＣａ種ヨコハケであることが多く」とも記載されており、本論における2段階（新）については［小浜2003］のⅢ-1段階に該当するものと考えられる。本論の3段階では、Ｂｂ種ヨコハケが顕著であり、［小浜2003］のⅢ-2段階にあたると考えられる。本論の4－1段階はＢｃ種ヨコハケの出現と普及段階、およびＢｄ種ヨコハケの併存段階にあたり、［小浜2003］のⅣ-1・Ⅳ-2段階にあたると考えられる。続く4－2段階はＢｄ種ヨコハケが顕在化し、基底部高・突帯間隔の縮小が認められることから、［小浜2003］のⅣ-3段階にあたると考えられる。5段階（古）は二次調整が省略されるものであり、［小浜2003］のⅤ

第Ⅰ部　広域編年の検討

表5　畿内の埴輪編年との対比

野﨑2017	木村2023	小浜2003	木村2018	木村2022
2段階（新）	中1	Ⅲ-1	中Ⅰ	Ⅱ-2
3段階	中2	Ⅲ-2	中Ⅱ	Ⅲ
			中Ⅲ	
4-1段階	中3	Ⅳ-1	中Ⅳ	Ⅳ-1
	中4		中Ⅴ	
	中5	Ⅳ-2	中Ⅵ	Ⅳ-2
4-2段階		Ⅳ-3	中Ⅶ	Ⅳ-3
			中Ⅷ	
5段階（古）		Ⅴ-1	中Ⅸ	Ⅴ-1

－1段階に該当すると考えられる。

謝　辞

　小論を作成するにあたり、資料見学等で次の個人および機関よりご高配を賜りました。記して謝意を表する次第です。
有賀祐史、扇﨑由、澤田秀実、角南勝弘、伴祐子、平井典子、安川満、赤磐市教育委員会、赤磐市山陽郷土資料館、岡山市埋蔵文化財センター、総社市教育委員会、総社市埋蔵文化財学習の館（五十音順、敬称略）

付　記

　本誌に採録されるにあたり、前稿［野﨑2017］を必要最小限で改めた。本文では3－（2）の見出しを改め、「4.畿内の編年との対比」の「埴輪検討会編年」を「小浜2003」とした。図表のうち、図1は中期を通した分布状況図を削除した。表2・3は属性の有無についての記号表記について、2017年版では、「不明」「確定に至らない」ことを示す記号が不統一であったため、「？」に統一した。表5は対照表に2017年以降の編年研究の成果をくわえ、参考文献を掲げた。そのほか、誤字、脱字の訂正、読点の調整を行っている。
　次に、2017年の報告時には十分に示せなかった点を補っておきたい。
　編年にあたり、私が外面調整を基軸としたのは以下の理由による。対象地域の資料では、静止痕が不明瞭で、広く一般に参照されている一瀬和夫のヨコハケ分類［一瀬1985・1992］をそのまま用いることが難しいものが一定数存在している。そこで、私は突帯間を1周で充填するヨコハケの出現をもって、前後に二分した。それは、この変化が身体動作の大きな違いを反映するものと考えたからである。円筒埴輪にのこるヨコハケは「埴輪の周囲を周る」あるいは「埴輪を回す」という動作の軌跡を表示する。各段の製作にあたり、埴輪を「2回以上周る／回す」ことと、「1回周る／回す」ことでは、身体動作の違いは大きい。その差は労働時間や生産性とも関わる。また、木村理も指摘するように、幅広の工具に転換することも作業効率をあげることに繋がったと考えられる［木村2022］。私は動作と道具が有機的な関係をもつこの技術の出現を大きな画期と評価した。
　次に、円筒埴輪において観察可能な諸属性を等しく取り扱うことが妥当か、という問いがあった。これについて、埴輪が生産される時点から、資料・属性・データとして主体者（研究者、観察者など）が認識するまで、あるいは操作し提示するまでの間に、物理的な変化や他者の介在がどの程度あるのか、外面調整と突帯間隔をとりあげて考える。

埴　輪（野﨑）

　外面調整は製作時の工人の動作軌跡である。その後の乾燥や焼成という工程を経ても、主体者は動作軌跡の読み取りが可能である。突帯間隔は、設定にあたって何らかの工具を用いたと考えられており、これも工人の動作軌跡といえる。しかし、乾燥による収縮、焼成工程における収縮や焼きひずみなど、法量に影響を与える変化が生じる。また、多くの資料は接合・復原を経て、実測図が作成され、トレース、印刷時に縮小される。主体者が観察に至るまでに、実物から図へ、縮小を伴う変換が他者によって行われる場合が多い。多くの主体者は実際の資料にあたるか、報告された図をもとに突帯間隔を計測することになろう。

　工人によって突帯間隔が設定されて以降、主体者が計測するまでの間にさまざまな要因による変化や変換が介在している。さらに主体者は、端数を丸めたり、統計的な処理に供したりするなど、みずから数字を操作する。こうした数値に依る議論が許容される精度はどこまでなのだろうか。

　焼成について、私は中四研第21回岡山大会参加記のなかで触れたが、有黒斑、無黒斑のものが、一定の期間において一定数共存することが明らかとなった以上、もはや黒斑の有無で時期区分をすることはできず、目盛りとしての役割を見直す時に来ていると思われる［野﨑2019］。そもそも黒斑がどのように生成されるのか、その仕組みや過程も十分に明らかにされていない。それでも属性の一つとして重視するならば、資料実態に沿って、黒斑の有無に共伴期を加えた3段階に分けて考えるのが現実的と考える。

　このように、突帯間隔等の法量計測値、焼成に基づく議論は、資料レベルでの「揺らぎ」を排除しきれないが、外面調整ではそれが小さい。これが外面調整を基軸とした第2の理由である。

　最後に本論に関係する2017年以降の編年研究に触れる。この期間に、木村は畿内・吉備の編年案［木村2018・2022・2023］を提示した。そして「出現よりも顕在化あるいは盛行という事象に重きをおいて各期の指標とする」［木村2022：40-41］姿勢を示した。一方、私は「各段階は外面調整において新出の要素が認められたところで区切」る立場である。これは一定の資料数が確保されない対象地域の資料状況において最適な線引きであると考えたからである。［小浜2003］の立場は明示されないものの、編年案の指標に「出現」「顕在化」「普及」「開始」といった単語が用いられているので、中間的な立場と推測される。このように画期の指標に対する考え方は三者三様である。

　編年において「出現」を重視すれば、必然的に「顕在化」「普及」よりも画期を古くみることとなる。一例を挙げれば、大阪府津堂城山古墳をⅢ−1とする［小浜2003］と、Ⅱ−2とする［木村2022］における位置づけの違いに、それは現れている（表5）。

　現在、畿内、吉備ともに複数の編年案が提示されているが、それぞれ基となる考え方が異なっている。新しく提示された編年案は、それまでの編年案の上位互換ではない。相互の検証とともに、さらに別の見方や方法に基づく別の案が提示され、活発な議論が展開されることで編年は深化する。

　前稿以後、本論に関し、清家章氏、木村理氏から有益なご意見を得た。記して謝意を表したい。

引用文献

天野末喜・松村隆文　1992「近畿」『古墳時代の研究』第9巻　雄山閣　pp.56-68

一瀬和夫　1985「古市古墳群における大型古墳埴輪集成」『大水川改修にともなう発掘調査概要』Ⅴ　大阪府教育委員会　pp.65-100

一瀬和夫　1992「古市古墳群における埴輪群の変遷」『究班』　埋蔵文化財研究会　pp.279-288

上田　睦　1997「出土埴輪からみた古市古墳群の構成」『堅田直先生古稀記念論文集』　pp.277-313

川西宏幸　1978「円筒埴輪総論」『考古学雑誌』第64巻第2号　日本考古学会　pp.1-70

木村　理　2018「古墳時代中期における古市古墳群出土埴輪の系統と生産」『考古学研究』第65巻第1号　考古学研究会　pp.55-76

木村　理　2022「古墳時代中期の円筒埴輪」『埴輪の分類と編年』　埴輪検討会　pp.25-49

木村　理　2023「古墳時代中期前半における吉備地域の埴輪編年」『古代吉備』第34集　古代吉備研究会　pp.31-50

小浜　成　2003「円筒埴輪の観察視点と編年方法—畿内円筒埴輪編年の提示に向けて—」『埴輪論叢』第4号　埴輪検討会　pp.1-9

島崎　東　1992「中・四国」『古墳時代の研究』第 9 巻　雄山閣　pp.68-81

十河良和　1998「百舌鳥古墳群出土円筒埴輪の様相」『網干善教先生古稀記念考古学論集（上）』　pp.611-636

田中　大　2015「出雲地域における中期円筒埴輪の時間的位置づけ」『前方後方墳と東西出雲の成立に関する研究』
　　　島根県古代文化センター　pp.33-45

中国四国前方後円墳研究会　2010『円筒埴輪の導入とその画期』

中国四国前方後円墳研究会　2011『埴輪から見た中期古墳の展開』

中国四国前方後円墳研究会　2012『後期埴輪の特質とその地域的展開』

椿　真治　2008「出雲東部地域における埴輪出土古墳・中期後半を中心として」『古代文化』第 59 巻第 4 号　古代
　　　学協会　pp.113-123

野﨑貴博　2003「吉備地域における円筒埴輪製作技法の伝播と受容」『埴輪―円筒埴輪製作技法の観察・認識・分析―』
　　　埋蔵文化財研究会　pp.267-276

野﨑貴博　2017「中国地方における古墳時代中期の埴輪の広域編年構築にむけて」『中期古墳研究の現状と課題 I～
　　　広域編年と地域編年の齟齬～』中国四国前方後円墳研究会第 20 回研究集会（徳島大会）実行委員会　pp.21-30

野﨑貴博　2019「第 21 回岡山大会参加記」『中四研だより』第 43 号　中国四国前方後円墳研究会　pp.18-19

春成秀爾　1983「造山・作山古墳とその周辺」『岡山の歴史と文化』福武書店　pp.1-40

藤永照隆　1997「出雲の円筒埴輪編年と地域性」『島根考古学会誌』第 14 集　島根県考古学会　pp.35-59

安村俊史　2000「B 種ヨコハケ雑考」『埴輪論叢』第 2 号　埴輪検討会　pp.10-17

第Ⅱ部

土器編年の検討

〈基調報告〉

西日本地域の古墳時代中期の土器研究と暦年代

田 中 清 美

はじめに

　古墳時代中期は古市・百舌鳥古墳群の巨大な前方後円墳に代表されるような古墳が列島各地に築造された時代であり、また倭五王と呼ばれた5人の大王が隣国の朝鮮半島三国への軍事的および政治的な覇権を有利に進めるたに中国南朝の宋に官位爵号を求めて朝貢した時代である。『宋書』「倭国伝」には西暦413年の讃から479年の武に至る倭五王の朝貢記事が見られることから古墳時代中期は西暦5世のおおよそ100年間と考えてよいだろう。本稿ではこの間の西日本地域の土器の研究と土器の暦年代について述べるが、まず古墳時代中期の土師器の研究史を概観した後、中国四国前方後円墳研究会第24回研究集会（以下中国四国前方後円墳研究会第24回）の成果についても紹介したい。なお、古墳時代中期の倭王権の手工業生産の振興政策として大阪府南部の泉北丘陵一帯の陶邑古窯址群で生産された須恵器は王権中枢のみならず列島各地に搬出されたことが知られており、土師器の相対年代や地域間交流を明らかにする上で陶邑須恵器編年が有効な手段として使われてきたことを冒頭に述べておく。

1．古墳時代中期の土器研究略史（戦後から1980年代）

　古墳時代中期の土器は一般に古墳時代前期の古式土師器である布留式土器[1]の精製小型三種土器の組成が崩れる中で残った土器組成とみられており、口縁端部が内傾する胴部が球形で丸底の布留式甕が炊飯用の煮沸具として使われている。高杯類も前期以来の形態のものが残っているが、大型有稜高杯および椀形高杯が目立つようになり、また杯や椀など前期には少なかった小型の器形が増加する傾向にある。一方、古墳時代中期に朝鮮三国時代の陶質土器の製作技術の伝播によって生産が始まった須恵器は、陶質土器の特徴が色濃く残る伝播期ものを初期須恵器、その後に定型化したものを須恵器と区別するが、轆轤様の回転台の使用と窖窯で焼成された須恵器は古墳時代中期以後も列島の焼き物文化に大きな影響を与えており、古墳時代中期に成立した土師器と須恵器の関係は古墳時代以降も平安時代の終わりから鎌倉時代頃まで日常生活の中で続くのである。

　西日本地域（本州島）の古墳時代の土師器の研究は、戦前に岡山県笠岡市高島王泊遺跡で行われた層位的な発掘調査資料を戦後に整理報告した坪井清足による王泊6層→王泊5層→王泊4層→王泊3層→王泊2層→王泊1層に至る土器様式が始まりである。本編年の中で王泊5層の土師器は小若北式土器と平行すること、それは古墳時代前期の標識土器でもある布留式土器に対応することから、古墳時代中期の土師器は須恵器が伴う王泊4層および3層の土師器が該当し、後者は小若江南式に対応するとみている。また、王泊5層と4層間にも中間型式が存在することを予想したが、資料的な制約も

155

第Ⅱ部　土器編年の検討

あって王泊遺跡の層位別様式の実態はやや不明瞭であった［坪井 1956］。一方、坪井は土師器が須恵器に比べて1型式の変化に長い時間を要するため様式区分が大まかにならざるを得ないと須恵器と土師器の型式が連動しないことを早くから指摘している。以上のような坪井の研究成果を受けて横山浩一は近畿、中国地方の古墳時代の土師器は酒津式、小若江Ⅰ式、小若江Ⅱ式の順に三つの様式に区分しうるが、個々の様式はたがいにはつながらないとみるとともに南関東の土師器編年の和泉式と小若江Ⅰ式が、鬼高式と小若江Ⅱ式が一部で平行する可能性があること、5世紀末か6世紀初頭の小若江Ⅱ式の西日本の土師器の器形には丸底が多いが、同時期の東日本には平底の器形が多いという地域性が生じていることを述べて広域な土器編年の必要性を説いた。さらに横山は畿内で須恵器が生産される古墳時代中期以降の東日本では須恵器の普及が遅れて土師器が主体であったこと、西日本では古墳時代中期になると須恵器と土師器の併用が5世紀後半頃までには一般化していたこと、容器には火にかけると割れやすいガラス質の炻器である須恵器が土師器より優れており、多孔質の土師器は炊爨用の甕など火にかける器種に適していたことを指摘している［横山 1959］。以上のような古墳時代中期の先駆的な土師器の研究を受け継いだ平安学園考古学クラブの原口正三・田辺昭三・田中琢・佐原眞は坪井の土器研究の検証と編年の確立を目的に大阪府船橋遺跡の発掘調査を行った。ここでは弥生時代の終わりから古墳時代後期にかけての土器を層位的に抽出し土師器と須恵器の関係も踏まえながら船橋Ⅴ－Ⅱ、K－1b、K－Ⅰa、H－Ⅰ、O－Ⅰ、O－Ⅱ、H－Ⅱ～K－Ⅱ、O－Ⅲ、O－Ⅳ、O－Ⅴという様式区分を明らかにした［田辺ほか 1962］。しかし、船橋遺跡の古墳時代中期の土器編年（O－Ⅰ→O－Ⅱ→H－Ⅱ～K－Ⅱ→O－Ⅲ→O－Ⅳ）はその後も当該期の基準として長らく支持されたが、河川敷という調査範囲に制約があるため地点によっては資料数に限りがあって本来の土器組成を把握しがたいため、近年はもっぱら遺構の一括土器資料を対象にした土師器研究が一般化している。

　大阪府教育委員会の主催で田辺昭三・横山浩一が調査主担で1961年から1964年に実施された陶邑古窯址群の発掘調査のうち1961および1962年度調査の報告書で、窯跡出土の須恵器がⅠ～Ⅴ期に区分され、Ⅰ期の型式をTK73型式→TK216型式→TK208型式→TK23型式→TK47型式とした［田辺 1966］。さらに田辺は1982年に未報告資料を検討しTK73型式を新古2型式に細分したほか、TK208型式の古相であるON46号窯跡の須恵器をON46段階としてTK73型式からON46段階までを初期須恵器、TK208型式以降を定型化した須恵器と呼び分けた［田辺 1982］。陶邑須恵器編年が提示された以後は近畿のみならず近隣地域の古墳時代中期の土器を編年する際には土師器に供伴した須恵器と陶邑須恵器型式の比較検討を行うことで地域を超えた相対編年が可能になっている。なお、1990年のTG231・232号窯、1992年のON231号窯の発掘調査以後の陶邑須恵器編年の伝搬期の初期須恵器はTG232型式→ON231型式→TK73型式と変遷するとみて大過ないであろう［田中 2002］。

　古墳時代の土師器研究は1960年代以降になると高度経済成長期に入った列島各地で開発に伴う発掘調査が急増するとともに活発化し、畿内では奈良県下の纒向遺跡［石野・関川 1976］、矢部遺跡［寺沢 1986］、平城宮朝集殿下層［奈良国立文化財研究所 1981］や藤原宮内裏外郭［安達・木下 1974］ほかの検討から大きく前進した。なかでも寺沢薫による矢部遺跡の報告では、土器分類の方法について先行研究である『六条山遺跡』所収で提示された概念的認識に基づき土器の持つ属性（attributes）を機能素と形態素の二つの概念に分解したうえでそれぞれに高低さの段階要素を措定し、つごう4段階の各

西日本地域の古墳時代中期の土器研究と暦年代（田中）

要素により再構成する方法を提唱した。寺沢は「３畿内の古式土師器をめぐる二、三の問題」の中で大和における古式土師器の細分諸様式と畿内各地域の諸例との併行関係について、大和における諸様相（≒諸様式）に時間的に平行する土器群との関係を含めて庄内０式期→庄内１式期→庄内２式期→庄内３式期→布留０式期→布留１式期→布留２式期→布留３式期→布留４式期→布留式直後様式を設定した。寺沢矢部編年で古墳時代中期に対応するものは「私は、船橋Ｏ－Ⅰおよび上ノ井出 SE030 下層→上ノ井出 SE030 上層→船橋Ｏ－Ⅱという編年観をとることとし、布留３式に含めて考えておく」とした布留３式期、布留４式期（古・新）および布留式直後様式であり、寺沢大和様式では布留Ⅱ様式に対応するようである［寺沢 1986］。寺沢の古墳時代中期土器様式による河内地域の遺跡・遺構ごとの関連資料の抽出と序列を見ると布留３式期に船橋Ｏ－Ⅰが、布留４式期を新古に分けた場合の布留４式期（新）様式に船橋Ｏ－Ⅱが併行することや布留式直続様式の併行期の良好な資料は船橋Ｏ－Ⅲ地点とみることには異論はないが、河内・和泉の布留４式期（新）に TK208 型式の須恵器が伴出することや現在は船橋Ｏ－Ⅰには TG232 型式の初期須恵器が共伴することが判明していることなどを考慮すれば布留Ⅱ様式の様式細分については検討の余地があるように思われる。次に布留３・４様式期の実年代であるが「（３）畿内古式土師器の実年代」の中で寺沢は前Ⅱ期末に編年される大和新山古墳の実年代を副葬品の金銅製帯金具について江蘇省宣興県の西晋・文康７（297）年に没した周処墓出土の銀製帯金具や広州市大刀山の東晋・大寧２（324）年の博墓出土の銅製帯金具との比較検討から４世紀後半でも中葉に近いという白石太一郎の説に同意し、さらに前Ⅲ期末〜Ⅳ期初めの和泉・七観古墳や近江新開１号墳などの木心鉄板輪鐙に酷似するものが遼寧省北票県西宮営子の馮素弗墓（415 年没）から出土していることで日本の初期の馬具が５世紀前半に遡ること、馬具が伴わない河内・津堂城山古墳や大和・室宮山古墳などの前Ⅲ期の古墳の年代を５世紀初頭とみる白石の年代観を支持している［寺沢 1986］。

　1993 年に京嶋覚は 1985 年度の大阪市平野区の長原・瓜破遺跡の調査報告書において古墳時代土器を須恵器出現以前と以後の前半と後半に二分して後半期の土器の時期を陶邑須恵器型式および船橋編年を基準に１〜５期に区分した。これに対応すべく長原古墳群についても須恵器出現以前を１期、須恵器登場後を２期から４期に区分して古墳群の造営経過を明らかにするとともに古墳時代中期の集落と古墳群の相互関係を検討している［京嶋 1993］。京嶋による長原・瓜破土器編年では古墳時代後半期について１期を TK73 型式・TK216 型式、２期が ON46（段階）・TK208 型式、３期が TK208／TK23 型式・TK47 型式、４期が TK47／MT15 型式・TK10／TK43 型式、５期が TK10／TK43 型式・TK209 型式の須恵器と対応させている。これに対して土師器は船橋Ｏ－Ⅱが１〜３期、船橋Ｏ－Ⅲが３〜４期、船橋Ｏ－Ⅳ・Ⅴが４〜５期に併行することから須恵器Ａ型式＝土師器Ａ型式のようには連動しないことが解る。古式土師器から古墳時代中期の土器様式の変化は西弘海が指摘しているように質が違う土師器と須恵器が複合して一般化することであり［西 1982］、貯蔵容器は須恵器の壺・甕が、煮沸具には土師器甕が使われる中で土師器杯類や須恵器杯類が普及したのであろう。なお、1982 年に長原遺跡の市営住宅の調査で井戸 SE703 から出土した土器群は須恵器甕（TK216 型式）、韓式系軟質土器広口壺・長胴甕・平底鉢・直口鉢、土師器甕・長胴甕・甑・平底鉢・大型有稜高杯・椀形高杯、製塩土器など 43 個体を数え、そのうちの 77％は炊飯および煮沸用の土器が占めており、船

157

第Ⅱ部　土器編年の検討

橋Ｏ－Ⅰ・Ⅱ型式の土師器に見られる小型丸底壺は１個体も確認されなかった。また23％の土器の内訳は須恵器甕１点、大型有稜高杯１点、椀形高杯７点、製塩土器１点であり、出土土器の総数に占める供膳具の割合は極めて少なかった。このような韓式系軟質土器広口壺のほかには須恵器や土師器の貯蔵容器や杯類を含まない土器群の用途については、馬の頭骨が見られることから馬に纏わる祭祀に伴うものであり、小型丸底土器が無くなる時期を示唆している可能性がある。布留式甕の系譜を引く球胴丸底甕や体部が形作り？丸底甕のほか、土師器の製作技法による甑・長胴甕・平底鉢・平底甕など軟質土器が土師器化した直後の器形を含む一群の土器は、京嶋土器編年の１期を新古に二分した場合の後半に位置付けられるものであろう。１期前半の土器の指標は八尾南遺跡の井戸 SE11・14・21 の出土の百済や伽耶系陶質土器や軟質土器をはじめ、TK73 型式ほかの最古の初期須恵器に伴出した土師器資料とした［田中 1999］。以上のように河内地域では古墳時代中期でも初期須恵器が登場した直後の段階（京嶋土器編年１期の後半）に朝鮮三国時代の軟質土器甑・長胴甕・鍋・平底鉢などの炊飯具が土師器の新たな器形として加わったことが解る。

　1991 年に石野博信ほかの編集で創刊された『古墳時代の研究』６土師器と須恵器は列島各地で蓄積された古墳時代の土器資料に検討を加えた土器編年の集成、小地域を超えた広域編年および土器様式の確立、胎土分析による土器の流通実態の解明など、列島各地の古墳時代の土器研究が活発になったことを象徴する一書となった。それは 1972 年に刊行された『土師式土器集成本編２』（中期）以来の古墳時代中期の土師器様式ならびに地域性を更新した一書と言えよう。なかでも米田敏幸による近畿地方の論考は、古式土師器ならびに土師器の研究史および A：型式と層位、B：器種、C：編年、D：周辺の様相について体系的に論述している。米田は古墳時代中期の土器について、大和の藤原宮内裏外郭の SD912、河内の土師の里遺跡 SB01 や船橋遺跡Ｏ－Ⅰ資料が相当する布留式期Ⅲ、大和の平城宮朝集殿下層の SD6030 上層、河内の八尾南遺跡 SE21、大県遺跡竪穴住居、和泉の大園遺跡 SK251 資料が相当する布留式期Ⅳ、大和の和爾森本遺跡 SE03、平城京下層溝 SD881、河内の八尾南遺跡 SE５や小坂合遺跡 SK14 など TK216 ～ TK208 型式前後の古式須恵器や韓式系土器が共伴する布留式期Ⅴの段階とし、畿内の古墳時代中期の土器編年を提示した［米田 1991］。米田の土器編年は畿内地域を対象にしたものであるが、その資料は主に大和・河内から抽出したものであり、一部和泉を含むものの摂津、山城を欠くため畿内全域に対応させるには問題があろう。ここで岡山県ほかの古墳時代中期の土器研究史についても見ておきたい。戦後の岡山県下における古墳時代中期の土器研究は 1972 年に間壁忠彦が王泊遺跡の王泊３層出土の土師器について須恵器編年との対比を行い横山浩一の水尾期［横山 1959］、楢崎彰一の岡期［楢崎 1966］、森浩一のⅡ期［伊達・森 1966］に対応するとしたが、同時に王泊遺跡の発掘資料は戦中に現地で保管中に混淆にあっていると注意している［間壁 1974］。次いで 1972 ～ 1973 年に発掘調査が実施された岡山市幡多廃寺下層の出土土器を整理した根木修は倉敷考古館間壁編年（王泊６層―酒津、王泊５層―山田原、王泊４層・王泊３層―走出（初期須恵器が共伴））［間壁 1974］について古墳時代中期の初原期の須恵器が共伴するとみた王泊４式に幡多廃寺下層Ⅳ式が、王泊３層式に幡多廃寺下層Ⅲ式が対応し、これらの２型式に間壁編年の走出式が相当し、また幡多廃寺下層Ⅳ式から土師器の型式が緩慢な変化をすることを論述している。さらに根木は古墳時代の土師器の様式設定について当時の社会情勢を考慮したうえで古墳の成立から布留式土器の確立

までを第1様式、布留式土器の確立後から須恵器の出現（地方窯の成立）までを第2様式、須恵器生産の確立と定着により、土師器に技術的および組織的な変革が起こり社会的にも両者が対峙する段階を第3様式、須恵器生産の高揚により起こる土器の生産総体の画期の中で土師器生産が低迷した第4様式に区分した。根木の様式区分では古墳時代中期の土器は第3・4様式と思われるが、本様式区分に際して須恵器出現以降は土師器に共伴した須恵器の型式（陶邑須恵器編年）との対比関係が基準になっている［根木1975］。その後も岡山県下では発掘調査による古墳時代関係の土器資料が蓄積される中で土器研究はもっぱら前期に傾倒しており、1980年に刊行された百間川遺跡の報告書では（弥生時代後期は酒津＝百間川後期Ⅳ＝雄町11・12＝才の町Ⅰ・Ⅱ、古墳時代前期は王泊六層＝百間川古墳時代Ⅰ＝雄町12・13＝下田所で、百間川古墳時代Ⅱは雄町13・14＝下田所・亀川上層・＋、百間川古墳時代Ⅲは雄町15＝川入大溝上層）のように遺跡ごとの土器編年対比表が掲げられているが、古墳時代中期の土器は年代が明記のみのものもある［朝倉ほか1980］。近年は古墳時代中期の須恵器出現以後の土器の時期や畿内との併行関係などが問題になる場合にはもっぱら陶邑須恵器型式と対比することが一般的になっている。1991年に高橋護は吉備地方南部平野部（備前・備中）の古墳時代前期から同後期の土師器や須恵器について論述したが、該当地域はもとより近隣地域の土師器の併行関係や土器組成の実態を知るうえで示唆に富んでいる。高橋土器編年では10期が近畿地方の庄内式土器に並行するが、10－a期は庄内式土器成立の直前の時期に当たり、10－e期は庄内式から布留式への交替期に並行し、11期は布留式土器に並行するがその後半期には朝鮮三国時代の軟質土器が伴出するという。12期は陶質土器や初期須恵器が伴出し始める段階で、13期からは定型化した須恵器が土師器に供伴し、その後しだいに須恵器を中心とした組成に移行すると述べている。以上のような土師器の推移の中で弥生時代以来の自給的な土師器の供給は13期に入ると急速に崩壊するとのことである。つまり高橋土器編年では古墳時代中期の土師器は11－b期の後半から13－b期が該当し、その年代についいては11－b期を西暦400年付近、13－b期の終わりを西暦500年ごろとみている。また、総社市の奥ケ谷窯跡の焼成品を含む初期須恵器が11－b期から12－a期にかけて登場し、12－b期にはTK73型式ほかの初期須恵器が見られることや13－a期にはTK208型式の須恵器が確認されており、古墳時代中期の土師器の時期区分をする際には陶邑古窯址群ならびに地域窯の須恵器編年との対比が有効なことを述べている［高橋1991］。

　小田富士雄は古墳時代中期の土師器に相当するものは関東の和泉式土器や近畿の布留式土器の新段階などであり、その前半代までは小型丸底壺・鼓型器台・二重口縁壺などが残るが、壺・甕は丸底で外面がハケメ、内面をヘラ削り技法で調整するものが多く、器形の全国的な斉一化がこの時期に完成されたとみている。しかし、同時に南九州のように成川式系の伝統を強く残す地域もあることを注意している。また、古墳時代中期の対馬や北部九州には朝鮮半島の南部から伽耶系陶質土器が数多く流入しており、これに触発されるように北部九州でも5世紀の中葉以前に小隈窯・山隈窯などで須恵器の生産が開始されたという。この段階の須恵器をⅠ－A期として、福岡・佐賀両県を中心に土師器とともに住居や墳墓で出土した須恵器は、畿内の船橋O－Ⅰ・Ⅱとの並行期とみている［小田1996］。

第Ⅱ部　土器編年の検討

2．近年の古墳時代中期の土器研究

　近年の古墳時代中期の土器の研究は1990年後半から2000年前半に起こったバブルの崩壊とその後の経済不況により一時期全国的な埋蔵文化財の発掘調査件数が減少し、土器研究も影響を受けた時期もあったが、それまでに蓄積された資料による土師器編年の検証と新視点での集成がなされたといえよう。

　1999年に畿内の古墳時代中・後期の土器の流通規模や生産体制を含む様相について検討した辻美紀は、高杯を無稜外反高杯・無稜直口高杯・椀形高杯・有稜（有段）外反高杯・大型有稜高杯に分類し、夫々の形態変化を陶邑須恵器編年との対応関係を基準に1段階が須恵器出現以前で、2段階はTG232型式、3段階はTK73〜TK216型式、4段階は（ON46段階）・TK208・TK23・TK47型式、5段階はMT15・TK10・TK43型式、6段階はTK209型式と6段階に区分した。さらに各段階の土師器椀・杯・把手付き鉢・小型壺・直口壺・甕の変遷過程についても具体的な序列を示した。辻によれば土師器高杯を指標とする6段階の様式変遷は畿内ではほぼ一律で起こるが、その変化の速度は須恵器とは一致しないという。また粗製の小型壺が消失し、椀形の高杯が土師器の組成の中で大きな割合を占める3段階から4段階への移行期、土師器高杯が急激に減少する5段階、ヘラ磨き調整が顕著な高杯が増加する6段階が古墳時代中・後期の土器生産と需要の面で起こった画期であり、その背景には当時の社会の動きとそれに連動した土師器生産に対する要求があったとみている［辻1999］。さらに土師器の生産体制について形態の特徴、法量にみられる規格性および製作技法から地域性（1畿内通有型、2西摂東部、3西摂西部、4生駒西麓、5大和南部）を検討して復元を試みており、地方色は製作技法の違いで生まれ、それは土師器の製作者集団の違いを表すと指摘している。また、地域を超えて広範囲で共通する製作技法は土師器の生産が首長層の管理下に置かれていたことを示唆しており、数郡を単位とした生産集団が存在した可能性があるという。以上のような辻の古墳時代中・後期の土師器の研究では土師器高杯が土師器の様式区分をする場合に有効なことを実証し、また、古墳時代中・後期の社会状況を明らかにする上で土師器の研究が有効なことを明らかにしたことは評価されるが、土師器の変化の速度が須恵器とは一致しないことや土師器高杯の型式と須恵器の型式がアンバランスな4・5段階の実相ならびに畿内小地域ごとの高杯以外の器形による土師器様式の把握なども今後の課題であろう。

　2008年に中野咲は奈良盆地をフィールドにして古墳時代中・後期の土器様式の解明を目標に土師器杯の時系列的な変遷と地域性について検討したが、その際に対象とした土師器杯は、土師器高杯以外の供膳具である椀状の杯・鉢・椀であり、杯の型式分類は寺沢薫が矢部遺跡の報告書の中で提唱した土器分類法［寺沢1986］によっている。中野は土師器杯を胎土・色調、全体の形態（A〜Fの6類）、口縁部形態（1〜7類）、底部形態（a〜c類）で分類した後、類型分析をしているが、時系列や同時期の様相の把握の際には土師器に共伴した須恵器の編年［田辺1966］および辻美紀の土師器高杯編年［辻1999］によっている。また、本文中の図10・11に示された1期から4期の杯類の消長から「形態と口縁部の形態を組み合わせたものが同時期のバリエーションであり、底部の形態と胎土・色調（ⅰ・

160

西日本地域の古墳時代中期の土器研究と暦年代（田中）

ⅱ類）が時系列を示す属性」であるという［中野 2008］。土師器杯の定型化への過程は須恵器出現を契機とする供膳具の再編の中で高杯と共に起こったと指摘しており、また、5世紀後半の3期に起こった土師器の地域色は、大和で7世紀後半の国別タイプと呼ばれる旧国単位の土師器煮沸具の地域色の鏑矢と考えている。以上が中野の古墳時代中・後期の土師器についての論考であるが、属性の中に時間を表すものとそうでないものが混在することや図11の「同時期内の上下は時期差を表さない。」という語意の解釈は難解である。むしろ時系列を示す属性こそが型式ではないかと思われる。

2010年に重藤輝行は北部九州の古墳時代中期の土師器編年を行う中で土師器のもつ歴史的意義について布留式新段階から6世紀前半に属する甕、小型丸底壺、高杯を対象にⅢ～Ⅴ期に型式分類し、さらにⅢ期を2分する編年を提示した。そしてⅢA期＝前方後円墳編年4期、ⅢB期＝前方後円墳編年5期、Ⅳ期＝前方後円墳編年6・7期＝TK208型式以前（池の上Ⅲ式以前）、Ⅴ期＝前方後円墳編年8期以降＝TK23～TK47型式という平行関係を示し、把手付き大型甑・小型甕の出現、杯の増加、高杯の減少と小型丸底壺が消滅したⅣ期は確実に須恵器が出現しており、須恵器が出土しなくとも土器群の分類が可能で、また、前方後円墳編年との併行関係の確認は古墳の時期決定の際に土師器編年が利用できるという。さらに古墳時代中期から律令期まで連続する土師器杯、須恵器杯を主要な食器とし、竈で炊飯する食生活習慣は、古墳時代の土器様式の中に律令期の土器様式の起源の一つがあることを指摘している［重藤 2010］。なお、朝鮮三国時代の軟質土器が祖型の土師器小型甕Dは長原遺跡 SE701 の土器群中にも多数あり、北部九州と畿内でほぼ同時期に起こる興味深い現象である。

中久保辰夫は初期須恵器が登場した古墳時代後半期の土師器は近畿の場合は古墳時代前期に成立した布留式土器の系譜上にある酸化焔焼成の土師器と朝鮮三国時代由来の窖窯で還元焔焼成された陶質土器の系譜上にある須恵器、朝鮮半島南部地域出身の渡来人が移住の際に所持し、また定住先で製作した酸化焔焼成による軟質土器および韓式系軟質土器で構成されると説く［中久保 2010・2012・2017］。中久保が提示した古墳時代後半域の土器の構成は評価しうるが、古墳時代前期以来の伝統的な土師器甕による炊飯に渡来人の甑・長胴甕・鍋・平底鉢を使う炊飯形態が加わることで倭人の炊飯形態が変容を遂げて土師器組成のなかに加わった経過や主要煮炊器の変遷過程などについては検討の余地があろう。

2021年に中野咲は中国四国前方後円墳研究会第24回の研究報告「畿内地域の中期土師器編年と外来系土器について」で、畿内の古墳時代中期の土師器編年の基準であった船橋編年［田辺他 1962］に代わり辻美紀の畿内広域および河内土師器編年［辻 1999・2002］、笹栗拓による津堂遺跡の調査成果をまとめた河内土器編年［笹栗 2017］を基準にして土師器高杯の系統分類・群別の型式組列について分析し、河内湖南岸の古墳時代中期土師器編年（1）～（5）を提示した。さらに古墳時代中期・後期の土師器の地域色についても中期前半は点的であったものが、中期後半には面的になるが、これは古代の旧国単位で土師器に起こる地域色の前段階の現象であること、摂河泉の外来系土器の検討から搬入品と在地で製作された二者は地域間交流の一端を示すもので、古墳時代中期の畿内の土師器は韓式系軟質土器の影響のみならず、外来土器の影響も受けており、西日本の土師器が東日本に比べて類似性が高い点は地域間の活発な交流の結果と評価している［中野 2021］。なお、中野のⅠ～ⅩⅠ群の分類と高杯Ⅱ群の型式組列については型式なのか形態分類なのか、Ⅳ期の甕A系統の長胴c類と甕B系

161

第Ⅱ部　土器編年の検討

統の長胴 c 類の分類基準が何か解釈しにくい点もある。2023 年に中野咲は「古墳時代中期の北近畿地域における布留系土器の展開と地域色の発現－刺突痕跡を持つ高杯を中心に－」で古墳時代中期の土師器高杯を形態、調整技法および杯部と脚部の接合技法ほかの要素からⅠ・Ⅱ群に分け、山城・丹波、但馬・伯耆、丹後の有稜高杯ほか 6 種類の高杯の系統分類と変遷（Ⅰ～Ⅴ期）について示した。これに加えて韓式系軟質土器ほかの外来系土器や石組竈の導入経路と意義、布留系土器であるⅡ－1 群の展開と消長および地域色の発現についても検討し、畿内と山陰ではⅡ－1 群を共有することや山陰の土器群が畿内の特定地域から出土することについては双方の交流を示す根拠に挙げている。中野の土師器高杯の現像分析は地域間の人の移動を明らかにする上で評価されるが、大型高杯の系譜やⅤ期の篠山盆地のⅣ群椀形高杯の実態の究明も深めるべきであろう［中野 2023］。

　重藤輝行は 2021 年豊前地域の古墳時代中期の土師器をⅢA 期・ⅢB 期・Ⅳ期・Ⅴ期に区分し、炊飯用の土師器甕を甕 C、中期後半に竈の出現とともに増加する小型の甕を甕 D として捉えた。この中で古墳時代前期の布留式甕に類似する甕 C は甕 1・C Ⅱは中期でも古く、甕 C Ⅲは新しい時期に属するという。また、甕 D は朝鮮半島の軟質小型鉢に共通する器形であることから、須恵器出現以降に主体があるとみる。さらに、高杯類や壺、杯・鉢および中期に出現した大型の把手付甕を含めて一括性の高い遺構出土の資料を抽出し、器形別構成比による豊前地域の古墳時代中期の土師器編年を提示した。その中で前期と中期の境界や須恵器が土師器に与えた影響、渡来人の増加による土師器様式への影響について論じるとともに渡来人が集住し、須恵器の生産を比較的早い時期に始めた豊前地域は、周辺地域を含めた古墳時代中期の土師器を検討するうえで注目すべき地域とみている。塔田琵琶遺跡の平面 L 字形竈および土師器の分析は、渡来人の動向を考古学的に証明するうえで有効であろう［重藤 2021］。古墳時代中期以前から朝鮮半島に距離的に近い北部九州では畿内よりいち早く三韓・三国と倭国間で交流や交易が行われており、主に朝鮮半島南部から数多くの土器類が持ち込まれたほか、嶺南地域では近年多数の 3 ～ 5 世紀代の土師器系土器および須恵器・土師器が出土している。これらの土器は人の移動および相互の文化や土器の相対年代を推し量る際の資料として学際的な研究の俎上に上がっている［国立歴史民俗博物館 2006、趙 2016］。

3．中四国地域の古墳時代中期の土師器編年の現状

　中国四国前方後円墳研究会第 24 回では対象地域の古墳時代中期の土師器資料の集成と高杯類を中心に土師器の地域様相のみならず地域を超えて汎西日本の土師器型式および共通様式ついて検討された［中国四国前方後円墳研究会 2021］。報告の一部については先述した研究史の中でふれたとおりであるが、夫々の内容は示唆に富む傾聴すべきものであった。一方、初期須恵器出現以後は土師器編年をする際に陶邑須恵器編年が対照されることが多かったが、やはり土師器のみによる編年には限界があるのだろうか。また、古墳時代中期の古墳から出土する土師器と須恵器の割合は後者が圧倒的に多いが、長瀬高浜古墳群や大平ラ古墳群のある鳥取県中央部の天神川流域は土師器有稜高杯や椀形高杯など畿内地域との関わりの深い高杯の注目すべき分布地帯となっている。これは君嶋俊行の地域報告の土師器高杯の分析結果にもみられるように高杯 B（有稜口縁）および高杯 C（椀形口縁）の出現期が前者は

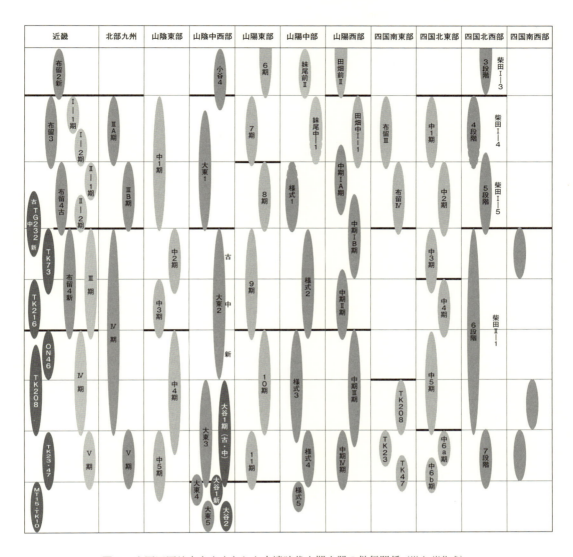

図1　中国四国地方を中心とした古墳時代中期土器の併行関係（岩本 崇作成）

中1期（TG232型式併行）で、後者は少し遅れて中2期（TK73型式併行）であり、倭王権の中枢地である河内と大差ない。同様な状況は出雲東部の意宇平野（松山智弘地域報告）や備中南・備前（河合忍地域報告）をはじめ愛媛（三吉秀充地域報告）・香川（蔵本晋司誌上報告）でも追認しうる（表1）。特に出雲東部・東伯耆の高杯の杯部内面のヘラミガキ技法については中野咲も注目しているように山陰地域と畿内地域を取り持つ興味深い調整技法である。これに対して同形態の高杯Bや高杯Cが見られない高杯D（有稜椀形口縁）や高杯E（短脚形口縁）の分布圏である出雲西部から周防地域および豊前地域は、倭王権との政治的な関係が高杯B・C分布地域とは異なっていたことを示唆している。倭王権の中枢地域と中四国地域の土師器の違いやその要因を明らかにするためには、今後も地域ごとの土師器様式の実態解明に向けての継続的な研究が必要であろう[2]。

第Ⅱ部　土器編年の検討

４．古墳時代中期の土器の暦年代

　古墳時代中期の土器の暦年代については考古学の基本的な手段である土器およびこれに共伴した考古資料の交差年代を求める方法と AMS-14 放射線炭素測定方法や年輪年代法ほかの科学的な年代計測方法によるものが知られている。本稿ではまず古墳時代中期の土器の暦年代を決定するうえで有効と考える光谷拓実の年輪年代測定法による奈良県佐紀遺跡（平城京第２次朝堂院東朝集殿下層）の流路 SD6030 上層および京都府宇治市街遺跡の宇治妙楽 55 番地の流路 SD302 出土の木製品、奈良県香芝市の下田東１号墳の木棺底板の実年代を挙げておく。その際、奈良県橿原市新堂遺跡のしがらみ木材の年輪酸素同位体比分析による年代も含めて総合的に判断したい。

　奈良県佐紀遺跡の流路 SD6030 上層の土器群は体部ハケメ調整で粗雑な小型丸底壺Ｃ、口縁部が緩やかに開く体部が長胴の甕Ｄ、朝鮮三国時代の軟質土器が土師器化した甕Ｈおよび甑、291 点の高杯の大半を占める高杯Ｂ・Ｃ、大型の有稜高杯Ｃａのほか TK73 型式の初期須恵器𤭯の口頸部を２点含み、寺沢矢部編年の布留４（新）に属するものとみられる。これに共伴した最終年輪が樹皮直下まで残る盤の未成品のヒノキの暦年標準パターンは 238AD. ～ 412AD. で照合することから暦年代は 412 年と確定された［光谷・次山 1999］。宇治市街遺跡の流路 SD302 出土の樹皮が残る杓子状木製品ほか４点のヒノキ板材・槽断材の年輪をヒノキの暦年標準パターンと照合したところ 389 年で照合が成立し、樹皮が残るので 389 年に伐採と確定された。同じ資料サンプルで測定された炭素 14 ウイグルマッチング法の年代値（95%）とも整合するので、木製品に伴出した TG232 型式の初期須恵器の上限年代は AD. 389 年という［光谷・大河内 2006］。下田東２号墳の周溝内の木棺底板直下から TK47 型式の須恵器蓋杯が出土しており、木棺の底板は辺材の一部がカットされていたが、残存最外層の年輪年代は 449 年と確定し、これに辺材部を足すと（449 年＋α年）となり５世紀後半となる。AMS–[14] C 年代測定では木棺の中心値で 415 年が出ており、木棺の伐採推定年代値は造出しから TK47 型式の須恵器が採集されている埼玉稲荷山古墳の主体部から出土した鉄剣の辛亥年（471 年）とも矛盾しない[(3)]。橿原市新堂遺跡の流路内のしがらみ（柵）の木材の酸素同位体比年輪年代法による年代値は AD.410 年［中久保他 2020・2021］であり、ここから出土した初期須恵器（TG232・TK73 型式）はともに AD.410 年前後まで使用・廃棄される状況であったという［中久保ほか 2020］。しかし、両者には型式差があり河道内の機能時堆積層から出土していることを勘案すると TG232 型式の初期須恵器は混入品とみるべきとした［田中 2021］。新堂遺跡のしがらみの木材の年代値 AD. 410 年と佐紀遺跡の流路 SD6030 の木製品の年輪年代値 AD.412 年は TK73 型式の暦年代とみて大過ないと考えられる。なお、流路内の TG232 型式の初期須恵器や土師器・韓式系軟質土器の出土状況を考慮すればこれらの暦年代も AD.412 年を遡るものの宇治市街遺跡の流路 SD302 の年輪年代値 AD.389 年まで遡るか否か検討の余地はあろう。

　中国四国前方後円墳研究会で討議した古墳時代中期の暦年代および朝鮮三国時代の文物との相対年代について岩本崇は帯金式甲冑と鉄鏃の共時的関係に基づき設定した７期（Ⅵ～Ⅻ期）の各期を副葬品編年、埴輪編年、須恵器編年との対応関係を検討し、初期馬具（片山４期）から新相馬具（片山５

期）への転換が中四国広域編年（以下広域編年）のⅩ期の中で生じるとみる。埴輪は広域編年Ⅷ期でⅢ期新相とⅣ期古相が、広域編年Ⅺ期において埴輪Ⅳ期新相とⅤ期古相が併存し、この関係は基本的には副葬品とも整合するという。しかし、古い型式の須恵器が副葬品編年上の新しい時期まで残存する例が多数確認され対応関係が一致しないとのことであった。これについては須恵器が「伝世」したか、地方窯で古い型式の須恵器が生産された可能性があるため、古墳時代中期においては須恵器のみに依存した古墳の比定には慎重を期すべきと注意している[4]。また、暦年代についても朝鮮三国時代の暦年代考古資料を基準とした古墳時代中期の列島資料との併行関係による相対編年の各時期には20〜25年の実年代幅を想定しうるという。これは年輪年代から須恵器の暦年代を決めている説[5]の年代を引き下げることになると検討の必要性を述べている［岩本2022］。

まとめ

　本稿では古墳時代中期の土器の研究史および暦年代について粗略ながら論述した。今日の古墳時代中期の土器研究は多くの先学の研究の礎の上にあることを再認識するとともに和田晴吾が1987年に提示した古墳の様式区分案［和田1987］は一部修正するとしても古墳時代各期の様式区分の定点といえるであろう[6]。戦後各地で行われた発掘調査で蓄積された考古資料や報告書などの文献は膨大な量であり、古墳時代中期の土器に関する個別の論文や著書も数多くある。今回は主に中国四国前方後円墳研究会が取り組んだ古墳時代中期の土師器・須恵器に関係するものについて取り上げたが、土師器と須恵器の型式が同時に変遷しないのは生産体制や土器作り技術そのものの伝達システムの違いとの見方もあるし、土器編年で使う須恵器と土師器が同一遺構内で混在することから併行型式が生まれると思い込むことかもしれない。ところで大阪府羽曳野市の土師の里遺跡は、古市古墳群の造営に関与した土師氏の集落とみられている著名な遺跡であるが、ここから出土する土師器は形も胎土も一見して判別が可能といわれるほど特徴的な個体であり、土師器作り専業集団の存在を物語っている。このような土師器の生産と流通の実態が明らかになれば坪井清足が「土師器は須恵器に比べて1型式の変化に長い時間を要する」と指摘したことに対する答えが出るものと思われる。

註
（1）　古墳時代前期の土師器として著名な布留式土器は、奈良県天理市の布留遺跡で戦前に行われた天理高等女学校底のプール建設中の調査で4地点から収集された土師器に冠された名称である。実測図を見ると布留式甕、小型精製三種土器（丸底壺・器台・二重口縁鉢）を含むが、土師器小型丸底壺（ハケメ調整）・二重口縁壺・直口壺・甕・椀形高杯・大型有稜高杯・甑の把手のほか、初期須恵器高杯形器台・砥および提砥石などが共伴している［末永・小林・中村1938］。土師器の中には小若江北式土器より後出する初期須恵器を伴う土師器とみるのが適切なものがある。

（2）　紙面の都合で紹介できなかったが、2023年に金井千紘は大阪歴史学会で古墳時代中期の土師器生産と地域間交流について生駒西麓産土師器高杯を中野咲と同様な属性分類法（杯部形態・接合方法・脚部形態）で分析するとともに辻美紀土師器編年とも対比して生産範囲および地域間交流の実態についての研究成果を発表している。

（3）　日本文化財科学会誌には光谷の主だった古墳出土木製品の年輪年代測定値と暦年代および個々の木製品の年輪

計測資料としての問題点の有無などについてコメントがある［光谷1995］。

（4）　古墳出土の初期須恵器は主体部に副葬される例は極めて少なく、墳丘上に供献された例が多いため、副葬品との時期差が生じることがある。地方窯の須恵器は陶邑古窯誌群の須恵器に比べて古いものは朝鮮三国時代の陶質土器の影響が残り、須恵器が普及する陶邑TK23型式併行期以降もそれ以前の特徴が見られるものが存在する。また、古墳築造後の追善供養的な儀礼に伴う須恵器も見られることも注意する必要がある。

（5）　光谷拓実の古墳時代の暦年代に関係する年輪年代測定について否定的な立場を取る考古学研究者の多くは測定で使う標準尺のデーターが公開されないこと、佐紀遺跡や宇治市街遺跡ともに測定資料が流路から出土しているため、土器との供伴関係を問題視している。この問題を解決するためには発掘調査で年輪年代測定資料として相応しい樹皮型木製品はもとより辺材が残る木製品で、土器との供伴関係も問題のないものを選び、年輪年代測定法を軸にウイグルマッチング法やAMS-^{14}C年代測定法、年輪酸素同位体比分析法との相互検証を経て決定された暦年代が必要であろう。

（6）　古墳時代の年代決定法について和田晴吾はⅠ.考古学的方法（遺物に紀年銘がある場合・文献から古墳の被葬者が推定できる場合・文献から建物の創建年代がわかる場合）、Ⅱ.自然科学的方法、Ⅲ.二つの時期の検討のなかで須恵器の問題を通じて様式と型式の違い、地域ごとの一括遺物の悉皆的な検討を踏まえた様式的把握の深化と資料を蓄積し、地域間の交差編年を作り東アジア的な広がりをもつ相対的編年表の必要性を述べている［和田2009］。

引用文献

安達幸三・木下正史　1974「飛鳥地域出土の古式土師器」『考古学雑誌』第60巻2号　日本考古学会　pp.1-30

朝倉秀昭ほか　1980『岡山県埋蔵文化財発掘調査報告』39　岡山県教育委員会

石野博信・関川尚功　1976『纒向』奈良県桜井市教育委員会

岩本　崇　2022「中期古墳年代論—相対編年とその暦年代—」『中期古墳研究の現状と課題Ⅵ〜新編年で読み解く地域の画期と社会変動〜』中国四国前方後円墳研究会第25回研究集会（島根大会）実行委員会　pp.1-19

小田富士雄　1996「九州地方の古墳時代の土器」『日本土器辞典』雄山閣出版　pp.586-587

川西宏幸　1982「形容詞を持たぬ土器」『考古学論考』小林行雄博士古稀記念論文集刊行委員会　pp.189-214

京嶋　覚　1993「古墳時代後半期の土器の変遷」『長原・瓜破遺跡発掘調査報告書』Ⅴ　大阪市文化財協会　pp.269-270

国立歴史民俗博物館　2006『国立歴史民俗博物館　国際研究集会　日韓古墳時代の年代観』

笹栗　拓　2017「津堂遺跡における古墳時代中期の土器編年—古市古墳群周辺集落の土器様相とその特質—」『大阪文化財研究』第50号　大阪府文化財センター　pp.15-38

笹栗　拓　2020「古市古墳群周辺の土地利用と地域開発」『大阪文化財研究』第53号　大阪府文化財センター　pp.29-49

重藤輝行　2010「北部九州における古墳時代中期の土師器編年」『古文化談叢』第63集　九州古文化研究会　pp.119-160

重藤輝行　2021「研究報告2　九州の中期土師器編年」『中期古墳研究の現状と課題Ⅴ〜古墳時代中期の土師器・須恵器をめぐって〜』発表要旨集・資料集成　中国四国前方後円墳研究会　pp.41-58

末永雅雄ほか　1938「大和に於ける土師器住居址の新例」『考古学第9巻第10号』東京考古学会　pp.481-488

須藤　隆ほか　1981「第Ⅳ章遺物　1土器」『平城京発掘調査報告』Ⅹ　奈良国立文化財研究所

田辺昭三・原口正三・田中　琢・佐原　眞　1962『船橋』Ⅱ　平安学園考古学クラブ

田辺昭三　1966『陶邑古窯址群』平安学園考古学クラブ

田辺昭三　1981『須恵器大成』角川書店

田辺昭三　1982「初期須恵器について」『考古学論考』小林行雄博士古稀記念論文集刊行委員会　pp.417-429

高橋　護　1991「2土師器の編年3中国・四国」（『古墳時代の研究』6土師器と須恵器）　雄山閣出版　pp.47-58

田中清美　1999「第2節SE703出土韓式系土器と土師器の編年的位置付け」『長原遺跡発掘調査報告』Ⅶ　大阪市文

化財協会　pp.101-106

田中清美　2002「須恵器定型化への過程」『田辺昭三先生古稀記念論文集』田辺昭三先生古稀記念の会　pp.207-226

田中清美　2006「初期須恵器生産の開始年代−年輪年代法から導き出された初期須恵器の実年代−」『韓式系土器研究』Ⅸ　韓式系土器研究会　pp.39-49

田中清美　2007「年輪年代法からみた初期須恵器の年代観」『日韓古墳・三国時代の年代観』Ⅱ　韓国国立釜山大学校博物館・日本国国立歴史民俗博物館　pp.99-111

田中清美　2012「古墳時代中期の土器研究と暦年代」『中期古墳研究の現状と課題』Ⅴ〜古墳時代中期の土師器・須恵器をめぐって〜　発表要旨集・資料集成　中国四国前方後円墳研究会　pp.1-15

伊達宗泰・森　浩一　1966「3土器」『日本の考古学』Ⅴ古墳時代（下）　河出書房新社　pp.188-210

趙　晟元　2016「3〜4世紀韓国嶺南地域と日本の交流について」『中国・四国前方後円墳研究会第19回前期古墳編年を再考する』Ⅲ　pp.1-19

坪井清足　1956『岡山県笠岡市高島遺跡調査報告書』岡山県高島遺跡調査委員会

辻　美紀　1999「古墳時代中後期の土師器に関する一考察」『国家形成期の考古学−大阪大学考古学研究室10周年記念論集−』大阪大学考古学研究室　pp.351-365

辻　美紀　2002「河内地域における古墳時代中期の土師器」『長原遺跡発掘調査報告書』Ⅸ　大阪市文化財協会　pp.66-78

寺沢　薫　1986「畿内古式土師器の編年と二・三の問題」『矢部遺跡』奈良県史跡名勝天然記念物調査報告第49冊　奈良県立橿原考古学研究所　pp.371-397

中野　咲　2008「古墳時代中・後期における土師器坏の変遷と地域性−奈良盆地の事例について−」『吾々の考古学』和田晴吾先生還暦記念論集刊行会　pp.321-335

中野　咲　2021「畿内地域の中期土師器編年と外来系土器」『中期古墳研究の現状と課題Ⅴ〜古墳時代中期の土師器・須恵器をめぐって〜』発表要旨集・資料集成　中国四国前方後円墳研究会　pp.17-40

中野　咲　2023「古墳時代中期の北近畿地域における布留式土器の展開と地域色の発現−刺突痕跡を持つ高坏を中心として−」『古墳出現期土器研究』第10号　古墳出現期土器研究会　pp.103-125

中久保辰夫　2010「陶邑における韓式系軟質土器の変容過程」『韓式系土器研究』Ⅺ　韓式系土器研究会　pp.1-23

中久保辰夫　2012「渡来文化受容の二波」『韓式系土器研究』Ⅻ　韓式系土器研究会　pp.11-27

中久保辰夫　2017『日本古代国家の形成過程と対外交流』大阪大学出版会

中久保辰夫・李　貞・石坂泰士・中塚　武　2020「(10)奈良県新堂遺跡出土初期須恵器・土師器の型式学的検討と供伴木材の年輪酸素同位体比分析」『一般社団法人日本考古学協会第86回総会研究発表要旨』一般社団法人日本考古学協　pp.30-31

中久保辰夫・李　貞・石坂泰士・井上智博・中塚　武2021「(4)型式学・堆積學・年輪炭素同位体比分析による奈良県新堂遺跡出土初期須恵器・土師器の年代」『一般社団法人日本考古学協会第87回総会研究発表要旨』一般社団法人日本考古学協会　p.25

楢崎彰一　1966「(巻末)須恵器編年図表・出土地名」『日本の考古学』Ⅴ（下）　河出書房新社

奈良国立文化財研究所　1981『平城宮発掘調査報告』Ⅹ　奈良国立文化財研究所

西　弘海　1982「土器様式の成立とその背景」『考古学論考』小林行雄博士古稀記念論文集刊行委員会　pp.447-471

根木　修　1975「1．古墳時代土師器」『幡多廃寺発掘調査報告』岡山市遺跡調査団　pp.83-125

間壁1972

間壁忠彦・間壁葭子　1974「Ⅴ女男・辻山田遺跡の問題点」『倉敷考古館研究集報』第10号　（財）倉敷考古館　pp.98-121

光谷拓実　1995「古墳の年代を年輪から計る」『考古学と自然科学』第31,32（合併号）日本文化財科学会　pp.11-20

光谷拓実・次山　淳　1999「平城宮下層古墳時代の遺物と年輪年代」『奈良国立文化財研究所年報』1999-Ⅰ　pp.8-9

光谷拓実2000「年輪年代法の最新情報−弥生時代〜飛鳥時代」『埋蔵文化財ニュース』99　奈良国立文化財研究所埋

蔵文化財センター

光谷拓実・大河内隆之　2006「Ⅳ－1－8宇治市街遺跡」『歴史学の編年研究における年輪年代法の応用』－中期計画（2001
　　年～2005年）事業調査報告書－　奈良文化財研究所埋蔵文化財センター古環境研究室　pp.165-171

横山浩一　1959「手工業生産の発展―土師器と須恵器」『世界考古学大系』3　平凡社

米田敏幸　1991「2土師器の編年1近畿」『古墳時代の研究』6土師器と須恵器　雄山閣出版　pp.19-33

和田晴吾　1987「古墳時代の時期区分をめぐって」『考古学研究』第34巻第2号　考古学研究会　pp.44-55

和田晴吾　2009「古墳時代の年代決定法をめぐって」『日韓における古墳・三国時代の年代観』（Ⅲ）日本人間文化研究
　　機構国立歴史民俗博物館　pp.51-71

〈研究報告〉

畿内地域の中期土師器編年と外来系土器

中 野　　咲

はじめに

　本稿は、系統に注目した畿内の古墳時代中期土師器編年の提示と、畿内出土の外来系土器の抽出により、当該期の土師器が韓半島だけでなく、列島内の様々な地域の影響を受けていることを示す。

　古墳時代中期の土師器に先行する古墳時代初頭の土師器研究は、型式学的検討に基づいた編年研究や系統研究が最も進展している分野の一つである。一方、後続する古墳時代中期の土師器研究は、斉一性が高く広域流通する須恵器が当該期の年代決定の物差しとして利用されているため、編年や地域色の研究が進展せず、須恵器を伴わない土器群の時期決定を困難にさせていた[1]。このような中、辻美紀氏により古墳時代中・後期における畿内の土師器編年が提示され、当該期においては土師器高坏を用いた時期決定が可能であることが示された［辻1999］。

　その後、良好な資料の蓄積に伴い、遺跡ごとあるいは小地域ごとに編年作業が進められている。しかしながら、提示されている土師器編年の中には、須恵器と共伴した土師器の様相を示した成果も多く、実際には土師器の型式学的検討に基づいた編年研究が進展しているとは言い難い。

　最近では、古墳時代初頭の土師器における系統研究を古墳時代中期にも敷衍する形で、当該期の土器研究でも型式学的検討が進展しつつある。畿内の古墳時代初頭の土器様式である布留式土器は、斉一性が特徴とされてきたが、研究の進展の結果、高坏と小型丸底土器については吉備南部系と山陰系が存在し、前者から後者への漸移的な転換が明らかにされた［次山1993、三好2010］。この成果を受けて、笹栗拓氏は古墳時代中期の土師器高坏をこの二群の系統分類を敷衍する形で整理した［笹栗2019］。その後さらに多様な系統が分類され、系統毎の型式学的変遷が示されるなど［中野2021a・2023b・2023c、笹栗2022］、土師器高坏を対象とした型式学的検討に基づく編年研究や外来系土器研究［中野2017・2019・2023a・2024a・2024b］が進展しつつある。

　本稿では、上記の流れを踏襲し[2]、中河内の河内湖南岸[3]の土師器高坏を対象として検討を進める。なお、本来は土師器独自の変遷についても示されるべきだが、今回も系統間の併行関係を確認するためにあらかじめ須恵器で時期区分し、各系統の消長を示すこととする。

表1　本稿と既往の編年との対応関係

本稿	辻1999・2002	京嶋1993	田中1999	米田1991	笹栗2017	須恵器型式
河内湖南岸	畿内・中河内	長原遺跡	長原遺跡	畿内	津堂遺跡	
Ⅰ-1期	1段階			布留式Ⅲ	1段階	
Ⅰ-2期						
Ⅱ-1期	2段階（古）			布留式Ⅳ	2段階	
Ⅱ-2期	2段階（新）		1期前半		3段階	TG232
Ⅲ期	3段階	1期	1期後半		4段階	TK73～216
					5段階	
Ⅳ期	4段階（古）	2期		布留式Ⅴ	6段階	TK208
Ⅴ期	4段階（新）（5段階）	3期		布留以後		TK23・47

第Ⅱ部　土器編年の検討

1．高坏の系統分類

（1）坏部形態・脚部形態・接合技法の分類

高坏坏部形態は以下のように分類する（図1）[4]。

無稜外反高坏　　坏部が底部から稜を持たず、屈曲して口縁部につながる。口縁端部は外反する。
無稜直口高坏　　坏部が底部から稜を持たず、屈曲して口縁部につながる。口縁端部は直線的に伸びる。
椀形高坏　　坏部が底部から稜を持たず、内湾して口縁部につながる。口縁端部は直立するか内湾する。
有稜椀形高坏　　坏部底部と口縁部の間に段を持ち、口縁部は内湾する。
有稜高坏　　坏部底部と口縁部の間に段を持ち、口縁部が直線的に開く。
大形高坏　　坏部底部と口縁部の間に段を持ち、口縁部が直線的に開く。

脚部の形態は以下のように分類する（図2）。

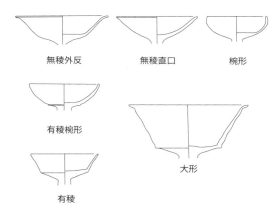

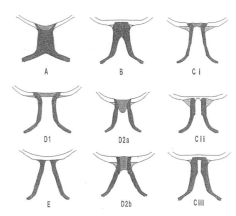

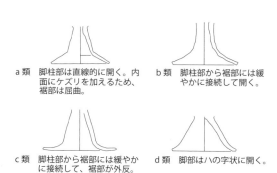

図1　高坏坏部形態の分類

図2　高坏坏部形態の分類

図3　高坏接合方法の分類

170

a類　脚柱部は直線的に開き、裾部は屈曲する。

　b類　脚柱部から裾部には緩やかに接続して開く。

　c類　脚柱部から裾部には緩やかに接続して、裾部が外反する。

　d類　脚部はハの字状に開く。

坏部と脚部の接合技法については、図3のように分類する。

（2）系統分類

　以上の属性を組み合わせて系統分類を行う（図4）[5]。前章で述べたように、三好2010では、形態・調整・接合方法・色調・胎土の各属性から前期の高坏をⅠ群とⅡ群、その他に分類された。本稿でもこの分類を踏襲し、Ⅰ群系・Ⅱ群に該当しないその他について、新たにⅢ群以下の分類を設定する。

　Ⅰ　群　坏部形態は、有稜・大形といった坏部底部と口縁部の境界に稜をもつ形態が主体で、椀形や有稜椀形もわずかにみられる。脚部形態a類。接合技法B類。精製器種の系譜を引き、横位ミガキを施すものもある。

　Ⅱ　群　坏部形態は、無稜外反や無稜直口、椀形など坏部底部と口縁部の境界に稜を持たない形態が主体で、大形高坏も一定程度みられる。脚部形態b類。接合技法はC類で、Cⅰ類からCⅲ類に変遷する。坏部内面に放射状暗文を施すものがある。大形高坏は口縁部外にも縦位暗文（ジグザグ暗文を含む）を施すものがある。脚部に円形透かしを穿つものがあるが時期が下ると失われる傾向にある。畿内地域の主たる系統である。

　Ⅲ　群　坏部形態は、無稜外反や無稜直口、椀形など坏部底部と口縁部の境界に稜を持たない形態が主体で、大形高坏も一定程度みられる。脚部形態b類。Ⅱ群の形態と類似する。接合技法D1類。脚部に円形透かしを穿つものがあるが時期が下ると失われる傾向にある[6]。

　Ⅳ　群　坏部形態は有稜や大形高坏を中心として、無稜直口や椀形も認められる。脚部形態a類。接合技法D1類。脚部に円形透かしを穿つものがあるが時期が下ると失われる傾向にある。

　Ⅴ　群　坏部形態は、有稜・大形といった坏部底部と口縁部の境界に稜をもつ形態が主体で、無稜外反もわずかにみられる。脚部形態類。接合技法B・D1類。脚柱部には縦位ミガキが認められる。

　Ⅵ　群　坏部形態は椀形であり、口縁端部が肥厚する。脚部形態は不明。接合技法D2b類。

　Ⅶ　群　坏部形態は椀形である。脚部形態b類。接合技法B類。脚部から坏部外面はミガキ、坏部内面に放射状暗文を施す。

　Ⅷ　群　坏部形態は有稜である。脚部形態d類。接合技法B類。脚部内面にケズリを施す。内外面を赤彩するものもある。

　Ⅸ　群　坏部形態は有稜である。脚部形態d類。接合技法B・D1類。脚部内面にケズリを施す。

　Ⅹ　群　坏部形態は、有稜である。脚部形態a類。接合技法B類。全体的に大型で、器壁も厚手である。胎土に火山ガラスを含む搬入品もある。

　Ⅺ　群　坏部形態は有稜や椀形である。脚部形態b類。接合技法E類。脚部と坏部の接合時に坏部底部にキザミ施すものもある。内外面は回転ナデが主体である。焼成は堅緻なものが多い。

　以上の系譜について、Ⅰ・Ⅱ群は三好2010で示されたとおりⅠ群＝吉備南部系、Ⅱ群＝山陰系（東

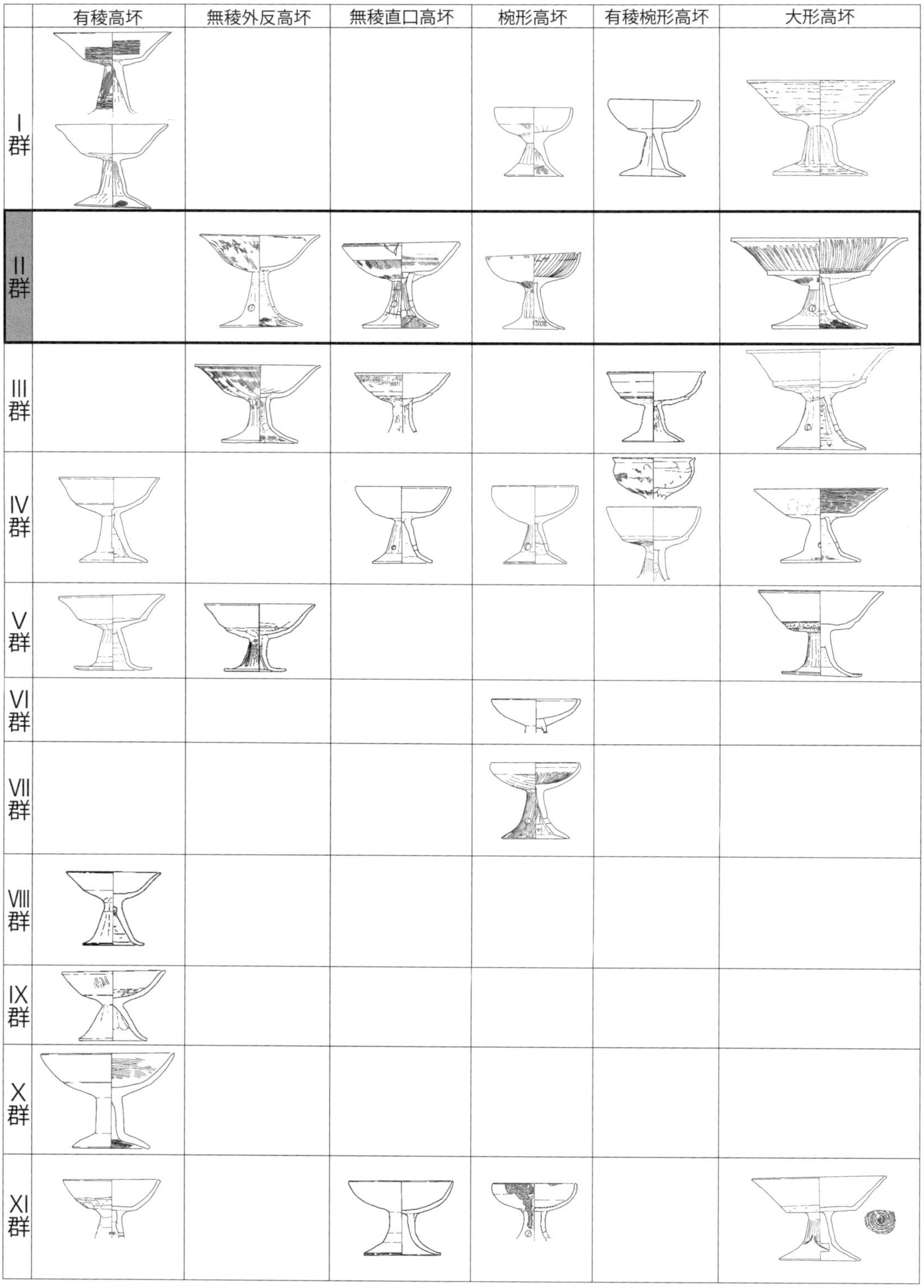

第Ⅱ部　土器編年の検討

	有稜高坏	無稜外反高坏	無稜直口高坏	椀形高坏	有稜椀形高坏	大形高坏
Ⅰ群						
Ⅱ群						
Ⅲ群						
Ⅳ群						
Ⅴ群						
Ⅵ群						
Ⅶ群						
Ⅷ群						
Ⅸ群						
Ⅹ群						
Ⅺ群						

図4　土師器高坏の系統分類

部系）である。古墳時代前期のうちにⅠ群からⅡ群へ漸移的に移行するとされ、本稿で対象とする古墳時代中期には、畿内においてはⅡ群が主体となっている。ただし、Ⅰ群は吉備南部系以外の系統を含む可能性がある。

　Ⅲ・Ⅳ群は接合技法が円盤充填法のD1類であることが共通し、脚部の形態で分類した。接合技法D1類は畿内周辺においては西摂以西、丹後、伊賀などに広く認められ［中野2023b・2023c・2024刊行予定］、Ⅲ・Ⅳ群は畿内周辺の多様な地域の系譜を引くものを含むと考えられる[7]。その細分と系譜の究明は今後の課題である。

　Ⅴ群は長原遺跡東北地区溝状遺構（NG06-3SD713）からまとまって出土しており、東日本地域の系譜を引くとしたが、さらに限定できる可能性がある［中野2019］。Ⅶ群は外面にミガキを多用することから、東日本地域の系譜を引く可能性がある。Ⅸ群はハの字脚が特徴的で、山陰西部や西部瀬戸内以西で認められる形態である［重藤2010、松山2021］。Ⅹ群は南九州に展開する成川式土器［橋本2015］である。火山ガラスを含む胎土から搬入品と判断される個体を含む。Ⅺ群は須恵器の技法を用いて製作されたもので、広義の韓式系といえる。

　これらのほかに、個体数が少なく群として設定できないが、さまざまな形態や接合技法が確認され、この中には他地域から影響を受けたものや搬入品が含まれると考えられる。以上のように多様な系統の展開は長原遺跡周辺に限定されており、畿内の一般的な集落では、Ⅰ～Ⅳ群が主体的に認められる。

（３）Ⅱ群の型式分類

以下では、畿内の主系列であるⅡ群に対し型式分類を行う。

① 無稜外反高坏

１　類　　口径15～19cm、器高12～13cm。坏部と脚部の接合技法はＣⅰ類（図5－5・8）。

２　類　　１類に比べて坏部がやや深くなるが、全体的な法量は縮小している。口径13～15cm、器高10～11cm。接合技法はＣⅱ類（11・20）。

３　類　　河内湖南岸地域では認められない。

４　類　　調整が粗雑化し、肥大化傾向にある。口径14～16cm。接合技法はＣⅲ類（38）。

② 無稜直口高坏

１　類　　口径15～17cm、器高13～14cm。接合技法は主にＣⅰ類（12）。

２　類　　１類に比べて口縁部が内湾する。坏部の法量や器高が縮小する。口径12～16cm、器高11～12cm。接合技法は主にＣⅱ類（22）。

３　類　　口縁部が内湾する。坏部の法量が縮小傾向で、２類と比べて斉一性が高い。口径13～14cm。接合技法は主にＣⅱ類（23）。

③ 椀形高坏

１　類　　坏部がわずかに内湾するか、半球形を呈する。坏部内面に暗文を施すものもある。口径14～16cm、器高13～14cm。接合技法は主にＣⅰ類（13）。

２　類　　坏部が完全に椀形化する。口縁端部に面をもつものや、坏部内面に暗文を施すものがある。１類より法量が縮小する。口径13～15cm、器高10～12cm。接合技法は主にＣⅱ類（26）。

第Ⅱ部　土器編年の検討

3　類　　坏部が完全に椀形化し、椀形高坏として定型化する。口縁端部は丸く収める。坏部内面に暗文を施すものもある。2類より法量が縮小する。口径12～14cm、器高9～11cm。接合技法は主にCⅲ類（27・39・40）。

④　大形高坏

1　類　　口径16～21cm、坏部の深さ4～6cm、器高14～15cm、経口指数（坏部高÷口径×100）は26前後。接合技法は主にCⅰ類（図6-2）。

2　類　　口径17～26cm、坏部の深さ6～7cm、経口指数は28～33。接合技法は主にCⅱ類（5）。

3　類　　口径18～30cm、坏部の深さ7～10cm、経口指数は33～40。接合技法は主にCⅱ類（7）。

2．各時期の様相

　本章では前章で分類したⅡ群の高坏の型式の組列を中心に時期設定を行う（図5・6）。また、須恵器出現以後は各系統の併行関係の確認のため、須恵器型式を基準にする。以下、両者を用いた河内湖南岸地域の土器様相を河内湖南岸Ⅰ～Ⅴ期と呼称する。

河内湖南岸Ⅰ-1期　　佐堂遺跡SD6003中下層・SK6010出土土器を基準とする。須恵器は伴わない。

　高坏はⅠ群の有稜高坏が主体で（図5-1・2）、Ⅱ群は確認されない。Ⅰ群の中では内外面ナデのもの（2）が中心であるが、内外面にミガキを施す精製器種（1）も一定程度残存する。

河内湖南岸Ⅰ-2期　　成法寺遺跡第7次SD402・404、小阪合第35次SK402・土坑244出土土器を基準とする。

　高坏はⅡ群の無稜外反高坏1類（5）が主体となる。Ⅰ群の有稜高坏（3・4）も客体的に存在する。高坏の器高は11～14cm前後と高い。三好2010によると、漸移的に高坏の主体がⅠ群からⅡ群に移行するとされるため、Ⅰ-1期とは時期差を有すると考えられる。しかしながら、共伴するほかの器種に大きな差異が認められないため、時期差ではなく、主体となる土器の系統が異なり、遺構の性格差を反映されている可能性も排除できない。今後検証が必要である。

河内湖南岸Ⅱ-1期　　長原遺跡00-6SK701、八尾南遺跡井戸6、津堂遺跡2T土器溜り・603井戸・951土坑・988大型土坑・987大型土坑出土土器を基準とする。須恵器は伴わない。

　高坏は前代に引き続きⅡ群の無稜外反高坏1類（8）が主体である。器高に大きな変化はないが、口縁部径が拡大する傾向にあり、口径18cmを超えるものが現れる。そのほか、Ⅲ群の無稜外反高坏（9）も認められる。また、大形高坏1類（図6-2）の出現がこの時期の指標である。器高は13～15cmと、無稜外反高坏と大きな差異はない。経口指数は19～26であり、坏部は比較的浅めである。大形高坏も主体はⅡ群であるが、Ⅰ・Ⅲ・Ⅳ群（1・3・4）も認められる。このほか、Ⅰ群の有稜高坏（図5-6）が残存するほか、ハの字脚を呈するⅨ群（7）もわずかに認められる。

河内湖南岸Ⅱ-2期　　長原遺跡98-19SX701・SE709・02-8SK040、八尾南遺跡SE26・SE21、津堂遺跡945井戸、中田遺跡92-10SK1出土土器を基準とする。長原遺跡98-19SX701ではTG232型式の須恵器が伴う。前代と土師器の様相に大きな差異はないものの、以下に記すように新しい要素が認められることと、須恵器を伴う資料があることから、Ⅱ期を細分した。

174

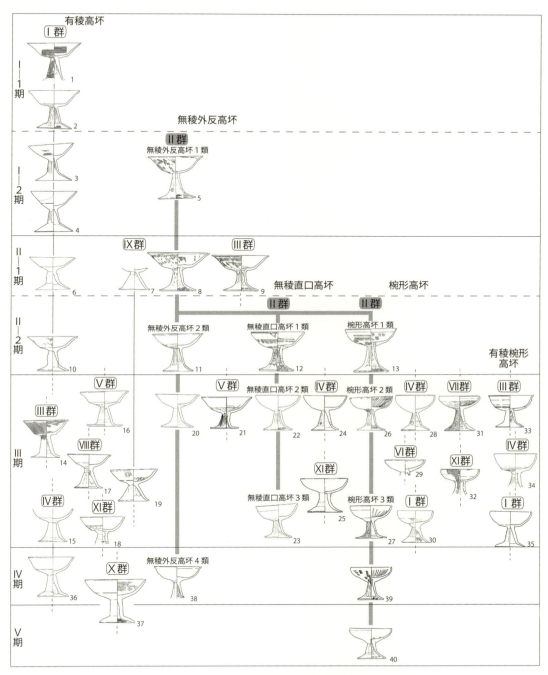

図5　河内湖南岸古墳時代中期土師器高坏の編年（1）（S=1/12）

　高坏はⅡ群の無稜外反高坏1類が中心であるが、口縁部径や器高が縮小した2類（図5-11）が出現する。このほか、Ⅱ群のうちに無稜直口高坏1類（12）や椀形高坏1類（13）といった新たな型式が出現する。また、大形高坏においても坏部の深さが増加した2類（図6-5）が出現する。

第Ⅱ部　土器編年の検討

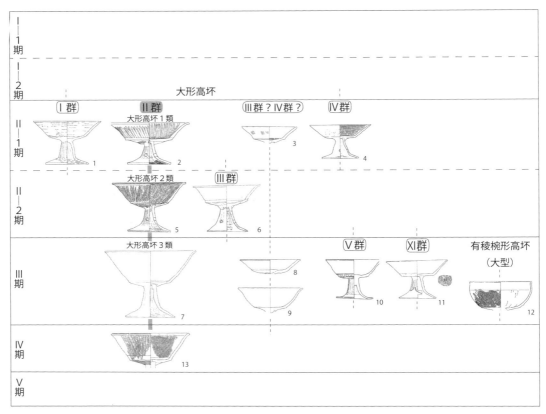

図6　河内湖南岸古墳時代中期土師器高坏の編年（2）(S=1/12)

河内湖南岸Ⅲ期　　長原遺跡 02-8SX007 上層土器集積・SE003・03-6 SK068・SK090・SK092・X013 周溝上層・84-4SD702・84-6SX703 上層土器溜り・99-15SK705・82-41SE703・00-11SD701・06-3SD713、城山遺跡 SX0743、八尾南遺跡 SE1・SE5・SK1・84-3SK3、津堂遺跡 649 井戸・607 土坑・1152 土坑・1194 土坑・竪穴建物1、小阪合遺跡土坑 435・土器溜り 467 出土土器を指標とする。これらの土器群には TK73 〜 216 型式の須恵器が伴う。

　　高坏はⅡ群の無稜外反高坏2類（図5 - 20）が残存するものの、主体は無稜直口高坏2類（22）や椀形高坏2類（26）で、坏部の椀形化と小型化が同時に進み、器高は 10 〜 12 cmに縮小する。色調は橙黄色を呈するものが増加する傾向にある。そのほか、有稜高坏ではⅢ・Ⅳ・Ⅴ・Ⅷ・Ⅸ・Ⅺ群（14〜 19）、無稜外反高坏ではⅤ群（21）、無稜直口高坏ではⅣ・Ⅺ群（24・25）、椀形高坏ではⅠ・Ⅳ・Ⅵ・Ⅶ・Ⅸ群（28 〜 32）、有稜椀形高坏ではⅠ・Ⅲ・Ⅳ群（33 〜 35）と多様な型式が認められる。Ⅱ群の椀形高坏を主体として定型化する方向にあるものの、列島内外各地域の系譜を引く系統が混在している状況がうかがえる。いずれも器高は 10 〜 12 cmで小型化や椀形化が指向されている点が共通している。大形高坏はⅡ群において坏部が大型化する傾向が認められ、経口指数 30 を超えるような3類（図6 - 7）が出現する。そのほかⅢ群あるいはⅣ群・Ⅴ群・Ⅺ群（8 〜 11）が認められるものの、坏部の大型化傾向は顕著ではない。

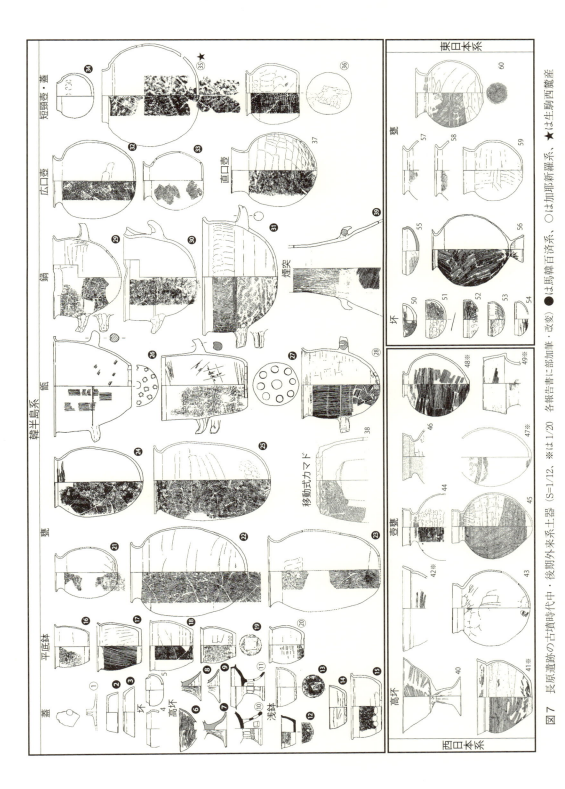

図 7 長原遺跡の古墳時代中・後期外来系土器（S=1/12、※は1/20　各報告書に一部加筆・改変）●は馬韓百済系、○は加耶新羅系、★は生駒西麓産

第Ⅱ部　土器編年の検討

　河内湖南岸Ⅳ期　　長原遺跡 83-32SK39、八尾南遺跡 84-3SK1・井戸 8、久宝寺遺跡 24 次 SD31036・70 次 1302 井戸、津堂遺跡大土壙 A・B、小阪合遺跡 82-1SK14・93-26SK209・土坑 350 出土土器を基準とする。これらの土器群には TK208 型式の須恵器が伴う。

　高坏は、前代の多様な型式は継続せず、Ⅱ群が主体となる。その中でも椀形高坏 2 類（図 5 - 39）が主体で、大形高坏 3 類（図 6 - 13）がわずかに伴う。このほか、Ⅱ群の無稜外反高坏 4 類（図 5 - 38）、Ⅳ群の有稜高坏（36）が認められる。また、Ⅹ群の有稜高坏（37）はこの前後の時期に位置付けられると考えられる。

　河内湖南岸Ⅴ期　　長原遺跡 93-26SK701・96-71SD701・96-14・41SX701、加美正覚寺遺跡 SX316 出土土器を基準とする。これらの土器群には TK23・47 型式の須恵器が伴う。

　高坏はⅡ群の椀形高坏 3 類（40）があるが、供膳器の主体は須恵器坏に移行していく。

3．外来系土器

　ここでは、長原遺跡群[8]の古墳時代中期における列島内外の系譜を引くの外来系土器の一部を上げた（図 7）。

　韓半島系土器については、研究史が厚く［田中 2010、寺井 2012、中久保 2013 など］、その多くが馬韓・百済系であるものの、加耶・新羅系も一定程度確認されている。

　列島内の外来系土器のうち、山陰系土器（図 7 - 40 ～ 46）は西日本系のうち大半を占め、壺および甕が多く、在地の模倣品と評価される見方が強い。一方、横方向の暗文を施す大形高坏（40）は山陰東部に特有の手法で、東伯耆地域に限定でき、搬入品あるいは山陰の技術によって畿内で製作されたものと評価できる［中野 2021b・2024a］。また、大型壺（49）は東部瀬戸内地域の系譜を引く。さらに特筆されるのは、胴部に刻み目を施した突帯を巡らせる 47 で、南九州の成川式土器の搬入品と評価される［橋本 2015］。Ⅹ群の高坏の存在も鑑みると、南九州地域との人的な交流が想定される。

　東日本系には宇田型甕をはじめとする台付甕（56 ～ 58）がある。さらに、東海東部以東の地域系譜を引く平底で赤採された坏（50）や須恵器坏模倣（51 ～ 55）および平底甕（59・60）の存在が長原遺跡群の特質として上げられ、当該地域との人的な交流が想定される［中野 2019］。

おわりに

　既往の古墳時代中期の土師器編年においては、細分化された須恵器編年に合わせて一括資料を並べ、底に含まれる高坏を一系列に並べた成果があり、高坏の型式変化が認識し辛かったが、今回製作技術に基づく系統別に組列を設定した結果、型式変化が明確になったと考えられる。

　また、様々な地域の系譜を引く系統の存在も確認できた。これらは法量や形態およびその変遷が類似しており、共通の規範が存在したことを示唆する。加えて、3 章で示した列島各地の系譜を引く土器も、活発な地域間交流の一端を示していると考えられる。西日本の土器は、東日本と比べると比較的に類似しており、抽出が困難であるが、裏返すと活発な交流の結果、情報の共有が行われていると

178

評価できる。一方で山陰東部の高坏に見られるように地域特有の手法も認められる。各地域の編年や地域色は、明らかになりつつあり、この整理を進めることで西日本の土師器の編年の併行関係や地域色の特質をとらえることができると期待される。

付　記　本稿には JSPS 科研費 20K13240 の成果の一部を含む。

註
（1）　畿内の中期以降の土師器編年として、船橋編年があるがこの研究史上の評価については本書田中論考に譲る
（2）　辻美紀氏は初期須恵器との対応が困難で土師器独自の変遷様相を示す必要があること、また、列島内の様々な地域の影響を受けている可能性があることを考慮して、土師器の様相を群としてとらえ、共伴する須恵器の型式を示す試みを行っている［辻 2002・2005］。併せて列島内の外来系土器の抽出やその影響も示唆されており、本研究はこの成果を踏襲するものである。
（3）　長原遺跡・瓜破遺跡・八尾南遺跡・城山遺跡・久宝寺遺跡・加美遺跡・津堂遺跡を中心として周辺の中田遺跡群（中田遺跡・小阪合遺跡・萱振遺跡・成法寺遺跡）や池島・福万寺遺跡の資料も補完的に用いることとし、この地域を河内湖南岸と呼称する。
（4）　本節の分類は、大和の古墳時代中期の土師器を対象とした中野 2010 の分類を踏襲する。
（5）　なお、型式として設定するのは、少なくとも 3 個体以上報告されているものとした。
（6）　Ⅲ・Ⅳ群の脚部に円形透かしを施すのは、河内湖南岸地域に限られる。
（7）　辻美紀氏により、西摂西部の高坏が畿内以西、吉備や北部九州の高坏の強い影響を受けていること［辻 1999］、有稜で円盤充填の高坏が西日本に広く認められるとの指摘があり、またⅣ群の有稜高坏が吉備地域の編年との対比が試みられていることから［辻 2005］、前稿［中野 2021a］では西日本系としていた。
（8）　長原遺跡群は大阪市長原遺跡を中心に、同城山遺跡、瓜破遺跡、八尾市八尾南遺跡、木の本遺跡を含む。

引用文献
京嶋　覚　1993「古墳時代後半期の土器の変遷」『長原・瓜破遺跡発掘調査報告書』Ⅴ　大阪市文化財協会　pp.269-276
笹栗　拓　2017「津堂遺跡における古墳時代中期の土器編年—古市古墳群周辺集落の土器様相とその特質—」『大阪文化財研究』第 50 号　大阪府文化財センター　pp.15-38
笹栗　拓　2019「布留式土器の変容過程−八尾市佐堂遺跡と茨木市総持寺遺跡出土資料の分析を中心に−」『大阪文化財研究』第 52 号　大阪府文化財センター　pp.31-40
笹栗　拓　2022「摂津東部・上牧遺跡における古墳時代の土器編年」『大阪文化財研究』第 55 号　公益財団法人大阪文化財センター　pp.37-63
重藤輝行　2010「北部九州における古墳時代中期の土器編年」『古文化談叢』第 63 集　九州古文化研究会　pp.119-160
田中清美　1999「SE703 出土韓式系土器と土師器の編年的位置付け」『長原遺跡発掘調査報告書』Ⅶ　大阪市文化財協会　pp.101-106
田中清美　2010「長原遺跡の韓式系土器」『韓式系土器研究』Ⅸ　韓式系土器研究会　pp.125-155
次山　淳　1993「布留式土器における精製器種の製作技術」『考古学研究』第 40 巻第 2 号　考古学研究会　pp.47-71
辻　美紀　1999「古墳時代中・後期の土師器に関する一考察」『国家形成期の考古学』　大阪大学考古学研究室　pp.351-365
辻　美紀　2002「河内地域における古墳時代中期の土師器」『長原遺跡発掘調査報告書』Ⅸ　大阪市文化財協会　pp.66-76

辻　美紀　2005「長原遺跡における須恵器出現前後の土師器の様相」『長原遺跡発掘調査報告』XII　大阪市文化財協会　pp.306-309

寺井　誠　2012「長原・八尾南遺跡出土の甑の系譜」『大阪歴史博物館研究紀要』第10号　大阪歴史博物館　pp.19-39

中久保辰夫　2013「渡来系集団の定着過程と河内地域の集落展開」『古代学研究会』第199号　古代学研究会　pp.17-24

中野　咲　2010「古墳時代中・後期における奈良盆地の土師器編年とその特質」『考古学論攷』第33冊　奈良県立橿原考古学研究所　pp.43-75

中野　咲　2017「土器の相対年代と系譜」『国家形成期の畿内における馬の飼育と利用に関する基礎的研究』平成26～28年度科学研究費基盤（C）成果報告書　青柳泰介・丸山真史編　pp.37-50

中野　咲　2019「畿内の外来系土器」『馬の考古学』　雄山閣　pp.318-326

中野　咲　2021a「畿内地域の中期土師器編年と外来系土器」『中期古墳研究の現状と課題V～古墳時代中期の土師器・須恵器をめぐって～』中国四国前方後円墳研究会第24回研究集会発表要旨集　中国四国前方後円墳研究会　pp.17-40

中野　咲　2021b「畿内における古墳時代中期の山陰東部系土器」『古墳出現期土器研究』第8号　古墳出現期土器研究会　pp.109-119

中野　咲　2023a「土器からみた河内湖北岸地域」『牧の景観考古学』　六一書房　pp.95-116

中野　咲　2023b「古墳時代中期における畿内と東海の境界の土器様相―伊賀地域における土師器高坏の系統の整理を中心に－」『Mie history』vol.30　三重歴史文化研究会　pp.25-44

中野　咲　2023c「古墳時代中期の北近畿地域における布留系土器の展開と地域色の発現－刺突痕跡を持つ高坏を中心として－」『古墳出現期土器研究』第10号　古墳出現期土器研究会　pp.103-125

中野　咲　2024a「南郷遺跡群における古墳時代中期の山陰東部系土器」『古代学と遺跡学－坂靖さん追悼論文集－』同刊行会　pp.163-170

中野　咲　2024b「古墳時代中期における大和の手工業生産拠点と外来系土器」『国家形成期の手工業生産と家畜利用』文部科学省科学研究費助成事業学術変革領域研究（A）「動物考古学から探るユーラシア家畜文化のダイナミズム」中間報告書　丸山真史・菊地大樹編　東海大学文学部　pp.13-58

中野　咲　2024刊行予定「古墳時代中期の摂津・播磨地域における布留系土器の展開と地域色の発現－刺突痕跡を持つ高坏を中心として－」『ひょうご考古』第21号　兵庫考古研究会　pp.34-64

橋本達也　2015「やってきた土器・出て行った成川式土器」『成川式土器ってなんだ？』鹿児島大学総合研究博物館　pp.43-45

松山智弘　2021「島根県」『中期古墳研究の現状と課題V～古墳時代中期の土師器・須恵器をめぐって～』中国四国前方後円墳研究会第24回研究集会発表要旨集　中国四国前方後円墳研究会　pp.89-116

三好　玄　2010「布留式土器様式構造の再検討　－精製器種を中心に－」『待兼山考古学論集』II　大阪大学考古学研究室　pp.369-391

米田敏幸　1991「近畿」『古墳時代の研究』第6巻　土師器と須恵器　雄山閣　pp.19-33

図表出典（個別の報告書の提示は紙面の都合上割愛した）

表1・図1～4：筆者作成。図5：1・2：佐堂遺跡、3・4：成法寺遺跡、5・38：小阪合遺跡、6：池島・福万寺遺跡、7・15・20・23：津堂遺跡、8・9・12～14・16～19・21・22・24・27・28・30～34・36・40：長原遺跡、10：中田遺跡、11・26・35：八尾南遺跡、25・29・37：久宝寺遺跡。図6：1：池島・福万寺遺跡、2・4～6・8・11～13：長原遺跡、3・9：津堂遺跡、7：小阪合遺跡、10：城山遺跡。図7：1・4・7・10～13・15・16・18・21～23・25・29・30・31・33・35～37・41・43～46・50～55・57・58：長原遺跡、2・3・14・17・19・20・24・26～28・39・40・42・48・49・56:八尾南遺跡、5・32:城山遺跡、6・8・9・34:木の本遺跡、38・62・59:瓜破遺跡、47：久宝寺遺跡。

〈地域報告〉

九州北部

重藤　輝行

はじめに

　九州は朝鮮半島に近く、古墳時代には渡来系文物が集中し、須恵器生産もいち早く開始した地域として注目される。また、中国四国、近畿、さらには東国へと朝鮮半島からの文化を伝えた人々が必ず経由した地域である。その観点から、九州でも中国四国に至る交通路として重要な位置を占める旧豊前の領域の様相が注目される。特に旧豊前の中央を流れる山国川より北西の福岡県側では近年、東九州自動車道建設に伴う発掘調査の報告書が刊行され、古墳時代中期の集落遺跡を始めとする考古資料が飛躍的に増加した（図1）。また、初期須恵器窯も存在し、オンドル状遺構とも呼ばれる平面L字形カマドなどの渡来人の足跡も稠密である。本稿では、九州北部の中でもこのような豊前北西部の古墳時代中期の土師器を主として取り上げ、編年や様式の転換などの問題を論じてみたい。

1．方法と資料

　九州北部の土師器の研究は、古墳時代開始と関連して前期については活発であるが、古墳時代中期を対象としたものは少ない。そのような状況において、柳田康雄氏の研究は古墳時代前期・中期を連続する編年案を提示しており重要である［柳田1991］。ただ、中期においては須恵器編年を基準に土師器の前後関係を決定する方法を採用しているため、須恵器出現以降であっても、須恵器が含まれない土器群が古い時期に位置づけられる恐れがあり、土師器様式の転換の把握に難点がある。豊前においては小池史哲氏によって、一括遺物を対象とした古墳時代中期の土師器の変遷の検討が行われている［小池2000］。ただ、東九州自動車道関連の発掘調査による資料の充実に先立つ時期の研究であり、新出資料を踏まえた再検討が望まれる。

　筆者は福岡県を中心とした九州北部を対象として古墳時代を通じた土師器の時期区分を行うとともに、古墳時代中期については型式分類、一括性の高い資料における型式の組み合わせの

図1　対象遺跡（1～9）と関連遺跡（A～D）
（1/750,000、国土地理院地図をトレース）

181

第Ⅱ部　土器編年の検討

分析、器種構成比の推移の分析を行い、カマドの出現や須恵器との関係を検討したことがある［重藤2009・2010］。本稿では、近年、増加が著しい豊前の中期の土師器を対象として前稿と同様の方法で編年、分析を行うことにしたい。そのうえで、前期と中期の境、須恵器出現前後の器種構成と様式の転換の具体像とその背景等の問題を論ずることにする。

　対象とする地域・遺跡は図1に示したように豊前の北西部である。対象とする時期の下限はTK47型式の須恵器を伴うものまでとする。上限は古墳時代前期と中期の土師器の変化のどこに注目して区分するかという問題と関連し、それ自体が本稿での考察の対象である。とりあえず、ここでは古墳時代前期に多い外面をミガキで仕上げた小型精製器種が消滅、減少する時期以降、さらには甕において典型的な布留式甕に多い胴上部の横ハケが消滅、減少する時期以降を対象とする。また、これらの画期とほぼ合致するように高杯において脚筒部上端に粘土を充填する技法が増加し、この点も中期と前期を画する指標として考慮する。

　なお、筆者は前稿において古墳時代前期を土師器Ⅰ・Ⅱ期、中期をⅢ～Ⅴ期に区分しているので、本稿でも古墳時代中期をⅢ～Ⅴ期とする（Ⅲ期はA・Bに二分）。器種構成比の検討において、古墳時代前期と中期の境を検討する必要がある場合はⅡ期に遡る資料も一部、対象に加える。

2．編　　年

（1）型式分類

　当該期の主要な土師器について、次のように器種、型式を分類した（図2）。

　甕C・D　　古墳時代中期の日常的な煮炊に使用する土師器甕を甕Cとし、中期後半にカマドの出現とともに増加する小型の甕を甕Dとしている。甕Cは胴部形態まで完全にわかる例が少ないため、口縁部に注目し、口縁部断面がかすかに内湾しながら立ち上がるⅠ、直線的に外傾するⅡ、外反するⅢ、頸部で直立し強く外反するⅣ、頸部が厚く短く外反するⅤに区分する。CⅠ・Ⅱの口縁部は典型的な布留式甕等、古墳時代前期の土師器に近いので、中期でも古い頃と考えられる。CⅢのような外反する口縁部は豊前・豊後の前期に一定量が存在するので、CⅢはそれに連続するものもあるが、外反の強いCⅣ・CⅤは相対的に後出する可能性が高い。一方、甕Dは朝鮮半島の軟質小型鉢に共通する器形であり、須恵器出現以降に主体があると予想されるが、細分は難しいので、有無を調べる。

　高　杯　　中期における杯部が屈曲し、ミガキを施さないやや粗製のものを高杯Cとし、脚裾が強く屈折して開くものをCa、広く開くものをCbとする。杯部が椀状になるものを高杯Dとする。高杯Caは長脚で杯口縁部が直線的あるいは緩やかに外反して開くものをCaⅠa、CaⅠaと杯部が同様であるが脚がやや短いものをCaⅠb、脚がやや短く杯口縁部がわずかに内湾して開き、杯がやや深くなるものをCaⅡとする。高杯Cbは脚裾が外反せず杯口縁部が直線的あるいは緩やかに外反して開くものをCbⅠ、CbⅠと杯部が同様であるが脚端がわずかに外反するものをCbⅡ、脚端はCbⅡと同様であるが、杯口縁部がわずかに内湾して開き、杯深がやや大きいものをCbⅢとする。高杯CaⅠaは長脚である点が前期末、Ⅱ期でも新しい頃の精製高杯と共通するので古い傾向があり、Ca

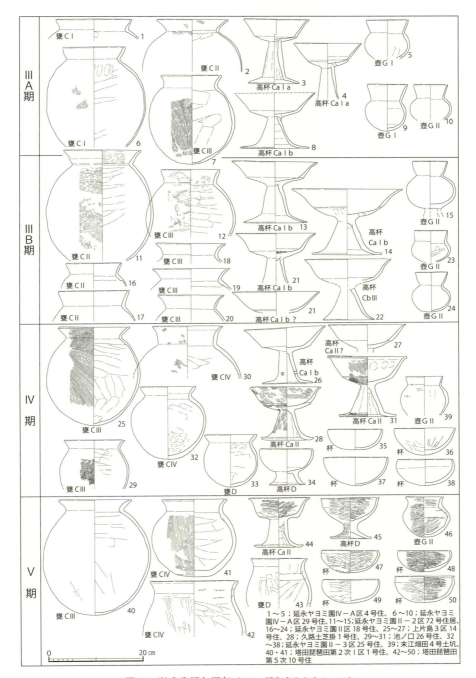

図2　型式分類と編年（1/8、報告書からトレース）

　Ⅰaと同様の杯部のCaⅠbはこれに続き、CaⅡに先行すると考えられる。同様にCbⅢがCbⅠ・Ⅱより新しいと考えられる。高杯Dは細分せず、一括性の高い資料での存否に注目することにしたい。

壺　G　　古墳時代中期に多い粗製小型丸底壺である。口径が胴部最大径より大きいGⅠと、口径

第Ⅱ部　土器編年の検討

が胴部最大径より下回るGⅡに分類する。GⅠは器形が古墳時代前期、Ⅱ期の精製小型丸底壺に通じるので、中期でも古い傾向にあると想定される。

　その他の土師器器種　古墳時代中期後半には法量の揃ったボウル状の器形のものが増加するので、これを「杯」として「鉢」と区分する。いずれも型式分類は難しいが、一括性の高い資料群における構成比率等を検討することにしたい。また、大型の把手付甕が中期に出現するのでその存否を検討する。一方、壺G以外の土師器壺は中期には減少するので、型式分類せず、構成比率の検討にとどめる。

　須恵器　須恵器は陶邑編年［田辺1981ほか］を基準とする。

（２）一括性の高い資料における型式の組み合わせ

　対象地域の古墳時代中期の竪穴住居出土土器群のなかで一括性の高い資料について、型式分類を行い、型式等の組み合わせを検討した。検討対象とした資料は次のとおりである（図1）。

　京都郡苅田町上片島遺跡3区14号住居［城門編2013］、行橋市延永ヤヨミ園遺跡Ⅱ区18号住居・Ⅱ－2区72号住居・Ⅱ－3区25号住居・Ⅳ－A区4号住居・Ⅳ－A区29号住居・Ⅴ－2区2号住居［城門編2012、岡田2013、飛野編2013、城門編2014、下原編2015］、築上郡築上町築城五反田遺跡3号住居［小池2000］、豊前市久路土芝掛遺跡1号住居［小澤2013］、豊前市塔田琵琶田遺跡第2次Ⅰ区1号住居・第4次Ⅰ区5号住居・第4次Ⅱ区131号住居・第5次2号住居・第5次10号住居［大庭編2016、小澤編2016a、小澤編2016b］、築上郡上毛町池ノ口遺跡26号住居跡［池辺他編1996］、築上郡上毛町上唐原了清遺跡16号住居［吉村編2000］

　これらの各遺構・土器群における型式の組み合わせをまとめ、型式分類での前後関係の想定及び須恵器型式を考慮して配列したのが表1である。

表1　一括性の高い土器群での土師器型式の組み合わせ

遺構名	甕CIa	甕CIb	甕CII	甕CIII	甕CIV	甕CV	甕CD	高杯CaIa	高杯CaIb	高杯CaII	高杯CbII	高杯CbIII	高杯D	壺GI	壺GII	須恵器	カマド
1 延永ヤヨミ園Ⅳ-A区4号住居		△	●	○				○						○			
2 延永ヤヨミ園Ⅴ-2区2号住居			◎	○				×	○	×				○	○		
3 延永ヤヨミ園Ⅳ-A区29号住居	○	○	○			?		○	×			×		○	○		
4 延永ヤヨミ園Ⅱ-2区72号住居				○				○	○					○	○		
5 延永ヤヨミ園Ⅱ区18号住居				○					○	○		×					?
6 上片島3区14号住居				○				○		×						TK73頃	○
7 上唐原了清16号住居				◎	△			○									○
8 久路土芝掛1号住居	×		△					○									○
9 池ノ26号住居跡			●	△												TK216壺、大甕	○
10 延永ヤヨミ園Ⅱ-3区25号住居				○		×	○	×		×	×						○
11 末江下前田21号住居					△	○										TK208〜TK23高杯・甕	○
12 末江畑田4号土坑				○	◎	○									○	須恵器片	○
13 塔田琵琶田第2次Ⅰ区1号住居				○	○										○	TK23高杯	○
14 塔田琵琶田第5次10号住居					●	○									○	TK23須恵器	○
15 築城五反田3号住居					○	○									○	TK23〜TK47蓋坏	○
16 塔田琵琶田第5次2号住居				×	●	○							×		○	TK47坏身	○
17 塔田琵琶田第4次Ⅱ区131号住居					○	○						×			○	TK47?蓋坏・甕・高杯	○
18 塔田琵琶田第4次Ⅰ区5号住居					○	○									○	MT15蓋坏等	○

甕は×、△、○、◎、●の順に一括資料中での構成比率が多くなる事を示す。他の○は存在を示す。
高杯の×は杯部。脚部に分かれるが可能性のあるもの

九州北部（重藤）

　表１の左端の１〜18の遺構番号に即して言えば、甕ＣＩは１・３に多く、甕Ⅳは６で出現し、甕
Ⅴは12以降に増加する。甕Ｄは６で出現し、10以降で安定的に存在する。高杯ＣａＩａは１〜４に
限られて古く、５以降に主体があるＣａⅡが新しいと検証でき、高杯Ｃｂも想定に矛盾はない。高杯
Ｄは10以降に存在するが、TK23型式以降に多い。壺ＧはＧⅠとＧⅡの重なる時期が長いが、４以
前に主体があるＧⅠが先に消滅すると考えて間違いない。このような変化を踏まえ画期を想定すると、
TK73型式頃の須恵器が出土する６以降、12までを初期須恵器に併行する時期の土師器と捉えるこ
とにしたい。前稿では初期須恵器に併行期をⅣ期としたので、ここでも同様に表示する。表には竪穴
住居でのカマドの有無も示しているが、カマドの出現はⅣ期と理解できる。Ⅳ期に続く、13〜17を
Ⅴ期とし、TK23・TK47型式の須恵器に併行すると考える。18はMT15型式の須恵器を出土してい
るので、古墳時代後期であるⅥ期とする。Ⅳ期に先行する１〜５はⅢ期となるが、境界は曖昧ながら
新古の様相が捉えられるので、１〜３をⅢＡ期、４・５をⅢＢ期と細分する。ⅢＡ期前後が前期と
中期の境界として問題となるので、Ⅱ期の土師器とも比較しながら、後述することにしたい。

　このような時期区分は、筑前・筑後の資料を主として検討した前稿［重藤2009・2010］と矛盾がない。
前稿の妥当性を補強するとともに、九州北部の全域で中期の土師器の様相とその変遷における共通性
を確認できる[1]。図２はここでの分析結果に基づいて、時期区分と各時期に存在する土師器型式を
編年表として示したものである。

（３）一括性の高い資料における器種構成比率の検討

　前項での編年・時期区分は型式の組み合わせとその変遷を調べたものであり、カマドや須恵器の受
容の時点の特定を超えて、生活様式を示す土器使用の場面での各器種の構成と器構比率までは言及で
きなかった。土器の機能を解明するうえで、集落遺跡で同時使用された一括土器の器種構成を検討す
ることが最も基礎的な作業とされる［都出1989］。表１に示した遺構について同時使用された器種構
成に接近し、各器種の用途を考えるために、報告書に掲載される土器から時期の異なる混入品と考え
られるものを除外し、大別器種の百分率を算出し、セリエーショングラフにしたものが図３である。

　なお、図３では表１の遺構に加え、比較のために次の前期後半〜末、Ⅱ期の遺構を加えている。

豊前市塔田琵琶田遺跡第３次８号住居［大庭編2016］、築上郡上毛町上唐原榎町遺跡第３・４次
11号住居［秦編2016］、築上郡上毛町上唐原遺跡21号住居［小池編1995］

　甕の構成比率はⅡ〜Ⅴ期にかけて大きな変動は無い。カマドの出現の前後に及んでいるが、煮炊・
調理の機能という点で連続していたと考えられる。一方、大型把手付甕はⅣ期以降、一定量が存在し
ているので、カマドの出現とともに甕を用いた調理が一般化したことを示している。

　大きく変動する器種が高杯と小型丸底壺である。高杯はⅡ期には少量であるが、ⅢＡ期に増加し、
Ⅳ期前半まで30％以上を占めるようになる。また、小型丸底壺は高杯と同様にⅢＡ期に増加し、Ⅲ
Ｂ期も多い。ただ、Ⅳ期になると急激に減少し、Ⅴ期にも残存するが口縁部が矮小化するなど大きく
変容する（図２－46）。粗製の小型丸底壺はⅢ期、すなわち須恵器出現に先行する中期前半を特徴づ
ける土師器と言える。

　鉢・杯はⅡ期には一定量を占めるが、Ⅲ期に減少に転じ、Ⅳ期になると法量が揃う「杯」が再度、

185

第Ⅱ部 土器編年の検討

増加し、一定量を占める。Ⅳ期は須恵器およびカマドの出現時期で、法量が規格的な杯は内山敏行氏［1997］や宇野隆夫氏［1999］が述べる手持食器の増加という食器様式の変化に対応する。Ⅳ期でも須恵器を伴わない土器群が存在する可能性は高いが、25％以上の比率で杯を含む場合は、須恵器出現以降の土器群と考えられる。なお、久路土芝掛遺跡Ⅰ号住居は粗製の小型丸底壺がⅣ期の他の土器群よりも多い一方で、鉢・杯が少なく、全体の傾向とは齟齬する。同住居はカマドを設置しない点でも特異であり、他地域からの移住集団が残した土器群の可能性もあろう。

須恵器はⅣ期には出現していると考えられるが、図3・表1で示した一括性の高い土師器群を出土したⅣ期の7遺構中の4遺構での出土にとどまる。これに対してⅤ期になると図3・表1で示した5遺構の全てで出土している。これを総合的に捉えれば、Ⅳ期には須恵器が広く普及するには至らず、一括性の高い土師器群中での有無の差、さらには世帯や竪穴住居に居住する集団の間での入手機会の差があったと言える。Ⅳ期には須恵器を入手できる集団に限りがあり、一括遺物でも須恵器を含む場合とそうでない場合が共存したと解釈される。須恵器が出土しなくてもⅣ期の所産となる資料があることを前提に、土師器の型式の組み合わせ、あるいは器種構成から分析、解釈を行うことが望まれる。

Ⅳ期には須恵器が少ないため、Ⅳ期以前は土師器編年が古墳や集落の時期決定において重要な意味を持つ。これに対して土師器Ⅴ期以降になると豊前では須恵器が増加するので、時期決定は須恵器編年の参照で事足りる。ただ、古墳時代中期は上述のように土師器の器種構成が大きく変化するので、Ⅴ期においても土師器の検討、分析が土器様式の理解においては重要であろう。

また、ここで述べた器種構成の変化は筑前・筑後の資料を主とした前稿［重藤2010］の分析と符合しており、前稿を検証するとともに九州北部に共通する現象を捉えたと言える。

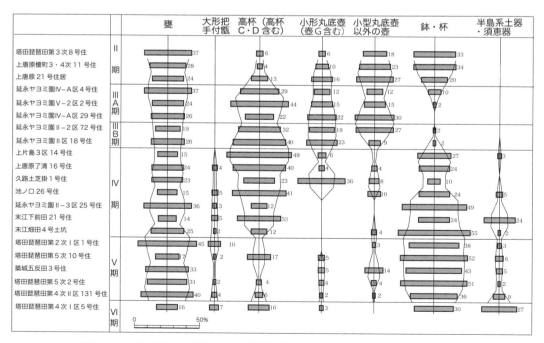

図3　一括性の高い土器群での土師器構成比の変遷（数字は％、折線は二項移動平均）

３．九州北部の中期土師器の歴史的意義

（１）古墳時代前期と中期の画期

　古墳時代前期後半のⅡ期には小型精製三器種等の精製土器を伴うが、Ⅲ期には粗製の小型丸底壺の増加等に示されるように、小型器種、供膳具の粗製化が進む。

　Ⅱ期の上唐原21号住居出土の小型器種は小型丸底壺、小型器台、小型甕に確実にミガキが残るので、古墳時代初頭以来の精製土器の伝統を維持している。その一方で、精製器種の器形をとどめる中型壺や高杯、小型丸底壺の一部にはミガキが観察できないものもある。ⅢＡ期につながるような長脚の高杯の存在も考慮すると、Ⅱ期でも新しい前期末の土器群で、粗製化が始まっている時期と言える。ⅢＡ期の延永ヤヨミ園遺跡Ｖ－２区２号住居跡出土の小型丸底壺、鉢、高杯は器表の剥離が顕著であるが、ミガキが確認できない。Ⅱ期からⅢＡ期の移行期を前後して小型丸底壺や高杯等の小型器種の粗製化が進んだと予想される。本稿の対象地域では中期初頭前後の大型古墳に伴う良好な土師器の事例がない。しかし、筑前の前方後円墳編年４期の福岡市鋤崎古墳、嘉麻市沖出古墳出土の土師器はⅢＡ期に相当するので、本稿のⅢＡ期もその頃と考えておきたい。

　寺沢薫氏によれば、布留２式では小型丸底壺をはじめとする小型精製器種は秀麗で丁寧な作りのものが多いが、布留３式になると小型丸底壺は粗製品に転換するとする［寺沢1986］。西弘海氏は小型丸底壺・器台等は古墳時代初頭の社会的変化、祭祀の発展とその画一化・統合化を示すものとし、須恵器導入直前もしくはその前後での大量のハケメ調整の粗製丸底壺の出土は祭祀形態の変質を示すと述べる［西1986］。上述のⅡ期、ⅢＡ期の間の粗製化、さらにはⅢＡ期・ⅢＢ期の小型丸底壺の増加はまさにその過程を捉えているものと言える。同様のミガキの消失、粗製化は小型丸底壺のみならず、高杯・鉢等にも及んでいて、小型器台の消滅とも連動しているので、土師器における画期、前期と中期の境界として重視して良い。ただ、Ⅱ期の後半には粗製化の兆しが見えるなど、その変化は緩やかに進行したと考えられる。また、有明海沿岸、肥前などではⅢＢ期さらにはⅣ期においても高杯や小型丸底壺にミガキを残す場合があり、若干の地域差があったと想定しておきたい。

（２）須恵器の出現と土師器

　対象地域において、表１に示した資料以外で特筆される初期須恵器が、京都郡みやこ町京ヶ辻遺跡２区の出土品である［坂本編2015］。京ヶ辻遺跡２区では弥生時代後期～古墳時代中期の竪穴住居と溝、谷が検出され、初期須恵器は一部が竪穴住居から出土しているが、溝・谷状遺構（大谷・小谷）を中心に出土している（図４）。高杯と高杯蓋は大阪府大庭寺遺跡に共通するようなTK73型式に先行する可能性のあるものを含む。甑及びそれと同形同大の壺類は無文のものが多く、特に球形の胴部で口縁部を強く外反させるもの（67図19など）は、近接する京都郡みやこ町居屋敷窯跡出土品と酷似する。甑よりも小型の壺（66図３、133図１）は土師器小型丸底壺の模倣と考えられ、Ⅳ期古相以前であることを示している。高杯形器台鉢部（133図８）は粗雑ではあるが組紐文を施し、TG232型式まで遡る

第Ⅱ部　土器編年の検討

可能性がある。須恵器甂（36図2）の存在は、これらの初期須恵器がカマドを用いた食生活の受容と
大きな時間差がないことを示している。これらの初期須恵器の一部は胎土分析が行われ、居屋敷窯産
と推測されるもの（75図149、88図282、116図173）、器形と胎土のまとまりから居屋敷窯産の可能性
が指摘されるもの（133図3、88図276、88図277、88図278）、陶邑産と推測されるもの（88図279、133
図13）、不明のもの（128図2、115図162、133図8）に分かれる。

　以上のように京ヶ辻遺跡の初期須恵器はTK73型式以前の豊前、さらには九州北部において最古
の一群であり、居屋敷窯の操業時期も示唆する資料である。ただ、溝や谷状遺構出土品も多く、厳密
な時期や土師器との器種構成も検討しにくいので、京ヶ辻遺跡2区の古墳時代中期竪穴住居における
土師器の変化と初期須恵器やカマドなどとの関係を示した表2に基づいてさらに検討してみたい。

　京ヶ辻遺跡の中期竪穴住居は土器が少なく時期決定が困難な場合もあるが、ⅢA期～Ⅳ期とやや
長期に及んでいる。このうち須恵器はⅡ期に遡る可能性もある37号住居で出土するが、小片で混入
と考えられる。Ⅳ期には12・20号竪穴住居などでまとまって出土しており、初期須恵器を伴うこと
が確実である。確実にⅢB期と判断した住居は23号のみであり、須恵器の出土は見られないが、土
師器が少なくⅢB期かⅣ期か決定できない竪穴住居では須恵器の出土例があるので、ⅢB期に遡る
可能性も完全に排除できない。ⅢB期の23号竪穴住居ではL字形カマドが検出されており、須恵器・
カマド出現に関わる変化、渡来人の移住がⅢB期に遡る可能性を補強する。一方、Ⅳ期の竪穴住居9
例中の4例で小型丸底壺が出土する。小型丸底壺は図3に見るようにⅣ期前半で急減した可能性があ
り、京ヶ辻遺跡のⅣ期竪穴住居もそこに収まると考えられる。また、Ⅳ期の竪穴住居では法量の揃っ
た杯が少なく、これもⅣ期前半とする推測に合致する。したがって、京ヶ辻遺跡の初期須恵器は全体
的にⅣ期前半で一部はⅢB期にまで遡り、居屋敷窯の操業もその時期に位置づけておきたい[2]。

表2　京ヶ辻遺跡2区古墳時代中期竪穴住居一覧（確認できない項目を「×」とした）

遺跡名・遺構番号	土師器時期	規模	主柱穴	カマド・炉	小型丸底壺	土師器鉢・杯	甂	須恵器・半島系土器	備考
京ヶ辻2区37号住	Ⅱ～ⅢA	6.2×5.9	4	不明	×	法量差有、3	×	須恵器胴部小片	土器少ない
京ヶ辻2区47号住	Ⅱ～ⅢA	不整形	不明	不明	GⅠ1点	直口1	×	×	
京ヶ辻2区13号住	ⅢA	6.5×5.2	不明、2か	不明	GⅠのみ	×	×	×	
京ヶ辻2区40号住	ⅢA	4.2×2.7	無しか?	不明	GⅠ1点	×	×	×	土器少ない
京ヶ辻2区25号住	ⅢA～ⅢB	5.8×2.6	不明	不明	×	×	×	×	土器少ない
京ヶ辻2区26号住	ⅢA～ⅢB	4.5×不明	不明	不明	×	×	×	×	土器少ない
京ヶ辻2区23号住	ⅢB	6.9×6.3		L字形カマド	×	外反口縁1	×	×	
京ヶ辻2区19号住	ⅢB～Ⅳ	7.5×7.5	4	L字形カマド	GⅡ	1点のみ	○	×	
京ヶ辻2区22号住	ⅢB～Ⅳ	6.1×不明	不明	不明	GⅡ	×	×	×	
京ヶ辻2区27号住	ⅢB～Ⅳ	6.8×5.0(不整形)	不明	不明	×	×	×	TG232～TK73頃か? 有蓋高杯蓋	初期須恵器の多い溝に隣接
京ヶ辻2区30号住	ⅢB～Ⅳ	4.0×4.0	2か?	カマド	×	×	○(外反?)	須恵器甂模倣の土師器二重口縁壺口縁片あり	土器少ない
京ヶ辻2区38号住	ⅢB～Ⅳ	5.4×5.4		カマドか?	×	×	×	須恵器高杯	長胴甕あり
京ヶ辻2区43号住	ⅢB～Ⅳ	5.2×4.8	4	カマド	×	直口多孔平底土師質完形	×	甂口縁部	高杯やや多、弥生土器混入
京ヶ辻2区12号住	Ⅳ	4.55×不明	不明、2か	カマド	GⅡ口縁片	×	○	中型壺	
京ヶ辻2区20号住	Ⅳ	8.3×7.2	4	炉→カマド	×	少ない	把手あり	甂・壺・甕口縁小片、ジョッキ形土器模倣土師器	
京ヶ辻2区21号住	Ⅳ	8.3×7.8	4	不明	GⅡ	少ない・法量差あり	多孔底部	蓋杯片あり	
京ヶ辻2区28号住	Ⅳ	3.9×3.1	無しか?	カマド	×	×	○(直口)	×	土器少ない
京ヶ辻2区41号住	Ⅳ	4.7×4.6	4?	隅カマド	×	直口1	×	×	土器少ない
京ヶ辻2区36号住	Ⅳ	5.4×4.8		炉→カマド	×	直口1	○須恵質直口	壺胴部	
京ヶ辻2区39号住	Ⅳ	5.8×5.6	4	カマドか?	GⅡ1点	×	把手	甕口縁片	
京ヶ辻2区42号住	Ⅳ	4.5×3.8	1あるいは無し	隅カマド	GⅠ1点、GⅡ1点	×	×	直口多孔平底土師質完形	
京ヶ辻2区44号住	Ⅳ	不整形	不明	不明	×	×	×	直口多孔平底土師質完形	
京ヶ辻2区45号住	Ⅳ	3.0×2.8	無しか?	カマドか?	×	×	×	直口口縁	土器少ない

188

九州北部（重藤）

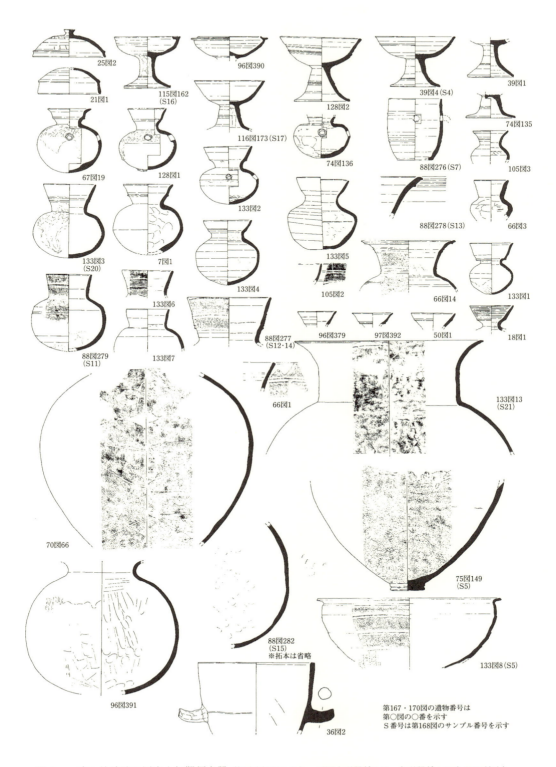

図4　一京ヶ辻遺跡2区出土初期須恵器（坂本編2015より、原図小型器種1/6・大型器種1/8を80％縮小）

189

第Ⅱ部　土器編年の検討

（3）中期中頃の土師器の転換と渡来人

　京ヶ辻遺跡では渡来人の存在を示す［亀田1993］とされる平面L字形カマド（オンドル状遺構）付竪穴住居が検出される。韓式系土器長胴甕・甑も出土し、渡来人が居住した可能性が高く、居屋敷窯での須恵器生産への関与も想定される。ただ、韓式系土器は京ヶ辻遺跡では極少量であり、主要な煮炊具は他遺跡と同様の土師器甕と土師質整形・焼成の多孔式甑であったと考えられる。

　図5には九州北部における平面L字形カマドが検出された遺跡の分布を示したが、豊前北西部に分布の一つの核がある。L字形カマドは表1で対象とした池ノ口遺跡、塔田琵琶田遺跡でも見られる。池ノ口遺跡はⅣ～Ⅴ期の竪穴住居17棟のうち5棟で平面L字形カマドが検出される（図6）。それらは集落域の一角に集中し、L字形カマドの竪穴住居に居住するのが渡来人とすれば「世帯共同体」的な集団で居住していたと推測される。ただ、池の口遺跡出土の土器は韓式系土器をほぼ含まず、土師器が主体である。塔田琵琶田遺跡では、Ⅴ期から古墳時代後期にかけて平面L字形カマドをもつ竪穴住居が連続して存在する。Ⅴ期に相当する報告書において5世紀後葉～6世紀初頭とされる竪穴住居38棟のうち19棟が平面L字形カマドである。集落内の半数に近い人口が渡来人集団で、100年以上にわたって継続している可能性がある。また、竪穴住居の時期は不詳であるが、第4次137号住居からは百済系両耳付壺の蓋が出土している。しかし、塔田琵琶田遺跡でも池ノ口遺跡と同様に土師器が主体であり、渡来人が居住したとしても韓式系土器ではなく土師器を使用していた。

　このように対象とする地域では、韓式系土器の出土量は限定的であり、渡来人が存在したとしても、土師器を使用していたと言える。平面L字形カマドが渡来人の存在を示すと仮定すると、京ヶ辻遺跡で韓式系土器の長胴甕や甑が出土しているがわずかであるので、渡来当初には韓式系土器を使用したとしても短期間であったと言えよう。京ヶ辻遺跡に渡来人が居住したとすれば居屋敷窯での須恵器生産に関わった可能性が高いが、池ノ口遺跡や塔田琵琶田遺跡などの渡来人は須恵器生産に関与し

古墳中期前半以前の初期カマド）　A. 糸島市前原西町　B. 福岡市西区大塚　C. 福岡市早良区西新町　D. 福岡市博多区博多　E. 日田市金田　F. 日田市大肥　G. うきは市塚堂
古墳中期中頃～後半平面L字形カマド）　1. 宗像市光岡六助　2. 岡垣町墓ノ尾　3. みやこ町京ヶ辻　4. 豊前市塔田琵琶田遺跡　5. 上毛町池の口　6. 上毛町安雲ハタガタ　7. 筑前町切柳
古墳後期～飛鳥時代平面L字形カマド）　8. 福岡市有田　9. 福津市奴山伏原　10. 桂川町影塚東　11. 川崎町冥加羅　12. 築上町別府園田　13. 築上町西高塚ナカバル　14. 築上町越路貴船　15. 豊前市永久　16. 上毛町長田　17. 上毛町下唐原伊柳　18. 小郡市力武前畑　19. 小郡市干潟城山

図5　九州北部における平面L字状カマドの分布（重藤2018を転載）

※ 竪穴住居輪郭を太線で示したものは、古墳時代中期中頃～後半の竪穴住居。灰色に塗ったものはその時期の平面L字形のカマドを設置するもの。

図6　池ノ口遺跡における平面L字形カマドの分布（報告書よりトレースして作成・重藤2018を転載）

なかったとも考えられる。したがって、渡来人は在地の倭人から土師器の供給を受けたり、渡来から年数が経過したり、第二世代になると土師器の製作技術を習得した可能性を考えておきたい。

在地の倭人の立場を考えると、土師器製作者はⅣ期前後に短期間で新器種である甑の製作技法を習得し、法量の揃った土師器杯を製作するなどの新たな食器・煮炊具、生活様式に適応し、渡来人に土器を供給するに至った可能性が高い。Ⅳ期の倭人は渡来人との接触の機会が頻繁であることに加えて、積極的な姿勢で新たな生活様式を受容したという事情が推測されよう。このような倭人、地域社会の人々の対応によって、Ⅳ期において急激に土師器様式が転換したと考えている。

おわりに

本稿では豊前の古墳時代中期の土師器の編年を行い、前期と中期の境界、須恵器の出現と土師器の変化との関係、渡来人の増加と土師器様式への影響を論じた。また、本稿で対象とした豊前が須恵器の生産を国内でもいち早く開始し、多くの渡来人が活動した舞台であったこと、さらには須恵器・渡来人集団と古墳時代中期の土師器の変化との関係を検討する良好な地域であることを示した。

ただ、豊前や九州北部内の各地域の集団の対応、渡来人と地域の集団の相互交渉も見え、古墳時代中期の土師器の変化も地域ごとに個性があると思われる。豊前の様相を相対化することによって、編年や変化の背景にある集団や社会をより動態的に理解するように研究を深めることにしたい。

註

（1） 筆者は先に九州北部の古墳時代前期・中期の埋葬施設の変遷を、前稿［重藤 2009・2010］の編年を基準に述べたことがある［重藤 2019］。本稿での結果はその根拠をより補強するものと言える。

（2） 九州北部を代表する初期須恵器生産地である筑紫平野の朝倉古窯跡群は TK208 型式以降にくだるものがあるが、本稿で行ったような土師器との共伴関係の検討からは最古期は本稿のⅢB期、陶邑の TG232 型式に遡る可能性があると考えている［重藤 2017］。また、福岡県うきは市塚堂遺跡においても小型丸底壺を含むⅢB期の段階に、周辺の他遺跡に先駆けてカマドを採用した可能性が高い［重藤 2000］。

引用文献

内山敏行　1997「手持食器考－日本的食器使用法の成立－」『HOMINIDS』Vol.1

宇野隆夫　1999「古墳時代中・後期における食器・調理法の革新－律令制的食器様式の確立過程－」『日本考古学』第 7 号

亀田修一　1993「考古学から見た渡来人」『古文化談叢』第 30 集（中）

重藤輝行　2000「仁右衛門畑遺跡を中心とした浮羽郡の古墳時代土師器編年」『仁右衛門畑遺跡』Ⅰ　浮羽バイパス関係埋蔵文化財調査報告第 12 集　福岡県教育委員会

重藤輝行　2009「古墳時代中期・後期の筑前・筑後地域の土師器」『地域の考古学 佐田茂先生佐賀大学退任記念論文集』佐田茂先生論文集刊行会

重藤輝行　2010「北部九州における古墳時代中期の土器編年」『古文化談叢』第 63 集

重藤輝行　2017「朝倉系初期須恵器の編年的位置付け」『朝倉古窯跡群』筑前町文化財調査報告書第 21 集

重藤輝行　2018「취락 유적（集落遺跡）」『일번 속의 百濟（日本のなかの百済）』규슈 지역（九州地域）충청남도・충청남

第Ⅱ部　土器編年の検討

　　도역사문화연구원（忠清南道・忠清南道歴史文化研究院）

重藤輝行　2019「九州東部」『中期古墳研究の現状と課題Ⅲ　埋葬施設の形式・構築方法・儀礼の地域的展開と被葬
　　者像』発表要旨集・資料集成　中国四国前方後円墳研究会第22回研究集会

田辺昭三　1981『須恵器大成』角川書店

寺沢　薫　1986「畿内古式土師器の編年と二・三の問題」『矢部遺跡』奈良県史跡名勝天然記念物調査報告第49冊

都出比呂志　1989『日本農耕社会の成立過程』岩波書店

西　弘海　1986『土器様式の成立とその背景』真陽社

柳田康雄　1991「2土師器の編年　2九州」『古墳時代の研究』6　雄山閣

遺跡参考文献

池辺元明・杉原敏之編　1996『池ノ口遺跡』一般国道10号豊前バイパス関係埋蔵文化財調査報告第3集　福岡県教
　　育委員会

大庭孝夫編　2016『塔田琵琶田遺跡第3・5次　塔田五反田遺跡　塔田キカス遺跡』福岡県文化財調査報告書第252
　　集　九州歴史資料館

岡田　諭編　2013『延永ヤヨミ園遺跡Ⅴ-1・2・3区』福岡県文化財調査報告書第238集　九州歴史資料館

小澤佳憲　2013『久路土芝掛遺跡・久路土高松遺跡』福岡県文化財調査報告書第242集　九州歴史資料館

小澤佳憲編　2015『東九州自動車道関係埋蔵文化財調査報告21　塔田琵琶田遺跡第2次』九州歴史資料館

小澤佳憲編　2016a『東九州自動車道関係埋蔵文化財調査報告26　塔田琵琶田遺跡第4次』九州歴史資料館

小澤佳憲編　2016b『東九州自動車道関係埋蔵文化財調査報告27　塔田琵琶田遺跡第6次』九州歴史資料館

城門義廣編　2012『東九州自動車道関係埋蔵文化財調査報告2　延永ヤヨミ園遺跡Ⅱ区の調査1』九州歴史資料館

城門義廣編　2013『東九州自動車道関係埋蔵文化財調査報告5　岩屋古墳群・上片島遺跡群』九州歴史資料館

城門義廣編　2014『東九州自動車道関係埋蔵文化財調査報告11　福岡県行橋市延永ヤヨミ園遺跡Ⅱ区の調査2』九
　　州歴史資料館

木村達美編　2008『みやこ町内遺跡群』Ⅱ　みやこ町文化財調査報告書第3集

小池史哲編　1995『上唐原遺跡』Ⅰ　一般国道10号線豊前バイパス関係埋蔵文化財調査報告第2集　福岡県教育委
　　員会

小池史哲　2000『築城五反田遺跡・築城小迫遺跡』福岡県文化財調査報告書第153集　福岡県教育委員会

坂本真一編　2015『東九州自動車道関係埋蔵文化財調査報告20　京ヶ辻遺跡2区，安武・深田遺跡B遺跡2・C遺跡』
　　九州歴史資料館

下原幸裕編　2015『延永ヤヨミ園遺跡Ⅳ区1　一般国道201号行橋インター関連関係埋蔵文化財調査報告第3集』
　　九州歴史資料館

秦　憲二編　2016『東九州自動車道関係埋蔵文化財調査報告28　四ッ塚山遺跡　鏡迫古墳群　上唐原榎町遺跡3・
　　4次調査』九州歴史資料館

飛野博文編　2013『東九州自動車道関係埋蔵文化財調査報告9　福岡県行橋市延永ヤヨミ園遺跡Ⅰ区の調査1』九州
　　歴史資料館

吉村靖徳編　2000『上唐原了清遺跡』Ⅱ　一般河川山国川築堤関係埋蔵文化財調査報告第5集　福岡県教育委員会

　　本稿は2021年開催の中国四国前方後円墳研究会第24回研究集会の発表要旨集に掲載された原稿から、各時期の
代表的な一括遺物、渡来人集落に関する図を削除し、一部の文章を、改変して作成したものである。

〈地域報告〉

山陰東部

君嶋　俊行

はじめに

　本稿での「山陰東部」は現在の鳥取県域（旧国の因幡、伯耆）を指す。鳥取県における古墳時代の土器編年には厚い研究史があり、弥生時代から古墳時代前期にかけての編年は詳細に検討されているものの、中期以降については資料不足から十分明らかになっていない［牧本 2020］。唯一、鳥取県中部（東伯耆）を対象とした「天神川下流編年」［牧本 1999］のみが、古墳時代前期初頭から陶邑 MT15 型式併行までを間断なくカバーしており、完成度と汎用性の高さから鳥取県を代表する編年として広く参照されているが、いくつかの問題点も指摘されている［松山 2018、君嶋 2021］。本稿では天神川下流編年を再検討する視点から、東伯耆全域を対象とした古墳時代中期の土器編年案を提示するとともに、副葬品に基づく古墳の広域編年（中四研編年）［岩本 2022］との対応について確認する。

1．編年の方法

（1）対象地域・対象資料

　天神川下流編年は東伯耆の東半にあたる旧河村郡域（図1、以下本稿では「東半」と呼ぶ）の資料を用いて構築されている。この地域は、拠点集落である長瀬高浜遺跡を中心に初期須恵器や陶質土器が出土する等、外来系の土器の影響がいち早く及んだ地域であることから、この編年を普遍化して他地域

図1　対象遺跡位置図

第Ⅱ部　土器編年の検討

に適用するには一定の手続きを要すると考えられる。本稿では、天神川下流編年の基準資料について筆者なりの視点から再検討するとともに、東伯耆の西半にあたる旧久米郡・八橋郡域（同「西半」）の資料についても同一の基準で検討し、東伯耆全域に適用可能な編年の構築を試みる。東伯耆の東半と西半の様相を対比することで、外来系土器の影響の強弱による小地域性について検討し、天神川下流編年を相対化する視点を持ち得ると考える。資料には、原則として住居址床面直上出土資料を用い、一部の器種については遺構埋土中や古墳からの出土資料で補足する。

（2）器種分類と型式組列

編年の基軸とするのは、中期を通じて存在し、鋭敏な型式変化をたどることのできる高坏である。中期において量的に主体を占める高坏はA類（皿状口縁）、B類（有稜口縁）、C類（椀形口縁）である。一括資料を単位として、既存の編年や須恵器との共伴等を手掛かりに高坏A〜C類の新古を予想し配列したのが図2である。それぞれの型式変化と消長からは5段階の変遷を把握できる。

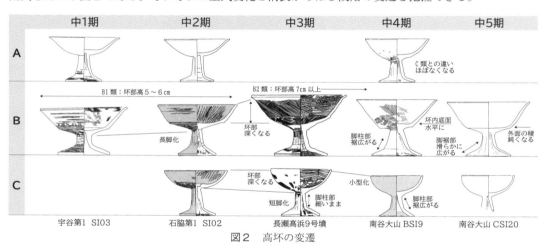

図2　高坏の変遷

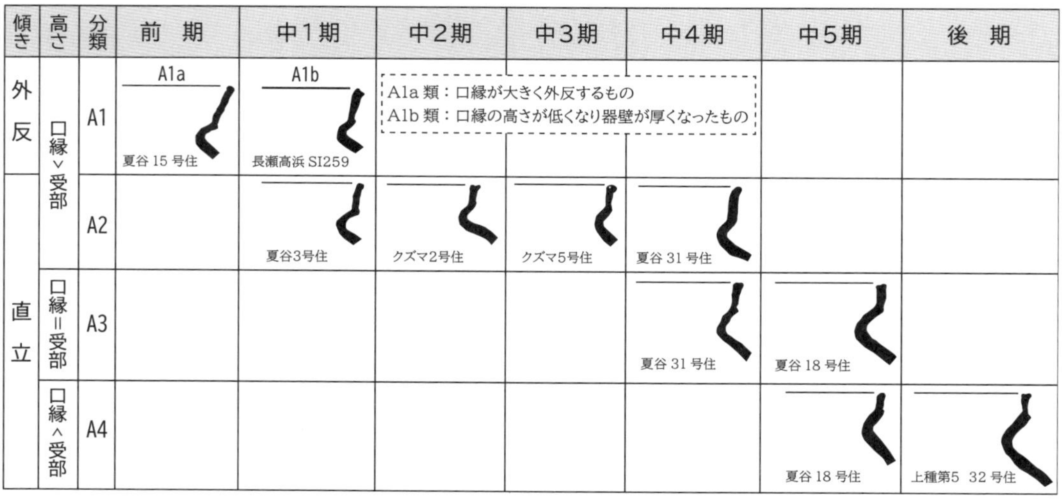

図3　甕A類（複合口縁）の分類と変遷

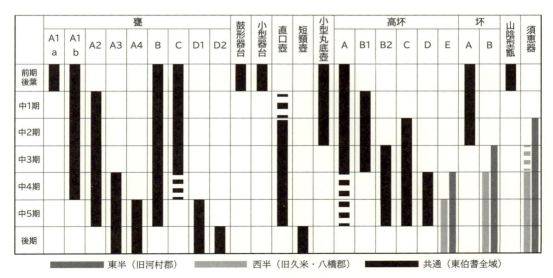

図4 各器種の消長

　高坏と同様に型式変化を追うことのできる複合口縁甕（甕A類）については、口縁の外反／直立、口縁・受部の高さ（口縁の方が高い、等しい、受部の方が高い）の組合せにより、A1〜A4類に分類（A1類はA1a、A1bにさらに細分）する。高坏との共伴関係を確認すると、一部で異なる類型が併存しながらA1→A4類へ変化していくことを確認できる（図3）。

　その他の器種についても、床面出土の一括資料を高坏と甕の変遷に沿って配列したところおおむね整合的に型式変化を遂げている様相が窺えることから（図4）全体的な変遷観は妥当と考え、高坏の変遷にみられる5段階を東伯（東伯耆）中1〜5期と読み替えた編年案を提示する。

2．東伯耆中期土器編年案の提示

（1）各期の様相

　東伯中1期　高坏は前期以来存在するA類を主体としてB1類が加わる。坏部と脚部との接合は、前期における山陰系高坏の特徴であるα技法（円盤充填技法、[松山 2021]）に替わってγ技法（坏部付加技法、いわゆる「坏・脚別作り」）が主体的となる（図5）。また、脚裾部の円形透孔が殆ど見られなくなる。B1類は口縁部がやや湾曲して外反する。坏部高（坏部外面下方の段から口縁端部までの高さ）は5〜6cmほどである。

　甕A類は、口縁部の器壁が厚くなり高さも低くなったA1b類にA2類が加わる。A2類は受部からまっすぐ立ち上がり端部がやや外反するタイプが多い。A類以外では布留甕の系譜を引くC

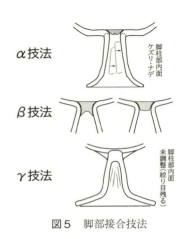

図5　脚部接合技法

第Ⅱ部　土器編年の検討

類が多くみられる。体部の外面調整は肩部の横ハケ等前期以来の特徴を残すが、内面はケズリの範囲が下がり、肩部に指頭圧痕を残すものが現れる。

その他、小型丸底壺、坏Aは存在するが、小型器台、低脚坏、鼓形器台といった前期を特徴づける供膳具はほとんど見られなくなり、前段階より器種が大きく減少している。

東伯中2期　高坏B1類は長脚化し、脚高が6～7cm前後になるとともに坏部が直線的に外反するものが現れる。また、椀形口縁のC類が加わるが、坏部は浅く、脚高はB1類と同様に6～7cm前後あり後の段階のものと比べると高い。東半では既にA類と拮抗するほどの出土量がみられる遺構もあるが、C類の有無で新古に細分できる可能性がある。B1類、C類には赤彩されるものがある。

甕A類はA2類が増える。A2類は口縁の高さが2cm以下に低くなったものが増え、受部が外反ではなく内湾気味に立ち上がるものも現れる。C類は口縁部の器壁が厚くなり、口唇は丸くおさめられ肥厚や面取りはなくなる。

その他、直口壺は共伴関係の確実な例がないが、球形の体部を持つものがこの時期に位置づけられる。小型丸底壺はこの時期までは一定量出土し、坏A類も存在する。この時期に東半には初期須恵器や陶質土器が流入し、須恵器を模倣した甕形土師器も見られる。ただし西半では未だ須恵器、陶質土器は確認できない。

東伯中3期　高坏は坏部高が7cm前後まで高くなったB2類が加わりB1類と共伴する例もある。C類は坏部が5cm程度まで深くなり「椀形」の印象が強くなる。その分脚部もやや短くなるが、中2期と同様に円柱状の柱状部から明瞭に屈曲して裾部が広がる形態を保っている。

甕A類は中2期に引き続きA2類が主体となる。口縁の高さ2cm以下のものが増加し、口縁外面の受部との境の稜が消失したものが現れる。C類は、共伴関係が確実な例に乏しいが2期と同様の口縁部形態のものがこの時期に位置づけられる可能性がある。

その他、直口壺は体部が扁球形に変化する。小型丸底壺は確実な出土例がなく、組成から脱落する。この時期に東半では坏Bが加わるが、西半では住居址からの確実な出土例はない。

東伯中4期　高坏B類はB1類からB2類にほぼ置き換わる。B2類は口縁部が直線的に外反し、さらに坏底部内面が水平に近くなることで、坏部の断面形が均整のとれた逆台形を呈するようになる。C類は中3期より小型化が進み、器高10～12cm前後となる。出土量が増加し高坏の主体を占めるに至る。B2類、C類とも、脚部は柱状部が下位に向けて広がり裾部につながる形態となる。高坏A類は器高や坏部の深さがC類とほぼ等しくなり区別が難しくなる。東半の南谷大山遺跡B区SI22でE類（短脚高坏）が出土しているが、他の遺構・遺跡では確認できず限定的な存在である。

甕A類には受部の高さが増したA3類が加わる。A2類も残存しているが、A2・A3類ともに口縁部がまっすぐ直立し受け口状を呈するものが現れる。C類は口縁部がほぼ直線的に外反し、D類との区別が難しいものが存在する。

その他、坏B類は西半でも一定量出土するようになる。この時期以降、西半でも集落から須恵器が出土するようになる。

東伯中5期　高坏B2類は坏下部の稜が消失して丸みを帯びる。B2類、C類とも、脚部は柱状部から裾部へと曲線的に広がる形態のものが増える。C類は器高10cm前後まで小型化したものが現れ

山陰東部（君嶋）

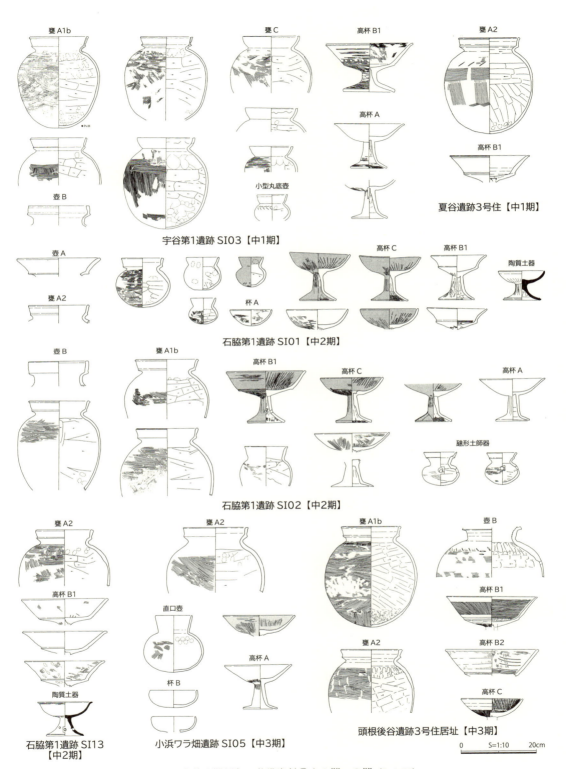

図6　東伯中期編年の基準資料①中1期〜3期（S=1/10）

第Ⅱ部 土器編年の検討

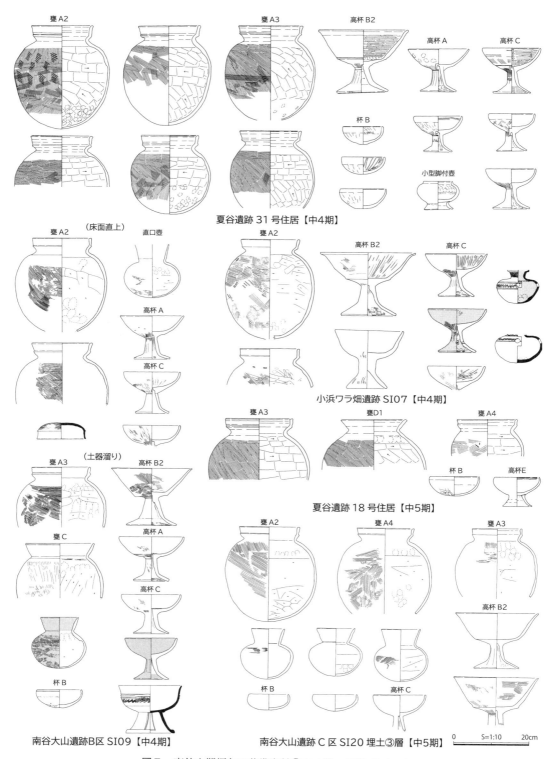

図7 東伯中期編年の基準資料②中4期～5期（S=1/10）

る。A類はほぼC類と同化する。短脚高坏E類が住居址から出土するようになり、中期的な供膳具である高坏C類・E類・坏B類の組成が普遍化する。

甕A類には、受け部が口縁よりも高くなったA4類が加わる。A2類は残存するがわずかとなりA3・A4類が主体となる。この時期には、外面肩部の横ハケが施されなくなったものが増える。また、単純口縁のD1類が加わる。

（2）他地域との併行関係と地域性

① 東伯耆における小地域性

東伯耆の東西では、組成や型式変化の点ではおおむね異なるところはないが、器種の消長については一部に相違が認められる。東半では中2期に集落から須恵器・陶質土器が出土しているのに対し、西半では集落からの須恵器の出土は中4期以降となる。坏Bの登場も東半では中3期、西半では中4期と東半がやや早い。さらに、高坏E類（短脚高坏）も東半の方が早く中4期に登場している可能性があるが、中5期になると逆に西半で出土量が増えるのに対して東半では集落、墳墓ともに出土例に乏しくなる[1]。須恵器・陶質土器、高坏E類、坏B類といった中期になって登場する器種の波及時期に差があることは、古墳時代前期以来、海路を通じて畿内系（布留系）の強い影響を受けてきた長瀬高浜遺跡との交流の強弱を反映している可能性が考えられる。また、西半の夏谷・不入岡遺跡周辺では甑や半島系土器、竈、大壁住居といった外来系の遺構・遺物が集中するが、須恵器の受容・普及は東半よりも遅れる事実は、渡来系要素の流入過程を考えるうえで興味深い。

② 因幡・西伯耆・出雲との関係

主に高坏の共通性を手掛かりに、既存の編年との併行関係を整理すると表1のとおりとなる。椀形高坏（C類）は因幡〜出雲東部にかけて分布しており、併行関係の検討に有効である。出雲東部では大東2古相に椀形高坏が出現するが、在来の高坏（接合β技法）とは異なりγ技法であることから東伯耆・因幡からの搬入品を含む可能性が指摘されている［松山2021］。こうした様相から、東伯耆の椀形高坏出現期である中2期と出雲の大東2古相（ともにTK73型式併行）が接点を持つと考えられる。因幡・西伯耆の既存の編年では椀形高坏の出現時期をとらえにくいが、因幡の岩吉編年Ⅷ（古）［谷口1991］と中3期、西伯耆の笹尾山3期［岡野2004］と中5期がそれぞれ接点を持つと考えられる。

甕については、因幡・西伯耆・出雲では単純口縁の甕が中期の比較的早い段階に出現・普及するのに対し、東伯耆では中期を通じて前期以来の伝統を持つ複合口縁甕が退化しながらも主体となるという際立った地域性を示す。

③ 須恵器編年・畿内との関係

須恵器については、地域編年を構築したうえで土師器編年と対照すべきであるが、本稿では果たせないため今後の課題とし、仁木聡による陶邑編年への比定［仁木2015］を基に土師器との共伴関係を確認するにとどめる（表1）。

畿内を含む近畿地方の中期土器編年については、近年中野咲が精力的に整備を進めている。中野は、当該期の畿内においては山陰系の高坏（Ⅱ群）が主体であることを指摘している［中野2021a］。中野による河内湖南岸編年によれば、坏部付加技法（中野のCⅱ類）による椀形高坏はⅢ期（TK73〜

表1　土器編年の併行関係

山城 中野 2023	出雲 松山 2021	西伯耆 笹尾山 岡野2004	因幡 岩吉 谷口1991	東伯耆 天神川 牧本1999	東伯 （本稿）	標識資料（山陰東部） 集落	古墳*	須恵器	中四研編年
Ⅱ期	大東1		Ⅶ期（古）	Ⅴ期	中1期	宇谷第1SI03 夏谷2号住 夏谷3号住 夏谷5号住 上種第1 23号住	霞17号墳（Ⅵ） 里仁33号墳（Ⅶ） イザ原6号墳（Ⅷ） 湯山6号墳（Ⅷ）	TG232	Ⅵ / Ⅶ
Ⅲ期	大東2（古）	1期	Ⅶ期（新）	Ⅵ期	中2期	石脇第1SI01 石脇第1SI02 石脇第1SI13 クズマ4次2号住 上種第5 2号住下層	上野6号墳（Ⅸ）	TK73	Ⅷ
			Ⅷ期（古）	Ⅶ期	中3期	小浜ワラ畑SI05 頭根後谷3号住 頭根後谷7号住 由良A地区3号住	横枕73号墳（Ⅸ） 長瀬高浜4号墳 長瀬高浜9号墳	TK216	Ⅸ
Ⅳ期 Ⅴ期		2期	Ⅷ期（新） SD-03	Ⅷ期	中4期	南谷大山B区SI09 南谷大山B区SI22 小浜ワラ畑SI07 夏谷31号住 夏谷32号住	奥小山8号墳（Ⅸ～Ⅹ） 長瀬高浜1号墳（Ⅹ） 大平ラ2号墳 海士23号墳 新井三嶋谷3号墳	TK208	Ⅹ
	大東3	3期		Ⅸ期	中5期	南谷大山B区SI30 南谷大山C区SI20 夏谷18号住 服部3号住 上種第5 16号住	倭文6号墳（Ⅺ） 長瀬高浜3号墳 大平ラ1号墳 イザ原20号墳 古市15号墳 早里17・18号墳	TK23 / TK47	Ⅺ / Ⅻ

＊古墳名の後の（　）内は副葬品の中四研編年上の位置づけを示す

TK216型式併行）に出現し、以後の型式変化は東伯耆と同調的である［中野2021a］。先述の出雲の編年との整合性と併せ考えると、TK73型式併行における椀形高坏の出現が、畿内と山陰との併行関係をたどる際の定点となり得る。さらに中野は、畿内の椀形高坏に見られる坏部内面の二段ジグザグ暗文や内外面の赤彩、主に大型高坏に見られる横位暗文を山陰東部地域の手法と評価し、金属生産や馬匹生産の技術獲得を目的として、山陰東部の集団が河内湖南岸や南郷遺跡群等といった畿内の生産拠点との交流を図ったとする興味深い解釈を示している［中野2021b・2024］。特に横位暗文の高坏は、山陰での分布が東伯耆に限られていることから、当該期の山陰と畿内の交流についてより高い解像度での復元を可能にする極めて重要な資料である。

3．土器編年と副葬品編年

（1）土器と副葬品の編年からみた「中期」の始まりと終わり

　本稿の土器編年と中四研編年との対応を確認するのに先立ち、土器編年からは「中期」をどのように認識できるかについて整理しておく。高坏の変遷を基軸とする本稿編年の立場からは、中1期に坏部と脚部との接合技法がα技法（円盤充填技法）からγ技法（坏部付加技法）主体へと変化することが画期となる。天神川下流編年でもⅣ期からⅤ期にかけて同様の変化が想定されており［牧本2020］、

出雲の編年でも小谷４ではα技法主体、続く大東１ではβ技法に変化することが示されている［松山2021］。併せて、天神川Ｖ期、大東１、中１期では、鼓形器台や山陰型甕、低脚坏といった器種が組成から脱落することが示されており、「円盤充填技法」の衰退と合わせて土器編年上の大きな画期とみなす点については共通理解となっている。

　このような土器編年上の画期と、副葬品編年との画期、すなわち中期の始まりはどのように対応するのであろうか。因幡の前方後円墳である古郡家１号墳では、３基の埋葬施設のうち中央棺（木棺直葬）からは突起付重圏文鏡や土師器甕・高坏が、北棺（箱式石棺）からは長方板革綴短甲や鉄鏃、土師器直口壺等が出土している。北棺出土遺物は中四研編年Ⅵ期（中期前葉古相）の標識資料とされている［岩本2022］。出土した高坏・直口壺の位置づけについては、もとより因幡の土器であるので本稿編年との直接的な対比は難しいが、高坏は接合α技法であり、報告者は岩吉Ⅵ期新段階・天神川Ⅳ期・小谷４に位置づける。一方直口壺については、出土例が少なく位置づけは困難としながらも天神川Ⅳ期以降、すなわち高坏と同段階かやや新相を示すと評価している［高田・東方編2013］。両者の時期差を積極的に評価し、中央棺が北棺に先行すると考えるならば、Ⅵ期（北棺）と中１期が接点を持つ可能性がある。一方で、松山智弘はこのタイプの高坏を「山陰系長脚高坏」と仮称し、古郡家例を脚部が短小化していることから小谷４に後続する大角山（古）に位置づけ［松山2018］、類例として因幡の新井南谷３号墳や山城のカラネガ岳２号墳を挙げる［松山2022］。古郡家例を中期の範疇でとらえる松山の見解に基づくならば、中１期の時期幅の中にⅤ期とⅥ期の境があると考えることもできる[2]。

　Ⅵ期に位置づけ得るその他の古墳についても、短甲が出土した東伯耆の北山１号墳では墳頂で笊形土器数点が採集されているに過ぎず、倣製三角縁神獣鏡や石製腕飾類等が出土した上神大将塚古墳では土器が知られていない。このように、Ⅴ～Ⅶ期にかけては編年への位置づけが容易な土器と良好な副葬品との共伴例が限られており、現状では中四研編年での中期の始まり（Ⅵ期）が本稿土器編年上のいつにあたるのかを厳密に示すことができていない。

　土器編年上の中期から後期への画期については、中５期に後続するMT15型式併行段階で、Ｅ類以外の高坏が組成から脱落する変化を予想している。後期の始まりについて、研究史においてはTK23～47型式併行とする説［和田1987等］と、MT15型式併行とする説［橋本2010等］とがあり、山陰東部の土器編年の画期は後者と整合的であるが、中四研編年ではTK47型式併行（Ⅻ期）からを後期としている。中５期の土師器はTK47型式併行の須恵器と共伴する例もあることから、中５期はⅫ期までを含む可能性が高く、その場合土器編年の画期と中期の終わりは揃わないことになる。

（２）土器編年と副葬品編年との対応

　先述のとおり、前期末～中期初頭にかけては土器編年と中四研編年との対比は難しい。因幡の里仁33号墳（Ⅶ期）では、長胴化した壺（Ａ・Ｂ類）が周溝から出土している。二重口縁壺（Ａ類）は中期には殆ど見られなくなる器種だが、複合口縁壺（Ｂ類）の特徴からは中１期に位置付けられる。眉庇付冑が出土した因幡の湯山６号墳（Ⅷ期）の器台は集落からの出土例に乏しいが、高坏B1類との形態の類似から中１～２期併行と考える[3]。このように、この段階の古墳出土土器は、集落出土土器に類例の少ない資料が多いという事情もあり、中１～２期がⅥ～Ⅷ期に重なる可能性を指摘できるに

第Ⅱ部　土器編年の検討

過ぎない。中2～3期の土器が出土した古墳として、因幡の上野6号墳、横枕73号墳等があり、これらは鉄鏃の様相からⅨ期に位置づけられる。この時期以降、椀形高坏が古墳での儀礼に多用されるようになり、古墳と集落の土器の対比が容易になる。東伯耆の長瀬高浜4号墳の高坏B・C類は中3期に位置づけられるが、TK208型式併行の須恵器壺が伴っておりⅩ期に降る可能性が高い。

　中4～5期の土器が出土した古墳は非常に多いが、副葬品の組成から中四研編年に対比できる古墳はごく限られる。東伯耆の長瀬高浜1号墳では、石棺内から中4期の高坏C類（土器枕）と隅抉尻系の鉄刀、墳丘からTK208型式併行の須恵器高坏が出土しておりⅩ期に位置づけられる。因幡の倭文6号墳では、墓壙直上から中5期の高坏C類、TK23～47型式併行の須恵器甕が出土した他、埋葬施設からは鋲留短甲、衝角付冑、鏃、刀、矛、馬具（f字形鏡板付轡、剣菱形杏葉）等の豊富な副葬品が出土しており、Ⅺ期の基準資料と評価し得る。

　以上をまとめると、本稿中1期は中四研Ⅵ～Ⅷ期、中2期はⅧ～Ⅸ期、中3期はⅨ期、中4期はⅨ～Ⅺ期、中5期はⅪ～Ⅻ期とそれぞれ接点を持つと考えられる（表1）。

まとめに代えて～課題と展望～

　以上、東伯耆を対象に土師器高坏の変遷を基軸とした土器編年案を提示し、中四研編年中期初頭（Ⅵ期）～後期前葉（Ⅻ期）にあたる期間を中1期～5期の5段階に区分した。

　他地域との併行関係については、中2期（TK73型式併行）における椀形高坏（C類）の登場を定点として、出雲や畿内の編年とを繋ぐ見通しが得られた。一方で、有稜高坏（B類）の変化は出雲・畿内と本稿編年とに多少の時期差が存在するようである［中野2021a、松山2021］[4]。このような齟齬が生じる原因として、各地域で変化の要因や速度が異なっていた可能性の他、系統の異なる有稜高坏の一群を本稿編年では一系統として理解してしまっていることに起因する可能性も充分考えられる。山陰東部では有稜高坏自体は前期から存在しており、それらを含めて系統を整理・弁別したうえで再検討する必要がある[5]。

　副葬品に基づく古墳編年（中四研編年）との対比については、それぞれの新古の関係に齟齬がないことは確認できるが、土器編年と中四研編年それぞれが示す「中期」は必ずしもそのまま対応していない。山陰東部の土器編年からみた「中期」は、鼓形器台や低脚坏といった山陰系を特徴づける供膳具が姿を消して高坏や椀が多用されるようになり、特に高坏が多様に機能分化して鋭敏な型式変化を遂げた時期と説明できる。後期になるとそれら供膳の機能を須恵器が担うようになり、土師器の器種がさらに減少したと考えられる。こうした土器組成の変化は食事・調理方法や儀礼のあり方の変化を反映していることが想定され［宇野1999、小林他2017］、一方で副葬品の変化は当然ながらこれとは異なる背景を持つのであろうから、土器様相と副葬品の変化の画期が一致する保証はない。ただし、古墳の築造年代決定に資する土器編年の構築という視点からは、中期の始まり（中四研Ⅵ期）に対応する土器を示せていない現状は問題である。中期の始まりを示す土器を考えるうえで定点となり得るのは古郡家1号墳北棺出土の直口壺であり［池淵2022］、中央棺の高坏もその評価に大きく影響する。特に中期土器編年の基軸とした高坏については、法量・規格や接合技法（$a \rightarrow \gamma$）の変化が各地でど

のように推移するのかを充分に整理したうえで、副葬品から前期末〜中期初頭に位置付けられる古墳との対応を検討していく必要がある［松山 2022］。

　本稿で取り組んだ土器編年構築の目的の一つは、出土土器から古墳の年代的位置づけを図るための枠組みの整備であるが、山陰（東伯耆）と畿内に見られる調整（暗文）の共通性からは、当該期における両地域の交流を窺うことができる。遺構の年代決定のみならず、中期の時代像の解明につながるこうした地域間交流についてより具体的に検討するためにも、土器編年の精度をさらに高め各地との併行関係を厳密に検討していく姿勢が求められる。

註

（1）　このことは、長瀬高浜遺跡や南谷大山遺跡等の大規模集落の廃絶ないし縮小により、東半では中5期の良好な資料そのものが少ないことも大きく関係している。

（2）　逆に、北棺の直口壺と中央棺の高坏とに時期差を見込まないのであれば、中1期に先行する天神川Ⅳ期（≒小谷4）の時期幅の中で中四研Ⅵ期が始まっているとの理解につながる。小谷4の山陰系長脚高坏が出土している出雲の上野1号墳の位置づけも問題となる。

（3）　松山智弘が湯山6号墳出土器台の出雲での類例として的場河道状遺構上層出土の器台を挙げ、さらに同遺構出土の高坏を石脇第1遺跡 SI02 例（本稿中2期）と対比している［松山 2021］ことは、湯山6号墳の器台の位置づけを考えるうえで参考となる。

（4）　本稿では坏部内底面が水平となる有稜高坏（B類）を中4期（おおむね TK208 型式併行）に位置付けたが、河内湖南岸や出雲では類似の大型高坏が TK73 〜 TK216 型式併行に出現している［中野 2021a、松山 2021］。ただし、中野が示した山城の編年では、大型高坏の変遷は東伯耆と同調的であるように見受けられる［中野 2023］。畿内、山陰それぞれの地域性を踏まえたうえで、小地域単位での双方向的な影響関係が生じていたことも念頭に、併行関係を精査していく必要がある。

（5）　前稿［君嶋 2021］では高坏B類の祖型を天神川下流編年での高坏F類（三好玄分類のⅡ群B［三好 2010］）と考えたが、中1期以降短脚化→再び長脚化という不自然な変化をたどることから系統が異なる可能性がある。天神川下流編年では、本稿B類の祖型をF類よりも大形の有段高坏（E類）としている。E類は天神川Ⅰ・Ⅱ期に存在するがⅢ・Ⅳ期には殆ど見られずⅤ期以降再登場することから、前期と中期のE類が「系譜的につながるものか不明」とされている［牧本 1999］。

引用文献

池淵俊一　2022「中期古墳研究の現状と課題Ⅴ　参加記」『中四研だより』第 49 号　中国四国前方後円墳研究会　pp.20-21

岩本　崇　2022「中期古墳年代論－相対編年とその暦年代－」『中期古墳研究の現状と課題Ⅵ〜新編年で読み解く地域の画期と社会変動〜』中国四国前方後円墳研究会　第 25 回研究集会実行委員会　pp.1-19

宇野隆夫　1999「古墳時代中・後期における食器・調理法の革新－律令制的食器様式の確立過程－」『日本考古学』第7号　日本考古学協会　pp.25-42

岡野雅則　2004「古墳時代中期から後期の土器について」『茶畑遺跡群　古御堂笹尾山遺跡　古御堂新林遺跡』鳥取県教育文化財団　pp.198-204

君嶋俊行　2021「鳥取県」『中期古墳研究の現状と課題Ⅴ〜古墳時代中期の土師器・須恵器をめぐって〜』中国四国前方後円墳研究会　第 24 回研究集会実行委員会　pp.59-88

小林正史・北野博司・宇野隆夫　2017「食器－鉢・浅鉢・皿・坏と高坏－」『モノと技術の古代史　陶芸編』吉川弘

文館　pp.59-95

高田健一・東方仁史（編）　2013『古郡家1号墳・六部山3号墳の研究－出土品再整理報告書－』鳥取県

谷口恭子　1991「土器」『岩吉遺跡Ⅲ』鳥取市教育委員会・鳥取市遺跡調査団　pp.285-308

中野　咲　2021a「畿内地域の中期土師器編年と外来系土器」『中期古墳研究の現状と課題Ⅴ～古墳時代中期の土師器・須恵器をめぐって～』中国四国前方後円墳研究会　第24回研究集会実行委員会　pp.17-40

中野　咲　2021b「畿内における古墳時代中期の山陰東部系土器」『古墳出現期土器研究』第8号　古墳出現期土器研究会　pp.109-119

中野　咲　2023「古墳時代中期の北近畿地域における布留系土器の展開と地域色の発現－刺突痕跡を持つ高坏を中心として－」『古墳出現期土器研究』第10号　古墳出現期土器研究会　pp.103-125

中野　咲　2024「南郷遺跡群における古墳時代中期の山陰東部系土器」『古代学と遺跡学－坂靖さん追悼論文集－』坂靖さん追悼論文集刊行会　pp.163-170

仁木　聡　2015「山陰における初期須恵器資料について－分布傾向を中心に－」『前方後方墳と東西出雲の成立に関する研究』島根県古代文化センター研究論集第14集　島根県古代文化センター　pp.46-70

橋本達也　2010「古墳時代中期甲冑の終焉とその評価－中期と後期を分かつもの－」『待兼山考古学論集―大阪大学考古学研究室20周年記念論集』大阪大学考古学研究室　pp.481-501

牧本哲雄　1999「古墳時代の土器について」『長瀬高浜遺跡Ⅷ　園第6遺跡』鳥取県教育文化財団　pp.151-160

牧本哲雄　2020「土器の編年」『新鳥取県史　考古2古墳時代』鳥取県　pp.18-26

松山智弘　2018「山陰」『前期古墳編年を再考する』中国四国前方後円墳研究会編　六一書房　pp.161-174

松山智弘　2021「島根県」『中期古墳研究の現状と課題Ⅴ～古墳時代中期の土師器・須恵器をめぐって～』中国四国前方後円墳研究会　第24回研究集会実行委員会　pp.89-116

松山智弘　2022「島根県」『中四研だより』第49号　中国四国前方後円墳研究会　pp.9-11

三好　玄　2010「布留式土器様式構造の再検討―精製器種を中心に―」『待兼山考古学論集―大阪大学考古学研究室20周年記念論集』大阪大学考古学研究室　pp.369-391

森藤徳子　2022「鳥取県」『中期古墳研究の現状と課題Ⅵ～新編年で読み解く地域の画期と社会変動～』中国四国前方後円墳研究会　第25回研究集会実行委員会　pp.75-87

和田晴吾　1987「古墳時代の時期区分をめぐって」『考古学研究』第34巻第2号　考古学研究会　pp.44-55

図表出典

図1：筆者作図（地理院地図を使用）。図2：各報告書から改変・引用して筆者作図。図3・4：筆者作図。図5：［中野2021a］、［松山2021］から改変・引用して筆者作図。図6・7：各報告書から改変・引用して筆者作図。表1：筆者作成。

遺跡出典

長瀬高浜遺跡：（財）鳥取県教育文化財団1981『長瀬高浜遺跡発掘調査報告書Ⅲ』鳥取県教育文化財団調査報告書8／南谷大山遺跡：（財）鳥取県教育文化財団1993『南谷大山遺跡　南谷ヒジリ遺跡　南谷22・24～28号墳』鳥取県教育文化財団調査報告書32・（財）鳥取県教育文化財団1994『南谷大山遺跡2　南谷29号墳』鳥取県教育文化財団調査報告書36／宇谷第1遺跡：（財）鳥取県教育文化財団1992『宇谷第1遺跡　南谷大ナル遺跡』鳥取県教育文化財団調査報告書28／石脇第1遺跡：（財）鳥取県教育文化財団1998『石脇第3遺跡－森末地区・操り地区－　石脇8・9号墳　寺戸第1遺跡　寺戸第2遺跡　石脇第1遺跡』鳥取県教育文化財団調査報告書54／小浜ワラ畑遺跡：（財）鳥取県教育文化財団1998『小浜ワラ畑遺跡　小浜小谷遺跡　池ノ谷第2遺跡』鳥取県教育文化財団調査報告書55／夏谷遺跡：倉吉市教育委員会1996『夏谷遺跡発掘調査報告書』倉吉市文化財調査報告書84／頭根後谷遺跡：倉吉市教育委員会1991『立縫遺跡群6：頭根後谷遺跡発掘調査報告書』倉吉市文化財調査報告書61

〈地域報告〉

山陰中西部

松 山 智 弘

1. 島根県における古墳中期土器研究の状況

　島根県における古墳時代中期の土器研究は、資料が十分でないこともあり活発とまでは言えない状況ではあるが、いくつかの堅実な研究がなされている。土師器については、筆者もかつて当該期の編年作業を行ったが［松山1991］、その後の増加した資料に基づいた再検討が必要とされていた。こうしたなか出雲平野［池淵2008］・出雲東部［柳浦2019］において詳細な検討が行われ、当該期の様相が明らかになるとともに出雲地域においても小地域ごとに様相が異なることが明らかにされている［池淵2015］。この報告においてもこれらの研究成果に依拠しつつ、小地域性にも配慮しながら検討を進める。須恵器編年については、大谷晃二により古墳時代を通じた基本となる枠組みが構築され［大谷1994］、当地域の標識編年となっている。その後、今回の対象となる大谷1期については細分案も提示されている［大谷2003］。須恵器編年については、最初にこの細分案を別の視点から再検討したうえで修正をくわえ、さらに陶邑編年との対応関係についても考えてみたい。なお、今回の検討は出雲地域を対象に行う。

2. 土師器編年について

（1）編年の方法

　土師器の編年については、高坏の型式変遷を基軸にし、高坏を含む一括性の高い土器群を配列し、その他の器種についても型式変遷がスムーズに追えることを確認しながら枠組みを構築する。高坏を基軸にする理由は、中期には器種・形式が減少するため継続して存在するのは甕と高坏などしかなく、甕については、シンプルな形態になり変化が追いにくくなる中で、高坏ではタイプが増えることや、製作技法の変化などから型式変遷が追いやすい利点がある。土器全体の中で量的な比率も高く資料数が多いことも利点となる。また、古墳に伴う器種としても高坏が多いことから、古墳の編年を土器から考える時には重要な器種となる。

（2）高坏の分類

　高坏は坏部形態・脚部形態・接合法の組み合わせでタイプを設定できる。坏部形態は、無稜外反・有段・埦形・有段埦形に4分類できる。無稜外反・有段のタイプは前期から継続し、中期の中頃から埦形と有段埦形が追加される。脚部については、製作技法から分類することができ、脚柱部と裾部を別に作り組み合わせるタイプと全体を一体で作るタイプに分けることができる。前者を脚B（技法）

第Ⅱ部　土器編年の検討

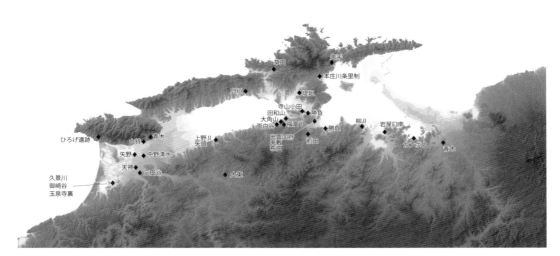

図1　出雲地域における古墳時代中期の集落遺跡分布図

とし、一体で作るものはさらに二つに分けることができ、脚柱部内面をヘラ削りするものを脚A（技法）、脚柱内面は調整がなく皺が残るものを脚C（技法）とする。今回は脚部の製作方法の違いに着目し、これをもって技術系統を考えてみたい。接合法については旧稿［松山1991］を踏襲するが、新たに接合法θを加える。これは、底のある坏部と脚頂が開放された脚部とを接合するもので、坏底に刺突痕があり、なかには刺突が貫通され数ミリの粘土で埋めたものがある。

（3）高坏による枠組みの設定

　高坏は、小地域ごとに坏部や脚部の形態が異なることから、地域ごとにその変化をたどる必要がある。先ずは比較的資料の揃う意宇平野における型式変化を明らかにする。結果として、坏部形態の消長や技法の変化から4段階に分けることができるので、大東1～4としてその内容を説明する。
　前期後半（小谷3新～4）には坏部が無稜外反と有段で長脚のタイプが主体であったが、続く段階には脚は短くなり、脚Aから脚Bへと技法も変化し、無稜外反高坏は接合法がθになるものがあるなど、小谷式とは技術系統も大きく変化することから大東1とする。続けて新たに坏部埦形タイプが加わる段階を大東2とする。埦形は接合法γ・脚部C技法で技法もこれまでになかった製作技法をとる。大東2の古相までは無稜外反高坏がのこっている。有段高坏は、技法や暗文の特徴には変化はないが、坏部形態は口縁部が発達し、坏部が深くなる方向に変化する。大東2においても器高は低くなる傾向にあるが、器高が10cm前後にまで低くなる段階を大東3とする。埦形・有段ともに製作技法に変化はない。大東4は、形態にもバラツキがあり規格が失われつつある。また、須恵器の普及により量的にも減少していると見られる。
　大東2以降は、坏部形態・技法に小地域性が顕在化するが、器高の変化は共通したものと見られ、ることから、そのほかの地域もこの枠組みに対応させて位置付けることとする。

山陰中西部（松山）

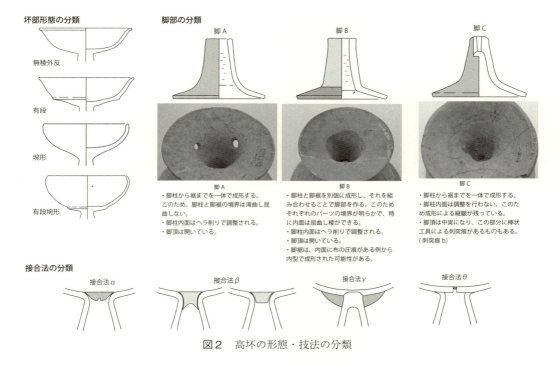

図2　高坏の形態・技法の分類

表1　各地域の高坏の変化

	出雲平野	意宇平野	東出雲・安来	
小谷4	無稜外反・有段・大形有段の3タイプがある。無稜外反と有段タイプは器高が14cm前後となる長脚タイプが主体となる。大形有段は脚は太短い。 いずれも脚Aで接合法αで、わずかにβがある。			
大東1	無稜外反・有段・大形有段タイプ。いずれも脚B・接合法β・θに変わる。			
大東2	斜格子暗文 ・無稜外反はわずかに残る。 ・有段は脚B・接合法β	暗文が2段のものがある。	有段のみ 斜格子暗文 ・無稜外反は古相のみ ・塊形高坏が加わる （脚C・接合法γ） ・有段は脚B・接合法β ・大形有段は坏部の深いタイプとなる	暗文が2段のものがある。		各地域とも器高の縮小が進む。
大東3	・有段は脚B・接合法β ・有段塊形が加わる（脚B・接合法β）	・有段は脚B・接合法β ・塊形高坏は脚C・接合法γ	・有段・塊形ともに脚A・接合法γに統一される。	

（4）各期の様相

高坏で設定した各段階を期として、そのほかの器種についても特徴を述べておく。

大東1期　山陰系土器の象徴的な器種である鼓形器台・羽状文壺などは消失、高坏の技法も変化するなど、出雲地域においては形態・製作技法ともに山陰系土器の伝統は一掃される。新たな様相としては、単純口縁の直口壺や指圧痕を残す坏が少ないながらも安定して見られる。

大東2期　意宇平野では、高坏に塊形が加わり甑など新たな器種が加わる。坏は底部を手持ちで箆削りすることから、大東1の坏とは系譜が異なる。この段階の古相においては、これら新出の器種

第Ⅱ部　土器編年の検討

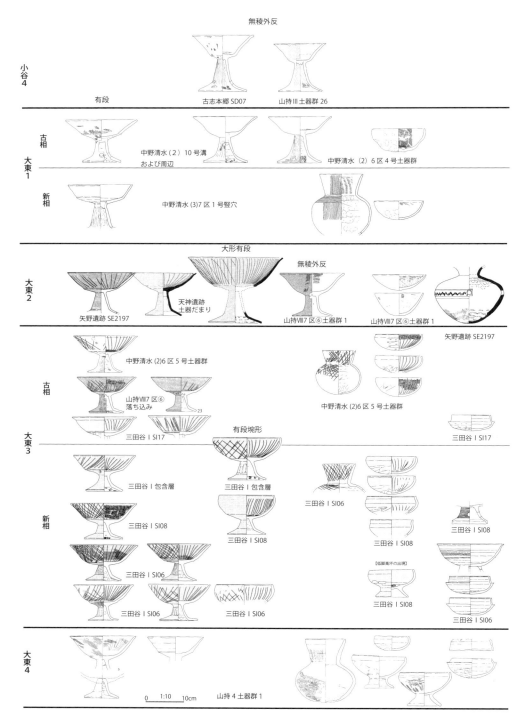

図3　出雲平野中核地域の土師器編年

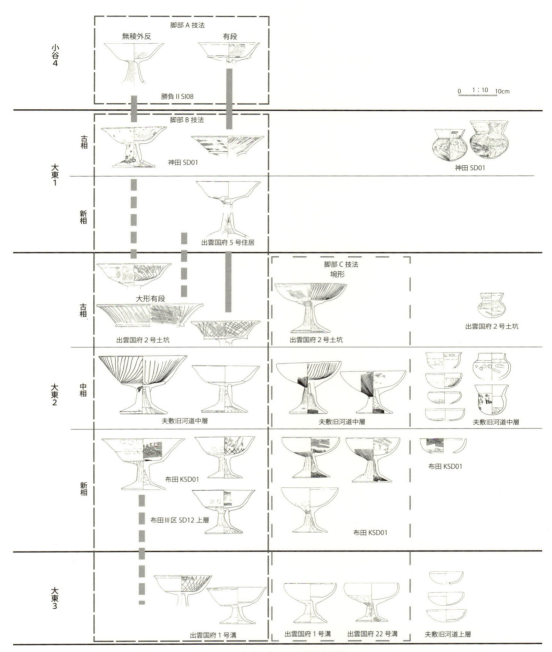

図4　意宇平野土師器編年①

は搬入ないしは外来の集団によって製作された可能性がある。小型丸底壺は古相までは残る。

　大東3期　　新出の器種も各地域で安定して見られるようになる。出雲平野では有段塊形高坏が加わり、中海南岸地域では有段・塊形高坏とも脚部Cに統一されるなど小地域性が顕在化する。甑形土器の蒸気孔の減少が進む。

第Ⅱ部　土器編年の検討

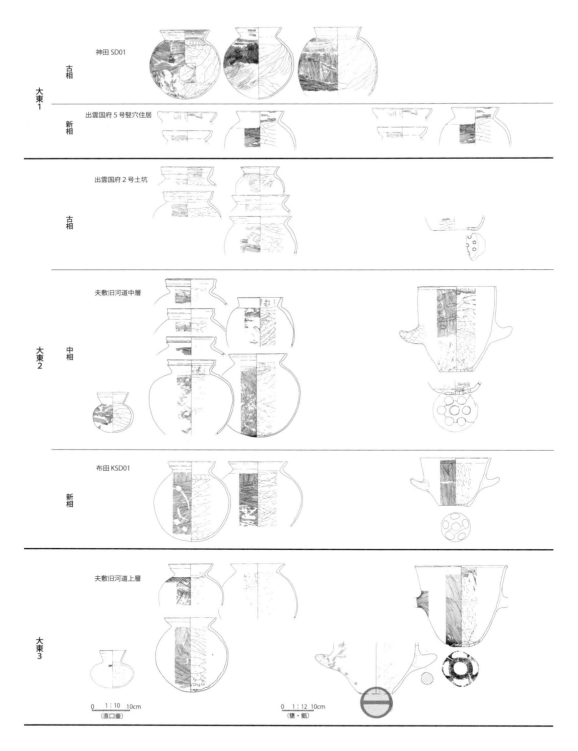

図5　意宇平野土師器編年②

大東4期 　高坏・坏など供膳具が激減する。背景には供膳具が須恵器に移行することがあると見られる。

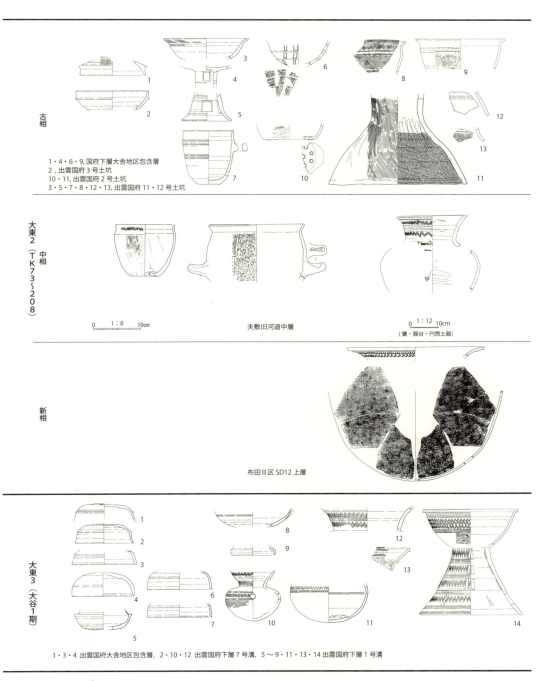

図6　意宇平野の韓式土器・須恵器

第Ⅱ部　土器編年の検討

3．須恵器編年について

（1）編年の方法

　今回の対象となる大谷1期については、細分案が示されている［大谷2003］。大谷は高坏を基軸の器種に定め高坏の型式変遷をもとにその他の器種を配列している。1期の高坏は出土数がかなり限られることから、この器種の型式変化をもって基本的な枠組みを構築することができるのか不安がある。ここでは量的に多くを占める蓋坏の型式分類をまず行い、各型式と共伴の土師器の時期なども踏まえ、1期の細分案を検証してみたい。

（2）蓋坏の分類と大谷1期の再編

　大谷1・2期の坏蓋を古墳・住居址などの遺構ごとの蓋坏をまとまりとして見ると、口径は13cmあたりで大きく2分できる。これは大谷が1期と2期を分ける際に示した口径の差を追認したものである。この口径の差をもってA群とB群とする。A群の器高を見ると5cm以下にまとまるものと、5〜5.5cmにまとまるものがあることから、器高について5cmあたりを境に二分することができる。口径と器高の規格からそれぞれAS・ATとしておく。門生山根1号窯では、下層ではAS類、最上層ではAT類が出土する。また、土師器が共伴する場合AS類は大東3期（薬師山古墳、春日山SX01、岩屋口南SI01）、AT類は大東4期（谷の奥3・4号、奥才38号、山持4土器群1）と共伴することからA群における器高差は時期差と見られる。また、口径が14cmを超え器高が5cm以上ある蓋に、口縁が直立するものと内湾するものがある。前者をBT直類、後者をBT湾類とする。
　蓋坏の各型式と大谷編年との対応を確認する。AS類は1期古相と中相に、AT類は1期中相、BT-直類が1期新相に含まれている。大谷編年は高坏を基軸に編成されているが、中段階とされた高坏のうち蓋坏AT類に共伴する高坏は、脚が短小で径も小さく、むしろ新段階のものと同規格であることから、中段階のうち蓋坏AT類は新段階に下げることとする。

（3）陶邑編年との対応

　1期古段階の島田1号墳・春日山SX01・金崎1号墳には陶邑産と近似するものがあり、概ねTK208〜23にあたるとされる。また、搬入品の可能性がある大堤Ⅱ5号墳の甕はMT15と見られ1期新相の坏身と共伴する。八色谷4号墳の2期の甕は、頸部に区画の沈線があり、こうした特徴は畿内ではTK10新相以降にみられることが明らかにされている［吉田2007］。大谷1期古段階とMT15と、2期とTK10との接点を確認できる。
　次に副葬品のうち玉類を介して併行関係を考えてみたい。後期の新種の玉類と須恵器との関係を見ておきたい。井出平山古墳では大東3期の高坏と1期中〜新段階の甕に碧玉製棗玉が、谷の奥3号墳では大東4期の高坏と1期新段階の蓋坏に水晶製管玉が、奥才1号墳では2期の蓋坏と水晶製切子玉とが共伴する。山陰系玉類を詳細に分析された大賀克彦によると、碧玉製棗玉はTK23〜47に、水

212

山陰中西部（松山）

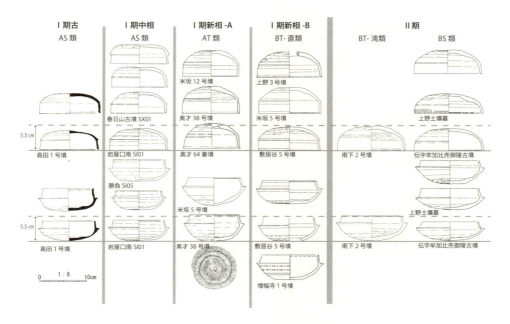

図7　蓋坏の分類

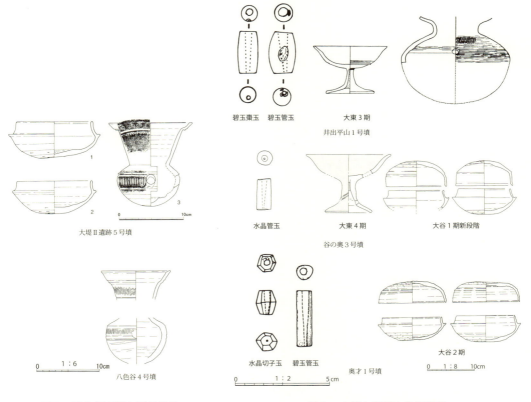

図8　搬入須恵器と属性比較　　　　図9　土器と玉類の共伴資料

表2　出雲地域の土師器・須恵器出土遺跡の時期

土師器出土遺構				土器編年			須恵器出土遺構	
集落遺跡			古墳	土師器	陶邑	須恵器	古墳	集落遺跡
出雲平野	意宇平野	その他地域	出雲全域				出雲全域	
中野清水（2）10号溝 中野清水（3）1号竪穴	神田SD01 出雲国府5竪穴住居		常楽寺柿ノ木田1 北小原土器棺1・2 奥才12 樋谷1・2・3	大東1	（布留3）			
天神土器だまり 矢野SD3042 矢野SE2197	出雲国府2土坑 夫敷中層 布田III区SD12上層 布田KSD01	勝負SI05	宮山1 石屋	大東2	TK73〜216		石屋	出雲国府2号土坑 矢野SD3042 夫敷中層 布田KSD01 矢野SE2197
中野清水（2）5号土器群 三田谷SI17 三田谷SI06 三田谷SI08	夫敷上層 出雲国府1溝 出雲国府23溝	岩屋口南SI01 宮内SK01	薬師山 春日山SX01 東百塚64 増福寺2〜5・23 渋山池1・3 古曾志大谷1 米坂9 寺床4	大東3	TK208〜47	I期古 I期中	塚山　薬師山 島田1　寺床3 金崎1 春日山SX01 東百塚64 寺床4	寺山小田SI01 三田谷SI17 岩屋口南SI01 宮内SK01 三田谷SI06
山持4土器群1	岩屋口南SI03		奥才38 谷の奥3・4号	大東4	MT15〜	I期新	古曾志大谷1 谷の奥3・4 奥才38・64 油坪2 増福寺24・25 渋山池12 米坂5 上野3 敷居谷5 大提II5	岩屋口南SI03 山持4土器群1
長廻2加工段5	岩屋口南SI02			大東5	TK10	II期	南下2 奥才1 中山2 荒神谷7	岩屋口南SI02

晶製管玉は MT15 〜 TK10 に製作の重点があり、水晶製切子玉は TK10 に出現するとされている［大賀2009］。

　こうした少ない材料からではあるが、1 期古段階は TK208 〜 TK23、中段階は TK23 〜 47、新段階は MT15、2 期は TK10 と併行関係にあると考えておきたい。

　ところで、但馬の鬼神谷窯産の須恵器を分析した菱田哲郎によると、この窯の製品は陶邑と近似したものから地方色のある小型深手の蓋坏や短脚の高坏に推移するとし、後者は陶邑 MT15 型式と同時期にあたることを明らかにされている。また、出雲地域の須恵器窯の製品も細部を除けば様相が共通していることが指摘されている［菱田1990］。今回提示した蓋坏の変遷と陶邑との併行関係については、菱田の指摘を追認したものである。

山陰中西部（松山）

4．古墳出土の土師器と須恵器

　小規模墳については、前期から継続して築造が続く古墳群と新規の古墳群がある。いずれの場合も大東1期の小規模墳では、供膳具ではなく壺・甕を伴うケースが多い。全長30mの前方後円墳の常楽寺柿木田1号墳でもくびれ部に甕形土器があり、この時期の特徴となっている。小規模墳では、増福寺古墳群などのように、大東2期からは土師器高坏を伴うものが主体となる。

　出雲の中期古墳を特徴づける大形方墳のうち石屋古墳ではTK216〜208とされる須恵器の器台・壺と大東2期の土師器高坏と甑を模倣したものが造り出しより出土している。土師器高坏は有段と埦形の両者がある。比較的器高が高いことから大東2期にあたると見られる。塚山古墳でも1期古段階の須恵器高坏があることから、大形方墳については土師器編年の概ね大東2期に収まるものと見られる。前方後方墳には宮山1号墳・古曽志大谷1号墳に土器が伴う。宮山1号墳では土師器の甕・有段高坏・埦型高坏があり、有段高坏は脚部はないが接合法βであることから脚Bである可能性が高い。安来地域では大東3期以降は脚Cのみになることから、形態の特徴とあわせ大東2期と見られる。埴輪は大谷1期中相〜新相（大東3〜4）に併行するとされており［大谷2003］、土器と埴輪の時期に開きがある。古曾志大谷1号墳では、大東3期の有段高坏（脚B）と大谷1期新相とされる須恵器が造り出しより出土している。

5．今後の課題

　土師器については、大東1〜大東2古相にかけては、新出の器種の有無で区分しているため、ある程度まとまった土器群でないと時期比定が難しい場合がある。今後の資料の増加が待望されるところであるが、甕形土器などの型式変化を検討していく必要がある。須恵器については、蓋坏以外の器種については型式変化を追うのが難しいものが多く、各器種の同時性を検証できる資料も少ないため、定点になるようなセットを見いだせない状況にある。隣接する地域の状況なども参照しながら補足していく必要がある。

　副葬品編年との関係では、大東1期が中四研編年のⅥ期からⅦ期に対応し時間幅があるが、明確に細分できる状況にない。小谷式の終焉から大東式に移行する状況を明らかにするためにも、この部分の実態を明らかにする必要がある。Ⅶ期以降については、副葬品が明らかになっている古墳が少ないことから、現状においては土器の広域併行関係を構築して副葬品編年に接続していくようなことが必要とされる。

引用文献

池淵俊一　2008「第9章　総括　第2節　古墳時代中期前半の遺構・遺物に関する諸問題」『九景川遺跡——一般県道出雲インター線建設事業に伴う埋蔵文化財発掘調査報告書—』島根県教育委員会　pp.294-319

池淵俊一　2015「第2部第6章意宇平野の開発史—5世紀代の評価を中心に—」『島根県古代文化センター研究論集

第Ⅱ部　土器編年の検討

　　　第14集前方後方墳と東西出雲の成立に関する研究』島根県古代文化センター　pp.163-191

大谷晃二　1994「出雲地域の須恵器の編年と地域色」『島根考古学会誌』第11集　島根考古学会　pp.39-82

大谷晃二　2003「第13章第3節古墳群とその時期」『島根県古代文化センター調査研究報告　宮山古墳群の研究』
　　　島根県古代文化センター・島根県埋蔵文化財調査センター　pp.34-149

大賀克彦　2008「古墳時代後期における玉作の拡散」『古代文化研究』第16号　島根県古代文化センター　pp.41-64

大賀克彦　2009「山陰系玉類の基礎的研究」『出雲玉作の特質に関する研究−古代出雲における玉作の研究Ⅲ』島根
　　　県古代文化センター　pp.9-62

角田徳幸　2008「出雲国府跡下層の古墳時代集落」『島根考古学会誌』第25集　島根考古学会　pp.99-114

重藤輝行　2010「北部九州における古墳時代中期の土師器編年」『古文化談叢』第63集　九州古文化研究会
　　　pp.119-160

高橋浩二　2011「土師器の編年⑥日本海」『古墳時代の考古学1　古墳時代史の枠組み』同成社　pp.123-135

田辺昭三　1981『須恵器大成』角川書店

中野　咲　2010「古墳時代中・後期における奈良盆地の土師器編年とその特質」『橿原考古学研究所紀要　考古学論攷』
　　　第33冊　pp.43-75

中野　咲　2019「畿内の外来系土器」『馬の考古学』雄山閣　pp.318-326

辻　美紀　1999「古墳時代中・後期の土師器に関する一考察」『国家形成期の考古学』大阪大学考古学研究室
　　　pp.351-366

仁木　聡・椿　真治　2012「松江市島田1号墳出土遺物の再整理(上)」『古代文化研究』第20号　島根古代文化センター
　　　pp.99-106

丹羽野裕　1998「門生黒谷Ⅰ遺跡（門生山根1号窯・門生黒谷1号窯）」『門生黒谷Ⅰ遺跡・門生黒谷Ⅱ遺跡・門生黒谷Ⅲ
　　　遺跡』島根県教育委員会　pp.77-88

菱田哲郎　1990「須恵器生産の拡散と地方色−鬼神谷窯の位置づけを中心に—」『鬼神谷窯跡発掘調査報告書』兵庫
　　　県城崎郡竹野町教育委員会　pp.55-61

房宗寿雄　1985「出雲地方東部の古式須恵器について」『松江考古』第6号　松江考古学談話　pp.34-50

松山智弘　1991「出雲における古墳時代前半期の土器の様相−大東式の再検討」『島根考古学会誌』第8集　pp.1-29

柳浦俊一　2019「出雲における古墳時代中・後期の玉作遺跡とその特徴」『島根県古代文化センター研究論集第21
　　　集　古墳時代の玉類の研究』島根県古代文化センター　pp.29-46

吉田知史　2007「文様と形態からみた後期古墳出土甕の編年」『勝福寺古墳の研究』大阪大学文学研究科考古学研究
　　　室　pp.259-277

〈地域報告〉

山陽東部

河合　忍

はじめに

　本稿では、まず古墳時代中期の岡山県における土器（土師器・須恵器）の研究史を簡単に振り返り、問題の所在を確認する。続いて資料が充実している備前・備中南部の集落出土土器の集成を行い、土師器の編年を整理する。古墳時代中期は土師器に加え、須恵器が普及し、両方を組み合わせた食器様式を指向し始める時代であるため、集落での土師器と須恵器との共伴のあり方を踏まえ、双方の編年の対照をまずは行う。また、組成比などの検討も行い、集落での須恵器の普及や食器様式の変遷について見通しを立てる。この作業によって、須恵器の出土がない、もしくは少ない時期の古墳の位置づけができるようになり、出土傾向等の変遷についての議論が可能となる。その上で、須恵器の普及傾向との比較も行うことで、古墳出土の土器を通してどのような議論ができるのかを探りたい。

1. 研究略史

　岡山県における古墳時代の土器については亀田修一氏の総括があり［亀田2003］、研究史にも触れられている。土師器研究においては、現在の研究の基盤をなしているのは高橋護氏の論考である［高橋1991］。吉備南部平野の資料の増加を受けて、方法は明示されていないが、提示された図版を検討すると、型式学的検討を中心として、遺跡での共伴状況なども参考として編年を構成していることが類推される［河合2019］。須恵器との共伴関係や竈付き住居などとの対応関係にも言及し、その普及度合いにも見通しを立てていることも興味深い。さらに資料が増加した現在では、若干の修正が必要

表1　編年対照表

時期区分	中四研編年	本稿	土器編年		須恵器編年	土器が出土したおもな古墳			暦年代の目安
			吉備高橋1991	近畿寺沢1986	田辺1981	美作	備前	備中	
前期後葉	Ⅳ・Ⅴ期	6期	11a期	布留2式		奥の前1号	鶴山丸山	殿山9号	
	Ⅵ期	7期	11b期	布留3式		川東車塚	金蔵山（古）	西山1号	AD350
中期初頭	Ⅶ期	8期	12a期	布留4式	（TG232）	月の輪 久米三成4号 下長田上野2号	金蔵山（新） 湊茶臼山 南坂24号	殿山8号 前山2号 法蓮37号	AD400
中期前葉	Ⅷ期 Ⅸ期	9期	12b期		TK73・216	押入西1号 西吉田北1号	寺山7号 陣場山6・9号 黒島1・2号	榊山・千足 小寺2号 秦金子1号	
中期中葉	Ⅹ期 Ⅺ期	10期	13a期		TK208	中原24・34号 久田原11号	みそのお4・8号 我城山6号 四辻1号	法蓮23号 宿寺山 一国山1号	AD450
中期後葉	Ⅻ期	11期	13b期		TK23・47	茶山1号 長畝山北4・9号 日上畝山6号	前池内1〜4・9号 みそのお1・2号 南坂土壙墓1・5	小造山2・3号 中山6号 天狗山	AD500

第Ⅱ部　土器編年の検討

なものの、大枠では変更の必要性がなく、以後提出された編年案も基本的にはこの延長線上にある［高畑・平井・柴田 1992 など］。しかし、高橋氏の編年案は提示された資料が少なく、説明も簡潔なため、その援用には研究者による解釈の余地が大きく、土師器を主眼に置いた研究はその後大きな進展をみなかった。こうした中、柴田英樹氏は岡山市高塚遺跡の良好な資料群を用いて、土師器を主軸に置いた編年を試みている［柴田 2000］。編年にあたっては、型式的な特徴を捉えにくい古墳時代中期の土師器の情報を補うために、住居構造の変遷を押さえ、その変遷を参考に出土土師器の型式変遷に見通しを立て、共伴する須恵器の内容を確認しながら、須恵器編年との併行関係にも言及している。以上の研究を踏まえ、筆者はその後さらに増加した資料をもとに、安定的に存在し、出土量も比較的多い有稜・椀形高杯を型式分類し、遺構における共伴関係を参照して、他の形式の形式組列を推定しつつ、土師器を主体にした編年を提示した［河合 2019］。その際、古墳時代前期から総合的に研究を進めた結果、古墳時代中期には椀（杯）・甑・長胴甕・鍋などの器種が出現・増加しており、この時期に土器様式の内容が段階的に大きく変化していることを確認し、併せて須恵器編年との対応も試みた。

　一方、須恵器は田中清美氏が詳しく研究史をまとめている［田中 2017］。岡山県では、西川宏・今井堯両氏による先駆的な資料集成を経て［西川・今井 1958］、その後は基本的に田辺昭三氏や中村浩氏などの陶邑編年と比較検討し、県内の集落・古墳出土資料を位置づける研究が主流である［伊藤・島崎 1984、中野 1991、山本・土井・田代 1992 など］。また、須恵器生産は、間壁忠彦氏の研究を経て［間壁 1970］、古墳時代中期にさかのぼる可能性を島崎東氏が示唆している［島崎 1986］。その後、実際に5世紀前半にさかのぼる総社市奥ヶ谷窯跡が見つかると、亀田修一氏はこれを積極的に評価し、足守川流域・総社平野および造山古墳周辺に認められる初期須恵器を取り上げて、奥ヶ谷窯跡を大阪府陶邑窯の大庭寺窯（TG232・231 号窯）とほぼ同時期のものと位置づけた［亀田 2004］。岡山県域においては、その後6世紀初頭の和気町戸瀬池窯跡に至るまでの窯跡が現状では未発見であるが、5世紀後半（TK23 期）の本格的な須恵器生産を予想する見解もある［中野 1991、大熊 2002］。

　以上、土師器と須恵器の研究史を簡単に振り返ってきた。古墳時代中期は須恵器が出現する時期とはいえ、それが普及するのは5世紀後半のことであり（TK208、TK23・47 期）、それまでは土師器が主体である。しかしながら、集落遺跡や古墳の位置づけは指標が明確で研究が進んでいた須恵器で行うことが多く、須恵器が出ない場合はその位置づけをすることが困難であった。そこで、主体を占める土師器を研究の主軸に据えることで、こうした問題を解消でき、また、総合的に両者を扱うことで須恵器の普及などの問題にも踏み込むことが可能となる。

2．集落の土師器編年および須恵器編年との対応関係

　本稿では対象を古墳時代前期後半から中期までとし、編年は6期区分とする（6〜11 期）。編年に際しては、備前・備中南部における集落遺跡の土器を対象とし、おもに有段・椀形高杯を型式分類し、遺構における共伴関係を参照して、他の形式の型式組列を推定する方法を採っている［河合 2019］。紙面の都合上、詳細は拙稿［河合 2019］を確認いただくこととし、ここでは各時期の様式的な内容を確認しておきたい（図1、表1）。なお、表2に編年の基準とした資料を提示している。

山陽東部（河合）

表2　土器編年基準資料

前期後葉	6期	井手天原（県198）住居3 井手天原（県156）住居6 井手見延（県156）住居4 南溝手（県100）井戸10 （津島（県173）土器溜1）	中期前葉	9期	高塚（県150）住居2・37・39・44・46・47・141・ 169・171・172・179・184 加茂政所（県138）住居96
	7期	刑部住居39下層・49・64 窪木薬師（県86）住居12、 南溝手（県214）土器溜3・4 備中高松城（下層）（岡山市）住居4 （津島（県173）井戸6～9）	中期中葉	10期	窪木（県214）住居11・30、南溝手（県214）住居7 三須河原（県156）住居4 三須畠田（県156）住居11 高塚（県150）住居160 三手向原（岡山市）住居4・9 津寺一軒屋（県142）住居3・4 津寺（県127）中屋住居325 津寺（県104）中屋住居118
中期初頭	8期	刑部住居39上層（一部混在）・45・50・54・56・ 58・59・土坑111 神明住居74 窪木薬師（県86）住居11・13・土坑19 南溝手（県214）土器溜1・2 高塚（県150）住居132・136・146・148・168・185 河道7下層（一部混在） 川入（県16）大溝Ⅲ層	中期後葉	11期	神明住居52・61・62・63・66・67・70・溝14 窪木薬師（県86）住居15、窪木（県214）住居10・16 三須河原（県156）住居3 井手天原（県198）住居5 高塚（県150）住居159・188 津寺（県116）中屋住居174 三手向原（岡山市）住居1・2・6

（1）古墳時代前期後葉－6期・7期

　この段階は広口壺C、直口口縁広口壺、直口壺、布留式系甕A1・A2・B、くの字口縁甕、小形台付鉢、小形丸底壺A1・B1・C、有稜高杯B1・B2・C・Dで構成される。土器は全体的に粗製化の傾向にあり、甕は口縁部を内湾・肥厚して球胴・丸底化を呈する布留式系甕が主体を占めている。くの字口縁甕と分類した形式についても、布留式系甕の範疇で捉えてよいかもしれない。前期中葉の5期に小形丸底土器と入れ替わるように出現した粗製の小形丸底壺は、この時期以降主要な形式となり、後期に継続する。

（2）古墳時代中期初頭・前葉－8期・9期

　この段階では前段階の形式に加えて、有段口縁甕（長胴）、外反口縁甕、椀（杯）A1・A2・B・C・D、小形鉢（くの字状口縁）、小形丸底壺B2・D1、有稜高杯E1・F1、椀形高杯A・B1、甑が組成している。このうち、椀（杯）と甑はこの時期特徴的に共伴する韓式土器の影響下で現れた韓式系の形式であり、椀形高杯や大形の有稜高杯F1、有段口縁で長めの頸部を有し、体部内外面をナデ調整で仕上げる有段口縁甕もその影響下で出現した形式と考えられる。また、小形丸底壺B2は法量が増しており、おもな用途も煮炊き用へと変化したと推測しているが、これも、平底を呈する小形の韓式土器鉢から（使用面での）影響を受けたものと評価している。つまり、煮炊具では、布留式系の球胴を呈する甕には大きな変化は認められないが、小形の煮炊具と考えられるやや大きめの小形丸底壺B2と甑が加わっている。この段階を前期後半と比較すると、供膳具である椀（杯）・高杯は韓式土器の影響を受けた形式が加わった分、全体的に器種が多様化している。

（3）古墳時代中期中葉・後葉－10期・11期

　6期から続いてきた広口壺C、布留式系甕A1・A2・B、有稜高杯C・D、および前期から系譜がつながる直口口縁広口壺と有稜高杯B1・B2が消滅、もしくは客体的な存在になる。その一方で、鍋（大形・小形）、把手付鍋、長胴甕、中形鉢（直口口縁）、小形丸底壺D2、椀形を呈する有稜高杯E2、

219

第Ⅱ部　土器編年の検討

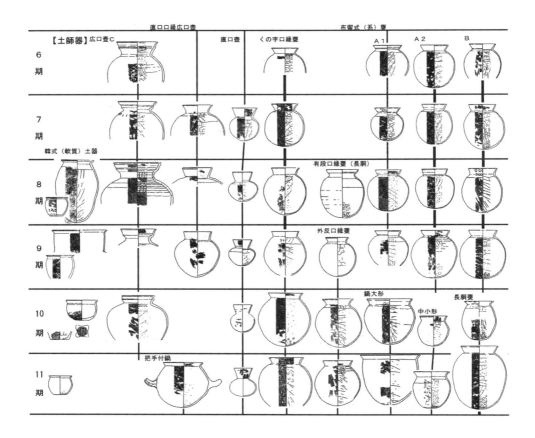

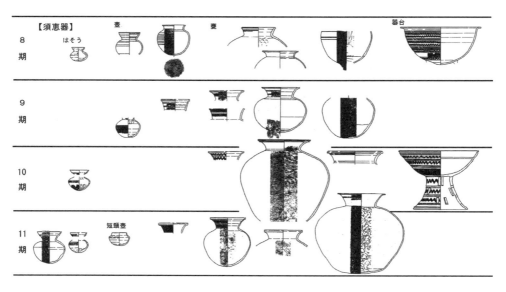

図1-1　集落出土の土器編年（備中南部・備前）（S=1/20）

山陽東部（河合）

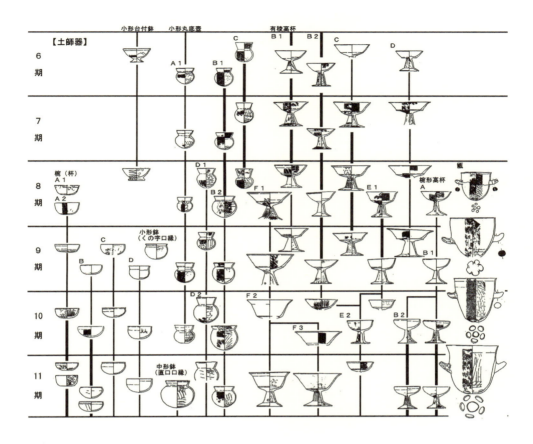

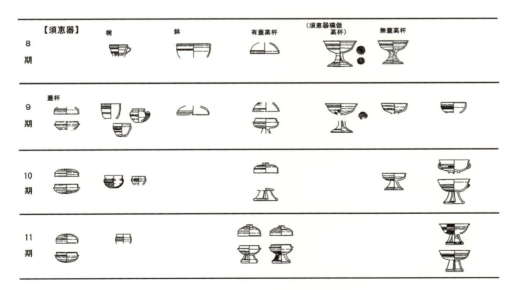

図1-2　集落出土の土器編年（備中南部・備前）（S=1/20）

第Ⅱ部　土器編年の検討

大形の有稜高杯F2・F3、椀形高杯B2が新たに加わる。煮炊具では、口縁部を内湾・肥厚して球胴・丸底化する布留式系甕がほぼ消滅もしくは客体的な存在となる。その一方で、煮炊具には韓式系と推定される鍋や長胴甕が加わっている。小形丸底壺は直口口縁をもつ小形丸底壺Dも大形化し、より煮炊具に適したものへと変化している。甑は組成比を増し、定着を果たしている。一方、供膳具について、中小形の有稜高杯は椀形を呈するものに集約される傾向があるが、これは9期以降種類が増えて、この時期に定着した椀（杯）の影響を受けたものと推察される。韓式土器の影響で出現した大形の有稜高杯Fも増加傾向にある。このように、この段階はより韓式系の影響が強まった段階としての評価が可能であり、後期土器様式の起点となる段階としての位置づけもできる。

（4）須恵器編年との対応関係

以上の各期の土師器と共伴する須恵器は図1にまとめた。須恵器は8期から認められるようになり、8期には吉備産須恵器の可能性があり、陶邑窯TG232型式とほぼ同時期と指摘されている初期須恵器［亀田2004など］、9期には同TK73・TK216型式が共伴するが、全体的な出土数は乏しい。そして、10期にはTK208型式、11期にはTK23・TK47型式が伴う（表1）。10期では基準としたほぼ全ての遺構で須恵器の共伴を確認しており、11期では出土土器・須恵器全体の半数またはそれ以上を須恵器が占める事例も目立つなど、須恵器は確実に普及していることが指摘できる（図2）。

3．集落における須恵器の普及と古墳での状況

集落遺跡については、おもに備中南部を対象として、一括性が高いと判断した遺構出土（表2）の土器を計上し、その構成比を出した（図2左）。各期で200点以上の個体数があり、一定の傾向を示すものと判断している。須恵器が出現した8期では5％未満の構成比であり、それは9期も基本的に同様である。10期になると、増加傾向を示し、上述したように基準としたほぼ全ての遺構で須恵器の共伴を確認できる状況である。それが、11期に入ると急激に増加し、半数弱を占めるようになる。以上から、須恵器普及の画期が10期にあり、11期には確実に定着するとの評価が可能である。

一方、古墳出土土器は、集落での動向に近い傾向はあるが、普及（使用頻度）に大きな差が認められる（図2右）。須恵器出現期の8期は前期後半の延長線上にあり、古墳での土器の副葬・供献は低調であるため［河合2015］、わずかに11古墳を抽出できたに過ぎない（図4）。そのため、傾向の読み取りには注意が必要である。全体の約4分の1というデータが出ているが、須恵器は2つの古墳（総社市法蓮37号墳、岡山市湊茶臼山古墳）の出土に留まっており、土師器のみで構成されるものが実際は多い。そして、9期には大きな変化が認められ、土器を使用する古墳の数が増加するとともに、須恵器出土の古墳が全体の半数以上を占め、構成比（数量）も6割近くを占めている。また、使用する須恵器の器種はこの時期については、美作・備前と備中で大きな傾向の差が認められるが、この点については後述したい。続く10期も9期と大きく傾向が変わらないが、土師器のみを使用する古墳が減少し、土器を使用した副葬・供献にはほぼ須恵器が使用される状況である。そして、11期には集落と同様、須恵器の使用率が格段に上がり、全体の9割を超える状況である。この使用率の上昇は須恵器の比率

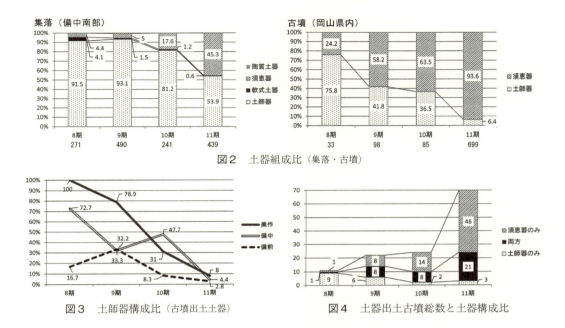

図2　土器組成比（集落・古墳）

図3　土師器構成比（古墳出土土器）

図4　土器出土古墳総数と土器構成比

の上昇に留まらず、土器を使用する古墳の増加（24古墳→70古墳）・土器自体の数量の増加（85個体→699個体）が認められる。この内容についても後述するが、杯身・杯蓋および有蓋高杯・高杯蓋のセットの使用率の増加と大きく関わっている現象である。

　以上をまとめると、集落・古墳ともに須恵器の普及率は増加傾向にあり、11期に大きな画期が認められる。両者を比較すると、古墳での須恵器の使用率が総じて高いため、古墳時代中期段階では須恵器は古墳の副葬・供献用の用途で一義的に必要とされた可能性がある。なお、集落と古墳の須恵器の構成を比較すると、甑・器台の使用率は古墳が高く、反対に集落では供膳具（杯・高杯）が高い（図1）。ただし、杯身・杯蓋については、10期で古墳での使用率が集落とほぼ並び、11期には逆に古墳で目立つようになる。このように使用器種には一定の選択性も見受けられる。その一方で、甕・壺は双方で同じような構成比をとる。須恵器は水や酒などの液体の貯蔵等に向いた器であるため、甕・壺の集落での速やかな普及は理解できるが、古墳で出土する場合は、後述するように出土の仕方に一定の様式が認められることと合わせ、葬送儀礼との関連で理解する必要がある。一方、集落での須恵器供膳具の普及は、土師器と本来的に用途が重なるものを10～11期にかけて意図的に食器様式に組み込んでいった可能性が考えられる。

4．古墳出土土器の出土傾向

　8　期　岡山県での須恵器の出現期にあたる。直前の前期後半では古墳に土器を副葬・供献する事例が僅少であるため［河合2015］、全体的に低調である。ここでは、総社市法蓮37号墳と真庭市下長田上野2号墳に注目する。前者はこの時期に初期須恵器や韓式系土器がまとまって出土する地域（総社平野から足守川下流域）の丘陵上に所在し（図16）、眼下には鍛冶に関する遺物等が出土した窪木薬師

223

第Ⅱ部　土器編年の検討

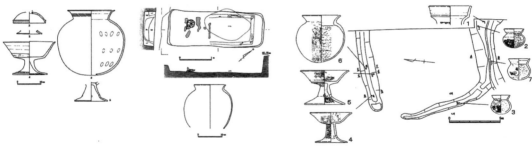

図5　総社市法蓮37号墳（8期）　　　　図6　真庭市下長田上野2号墳（8期）

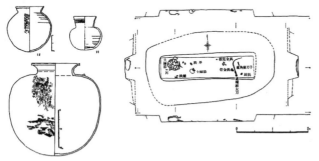

図7　津山市押入西1号墳（9期）

遺跡がある。出土土器のうち、土師器の甕1点が木棺直葬の主体部から出土、ほかは墳頂部からまとまって出土した（図5：土器の縮尺は1/16、以下同じ）。墳頂部出土土器のうち、亀田修一氏によって吉備産と指摘されている初期須恵器の蓋・土師器の形態をした須恵器高杯、そして陶質土器形態の土師器の甕などが含まれており［亀田2004ほか］、渡来人の墓域との想定もある［亀田2004・2018］。土器を副葬する習俗も渡来系の要素として指摘されており［土生田1985、亀田2000］、当期以降須恵器の副葬・供献の事例が増加するのも、渡来人との交流の中でその習俗を受容したことによる可能性がある。岡山県内では大型前方後円墳である岡山市湊茶臼山古墳例を除けば、他に須恵器使用の確実な例は認められないため、吉備の中枢部とされる当地域での先取り的な動きと考えておきたい。

　次に、後者は方墳の周溝から完形に近い土師器がまとまって出土した例であり（図6）、供献土器と考えられている。岡山県域では土器供献事例が少ない中、県最北端に位置する美作地域の蒜山盆地は古来山陰地域との交流が盛んな地域であり、土器様相も弥生時代終末期以降、山陰地域と近い。出土遺物のうち、広口壺、小型丸底壺・甕などは県南地域の編年観でも理解できるが、高杯4・5は脚部が県南部の土器とは異なる特徴をもつ。この土器を山陰地域との関係で読み取ることができれば、土器供献の習俗などもその影響で受容した可能性がある。さらに、山陰・山陽をつなぐこの地域の事例は双方の地域の土器編年の併行関係を把握する上でも貴重である。なお、図3に美作・備中・備前における古墳出土土器における土師器構成比の推移をまとめたが、以降の時期においても、美作地域では古墳出土土器における土師器の使用率が高いのは地域的な特徴の1つであり、瀬戸内海に面した県南地域と比べ、渡来人との交流が1段階程度遅れて始まることを反映している可能性がある。

　9期　美作地域を含め、須恵器の副葬・供献事例が広がり始める段階である。津山市押入西1号墳は美作地域でも最古級にあたる（図7）。木棺直葬の主体部から帯金具や素環等大刀とともに土師器の甕、そして須恵器の技法を模倣して作られた頸部に波状文を施す直口壺が検出され［島崎1986］、墳丘斜面部には大形の須恵器甕が出土している。この甕は肩張りの形態と肩部の小突起などの特徴

を有し、陶質土器の特徴をもつと指摘され
ている［河本2020］。渡来系の要素は、木棺
直葬という埋葬方法についても認められる
要素との指摘もあり［中山1992］、この時期
以降定着が認められる。そして、この古墳
にほぼ同時か、少し遅れるものとして、津
山市西吉田北1号墳がある［行田ほか1998］。
鍛冶具の鉄鉗・鑿のほか、鉄鐸も出土して
おり、渡来人の関与が指摘されている［亀
田2000］。土器は周溝からまとまって出土し
ており、須恵器の甑・甕と土師器の直口壺・
小型甕・有稜高杯が含まれている。この段
階以降、須恵器・土師器双方を副葬・供献
する事例が一定量占めるようになる（図4）。

そして、吉備中枢部の総社平野から足守
川下流域周辺では一時的に須恵器の高杯を
供献する例が目立ち、総社市前山1号墳例
などの例がある［物部1997］。これは8期の
法蓮37号墳例が先行してあるため（図5）、
その流れで理解が可能だが、10期の事例は
少ないため、一時的な特徴と考えておきた
い。

10 期 基本的な部分は前段階と変わ
らないが、須恵器のみの事例が増加し（図
4）、土師器と共伴しても土師器の種類や量
が減る傾向がある。土師器はこの段階以降、
有段の広口壺が急減し、小型丸底壺も減少、
代わって直口壺（津山市一貫西3号墳（図8）・
岡山市一国山1号墳（図10））、椀形高杯（総
社市法蓮23号（図9）・一国山1号墳（図10））、
椀（杯）・甕（一国山1号墳（図10））などが主
流となる。直口壺や椀（杯）は精製品が多く、

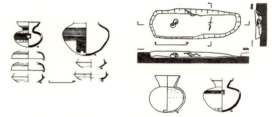

図8　津山市一貫西3号墳（10期）

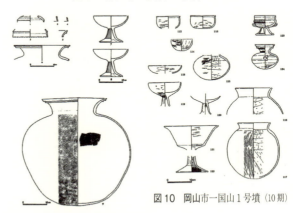

図9　総社市法蓮23号墳（10期）

図10　岡山市一国山1号墳（10期）

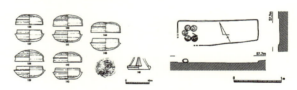

図11　赤磐市前池内9号墳（11期）

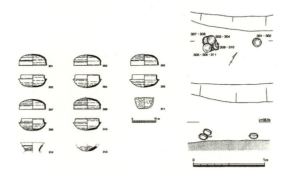

図12　勝央町小池谷6号墳（11期）

何らかの祭祀行為の現れと考えられるが、次段階を経て、部分的に後期まで受け継がれていく（赤磐
市弥上古墳など）。また、須恵器は甕・甑に加え、杯身・杯蓋が目立ち（一貫西3号墳（図8）など）、11
期への動き出しも認められる。

11 期 須恵器が激増する段階であるが（図2～4）、特に供膳具（杯・高杯）において著しい

第Ⅱ部　土器編年の検討

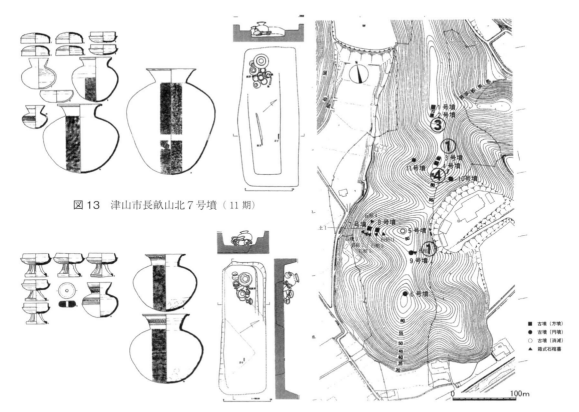

図13　津山市長畝山北7号墳（11期）

図14　津山市長畝山北8号墳（11期）　　図15　赤磐市前池内古墳群供献土器配置別分布

（全体の約77％）。その配置パターンはいくつかに分類可能である。①主体部内に杯身・杯蓋を多数副葬するもの（赤磐市前池内9号墳（図11・15））、これには他の器種と一括で副葬するものも含まれる（津山市長畝山北7号墳（図13））。②主体部に有蓋高杯・高杯蓋を多数副葬するもの（長畝山北8号墳（図14））。③周溝に杯身・杯蓋を多数供献するもの（勝央町小池谷6号墳（図12））、これには土師器直口壺などと組み合わせて用いられることもある（美作市鍛冶屋逧A3号墳［氏平ほか2016］）。④周溝に有蓋高杯・高杯蓋を多数供献するもの（前池内4号墳）、などに分類できる。この類別は古墳群単位で認められるのではなく、同一古墳群でも、①と②が混在することがあり（長畝山北古墳群など）、実態はモザイク状であり複雑な状況が想定される（図15）。使用器種の選択には、何らかの基準があったと推察される。ちなみに、その構成比は杯主体のもの（①③）が約8割を占めており、高杯主体のもの（②④）は約1割、両方を併せ持つものが約1割である。有蓋高杯・高杯蓋は同時期の集落で盛行する器種であり、集落との差が明瞭である。

　長畝山北7・8号墳などの主体部内に多数の土器を副葬する行為は、朝鮮半島の土器副葬儀礼に通じるものとの指摘があり［亀田2000］、算盤玉形の土製紡錘車とともに渡来人の墓である可能性が指摘されている。その墓の周溝から出土した大形甕の存在（供献）は9期でみた押入西1号墳の事例と共通するものでもあり、儀礼のあり方や器種の選択にも渡来人の関与を考える余地はある。

226

5. 古墳時代中期の新来要素の受容と普及

　須恵器の使用、木棺直葬墓の出現、土器の供献・副葬といった新来の要素は、岡山市造山古墳などが所在する吉備の中枢部である備中南部（総社平野～足守川下流域）の出現が早く（中核A）（図16）、この地を中核として、主要河川と後の古代官道（旧山陽道）沿いにその情報が波及・受容されていく状況が推察される（図17）。一方、赤磐市両宮山古墳が所在する備前の赤磐市周辺地域でも、8期に遡り、かつ渡来系要素が強く認められる斎富遺跡が出現するように、新たな地域開発拠点が設けられている可能性が高い（中核B）。また、続く9期には、山間部に位置する美作でも、吉井川と後の古代官道（旧美作道）の交点となる津山市東部地域において、渡来系要素をもつ古墳が出現する（津山市押入西1号墳）（中核C）。これらの3地域では、続く10～11期に新来要素の定着が認められ、それぞれの地域の中核となりつつ、周辺地域にも影響を及ぼしたことが想定できる。

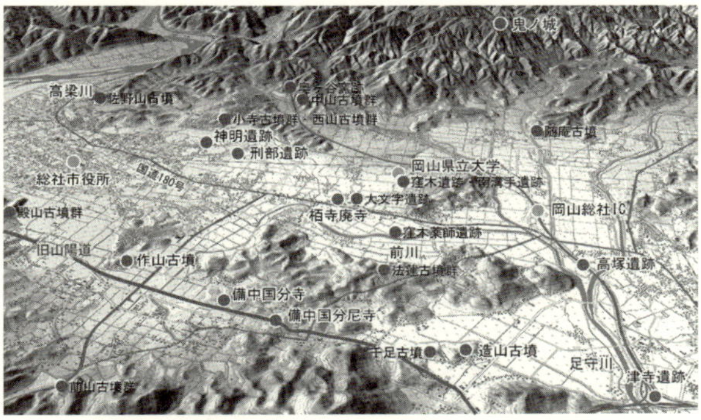

図16　総社平野周辺（中核Aのおもな遺跡〔古墳時代～古代〕）

図17　おもな古墳と供献土器 配置別分布（10・11期）

おわりに

　本稿では、集落における土師器編年の整理を行った上で、須恵器編年との対応関係を確認し、集落および古墳における須恵器の普及具合についての検討をおこなった。さらに、古墳での土器の扱われ方（供献・副葬）等の変遷も検討してきた。

　本稿で確認してきたように、須恵器等の新来要素はまず県南部において、後の山陽道の前身となった主要交通路と河川の交点付近に所在する交通の要衝となる二地域で先端的に受容され、そこから段階的に県北や周囲に広がっていく様子を想定することができる。ただし、各地域内は画一的な様相を示さず、供献土器の土器組成やその扱われ方等に違いが認められるなど、実態はモザイク状であり、各墓域にも複数の出自集団が入り交じるなどの複雑な社会状況が想定される。こうした事例を一つ一つ丁寧に分析していくことで、古墳時代中期社会の具体像の復元が進んでいくと考える。

引用文献

伊藤　晃・島崎　東　1984「中国地方―岡山県―」『日本陶磁の源流　須恵器出現の謎を探る』大谷女子大学資料館

氏平昭則ほか　2016『岡山県埋蔵文化財発掘調査報告』242　岡山県教育委員会

大熊美穂　2002「須恵器地域色抽出に関する一試論―岡山地域の事例から―」『駒沢考古』28　駒澤大学考古学研究室

亀田修一　2000「鉄と渡来人―古墳時代の吉備を対象として―」『福岡大学総合研究所報』240　福岡大学総合研究所

亀田修一　2003「中国・四国地方の土器」『考古資料大観』3　小学館

亀田修一　2004「五世紀の吉備と朝鮮半島―造山古墳・作山古墳の周辺を中心に―」『吉備地方文化研究』14　就実大学吉備地方文化研究所

亀田修一　2018「古墳時代中期の交流」『中期古墳研究の現状と課題Ⅱ』中国四国前方後円墳研究会

河合　忍　2015「地域報告　山陽東部」『前期古墳編年を再考するⅡ』中国四国前方後円墳研究会

河合　忍　2019「備中南部における古墳時代前期から中期の土器編年」『岡山県埋蔵文化財発掘調査報告』249　岡山県教育委員会

河田健司・西田和浩　2006『南坂8号墳　一国山城跡　一国山古墳群』岡山市教育委員会

河本　清　2020「押入西1号墳」『新修津山市史』津山市

柴田英樹　2000「古墳時代中期の土器」『高塚遺跡』岡山県埋蔵文化財発掘調査報告150　岡山県教育委員会

島崎　東　1986「岡山県の初期須恵器について（予察）」『古文化談叢』16　九州古文化研究会

高橋　護　1991「中国・四国」『古墳時代の研究』6須恵器と土師器　雄山閣

田中清美　2017「吉備の須恵器生産の始まり」『古代吉備』28　古代吉備研究会

團　正雄　2010『勝央町文化財調査報告』10　勝央町教育委員会

寺沢　薫　1986「畿内古式土師器の編年と二・三の問題」『矢部遺跡』奈良県立橿原考古学研究所

内藤善史ほか　2003「前内池古墳群」『岡山県埋蔵文化財発掘調査報告』174　岡山県教育委員会

中野雅美　1991「山陽」『古墳時代の研究』6須恵器と土師器　雄山閣

西川　宏・今井　堯　1958「吉備地方須恵器編年集成」『古代吉備』2　古代吉備研究会

土生田純之　1985「古墳出土の須恵器（1）」『末永先生米寿記念献呈論文集』末永先生米寿記念会

平井　勝　1995『岡山県埋蔵文化財発掘調査報告』103　岡山県教育委員会

高畑知功・平井泰男・柴田英樹　1992「集成11　土師器」『吉備の考古学的研究』（下）　山陽新聞社

間壁忠彦　1970「備前の古窯」『古代の日本4　中国・四国』角川書店

湊　哲夫　1992『津山市埋蔵文化財発掘調査報告』43　津山市教育委員会

村上幸雄　1985「法蓮古墳群」『総社市埋蔵文化財発掘調査報告』2　総社市教育委員会

物部茂樹　1997「前山遺跡」『岡山県埋蔵文化財発掘調査報告』115　岡山県教育委員会

安川豊史　1992「古墳時代における美作の特質」『吉備の考古学的研究』（下）　山陽新聞社

安川　満　2018「岡山県」『中期古墳研究の現状と課題Ⅱ』中国四国前方後円墳研究会

柳瀬昭彦ほか　1973「押入西遺跡」『岡山県埋蔵文化財発掘調査報告』3　岡山県教育委員会

山本悦世・土井基司・田代健二　1992「集成12　須恵器」『吉備の考古学的研究』（下）　山陽新聞社

行田裕美・木村祐子　1992『津山市埋蔵文化財発掘調査報告』45　津山市教育委員会

行田裕美ほか　1997『津山市埋蔵文化財発掘調査報告』58　津山市教育委員会

図出典

図5・9：村上1985。図6：平井1995。図7：柳瀬ほか1973。図8：湊1992。図10：河田・西田2006。図11・15：内藤ほか2003。図12：團2010。図13・14：行田・木村ほか1992。図16：カシミール3Dから作成。図17：安川2018に加筆。

〈地域報告〉

山陽中部

村　田　　晋

はじめに

　生産主体が比較的限定され、画一的な特徴をもって広域に分布する遺物と比べれば、土器は地域ごとの生産に起因して細部の特徴に違いが生じることが予想される遺物であり、明確な搬入品で故地が特定できる場合を除けば、他地域の編年を即援用してよい保証がどこにもない。編年も地域の資料を扱って、地域ごとに構築する必要があるといえる。

　山陽中部にあたる広島県でも、古墳時代中期遺跡における土器の出土は珍しくない。しかし、広島県における中期土器編年の先行研究はごく少なく、管見で片手で数える程度である。発掘調査報告書に散見される考察がその主を占め、論考として正面から取り組まれた例自体が貴重である。本稿では叩き台となる土器編年案の構築・提示を行いたい。

1．広島県の古墳時代中期土器編年研究略史と課題

　はじめに本県における中期土器編年に関わる先行研究を概観する。まずは松崎壽和氏が著した『広島県の考古学』巻末の土師器・須恵器編年図がある［松崎 1981］。4～8世紀とする土器と出土遺跡を「世紀」ごとに並べたものであるが、本書が概説的性格をもつためか、表に対する説明そのものが文中に見当たらない。

　庄原市・境ヶ谷遺跡の発掘調査報告書の総括部分には、同遺跡出土の土器を用いた編年案が提示されている［松井編 1983］。後期前半頃を対象とした編年案であり、当初は中期土器様相との比較材料に用いたいとも考えたが、次のような問題があり、援用は避ける。まず、この編年案は「一括集中して出土したり、あるいは床面直上から多量に出土した土器群を基準に」「伴出須恵器を編年の基準として対応する土師器を列挙」して作成したと説明される。しかし、編年図にも文章にも、床面一括資料とそれ以外の資料の別に関する説明がなく、報告書の各遺構の事実記載部分まで遡っても、掲載されたどの個体が一括資料に含まれるのか特定不可能な記述となっており、須恵器と「対応する」らしい土器がどれなのかについても、報告書を読む者には確認できない。後続研究者による再現性が確保されておらず、提示された資料条件が不明であるため運用上の留意点をおさえることもできないこの編年案は、残念ながら正面から援用することができない。

　三次市・三重1号遺跡の発掘調査報告書の総括部分には、高杯を中心とする中期土器の編年案が提示されている［河村編 2013］。この編年では、竪穴建物床面上で共伴する須恵器の型式を頼りに高杯の先後関係を決定する方法をとる［河村編 2013：124-125］。しかし、この編年で同一床面上出土遺物として基準に挙げられた遺物は、実際に各遺構の事実記載部分を参照すると、そのほとんどが遺構覆土や

229

壁溝埋土等からの出土遺物であり、竪穴建物 SB2a 出土の土器高杯と須恵器杯蓋を除くと、同一床面で出土した一括資料とすることは事実と反する[1]。さらに同一床面出土とされた資料群でさえ、編年図の中で須恵器と土器の配置が横並びにならず、所属時期が操作されている。信憑性に難があると言わざるを得ず、残念ながら援用はできない。

　和田麻衣子氏は高杯以外の器種も含む備後北部の中期土器編年を行っている［和田 2021］。上述の三重 1 号遺跡の編年を参考に「竪穴住居跡床面一括」の「須恵器・土師器の共伴資料を提示」し、須恵器型式を頼りに土器群の先後関係の決定を試みているが、実際に報告書を参照すると、挙げられている指標的資料のうち、土器・須恵器の床面共伴事例は和知白鳥 SB18、同 SB25 及び三重 1 号遺跡SB2a のみであり、ほかは埋土中出土資料や床面出土と明記されていない資料まで混同して扱っている[2]。また、和田氏は様式 1（TG232 併行期）として原畑遺跡 SB 9 埋土の資料を挙げているが、一括性の保証がない埋土資料で編年の骨格を組むのは方法的に不安がある。このように、三重編年と同じく、一括資料を適切に把握できていないため、提示された土器群のセット関係、先後関係の信憑性に疑問が生じる結果となっている。須恵器型式を即座に土器様式に変換している理由への説明もない。

　庄原市・番久遺跡及び原畑遺跡の発掘調査報告書の総括部分では、遺跡内の遺構の層位関係をもとに土器群の変遷が想定されている［尾崎編 2013］。「①原畑 SB 9 貼床内出土遺物→②同床面直上出土遺物→③同中層出土遺物→④原畑 SK 1（埋土）出土遺物」という層位関係をまず整理し、各層出土遺物を、型式学的観点（主に上層遺物における新出的要素への注目）から並べたものである。資料の一括性認定上の課題としては、①は貼床という整地層に含まれる遺物であり、整地後は遺物の混入が起こりえないため②より後出的な遺物は出土しないと想定できる一方で、貼床整地以前の古い遺物が混入している可能性が排除できない点に難がある。③は住居の覆土層であるために、②より後の時期の遺物のみならず②を遡る時期の遺物さえも周囲から流入してくる可能性を排除できない。④は SB 9 に切り勝ちこそするものの、埋土出土遺物である点で③と同じ問題を抱えている。したがってこの編年案は、層位的観点を参考としつつも、実質的には型式学的観点から組み立てられた仮説としての性格が強いもので、資料抽出にあたって作業者の主観に大きく依存してしまう等の課題も残している。

　このほか、妹尾周三氏は本県の前期土器編年案を提示するなかで、その後続段階として、古墳時代中期 I 段階を設定し、東広島市・三ッ城第 1 号古墳出土土器を挙げている（須恵器 TK73 期）。一方、副葬品と埴輪を扱った広域編年に基づき、中四研 VI 期（前方後円墳集成編年 4 期後半に相当）以降を中期とする立場が提示されており、そこでは須恵器出現をもって古墳時代中期とする理解はしていない［岩本 2018、表 1・2］。今回は須恵器出現を遡る時期、妹尾氏が前期 IV 段階に含める型式をも含めて中期の土器様相を検討していくことにしたい。

　以上の研究史から導かれた優先的な課題は、まず一括資料の確実な把握とそれを明示した編年案の構築であろう。土器の時期・系統的細分や地域色の指摘は、この大枠を示した後の発展的課題といえる。

2．土器編年の方法と資料条件

　古墳編年に資する中期土器編年を行うことが今回の目的である。編年のため資料を抽出するにあ

たっては、土器が図示されていることは当然ながら、複数の器種・型式が出土しており、加えて埴輪等、他の遺物が出土し、クロスチェックが行える古墳が好ましいが、実際にはそのような資料は珍しい。

編年案の作成作業は、手順１：集落の竪穴建物跡床面一括資料等の抽出、古墳出土資料の抽出、手順２：土器以外（埴輪・須恵器）をも含む一括資料を使って各土器群の相対年代を推定【基準資料群】、手順３：土器のみからなる一括資料を使って、型式学的観点に基づき空白となる時期に埋める【補助資料群】という流れで行った。

なお、本来的には集落出土資料と古墳出土資料を分けた上で、地域ごと、系統ごとの型式変化を確かめながら、最後に集落と古墳の資料を突き合わせて相違点の指摘まで行うことが理想である。しかし、本県では、備後北部以外の地域では集落一括資料そのものが少ない。また、集落資料の比較的豊富な備後北部でさえも、それのみを扱うと、どうしても土器以外の共伴資料がない事例が多くなり、土器群の相対年代を決める上で推測を重ねる余地が増えてしまう。

そのため今回は、集落については一括資料が比較的多く抽出できる備後北部を対象としながら、古墳については全県を対象に、土器以外の出土資料も含むものをできるだけ多く抽出して用いることにする。集落出土資料は竪穴建物跡床面一括を中心に、報告内容からみて他遺構からの混入可能性が低いと考えられる資料を用いる。一方、古墳については、同一古墳でも土器・須恵器・埴輪の使用位置が異なる場合が相当数あるため、集落レベルでの厳密な一括性を求めると、資料はほぼ皆無となってしまう。そのため、今回は同一古墳出土資料を基本的に同時期消費と仮定した上で一括資料としての扱いをする。明らかな混入品は排除したが、ここで扱う古墳出土資料については、「一括」「共伴」と厳密には言えないことをここで断っておく。

以上の資料条件により、古墳編年に土器編年を用いるというよりはむしろ、土器編年に古墳編年を用いるというアプローチとなった。しかし結果的には、多くの品目が出土する古墳出土資料の方が出土遺物間でのクロスチェックが行いやすいため、集落資料を型式学的観点のみに頼って並べるよりは客観性は保たれよう。

３．編年案の提示

上記を踏まえ、まずは土器以外の遺物も含まれる土器群を基準資料として、伴う埴輪や須恵器の型式を参考に土器群の先後関係を推定、配置した。続いて、基準資料群の推定先後関係を参考に、基準資料と型式学的距離が近いと考えられる補助資料群を配置していった。上記作業を経て作成した編年案を表１・図１～３に掲げる。

ところで、本稿は2022年度島根大会での発表内容を基礎とするが［村田・永野 2022・2023］、その発表後、研究集会に参加した久住猛雄氏のコメントが誌上に掲載され、広島県の土器編年案に対しても具体的な修正意見が示された［久住 2023］。九州北部の土器編年観（重藤編年）からみれば、筆者が発表時に前期や中期１・２段階に位置付けた資料群の時期が下降するのではないかという主旨であり、原畑 SB16 を前期末→中期初頭（中四研Ⅵ期、重藤ⅢＡ期）、原畑 SB１ を前期末→中期前葉（中四研Ⅶ期、重藤ⅢＢ期）に、中期１段階の掲載資料全体を須恵器 TG232 期併行→ TK73 期併行（中四研Ⅷ期、重藤

第Ⅱ部　土器編年の検討

表1　備後北部を中心とした広島県古墳時代中期土器編年案

土器段階		資料出土遺構 （★が基準資料、無印は補助資料、括弧内は出典番号）		基準資料 共伴遺物型式
		集落	古墳	
前期		原畑SB9・SB11（1） 油免SB22（2）		
中期1	a	原畑SB16（1）	宮の本24号墳★（10）	埴輪Ⅱ新
	b	番久SB2（1） 原畑SB1（1）		
	c	油免SB31（2）	大久保5号墳（11） 金子3号墳（12）	
中期2			三ッ城1号墳西側・東側造出★（13） 池の内3号墳★（14） 月見城ST8★（15）	埴輪Ⅳ 須恵器TK73～TK216
中期3		和知白鳥SB18★（3） 三重1号SB13（4） 番久SB1（1）	曲2号墳★（16） 新宮3号★（17） 山王5号墳★（18） 諸木古墳★（19）	須恵器TK208
中期4		三重1号SB2a★（4） 段SB1（5） 高蜂北区7号住居（6） 土森SB58・SB67（7） 大谷SB11（8） 油免SB62a（2）	四拾貫小原17号墳★（20） 上四拾貫4号墳★（21） 海田原27号墳（22） 和田原D地点ST7★（23）	埴輪Ⅴ 須恵器TK23～TK47
後期		和知白鳥SB25★（3） 境ヶ谷SK7★（9）	和田原D地点ST4★（23）	須恵器MT15～

Ⅳ期初頭）に、また、三ッ城第1号古墳をTK73期併行→TK216期併行（中四研Ⅸ期）に下降させるべきとしている。

　筆者の編年案は、埴輪・須恵器等の他遺物が伴う基準資料群については位置付けに一定の根拠をもつ一方、補助資料群の位置付けは型式学的観点のみから行わざるを得ない点に、編年上の脆さがある。結果、補助資料群を中心に構成した段階に対して集中的に指摘を受けることになったが、同氏の意見は、筆者が発表時に複数の埴輪・須恵器型式併行期にまたがる想定で設定した編年上の段階を、さらに修正・細分していく作業に着手する糸口にもなる。

　そこで本稿では、編年方法自体は発表時と変えていないが、同氏の修正意見に加え、重藤輝行氏による北部九州の土器編年［重藤2010・2021］で掲載された資料も参照しながら、発表時の前期・中期1の各資料の位置付けを再検討の上、提示することにした[3]。また発表時には、扱う資料群と実際には共伴が未確認の遺物型式まで含めて併行時期を想定していたが［村田・永野2022、第3表］、今回は実際に共伴する遺物の型式のみを表示するに留めることにした。

　前期　図1左上に挙げた一括資料群を指す。甕・壺は複合・二重口縁が顕著で、小型丸底土器は胴部に対し口径が広い。高杯は杯部下半が狭く、有稜化していないながら有稜化を志向する。口縁

山陽中部（村田）

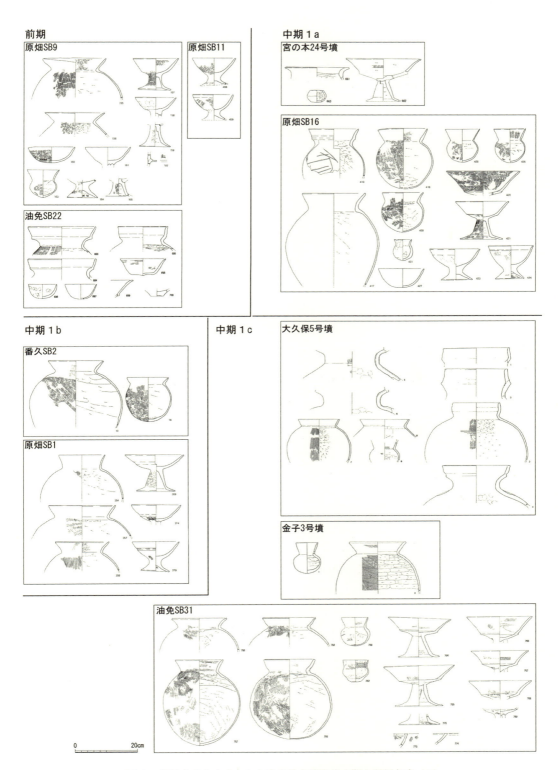

図1　備後北部を中心とした広島県古墳時代中期土器編年案（1）

第Ⅱ部　土器編年の検討

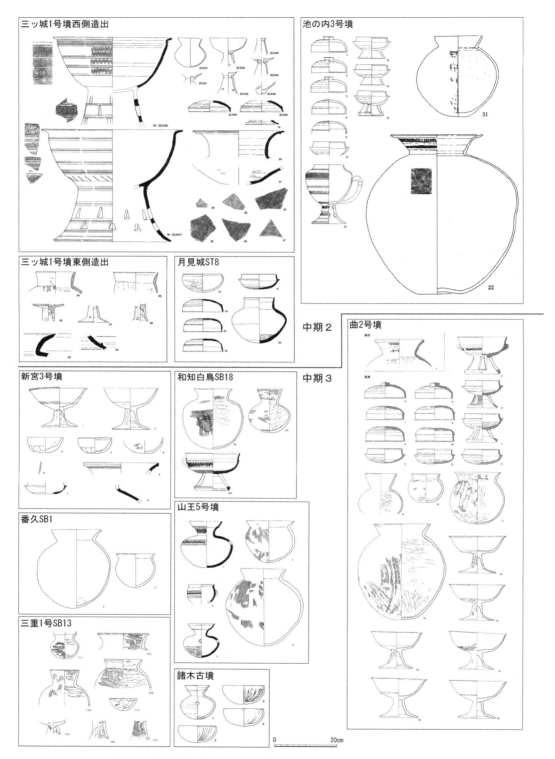

図2　備後北部を中心とした広島県古墳時代中期土器編年案（2）

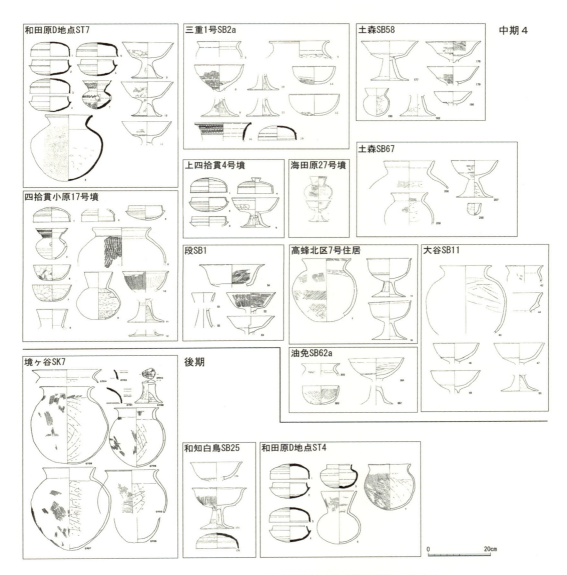

図3　備後北部を中心とした広島県古墳時代中期土器編年案（3）

の外反度は弱く直線志向である。低脚杯、鉢が顕著である。

中期1　図1に挙げた一括資料群を指す。この段階の資料群と須恵器の共伴例は確認できないが、上述のように全体をTK73期併行（重藤編年Ⅳ期初頭）まで下降させるべきとの意見がある［久住2023］。これを受けて、まずは中期1段階の資料間にみられた型式差が時期差を反映している可能性も考慮し、発表時の中期1段階をa～cに細分してみた。中期1aの宮の本第24号古墳はⅡ群新相の埴輪が伴うことから時期を下げることは躊躇われたが、中期1cの資料については重藤ⅢB期や、指摘通り重藤Ⅳ期の資料と似た特徴もあり、中期1aと比較すれば新しい位置とできそうである。中間的な形態の資料は中期1bとした。甕・壺では複合・二重口縁が残存する。甕は前段階に比べて外反

する口縁、基部の角度が急な口縁が増えている。1a・1b では先細り気味の外反口縁が目立っているが、1c では全体に肥厚し一定する口縁が顕著である。小型丸底土器は前段階に比べて 1a で口縁に対する胴部の大きさが増し、1c 段階には口縁・口径の縮小が顕著である。高杯は有稜化した個体が目立つようになり、杯部下半が広がるが、その角度は緩く浅い。口縁部の外反度が強まる。一方、前段階からみられる口縁が直線志向の個体及び低脚杯が 1b まで継続するようである。鉢も 1a までは継続しているが数は少ない。1a 段階の資料が埴輪Ⅱ群新と共伴する。

中期2 図2上段に挙げた一括資料群を指す。資料不足のため細かく分けられない。椀型高杯、杯の初現期である。有稜高杯は杯部下半の角度が緩く、同部位の断面形態はまだ直線的である。埴輪Ⅳ群、須恵器 TK73 ～ TK216 型式が共伴する。

中期3 図2下段に挙げた一括資料群を指す。甕は肩部が張り、胴部がやや伸びた形態のものが現れる。小型丸底土器は口径がさらに狭まる。高杯は曲線（椀型）を志向し始め、口縁部半ばで外側に張り出し、端部のみ外反するような形態が主流になる。杯部下半の角度は急となり、杯部が深くなる。杯が増加する。須恵器 TK208 型式が共伴する。

中期4 図3上段に挙げた一括資料群を指す。甕は前段階と大きく変わらないが、直線志向の口縁が客体化している。高杯、杯ともさらに杯部が深くなる。高杯は有稜系でも椀型志向が顕著で、口縁部の角度が急になる。脚柱部が開き、脚裾が短小なものが顕著になる。埴輪Ⅴ群、須恵器 TK23 ～ TK47 型式が共伴する。

後 期 図3下段に挙げた一括資料群を指す。資料不足で細かく分けられない。甕は最大径が胴部付近に降り、口縁は胴部に比べ厚く、外反口縁のものは口縁基部が直立気味で端部付近から外反するものが主体になる。小型甕では頸部内面に稜がないものが現れる。小型丸底土器では口縁が再び伸長している。高杯では直線志向の口縁が消滅する。低脚杯が再登場するが、前期末のそれに比べて脚部は曲線的に開く。須恵器 MT15 型式以降が共伴する。

おわりに

　一括資料を用いた広島県における古墳時代中期土器編年案を提示した。今回の作業を通して得た感覚は、各器種各型式の変化・消長が漸移的なものであり、指標が読み取りづらく一つの個体だけをみてもどの段階に帰属させるか判断できない場合が多いというものである。個体ではなく、できるかぎり群として比較することが望ましく、本稿の編年案についても、良好な資料に出会うならばそれを基に修正を図っていくことが求められよう。その際には、本稿で果たせなかった器種ごとの型式分類に基づく細分編年、系統分類、地域色の検討も盛り込みたい。

　そして、本県の古墳では土器は少数出土が基本となっているため、現状では古墳編年上の土器の効用は限定的となり、他の遺物を用いたクロスチェックはやはり避けては通れない。

註

（1）　河村編2013で挙がる「床面一括資料」を同報告書の事実記載から再確認すると、正しい床面出土資料は次に示すもののみとなる（SB 2　土器 6・須恵器 19：SB15　土器 128 ⇒床面）。

（2）　和田2021で図3・4に挙がる「床面一括資料」を報告書の事実記載から再確認すると、正しい床面出土資料は次に示すもののみとなる（和知白鳥 SB27　土器甕 183、SB18　須恵器高杯 109・土器壺 99・土器壺 100：油免 SB62d　土器壺 855・土器甕 858：三重 1 号 SB 2 a　須恵器壺 16・須恵器杯蓋 19・土器高杯 6・9〜11、土器杯 13：油免 SB62a　土器甕 856・土器杯 863・土器高杯 864・土器高杯 867：和知白鳥 SB25　須恵器杯蓋 176・土器高杯 170・171：三重 1 号 SB15　土器高杯 128）。

（3）　結果から言えば、村田・永野2022で前期とした段階の原畑 SB16・SB 1 は久住猛雄氏の意見に準じて位置付け直した。中期 2 の段階とした三ッ城第 1 号古墳については、今回は編年方法の前提として共伴遺物型式と併行する想定をまずは基準に据えた関係から、土器の位置付けにも操作を加えなかった。中期 1 の段階は本文中で説明するような形で再検討した。非常に具体的な修正意見をいただいた同氏に感謝を申し上げたい。また、本県の資料を九州北部の編年を用いて評価いただいたことで、両地域の土器様相における多少の共通性について暗にお示しいただいたとも考えている。

引用文献

岩本　崇　2018「副葬品と埴輪による前期古墳広域編年」岩本崇・中国四国前方後円墳研究会編『前期古墳編年を再考する』六一書房　pp.137-148

尾崎光伸編　2013『番久遺跡・原畑遺跡』中国横断自動車道尾道松江線建設に伴う埋蔵文化財発掘調査報告（24）広島県教育事業団

河村靖宏編　2013『三重 1 号遺跡』中国横断自動車道尾道松江線建設に伴う埋蔵文化財発掘調査報告（28）　広島県教育事業団

久住猛雄　2023「『中期古墳研究の現状と課題Ⅵ』へのコメントと感想」『中四研だより』第 51 号　中国四国前方後円墳研究会　pp.19-20

重藤輝行　2010「北部九州における古墳時代中期の土師器編年」『古文化談叢』第 63 集　九州古文化研究会　pp.119-160

重藤輝行　2021「九州の中期土師器編年－特に豊前を中心として－」『古墳時代中期の土師器・須恵器をめぐって』中期古墳研究の現状と課題Ⅴ　中国四国前方後円墳研究会第 24 回研究集会実行委員会　pp.41-58

妹尾周三　2018「山陽中部」岩本崇・中国四国前方後円墳研究会編『前期古墳編年を再考する』六一書房　pp.189-200

田辺昭三　1981『須恵器大成』角川書店

松井和幸編　1983『境ヶ谷遺跡群』広島県教育委員会・広島県埋蔵文化財調査センター

松崎壽和　1981『広島県の考古学』郷土考古学叢書 8　吉川弘文館

村田　晋・永野智朗　2022「広島県」『新編年で読み解く地域の画期と社会変動』中期古墳研究の現状と課題Ⅵ　中国四国前方後円墳研究会第 25 回研究集会（島根大会）実行委員会　pp.109-132

村田　晋・永野智朗　2023「広島県」『中四研だより』第 51 号　中国四国前方後円墳研究会　pp.13

和田麻衣子　2021「広島県」『古墳時代中期の土師器・須恵器をめぐって』中期古墳研究の現状と課題Ⅴ　中国四国前方後円墳研究会第 24 回研究集会実行委員会　pp.137-152

図表出典

表 1：久住 2023、重藤 2010・2021 を参考に、村田・永野 2022 を修正して作成。掲載資料個別の出典番号は次のとおりとし、表中にも明記した。1．尾崎光伸編 2013『番久遺跡・原畑遺跡』広島県教育事業団、2．渡邊昭人編 2003『油免遺跡の調査』広島県埋蔵文化財調査センター、3．山田繁樹編 2012『和知白鳥遺跡 2　古墳時代の調査』

第Ⅱ部　土器編年の検討

広島県教育事業団、4．河村靖宏編 2013『三重 1 号遺跡』広島県教育事業団、5．辻　満久ほか編 2012『段遺跡』広島県教育事業団、6．桑田俊明・鍛冶益生 1983「高蜂遺跡」『緑岩古墳』広島県教育委員会、7．小林伸二ほか編 2003『土森遺跡の調査』広島県埋蔵文化財調査センター、8．石井哲之・岡野克巳編 2003『大谷遺跡の調査』広島県埋蔵文化財調査センター、9．松井和幸編 1983『境ヶ谷遺跡群』広島県教育委員会・広島県埋蔵文化財調査センター、10．梅本健治編 2013『宮の本第 20 ～ 26・31・32 号古墳』広島県教育事業団、11．山県　元 1979「大久保古墳群」『中国縦貫自動車道建設に伴う埋蔵文化財発掘調査報告』（2）　広島県教育委員会、12．小都　隆・桑原隆博 1982「金子古墳群」『中国縦貫自動車道建設に伴う埋蔵文化財発掘調査報告』（3）　広島県教育委員会、13．石井隆博編 2004『史跡三ッ城古墳発掘調査報告書』東広島市教育文化振興事業団、14．中村眞哉・若島一則 1985『池の内遺跡発掘調査報告』広島市教育委員会、15．藤田広幸 1987『月見城遺跡』広島県埋蔵文化財調査センター、16．山澤直樹編 2011『曲第 2 ～ 5 号古墳』広島県教育事業団、17．山手良伸 2000『新宮遺跡群発掘調査報告書』八千代町教育委員会、18．植田　広編 1994『山王 4・5・6 号古墳』豊栄町教育委員会、19．桧垣栄次・佐伯邦芳 1977「諸木遺跡群」『高陽新住宅市街地開発事業地内埋蔵文化財発掘調査報告』広島県教育委員会、20．向田裕始 1980「四拾貫小原第 17 号古墳」『下山遺跡群発掘調査報告』広島県教育委員会・広島県埋蔵文化財調査センター、21．向田裕始 1978「上四拾貫古墳群」『中国縦貫自動車道建設に伴う埋蔵文化財発掘調査報告』（1）　広島県教育委員会、22．山田繁樹編 2015「海田原第 24 ～ 27 号古墳」『中国横断自動車道尾道松江線建設に伴う埋蔵文化財発掘調査報告』(39)　広島県教育事業団、23．石井哲之ほか 1999「古墳時代の遺構と遺物」『和田原Ｄ地点遺跡発掘調査報告書』広島県埋蔵文化財調査センター。
図 1 ～ 3：村田・永野 2022 を修正して作成。掲載資料個別の出典番号は表 1 と同じ。

〈地域報告〉

山陽西部

小林　善也

はじめに

　筆者は中四研第24回研究集会（愛媛大会）の地域報告として、山口県各地域の様相を踏まえつつ、県域を俯瞰する古墳時代中期の集落出土土器編年案を示した［小林2021、以下前稿］。本稿ではそれとの重複は極力避け、研究集会を通じて課題と認識した各時期の編年的位置やその年代観について改めて整理することとしたい。具体的には、山陽西部で最も資料に恵まれている周防西部地域を対象として、筆者編年案における須恵器の編年的位置について古墳出土資料も交えて再考することで、前稿の不足を多少なりとも補いたい。

１．古墳時代中期の集落出土土器の編年

（１）山陽西部における編年案の概要

　第24回大会の地域報告では、筆者が以前明らかにした周防西部地域における須恵器出現期以降の古墳時代集落出土の土器編年試案［小林2008］に再検討を加えるとともに、当時課題として残った県内他地域の土器についても併せて検討し、山口県における古墳時代中期の集落出土土器編年とそこから読み取れる地域性ついて論じた。

　その手法は、県内27遺跡から竪穴住居出土土器を中心に60遺構を抽出し、土器様式における中心器種となる甕、壺、高坏、坏について器種分類を行ったうえで一括資料を検討した。検討にあたっては、当該期の土器様式の主体は土師器であり須恵器は客体的な出土にとどまるため、どのような土師器にどのような須恵器が伴うのかという視点を軸として、中期ⅠA期→中期ⅠB期→中期Ⅱ期→中期Ⅲ期→中期Ⅳ期という編年案を提示した。その概要は、以下の通りである。

　中期ⅠA期　　土師器甕は外面仕上げ調整にヨコハケメやナナメハケメ、内面調整にヨコ方向のケズリを残すものが主体で胴部形態は多様である。壺は布留系の直口壺、山陰系二重口縁壺もみられる。また、土器組成に占める高坏や外面ハケメ仕上げの粗製小型丸底壺の割合がかなり高い。加えて、断面X状を呈する布留系器台も残存する。須恵器出現前夜の土器様相である。

　中期ⅠB期　　土師器甕は外面仕上げ調整に粗いタテハケメ、内面調整がタテ方向のケズリ手法で粘土紐積み上げ痕を残すタイプや口縁部が弛緩し胴部なで肩を呈するものが認められるようになる。このような粗製化傾向は壺も同様である。また、新たに口縁部が短く胴部偏球形の壺もみられるようになる。粗製小型丸底壺も中期ⅠA期に引き続き多い。高坏は脚部がスカート状に開くタイプも確認できるようになる一方、中期ⅠA期にある長脚の高坏や器台は認められない。この時期は、中期ⅠA期

第Ⅱ部　土器編年の検討

図1　山陽西部（山口県）における指標となる遺跡の位置［小林 2021］

表1　山陽西部（山口県）における指標となる遺構の編年案［小林 2021 を改変作成］

小林 2021	山口県の指標となる集落資料			
	周防		長門	
	東部地域	西部地域	東部地域	西部地域
中期ⅠA期	●明地遺跡 SB33 ●山添遺跡 SK2	●朝田墳墓群第Ⅶ地区 SC1・SC2・SC11・SK70 ●下津令遺跡沖ノ下1地区 S1102 ●右田・一丁田遺跡 19号住居址 ●奥正権寺遺跡 SB6 ●西遺跡第2号溝		
中期ⅠB期	●明地遺跡 SB8・SB17 ●山添遺跡 SK5	●西遺跡第26号土壙・第27号土壙 ●朝田墳墓群第Ⅶ地区 SC10・SK2・SX1 ●白石遺跡 G トレンチ竪穴式住居跡 ●右田・一丁田遺跡2号住居址・3号住居址		●松成遺跡第2地点 SD001
中期Ⅱ期	●明地遺跡 SB43 ●奥ヶ原遺跡 SB21・SB23・SK28 （御屋敷山遺跡溝跡）	●朝田墳墓群第Ⅶ地区 SC3・SC7 ●吉田遺跡第6号竪穴住居跡 ●奥正権寺遺跡 SB4 ●右田・一丁田遺跡 10号住居址	●植畠遺跡Ⅵ地区遺物包含層祭祀跡	（松成遺跡第2地点遺物包含層） （平野遺跡谷筋遺物包含層）
中期Ⅲ期	●逗子南遺跡 SX1 ●奥ヶ原遺跡 SB12・SB20 （平井遺跡遺物包含層）	●西遺跡第12号住居跡 ●赤迫遺跡 C 地区 SB2A・2B ●下右田遺跡 DW-2・DW-3 ●下津令遺跡西祐ノ木地区 S1202	●閏波遺跡竪穴住居跡	●高野遺跡北地区 SK1001・南地区 S1085 ●上沢遺跡 SX2 （切畑遺跡 P01）
中期Ⅳ期	●明地遺跡 SB16 ●中院遺跡 SB4	●西遺跡第2号住居跡・第20号住居跡 ●赤迫遺跡 C 地区 SB14・SB15	●中村遺跡 DW-29	●高野遺跡北地区 SB06003・SB06012 ●綾羅木郷遺跡第1号住居址 （切畑遺跡 P01）

表2　山陽西部（山口県）の古墳時代中期の器種・型式分類案 [小林 2021]

大分類		小分類				
甕A	胴部が球形ないし倒卵形を呈し、器形20cm～30cm程度の中型品。	a	外面ハケメ調整に複数方向（ヨコ・ナナメ・タテ）のハケメが認められる。内面ケズリ調整も外面調整同様に複数の方向からのケズリが認められる。	1	口縁部が内湾気味。	
				2	口縁部が直線的に開く。	
				3	口縁部が外反する。	
		b	外面ハケメ調整にタテハケを多用する。内面ケズリ調整もタテ方向のケズリが多く、粘土紐の巻き上げ痕を残すことが多い。	1	口縁部が強く外反する。	
				2	口縁部が弱く外傾ないし外反する。	
甕B	胴部が長胴形を呈し、器高20cm～30cm程度の中型品。	1	口縁部が強く外反する。			
		2	頸部直立気味で口縁部が外反する。			
		3	口縁部が肉厚で弱く外反する。			
甕C	胴部が下膨れを呈し、器高20cm程度の中型品。	1	口縁部が肉厚で強く外反する。			
		2	口縁部が肉厚で弱く外反する。			
甕D	器高20cm以下の小型品。	a	球形ないし倒卵形を呈し、頸部の締まりが明瞭。	1	口縁部が内湾気味。	
				2	口縁部が外反する。	
		b	寸胴形を呈し、頸部の締りが弱い。	1	口縁部が外反する。	
				2	口縁部が弱く外傾する。	
壺A	器高30cm前後の大型品。	1	口縁部が外反する。			
		2	口縁部が直立する山陰系二重口縁壺。			
壺B	器高20cm前後の中型品。	1	口縁部が外反する。			
		2	口縁部が直口する。			
		3	短口縁			
		4	口縁部が直立する山陰系二重口縁壺。			
壺C	器高15cm～20cm程度で、外面ハケメ仕上げ。	a	口縁部が外傾ないし外反し、胴部が倒卵形。			
		b	口縁部が低く、胴部が偏球形。	1	口縁部が外反する。	
				2	口縁部が直立気味に外反する。	
壺D	器高15cm～20cm程度で、外面ハケメ仕上げの小型丸底の土器。	a	器高10cm～15cm程度。	1	胴部最大径に対して口径が同径ないし大きい。	
				2	口縁部が短く直立する。	
				3	胴部最大径に対して口径が小さい。	
				4	口縁部が二重口縁となる山陰系。	
		b	器高10cm未満。	1	口径に対して器高が深い。	
				2	口径に対して器高が浅い。	
壺E	器高20cm程度で、球形胴部に発達した頸部をもつ外面ハケ召し上げの長頸の壺					
高坏A	坏部が中位で屈曲し、坏底部と口縁部が明瞭。	a	坏部は浅く、口縁部が直線的に開く、口縁端部で外反。脚部は筒部が下方に開き、脚裾部でハの字に屈曲。	1	器高に対し脚部の比率が高く、長脚傾向。	
				2	器高に対し脚部と坏部の比率が近く、重心が下がる。	
		b	坏底部の立ち上がりがきつく、坏部が直線気味に開く。	1	裾部の屈曲が強い。	
				2	裾部の屈曲が弱く短い。	
		c	坏部の屈曲が弱まり、口縁部が内湾気味に開く。脚部は筒部が下方に開き、裾部でハの字に屈曲。	1	坏部が浅く、口縁部が外傾する。	
				2	坏部が浅く、口縁部が外反する。	
				3	坏部が深く、口縁部が外反する。	
		d	脚部がスカート状にハの字に開く。裾端部を外反気味に収めるものあり。			
高坏B	坏部底部が丸みを帯び、口縁部が直線的に広く外反する。					
高坏C	坏部が明瞭に屈曲せず、口縁部が外傾する。	1	坏部が浅い。			
		2	坏部が深い。			
高坏D	椀形の坏部にハの字に開く低い脚部が付く。	1	坏部が中空。			
		2	坏部が中実。			
高坏E	口径が20cmを超える大型のもの。	a	坏部が中位で屈曲し、坏底部と口縁部が明瞭。			
		b	坏部が丸みを帯び、口縁部が直線的に広く外反。			
坏A	器高5cm程度、口径10cm～15cm程度で、法量規格が整った半球形。椀とも呼称される。外面調整はハケメ、ミガキ、ケズリがみられ、まれに器面を黒色や赤色処理することもある。	a	口径に対して器高が深い。	1	口縁端部が直立ないし外傾気味。	
				2	口縁端部が内湾。	
				3	口縁端部が短く外反。	
				4	体部の張りが強く、口縁部が内傾または屈曲。	
		b	口径に対して器高が浅い。	1	口縁部が外傾気味に内湾。	
				2	体部の張りが強く、口縁端部が強く内湾。	

第Ⅱ部　土器編年の検討

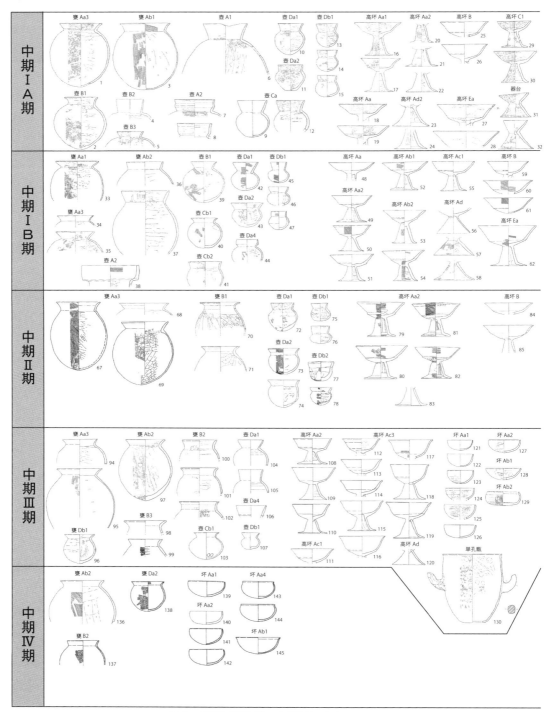

図2　周防西部地域の土器編年（1）（S=1:15）

と比べて土師器の器種構成や型式に画期的な変化は看取できず、遺構単体で見た場合はその差はさらに小さいというのが実態に近い。このような土師器に、西遺跡第26号・第27号土壙で確認された

山陽西部（小林）

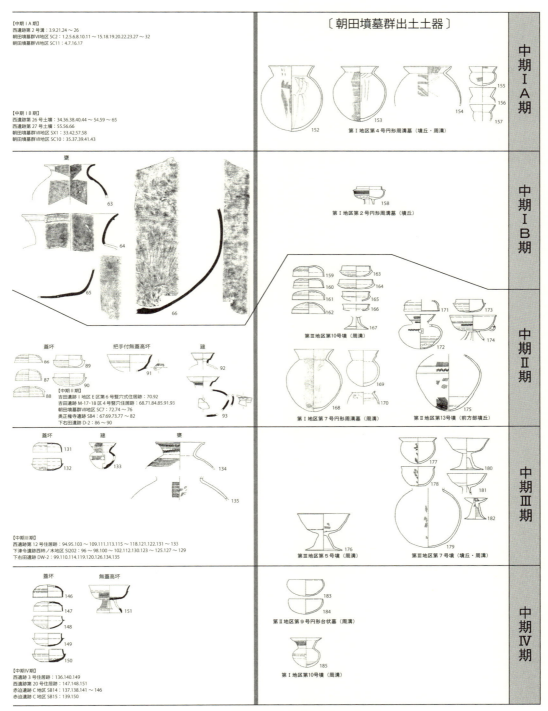

図3　周防西部地域の土器編年（2）（S=1:15）

TG232型式の須恵器が伴う。よって、中期ⅠA期と中期ⅠB期を分かつエポックを初期須恵器の出現とした。

第Ⅱ部　土器編年の検討

中期Ⅱ期　　土師器甕は口縁部がきつく外反しなで肩長胴タイプや胴部下膨れタイプが新たにみられる。壺は粗製小型丸底壺の減少と短口縁化が進行する。高坏は坏部が深く屈曲が弱いタイプが出現する。この他にも、多孔甑や平底鉢型の底部に単孔のある甑、さらに平底土器（韓式系軟質土器）が確認できる。一方須恵器は、散発的ながら TK73 ～ TK216 型式相当とみられる蓋坏・甕・壺・甕などが出土する。また、陶質土器の平底鉢も確認できる。よってこの時期は、数は少ないものの蓋坏や甕といった食膳具としての要素の強い器種が複数の遺跡で確認され、限定的ではあるものの須恵器の分布が県域に広がりをみせるとともに、朝鮮半島由来の文物の波及が顕在化する時期とした。

中期Ⅲ期　　土師器は粗製小型丸底壺が急減するとともに、甕・壺・高坏は中期Ⅱ期からさらに器種の淘汰や粗製化が進行する一方、坏の急速な出現がエポックとなる時期で、土師器の器種構成の転換期となる。その他、把手付多孔甑や筒抜けタイプの把手付甑も確認できる。一方、須恵器は蓋坏・高坏・甕・壺・甕・器台などが出土し、いずれも TK208 型式～ TK23 型式相当である。引き続き限定的な出土であるが、中期Ⅱ期に比べて面的な広がりをみせる。須恵器は定型化した段階で、食膳具としての蓋坏の浸透が始まる時期と考えられ、土師器坏の出現もこれに連動した事象とみられる。

中期Ⅳ期　　土師器甕は、長胴甕が主体となることに加えて小型甕が増加し、甕の法量分化が進行する。調整技法も粗く、器壁の厚いものが目立つ。壺は粗製小型丸底壺がほぼ消滅し、壺自体が主要な器種構成から外れる一方、出土数は少ないが長頸壺が新たに出現し、中期Ⅳ期以降も存在する。高坏は出土数が急減し小ぶりで低脚化し、この段階で椀形の坏部に短脚が付くタイプが出現する。坏は中期Ⅲ期よりも１遺構での出土数が明らかに多く、器種構成における占有率が増す。その他、甑は多孔タイプが見られず、筒抜けタイプが限定的に出土する。一方、須恵器は中期Ⅲ期に比べ蓋坏や高坏が増加するが、それでも総体的な出土数は少ない。出土する蓋坏及び高坏は、いずれも TK47 型式に相当する。中期Ⅳ期は、竪穴住居からの蓋坏出土例が増えるものの、いずれも１点程度と少なく主役とはならず、この時期に至っても土師器主体の土器様式として整理できる。

（２）課　題

　以上、前稿では山口県全体を俯瞰する説明に終始したため、土師器主体の土器様式である各時期にどのような須恵器が伴うのか、その編年的位置付けが消化不良となり第24回研究集会の討論でもそのことが浮き彫りとなった。ポイントとしては、陶邑 TG232 型式を伴う中期ⅠB期の年代と中期Ⅱ期の須恵器の編年的位置の整理である。この点を明らかにするべく、前稿ではほとんど触れることができなかった古墳出土器も含めて考えてみたい。検討にあたっては、図１のうち中期を通して集落及び古墳出土土器が充実する周防西部地域（山口市～防府市域）の資料を対象とする。

２．周防西部地域における土器編年再考

（１）初期須恵器の出現時期

山陽西部中期ⅠA期（図４）は、断面Ⅹ状の布留系器台が残存し、高坏Ｂ類や脚部に透かしのある

244

C1類がみられるなど布留Ⅲ式の様相を残す初期須恵器出現直前の時期で、続く中期ⅠB期に周防西部地域に限りTG232型式の初期須恵器を確認できる。

　中期ⅠB期（図5・6）は、西遺跡第26号・第27号土壙の評価が重要である。多数の土師器と供に出土した初期須恵器TG232型式の存在は、当地域における須恵器出現期の年代を推定する基準資料として貴重である。すでに市来真澄氏が詳細を明らかにしたように［市来2014］、図5－46は口縁部を四角く収め頸部中位に断面三角形の鋭い突帯が巡るなで肩の甕口縁部で、陶邑TG232号窯灰原跡出土資料に類例がある。また、図6－35の大甕体部は、底部内面中央にみられるシボリ目が陶邑窯では陶邑TG232号窯灰原跡にみられる特徴とされる。加えて、胎土分析の結果も図5－46や図6－35は陶邑産、図5－47も陶邑産？と判定されていることを踏まえると［小田村ほか1987］、これらがTG232型式の陶邑窯産である蓋然性は高い。とすれば、畿内での初期須恵器の出現年代が中期ⅠB期の上限となる。

　その畿内では、TK73型式が出土した平城宮下層の奈良市佐紀遺跡SD6030の板材が年輪年代法で

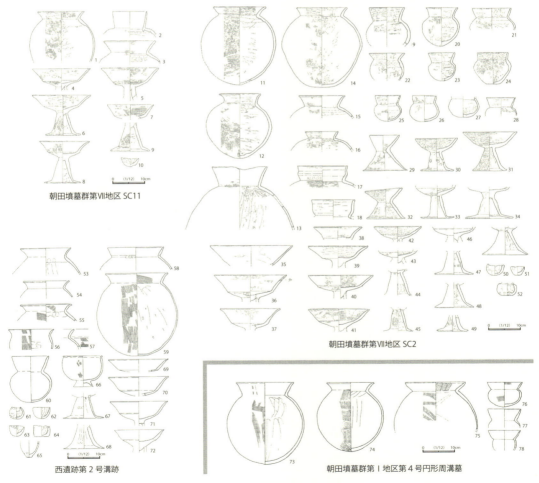

図4　周防西部中期ⅠA期

第Ⅱ部　土器編年の検討

A.D.412年［光谷・次山1999］、TG232型式が出土した宇治市宇治市街遺跡SD302の板材が年輪年代法でA.D.389年［浜中・田中2006］、TG232〜TK73型式が伴出した橿原市新堂遺跡のしがらみ遺構の酸素同位体比年輪年代法による年代値がA.D.410年［中久保ほか2021］と須恵器出現期の実年代に迫りうる成果が蓄積されつつある。出土実態に即した資料評価の詳細、とりわけTG232型式の年代については議論が分かれるようだが、このような近年の研究成果に基づけば畿内における須恵器出現期は4世紀末〜5世紀初頭の中で収まる蓋然性が高く、現状中期ⅠB期の基準資料となる西遺跡第26号・第27号土壙のTG232型式の初期須恵器もまたこの年代をさかのぼることはない。

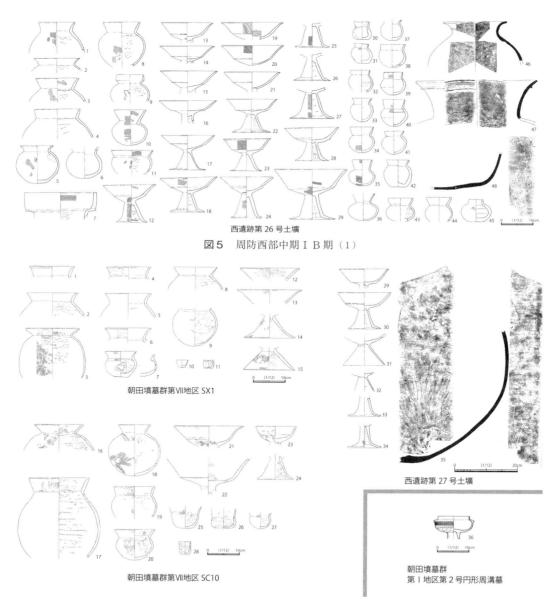

図5　周防西部中期ⅠB期（1）

図6　周防西部中期ⅠB期（2）

一方、この西遺跡第26号と第27号土壙の土師器を福岡県豊前地域を対象とした重藤編年［重藤2021］と対照すると、甕や高坏の形態はTK73型式の𤭯が出土しⅣ期古相とされる上片島遺跡3区14号住居跡に近い。さらに、京ヶ辻遺跡2区ではTK73型式に先行するものや近接する京都郡みやこ町居屋敷窯跡出土品に酷似するものがみられるなど、多くの初期須恵器が出土し、胎土分析においても陶邑領域、居屋敷窯領域、不明領域の3つのグループが示されている［白石2015］。豊前地域のⅣ期古相以前、さらには九州北部において最古の一群と評価される初期須恵器である［重藤2021］。これらに伴う土師器は重藤氏の豊前ⅢB期～Ⅳ期古相で、本稿の中期ⅠB期と照応できる。このように、土器様相の近い豊前における初期須恵器と土師器の出土状況をみると、中期ⅠB期はTG232型式～TK73型式を伴う時期として捉え、その年代は5世紀初頭とみておくことが妥当だろう。なお、この時期の可能性がある古墳出土須恵器は、朝田墳墓群第Ⅰ地区第2号円形周溝墓のから出土した有蓋高坏（図6－36）があり、陶邑ON231号窯出土例に類似のTG232～TK73型式である［市来2014］。

（2）初期須恵器出現以降の須恵器の編年的位置

続いて、初期須恵器出現以降の須恵器の編年的位置についてまとめる。

中期Ⅱ期（図7）は、下右田遺跡D2溝から不定方向のヘラケズリにより底部外面を調整するTK216型式の特徴を備える蓋坏（30）が出土している［市来2014］。また、吉田遺跡第6号竪穴式住居跡ではTK216～TK208型式の𤭯（16）と口縁部が弛緩した長胴の土師器甕B3類（15）が出土し

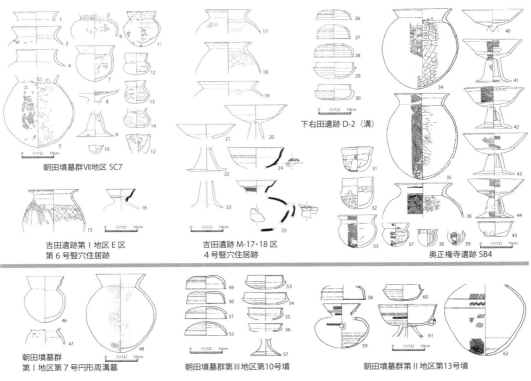

図7　周防西部中期Ⅱ期

第Ⅱ部　土器編年の検討

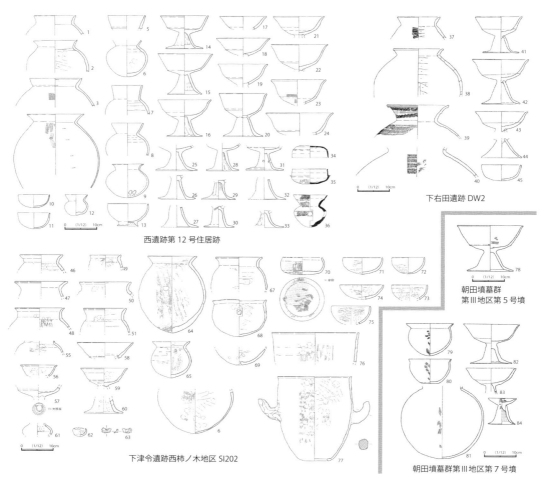

図8　周防西部中期Ⅲ期

ている。さらに、M17・18区4号竪穴式住居跡でもTK216 〜 TK208型式の把手付無蓋高坏（24）と𤭯（25）が土師器甕B3類（17・18）などと出土している。一方、古墳出土資料は、朝田墳墓群第Ⅲ地区第10号墳から蓋坏（49 〜 56）と高坏（57）が出土している。このうち52の坏蓋と57の高坏脚部は陶邑TK73号窯に類例があり、49 〜 51の坏蓋や53・54の坏身はTK216号窯出土の蓋坏と近似するため、TK73 〜 TK216型式の須恵器とみてよかろう。また、朝田墳墓群第Ⅱ地区第13号墳の前方部墳丘や裾からは、TK216型式とみられる大型で口縁部、頸部、肩部を波状文で飾る𤭯（56）や坏部に波状文を飾る把手付無蓋高坏（61）をはじめ、蓋坏や壺が出土し、TK216 〜 TK208型式とみられる［市来2014］。これらの古墳出土須恵器には土師器を伴う事例がないため直接的に対応関係を把握できないが、吉田遺跡M17・18地区4号竪穴式住居跡の須恵器高坏や𤭯に伴う土師器高坏（20・21）の坏部形態は中期Ⅲ期には下らず、土師器甕（17・18）は中期ⅠB期より弛緩傾向にあるため、中期Ⅱ期の土器とみてよかろう。よって、中期Ⅱ期はTK216型式を中心にTK73 〜 TK208型式まで型式幅のある須恵器を伴う時期と推察される。その時期は、中期ⅠB期と後述の中期Ⅲ期の年代観から

248

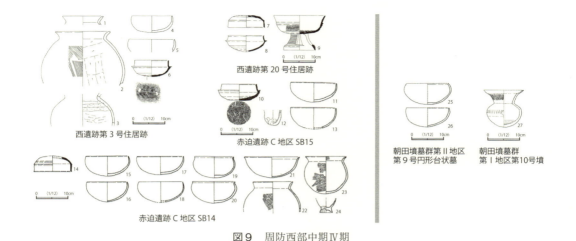

図9　周防西部中期Ⅳ期

5世紀第2四半期と考えておきたい。

　中期Ⅲ期（図8）は、西遺跡第12号住居跡からTK208型式～TK23型式に相当する蓋坏（34・35）と甕（36）、下右田遺跡DW2住居跡からTK208型式に相当する甕（39）が出土している［小林2004・2021］。土師器高坏の型式変化や坏の出現からも中期Ⅱ期より下ることは明らかなため、中期ⅢはTK208～TK23型式の須恵器を伴う時期と考えられる。その年代は下津令遺跡SI202の住居床面出土炭化物のAMS法年代値［岡田編2016］も参考として、5世紀第2四半期～第3四半期と推察される。この時期の古墳出土土器としては、78の土師器高坏Aa2類が出土した朝田墳墓群第Ⅲ地区第5号墳や82・83の土師器高坏Ac3類、79・80の甕D類が出土した朝田墳墓群第Ⅲ地区第7号墳などがあるが、現状では須恵器出土の古墳は認められない。

　中期Ⅳ期（図9）は、西遺跡や赤迫遺跡の竪穴住居跡でTK47型式の特徴をもつ蓋坏（6・7・8・14）や無蓋高坏（9）が出土している［小林2004・2008］。これらに伴う土師器は甕や坏が主体となり、壺や高坏の減少と小型甕や坏の増加という器種構成の変化が顕著で、蓋坏の出土例も増加傾向となる。朝田墳墓群においても25・26の土師器坏の供献が認められるようになる。中期Ⅳ期はおもにTK47型式が伴う時期とみられ、その年代は5世紀第4四半期と推察される。

おわりに

　以上、前稿の編年案の補足として周防西部地域の資料を対象に中期ⅠA期～中期Ⅳ期の編年的位置と年代観について再考した。まとめると、中期ⅠA期が5世紀初頭以前、中期ⅠB期が5世紀初頭、中期Ⅱ期が5世第2四半期、中期Ⅲ期が5世紀第2四半期～第3四半期、中期Ⅳ期が5世紀第4四半期として年代を捉え直した。図2・3はその編年図である。筆者の力不足により、前稿から取り立てて論旨が深まるような成果を示すことはできないが、本稿が他地域の土器編年との比較検討に多少なりとも寄与できれば幸いである。

第Ⅱ部　土器編年の検討

引用文献

青島　啓　2012「山口盆地における古墳時代中・後期の須恵器編年案」『山口大学考古学論集－中村友博先生退任記念論文集－』中村友博先生退任記念事業会

石坂泰士（編）　2020『新堂遺跡Ⅳ』橿原市埋蔵文化財調査報告第16冊　橿原市教育委員会

市来真澄　2014「山口県の初期須恵器からみた地域間関係について」『山口考古』第34号　山口考古学会　pp.21-36

岡田裕之（編）　2016『下津令遺跡3（毛無尾地区、西柿ノ木地区）』山口県埋蔵文化財センター調査報告第93集　山口県埋蔵文化財センター・防府市教育委員会

小田村宏・菅波正人・三辻利一・黒瀬雄士　1987「西遺跡（山口県）出土須恵器の産地推定」『古文化談叢』第18集　九州古文化研究会　pp.31-38

小林善也　2004「山口県の古式須恵器について－その編年と地域相－」『古文化談叢』第51集　九州古文化研究会　pp.87-122

小林善也　2008「須恵器出現期以降の古墳時代集落出土の土器編年試論－周防西部地域－」『古墳時代集落出土の須恵器・土師器－5世紀から7世紀にかけての山口県の土器様相－』山口考古学フォーラム　pp.351-394

小林善也　2021「山口県」『中期古墳研究の現状と課題Ⅴ～古墳時代中期の土師器・須恵器をめぐって～』発表要旨・資料集　中国四国前方後円墳研究会第24回研究集会　中国四国前方後円墳研究会　pp.153-186

坂本真一（編）　2015『京ヶ辻遺跡2区　安武・深田遺跡B遺跡2・C遺跡』東九州自動車道関係埋蔵文化財調査報告第20集　九州歴史資料館

重藤輝行　2010「北部九州における古墳時代中期の土師器編年」『古文化談叢』第63集　九州古文化研究会　pp.119-160

重藤輝行　2021「九州の中期土師器編年－特に豊前を中心にして－」『中期古墳研究の現状と課題Ⅴ～古墳時代中期の土師器・須恵器をめぐって～』発表要旨・資料集　中国四国前方後円墳研究会第24回研究集会　中国四国前方後円墳研究会　pp.41-58

白石　純　2015「京ヶ辻遺跡ほか出土須恵器の胎土分析」『京ヶ辻遺跡2区　安武・深田遺跡B遺跡2・C遺跡)』東九州自動車道関係埋蔵文化財調査報告第20集　九州歴史資料館　pp.203-207

田中清美　2021「古墳時代中期の土器研究と暦年代」『中期古墳研究の現状と課題Ⅴ～古墳時代中期の土師器・須恵器をめぐって～』発表要旨・資料集　中国四国前方後円墳研究会第24回研究集会　中国四国前方後円墳研究会　pp.1-15

田辺昭三　1981『須恵器大成』角川書店

田畑直彦　2015「山陽西部（山口県）」『前期古墳を再考するⅡ－古墳出土土器をめぐって－』発表要旨・資料集　中国四国前方後円墳研究会第18回研究集会（香川大会）実行委員会　pp.147-178

中久保辰夫・李　貞・石坂泰士・井上智弘・中塚　武　2021「型式学・堆積学・年輪酸素同位体比分析による奈良県新堂遺跡出土初期須恵器・土師器の年代」『一般社団法人日本考古学協会第87回総会研究発表要旨』一般社団法人日本考古学協会　p.25

浜中邦弘・田中元浩　2006「初期須恵器と実年代の狭間－宇治市街遺跡出土資料を考える－」『河内湖周辺に定着した渡来人－5世紀の渡来人の足跡－』大阪府立近つ飛鳥博物館図録43　大阪府立近つ飛鳥博物館　pp.54-57

豆谷和之（編）　1994「付篇Ⅰ　第1章　吉田遺跡Ⅰ地区E区の調査」『山口大学構内遺跡調査研究年報Ⅻ』山口大学埋蔵文化財資料館　pp.77-106

光谷拓実・次山淳　1999「平城宮下層古墳時代の遺物と年輪年代」『奈良文化財研究所年報』1999-1　奈良国立文化財研究所　pp.8-9

横山成己（編）　2022「第2章　第2節　平成29年度　吉田構内（吉田遺跡）の調査」『山口大学構内遺跡調査研究年報－平成29・30年度』山口大学埋蔵文化財資料館　pp.25-105

※紙幅の関係により、挿図作成に伴う報告書の出典は割愛した。ご寛恕いただきたい。

〈地域報告〉

四国南東部

田川　憲

はじめに

　徳島県における古墳時代中期の状況を概観してみると、中期の早い段階で前方後円墳は渋野丸山古墳をもって終焉し、その後、円墳を中心に吉野川以南の園瀬川流域や勝浦川流域でも古墳は築造されている。ところが、これまでに確認されている当該期の集落遺跡は非常に少なく、吉野川流域に限定されるというように古墳と集落を関連付けて考えていくことが困難な状況となっている。

　徳島県下における古墳時代中期の土器および土器編年についての研究は、1980年代以降、発掘調査が進むに従って報告されるようになってきた。しかし、基礎的研究が実施されていない段階においては出土須恵器を陶邑編年に照合し遺構の年代決定基準としていたにすぎない。

　そのようななか、徳島大学により大学構内の庄・蔵本遺跡において発掘調査報告書の刊行に伴って同遺跡出土資料を用い橋本達也氏が土器編年を行ったのが徳島県における古墳時代中期の土器編年研究の嚆矢といってよい（表1）[橋本1998]。橋本氏は須恵器と共伴したものを基軸に据え、土師器甕、高杯の形態差をもとにTK208〜TK43併行期段階の土師器および須恵器について編年的位置付けを

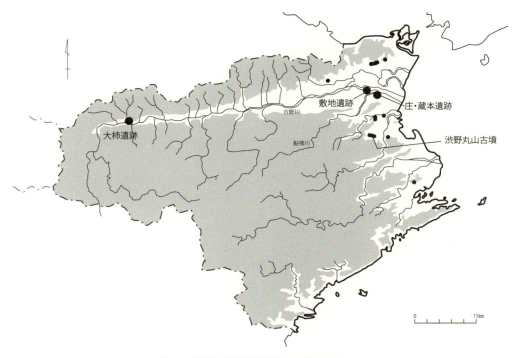

図1　分析対象遺跡位置図（中期古墳を含む）

第Ⅱ部　土器編年の検討

表1　編年基準遺構一覧表

畿内	徳島県内既往編年		吉野川上流域	吉野川下流域・鮎喰川流域	主要古墳
	田川（2004）	橋本（1995）			
布留3	大柿 様相Ⅱ-1		―	庄・蔵本　体育館：東西大溝202	―
布留4		布留4式併行期	大柿SR7001	庄・蔵本　体育館：井戸203 庄・蔵本　9次井戸 敷地SB3005	大代古墳 国高山古墳 マンジョ塚2号墳
布留5 TG232			―	―	渋野丸山古墳
TK73		―	―	―	尼塚古墳 土成丸山古墳 日出遺跡
ON46 TK216			三谷遺跡　第2層		カネガ谷2号墳 カニ塚古墳 日出遺跡
TK208		TK208式併行期		庄・蔵本　7次調査SD205 庄・蔵本　9次溝1上・中層 庄・蔵本　9次溝1下層	向寺山遺跡第4区土器溜 浄土寺山古墳群SD1001 宝憧寺3号墳 新宮塚古墳 日出遺跡
TK23		TK23式併行期	大柿SB7002 大柿SB7040 大柿SB7083 大柿SB7086	庄・蔵本　10次井戸1 庄・蔵本　10次井戸2 庄・蔵本　10次井戸3 敷地SB3012 敷地SB3021	子安観音古墳 恵解山9号墳 犬山天神山1号墳
TK47	大柿 様相Ⅱ-2	TK47式併行期	大柿SB7037 大柿SB7039 大柿SB7042 大柿SB7056 大柿SB7067 大柿SB7077	庄・蔵本　10次住居1 敷地SB3003 敷地SB3013 敷地SB3016 敷地SB3017 敷地SK3016 敷地SK3028	

試みている。また、土師器の形態変化については甕の変化を捉え、1．口縁部が短くなる、2．頸部クビレ屈曲の弛緩化、3．胴部の張りがなくなる→長胴化の傾向を捉える。そこから導き出された結果には、大型甕の方が外反口縁、頸部屈曲の弛緩化、胴部の張りがなくなり長胴化する傾向が早い一方、小型甕には布留系甕の影響が1段階遅くまで残ることを指摘している。

　また高杯では、TK208型式併行期を画期として以後杯部椀形となる高杯が主流となる様子も捉えている。

　一方、吉野川上流域では大柿遺跡の発掘調査に伴い住居から出土した資料を用い布留4式併行期からTK217型式併行期までの土器編年が試みられている（表1）［藤川2004、田川2004］。

　藤川氏は住居出土の須恵器を陶邑編年に照らし合わせ、一括性の高いものから検討を加え大柿遺跡内における須恵器の編年案を提示している。そこには、杯および蓋を中心に編年の基軸に据え、高杯の型式変化を捉えており、年代的にはC14年代決定の分析資料を援用することでより決定的なものを目指そうとしている。土師器については筆者が各時期・各遺構から出土に偏重がない甕を基準として甕と小型甕に着目し、法量や形態的特徴をもとにその変遷と各器種の消長を追い様相を設定した。しかし、年代決定についてはあくまでも須恵器との共伴例を主としている点は今後さらなる検討を要

四国南東部（田川）

する。

　徳島県内における古墳時代中期の土器編年は、畿内の須恵器編年を基準に負うところが大きく、現
状では地域の土器編年を確立するという段階には至っていない。そのことが古墳等の墓制研究に偏重
している傾向にあることは否めない。TK23型式併行期以降の集落出土資料は、今回取り上げた以外
の例えば県南地域でも資料数は徐々に蓄積されつつあるため、これらとのかかわりの中で新たな資料
の追加とともに今後研究が進むことに期待したい。

１．古墳時代中期の土器編年

　徳島県下における古墳時代中期の土器資料が確認できるのは、吉野川流域に限定される。対象遺跡
数そのものがかなり少ない状況であるが、その分布をみてみると吉野川上流域と下流域に大きく二分
される。吉野川上流域に該当するのは大柿遺跡で、他方、吉野川下流域にはその支流である鮎喰川流
域を含め敷地遺跡と庄・蔵本遺跡が該当する。以下、これらの遺跡から出土した資料を中心に検討し
ていく。

　土師器の編年に当たっては、各時期を通して出土資料が把握できる器高20cm以上を測る甕および
器高20cm未満を測る小型甕を基軸に据え、口縁部クビレの弛緩化と長胴化という特徴を捉えていく
ことにする。さらに甕は口縁部クビレの屈曲が強く胴部が球形を呈するタイプと口縁部クビレの屈曲
が弱く長胴化するタイプに分かれる。小型甕も同じような２つのタイプに分かれるようである。

　甕に加えて出土地域がある程度限定されるものの、高杯も各段階を通じて出土がみられることから
編年に当たって甕の補足資料として検討していくことにする。高杯は杯部の形状が大きく椀形を呈す
るものと外面有稜を呈するものに分かれる。椀形を呈するものは、さらに杯部が浅く口径が大きいも
のと杯部が深く口縁部が垂直に近いまでに立ち上がるものがある。有稜の高杯は布留段階から須恵器
が安定して製作される段階まで継続するが、その間に大型の杯部をもつものの出土資料は認められな
い（図２～６）。

（１）布留３式併行期

　出土資料は庄・蔵本遺跡出土のものに限られる。体育館地点東西大溝202から甕・小型甕・壺が出
土している。甕（図２-17）は東阿波形土器の系譜上に位置すると考えられる。口縁端部をつまみ上げ、
胴部内面にはヘラケズリが施されるなどその特徴を留めてはいるが口縁端部は肥大化し凹線条沈線は
施されないなどの退化傾向が見て取れる。

（２）布留４式併行期

　大柿遺跡SR7001、敷地遺跡SB3005、庄・蔵本遺跡体育館地点井戸203、同第９次調査井戸資料が
該当する。甕、小型甕，壺に加えて高杯が認められるようになる。庄・蔵本遺跡体育館地点井戸203
出土甕（図３-10）、敷地遺跡SB3005出土甕（図２-８）には口縁端部に凹線状沈線が施されており、
それ以前の影響が残るようである。庄・蔵本遺跡体育館地点井戸203出土甕（図２-19）は、胴部最

253

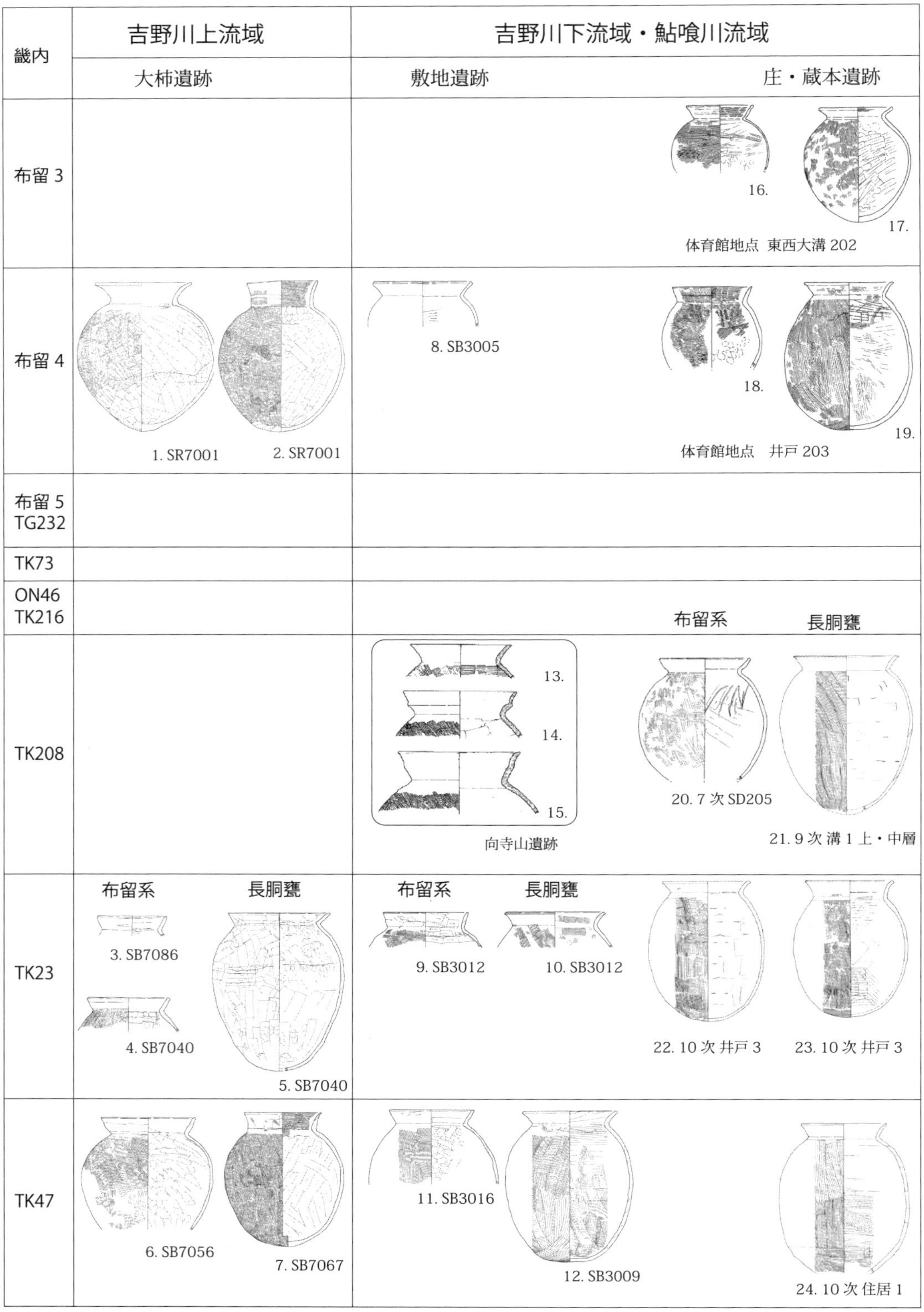

第Ⅱ部　土器編年の検討

畿内	吉野川上流域	吉野川下流域・鮎喰川流域	
	大柿遺跡	敷地遺跡	庄・蔵本遺跡
布留3			16.　17.　体育館地点　東西大溝202
布留4	1. SR7001　2. SR7001	8. SB3005	18.　19.　体育館地点　井戸203
布留5 TG232			
TK73			
ON46 TK216			布留系　長胴甕
TK208		13.　14.　15.　向寺山遺跡	20. 7次 SD205　21. 9次溝1上・中層
TK23	布留系　長胴甕　3. SB7086　4. SB7040　5. SB7040	布留系　長胴甕　9. SB3012　10. SB3012	22. 10次 井戸3　23. 10次 井戸3
TK47	6. SB7056　7. SB7067	11. SB3016　12. SB3009	24. 10次 住居1

図2　徳島県の古墳時代中期集落出土土器編年　甕（S=1/12）

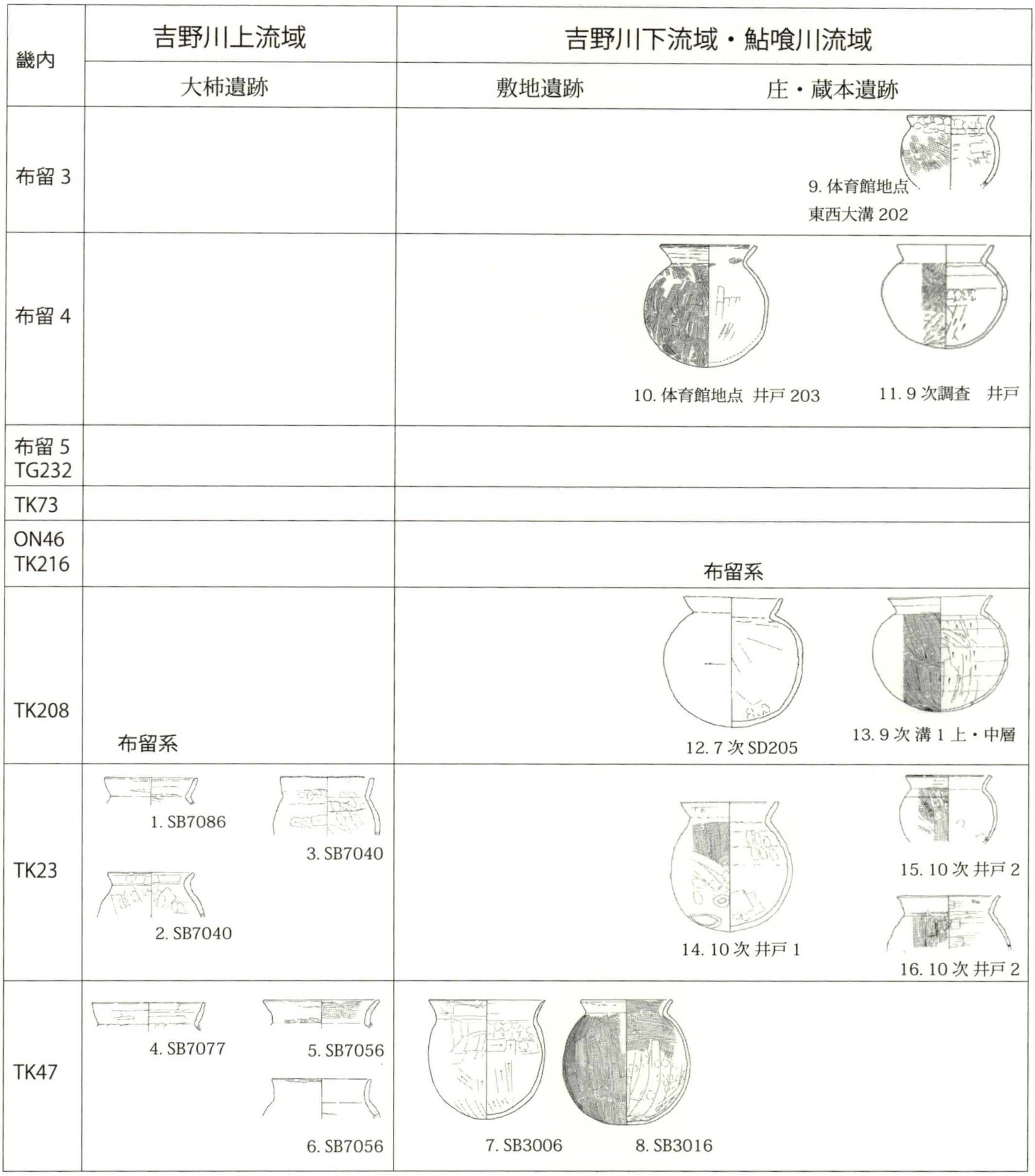

四国南東部（田川）

畿内	吉野川上流域	吉野川下流域・鮎喰川流域	
	大柿遺跡	敷地遺跡	庄・蔵本遺跡
布留3			9. 体育館地点 東西大溝202
布留4		10. 体育館地点 井戸203	11. 9次調査　井戸
布留5 TG232			
TK73			
ON46 TK216		布留系	
TK208		12. 7次 SD205	13. 9次溝1上・中層
TK23	布留系 1. SB7086　3. SB7040　2. SB7040	14. 10次 井戸1	15. 10次 井戸2　16. 10次 井戸2
TK47	4. SB7077　5. SB7056　6. SB7056	7. SB3006	8. SB3016

図3　徳島県の古墳時代中期集落出土土器編年　小型甕（S=1/10）

大径が中央部からやや底部よりに位置しており長胴化の傾向が看取できるが、これは竈の導入の結果というよりも甕の大型化に伴うものとみてよいであろう。

　高杯は杯部椀状のものと杯部外面に明確な稜をもつ有稜高杯が揃い、有稜高杯はTK47併行期段階まで踏襲されるが、全時期を通じて大型高杯がみられないことも特徴の一つであろう。一方、大柿遺跡 SR7001 出土高杯（図5-2）のように短脚であるものもみられたり庄・蔵本遺跡体育館地点井

255

第Ⅱ部　土器編年の検討

畿内	吉野川上流域	吉野川下流域・鮎喰川流域	
	大柿遺跡	敷地遺跡	庄・蔵本遺跡
布留3			
布留4			
布留5 TG232			
TK73			
ON46 TK216			
TK208			
TK23	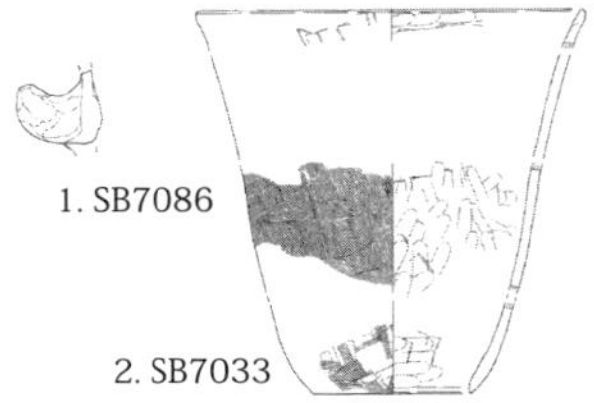 1. SB7086　2. SB7033		
TK47	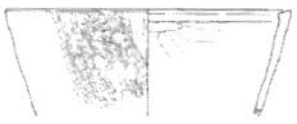 3. SB7037	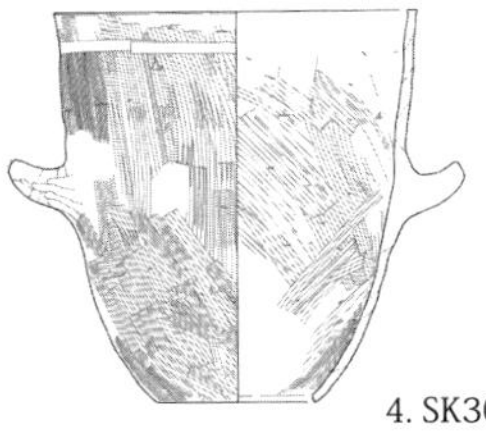 4. SK3028	

図4　徳島県の古墳時代中期集落出土土器編年　甕（S=1/10）

戸203出土高杯（図5 - 10）のように円形透孔が採用されていたりと、高杯においては多様化している様子も見受けられる。

　この段階をもって集落は一度断絶し、TK208型式併行期までの間空白期となる。

（3）TK208型式併行期

　庄・蔵本遺跡第9次調査溝1出土資料、同第7次調査SD205出土資料が該当する。この段階では甕は第9次調査溝1上・中層（図2 - 21）や第7次調査SD205出土甕51［中村編2011］のように長胴化しているものがみられるが、最大径についてはまだ胴部上位にあり「く」の字状の口縁部をもつなど前段階までの様相を踏襲する。高杯は杯部椀形のものと杯部が浅いものが共伴し、脚柱部内面には輪積み痕を留めるものとシボリ目を留めるものが共存する。

　この段階に至って集落遺跡から須恵器が出現する。器種は甕と杯、高杯が認められるが資料数は限定されており、住居からのものは次の段階を待たなければならない。

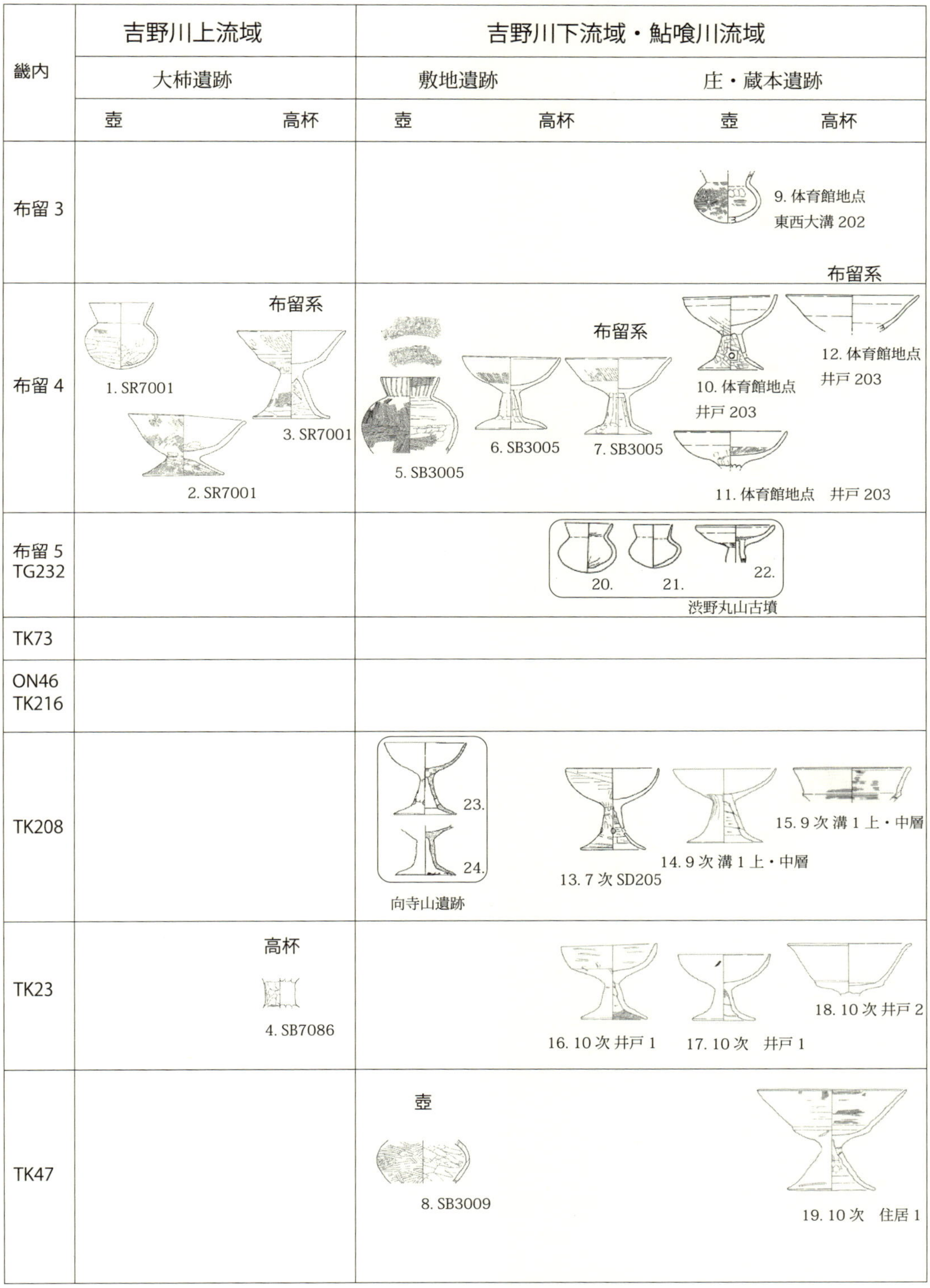

畿内	吉野川上流域		吉野川下流域・鮎喰川流域			
	大柿遺跡		敷地遺跡		庄・蔵本遺跡	
	壺	高杯	壺	高杯	壺	高杯
布留3					9. 体育館地点 東西大溝202	布留系
布留4	1. SR7001	2. SR7001　3. SR7001　布留系	5. SB3005	6. SB3005　7. SB3005　布留系		布留系　10. 体育館地点 井戸203　11. 体育館地点 井戸203　12. 体育館地点 井戸203
布留5 TG232			20.　21.　22. 渋野丸山古墳			
TK73						
ON46 TK216						
TK208			23.　24. 向寺山遺跡	13. 7次SD205　14. 9次溝1上・中層　15. 9次溝1上・中層		
TK23		4. SB7086		16. 10次 井戸1　17. 10次 井戸1　18. 10次 井戸2		
TK47			壺　8. SB3009	19. 10次 住居1		

図5　徳島県の古墳時代中期集落出土土器編年　壺・高杯（S=1/10）

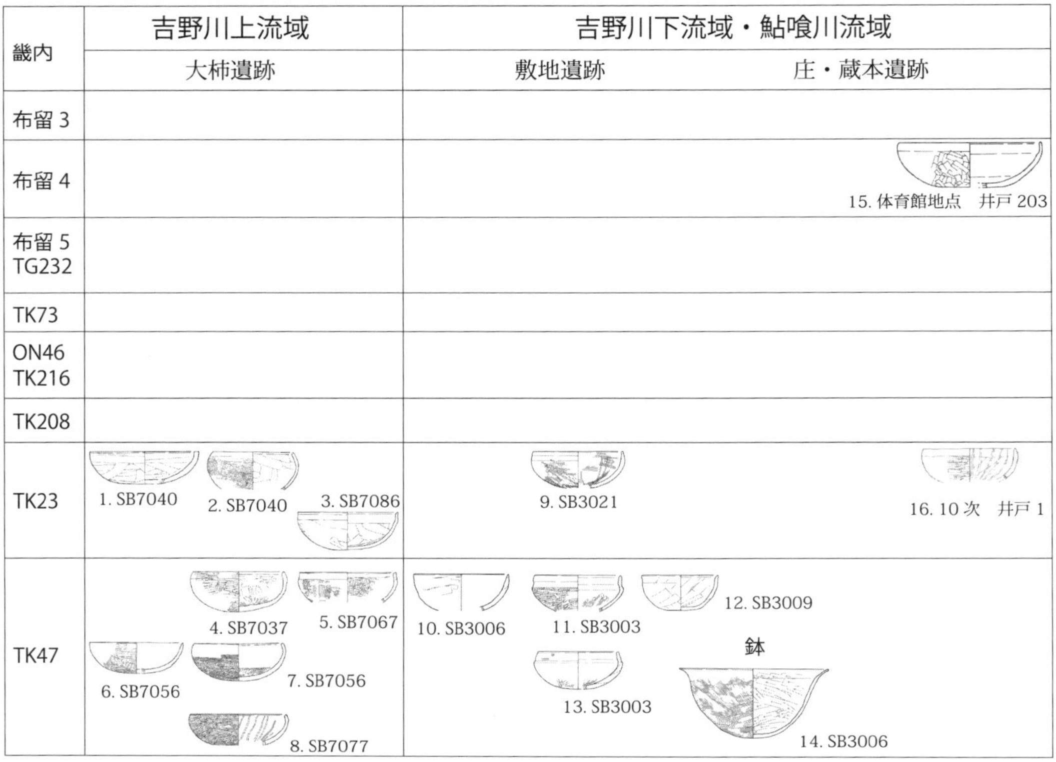

第Ⅱ部　土器編年の検討

畿内	吉野川上流域	吉野川下流域・鮎喰川流域	
	大柿遺跡	敷地遺跡	庄・蔵本遺跡
布留3			
布留4			15. 体育館地点　井戸203
布留5 TG232			
TK73			
ON46 TK216			
TK208			
TK23	1. SB7040　2. SB7040　3. SB7086	9. SB3021	16. 10次　井戸1
TK47	4. SB7037　5. SB7067　6. SB7056　7. SB7056　8. SB7077	10. SB3006　11. SB3003　12. SB3009　13. SB3003	鉢　14. SB3006

図6　徳島県の古墳時代中期集落出土土器編年　椀・鉢（S=1/10）

（4）TK23型式併行期

　大柿遺跡SB7002、7040、7083、7086、敷地遺跡SB3012、3021、庄・蔵本遺跡第10次調査井戸1、2、3出土資料が該当する。吉野川上・下流域の各遺跡ではともに器種・出土数の上で出土資料がまとまり、甕、高杯に加えて甑、椀が揃う。須恵器においても蓋、杯、高杯、甕、壺などが認められるようになり、供膳具では蓋、杯が主流となりその出土量が飛躍的に多くなる。

　甕は口縁部クビレの弛緩化と最大径が胴部中位となり長胴化が本格的に進む。しかし、大柿遺跡では口縁部クビレの屈曲がまだ強く、胴部最大径もやや上位にあることから長胴化には若干遅れが生じているようである。小型甕においては両地域とも口縁部の弛緩化はみられるようになるが、胴部球形を呈するものも多くみられる。その機能差から形態変化にはわずかながら差があるようである。

　この段階において甑が出現する。出現時期については吉野川上流域が先行するようであるが、大柿遺跡と敷地遺跡においての住居への造り付け竈の導入がほぼ同時期であることから、甑についてもさほど時間差はないように思われる。甑は出現当初から古代に至るまで蒸気孔が「単孔つつぬけ」タイプ［杉井1999］が踏襲され、多孔式やスノコ支え有りタイプは後期以降となる。把手については貼り付け法を主体的に採用し若干細身ではあるがいわゆる「牛角状把手」といわれる一群が主流となる。甑同様椀形土器（杯）がこの段階で出現する。形態的には浅いものと深い椀状を呈するものが揃って

四国南東部（田川）

いる。椀状のものは口縁部が内傾するものと内傾は弱いが口縁端部を斜めに作り出すものとがある。調整は外面にヘラミガキを施し、内面には放射状の暗文が見受けられる。

（5）TK47型式併行期

　大柿遺跡 SB7037、7039、7042、7056、7067、7077、敷地遺跡 SB3003、3013、3016、3017、SK3016、3028、庄・蔵本遺跡第10次調査住居1出土資料が該当する。前段階で揃った甕、小型甕、甑、高杯、椀が引き続き認められる。

　甕は吉野川上・下流域とも完全に長胴化する。口縁部クビレの屈曲はかなり弛緩化が進むものの、屈曲の強い「くの字」状を呈するものも共存する。一方布留系の甕もこの段階まで出土するが、当該期をもって終了するようで次段階において出土することはないようである。小型甕は甕と同様に胴部は長胴化するようになるが、球形を呈するものも認められる。口縁部クビレの弛緩化も多く認められるようになるが、その採用度合いは甕に比べると若干遅いように思われる。甑は大柿遺跡、敷地遺跡で認められるが、出土例は少なくいずれも単孔つつぬけタイプに限られる。

　高杯は庄・蔵本遺跡住居1に類例があるもののそれ以外では消滅してしまう。

　椀は前段階に引き続き器高の浅いものといわゆる椀状を呈するものが認められるが、口縁部形態は多様化している。

2．中期古墳出土土器との対応関係

　徳島県域での当該期の古墳において、土器の出土が確認できるのは7遺跡である。まずそのなかで土師器を出土している古墳（遺跡）についてみてみると、その数は非常に限られることになる。渋野丸山古墳出土土器は小型丸底土器を中心に高杯などが出土している（図7）。小型丸底土器は外面調整に一部ミガキを施すもののナデ調整が中心となり、内底面にシボリ目を残すなど簡素化している。また、口縁部高と体部高が1：2～1：3となり器形変化が大きい。集落遺跡出土資料で小型丸底土器がみられるのは石井城ノ内遺跡石井・神山線地区 SK2046 の布留2式段階までで、それ以後消滅してしまう。このことから、渋野丸山古墳ではその出土位置から祭祀に伴う要素が考えられ、古い土器様式が採用され続けていたものと考えられる。

　向寺山遺跡は、複数の箱形石棺をもつが墳丘を伴わない。周辺のトレンチ調査で確認された土器溜まりにおいて須恵器杯・蓋・器台などと土師器甕・高杯が出土している。土師器甕は口縁部が二重口縁となるものが出土しているが、これについては庄・蔵本遺跡第7次調査 SD205 出土資料の甕61［中村編2011］に類例を求めることができる。高杯は杯部が深い椀状を呈し、円形の透かし孔を4孔配するなど集落出土のものと大差ない。これらの出土位置は詳細な記述が報告書にみられないが、墳丘外からのものと判断できる。時期的には共伴している須恵器蓋・杯の年代が TK208 型式併行期を中心に TK216 型式併行期～ TK23 型式併行期の段階が考えられる。

　その他土師器を伴わない5遺跡から出土している須恵器は、蓋・杯を中心に壺・甕等が出土しているが、いずれも墳裾や周溝内からの出土であり埋葬主体部に直接関係しての出土例はない。徳島県内

第Ⅱ部　土器編年の検討

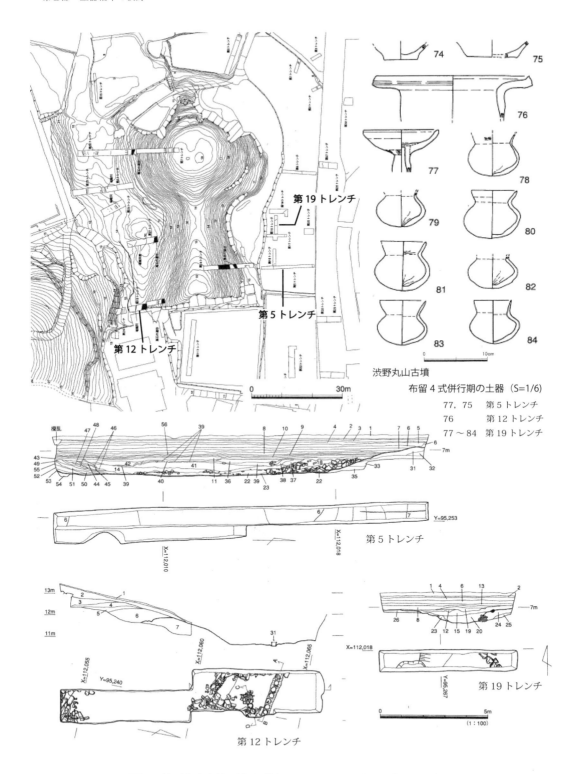

図7　渋野丸山古墳　墳丘測量図・トレンチ平面図・断面図・出土土器

四国南東部（田川）

において埋葬主体部に副葬あるいは供献されるのは布留１式併行期段階までであり、一型式の空白を
おいて布留３式併行期段階以降になると墳丘上や墳裾からの出土となる。つまり、中期古墳に関わる
土器のあり方は副葬品や供献土器としての扱いはなくなってしまう。

おわりに

　徳島県下における古墳時代中期土器編年は、資料数がかなり限られており少ない資料からいかに読
み取っていくかが直面する課題である。そのなかでも、集落出土資料は布留４式併行期をもって一度
断絶する。そして再び集落が営まれるようになるのは甕や高杯等の器種が揃いはじめる TK208 併行
期段階であり、その後、それまでにない甑、椀といった新器種が揃う TK23 型式併行期段階をもっ
て一つの画期とみてよいであろう。

　加えて、TK23 型式併行期段階での須恵器と土師器では煮炊具と供膳具という側面からみてもそれ
ぞれの棲み分けがすでに完了しつつあることも見逃せない。

引用文献

氏家敏之（編）　2007『敷地遺跡（Ⅰ）　道路改築事業（徳島環状線国府工区）関連埋蔵文化財発掘調査報告書』徳島県埋
　　蔵文化財センター調査報告書　第 72 集　（財）徳島県埋蔵文化財センター

亀田修一　2003「中国・四国地方の土器　四国地域」『考古資料大観』　第 3 巻　小学館　pp.147-148

日下正剛　1999「石井城ノ内遺跡における弥生時代終末〜古墳時代前期初頭の土器様相」『石井城ノ内遺跡　石井・
　　神山線地区－主要地方道石井・神山線道路改良事業に伴う埋蔵文化財発掘調査報告書－』徳島県埋蔵文化財セ
　　ンター調査報告書　第 23 集　（財）徳島県埋蔵文化財センター　pp.200-214

栗林誠治（編）　2004『大柿遺跡Ⅱ　四国縦貫自動車道建設に伴う埋蔵文化財発掘調査報告 24』徳島県埋蔵文化財セ
　　ンター調査報告書　第 48 集　（財）徳島県埋蔵文化財センター

栗林誠治　2015「地域報告　四国島北部（徳島県）」『前期古墳編年を再考するⅡ－古墳出土土器をめぐって－』中国
　　四国前方後円墳研究会　pp.201-236

近藤　玲　2014「阿波東部地域における古墳時代前期の土器編年」『古式土師器の編年的研究－四国島の古墳時代前
　　期の土器様相－』四国考古学研究会　pp.31-45

定森秀夫・中村　豊　2005『庄（庄・蔵本）遺跡－徳島大学蔵本団地体育館建設に伴う発掘調査報告書－』徳島県教
　　育委員会・徳島大学埋蔵文化財調査室

下田順一　2006『渋野丸山古墳発掘調査報告書』徳島市教育委員会

菅原康夫　1987『徳島県文化の森総合公園建設に伴う埋蔵文化財発掘調査概要報告書－延生軒跡・向寺山古墳－』徳
　　島県教育委員会

杉井　健　1994「甑形土器の基礎的研究」『待兼山論叢』史学篇　28 巻　大阪大学　pp.31-56

杉井　健　1999「甑形土器の地域性」『国家形成期の考古学－大阪大学考古学研究室 10 周年記念論集－』大阪大学
　　考古学研究室　pp.383-409

田川　憲　2004「大柿遺跡出土の土師器の編年について」『大柿遺跡Ⅱ　四国縦貫自動車道建設に伴う埋蔵文化財発
　　掘調査報告 24』徳島県埋蔵文化財センター調査報告書　第 48 集　第 5 分冊　pp.135-155

辻　美紀　1999「古墳時代中・後期の土師器に関する一考察」『国家形成期の考古学－大阪大学考古学研究室 10 周
　　年記念論集－』大阪大学考古学研究室　pp.351-365

第Ⅱ部　土器編年の検討

中久保辰夫　2008「摂津地域における古墳時代中期の煮炊器」『待兼山遺跡Ⅳ－大阪大学豊中地区・待兼山周辺修景
　　整備工事に伴う埋蔵文化財発掘調査報告書－』大阪大学埋蔵文化財調査委員会　pp.83-94

中久保辰夫　2009「5世紀における供膳器の変化と地域性」『待兼山論叢』史学篇　43巻　大阪大学　pp.1-26

中村　豊（編）　2011『庄（庄・蔵本）遺跡　徳島大学蔵本団地課外活動共用施設・医療技術短期大学建設に伴う発掘
　　調査報告書、弓道場建設に伴う立会調査報告書』　徳島県教育委員会・国立大学法人徳島大学埋蔵文化財調査室

橋本達也　1998「古墳時代中期以降の土器編年」『庄・蔵本遺跡Ⅰ－徳島大学蔵本キャンパスにおける発掘調査－』
　　徳島大学埋蔵文化財調査報告書　第1巻　pp.159-162

藤川智之　2004「大柿遺跡出土須恵器の型式分類と編年」『大柿遺跡Ⅱ　四国縦貫自動車道建設に伴う埋蔵文化財発
　　掘調査報告24』徳島県埋蔵文化財センター調査報告書　第48集　第5分冊 pp.119-134

北條芳隆（編）　1998『庄・蔵本遺跡Ⅰ－徳島大学蔵本キャンパスにおける発掘調査－』徳島大学埋蔵文化財調査報
　　告書　第1巻

図表出典

図1、表1：田川作成。図2：1～7．栗林（編）2004、8～12．氏家（編）2007、13～15．菅原1987、16～19．
定森・中村2005、20．中村（編）2011、21～24北條（編）1998。図3：1～6．栗林（編）2004、7～8．氏家（編）
2007、9～10．定森・中村2005、12．中村（編）2011、11、13～16．北條（編）1998。図4：1～3．栗林（編）
2004、4．氏家（編）2007。図5：1～4．栗林（編）2004、5～8．氏家（編）2007、9～12．定森・中村2005、
13．中村（編）2011、14～19．北條（編）1998、20～22．下田2006、23～24．菅原1987。図6：1～8．栗林（編）
2004、9～14．氏家（編）2007、15．定森・中村2005、16．北條（編）1998。図7：下田2006を改変。

〈地域報告〉

四国北東部

蔵 本 晋 司

はじめに

本地域の古墳時代の土器様相に、大きく４つの画期を想定する。最初の画期は古墳時代前期初頭に生じる。三豊平野において甕を中心とした布留系土器が積極的に導入される一方、丸亀平野以東の地域では、例えば高松平野の集落遺跡では伝統的な香東川下流域産土器［大久保2003］の使用が停止し、布留様式の一部器種や成・整形技術を部分的に取り入れつつも、なお在地の伝統的な土器製作技術を温存した独自の土器群が成立する［蔵本1999］。三豊平野での動きは、広島県福山平野や愛媛県今治・松山平野と一連のものと理解される。

第２の画期は、高松市中間西井坪遺跡谷３出土資料に代表される、丸亀平野以東の地域における、布留様式の導入である［大久保1996a、蔵本2012、信里2014］。上述した三豊平野地域での当該期の詳細は明らかではないが、継続して布留系土器が使用された可能性は高い。

第３の画期は、須恵器の導入に伴う影響である。本県においては、高松市三谷三郎池西岸窯跡と三豊市宮山窯跡の２ヵ所の初期須恵器窯が知られているが、その後の窯業生産については、不明な点が多い。県下の集落遺跡において須恵器が普遍的に出土するようになるのは、後述するように現状ではTK208型式併行期と考えられ、初期須恵器の導入からやや遅れる可能性が高い。したがって、須恵器導入に伴う影響が顕在化する第３の画期は、その普及期まで下げて考えることが妥当なのかもしれない。上述した初期須恵器窯の稼働期の土器様相が今一つ不明瞭なこともあり、この点については資料の増加を待って判断したい。

第４の画期は、本地域での古墳時代土器様式の終焉を想定するが、これは小論とは大きく関係しないため省略する。

さて、土器の編年作業から導かれた画期と時代区分とは、相互に独立した時間概念であり、両者がそのどちらかを規定するものではない。この点を確認したうえで、私は上述した第２の画期に注目したい。

中間西井坪遺跡谷３出土資料は、丘陵谷部を流下する自然河川出土資料ではあるが、水流等による擾乱が乏しく、比較的短期間に投棄された一括資料群と評価されている［大久保編1996］。本資料については、報告書である大久保徹也氏［大久保1996a］は布留４式古段階に、信里芳紀氏［信里2014］は杉本厚典氏の編年案の32期［杉本2003］にそれぞれ併行する資料群と位置付けられている。両者により若干の時期差を認めるが、私は信里氏の案を概ね支持し、寺沢薫氏の編年［寺沢1986］の布留３式後半期に併行する可能性を想定する。

一方、古墳の築造時期については、副葬遺物の研究の深化や埴輪編年の進展等により、これらを総合した様式編年の研究が進められている。研究者により各古墳の位置付けに若干の相違は認められる

第Ⅱ部　土器編年の検討

図1　四国北東部の古墳時代中期土師器編年案（1）

四国北東部（蔵本）

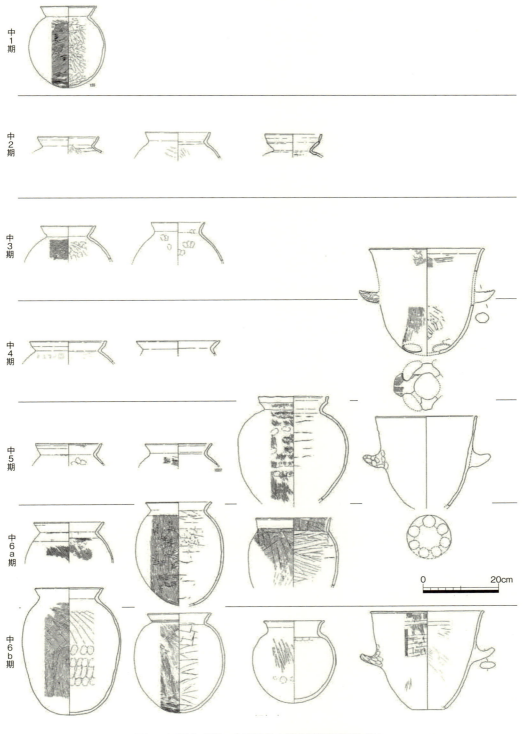

図2　四国北東部の古墳時代中期土師器編年案（2）

第Ⅱ部 土器編年の検討

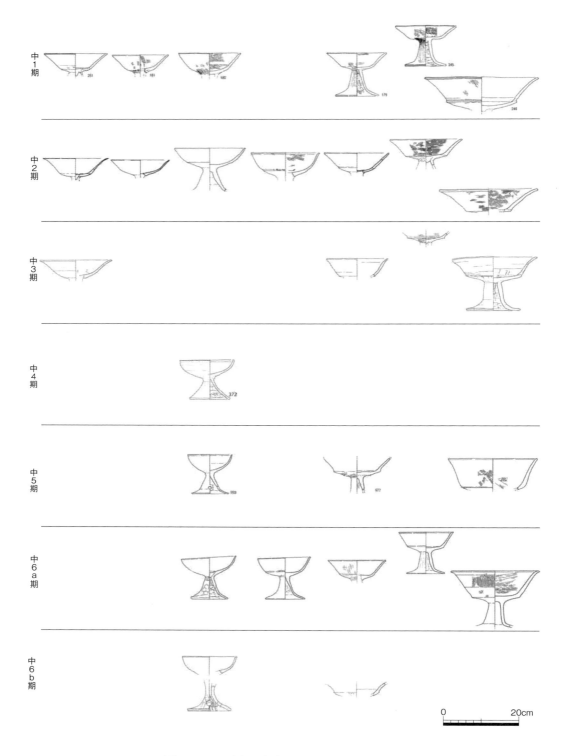

図3 四国北東部の古墳時代中期土師器編年案（3）

四国北東部（蔵本）

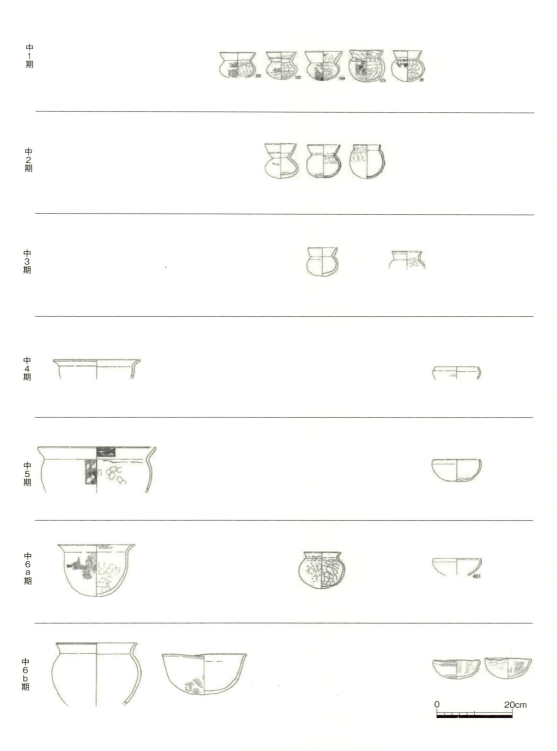

図4　四国北東部の古墳時代中期土師器編年案（4）

ものの、例えば鈴木一有氏は、中期初頭の古墳として大阪府津堂城山古墳、同和泉黄金塚古墳、三重県石山古墳を位置付ける［鈴木2005等］。これらの古墳では、検討会編年Ⅲ期1段階［埴輪検討会2003］の埴輪が樹立されている。

上述した中間西井坪遺跡では、埴輪焼成窯が検出され、そこで製作された埴輪が高松市今岡古墳に供給されていることが明らかにされている［大久保1996b］。また、私も中間西井坪遺跡と今岡古墳出土埴輪について検討を行い、検討会編年Ⅲ期1段階に併行する可能性を指摘した［蔵本2017］。

ややまわりくどい説明とはなったが、併行関係を整理した結果、中間西井坪遺跡谷3資料を、古墳時代中期初頭の中1期の基準資料と位置付けることとし、以下、本県の古墳時代中期の土器編年案について考察を加えることとしたい。

集落遺跡出土土器の様相

本地域においては、中期を通じて経営が維持された集落遺跡は皆無であり、また良好な一括資料に恵まれないのが実情である。その中で、比較的時期を通じて安定した出土がみられるのは高杯である。今回の報告では、高杯を中心に編年案を提示することとしたい。

中1期　　上述した中間西井坪遺跡谷3出土資料を中心に、同遺跡SX01や焼成土坑出土資料を標識とする。須恵器は伴わない。高杯の脚部に注目すると、脚軸部の成形にはシボリ目技法と粘土紐巻き上げ技法の2者が認められるようだが、内面をケズリ調整により整形され、区別の困難な資料が多い。中形高杯の杯部は、中野咲氏の分類［中野2010］の有稜椀形高杯以外の各種が揃う。大形高杯は有稜高杯に限られ、それは本期以後踏襲される。なお、脚部に透し孔が穿たれたものは一部に限られ、無穿孔のものが多数を占める。

中2期　　さぬき市鴨部南谷遺跡SH8801［國木編1990］、同陵遺跡SK40～42［阿河編1999］、善通寺市龍川五条遺跡SH01［宮崎編1996］出土資料を指標とする。また、さぬき市尾崎西遺跡SR04［森下編2008］では、本期から中5期までの資料が混在して出土し、陵遺跡とともに韓式系土器を伴う。

鴨部南谷遺跡と龍川五条遺跡では、須恵器は伴わない。本期の高杯には、中1期同様に脚軸部はケズリ調整が一般的だが、一部にそれが省略されたものも認められる。また器種として、有稜椀形高杯とくの字外反口縁の甕が加わる。

中3期　　高松市六条・上所遺跡SH01［北山編1995］、善通寺市旧練兵場遺跡SH1034［信里編2013］出土資料を指標とする。六条・上所遺跡では、初期須恵器とともに韓式系土器が伴う。高杯の資料は乏しいが、軸部内面は依然ケズリ調整が施される。やや軸部が太いものが多いことから、粘土紐巻き上げ技法が選択される傾向にあるとみられる。

中4期　　高松市萩前・一本木遺14・27竪穴22［船築・森原編2017］出土資料を指標とする。当該期に位置付けられる良好な一括資料は乏しく、内容に不明な点があることは否めない。器種組成上の変化として、本期に椀（杯）と甑、鍋が出現することは間違いない。高杯軸部は、粘土紐巻き上げ技法が依然認められる。また、確認できる資料は限られるが、脚部の透し孔を欠落する可能性が高い。

中5期　　高松市太田下・須川遺跡SH02・SH04［北山・森下編1995］出土資料を指標とする。須恵

器については、当該期から出土量が増加し、中には焼成不良品が含まれること等より、須恵器の在地生産が確立した可能性は高い。高杯は、軸部に中実のものがみられるなど、やや多様化するが、巻き上げ技法を基本とすることは依然継続する。軸部内面は、ケズリ調整後にナデ調整が施されるものが多い。杯部の多くは椀形が占め、一部に有稜高杯が認められる。また、本期より軸部と裾部との屈曲部に円形透し孔が穿たれるものが普遍化する。おそらくは須恵器からの影響と思われる。この点も、須恵器生産の在地化を支持するものであろう。

中6a期　6期を2小期に細分するが、やや判断に迷う資料が多く、甕の長胴化傾向を分期の指標に援用した。さぬき市上辛立遺跡 SH03 [松田編 2019]、萩前・一本木遺跡 14- 竪穴 4、同遺跡 8- 竪穴 4 [船築・森原編 2017]、綾川町小野白石遺跡 SK2003 [三好編 2021]、旧練兵場遺跡 S 区 SH1037 [信里編 2013] を指標とする。高杯軸部は巻き上げ技法が継続し、軸部下半部のみケズリ調整を加えるものが一般的である。小型丸底土器は継続するが、出土数は著しく減少し、また粗雑化する。くの字外反口縁の甕を中心に、長胴化傾向がみられるが、まだ底部は丸底を維持するものが多い。小野白石遺跡 SK2003 出土の須恵器蓋の一部には、天井部を回転ヘラ切り後に丁寧なナデ調整を施したものがあり、須恵器の地域色が顕在化したものと考える。

中6b期　高松市空港跡地遺跡 Sha05・SHa09 [木下編 2002]、同 SH1 [渡邊編 2011]、旧練兵場遺跡 II -3 区 SH3008 [信里編 2013] 出土資料を指標とする。高杯に良好な資料が乏しく、現状では時期区分の根拠が提示できない。今後の資料の増加に期待したい。甕は、中・小形甕に球胴甕が残るものの、長胴化し底部が丸みをおびた平底となったものが出現する。また、布留系口縁部を有する甕の比率は著しく低下するようである。

さいごに

旧稿では、古墳での埋葬施設や土器供献の様相を整理し、本地域の土器様式の大きな画期となる中1期では、いまだに地域的な秩序に則った前期的な前方後円墳の築造が継続し、古墳のあり方に大きな変化が生じるのは、中4期の木槨や渡来系竪穴式石室の導入を契機とする可能性が高いことなどを指摘した[蔵本 2021]。旧稿で課題とした点については、小稿においても検討を深めることができなかった。

既述した畿内系譜の土器様式の本地域への導入、あるいは須恵器生産の開始、土師器椀（杯）や甑、鍋の出現などの課題について、単なる編年上の議論に矮小化するのではなく、古墳の在りかたや集団関係といった視点などから、なお基礎資料の分析と検討を深める必要があろう。

引用文献

阿河鋭二（編）　1999『県営住宅供給公社による宅地造成事業に伴う埋蔵文化財発掘調査報告書　陵遺跡』長尾町教育委員会

大久保徹也（編）　1996『四国横断自動車道建設に伴う埋蔵文化財発掘調査報告第 25 冊　中間西井坪遺跡』香川県教育委員会

大久保徹也　1996a「古式土師器」『四国横断自動車道建設に伴う埋蔵文化財発掘調査報告第25冊　中間西井坪遺跡』香川県教育委員会

大久保徹也　1996b「円筒埴輪」『四国横断自動車道建設に伴う埋蔵文化財発掘調査報告第25冊　中間西井坪遺跡』香川県教育委員会

大久保徹也　2003「高松平野香東川下流域産土器の生産と流通」『初期古墳と大和の考古学』学生社

北山健一郎（編）　1995『高松東道路建設に伴う埋蔵文化財発掘調査報告第5冊　六条・上所遺跡』香川県教育委員会

北山健一郎・森下友子（編）　1995『高松東道路建設に伴う埋蔵文化財発掘調査報告第4冊　太田下・須川遺跡』香川県教育委員会

木下晴一（編）　2002『空港跡地整備事業に伴う埋蔵文化財発掘調査報告第5冊　空港跡地遺跡V』香川県教育委員会

國木健司（編）　1990『鴨部南谷遺跡発掘調査概報　県営圃場整備に伴う埋蔵文化財発掘調査の概要』志度町教育委員会

蔵本晋司　1999「讃岐における古墳出現の背景　東四国系土器群の提唱とその背景についての若干の考察」『四国横断自動車道建設に伴う埋蔵文化財発掘調査報告第32冊　中間西井坪遺跡Ⅱ』香川県教育委員会

蔵本晋司　2012「②四国」『古墳時代の考古学第2巻　古墳出現と展開の地域相』同成社

蔵本晋司　2017「四国における前半期古墳出土埴輪の基礎的研究　香川県今岡古墳出土埴輪を中心として」『香川県埋蔵文化財センター年報　平成27年度』香川県埋蔵文化財センター

蔵本晋司　2021「香川県」『中期古墳研究の現状と課題』V　中国四国前方後円墳研究会

杉本厚典　2003「河内における布留式期の細分と各地との併行関係」『古墳出現期の土師器と実年代　シンポジウム資料集』財団法人大阪府文化財センター

鈴木一有　2005「鉄器の受容からみた古墳時代中期の東海」『考古学フォーラム』17　考古学フォーラム

寺沢　薫　1986「畿内古式土師器の編年と二・三の問題」『矢部遺跡』奈良県立橿原考古学研究所　pp.327-398

中野　咲　2010「古墳時代中・後期における奈良盆地の土師器編年とその特質」『橿原考古学研究所紀要考古学論攷』第33冊　奈良県立橿原考古学研究所

信里芳紀（編）　2013『独立行政法人国立病院機構善通寺病院統合事業に伴う埋蔵文化財発掘調査報告第3冊　旧練兵場遺跡Ⅲ』香川県教育委員会

信里芳紀　2014「讃岐地域における古墳時代前期の土器編年」『古式土師器の編年的研究－四国島の古墳時代前期の土器様相－』四国考古学研究会

埴輪検討会　2003『埴輪論叢』第4号・第5号　埴輪検討会

船築紀子・森原奈々（編）　2017『新病院整備事業に伴う埋蔵文化財発掘調査報告書　萩前・一本木遺跡Ⅰ』高松市教育委員会

松田朝由（編）　2019『こども園建設事業に伴う埋蔵文化財発掘調査事業報告書　上辛立遺跡』さぬき市教育委員会

宮崎哲治（編）　1996『四国横断自動車道建設に伴う埋蔵文化財発掘調査報告第23冊　龍川五条遺跡Ⅰ』香川県教育委員会

三好勇太（編）　2021『県営農業競争力強化農地整備事業（羽床下地区）に伴う発掘調査報告　小野白石遺跡・北武徳遺跡』綾川町教育委員会

森下英治（編）　2008『県道高松長尾大内線道路改良事業に伴う埋蔵文化財発掘調査報告　尾崎西遺跡』香川県教育委員会

渡邊　誠（編）　2011『住宅型有料老人ホームリトモ高松新築工事に伴う埋蔵文化財発掘調査報告書　空港跡地遺跡』高松市教育委員会

図出典

図1～4：阿河（編）1999、大久保（編）1996、北山（編）1995、北山・森下1995、木下（編）2002、國木（編）1990、信里（編）2013、船築・森原（編）2017、松田（編）2019、宮崎（編）1996、三好（編）2021、渡邊（編）2011。

〈地域報告〉

四国北西部

三吉 秀充

はじめに

　本稿では、四国北西部における古墳時代中期の土器編年について整理する。対象とする四国北西部は、現在の愛媛県域に相当する（図1）。前稿では、燧灘に面した東予、斎灘・伊予灘に面した中予、宇和海に面した南予の三地域における古墳時代中期の土師器研究について整理し、資料が充実している中予の松山平野と東予の今治平野における編年案を示した［三吉2021］。本稿では、そこでふれることのできなかった他の土器、須恵器についても言及したい。なお紙数などの関係から、松山平野の事例にしぼって稿を進めることとする。

１．松山平野における土師器の編年

（１）松山平野における研究状況

　まず対象とする時期について説明しておきたい。梅木謙一は平野における弥生時代後期の弥生土器をⅠからⅢの３期に設定し、さらに後期Ⅱを２つに細分し、後期Ⅲを３つに細分した［梅木1991・2001］。柴田昌児や松村さを里は、梅木編年の後期Ⅲ-２は庄内式併行期の範疇に含まれ、後期Ⅲ-３は庄内式の新しい段階から布留０式併行期に該当すると位置づけ、梅木編年後期Ⅲ-２を古墳時代初

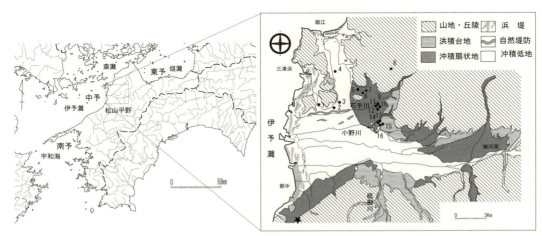

1：宮前川北斎院遺跡、2：古照遺跡、3：辻町遺跡、4：船ヶ谷遺跡、5：松山大学構内遺跡、6：文京遺跡、7：道後今市遺跡、8：伊台惣部遺跡、9：樽味立添遺跡、10：樽味遺跡、11：樽味高木遺跡、12：樽味四反地遺跡、13：筋違L遺跡SB7、14：筋違C遺跡、15：福音小学校構内遺跡、16：北久米浄蓮寺遺跡　★市場南組窯跡

図1　古墳時代中期土師器基準資料出土遺跡の位置

第Ⅱ部　土器編年の検討

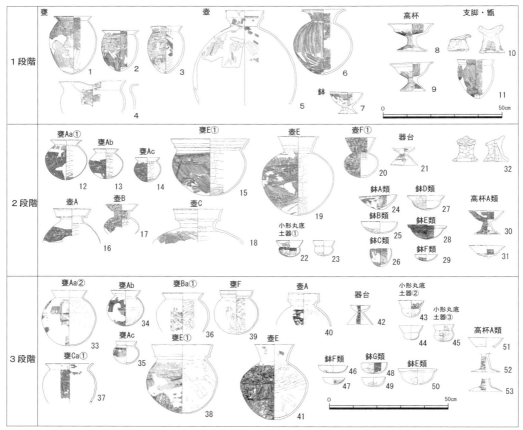

1～11：宮前川北斎院遺跡岸田第Ⅱ地区遺物廃棄遺構Ⅵ層、12～32：宮前川北斎院遺跡中津地区3号竪穴住居跡、33～35・38・40・43・46・47・50～53：古照遺跡8次調査初沈地区SD-1、36・39・44・45・48・49：伊台惣部遺跡SB5、37：松山大学構内遺跡2次調査SB10

図2　松山平野における古墳時代前期土師器編年（縮尺1/16）

頭1、後期Ⅲ-3を古墳時代初頭2から前期Ⅰ-1期におおむね該当すると捉え、さらにⅠ-1期からⅡ-3期を設定し編年を行った。さらに古墳時代初頭を除く古墳時代前期を5つに分け、Ⅰ-1～Ⅰ-5期に細分した。そして陶質土器や韓式系土器・初期須恵器の出現以降をおおむね古墳時代中期に相当すると考えⅡ期とし、古墳時代前期・中期の大枠を整理した［柴田・松村2014、柴田2015］。しかしながら、古墳時代中期は古墳編年に基づいて設定された時期区分であることから、中期の開始時期については異論もある。ここでは前稿同様に、古墳編年と土師器編年との関係を明確にされている重藤輝行［2010］による北部九州土器編年を参考にする。

この他に光江章［1993］や栗田正芳［1996］によって出作遺跡や古照遺跡出土資料を中心とした土師器編年が示された。また近年、三吉秀充［2021］によって古墳時代前期から中期の土師器変遷案が示された。ここでは前稿［三吉2021］以降に出土した資料を加味しながら、改めて整理を行う。

（2）古墳時代前期・中期の様相

古墳時代前期から中期を各器種の変遷と組み合わせから1段階～7段階に設定する（図2・3）。

四国北西部（三吉）

① 1段階

弥生時代終末期から古墳時代前期にかけての同時性の高い一括資料は、宮前川北斎院遺跡岸田第Ⅱ
地区遺物廃棄遺構出土資料→宮前川北斎院遺跡中津地区3号竪穴住居跡出土資料→古照遺跡8次調査
初沈区SD-1出土資料という新古関係で理解されている［柴田・松村2014、大久保2011］。宮前川北斎院
遺跡岸田第Ⅱ地区遺物廃棄遺構出土資料は、梅木Ⅲ‐3段階の基準資料であり、弥生時代終末から古
墳時代前期初頭に位置づけられる。器種構成では壺が減少し、鉢の割合が高くなる［梅木2001］。

甕では、在地の弥生時代から継続して製作される伝統的な甕が多く認められる［梅木2001、柴田・
松村2014］。在地甕は、くの字形に屈曲する頸部から口縁部が外上方に外反気味あるいは直線的に立
ち上がる。胴部は長胴形を呈し、胴部下半がふくらみ、胴部と底部との境が不明瞭になる。外面には
叩き調整、内面には刷毛目を施す［梅木2001］（図2‐1～3）。畿内系とされる布留様式の祖形的形態
の球胴甕は外面に刷毛目調整、内面にはケズリ調整が施される［梅木2000、大久保2011］。大形鉢にも、
口縁部が外上方に外反ぎみにたちあがって口縁が屈曲するものや注口をもち片口口縁のもの（図2‐
4）、二重口縁のものが認められる。甑（図2‐11）、煮沸具として使用された支脚（図2‐10）も安定
的に含まれている。

壺では、器高50cmを越える大形の複合口縁壺（図2‐5）、器高が30cm前後の中形の広口壺（図2‐
6）、小形の直口壺がある。その他に外来系である器高20cm前後の中形の二重口縁壺が少量ある。

鉢には、弥生時代後期から継続する逆「ハ」字状に開き、外面に叩き調整を残したり、ミガキを施
したりするものが多い。皿状を呈した器高の低い椀形の小形鉢や低脚鉢がある（図2‐7）。

この他に高杯（図2‐8・9）、小形器台、鼓形器台、小形丸底土器、小形精製鉢、脚台付小形椀な
ど外来的な土器群がセットとして導入されることが指摘されている［大久保2011］。

② 2段階

基準資料は宮前川北斎院遺跡中津地区3号竪穴住居跡の一群である。複合口縁壺、在地甕などの弥
生時代後期からみられた在来諸器種がほぼ完全に払拭され、布留式土器の影響を強く受けた土器が中
心となる。その後もこうした様相が継続する［大久保2011、柴田・松村2014］。

甕は布留系の影響を強く受けたものが中心となる。甕A類には大形甕Aa①式、中形甕Ab類、
小形甕Ac類がある。その他に口縁部が二重口縁状を呈する甕F①式がある。

壺では伝統的な複合口縁壺はみられなくなる。前段階に引き続き、二重口縁壺である壺A類、壺
B類や壺C類、器高30cmを越える大形直口壺の壺E類がある。また偏球形の胴部をもつ中・小形の
直口壺の壺F①式がある。

鼓形器台や小形器台、小形丸底土器①式、鉢D類、鉢E類などからなる精製された土器もある。
また鉢A類や椀形の小形鉢B類、深めの鉢C類や器高3cm前後の浅い鉢F類などが引き続きある。
高杯は杯部に有段のものがなくなり、杯部下半に屈曲あるいは稜をもつ高杯A類が中心である。

③ 3段階

基準資料は古照遺跡8次調査初沈地区SD-1、伊台惣部遺跡SB5、松山大学構内遺跡2次調査
SB10である。

甕は口縁部が内湾する甕A類、口縁部が直線的にのびる甕B類、口縁部が外反する甕C類がある。

273

甕 A 類には大形で肩部が張り出した甕 Aa ③式、中形の甕 Ab 類を確認できる。甕 B 類は甕 Ba ①式、甕 C 類は甕 Ca ①式がある。二重口縁状を呈する口縁部をもつ甕 F 類が少量みられる。

壺では、前段階に引き続き二重口縁壺である壺 A 類、大形直口壺である壺 E 類、調整がやや粗雑化した小形丸底土器②式がある。

小形器台、小形有段鉢、器高が高い鉢 G 類がみられるようになる。高杯 A 類があり、調整は粗雑化する。土製支脚はみられなくなる。

④ 4 段階

古照遺跡 9 次調査祭祀遺構、樽味立添遺跡 1 次 SB7、道後今市遺跡 6 次調査 SB 1、文京遺跡 13 次調査 SB10 などで良好な資料がある。小形丸底土器が多く出土するようになる。

甕は A 類、B 類、甕 C 類を確認できる。甕 A 類には大形の Aa ③式、中形の Ab 類がある。全体に器壁も厚くなり、調整も粗雑化する。胴部形態や調整は共通するが、やや長い口縁部が直線的に外傾してのびる B 類がある。胴部は中位で大きく張り出す甕 Ba ②式である。中形の甕 Bb 類、甕 Ca ①式がある。

壺では器高が 50cm を越える大形二重口縁壺 C 類がある。口縁部が長くのびる直口壺 F 類では調整が粗雑化した壺 F ②式がある。器高 30cm 前後の中形直口壺である壺 G 類、器高 15 〜 20cm の壺 H 類がある。壺 G 類は 3 段階にみられた壺 E との関連も考えられる。

小形丸底土器は、器壁は厚く、調整が粗雑化する。口径が胴部最大径とほぼ同じものとなり、胴部長より口縁部長が長い小形丸底土器③式、胴部長より口縁部長が短くなる小形丸底土器④式がある。鉢には H 類、I 類、高杯では B 類がある。

⑤ 5 段階

樽味四反地遺跡 7 次調査 SX302、樽味四反地遺跡 7 次調査 SB304、樽味四反地遺跡 8 次調査 SB201、筋違 L 遺跡 SB 7、樽味高木遺跡 11 次調査 SB101、船ヶ谷遺跡 2 次調査 SR 1 第 10 地点、船ヶ谷遺跡 4 次調査 SK 2、古照遺跡 10 次調査祭祀遺構などで同時性の高い資料がある。陶質土器や軟質土器が伴う。定型化した須恵器は伴わない。

甕は口縁部が内湾化した A 類が主体であり、肩部が張りだした大形の甕 Aa ④式がある。その他に口縁部が外反する大形の Ca ②式が少量ある。

壺では大形品がほとんどなくなる。中・小形品としては調整が粗雑化した壺 A 類、口縁部が直立して長くのびる二重口縁壺 D 類や直口壺 F ②式がある。また中形の壺 G 類、小形の壺 H 類がある。小形丸底土器は口縁部が短くのびる④類がある。器壁は厚く、調整も粗雑である。一つの遺構から小形丸底土器が複数個体出土する事例が多くみられる。

高杯は大形高杯、B 類、C 類がある。大形高杯と高杯 C 類の脚部はスカート状に外方に開くもので、この段階からなくなる。

軟質土器の長胴甕や鍋、甑がある。甑は平底の多孔タイプのものがある。搬入品の可能性もある。

⑥ 6 段階

基準資料として辻町遺跡 2 次調査 SB 1・SB 2・第 X 層、樽味四反地遺跡 9 次調査 SB102、樽味高木遺跡 9 次調査 SB302、樽味遺跡 3 次調査 SC04 がある。TK73 型式〜 TK208 型式の須恵器が伴う。

四国北西部（三吉）

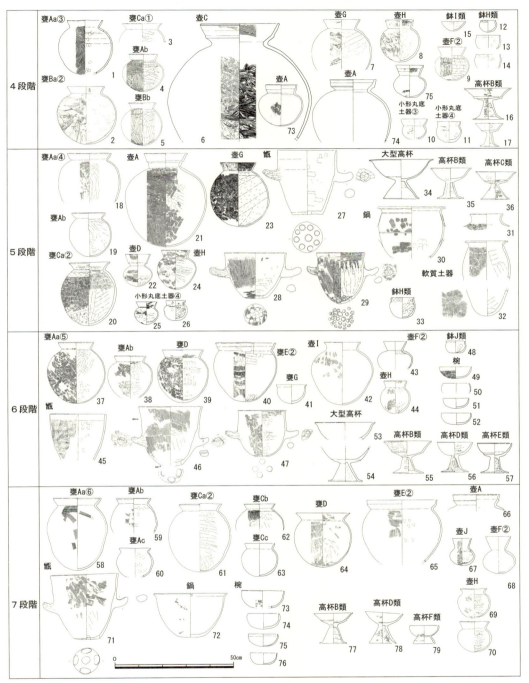

1：樽味立添 1 次 SB 7、2・6〜8・10・11・13〜15・17：古照 9 次祭祀遺構、3〜5・9：文京 13 次 SC-10、12・16：道後今市 6 次 SB 1、18：船ヶ谷 4 次 SK2、19・20・27・32：樽味高木 11 次 SB101、21：船ヶ谷 4 次、22：樽味四反地 7 次 SX302、23・25・26・33：古照 10 次祭祀遺構、24・29：樽味高木 7 次 SB204、28・35・36：樽味四反地 8 次 SB201、30：樽味四反地 7 次 SB304、31：船ヶ谷 2 次 SR 1 第 10 地点、34：筋違 LSB 7、37・39・44〜47・55・56：樽味四反地 9 次 SB102、40・53・54：辻町 2 次 SB2、41・49・50：辻町 2 次 SB 1、42：樽味高木 9 次 SB302、43・48・51：辻町 2 次第Ⅹ層、52：辻町 2 次第Ⅸ層、57：北久米浄蓮寺 3 次 SB9、58〜60・65・74：辻町 2 次 SX2、61・69・70：樽味 3 次 SC02、62：辻町 2 次 SX3、63・67・68・73・75〜77：辻町 2 次 SX1、64・78：辻町 2 次 SX5、79：辻町 2 次 SX7、66・71：船ヶ谷 2 次 SK6、72：筋違 C SB-2　73・74・75：石井幼稚園 SB-1

図 3　松山平野における古墳時代前期・中期土師器編年（縮尺 1/16）

第Ⅱ部　土器編年の検討

甕では、内湾する口縁部をもつ甕Ａ類が中心で、胴部中位に最大径をもつ甕Aa⑤式がある。外反する口縁部をもつ甕Ｃ類が引き続きある。これに加えて口縁部が上外方にのび、胴部が球形を呈する甕Ｄ類、口縁部が二重口縁状を呈する甕Ｅ②式、口縁端部を屈曲させる小形の甕Ｇ類がある。

壺は小形品が中心で、口頸部が直立した後、口縁部が外反する壺Ｉがある。前段階に見られた壺Ｇ類あるいは、陶質土器・須恵器などの影響が考えられる。小形の直口壺である壺Ｆ②式、短頸壺である壺Ｈ類がある。小形丸底土器もあるが、一遺構から出土する量は１、２点と少量になる。

高杯には大形高杯、杯部に稜をもつＢ類、杯部が椀状を呈するＤ類、杯部が椀状を呈し、稜をもつＥ類がある。高杯の種類が多くなると同時に口径13cm前後、器高５cm前後の椀が多くなる。鉢類は少なくなり、底部が平底の鉢Ｊ類がある。形態などから軟質土器の影響も考えられる。

軟質土器と考えられる長胴甕や小形甕と在地化した甑・鍋がある。甑は丸底で多孔タイプのものが中心である。

⑦ ７段階

この段階の資料として辻町遺跡１次調査SX１、同２次調査SX１・２・３・５、樽味遺跡３次調査SC02、筋違Ｃ遺跡SB-2がある。TK23型式〜TK47型式の須恵器が伴う。

甕は口縁部が内湾し、長胴化が進んだ甕Aa⑥式が多い。その他に中形のAb類、小形のAc類がある。それに加えて口縁部が外反する大形のCa②式、中形Cb類、小形Cc類があり、大形、中形、小形という関係が保たれている。その他に胴部が大きく張り出し、口径と胴部最大径がほぼ同じ甕Ｄ類や甕Ｅ②式がある。

壺は中形の壺Ａ類が少量あるが、ほぼ小形品に限られる。口頸部が長くのびる直口壺Ｆ②式や、直口壺Ｆ②式を一回り小さくした壺Ｊ類、短頸壺である壺Ｈ類がある。小形丸底土器はほとんどない。

高杯では大形がなくなり、小形Ｂ類、Ｄ類がある。粗雑化・簡略化が進んでいる。脚部には、脚裾近くを屈曲させて、地面に接するものが多くある。杯に短い脚部が付けられたＦ類がみられるようになる。椀は引き続き一定量ある。

甑は大形の平底で、中央部に円孔が施される、周囲に４個の楕円形の穿孔が施されたものが中心となる。口縁部が屈曲した把手付き鍋がある。

２．松山平野における須恵器編年

（１）陶邑産（系）須恵器の編年

松山平野における本格的な編年は長井数秋によって示された［長井1992］。長井は陶邑における田辺編年を踏襲しながら、窯跡出土資料を用いて松山平野の須恵器を概観した。田辺編年に準じた変遷案が示されたものの、各器種の変遷などが明確にされなかった。これは陶邑を始めとする平野外からの搬入製品と在地における生産品との区別ができていないことによるものであった。現状でもこの区別は困難である。ここでは陶邑編年を援用するのではなく、遺構等における一括資料を手がかりに須恵器の編年案を示す（図４）。

四国北西部（三吉）

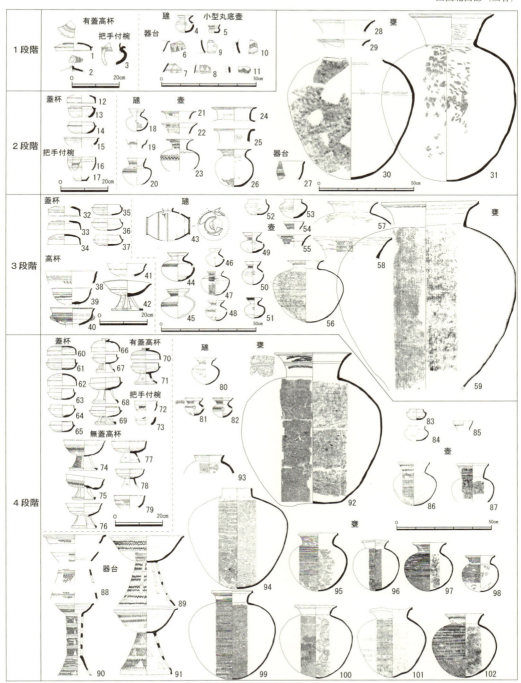

図4　松山平野における古墳時代須恵器編年（縮尺 1/16・1/20）

第Ⅱ部　土器編年の検討

① 須恵器1段階

有蓋高杯の蓋（1・2）や把手付椀（3）、甅（4）、小形丸底土器（5）、器台（6〜11）などを確認できる。器台には鋸歯文やコンパス文が施され、陶質土器との区別が難しい。いずれもごく少量である。

② 須恵器2段階

蓋杯（12〜15）や把手付椀（16・17）、甅（18）、壺・甕（19〜26・28〜31）、高杯形器台（27）を確認できるが、点数もごく少量である。蓋杯では口縁端部は丁寧に丸く調整されている。杯底部には明確な回転ヘラケズリ調整が施されない。壺・甕では器高15cmの小形品から90cmを越える大形品がある。この段階から次の3段階にかけて、陶邑や在地の市場産とは異なる須恵器（19・30・46など）もみられる。

③ 須恵器3段階

各器種において点数が多くなっており、後半段階には平野内や周辺で生産された可能性がある。

蓋杯の天井部・底部外面には丁寧な回転ヘラケズリ調整が施されるようになる。ロクロの回転方向は時計回りである。口縁端部を丸くおさめ、杯身口径が10〜11cm、蓋の口径が14cm前後を測るものと杯身口径が10cm、蓋の口径が12〜13cm前後を測るものがある。時期差の可能性がある。

有蓋高杯では確実にこの段階に伴うものは確認できない。

無蓋高杯では脚部には3方向あるいは4方向（40・42）に方形の透かし孔が施される。杯部口縁部が外反するものと、外上方へ直線的にのびるものとがあり、端部は丸くおさめるものや端部内面に段をもつものがある。外面は突帯で区画し、櫛描波状文を施す。

甅は、大形のもの（44・45・47）と小形のもの（46・48〜51）とがある。樽形甅はごく少量みられる（43）。口頸部外面や胴部中央に設けられた文様帯には櫛描波状文や列点文が施される。

壺・甕は器高30cm前後から100cm前後のものがみられる。器高10cmの短頸壺（52・53）や器高15cm前後で口頸部に波状文が施された直口壺（54）がある。長頸壺は口頸部の付け根から立ち上がった後に、大きく外方に開き、突帯で区画された文様帯には波状文が施される（55）。

器台もみられるが全形がわかるものは少ない。

④ 須恵器4段階

前段階に比べて各器種の点数がさらに多くなる。平野南部の谷田窯跡や三秋窯跡での操業が想定されている。

蓋杯は小形化して、口縁部やたちあがりが短くなり、口縁端部内面には段をもつものが多い。杯蓋の口径は12〜13cm、杯身は12cm前後のものと9.5〜10.5cmのものとがある。口縁部と天井部との境の稜はあまい。天井部、底部の回転ヘラケズリ調整が施される範囲は狭くなる。口径が小さいものでは天井部や底部に丸みをもつものが多く、時期差を示すものと考えられる。

有蓋高杯の杯部は蓋杯に共通し、口径12cm前後の大きいものと口径10cm前後のものとがある。脚部の透かしは方形あるいは円形のものが3方向にみられる。

無蓋高杯はバリエーションが豊富である。外面に突帯を施し波状文を施すもの、杯蓋を杯部として用いたものなどがある。杯部の飾りつまみは小形化している。脚部の透かしは長方形で三方向に施されるものが多く、杯部が杯蓋を逆転させた器形のものでは脚部透かしに円孔を施す場合が多い。

甅は大形甅（80）と小形甅（81・82）とがある。頸部と体部には櫛描波状文が施されるものが多い。

把手付椀は少量みられる（72・73）。

器台には高杯形器台（88・89・91）と筒形器台（90）とがある。高杯形器台の杯部は、口縁部を短く屈曲させ、口唇部が肥厚したもの、口縁端部を上下に拡張したものなどがある。口縁部から底部までの間を突帯で区画し、波状文を施す。脚部外面には低く摘まみ出した突帯で3段あるいは4段に区画し、櫛描波状文を施す。さらに三角形あるいは長方形の透かし孔を千鳥状あるいは直列状に配置する。筒形器台の台部口縁部は彎曲しながら口縁部へと続き、外方に屈曲する。筒部外面を2条の突帯で区画し、波状文を施す。長方形、三角形の透かし孔を直列状に施す。筒部と裾部との間には段があり、裾部は外方へ大きく開く。また筒部上端が球形に張り出し壺と筒部が一体化したものもみられる。

壺・甕には、口径15〜50cm、器高20cm〜100cmを越えるものまで様々なサイズのものがみられる。口頸部が外反するもの（92・95〜102）と口縁部が短く直口するもの（93・94）とがある。前者では口頸部には突帯で区画し波状文を施すものがある。胴部外面には平行叩き調整が施され、内面には同心円文当て具痕が残るものがある。

この他に器高5〜10cmの小形短頸壺（83・84）、器高15cm前後の直口壺（85）、器高20〜25cmの長頸壺がある（86・87）。長頸壺の口頸部は大きく外反し、外面には突帯によって区画された文様帯が広がり、波状文が施される。口縁端部が拡張され、胴部に比して口頸部が長くなるものがみられ、在地で生産された可能性が高い。

（2）市場産須恵器の編年

松山平野では、朝鮮半島から独自の須恵器焼成技術が持ち込まれ、市場南組窯跡が開窯する。TK73型式〜TK216型式段階に生産が開始し、TK23型式・TK47型式段階併行期まで生産された。市場南組窯跡で生産された市場産須恵器は蓋杯、高杯、把手付椀、𤭯、壺、甕、器台、鍋、甑、軟質土器が生産されていた。市場産須恵器はⅠ期、Ⅱ期の変遷案が示されている［三吉2023・2024］。ここではこれらを参考に市場産須恵器の編年案の概要について述べる（図5）。

① Ⅰ段階の様相

無蓋高杯A式、B式、C①式、D①式、E①式、高杯形器台ⅠA類と壺A①式、筒形器台①式と壺F①式とF②式が伴う段階である。陶邑編年のTK73型式〜TK208型式に併行する。

供膳具では、蓋杯、有蓋高杯、無蓋高杯、把手付椀はⅠ類、Ⅱ類を確認できる。

𤭯はA類、B類、C類を確認できる。

壺B類は壺BⅠ類、BⅡ類、BⅢ類、BⅣ類、BⅤ類、壺C類、壺D類、壺E類、小形丸底土器を確認できる。甕はA類Ⅰ類、AⅡ類、AⅢ類、AⅣ類、B類を確認できる。

その他に、鍋や甑を確認できる。

② Ⅱ段階の様相

無蓋高杯C②式、D②式、E②式、高杯形器台ⅡA式、ⅡB式、ⅡC式、ⅡD式と壺A②式、筒形器台②式と壺F②式が伴う。

供膳具として無蓋高杯、把手付椀は市場窯跡大学資料で確認できており、操業の最終段階まで生産されたと考えられる。窯跡では蓋杯や有蓋高杯が確認されておらず、ごく少量の生産と想定される。

第Ⅱ部　土器編年の検討

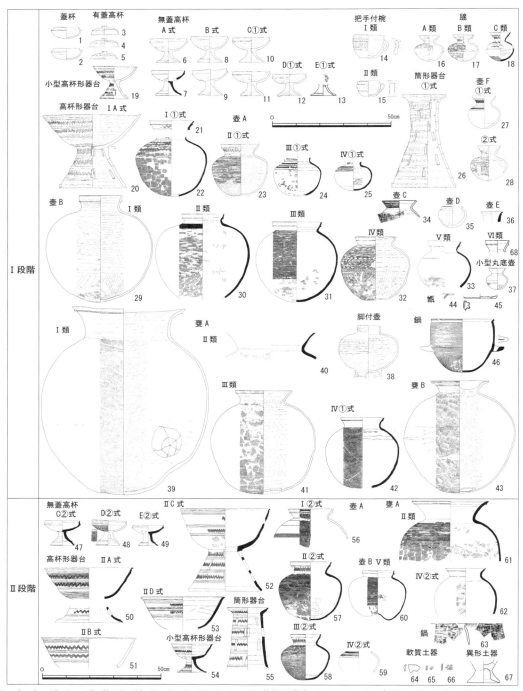

1～6・8～12・14～17・20・23・26・28・29・35・38・39・41・43：神領10号墳、7・33・36・40：余戸中ノ孝5次SB1、13・33・36・43・44・68：市場窯跡長井資料、18：土壇原16号墳、19：高橋湯ノ窪3次SI-06、21：土壇原Ⅴ-5号墳、22：土壇原Ⅴ-12号墳、24・25・31：船ヶ谷4次SR-1、27：池の内第2号古墳、30：西石井四丁目立会土坑、42・47・49・53：出作SX01、46：素鷲小学校構内SB10、48：西岡本3次SX01、50：祭ヶ岡古墳、51：市場窯跡2次、52：東野お茶屋台9号墳、54：上三谷篠田・鶴吉SR-2、55：上三谷篠田・鶴吉包含層、56：六野原古墳群10号墳周辺、57：東野お茶屋台9号墳周溝、58：土壇原Ⅴ-9号墳、59：樽味3次SC04、60：東山古墳群9号墳、61：土壇原16号墳、62：筋違HSK-30、63～67：市場窯跡大学資料

図5　市場産須恵器編年（縮尺1/16）

四国北西部（三吉）

甕は兵庫県妙見山２・３号墳出土資料中でＡ類［森下・宮原1986］、東野お茶屋台９号墳でＣ類がみられる。

壺Ｂ類は大学資料、東山古墳群９号墳でＢⅤ類を確認できる。壺Ｅ類は大学資料中で確認できる。甕は、市場窯跡大学資料でＡⅠ類、Ⅱ類、Ⅲ類を確認できる。また外面に平行叩き調整が施された壺・甕胴部片が多く出土しており、Ｂ類も生産されている。

以上の他に市場窯跡大学資料中で、甑、鍋、異形土器や軟質土器を確認できる。

（３）陶邑産（系）須恵期編年と市場産須恵器の編年の関係

市場産須恵器Ⅰ段階は、陶邑編年 TK73 型式〜 TK208 型式に併行する松山平野須恵器２・３段階、Ⅱ段階は陶邑編年 TK208 型式〜 TK23 型式・TK47 型式に併行する須恵器３・４段階の須恵器と共伴して出土している。

３．まとめ

他地域との関係　土師器編年に基づいて他地域との併行関係を考えると、先にみたように１段階は庄内式土器併行期に位置づけられる。５段階は須恵器１段階、６段階は須恵器２・３段階と市場産須恵器Ⅰ段階・Ⅱ段階、７段階は須恵器４段階、市場産須恵器Ⅱ段階が併行する。

北部九州の土師器編年を体系的にまとめた重藤輝行［2010］は、古墳における土師器と埴輪との関係から、古墳編年との関係についても整理している。重藤による北部九州土師器編年との関係をみると、本稿における土師器大形高杯と高杯Ｄ類は、脚部がスカート状に開き、重藤編年のＣb類に分類される。重藤編年では、Ｃb類の高杯が出現する段階をⅢＡ期とし、中期の始まりとする。本稿では、Ｃb類に位置づけられる大形高杯や高杯Ｃ類は５段階からみられる。５段階は重藤編年のⅢＡ期に併行する時期があり古墳時代中期に、４段階は古墳時代前期末から古墳時代中期初頭に位置づけられる。

貯蔵具の変遷　これまで須恵器の登場によって土師器の壺がなくなり、貯蔵具として須恵器の壺・甕が使用されることが指摘されてきた。ここでの検討をみると、土師器５段階に大形・中形の壺がなくなり、陶質土器あるいは陶邑産、市場産の壺・甕が多くみられるようになる。市場産には外反する壺・甕だけでなく、二重口縁状の壺Ｂ類や直口壺に共通する壺Ｃ類など土師器に共通するものがみられる［三吉2024］。そして陶邑系須恵器が中心となる７段階では、外反する須恵器壺・甕に様々なサイズのものが増え、土師器直口壺との関係を想定される大形の須恵器直口甕がみられるようになる。このように須恵器という硬質焼成技術の受容だけでなく、土師器の特徴を受け継ぎ、容量分化が進んだ様相を確認できる。

引用文献

梅木謙一　1991「松山平野の弥生期土器―編年試案―」『松山大学構内遺跡―第２次調査―』松山大学・松山市教育
　　委員会・松山市立埋蔵文化財センター　pp.107-118
梅木謙一　2001「伊予中部の土器」『庄内式土器研究』ⅩⅩⅣ　庄内式土器研究会　pp.113-132

大久保徹也　2011「土器の編年　②瀬戸内」『古墳時代の考古学1　古墳時代史の枠組み』同成社　pp.68-80

亀田修一　2003「中国・四国地方の土器」『考古資料大観第3巻　弥生・古墳時代　土器Ⅲ』小学館　pp.142-152

栗田正芳　1996「Ⅷ　調査の成果と課題　2　古墳時代の遺物」『古照遺跡－第8・9次調査－』松山市教育委員会・財団法人松山市生涯学習振興財団埋蔵文化財センター　pp.78-91

重藤輝行　2010「北部九州における古墳時代中期の土師器編年」『古文化談叢』第63集　九州古文化研究会　pp.119-160

柴田昌児　2015「四国北西部における後期弥生土器と古式土師器、そして前期古墳」『中国四国前方後円墳研究会第18回研究集会　前期古墳編年を再考するⅡ～古墳出土土器をめぐって～発表要旨集・資料集』中国四国前方後円墳研究会第18回研究集会（香川大会）実行委員会　pp.237-254

柴田昌児・松村さを里　2014「愛媛県における古式土師器の基礎的研究」『古式土師器の編年的研究―四国島の古墳時代前期の土器様相―』四国考古学研究会　pp.47-97

長井数秋　1992「松山平野の須恵器編年」『愛媛考古学』第12号　愛媛考古学協会　pp.15-29

平井幸弘　1989「第4章　鷹子遺跡および樽味遺跡をとりまく地形環境」『鷹子・樽味遺跡の調査』愛媛大学埋蔵文化財調査室　pp.61-75

光江　章　1993「Ⅳ遺物　1．土師器」『出作遺跡Ⅰ』松前町教育委員会　pp.35-94

三吉秀充　2021「愛媛県」『中国四国前方後円墳研究会第24回研究集会　中期古墳研究の現状と課題Ⅴ　古墳時代中期の土師器・須恵器をめぐって～発表要旨集・資料集』中国四国前方後円墳研究会第24回研究集会（愛媛大会）実行委員会　pp.209-236

三吉秀充　2023「市場南組窯跡産須恵器編年の再検討（前篇）」『古文化談叢』第89集九州古文化研究会　pp.137-157

三吉秀充　2024「市場南組窯跡産須恵器編年の再検討（後篇）」『古文化談叢』九州古文化研究会　投稿中

図表出典

図1：平井1989を加工、図5は三吉2023・2024から、図2～図4は以下の文献から加工：愛媛大学埋蔵文化財調査室1997『樽味遺跡Ⅲ―樽味遺跡3次調査報告―』愛媛大学埋蔵文化財調査報告Ⅵ、同2004『文京遺跡Ⅲ―文京遺跡13次調査報告―』愛媛大学埋蔵文化財調査報告ⅩⅡ、愛媛県埋蔵文化財調査センター1998『斎院・古照遺跡』、同2000『埋蔵文化財発掘調査報告書　第82集　新池遺跡・市場南組窯跡』、同2001『埋蔵文化財発掘調査報告書　第91集　鶴が峠古墳群（L区）』同愛媛県埋蔵文化財調査センター2010『埋蔵文化財発掘調査報告書　第159集　北井門遺跡』、同愛媛県埋蔵文化財調査センター2018『旗屋遺跡Ⅱ　上三谷篠田・鶴吉遺跡』、松山市教育委員会・松山市立埋蔵文化財センター1991『松山大学構内遺跡－第2次調査－』松山市文化財調査報告書20、松山市教育委員会・財団法人松山市生涯学習振興財団埋蔵文化財センター1992『桑原地区の遺跡』松山市文化財調査報告書26、同1992『朝美澤遺跡・辻町遺跡』松山市文化財調査報告書29、同1992『道後城北遺跡群』松山市文化財調査報告書30、1994『北久米浄蓮寺遺跡～3次調査地～』松山市文化財調査報告書42、同1995『石井幼稚園遺跡・南中学校構内遺跡―第2次調査―』松山市文化財調査報告書45、同1995『古照遺跡―第10・11次調査―』松山市文化財調査報告書47、同1995『辻町遺跡―2次調査地―』松山市文化財調査報告書51、同1996『福音寺地区の遺跡―筋違C・D・E・F・G・H・I・川附―』松山市文化財調査報告書52、同1996『古照遺跡－第8・9次調査－』松山市文化財調査報告書53、同1998『大峰ヶ台遺跡Ⅱ―9次調査―』松山市文化財調査報告書62、同1999『船ヶ谷遺跡―2次調査―』松山市文化財調査報告書70、同2001『福音寺地区の遺跡Ⅲ』松山市文化財調査報告書84、同2002『伊台惣部遺跡』松山市文化財調査報告書85、同1999『船ヶ谷遺跡―4次調査―遺構・遺物編』松山市文化財調査報告書88、同2003『福音小学校構内遺跡Ⅱ―古墳時代以降編―』松山市文化財調査報告書91、同2007『鶴ヶ峠遺跡Ⅰ』松山市文化財調査報告書116、同2007『東野森ノ木遺跡1・2・3・4次調査地　樽味立添遺跡3次調査地　樽味高木遺跡7・8・9・11次調査地　樽味四反地遺跡7・8・9・11次調査地　枝松遺跡6次調査地』松山市文化財調査報告書117、同2008『鶴ヶ峠遺跡Ⅱ』松山市文化財調査報告書124、松前町教育委員会1993『出作遺跡』Ⅰ

〈地域報告〉

四国南西部

宮里　修

はじめに

　中四国前方後円墳研究会の 2021 年度研究集会において、南四国の古墳時代中期土師器編年に取り組んだ［宮里 2021］。限られた先行研究を参照しながら基準となる一括遺物を提示し、共伴する須恵器を手掛かりとしながら、甕形土器と高坏形土器について年代の単位となり得る分類を示すことができた。土師器単独での年代軸を構築するには資料と検討が不足するが、改めて分類の内容を整理し今後の調査・研究の指針としたい。

１．甕形土器の分類

　土器の様相が異なる幡多地域と高知平野の甕形土器について分類の内容を示す。

（１）幡多地域の甕形土器

　そもそも対象となる中期土器の措定が問題となるが、共伴する須恵器型式、前期および後期土器との比較により検討対象を選択した。幡多地域においては具同中山遺跡の祭祀遺構から出土した土器が指標であり、ここでは具同中山Ⅲ 3 区 ST1（TK73 型式期、図 1）、具同中山Ⅲ 3 区 SF8（TK208 型式期、図 1）、中筋川 88 － F6（TK208 型式期、図 2）、中筋川 88 － SF4・SF15・SF17（TK23・47 型式期、図 3）の資料を図示した。
　甕形土器の分類基準は口縁および胴部の形態であり、これに調整の特徴などが加わる。内容は以下のようである。

［口縁形態］屈折／緩く屈曲　　　［胴部形態］球胴気味／長胴（傾向）
　［調整等の特徴］ユビオサエが顕著で、器壁が厚く、丸平底気味の一群がある
　これら属性の組み合わせから甕形土器には 3 つのタイプが設定できる。1 類、2 類、3 類とする。
［１　類］　　口縁がくの字に屈折し、胴部は球胴気味で張りがある（図 1 － 2・9・10・11）
［２　類］　　口縁がくの字に屈折し、胴部は長胴傾向で最大径の位置が相対的に低い（図 1 － 13、図
　　　　　　2 － 1・8・9）
［３　類］　　口縁が緩やかに屈曲し、胴部は長胴（図 2 － 4・7）で、ユビオサエが顕著なものがある（図
　　　　　　3 － 1 ～ 4）
　共伴する須恵器によれば 1 ～ 3 類は時期にしたがって推移し、1 類が TK73 ～ TK208 型式期、2 類が TK208 型式期、3 類が TK23・47 型式となる。1 ～ 3 類の分類境界は曖昧で、かつ各類はしばしば共伴するため確たる時期の基準とはし難いが、およその時期差を反映した分類単位となろう。

第Ⅱ部　土器編年の検討

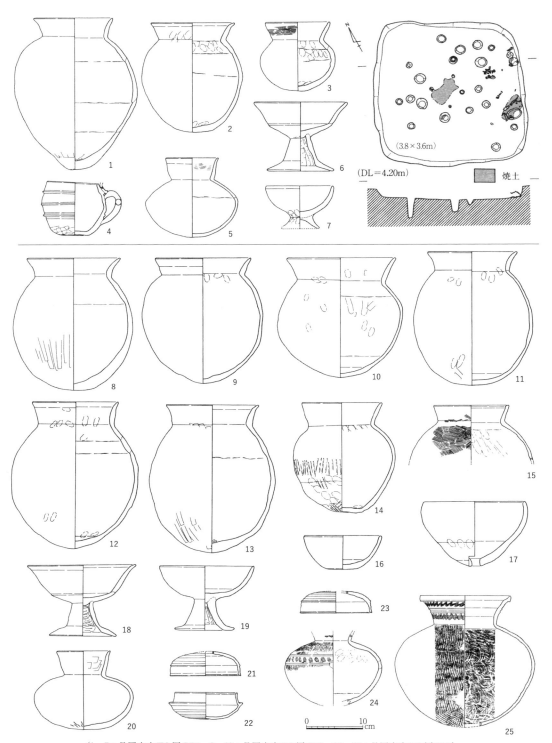

（1～7：具同中山Ⅲ3区ST1、8～22：具同中山Ⅲ3区SF8、23～25：具同中山Ⅲ3区SF2）
図1　具同中山遺跡出土土器（TK73型式期～TK208型式期）

284

四国南西部（宮里）

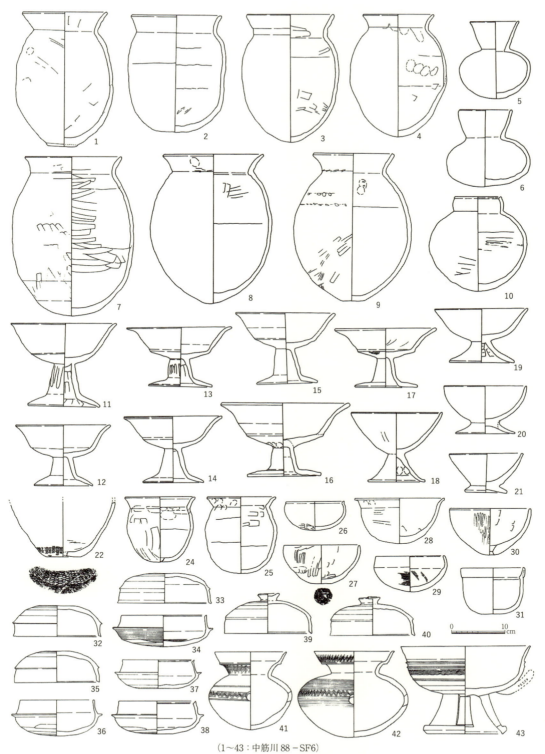

(1〜43：中筋川88-SF6)
図2　具同中山遺跡出土土器（TK208型式期）

第Ⅱ部　土器編年の検討

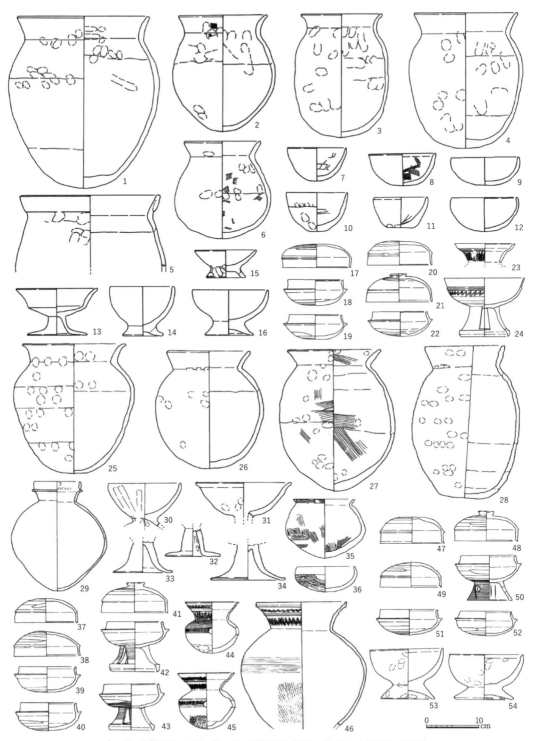

(1〜24：中筋川88－SF4、25〜46：中筋川92－SF15、47〜54：中筋川92－SF17)

図3　具同中山遺跡出土土器（TK73型式期〜TK47型式期）

四国南西部（宮里）

（２）高知平野の甕形土器

　高知平野には中期の資料が乏しく、まとまった数の資料が得られるのは土佐市居徳遺跡にほぼ限られる。しかしながら居徳遺跡の資料は包含層一括で、伴出した須恵器によれば時期幅のある土器群であり具同中山遺跡のように時期別に検討することは困難である。幡多地域と同様の基準をもって分類すると、居徳遺跡の甕形土器は、「口縁がくの字に屈折し、胴は球胴気味で張りがあるもの」（図４－17・18）と「口縁が緩やかに屈曲し、胴は球胴気味で張りがあるもの」（図４－19・20）の２種類に分かれる。前者にはタタキが認められ、前者から後者への変化が想定される。

（３）小　結

　幡多地域と高地平野はともに「屈折口縁・球胴」を起点に中期土器が変化したと考えられるが、後期までを視野にいれると、幡多地域においてはいち早く長胴化が進み後期に向かって粗略化（図５－２）するが、高知平野ではやや長胴化が遅れ、後期に向かって薄手精巧なつくりとなっていく。地域との結びつきが強い煮炊具においては両地域の方向性が顕著に異なることを指摘できる。

２．高坏形土器の分類

（１）幡多地域の高坏形土器

　幡多地域の高坏形土器を検討するための対象資料は甕形土器と同様である。高坏形土器の分類基準は坏部の形態、脚部の形態で、以下のように整理される。
　[坏部形態] 有稜形〈屈折稜／屈曲稜〉／垀形
　[脚部形態] 中空で接合部に丸突起（凸脚）／中空で接合部は平坦（平脚）／中空で低脚（低脚）
　分類属性の組み合わせにより高坏形土器は以下のように分類される。
　[有稜形凸脚型]（図１－６・18、図２－11）　　**[有稜形平脚型]**（図２－12〜17、図３－13）
　[垀形凸脚型]（図１－19）　　　　　　　　　　**[垀形平脚型]**（図２－18・19）
　[垀形低脚型]（図１－７、図２－20・21、図３－14〜16・53・54）
　共伴する須恵器により検討すると、高坏形土器の時期差は、個体にではなく、個別属性に求めるのが実状に適うようである。各属性の時期差はつぎのように整理できる。
　◦坏部はTK208型式を共存期として有稜形から垀形へ推移する。垀形は相対的に小さく小型化傾向をあわせて指摘できる。
　◦上記に関連して、有稜形は屈折稜から屈曲稜へ移行すると想定できるが画期は明瞭でなく長く共存する。
　◦脚部はTK73型式期が凸脚、TK208型式期が平脚優勢、TK23・47型式期が低脚優勢となる。
　◦上記により垀形低脚型が中期新相の標式となり得る。
　各属性には細かな変様形がある。有稜形は稜の屈折・屈曲に加えて、外反／直線的な口縁の別があ

287

第Ⅱ部　土器編年の検討

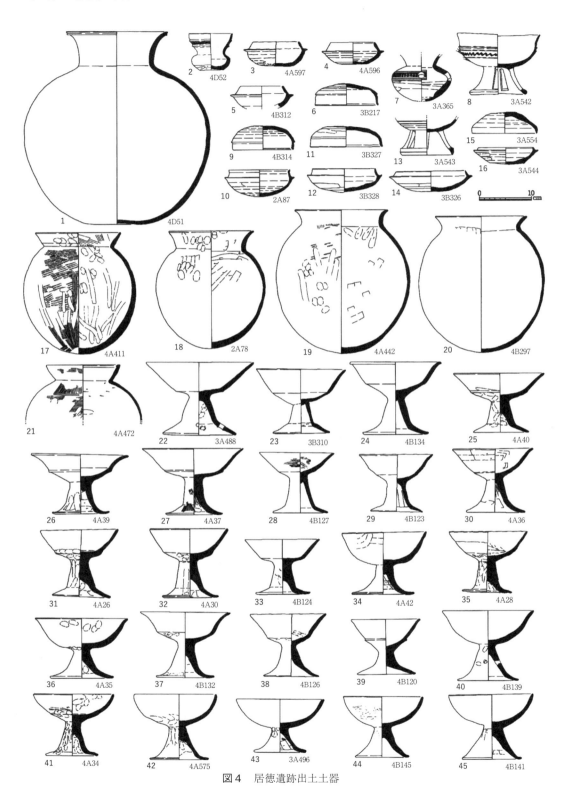

図4　居徳遺跡出土土器

四国南西部（宮里）

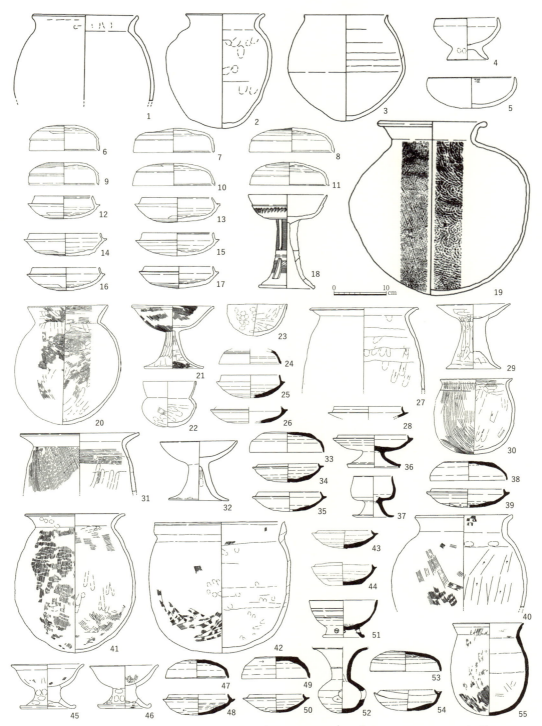

(1～19：古津賀SF10、20～26：東野土居Ⅲ-ST64、27～30：伏原Ⅰ-SX3、31～37：伏原Ⅰ-ST10、38～40：下ノ坪Ⅰ-ST2、41～44：祈年Ⅳ-ST5、45～52：下ノ坪Ⅰ-SD4、53～55：小籠Ⅱ-ST10)

図5　古墳時代後期の土器

第Ⅱ部　土器編年の検討

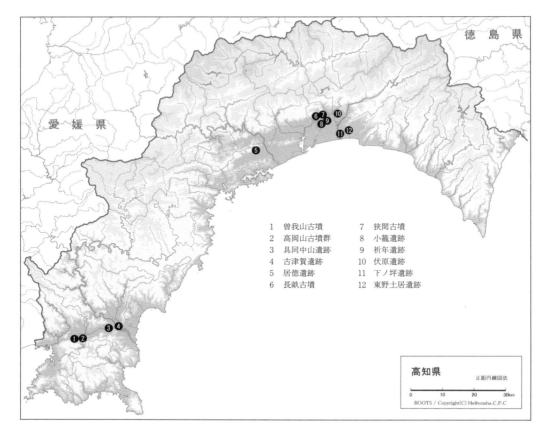

図6　遺跡の位置

り、さらに端反の有無によっても区分できる。埦形には腰の張りに強い／弱いの別がある。脚部については裾部の屈折／屈曲、裾の角度の斜め／水平などがある。これら小変様による細分は将来の課題である。

（2）高地平野の高坏形土器

　居徳遺跡の高坏形土器を幡多地域と比較すると、まず脚部には平脚と低脚が稀で、代わって中実棒状の脚に裾部分を加えたものが認められる。これを「中実脚」とする。有稜形は、相対的に大きい屈折稜のものと、相対的に小さく稜線が痕跡的（≒屈曲稜）なもの、に区分される。幡多地域のように属性ごとの推移をみるのが有効であろうが前述のように適した資料を欠くため、ここでは分類属性の組合せに基づき次の特徴ある群を示す。①屈折稜の大振りな有稜形で凸脚のもの（図4－23・24・26）、②屈曲稜に類する小振りな有稜形で中実脚のもの（図4－31～33）、③埦形で中実脚のもの（図4－41・42）である。異なる組合せの個体も少なくなく、おそらくは幡多地域のように属性ごとに時期差を求めるのが有効な方法となろう。

290

（3）小　結

　古墳時代前期土器の研究もまた低調であるが、幡多地域、高知平野のいずれもが前期の有稜形（図4－22）を起点に展開したとみられる。居徳遺跡では埦形低脚型があまりみられないが、後期には中実の低脚があり（図5－45・46）、後期にむかって埦形低脚型に移行したと考えられる。この場合でも幡多地域と高知平野では脚部の製作技法が異なっており、異なる土器文化をもった地域として区分することができる。

むすび

　古墳をふくめた遺跡そのものが少ない南四国の古墳時代中期において、土師器の時期相を把握するのは極めて困難である。土師器による時間軸の整備などは、今後の長きにわたるであろう資料の蓄積を待ってはじめて議論が始まる主題ともいえる。本稿で指摘した幾つかの点もいずれ刷新されるであろうが、将来の研究の一助となれば幸いに思う。

引用文献

宮里　修　2014「土佐の古式土師器」『古式土師器の編年的研究―四国島の古墳時代前期の土器様相―』四国考古学
　　　会　pp.99-114

宮里　修　2021「地域報告　高知県」『中期古墳研究の現状と課題Ⅴ―古墳時代中期の土師器・須恵器をめぐって―
　　　発表要旨集・資料集成』中国四国前方後円墳研究会第24回研究集会実行委員会　pp.263-275

報告書

高知県教育委員会（出原恵三他）編　1988『後川・中筋川埋蔵文化財発掘調査報告書Ⅰ 古津賀遺跡・具同中山遺跡』

高知県文化財団埋蔵文化財センター（前田光雄他）編　1992『後川・中筋川埋蔵文化財発掘調査報告Ⅲ 具同中山遺跡群』
　　　高知埋文1

高知県文化財団埋蔵文化財センター（出原恵三他）編　1996『伏原遺跡Ⅰ』高知埋文24

高知県文化財団埋蔵文化財センター（松田直則他）編　1997『具同中山遺跡群Ⅰ』高知埋文28

高知県文化財団埋蔵文化財センター（松田直則他）編　2000『具同中山遺跡群Ⅱ－1』高知埋文46

高知県文化財団埋蔵文化財センター（筒井三菜）編　2000『具同中山遺跡群Ⅲ－1』高知埋文48

高知県文化財団埋蔵文化財センター（廣田佳久他）編　2000『具同中山遺跡群Ⅱ－2』高知埋文53

高知県文化財団埋蔵文化財センター（久家隆芳）編　2000『具同中山遺跡群Ⅱ－2』高知埋文56

高知県文化財団埋蔵文化財センター（小野由香）編　2000『具同中山遺跡群Ⅴ』高知埋文58

高知県文化財団埋蔵文化財センター（松田直則他）編　2001『具同中山遺跡群Ⅳ』高知埋文59

高知県文化財団埋蔵文化財センター（廣田佳久他）編　2001『具同中山遺跡群Ⅲ－2』高知埋文46

高知県文化財団埋蔵文化財センター（廣田佳久他）編　2002『具同中山遺跡群Ⅲ－3』高知埋文70

高知県文化財団埋蔵文化財センター（佐竹寛他）編　2003『居徳遺跡群Ⅳ』高知埋文78

高知県文化財団埋蔵文化財センター（松葉礼子他）編　2003『居徳遺跡群Ⅴ』高知埋文86

高知県文化財団埋蔵文化財センター（曽我貴行他）編　2004『居徳遺跡群Ⅵ』高知埋文91

高知県文化財団埋蔵文化財センター（徳平涼子他）編　2010『伏原遺跡Ⅰ』高知埋文108

第Ⅱ部　土器編年の検討

高知県文化財団埋蔵文化財センター（前田光雄他）編　2012『祈年遺跡Ⅳ』高知埋文 125
高知県文化財団埋蔵文化財センター（坂本裕一他）編　2016『東野土居遺跡Ⅲ』高知埋文 146
野市町教育委員会（出原恵三他）編　1997『下ノ坪遺跡Ⅰ』野市町教育委員会発掘調査報告書第 5 集
※「高知埋文」は「高知県埋蔵文化財センター発掘調査報告書第○集」の略

図出典
図 1 〜 5：各報告書より作成

第Ⅲ部

古墳時代中期の社会と中国四国

〈研究報告〉

中期古墳の相対編年と暦年代

岩 本 　 崇

はじめに

　本論では中期古墳の時期比定にあたり、古墳の相対編年のための枠組みを方法論に留意しながら構築する。また、相対編年に暦年代の定点をおくことで、古墳時代中期の社会像に迫る基盤を整備することを目的とする。

１．中期古墳相対編年研究の現状

　古墳時代の時期区分については先学による重厚な研究蓄積があり［和田 1987、広瀬 1991、大賀 2002a・2013a、岸本 2011 など］、その一部として古墳時代中期の相対編年がとりあつかわれてきた。それらの研究では、各種副葬品の形式の組み合わせを軸に円筒埴輪や須恵器編年を指標に組み込むことにより相対編年の枠組みとするが、論者によって重視する指標には差がある。

　上記の編年案にたいし、方法論的にみて一定の距離をおくのが鈴木一有の中期古墳編年案である［鈴木 2005・2014・2017］。その方法とは、①鉄鏃編年を基軸としつつ、②これに対応する馬具・金工品・農工具など各種副葬品の変化を把握することにより編年の枠組みとし、③さらに埴輪や須恵器との関係を確認するものである。この編年でとられた基軸となる資料を選択してほかの要素を組み合わせる方法は、三角縁神獣鏡を基軸とした前期古墳編年の方法と通ずる［福永 1996、大賀 2002a・2013a、岸本 2011、岩本 2020］。前期古墳と方法論的に一貫した相対編年の構築をめざすならば、中期古墳においても広域に適用可能かつ時期差を認識しやすい編年の基軸となる指標の選択が不可欠であり、この点において鈴木編年の視角は示唆に富むものといえよう。

　上述のとおり中期古墳編年は複数の案が示され、大局の結論は一致をみせるものの、いずれの案も決め手を欠いた感が否めない。近年の研究の到達点である鈴木編年も、指標が鉄製品に限られているなど課題がある。また、諸要素の変化に富む古墳時代を単一の指標で時期区分することは困難だとしても、可能なかぎり一貫した方法により相対編年を構築することが望ましいことはいうまでもない。

　本論では以上の課題をふまえつつ、古墳編年の基軸となる資料を抽出し、これとほかの副葬品との時期的な対応関係を整理することにより、広域に適用可能な中期古墳の相対編年を確立する手法を提示する。また、相対編年によって導き出された各時期に暦年代を付与することを試みる。

２．中期古墳の相対編年

　古墳相対編年の出発点として、副葬品の廃棄パターンの違いは時期差を反映する可能性が高く、古

墳の築造時期差に結びつくとの前提をまずは確認しておく。一般的に、製作面の特徴によって規定される各種副葬品の諸型式は、一定期間の使用ののち副葬品として消費される。そのため、廃棄パターンの差として把握可能な型式のまとまりは、使用期間を含めた副葬に至るまでの時間幅の違いを反映することになる。この点をふまえて、各種副葬品の型式にみる廃棄パターンと副葬品間の相関関係を把握することにより、安定的な古墳編年を構築することが可能となり、かつ副葬品による古墳編年がどの程度に区分しうるかの目安が得られると考える。

中期古墳編年の基軸となる資料　古墳の相対編年を構築する際にまず必要となる作業が、編年の基軸となる資料の抽出である。すでに試行した前期古墳編年の検討では、基軸となる資料の抽出にあたって４つの資料特性に注目した［岩本 2020］。その資料特性とは、①画一性、②広域性、③一括性、④細分安定性である［岩本 2020, e.g. 阪口 2017］。

これらの資料特性をふまえて、古墳時代中期に象徴的な器物とされる帯金式甲冑をみると［橋本 2005・2010］、①画一性、②広域性、④細分安定性を満たすが、③一括性は限定的であると評価できる［阪口 2017］。これにたいし、副葬鉄器にもとづく鈴木編年で編年の基軸とされた鉄鏃は、古墳時代中期に地域形式が存在する可能性があり［水野 2003・2004］、①画一性を無条件に満たすとはいえない。しかし、鉄鏃は帯金式甲冑とは異なって、③一括性が卓越する点がほかの要素を補ってあまりある特性でもある。鉄鏃によって帯金式甲冑にみる③一括性の弱点を補完することが可能である。

以上の資料特性をふまえて、本論では中期古墳編年の基軸として帯金式甲冑と鉄鏃の組み合わせを重視する。ただし、鉄鏃については対象を広域流通形式に限定するために甲冑出土古墳の鉄鏃編年を参照し、これによって甲冑ではやや弱い③一括性を担保することとする。

帯金式甲冑と鉄鏃の組み合わせ　型式の廃棄パターンを細かく把握するには、対象資料の編年がある程度細分されていることが理想的である。そこで本論では、帯金式甲冑については形式を網羅した詳細な段階設定をおこなった川畑分類［2016］にもとづいて検討する。鉄鏃については細根系鉄鏃を軸とした鈴木分類［2003・2017］に依拠する（図１）。

表１で確認できるとおり、古墳における廃棄パターンにおいて帯金式甲冑と鉄鏃の変遷は強い相関関係を示す。この相関関係を整理すると、帯金式甲冑が出現し、その副葬がほぼ完了するまでの期間を７期に区分できる（表２）。前期古墳編年の際に対象としたⅥ期が帯金式甲冑の出現時期に相当するため、Ⅻ期までを帯金式甲冑の主たる副葬時期としてとらえることになる。

ほかの副葬品・埴輪・須恵器との対応関係　表１は中期古墳編年の標識例を列挙し、帯金式甲冑と鉄鏃による時期区分を軸にほかの副葬品、埴輪（表３）、須恵器との関係を整理したものである[1]。ただし、製作から廃棄に至るまでの経緯が副葬品と埴輪、須恵器の三者では異なるため、三者をそれぞれ時期的な関係において異なるレイヤーとしてあつかう。表１をみる限り、帯金式甲冑と鉄鏃による時期区分にほかの副葬品の推移も整合的に対応し、各期と各種副葬品の製作段階との対応関係に矛盾はみられない。なお、副葬品の廃棄傾向として少数ながら隣接時期へ下降する例、さらにわずかにその次の時期に下降する例が存在する。このことは、個々のケースにおける副葬品の入手から副葬までの時間的不定性が要因だと推測するが、多くの事例は隣接時期までのずれのなかにおさまるように副葬に至る。副葬品が入手した世代のなかで保有され、副葬に至ったことを反映したものとみてよいだろう。

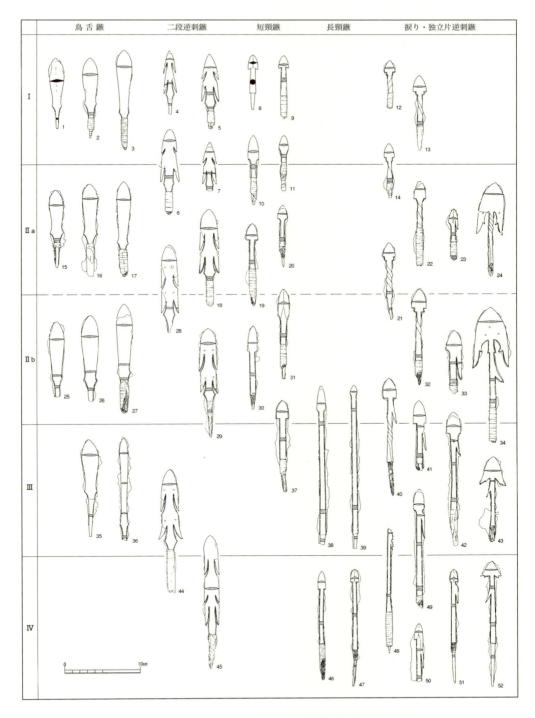

図1　古墳時代中期における細根系鉄鏃の変遷［鈴木 2003］

第Ⅲ部　古墳時代中期の社会と中国四国

表1　古墳時代中期を中心とした時期における

時期区分	古墳名	甲冑						矢鏃					刀剣				鏡							鈴釧	帯金具	垂飾耳飾	冠帽	飾履	玉類										滑石製品		刀子様相
		冑 革綴	鋲留	板甲 革綴	鋲留	川畑板甲段階	札甲	様式	鳥舌鏃	短頸鏃	長頸鏃	盛矢具	外装	刀	振環	舶載形鋒	多角形鋒	倭鏡 前	中	後古	後新古	後新新							管玉 山陰JFb	山陰JL	山陰JFa	北陸F	磯内L	水晶切子玉	ガラス玉SⅡB	SⅢB	滑石	器種	

（凡例）古墳名称の（ ）内は埋葬施設名。〔 〕は伝資料、( )は評価に検討の余地を残すことを示す。○は中期古墳の副葬品のなかでも古相の資料、●は新相の資料であることを示す。各種副葬品の偏年は次の文献を参照。〔帯金式甲冑〕川畑2016、板甲段階の〔 〕は冑の時期（板甲と時期が異なる場合のみ記載）、〔札甲〕初村2020、〔鉄鏃〕鈴木2003・2017・2018、〔盛矢具〕土屋2011・2018・2020、〔刀剣〕豊本2007・岩本2006・齊藤2017、〔倭鏡〕岩本2017a・2017b、〔帯金具〕岩本2015、〔玉類〕大賀2002・2013、〔滑石刀子〕北山2020、〔馬具〕f字形鏡板付轡：片山2018、内湾楕円形鏡板付轡：片山2021、その他轡：諫早2012、刺繍形杏葉：片山2018、鈴付鋳銅馬具：片山2018・2020、木芯鉄板張壺鐙：柳1985、木芯鉄板張壺鐙：柳2007、鞍：花谷1996、鞍：柳2007、鉄製輪鐙：柳2007、鉄製輪鐙：柳2007、〔須恵器〕田辺1981・中久保2018。各種副葬品の略号は次の通り。〔三輪玉〕石：石製、金：金属製、ガ：ガラス製、〔舶載鏡〕ローマ数字は三角縁神獣鏡の時期。●同：同型鏡群、〔刀剣〕落：落とし込み式、段：有段有突起式

中期古墳の相対編年と暦年代（岩本）

副葬品の組み合わせと埴輪・須恵器の対応関係

古墳名	須恵器	埴輪	時期区分
古郡家1号（北）		II新	VI期
鳥居前（石棺）		II新	
昼飯大塚		II新	
鶴崎		II新	
石山（東）		II新	
金蔵山（中央）		II新	
池ノ内5号		—	
和泉黄金塚（東）		II新	
津堂城山		II新	
交野東車塚		II新	
遊塚	陶質（金官加耶VI）	III	VII期
金蔵山（南）		III ?	
佐野八幡山		III	
室宮山	陶質（金官加耶VI）	III古	
野毛大塚(1)	TG232～TK73	III古	
豊中大塚（山）		III	
百舌鳥大塚山(2)		III	
五ヶ山2号		III	
行者塚		III新	
南山4号	陶質	—	
わき墓山		III新	VIII期
西墓山		III新	
堂山	TK73	III新	
宇治二子山北（西）		III新	
井出ノ内(2)	TK73	—	
茶すり山(1)		III	
茶すり山(2)		III新	
久津川車塚	TK73	III新	
堂山（埴輪棺）		III新	
恵解山		III新	
七観(1913)		IV古?	
七観(1)		IV古	
七観(2)		IV古	
鞍塚		IV古	
アリ山		IV古	
御獅子塚(2)	TK73～216	IV古	
鍬頭1号	TK73～216	—	
五條猫塚		IV古	
軽部車塚	TK73～208	IV古	IX期
私市丸山(2)		IV古	
私市丸山(1)		—	
年ノ神6号	TK73～216	IV	
天神山7号(1)	TK216	IV	
ベンショ塚	TK73～216	IV	
宮山(3)		IV中	
珠金塚（南）		有	
新開1号(南)		IV古	
月岡		IV	
西小山	TK73～216	—	
御獅子塚(1)	TK73～216	IV古	
神前10号	TK216	IV	
下北方地下式5号		IV	
瑞王寺	TK216	IV	
随庵（中央）		—	
小野王塚		—	
野中	陶質土器・TK73～216	IV中	
向山1号（石）	TK216～ON46	IV新	X期
宮山(2)	TK216	【IV】	
カンス塚	TK216	IV新	
甲斐茶臼		—	
向出山1号(1)	TK208～23	—	
御嶽山		IV	
亀山(1)		IV新	
正崎2号(1)		—	
新沢281号	TK208～23	有	
川上	TK208	IV	
三王大塚		—	
稲童21号	TK208	—	XI期
宇治二子山南		IV	
新沢115号		—	
池尻2号	TK216	有	
小田茶臼塚		(IV新)	
三珠大塚（前）	TK208～23	IV	
志貴味大塚(1)		IV	
塚堂（後）	TK208	—	
多田大塚4号		IV新	
長持山(1)		有	
勝浦峯ノ畑		V	
西塚		V古	
穀塚		V	
儀文6号	TK23	V	
どうまん塚	TK23～47	—	
高井田山	TK23	V	
江田船山（初）	TK23	V	
天狗山	TK47	V	
稲荷山(1)	TK23	V古	
大谷	TK216～MT15	—	XII期
石ノ形		V古	
トブカ	TK23～47	—	
三味塚		有	
山の神（初葬）		V	
井出二子山	TK47(Hr-FA 降下[491-500]前)	V	
市尾墓山前1号		(V古)	
大須二子山		—	
十善ノ森	MT15～TK10	V中	
芝山		V中	XII期
峯ヶ塚（後）	TK47～MT15	V新	
番塚	MT15	V新	
市尾墓山	MT15	—	
前二子	MT15～TK10	単折	
井田川茶臼山			

〔帯金具〕龍透1：龍文透彫1類、龍透2：龍文透彫2類、獣透：獣文透彫帯金具2類、獣斂：獣文斂形、三：三葉文山式、葉：葉文透彫、〔冠帽〕二：広帯二山式、〔玉・滑石〕玉：勾玉、玉：〔板〕：勾玉板状品、棗：棗玉、管：管玉、臼：臼玉、円：有孔円形、方：有孔方形板、〔石製品〕鍬：鍬形石、車：車輪石、剣：剣形、筒：筒状、紡：紡錘車形、琴：琴柱形、鏃：鏃形、合：合子、日：石臼、杵：杵形、〔滑合製品〕刀子：刀子形、斧：斧形、鎌：鎌形、鑿：鑿形、鑿形、整形、筒状、鏃：鏃形、剣：剣形、容：容器、皿：皿状、鈴：鈴含葉）三鈴：三鈴杏葉、五鈴：五鈴杏葉、〔馬具・鞍（鞍金具）〕双棒：双棒で脚の開き棒をもつもの、双ル：双棒で脚端部を「ル」字形に曲げるもの、単折：単脚を折り曲げるもの、磯：磯金具をもつもの、〔その他の馬具の略形〕片山 2020 参照。埴輪の【 】は副次埋葬のため時期差が勘案される例であることを示す。

第Ⅲ部　古墳時代中期の社会と中国四国

表2　古墳時代中期における帯金式甲冑と鉄鏃の時期的な対応関係

時期区分	帯金式甲冑			鉄鏃	
	段階	各段階の指標		時期	各時期の指標
Ⅵ期	3・4期	【革綴】分割比A・B類型		中Ⅰ期	鳥舌鏃・短頭鏃の成立期 二段逆刺鏃はプロトタイプ
Ⅶ期	5期	【革綴】分割比C類型（一部のE）		中Ⅱa期	鳥舌鏃・短頭鏃の安定的な組合せ 短頭鏃の頸部長は5cm未満が主体
Ⅷ期	6期	【革綴】分割比D・X（C・E類型のうち地板裁断（小）） 【鋲留】鋲頭径小型（6mm未満） 　長方形2鋲系統かつ蝶番板左右4枚が出現		中Ⅱb期	短頭鏃の頸部伸長化（5cmを超えるもの出現） 独立片逆刺鏃出現
Ⅸ期	7・8・9期	【鋲留】鋲頭径小型～中型（8mm未満） 　後胴竪上3段鋲数8前後以上 　前胴竪上3段鋲数2+2以上 　右脇開閉出現・横矧板鋲留出現		中Ⅲ期	長頭鏃出現（鏃身長15cm以上）
Ⅹ期	10期	【鋲留】鋲頭径大型（8mm以上） 　後胴竪上3段鋲数7～8 　前胴竪上3段鋲数2+2を中心（1+2もあり）		中Ⅳa期	長頭鏃3種定型化（片刃・両刃・両刃独立片逆刺） 片刃長頭鏃の鏃身長12～15cm程度
Ⅺ期	11・12期	【鋲留】鋲頭径大型（8mm以上） 　後胴竪上3段鋲数4～6（一部7以上もあり）		中Ⅳb期	長頭鏃の鏃身長の短小化 片刃長頭鏃の鏃身長10.5～11.5cm程度
Ⅻ期		前胴竪上3段鋲数2+2・1+2・1+1		中Ⅳc期	長頭鏃の鏃身長のさらなる短小化 両刃短小有頸鏃（鏃身長10cm程度以下）が一定量存在

〔参考〕短甲裾板分割比＝（左右前胴裾板長の平均値）：（後胴裾板長）《分割比A・B》1：1～1.6(未満)
　　　　　　　　　　　　　　　　　　　　　　《分割比C》1：1.6～2.0（未満）　《分割比E》1：2.5以上
　　　　　　　　　　　　　　　　　　　　　　《分割比D》1：2.0～2.5（未満）　《分割比X》後胴裾板を二分割

表3　円筒埴輪の時期区分と指標［廣瀬2013・2021］

時期	指標
Ⅱ期	透孔は一段2孔で、隣接する段間で縦列に配置（2孔縦列式） 新相では底部高は突帯間隔の1.3～1.5倍程度に縮小したものとなる
Ⅲ期	透孔配置が隣接する段間で穿孔方向が直交（2孔直交式） 突帯間隔12～13cmにたいして底部高は12～16cm 古相では底部高14～16cm 新相では底部高12～14cm（一部に窖窯焼成の可能性をもつ個体を含む）
Ⅳ期	窖窯焼成への移行が進展し、黒斑が消失 古相では底部高11～13cm、突帯間隔10～12cm／Bb・Bc種ヨコハケ主体／貼付口縁・折曲口縁が多い 中相では底部高10～12cm、突帯間隔9～11cm／Bc種ヨコハケ主体／口縁は折曲を省略したものが主体 新相では底部高・突帯間隔9～10cm／Bd種ヨコハケ主体／口縁は折曲を省略したものが主体
Ⅴ期	突帯が断続ナデ成形の採用により著しく扁平化、規格性の喪失／外面二次調整ヨコハケの省略／底部調整の顕在化 古相ではⅣ期以来の突帯Ⅰ群の残存（凹線技法や板オサエ整形）／底部調整は外面板オサエを基本に各種技法を複合的に用いる 中相では最下段突帯で断続ナデによる貼付→板オサエ整形→無調整の突帯Ⅱ群が出現／底部調整は各調整方式が手順として確立 新相では断続ナデによる貼付→無調整となり、板オサエ整形の省略化が進行／底部調整は手法の粗雑化と淘汰により板オサエ単独が主体

　古墳の年代に直接むすびつく可能性が高い埴輪も、副葬品による時期区分と対応した推移がおおよそみとめられる。この結果は、副葬品による古墳編年の有効性を保証する結果といえよう。ただし、①Ⅷ期において埴輪のⅢ期新相とⅣ期古相が併存すること、②Ⅹ期・Ⅺ期の区分と埴輪のⅣ期新相とⅤ期古相の転換が明瞭には対応しないことなど、留意すべき点もある。

　細分安定性から古墳編年への有効性が期待される須恵器は、Ⅸ期からⅪ期で対応関係が不安定な状況がみえる。とくに、古い型式の須恵器が新しい時期の古墳から出土する例が散見され、そのなかには埋葬施設で副葬品と共伴する例もある。型式認定が妥当ならば、「伝世・長期保有」の可能性、播磨地域の事例の多さから生産の地域性に起因する可能性も考慮される。系統差や受容時期差などが勘案される以上、須恵器に依存しすぎた古墳の時期比定には危うい側面が否めないのである。

　相対編年の指標　　以上の検討をふまえ、副葬品・埴輪・須恵器の関係を整理したモデルを中期古墳の編年指標として提示する（図4）。検討結果の大枠は、下記の通りとなる。

Ⅵ期（中期前葉古相）：帯金式甲冑3・4期、鉄鏃中期Ⅰ、埴輪Ⅱ期新相

　　　［王陵級古墳］津堂城山古墳

Ⅶ期（中期前葉新相）：帯金式甲冑5期、鉄鏃中期Ⅱa、埴輪Ⅲ期古相

[王陵級古墳] 仲津山古墳・上石津ミサンザイ古墳　　　【≒ TG 232】

Ⅷ期（中期中葉古相）：帯金式甲冑6期（鋲留出現）、鉄鏃中期Ⅱb、埴輪Ⅲ期新相～Ⅳ期古相

　　[王陵級古墳] 誉田御廟山古墳　　　　　　　　　【≒ TK 73 ～ TK 216】

Ⅸ期（中期中葉新相）：帯金式甲冑7・8・9期、鉄鏃中期Ⅲ（長頸鏃出現）、埴輪Ⅳ期中相

　　[王陵級古墳] 大仙陵古墳　　　　　　　　　　　【≒ TK216 ～ ON 46】

Ⅹ期（中期後葉古相）：帯金式甲冑10期、鉄鏃中期Ⅳa、埴輪Ⅳ期新相

　　[王陵級古墳] 市野山古墳、土師ニサンザイ古墳　【≒ TK208】

Ⅺ期（中期後葉新相）：帯金式甲冑11・12期、鉄鏃中期Ⅳb、埴輪Ⅳ期新相～Ⅴ期古相

　　[王陵級古墳] 岡ミサンザイ古墳、軽里大塚古墳　【≒ TK 208 ～ TK23】

Ⅻ期（後期前葉古相）：帯金式甲冑11・12期、鉄鏃中期Ⅳc、捩り環頭大刀≒埴輪Ⅴ期古～中

　　[王陵級古墳] ボケ山古墳　　　　　　　　　　　【≒ TK 23 ～ TK 47】

古墳時代中期の範囲　　和田晴吾は、墳丘・外部施設・埴輪・埋葬施設、副葬品のすべてにわたって中期に固有のものが存在することをもって古墳時代中期の範囲をとらえる。また、大王墳が奈良盆地北部から大阪平野南部へと墓域を移動する点を政治的にも重要な画期として評価し、中期の開始（和田五期）を設定する。いっぽうで、中期の終焉（和田八期）については、群集墳の発達を指標とし、王権の直接的な支配が群集墳の被葬者にまでおよんだ可能性をふまえて、王権とそれを支える政治機構が整備された点を評価した［和田1987］。和田の理解にもとづくならば、本論のⅥ期からⅩ期までが中期となる（表4）。

　和田の中期の認識は古墳の様式的な評価によるが、いっぽうで単一要素に着目した理解もある。たとえば、円筒埴輪生産の画期から、Ⅲ・Ⅳ期を中期とする理解は早い段階から示されていた［川西1983］。この場合、中期は本論のⅦ期からⅪ期におおよそ該当する。帯金式甲冑の製作・配布の開始と終了こそ、中期を象徴づけるとする考えもある［橋本2005・2010］。本論はこの考えに近く、帯金式甲冑が古墳編年の基軸資料として有効である点、その分配がおおよそ終了したⅫ期には捩り環頭大刀や広帯二山式冠、飾履など新たな財が副葬品となる点を重視する。すなわち、副葬品様式としてはⅥ期からⅪ期が強いまとまりをなすと評価し、この間を古墳時代中期とみる。要するに、上位層に入手・保有された財の性格と意義をふまえて、時代としての画期を設定する考え方である。

表4　前・中期の古墳編年対照表

中四研編年	和田編年[1987]	集成編年[1991]	岸本編年[2011]	大賀編年[2002・2013]	鈴木編年[2005ほか]
Ⅰ期	一期	1期	前1期	前Ⅱ期	
Ⅱ期	二期	2期	前2期	前Ⅲ期	
Ⅲ期			前3期	前Ⅳ期	—
Ⅳ期			前4期	前Ⅴ期	
Ⅴ期	三期	3期	前5期	前Ⅵ期	
	四期		前6期		
Ⅵ期		4期	前7期	前Ⅶ期	中1期
	五期		中1期	中Ⅰ期	
Ⅶ期			中2期	中Ⅱ期	中2期
	六期	5期	中3期		
Ⅷ期	七期	6期	中4期	中Ⅲ期	中3期
Ⅸ期					中4期
	八期	7期	中5期	中Ⅳ期	中5期
Ⅹ期					
Ⅺ期					中6期
Ⅻ期	九期	8期	中6期	後Ⅰ期	中7期
ⅩⅢ期	一〇期	9期	後1期	後Ⅱ期	後1期

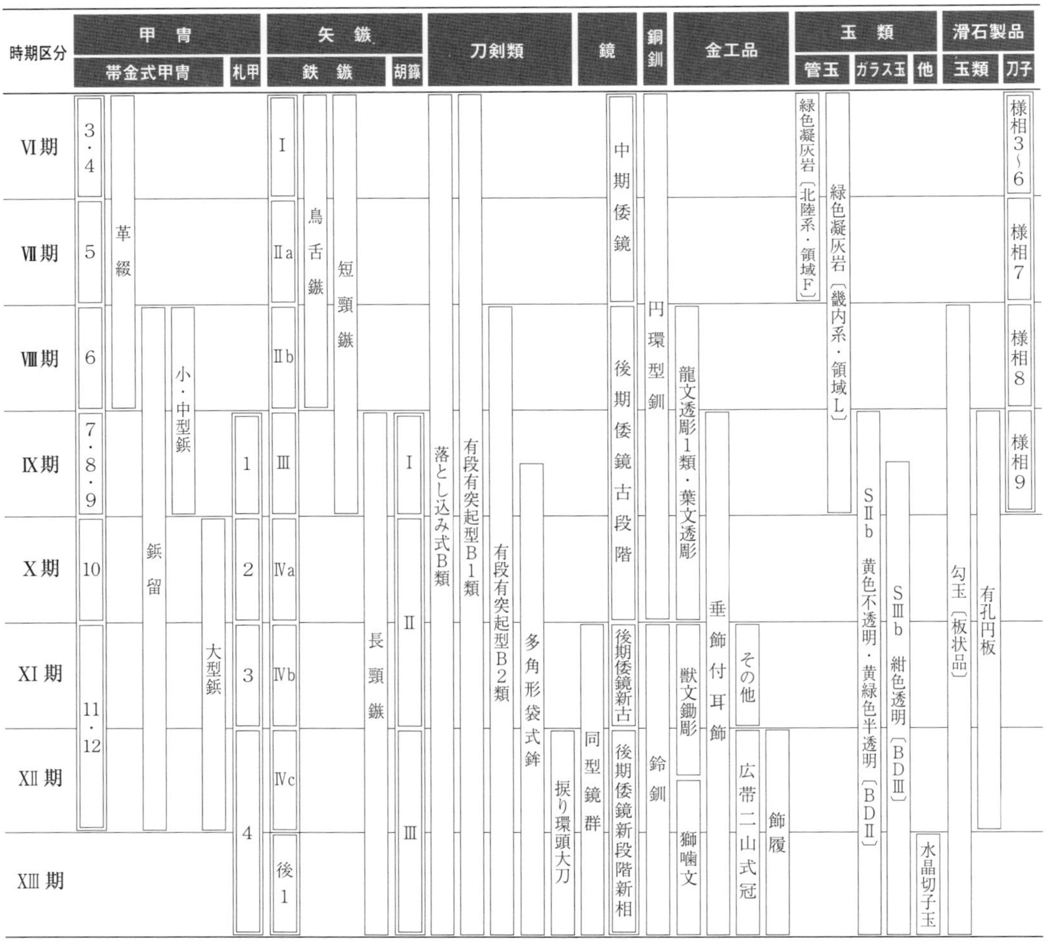

第Ⅲ部　古墳時代中期の社会と中国四国

時期区分	甲冑		矢鏃		刀剣類	鏡	銅釧	金工品	玉類			滑石製品	
	帯金式甲冑	札甲	鉄鏃	胡籙	刀剣類	鏡	銅釧	金工品	管玉	ガラス玉	他	玉類	刀子

（図中の主な記載事項）

帯金式甲冑：3・4／5／6／7・8・9／10／11・12　革綴　鋲留　鋲留　大型鋲　小・中型鋲

札甲

鉄鏃：I／IIa／IIb／III／IVa／IVb／IVc／後1　鳥舌鏃　短頸鏃　長頸鏃

胡籙：落とし込み式B類　有段有突起型B1類　有段有突起型B2類

刀剣類：I／II／III　多角形袋式鉾　捩り環頭大刀

鏡：中期倭鏡　後期倭鏡古段階　後期倭鏡新古　後期倭鏡新段階新相　同型鏡群

銅釧：円環型釧　鈴釧

金工品：龍文透彫1類・葉文透彫　獣文鋤彫　獅噛文　垂飾付耳飾　その他　広帯二山式冠　飾履

玉類（管玉）：緑色凝灰岩（北陸系・領域F）　緑色凝灰岩（畿内系・領域L）

玉類（ガラス玉）：SⅡb 黄色不透明・黄緑色半透明〔BDⅡ〕　SⅢb 紺色透明〔BDⅢ〕

玉類（他）：勾玉〔板状品〕　水晶切子玉

滑石製品（玉類）：有孔円板

滑石製品（刀子）：様相3〜6／様相7／様相8／様相9

図2　古墳時代中期における

3．古墳時代中期の暦年代

先行研究の到達点と課題　　古墳時代中期の暦年代について、『日本書紀』など文献史料から想定される陵墓の被葬者にかかわる紀年から比定する方法を脱し、考古学の方法から体系的に論じたのは白石太一郎である［白石 1979・1985］。その際に、注目されたのが初期馬具と須恵器による暦年代比定であり、以降の研究の多くはこの延長線上に位置づけられる。そして、この段階で論点となったのが、埼玉稲荷山古墳出土鉄剣銘の「辛亥年」の評価である。森下章司が整理したように、「辛亥年」を471年とみるか、531年とみるかは、共伴した馬具の相対年代、墳丘出土須恵器と礫槨出土遺物（鉄剣含む）の同時期性、韓半島出土馬具との併行関係にたいする評価が複雑にからむ［森下 2011］。金斗喆は、須恵器と礫槨出土遺物の同時期性を馬具の「伝世」の可能性から疑問視し、結論的には「辛亥年」を531年とした［金 1996］。宮代栄一は須恵器と礫槨出土遺物の同時期性を馬具からみとめるものの、

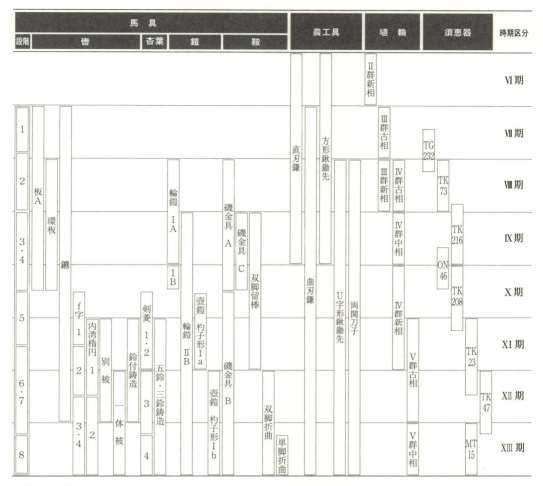

時期区分の指標

暦年代の根拠を年輪年代資料におきつつ「辛亥年」を471年とみた［宮代1996］。

　この状況にたいし、白井克也は初期馬具の日本列島出土例と帯金式甲冑の韓半島出土例をもとに、両地域の交差編年をふまえて古墳時代中期を中心とした時期を検討した［白井2003］。暦年代の策定に際しては、少ない紀年銘資料に依存するのではなく、文献に記された歴史的事件や社会情勢の変化を考古資料の変化に対応させる方法をとった。そのうえで、馬具に付与した暦年代を須恵器型式にスライドさせて、古墳時代中期中葉以降の暦年代を論じた。日韓相互の資料にもとづきそれぞれの相対編年の併行関係を吟味し、暦年代を明らかにする方法は高い妥当性をもつ。

　その後、暦年代論は初期馬具の研究進展にともない精緻化した。諫早直人は中国東北部、韓半島各地の馬具編年を整理し、技術的視点から併行関係を想定したうえで、紀年墓を中心とする各地域の暦年代資料から馬具の製作年代を推定した。さらに、古墳出土の半島馬具と須恵器の推移が対応し、宇治市街遺跡SD302出土木製品や佐紀遺跡SD6030出土木製品の年輪年代資料との整合性に着目した［諫早2008a・2008b・2012］。岸本直文は諫早の研究に依拠しつつ、馬具から須恵器型式に暦年代の定

第Ⅲ部　古墳時代中期の社会と中国四国

点を付与して按分する方法をとった［岸本 2021a・2021b］。ただし、馬具の製作年代をストレートに須恵器型式にあてはめてよいかは方法論的な課題を含む。先にも述べたとおり、副葬品による時期区分と須恵器型式は必ずしも明瞭な対応関係を想定できるわけではない。したがって、馬具など副葬品を暦年代の根拠とするならば、年代の定点を須恵器型式ではなく、副葬品の廃棄パターンの変化から導出された「時期」に付与することが望ましいと考える。

　こうした問題は、年輪年代資料と須恵器型式の対応関係をはかる方法にも通じる。年輪年代によって伐採年代の明らかな木製品から共存する須恵器に暦年代を付与する方法において、木製品の年代はあくまでもその上限年代にすぎず、伴出遺物の年代と同じではない点を考慮する必要がある［田中 2006・2007・2021、浜中・田中 2006、中久保ほか 2020・2021 など］。

　本論の方法　　先行研究をふまえ、本論では古墳時代中期の暦年代を策定するにあたって、須恵器型式には過度に依存しない。あくまで暦年代資料として重視するのは馬具やそのほかの紀年銘資料とし、年輪年代や Hr-FA 降下といった理化学年代については参照するにとどめる。

　なお、紀年銘資料の性格差には注意を払っておきたい。紀年銘によって製作年代の明らかな資料は副葬年代の上限を示すものであり、実際には副葬年代とはタイムラグが存在する。いっぽうで、紀年墓など廃棄年代の明らかな資料は、廃棄された器物の製作下限年代の目安であり、その型式の副葬年代の幅のなかの定点の一つにすぎない点を十分にふまえる必要がある。

　暦年代推定　　さて、暦年代を推定するにあたり、その根拠には少なからず強弱がある。そこでまずは、根拠の比較的強い資料があるⅩ期とⅫ期について検討する。

　Ⅹ期（中期後葉古相）は、諫早Ⅲ段階後半の馬具が副葬される時期で、同時期の馬具が韓半島では皇南大塚南墳より出土している。皇南大塚南墳の被葬者については意見がわかれるが[2]、訥祇王（〜458 年）であるとすると［諫早 2008a］、Ⅹ期は 5 世紀第 3 四半期前半を含むことになる。

　つぎに、Ⅻ期以降に後期倭鏡新段階新相の副葬が数は少ないながら始動する点に注目する。この時期にはトヅカ古墳が比定され、出土した倭鏡は奈良県平林古墳出土鏡を介して、隅田八幡神社所蔵の「癸未年」銘人物画象鏡と強い接点をもつ点が重要である［加藤 2014、辻田 2018 など］。「癸未年」を 503 年とみて、後期倭鏡新段階新相の資料がⅩⅢ期以降に増加する点をふまえると、Ⅻ期に 503 年が含まれる可能性は高い［e.g. 辻田 2018］。なお、Ⅻ期には埼玉稲荷山古墳礫槨が比定されるが、鉄剣の「辛亥年」を 471 年とすると、30 年程度の保有期間が想定されることになる。中期古墳を前期古墳と同様に理解してよいかの問題はあるが、三角縁神獣鏡では製作から副葬に至るまで平均的に 20 〜 30 年程度の保有期間が見込まれる［岩本 2020］。これを参考にしてよければ、Ⅻ期が 510 年代を大きく下る可能性は低いが、500 年代を含む 20 〜 30 年の時間幅におさまる可能性は十分にあるといえよう。

　つづいて、これらⅩ期およびⅫ期に比べると直接的な暦年代の根拠が少し弱まるが、Ⅴ期とⅦ期さらにⅨ期について検討する。

　Ⅴ期は前期古墳の暦年代に関連して言及したように［岩本 2020］、日韓で共通して出土する筒形銅器や巴形銅器から金官加耶Ⅳ段階とほぼ併行することが確定的である。金官加耶Ⅳ段階の馬具は諫早Ⅰ段階後半に比定され、その年代は 4 世紀中葉〜後葉とされる［諫早 2008b］。とすると、Ⅴ期は 4 世紀第 3 四半期ごろとなる公算が大きい。

304

Ⅶ期については、Ⅴ期が金官加耶Ⅳ段階[3]に併行すると確実視される点、それをうけてⅥ期が金官加耶Ⅴ段階に併行するとみられる点、そのうえで当該期に確認される初期馬具と陶質土器の型式から、金官加耶Ⅵ段階との併行関係を想定しうる。この段階は日韓両地域から諫早Ⅱ段階の馬具が出土し、その年代は4世紀末〜5世紀前葉ごろとされる［諫早2008b］。ただし、諫早Ⅱ段階の馬具はⅧ期の古墳からも出土し[4]、Ⅸ期には5世紀前葉から中葉とされる諫早Ⅲ段階の馬具が主体となるため、Ⅶ期が5世紀前葉でもとりわけ420年代に下る可能性は低いと考える。なお、Ⅸ期については先のⅩ期の年代観から5世紀後半を大きく下ることは想定しがたい。

以上の検討をふまえると、各期の暦年代は下記のように整理でき、Ⅴ・Ⅵ期は約25年、Ⅶ〜Ⅻ期は約20年の時間幅をもつと推定される。この検討結果は、年輪年代資料を重視する諸研究の年代観よりは全体を引き下げる内容ではあるが[5]、Ⅻ期にHr-FAの降下年代が含まれうる点とは矛盾しない［早川ほか2015、e.g.藤野2009・2019、鈴木2018］。また、Ⅹ期からⅫ期において須恵器型式の対応関係が明瞭ではないためわかりづらいが、白井克也の暦年代推定とも整合的な結果である［白井2003］。

Ⅵ期（中期前葉古相）：4世紀第4四半期ごろ

Ⅶ期（中期前葉新相）：5世紀第1四半期前半ごろ（≒〜410年代）

Ⅷ期（中期中葉古相）：5世紀第1四半期末〜第2四半期前半ごろ（≒420〜430年代）

Ⅸ期（中期中葉新相）：5世紀第2四半期後半ごろ（≒440年代を中心とした時間幅）

Ⅹ期（中期後葉古相）：5世紀第3四半期前半〜末ごろ（≒450〜460年代）

Ⅺ期（中期後葉新相）：5世紀第3四半期末〜第4四半期前半ごろ（≒470〜480年代）

Ⅻ期（後期前葉古相）：5世期末〜6世紀初頭ごろ（≒490〜500年代）

おわりに

本論では、副葬品の廃棄パターンに着目して、帯金式甲冑と甲冑出土古墳の鉄鏃の組み合わせを基軸に、帯金式甲冑が副葬される時期を7期に区分した。またその過程で、副葬品編年と埴輪編年との対応がおおよそ整合的であること、いっぽうで副葬品編年と須恵器編年を単純に接合させることには課題が多いことを確認した。そのうえで、暦年代推定にあたっては、先行研究で重視されてきた須恵器に依存する方法ではなく、副葬品の廃棄パターンを反映した「時期」を作業単位とすることによって、より方法論的に妥当性の高い仮説を導き出すことができた。古墳時代中期の相対編年における各時期は、20〜25年程度の時間幅をもつと考えられる。

註
（1）　埴輪については、廣瀬覚の編年［廣瀬2013・2021］にもとづき検討する。ただし、一部は必要に応じて木村理の編年［木村2022］も参照した。須恵器の時期比定は、中久保辰夫の評価［中久保2018］に依拠した部分が多い。
（2）　被葬者を奈勿王（〜402年）とする説もある［李熙濬1996］。本論では、前後の時期の暦年代との整合性から皇南大塚南墳の被葬者を訥祇王（〜458年）とみる。
（3）　金官加耶の時期区分は申2000に依拠する。

（4）　諫早Ⅱ段階の馬具がⅧ期の古墳から出土することをもって、Ⅷ期をその製作年代（4世紀末～5世紀前葉ごろ）に近接させる理解も成り立つ余地がある。その際に留意すべきが馮素弗墓（415年）、太王陵（412年か）にみる廃棄年代であるが、中期前葉ごろの暦年代を列島での出土数が限られる馬具の製作年代のみから決定することには注意を要する。たとえば、Ⅶ期に比定される行者塚古墳では諫早Ⅰ段階後半の馬具が出土するが、この型式はすでに金官加耶Ⅳ段階に副葬されており、列島では廃棄までにタイムラグがある。列島出土馬具にダイレクトに製作年代をあてはめうるかを検証するためにも、日本列島と韓半島の併行関係を吟味する必要があろう。

（5）　年輪年代は木材の伐採年代、つまり木製品の製作上限年代を示す。ゆえに、木製品の年輪年代が副葬品から想定される暦年代より古くなることは当然である。なお、奈良県新堂遺跡のしがらみ遺構の杭材が年輪年代から410年前後を示すならば、廃棄された土器群（TG232～TK73型式）から410年前後にTK73型式の土器まで廃棄されたとする見方は成り立ちがたい［cf.中久保ほか2020・2021］。410年前後なる年代は土器廃棄の上限年代であり、土器群のなかでも古相を示すTG232型式の土器の廃棄がこの年代に近接する可能性が高いと考える。なお、TG232型式を410年前後に近いとみてよければ、それは本論で想定した暦年代観とおおよそ整合する。

引用文献

諫早直人　2008a「古代東アジアにおける馬具の製作年代―三燕・高句麗・新羅―」『史林』第91巻第4号　史学研究会　pp.1-40

諫早直人　2008b「日韓出土馬具の製作年代」『日韓交流の考古学』嶺南考古学会・九州考古学会第8回合同考古学大会　嶺南考古学会・九州考古学会　pp.175-191

諫早直人　2012『東北アジアにおける騎馬文化の考古学的研究』雄山閣

岩本　崇　2006「古墳出土鉄剣の外装とその変遷」『考古学研究』第90巻第4号　日本考古学会　pp.1-34

岩本　崇　2015「製作技術からみた龍文透彫帯金具の成立」『五條猫塚古墳の研究』総括編　奈良国立博物館　pp.313-340

岩本　崇　2017a「古墳時代倭鏡様式論」『日本考古学』第43号　日本考古学協会　pp.59-78

岩本　崇　2017b「古墳時代中期における鏡の変遷―倭鏡を中心として―」『中期古墳研究の現状と課題Ⅰ～広域編年と地域編年の齟齬～』中国四国前方後円墳研究会第20回研究集会　同実行委員会　pp.9-20

岩本　崇　2020『三角縁神獣鏡と古墳時代の社会』六一書房

大賀克彦　2002a「凡例　古墳時代の時期区分」『小羽山古墳群』清水町埋蔵文化財発掘調査報告書Ⅴ　清水町教育委員会　pp.1-20

大賀克彦　2002b「日本列島におけるガラス小玉の変遷」『小羽山古墳群』清水町埋蔵文化財発掘調査報告書Ⅴ　清水町教育委員会　pp.127-145

大賀克彦　2013a「前期古墳の築造状況とその画期」『前期古墳からみた播磨』第13回播磨考古学研究集会の記録　第13回播磨考古学研究集会実行委員会　pp.61-96

大賀克彦　2013b「①玉類」『副葬品の型式と編年』古墳時代の考古学4　同成社　pp.147-159

片山健太郎　2017「鈴付馬具からみた志段味大塚古墳」『埋蔵文化財調査報告書77　志段味大塚古墳群Ⅲ―志段味大塚古墳の副葬品―』名古屋市文化財調査報告94　名古屋市教育委員会　pp.167-174

片山健太郎　2018「馬具からみた倭文6号墳」『倭文6号墳出土遺物の研究　出土品再整理報告書』鳥取市教育委員会　pp.46-73

片山健太郎　2020「古墳時代中期の馬具編年―中期後半を中心として―」『中期古墳研究の現状と課題Ⅳ～副葬品による広域編年再考～』中国四国前方後円墳研究会第23回研究集会　同実行委員会　pp.9-24

加藤一郎　2014「後期倭鏡研究序説―旋回式獣像鏡系を中心に―」『古代文化』第66巻第2号　財団法人古代学協会　pp.1-19

川西宏幸　1983「中期畿内政権論―古墳時代政治史研究―」『考古学雑誌』第69巻第2号　日本考古学会　pp.1-35

川畑　純　2016『甲冑編年の再構築に基づくモノの履歴と扱いの研究』平成24～27年度科学研究費（学術研究助成

基金助成金（若手研究（B））研究成果報告書（課題番号：24720368）　奈良文化財研究所

岸本直文　2011「古墳編年と時期区分」『古墳時代史の枠組み』古墳時代の考古学1　同成社　pp.34-44

岸本直文　2021a「百舌鳥・古市古墳群の被葬者を考える」『考古学ジャーナル』No.751　ニューサイエンス社　pp.12-16

岸本直文　2021b「大仙古墳は允恭（倭王済）墓である」『文化財としての「陵墓」と世界遺産―「陵墓限定公開」40周年記念シンポジウム』新泉社　pp.73-91

北山峰生　2020「石製模造品からみた中期古墳の相対関係」『中期古墳研究の現状と課題Ⅳ～副葬品による広域編年再考～』中国四国前方後円墳研究会第23回研究集会　同実行委員会　pp.85-95

金　斗喆　1996「韓国と日本の馬具―両国間の編年調律―」『4・5世紀の日韓考古学』嶺南考古学会・九州考古学会第2回合同考古学大会　九州考古学会・嶺南考古学会　pp.85-112

木村　理　2022「古墳時代中期の円筒埴輪」『埴輪の分類と編年』埴輪検討会シンポジウム2022資料集　埴輪検討会　pp.25-49

齊藤大輔　2017「古墳時代中期刀剣の編年」『中期古墳研究の現状と課題Ⅰ～広域編年と地域編年の齟齬～』中国四国前方後円墳研究会第20回研究集会　同実行委員会　pp.73-88

阪口英毅　2017「中期古墳編年と甲冑研究」『中期古墳研究の現状と課題Ⅰ～広域編年と地域編年の齟齬～』中国四国前方後円墳研究会第20回研究集会　同実行委員会　pp.47-60

白井克也　2003「馬具と短甲による日韓交差編年―日韓古墳編年の併行関係と暦年代―」『土曜考古』第27号　土曜考古学研究会　pp.85-114

白石太一郎　1979「近畿における古墳の年代」『考古学ジャーナル』No.164　ニュー・サイエンス社　pp.21-26

白石太一郎　1985「8　年代決定論（二）―弥生時代以降の年代決定―」『岩波講座日本考古学1　研究の方法』岩波書店　pp.217-242

申　敬澈　2000「金官加耶の土器編年―洛東江下流域前期陶質土器の編年―」『加耶考古学論叢』3　駕洛國史蹟開発研究院　pp.5-46

鈴木一有　2003「中期古墳における副葬鏃の特質」『帝京山梨文化財研究所研究報告』第11集　帝京山梨文化財研究所　pp.49-70

鈴木一有　2005「鉄器の受容からみた古墳時代中期の東海」『考古学フォーラム』17　考古学フォーラム　pp.22-33

鈴木一有　2014「七観古墳出土遺物からみた鋲留技法導入期の実相」『七観古墳の研究―1947年・1952年出土遺物の再検討―』京都大学大学院文学研究科　pp.353-380

鈴木一有　2017「志段味大塚古墳と5世紀後半の倭王権」『埋蔵文化財調査報告書77　志段味古墳群Ⅲ―志段味大塚古墳の副葬品―』名古屋市文化財調査報告94　名古屋市教育委員会　pp.175-186

鈴木一有　2018「副葬品組成からみた古墳時代中期から後期への変革」『待兼山考古学論集Ⅲ―大阪大学考古学研究室30周年記念論集―』大阪大学考古学研究室　pp.475-496

田中清美　2006「初期須恵器生産の開始年代―年輪年代法から導き出された初期須恵器の実年代」『韓式系土器研究』Ⅸ　韓式系土器研究会　pp.39-49

田中清美　2007「年輪年代法からみた初期須恵器の年代観」『日韓古墳・三国時代の年代観（Ⅱ）』第2回国際シンポジウム　国立釜山大学校博物館・国立歴史民俗博物館　pp.99-111

田中清美　2021「古墳時代中期の土器研究と暦年代」『中期古墳研究の現状と課題Ⅴ～副葬品による広域編年再考～』中国四国前方後円墳研究会第24回研究集会　同実行委員会　pp.1-16

田辺昭三　1981『須恵器大成』角川書店

辻田淳一郎　2018『同型鏡と倭の五王の時代』同成社

土屋隆史　2011「古墳時代における胡籙金具の変遷とその特質―朝鮮半島南部・日本列島出土資料を中心に―」『古文化談叢』第66集　九州古文化研究会　pp.29-60

土屋隆史　2018『古墳時代の日朝交流と金工品』雄山閣

土屋隆史　2020「古墳時代中期における金工品の編年―胡籙金具・冠の検討を中心に―」『中期古墳研究の現状と課題Ⅳ～副葬品による広域編年再考～』中国四国前方後円墳研究会第 23 回研究集会　同実行委員会　pp.37-50

豊島直博　2007「古墳時代前期の刀装具」『考古学研究』第 54 巻第 1 号　考古学研究会　pp.68-87

中久保辰夫　2018「古墳時代甲冑および須恵器の集成」『X 線 CT 調査による古墳時代甲冑の研究』鹿児島大学総合研究博物館　pp.87-96

中久保辰夫・李　貞・石坂泰士・中塚武　2020「奈良県新堂遺跡出土初期須恵器・土師器の型式学的検討と共伴木材の年輪酸素同位体比」『一般社団法人日本考古学協会第 86 回総会研究発表要旨』日本考古学協会　pp.30-31

中久保辰夫・李　貞・石坂泰士・井上智博・中塚武　2021「型式学・堆積学・年輪酸素同位体比分析による奈良県新堂遺跡出土初期須恵器・土師器の年代」『一般社団法人日本考古学協会第 87 回総会研究発表要旨』日本考古学協会　p.25

橋本達也　2005「古墳時代中期甲冑の出現と中期開始論―松林山古墳と津堂城山古墳から」『待兼山考古学論集―都出比呂志先生退任記念―』大阪大学考古学研究室　pp.539-556

橋本達也　2010「古墳時代中期甲冑の終焉とその評価―中期と後期を分かつもの―」『待兼山考古学論集Ⅱ―大阪大学考古学研究室 20 周年記念論集―』大阪大学考古学研究室　pp.481-501

初村武寛　2020「古墳時代中期における小札式甲冑の変遷」『中期古墳研究の現状と課題Ⅳ～副葬品による広域編年再考～』中国四国前方後円墳研究会第 23 回研究集会　同実行委員会　pp.25-36

花谷　浩 1996「鞍作の技術とその変遷」『畿内政権と鉄器生産　第 2 回鉄器文化研究集会発表要旨』鉄器文化研究会　pp.43-48

浜中邦弘・田中元浩 2006「初期須恵器と実年代との狭間―宇治市街遺跡出土資料を考える―」『河内潟周辺に定着した渡来人―5 世紀の渡来人の足跡―』大阪府立近つ飛鳥博物館　pp.54-57

早川由紀夫ほか　2015「榛名山で古墳時代に起こった渋川噴火の理化学年代決定」『群馬大学教育学部紀要』自然科学編　第 63 巻　群馬大学教育学部　pp.35-39

広瀬和雄　1991「前方後円墳の畿内編年」『前方後円墳集成』中国四国編　山川出版社　pp.24-26

廣瀬　覚　2013「埴輪の編年　①西日本の円筒埴輪」『古墳時代史の枠組み』古墳時代の考古学 1　同成社 pp.173-186

廣瀬　覚　2021『6 世紀の埴輪生産からみた「部民制」の実証的研究』平成 28 ～令和 2 年度科学研究費助成事業（基盤研究 C）研究成果報告書（課題番号：16K03179）　奈良文化財研究所

福永伸哉　1996「雪野山古墳と近江の前期古墳」『雪野山古墳の研究』考察篇　雪野山古墳発掘調査団　pp.293-308

藤野一之　2009「Hr-FA の降下年代と須恵器暦年代」『上毛野の考古学Ⅱ』群馬県考古学ネットワーク　pp.69-78

藤野一之　2019「8　須恵器からみた金井東裏遺跡」『金井東裏遺跡』《古墳時代編》理学分析編・考察編　公益財団法人群馬県埋蔵文化財調査事業団調査報告書第 652 集　公益財団法人群馬県埋蔵文化財調査事業団　pp.433-436

水野敏典　2003「古墳時代中期の武器・武具にみる交流の諸相と斉一性」『古代近畿と物流の考古学』学生社　pp.139147

水野敏典　2004「日韓鉄鏃変遷にみる武器の解釈」『古代武器研究』古代武器研究会　pp.6-18

宮代栄一　1996「古墳時代における馬具の暦年代―埼玉稲荷山古墳出土例を中心に―」『九州考古学』第 71 号　九州考古学会　pp.1-33

森下章司　2011「①前・中期の実年代」『古墳時代史の枠組み』古墳時代の考古学 1　同成社　pp.213-221

李　熙濬　1996「慶州皇南大塚の年代」『嶺南考古学』第 17 号　嶺南考古学会　pp.33-67

李　尚律　2007「三国時代 壺鐙の出現と展開」『韓國考古學報』65 輯　韓國考古學研究會　pp.47-73

柳　昌煥　1995「伽耶古墳 出土 鐙子에 대한 研究」『韓國考古學報』33 輯　韓國考古學研究會　pp.91-147

柳　昌煥　2007「三国時代 鉄製鐙子에 대한一考察」『考古廣場』創刊号　釜山考古學研究會　pp.289-312

和田晴吾　1987「古墳時代の時期区分をめぐって」『考古学研究』第 34 巻第 2 号　考古学研究会　pp.44-55

図表出典

図 1：鈴木 2003 を引用、一部改変。図 2：岩本作成。表 1：岩本作成。表 2：川畑 2016 を参考に作成。表 3：廣瀬 2013・2021 を参考に作成。表 4：岩本作成。

〈研究報告〉

古墳時代中期における馬具の暦年代

諫早　直人

はじめに

　ここで改めて述べることすら憚られるが、考古学が扱う年代には、相対年代と絶対年代・暦年代（以下、暦年代とする）というまったく異なる年代表記方法がある。主として層位学や型式学といった考古学的手法に依拠して構築される相対年代だけでも、個々の発掘調査成果のとりまとめや、特定の遺構・遺物の研究、さらにはそれらにもとづく特定地域の考古学的研究をある程度進めていくことは可能だが、前者で得られた相対的な前後関係に一定の時間幅を与えるには、紀年資料や放射性炭素年代測定法などにもとづく後者の議論が欠かせない。また、層位学や型式学の射程の外にある、まったく異なる時代や地域との比較や、他分野（古墳時代の場合、主として文献史学）との接続のためにも、後者の議論を錬磨することが絶えず求められている。

　しかしながら、日本列島の多くの時代・地域において、相対年代論に比べると暦年代論は不安定である。もちろん、後者の一翼を担う年代測定法自体が日進月歩であり、それを考古資料にどのように適用するかについて議論が続いていることも承知しているが、中国由来の紀年資料が出土するようになる弥生時代以降も暦年代観が不安定である根本的な理由は、暦年代の根拠となる資料（以下、暦年代決定資料）の稀少性、偏在性、外部依存性に求められる[1]。放射性炭素年代測定資料の稀少性、偏在性についてはサンプルが増え続ければいつか解決するのかもしれないが、方法論の核心を外部に依存していることによる不安定さが常に付きまとう。また紀年資料については、そもそもの絶対数が少ないため、いくら発掘を重ねたとしても劇的な増加は望めない。考古資料の暦年代を論ずる際には、相対年代を構築している資料群に比して、暦年代論に資する暦年代決定資料は極めて点的であり、その精度もまちまち、玉石混淆であることを、常に意識しておく必要がある。

　古墳時代中期に入り、家畜馬とともに登場する馬具は、それ自体紀年をもつわけではない。ただ、形態的特徴を同じくする馬具が中国や朝鮮半島の紀年墓・準紀年墓から出土していることもあって、重要な暦年代決定資料として注目されてきた。また、以下に詳しくみるように地域ごと（当時の国ごと）の相対編年がある程度確立しており、相対編年間のおおよその併行関係も明らかとなっている［諫早2012など］。現在の国境はもちろん、当時の国々をまたいだ広域相対編年網の構築が可能であると同時に、暦年代決定資料をもつ数少ない考古資料ということができる。しかしながら、零細かつ不安定な暦年代決定資料に依拠せざるをえないこともあって、その併行関係や暦年代観をめぐっては、今なお意見の一致をみていない。

　本稿では、古墳時代中期の暦年代をめぐるこれまでの議論を概観した上で、当該期の馬具の暦年代について筆者の考えを提示してみたい。

第Ⅲ部　古墳時代中期の社会と中国四国

1．馬具の暦年代論をめぐって

（1）研究史の概観

　古墳時代中期暦年代論の中でも、本稿で扱う馬具は研究史上、重要な位置を占めており、その重要
性は近年ますます高まっている。古墳時代暦年代論の到達点を整理した森下章司［2011］によって作
成された図1をみると、確かな暦年代決定資料にもとづく古墳時代暦年代論の嚆矢に位置づけられる
白石太一郎［1979・1985］の段階では、中国遼寧省北票馮素弗墓出土木心輪鐙（1973年報告）や埼玉県埼
玉稲荷山古墳出土三鈴杏葉（1980年報告）という「点」に留まっていた暦年代決定資料がその後順調に
増加し、相対編年網というタテ・ヨコの「線」の中で位置づけられるようになったことがよくわかる。
　馬具の暦年代論が、暦年代決定資料という「点」にもとづく議論から脱却し、相対編年という「線」
の中で議論される契機となったのは、白石が「きわめて有効な暦年代決定資料」［白石1985：238］として
て注目した埼玉稲荷山古墳礫槨出土辛亥年銘鉄剣と共伴する馬具の暦年代観に対する、韓国の金斗喆
［1996］と宮代栄一［1996］の論争である。詳しい紹介は紙幅の関係で省略するが、1980年代以降、釜
山福泉洞古墳群や陜川玉田古墳群など、韓国の古墳から日本の古墳出土馬具とよく似た馬具が出土し
たことがきっかけとなって、日韓両国から出土する馬具の併行関係が意識されるようになり、辛亥年
銘鉄剣の暦年代観が韓国の古墳の暦年代観にも直接的な影響を及ぼすようになったことの表れとみて
よい。この論争に象徴される日韓両国の暦年代観の相違[2]は、暦年代決定資料が零細かつ不安定で
あることに加えて、それぞれの拠って立つ歴史観の相違もあり、今もって解決していないが、この暦
年代論争と相前後して韓国において発掘調査の急増に伴い新資料が爆発的に増加したこともあって、
日本古墳時代と朝鮮三国時代の相対編年の併行関係がそれまで以上に強く意識されるようになり［申
敬澈1985など］、その整備が飛躍的に進んでいく。馬具、短甲と須恵器・陶質土器にもとづく白井克
也の広域相対編年論は、日本側から提出された到達点の一つであり、その後の日本側のあらゆる議
論の基盤となっている［白井2003a〜c］。また、2006〜2009年には国立歴史民俗博物館と釜山大学校
博物館が中心となって国際シンポジウム「日韓古墳時代の年代観」が開催され［国立歴史民俗博物館ほか
2006・2007・2009］、日韓両国で出土する様々な遺物の相対編年網が構築されるとともに、日本（倭）、
新羅、加耶、百済それぞれの立場の暦年代根拠が、広く日韓両国で広く共有される契機となった。

（2）古墳時代の暦年代決定資料

　そもそも古墳時代の暦年代決定資料にはどのようなものがあるのだろうか。この問題について基礎
的整理を試みた白井克也によれば、「文字資料と考古資料との整合性により、文字資料のなかに考古
資料を位置づける」［白井2011：231］史料対比年代（①）と、理化学的年代（②）があり、前者は（A）紀
年資料や被葬者名のわかる墳墓資料を用いる方法、（B）遷都・領域変化を考古資料の分布変化や型式
変化と重ねる方法、（C）文献に記された歴史的事件の発生や情勢変化を考古資料の変化と対比する方
法に細別され、資料操作の手続きが少ない①Aが最も信頼性が高いとされる。

310

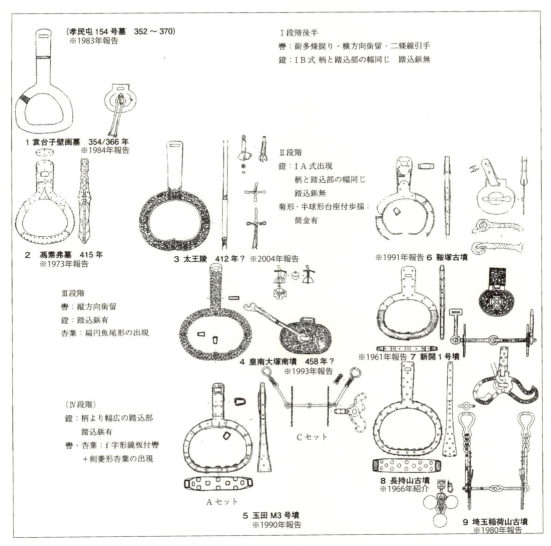

図1　馬具の年代決定資料（※は報告年）

　筆者もその理解を基本的には踏襲しているが、①Aについては、'ボタンの掛け違い'を少しでも減らすためにも、遺構と遺物、すなわち墓誌などにより被葬者の埋葬年代（あるいは死亡年代）が明らかな紀年墓（a）と、製作年代などの紀年が刻まれた鏡、刀剣などの紀年銘遺物（b）にわけ、その意味するところをきちんと区別しておくべきであろう。特定の器物の暦年代を考える場合、前者の年代が直接示すのは副葬年代であり、追葬などを考慮する必要がない限り、副葬年代を副葬された器物の製作年代の下限とみなすことができる。これに対し、後者は器物の製作年代を直接的に示す場合が多い。製作年代は副葬年代や廃棄年代の上限とはなるが、伝世・長期保有など様々な理由により、両者の年代は大きくかけ離れることがしばしばある。

　なお古墳時代にも①Abは銅鏡などに一定数みられるが、そのほとんどが大陸からの舶載品である。

第Ⅲ部　古墳時代中期の社会と中国四国

①Aaはまだみつかっていないが、資料操作によって特定被葬者の蓋然性が極めて高いと判断される準紀年墓はいくつかある。また馬具に関していえば、①Abは大陸を含めまだみつかっていないが、①Aa出土資料は大陸にいくつかある。

　②については放射性炭素年代測定法や年輪年代法などがある。馬具にも木製や皮革製など有機質製素材はあるが、馬具自体にこれらの年代測定法が実施されたことはほとんどない。いずれも測定物質から直接絶対値を得ることができるが、前者によって得られる絶対値は一定の幅をもっており、また測定方法や測定箇所、較正方法など、条件が変化すればその数値は容易に変わってしまうことが多い。後者はヒノキ、スギ、コウヤマキに関しては樹皮が残る良好な資料であれば伐採年代を絶対値で知ることができるが、古墳から大型の木材が出土すること自体が稀であり、樹皮まで残る資料はさらに少ない［光谷2012］。もちろん、前者については¹⁴Cウイグルマッチング年代法[3]など、より精度の高い方法が模索されており、較正曲線の見直しも定期的におこなわれている。後者についても年輪酸素同位体比分析という新たな方法が開発され、古墳時代資料への適用も始まっている。今後も年代測定の精度は向上していくであろうが、それ自体は「暦年代論」ではなく、「暦年代資料論」として別途議論すべきものであろう。また、測定資料の多くは型式学的前後関係を論じえない自然遺物であり、それらとの共伴関係によって特定の遺構・遺物の相対編年に暦年代を与えていく不安定さは如何ともしがたく、同じ資料に立脚しているにもかかわらず、暦年代観が大きく相違する原因となっている。

（3）小　　結

　ここまで研究史を概観した上で、古墳時代の暦年代決定資料にどのような資料があり、どのような長所と短所があるのかについて足早にみてきた。相対年代論や暦年代資料論と、それらにもとづいて構築される暦年代論は、それぞれ目的や依拠する方法論が異なる。前二者→後者へと立論が展開するため、気付かないうちに循環論法に陥りやすいが、それぞれの扱う資料の特性や目的とする所を理解した上で、基本的には別々に方法論を練磨していく必要があるだろう。

　また、ほとんどが暦年代情報をもたない当該期の考古資料の暦年代論においては、時間軸においても空間軸においても「点」に過ぎない個々の暦年代決定資料は、「線」である相対編年網の中に位置づけてこそ意味をもつ。もちろん相対編年網や交差年代を突き詰めていけば暦年代論が解決するわけではないが、相対編年網を広域化、精緻化、安定化させることによって、孤立した「点」に過ぎない暦年代決定資料が、他地域の考古資料の暦年代決定にも資するものとなる。広域編年網の構築こそが安定した暦年代論の基盤となることを改めて強調しておきたい。

2．馬具の暦年代論

（1）暦年代決定資料としての馬具

　冒頭でも述べたように古墳時代の馬具は、東アジア規模で広域編年網を構築することのできる数少ない器物である。また、各地における相対編年（モノの時間的配列）と、同一の基準にもとづく併行関係（モ

312

ノの空間的配列）の設定から、暦年代決定資料にもとづく製作年代の付与までの一連のサイクルが、馬具の中だけでほぼ完結する点において、方法論的な独立性が高い（外部依存度が低い）ことも付言しておきたい。これは、共伴資料の理化学的年代など、基本的に外部に暦年代根拠を依存せざるをえない須恵器との大きな違いである。

　なお、馬具以外にも器物自体の検討から製作の暦年代を導出できる代表的な器物として、銅鏡が挙げられる。東アジアの広範な地域から一定数出土する点で共通し、しばしば器物自体に紀年が刻まれている点で、紀年墓出土資料に頼らざるをえない馬具よりも直接的に製作年代を知ることができるが、それらの暦年代決定資料の多くがそれぞれの地域で製作されたわけではない点で、馬具とは資料の性格がまったく異なる。また、一定の頻度で伝世が認められるなど、製作から流通、廃棄（埋納）に至る器物のライフ・サイクルもまた、馬具とは大きく異なっていたようである［森下2022など］。

　このほかにも、日本列島ではまだ出土していないが、中国の紀年墓に副葬された中国製陶磁器も、百済など朝鮮半島南部においては重要な暦年代決定資料と目されている。暦年代推定の手続きは馬具と似ているが、日本列島の紀年銘鏡の多くと同じく朝鮮半島南部で製作されたわけではない点、中国における生産地（窯）ごとの地域性をふまえた相対編年や併行関係に対する議論が成熟していない点で、現状では馬具よりも暦年代決定資料としての評価が定まっていない［土田2017：50-55］。

（2）東北アジア出土馬具の製作年代に関する基本的な考え方

　筆者は、今から十年以上前に、以下のような手続きで暦年代決定資料の乏しい、東北アジア出土馬具の製作年代を導出したことがある。
　ステップ①：同じ基準にもとづいて、中国東北部〜朝鮮半島南部（三燕、高句麗、新羅）出土馬具の相対編年（型式組列）を設定。
　ステップ②：同じ変化がほぼ同じ時期に起こったという仮定のもとに併行関係を設定。
　ステップ③：各地の暦年代決定資料から各段階の製作年代を推定［以上、諫早2008a］。
　ステップ④：同じ基準にもとづいて、朝鮮半島南部〜日本列島（百済、加耶、倭）出土馬具の相対編年（型式組列）を設定。
　ステップ⑤：同じ変化がほぼ同時に起こったという仮定のもとに中国東北部から日本列島までの併行関係を設定。
　ステップ⑥：中国東北部〜朝鮮半島南部（三燕、高句麗、新羅）の暦年代決定資料にもとづいて各段階の製作年代を推定［以上、諫早2008b］。

　以上のような手続きのもと、日本列島と朝鮮半島南部に留まっていた既往の相対編年網を中国東北部まで含めた東北アジアに拡大、再構築した結果、中国東北部の暦年代資料を「点」としてではなく、「線」、すなわち型式組列の中で評価することが可能となった。図2は、遼寧省北票馮素弗墓（415年）の正式報告書刊行など、新出資料の増加を受けて若干の修正を加えたものである［諫早2020］。

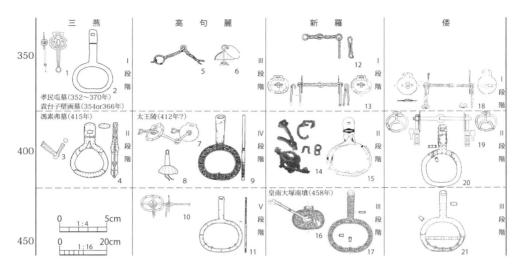

1・2：孝民屯154号墓　3・4：馮素弗墓　5・6：禹山下3319号墓　7：七星山96号墓　8・9：太王陵
10・11：万宝汀78号墓　12：煌城路20号木槨墓　13：月城路カ-13号墳　14・15：皇南洞109-3・4号墳
16・17：皇南大塚南墳　18：行者塚古墳　19・20：七観古墳　21：瑞王寺古墳

図2　東北アジア出土馬具の製作年代（S=1/16、6・8は1/4）

（3）東北アジア出土馬具の製作年代の課題

　筆者の馬具の製作年代観がすべての研究者に受け入れられているわけではないことは百も承知しているが、筆者自身がその暦年代推定に大きな変更を加えるような新たな暦年代決定資料は増えていない。一方で、乏しい暦年代決定資料を、それをもたない広範な地域に適用するための如上の手続きについては、以下のような方法論上の課題、限界を認めざるをえない。

　第一は紀年銘遺物ではなく、紀年墓・準紀年墓出土遺物に依拠している限界である。被葬者の没年代≒古墳の築造年代は、基本的にはそこから出土した馬具の副葬年代を示すわけだが、筆者は、それを製作年代の下限（その時点では確実に製作されていたもの）として理解し、前後の段階を考慮しつつ上限を推定している。副葬年代から製作時の型式組列に暦年代を与え、これを製作年代として理解しているため、各段階の製作年代を紀年墓・準紀年墓の年代よりも若干古く見積もっているが、その上限について確たる根拠をもちあわせているわけではない。

　第二は中国東北部～朝鮮半島の紀年墓・準紀年墓出土資料に依拠している限界である。当該期（4世紀～5世紀中頃）の紀年墓・準紀年墓出土資料の存在しない日本列島にまで同じ暦年代を付与するための検証作業はまだ十分とはいえない。また、日本列島で馬具生産が本格化する5世紀後半以降も含めて馬具の暦年代を論ずる際には、広範な地域で共通して認められる馬具の変化が本当に同時期に起こっているのか、時間差をもちつつ変化した可能性はないのか、より慎重な対応が求められよう。

3．榛名山二ツ岳渋川テフラ（Hr-FA）の降下年代と馬具の暦年代論

（1）暦年代決定資料としての示標テフラ

　前節で述べた課題、とりわけ第二の課題は、大陸でいくら暦年代決定資料が増えても解決しないことは容易に理解できるだろう。この問題の解決には、日本列島の暦年代決定資料による検証作業が欠かせないが、埼玉稲荷山古墳などから出土している不安定な準紀年銘遺物や、須恵器と理化学的年代測定試料との不安定な共伴関係にもとづいた議論が膠着状態に陥っていることは、既に述べた通りである。

　筆者はそういった不安定な暦年代決定資料との整合性に拘泥するよりも、古墳時代の群馬県で起こった二度の大噴火、すなわち榛名山二ツ岳渋川テフラ（以下、Hr-FA）と、榛名山二ツ岳伊香保テフラ（以下、Hr-FP）の降下年代を鍵層に広域編年網を再構築することこそが、この問題を解決する鍵になると考えている。広域火山灰が層位学（地層累重の法則）にもとづく発掘調査成果をもとに組み立てられる相対編年上の指標（示標テフラ）となることについては、旧石器時代であろうが、古墳時代であろうが不変であろう［藤本1985、町田ほか1992など］。その降下の暦年代が細かく絞り込めれば、相対編年に安定した暦年代を与えることが可能になる。^{14}C ウイグルマッチング年代法によりその精度は飛躍的に向上したが、依然、その測定値は幾分の幅をもっており、また暦年較正プログラムの更新によっても変動する。まずはその最新の成果を確認するところから始めよう。

（2）Hr-FA の降下年代

　Hr-FA と Hr-FP の降下年代については、かつてはそれらの上層と下層の古墳や須恵器の暦年代観をもとに推測されていた［坂口1993など］。近年、両噴火によって枯死した自然木に対する^{14}C ウイグルマッチング法を用いた年代値が公表された結果、理化学的方法によって降下火山灰の暦年代が絞り込まれるとともに、新たな暦年代決定資料として注目されているが、両者は暦年較正の方法が違うため注意が必要である。以下、具体的にみてみよう。

　前者は榛名山二ツ岳の東方約2.9km、標高696m の地点で採取された、Hr-FA の初期に降り積もった厚さ約４ｍの火山灰によって同時に埋没したとみられる３本の倒木の測定値である。ウイグルマッチングによって cal AD 485-504（２σ）という年代が得られており、Hr-FA を経験した最外年輪はこの値に２年加え、cal AD 487-506 としている。報告者は１σの測定値（cal AD 489-498）をもとに、Hr-FA の年代について「従来考えられていた６世紀前半よりやや古く、５世紀末の497年前後だったことがわかった」と結論している［早川ほか2015：38］。

　後者は榛名山二ツ岳の北方約3.1km、標高約500m の地点、Hr-FP 火砕流堆積物中で採取された炭化樹木で、Hr-FP 火砕流によって枯死、炭化したと考えられている。ウイグルマッチングによって cal AD 545-567（２σ）という年代が得られている［奥野ほか2022］。なお、二つのテフラ降下時期が20～30年の時間差をもつと推定されていることや[(4)]、測定試料に29層の年輪がみられたことから、本

第Ⅲ部　古墳時代中期の社会と中国四国

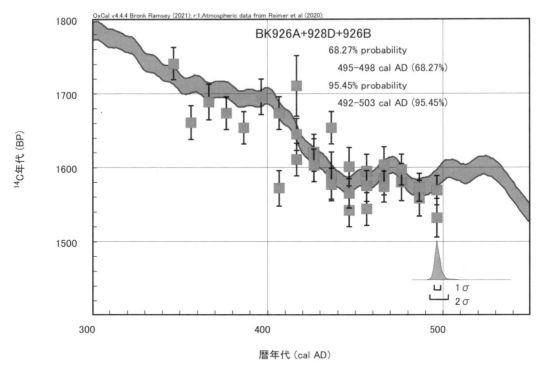

図3　IntCal20によるHr-FA下層木材のウイグルマッチング年代（中村賢太郎氏作成）

測定試料についてHr-FAによる埋没・植生破壊直後に発芽したと推定している。さらには両者の時間差を30年と仮定した上で、早川らによるHr-FAの降下期と連結すると、Hr-FPの年代はcal AD 515-534[5]になるとしている。

筆者は放射性炭素年代測定法について門外漢であり、これらの測定値自体を批評する術をもたないが、前者がIntCal04、後者がIntCal20という異なる較正曲線によって得られた測定値であることをふまえれば、奥野らのように較正プログラムの異なる二つのデータを接ぎ木した議論は危険だろう。そこで、村田泰輔氏（奈良文化財研究所）の協力のもと、早川ほか2015の共著者でもある中村賢太郎氏（パレオ・ラボ）に前者の測定試料をIntCal20で再計算してもらった結果、既往の測定値と大きな差はなかったが、より狭い年代幅を示すことが明らかとなった（図3）。以上からHr-FAは492-503年（最外年輪を考慮すれば494-505年）のどこかで噴火した可能性が高い。

（3）Hr-FAの降下年代と馬具の暦年代論

層位学的な発掘調査成果をもとに、古墳や出土須恵器を中心に議論が積み重ねられてきた結果、Hr-FAの降下は須恵器編年でいうところのMT15型式期のどこかということでほぼ見解の一致をみている[6]［坂口1986、坂本1996、酒井2009、藤野2019など］。日本列島の馬具編年は須恵器編年との大まかな併行関係が明らかとなっているが、このHr-FAの降下年代を、大陸の紀年墓・準紀年墓出土馬具というまったく異なる暦年代決定資料によって構築された馬具編年と接続するにあたっては、少

し注意が必要だ。というのも、古墳時代馬具編年の大綱を示した内山敏行も強調しているように、馬具編年の分期と須恵器編年の分期は厳密に一致するわけではないからである［内山2013など］。これは、製作時の型式学的組列によって組み立てられた相対編年間の前後関係や併行関係の妥当性を、出土層位や共伴遺物など、副葬時・廃棄時の情報によって検証せざるをえないという方法論的限界に起因している。そもそもズレは器物の生産の時点で内包されているはずであり、研究が進めば解消されるというものでもない。また、埼玉稲荷山古墳礫槨出土馬具のように厳密な共

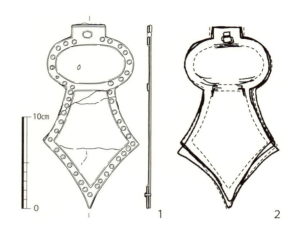

図4　金井東裏遺跡出土剣菱形杏葉とその類例
（S=1/4。2は田中2005に破線で金井東裏遺跡例を加筆）

伴関係にない資料についてまで、須恵器型式をモノサシに時期表記をおこなうことで、暦年代論の解決が難しくなってしまうこともあるし[7]、暦年代決定資料となる須恵器の型式比定が須恵器研究者によってさえしばしば異なることも我々を惑わせる[8]。

　詰まるところ、まずはHr-FAの下からどのような馬具が出土し、Hr-FAの上からどのような馬具が出土しているのかを地道に整理することこそがこの問題を解決する捷径ということになる。これについてはかつて坂本和俊によって、群馬県白藤P-6号墳出土馬形埴輪の三鈴杏葉表現や群馬県近戸4号墳（庚申山古墳、総覧粕川村65号墳）出土三鈴杏葉[9]から、三鈴杏葉の出現時期がHr-FA降下以前に遡るという卓見が示されて以降［坂本1996］、あまり議論が進展していないが、今後の馬具研究の重要な課題といえるのではないだろうか。

　筆者自身、この問題に対してまだ十分な検討ができていないが、ここでは一例として群馬県金井東裏遺跡から出土した1点の剣菱形杏葉を追加しておきたい（図4-1）。42号竪穴建物付近でS_3火砕サージ上からTK47型式期と推定される須恵器大甕や赤色顔料とともに出土しており、報告者はこれらについてHr-FAのS_3・S_7火砕流により西方の調査区外から流されてきたものと推定している[10]。この杏葉は田中由理のⅠB3式にあたるとみられ（図4-2）、群馬県恵下古墳例や香川県王墓山古墳例などMT15型式期の古墳から出土している［田中2005］。片山健太郎の剣菱形杏葉編年に照らし合わせると、一体被Ⅱ式（段階4）［片山2020］、内山敏行の馬具編年に照らし合わせると後期第1段階ということになろうか［内山2013］。いずれにせよ本事例から、f字形鏡板轡や剣菱形杏葉の編年上の画期である金銅板一枚被せ技法の出現や、多鋲化、大型化がHr-FA降下以前にまで遡ることは確実といえよう。

（4）古墳時代中期の馬具の暦年代

　ここまで、Hr-FA降下年代に関する最新の状況を確認した上で、その下層から出土した馬具についてみてきた。まだ十分な集成にもとづいた作業ではなく、坂本和俊の研究に金井東裏遺跡出土剣菱

第Ⅲ部　古墳時代中期の社会と中国四国

形杏葉を加えるに留まったが、これらから三鈴杏葉や、ｆ字形鏡板轡や剣菱形杏葉にみられる金銅板一枚被せ技法が、Hr-FA降下以前に出現していたことは確かである。なお、埼玉稲荷山古墳礫槨の三鈴杏葉（永沼分類の三鈴Ⅰ型式ｂ類）は、Hr-FA降下以前に築造された近戸４号墳の三鈴杏葉（永沼分類の三鈴Ⅱ型式ｅ類）よりも型式学的に先行するため［永沼1983、桃崎2022など］（図５）、埼玉稲荷山古墳礫槨の埋葬年代がTK47型式期であれ、MT15型式期であれ、埼玉稲荷山古墳の三鈴杏葉はHr-FA降下以前に製作された可能性が極めて高い。残念ながら埼玉稲荷山古墳ではHr-FAの一次堆積層（純層）の検出、分析はまだなされていないが、「周堀の覆土の底から60cmほど浮いた位置でHr-FAと推定される粒子が堆積」しており、Hr-FA降下後に流れ込んだ２次的な堆積層と推定されていることも参考となる［関2018：280］。

　かつて白井克也は、埼玉稲荷山古墳出土鉄剣と辛亥年銘にかかわる既往の論理について、論理Ａ：鉄剣をTK47型式に対比するなら、辛亥年は471年［宮代1996］、論理Ｂ：鉄剣をMT15型式に対比するなら、辛亥年は531年［金斗喆1996］、論理Ｃ：鉄剣をMT15型式に対比するが、辛亥年は471年［白石1985］に整理した上で、論理Ｃについて「破綻した仮説」と断じた［白井2003a：106-107］。しかしな

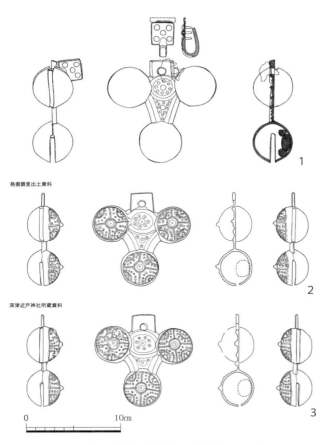

図５　埼玉稲荷山古墳出土三鈴杏葉（１）と
　　　　近戸４号墳出土三鈴杏葉（２・３）（S=1/4）

がら、先に確認したHr-FAの降下年代が妥当であれば、論理Ｄ：鉄剣をTK47型式に対比しても、MT15型式に対比しても、辛亥年は471年、という白石説を包摂する論理が成り立ちうる。

　それでは次に、片山健太郎［2020］によって提示された古墳時代中期馬具編年と、暦年代決定資料の併行関係を整理してみよう。

馬具編年２期（≒TG232型式期）：集安太王陵出土馬具（412年？）、北票馮素弗墓出土馬具（415年）

馬具編年４期（≒TK216型式期）：慶州皇南大塚南墳出土馬具（458年？）

馬具編年８期（≒MT15型式期）：Hr-FA降下年代（494-505年のどこか）

　＊（？は準紀年墓）

２期（筆者の日本列島Ⅱ段階）と４期（日本列島Ⅲ段階後半）の製作年代

については、暦年代決定資料が出土した紀年墓・準紀年墓の副葬年代、埋葬年代よりも遡るという理解のもと、それぞれ4世紀末〜5世紀初、5世紀中葉という製作年代を想定している［諫早2012］。8期についてもHr-FA降下年代によって抑えられるのは埋没年代であり、同じように製作年代を遡らせることも可能だが、5〜7期の時間幅も考慮し、ひとまずは降下年代の上限である5世紀末以降とみておきたい。なお、金井東裏遺跡出土剣菱形杏葉にもみられる金銅板一枚被せ技法は、慶州天馬塚（筆者の新羅Ｖ段階）など、片山8期と同時期の朝鮮半島南部の馬具にも散見され、それらの暦年代の上限を考える上でも参考になる。

4．おわりに

　本稿では、古墳時代中期の馬具の製作年代について筆者の既往の考えを述べるとともに、Hr-FAの降下年代をもとにその暦年代観について若干の補強を試みた。Hr-FAによって明らかになるのは馬具の製作年代だけでは決してない。須恵器編年を介するのではなく、様々な遺構・遺物と示標テフラの直接的な前後関係をもとに、それらの相対編年を再構築することで、Hr-FAやHr-FPを降下範囲の局地的な前後関係に留まらず、日本列島全体、さらには東アジアにおける安定した暦年代決定資料として利用できるようになるだろう。そのためにも個々の遺跡の発掘調査において確認されたテフラ層の科学的な同定（テフラ検出分析などの実施）と、各種遺構・遺物との層位学的関係の記録、さらにはそれらの成果の検証可能なかたちでの共有が、これまで以上に求められることも付言しておく。

　本稿を擱筆するにあたって、古墳時代暦年代論を切り拓いた白石太一郎の言葉を引用したい。

　「年輪法をはじめ、弥生時代以降の年代にも有効な自然科学的年代決定法が実用化される日もそう遠くないであろう。しかしその日までわれわれは相対年代の研究と併行して絶対年代決定の考古学的方法をみがくとともに、各時代の暦年代比定を絶えず検証しなければならない。自然科学的方法とのクロスチェックのためにも、また自らの学問の方法の有効性を確認するためにもそれは必要なのである」［白石1985：238-239］。「暦年代比定の当否についてたえず検証を繰り返すとともに、現在知られている材料から想定されている暦年代の精度を正しく認識した上で考古資料を使わなければならないのである」［白石1985：218］。

　暦年代決定資料の乏しい当該期の暦年代論において求められる学問的姿勢は、今も昔も、そしてこれからも、それほど変わることはなさそうである。今後も資料の実態に即した検討と議論を続けていきたい。

第Ⅲ部　古墳時代中期の社会と中国四国

謝辞

本稿をなすにあたり、下記の方々よりご教示を得た。記して感謝いたします。

大野義人　片山健太郎　小島純一　中村賢太郎　右島和夫　村田泰輔　群馬県埋蔵文化財調査事業団　前橋市教育
委員会

註

（1）　古墳時代の暦年代論を牽引した白石太一郎は、「この時期の考古資料の暦年代を決定する方法としては、まず
中国や朝鮮半島製の紀年銘資料やこれに準じる中国などでほぼ製作年代の明らかな遺物との共存関係によって、
暦年代を推定する方法がある。弥生─古墳時代の暦年代は主としてこの方法によって決定されている」とした
上で、「日本列島のように、高文明圏の周辺に位置する地域の「原始時代」にあっては、こうした隣接文明圏の
紀年銘資料や年代資料による暦年代想定が最も優先されるべき暦年代決定法であることを認識する必要がある」
と述べている［白石 1985：236-238］。

（2）　紙幅の関係で詳述は避けるが、韓国内でも地域や研究者によって暦年代観に著しい相違がある。

（3）　年輪で相互の年代関係がわかる複数の試料を年代測定し、^{14}C 年代値の試料間の変化を較正曲線の凹凸に重ね
て年代を絞り込む手法。

（4）　新井房夫によって栃木県尾瀬ヶ原で Hr-FA と Hr-FP の間に堆積する泥炭層の堆積速度から導き出された 20
〜 30 年という推定をもとに、しばしば Hr-FA と Hr-FP の降下時期の時間差が論じられてきたが、以下の引用
をみれば明らかなように、新井自身は決してその数値を固定的に捉えているわけではない。「筆者は尾瀬ヶ原の
新期泥炭層の堆積速度から、おそらく 20 〜 30 年、多くても数 10 年以内と見積っている。すなわち、尾瀬ヶ原
新期泥炭層上部には "FP" と "FA" の薄層（層厚 1 cm 以内）がペアをなして夾まれ、両者の間には一般に厚さ
2 〜 3 cm の泥炭が介在する。図 2、柱状図（9）からよみとれるように約 4 m の泥炭層の堆積に約 6,000 年を
要しており、平均堆積速度は約 0.7mm ／年ということになる。下部ほど圧密や分解の程度が高いことを考慮にい
れて上部では 1 mm ／年とすると "FP" と "FA" の間にある 2 〜 3 cm の泥炭の堆積に要した時間は 20 〜 30 年
ていどのものと推定される。また堆積速度を 0.7mm ／年とみても 50 年以内ということになる。」［新井 1979：50-
51］

（5）　［奥野ほか 2022：図 6］では cal AD 515-531 としている。

（6）　韓国の李昌熙［2012］は、早川らのウイグルマッチング年代を受容しつつも、一部資料にもとづいて Hr-FA
によって直接埋没した須恵器を TK23-TK47、Hr-FA 降下直後を TK47 と MT15 の交代期とする独自の型式観
を披露しているが、群馬県金井遺跡群など最近の発掘調査成果［藤野 2021 など］をみても容易に受け入れがたい。

（7）　白石太一郎は埼玉稲荷山古墳くびれ部から出土した TK23・47 型式期の須恵器を未発見の中心主体の埋葬に
伴う祭祀の遺物とし、礫槨については出土馬具の型式学的研究をもとに MT15 型式期に追葬されたものとみて
いるが［白石 1985・1997］、数度にわたって実施された地中レーダー探査によっても礫槨に先行する確実な埋葬
施設はみつかっていない［埼玉県教育委員会 2018：37］。これに対し宮代栄一は埼玉稲荷山古墳くびれ部から出土
した須恵器との共伴関係に頼ることなく、礫槨出土馬具について TK47 型式期という結論を下している［宮代
1996］。宮代は「古墳の実年代（絶対年代）については研究者間で意見が分かれることから、須恵器を表現の基準
として用いることで、無用の混乱を除くと同時に、ある程度のコンセンサスを得たい、との意図」のもと、古
墳の年代を表現する方法として陶邑の須恵器の型式名を使用しているが［宮代 1993：21］、この日本独特の相対年
代表記方法が韓国人研究者との 'ボタンの掛け違い' の要因となっていることは否定できない。

（8）　百済の王都、漢城が高句麗の攻撃を受けて陥落した 475 年を下限とする暦年代決定資料として注目されてきたソウル夢
村土城 85-3 号貯蔵穴出土須恵器については、TK208 型式とみる立場［白井 2003b］と TK23 型式とみる立場［酒井 2009
など］があり、結果として彼我の暦年代観に決定的な違いをもたらしている。

（9）　近戸 4 号墳から 1870 年（明治 3）頃に出土したとされる三鈴杏葉が深津近戸神社に社宝として保管されてお
り（現在は前橋市粕川歴史民俗資料館に寄託）、1986 年の発掘調査でも遺構に伴わない状態で三鈴杏葉が出土してい

る。いずれも永沼律朗［1983］が最も後出するとみた三鈴Ⅱ型式 e 類に該当し、「文様構成に多少の差異があるが、基本的には法量も含めて親和性が高く、セットとして製作され」、近戸 4 号墳に副葬されたとみられる［大野 2021：47］。近戸 4 号墳の周堀埋土下層には Hr-FA の純層の堆積が確認されているため［粕川村教育委員会 1986］、これらの副葬時期は Hr-FA 降下以前に遡る可能性が高い。

（10）　報告者はこれらが 42 号竪穴建物に伴うものではなく、「これらの遺物群がまとまって出土するのは、祭祀遺構や宝物蔵などが推定される。そのような構造物が、屋敷地西側にあった可能性が高い。」と推測している［群馬県埋蔵文化財調査事業団 2019：650］。

引用参考文献

【日本語】

新井房夫　1979「関東地方北部の縄文時代以降の示標テフラ層」『考古学ジャーナル』No.157　ニュー・サイエンス社

諫早直人　2008a「古代東北アジアにおける馬具の製作年代—三燕・高句麗・新羅—」『史林』第 91 巻第 4 号　史学研究会

諫早直人　2008b「日韓出土馬具の製作年代」『日韓交流の考古学』嶺南考古学会・九州考古学会

諫早直人　2012『東北アジアにおける騎馬文化の考古学的研究』雄山閣

諫早直人　2020「三燕の金工品と倭の金工品」『東アジア考古学論叢　Ⅱ—遼西地域の東晋十六国期都城文化の研究—』奈良文化財研究所・遼寧省文物考古研究院

岩本　崇　2022「中期古墳年代論—相対編年とその暦年代—」『中期古墳研究の現状と課題Ⅵ〜新編年で読み解く地域の画期と社会変動〜　発表要旨集・資料集』中国四国前方後円墳研究会

内山敏行　2013「馬具」『古墳時代の考古学』4（副葬品の型式と編年）同成社

大野義人　2021「群馬県内出土の鈴付馬具について」『よみがえる古墳時代の響き　鈴』かみつけの里博物館

奥野　充・八塚慎也・中村俊夫・高橋利彦・及川輝樹・下司信夫・坂本　稔・星野安治　2022「榛名二ッ岳，伊香保テフラ中の炭化樹木の樹種同定と ^{14}C ウイグルマッチング年代」『月刊　地球』Vol.44 No.3　海洋出版

粕川村教育委員会　1986『深津地区遺跡群—昭和 61 年度県営圃場整備事業に係る埋蔵文化財発掘調査の概要—』

片山健太郎　2020「古墳時代中期の馬具編年—中期後半を中心として—」『中期古墳研究の現状と課題Ⅳ〜副葬品による広域編年再考〜　発表要旨集・資料集』中国四国前方後円墳研究会

群馬県埋蔵文化財調査事業団　2019『金井東裏遺跡《古墳時代篇》』

国立歴史民俗博物館・韓国 国立釜山大学校博物館　2006『日韓古墳時代の年代観』

国立歴史民俗博物館・韓国 国立釜山大学校博物館　2007『日韓古墳時代・三国時代の年代観（Ⅱ）』

国立歴史民俗博物館・韓国 国立釜山大学校博物館　2009『日韓における古墳・三国時代の年代観（Ⅲ）』

埼玉県教育委員会　1980『埼玉稲荷山古墳』

埼玉県教育委員会　2018『史跡埼玉古墳群総括報告書Ⅰ』

酒井清治　2009「須恵器の編年と年代観」『土器から見た古墳時代の日韓交流』同成社

坂口　一　1986「榛名山二ッ岳起源 FA・FP 層下の土師器と須恵器」『荒砥北原遺跡』群馬県埋蔵文化財調査事業団

坂口　一　1993「火山噴火の年代と季節の推定法」『火山灰考古学』古今書院

坂本和俊　1996「埼玉古墳群と无耶志国造」『群馬考古学手帳』6　群馬土器観会

白井克也　2003a「馬具と短甲による日韓交差編年—日韓古墳編年の並行関係と暦年代—」『土曜考古』第 27 号　土曜考古学研究会

白井克也　2003b「新羅土器の型式・分布変化と年代観—日韓古墳編年の並行関係と暦年代—」『朝鮮古代研究』第 4 号　朝鮮古代研究刊行会

白井克也　2003c「日本における高霊地域加耶土器の出土傾向—日韓古墳編年の並行関係と暦年代—」『熊本古墳研究』

創刊号　熊本古墳研究会

白井克也　2011「東アジア実年代論の現状」『古墳時代の考古学』1（古墳時代史の枠組み）同成社

白石太一郎　1979「近畿における古墳の年代」『考古学ジャーナル』No.164　ニュー・サイエンス社

白石太一郎　1985「年代決定論（二）―弥生時代以降の年代決定―」『岩波講座　日本考古学1』（研究の方法）岩波書店

白石太一郎　1997「有銘刀剣の考古学的検討」『歴博大学院セミナー　新しい史料学を求めて』吉川弘文館

関　義則　2018「総括―埼玉古墳群の学術的評価と歴史的意義―」『史跡埼玉古墳群総括報告書I』埼玉県教育委員会

田中由理　2005「剣菱形杏葉と6世紀前葉の馬具生産」『待兼山考古学論集―都出比呂志先生退任記念―』大阪大学考古学研究室

土田純子　2017『東アジアと百済土器』同成社

永沼律朗　1983「鈴杏葉考」『古代』第75・76合併号　早稲田大学考古学会

早川由紀夫・中村賢太郎・藤根　久・伊藤　茂・廣田正史・小林紘一　2015「榛名山で古墳時代に起こった渋川噴火の理化学的年代決定」『群馬大学教育学部紀要　自然科学編』第63巻　群馬大学教育学部

藤野一之　2019「須恵器から見た中・後期の暦年代」『古墳時代の須恵器と地域社会』六一書房

藤野一之　2021「金井下新田遺跡出土須恵器の基礎的考察」『金井下新田遺跡《古墳時代以降編》　分析・論考篇』群馬県埋蔵文化財調査事業団

藤本　強　1985「年代決定論（一）―先土器・縄文時代の年代決定―」『岩波講座　日本考古学1』（研究の方法）岩波書店

町田　洋・新井房夫　1992『火山灰アトラス［日本列島とその周辺］』東京大学出版会

光谷拓実　2012「年輪年代研究の到達点」『古墳時代の考古学』8（隣接科学と古墳時代研究）同成社

宮代栄一　1993「5・6世紀における馬具の「セット」について―f字形鏡板付轡・鉄製楕円形鏡板付轡・剣菱形杏葉を中心に―」『九州考古学』第68号　九州考古学会

宮代栄一　1996「古墳時代における馬具の暦年代―埼玉稲荷山古墳出土例を中心に―」『九州考古学』第71号　九州考古学会

桃﨑祐輔　2022「鋳銅鈴付馬具編年の再検討」『韓日의 武器・武具・馬具―最新 発掘調査 資料로 본 交流―』（第14回嶺南・九州合同考古学大会）

森下章司　2011「前・中期の実年代」『古墳時代の考古学』1（古墳時代史の枠組み）同成社

森下章司　2022「鏡の伝世と集団」『考古学研究』第69巻第2号　考古学研究会

【韓国語】

金　斗喆　1996「韓国과 日本의 馬具―両国間의 編年調律」『4・5世紀の日韓考古学』（九州考古学会・嶺南考古学会 第2回 合同考古学大会）

申　敬澈　1985「古式鐙子考」『釜大史学』第9輯　釜山大学校史学会

李　昌熙　2012「放射性炭素年代로 본 皇南大塚 南墳과 須恵器의 実年代―放射性炭素年代의 適用方法과 妥当性 再考―」『古文化』79輯　韓国大学博物館協会

図出典

図1：森下2011に加筆。図2：諫早2020。図3：中村賢太郎氏作成。図4：1．筆者実測（群馬県埋蔵文化財調査事業団蔵）、2．田中2005に加筆。図5：1．埼玉県教育委員会1980、2・3．大野2021より転載。

〈研究報告〉

河内政権と中四国

岸 本 直 文

はじめに

　古墳時代中期は、古市・百舌鳥古墳群における倭国王墓の造営開始、具体的には倭国王墓とみる津堂城山古墳の築造を画期とし、これを河内政権の成立を示すと理解し、継体擁立までとする［岸本2011］。基本的には政治史的な時期区分の立場を取る。

　倭国王墓が古市・百舌鳥古墳群に造営される点について、倭王権における主導勢力の交代を認めるか否かで見解が分かれ、なお未決着である。筆者は、各地における首長系譜の優劣の変動と連動することから、政権交代を主張する都出比呂志の見方に賛同する［都出1988］。なお、都出の初期の議論は、前期から中期への変動を指摘するものであるが、前期におけるオオヤマト古墳群から佐紀古墳群への移動にともなう変動も問題にすべきで、古市・百舌鳥古墳群の出現を考えるには佐紀段階からの変化を捉える必要がある［岸本1995・2002］。本稿で述べるように、佐紀段階に有力前方後円墳を築いた勢力は中期に入ると退転し、都出の指摘のように、それに代わって新興の有力前方後円墳が現れることはその通りである。佐紀段階の王権とそれに与する地域勢力と、新たに台頭した河内を基盤とする権力核とそれに与する地域勢力との権力闘争の結果、王権主導勢力が入れ替わり、河内政権が成立すると考える［岸本2018：28-29］。副葬品においても武器・武具の変革が指摘されている［橋本2005］。

　またこの主導勢力交代の内実については、河内の在地勢力の台頭による王権の奪取とは考えない。河内政権を樹立したのは津堂城山古墳の被葬者とみるが、墳丘長150歩［208m］の規模をもち、内堤・外濠・外堤をはじめて整えたものであることから、1980年代には古市古墳群最初の倭国王墓と考えられるようになる［藤井1982、藤井寺市1986］。河内在地勢力である前期の玉手山古墳群や松岳山古墳と、津堂城山古墳の登場には時期的に空白があり［安村2005］、また城山古墳の墳丘や埴輪は佐紀の倭国王墓から導かれるもので、被葬者は佐紀段階に河内に送り込まれた王族と考えている［岸本2013・2016］。なお、古墳時代中期の開始年代は現時点では4世紀後葉とみておく［岸本2018］。

　王権本拠地の議論においては、河内政権期の倭国王の王宮が奈良盆地南部に伝承されていることが重視されてきた。しかし古市晃は、5世紀の王宮は後の時代のように政治センターとして機能する段階にはなく、「王陵の造営及びそれに関わる種々の儀礼が、支配者集団結集の機会として重要な意味を有した」とする［古市2019（初出2013）］。奈良盆地南部の王宮は、王族の生活基盤であり、河内政権の根拠地は古市古墳群の所在する一帯にあったと推測する。

1．河内政権成立による政治変動

　まず、河内政権成立にともなう政治変動として、各地における佐紀段階の倭国王墓の類型墳がその

後どうなるかという点を確認しよう。

（1）中四国の五社神型前方後円墳

　佐紀後半期を代表する五社神型前方後円墳を取り上げる。墳丘長210歩291mで（1歩1.386m）、宝来山古墳をもとに後円部半径や前方部前面を20歩拡大させて成立する［岸本2022］。後円部背後の削り出しを省略し、地盤の低い前方部側の後円部斜面を長くするため、仕上がりの後円部中心点O点は基底部での中心点より後端側に寄る。また、後円部上段がかつてない斜面長になるため、C字形の後円部のみのテラス面をめぐらす。また、前方部は地盤の低い側にあるため、全体としてかなりボリュームのある仕上がりとなっている。前方部幅は、左側辺がかなり開き、これを主軸で折り返すと大きく復元されるが、右側辺が実際にどの程度開くかは水没しており明らかでない[1]。

　金蔵山古墳（Ⅵ期）（図1）は発掘調査成果により五社神型前方後円墳であることが明らかとなっている（2019年報告、使用図は2024年報告）。後円部のみにC字にめぐるテラス面も共通する。墳丘長は158mほどに復元され、設計寸法は115歩159mと推定される。図では、後円部中心点あわせと前方部中心点あわせを示した。丘陵に築造される場合、倭国王墓の後円部・前方部の割り付けにもとづき

つつ、立地条件により調整がなされ、墳丘長は軸部長（いわゆるOP長）を伸縮して設計寸法にあわせるため、1枚の比較図では示しにくい。

　このほか、富田茶臼山古墳（Ⅵ期）は105歩145m、白鳥古墳（Ⅶ期）は90歩125m、渋野丸山古墳（Ⅶ期）は75歩104mと推測され、それぞれ五社神型前方後円墳である可能性がある（図2・3・5）。

　五社神古墳そのものが、丘陵を利用して築造されているため、主軸方向の地盤の高低差への対応、左右非対称の仕上げなどの調整がなされており、この設計にもとづき類型墳の実施設計がどのように決定されたのか、それぞれ十分な検討が必要である。とくに、五社神古墳の後円部は4段の割り付けで、金蔵山古墳をのぞいていずれも一般的な3段築成に仕上げており、その調整がなされたはずで、3段築成墳の仕上げの差も興味深いところである[2]。

　北山古墳（Ⅶ期）についてさらに言及する[3]（図4）。80歩111mと推測するが、五社神古墳と重ねると前方部頂の前端位置が大きく異なる。しかし、北山古墳は南側の丘陵頂部から北東にのびる尾根を利用し、前方部を丘陵頂部側に向けており、五社神古墳とは丘陵の使い方が逆になっている。高まる尾根をその

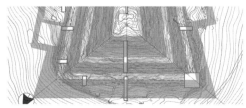

図1　金蔵山古墳（1/1750）と五社神古墳

河内政権と中四国（岸本）

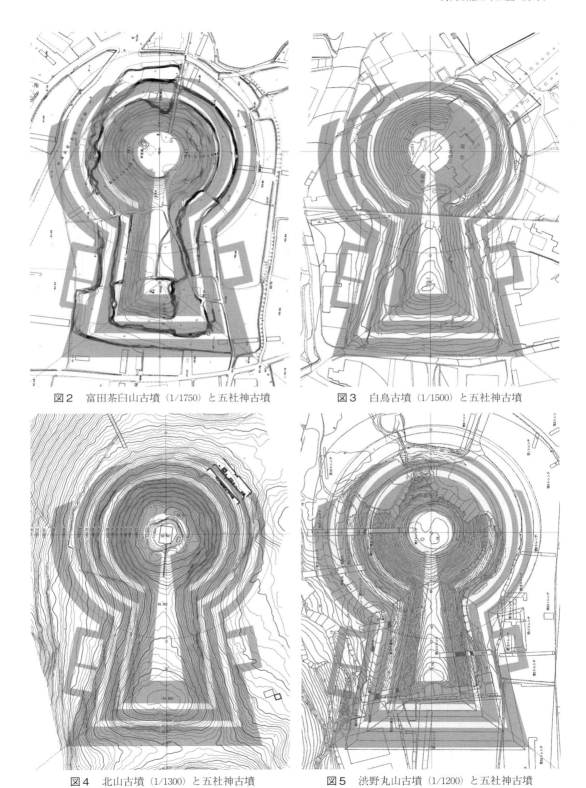

図2　富田茶臼山古墳（1/1750）と五社神古墳　　図3　白鳥古墳（1/1500）と五社神古墳

図4　北山古墳（1/1300）と五社神古墳　　図5　渋野丸山古墳（1/1200）と五社神古墳

第Ⅲ部　古墳時代中期の社会と中国四国

まま前方部として利用し、尾根を断ち割って前方部を成形しており、一定の高さをもつ前方部とするための前面斜面長は短くてよい。仮にいまの前方部頂が50cm程度流出し、また前面が1mほど埋まっているとすると、前面の高低差は6.3m程度となり、標準的な傾斜では斜面長は2倍の12.5m程度となる。五社神古墳の前面斜面は長さ48m程度×高低差24m程度で、それを墳丘規模比で縮小すると長さ18.5m×高さ9.2mとなるが、それを12.5m×6.2mであれば約2/3程度に抑えている。こうした前方部の調整により、前方部中心点の位置および前方部頂平坦面の前端位置が、かなり前方部前面寄りになったと考えられる。神明山古墳135歩187mも同じように考えることができるだろう。

（2）中四国の五社神型前方後円墳その後

五社神型前方後円墳の埋葬時期は、中四研編年の中期前葉・古（Ⅵ期）ないし前葉・新（Ⅶ期）で、昼飯大塚古墳のⅥ期、行者塚古墳70歩97mのⅦ期を含め、すべて中期前葉である。しかし墳丘は、佐紀政権との関係で前期末に築造に着手したものと考えられる。金蔵山古墳115歩159m・富田茶臼山古墳105歩145m・白鳥古墳90歩124.7m・渋野丸山古墳75歩104m・北山古墳80歩111mは、いずれも中四国においてそれまでにない大型前方後円墳として出現しており、佐紀政権後半期の倭王権の政策を反映するであろう。しかしすべて後続することなく、一代限りで断絶する。

２．中期前葉の大型前方後円墳

次に、河内政権成立にともなう中期前葉の大型前方後円墳を確認する。

（1）津堂城山型前方後円墳

津堂城山古墳について以前に論じたことがあり［岸本2016］、設計寸法案を改めて示した［岸本2023］。墳丘は、執政王墓である佐紀陵山古墳→佐紀石塚山古墳の系列に後続するもので、佐紀石塚山型といえるかもしれないが[4]［岸本2022］、幅のある周堤をはじめて整えており新相を読み取ることができる。被葬者の活躍期は佐紀後半期を中心とするのであろう。

津堂城山型と考えられるものは、現時点では玉丘古墳75歩104mを挙げられる程度である。加古川流域において、五社神型である行者塚古墳を築造した西条古墳群の首長系譜が中期には帆立貝形古墳に退転するのに対し、玉丘古墳は中流域の加西市域に現れ、誉田御廟山型と思われる小山古墳が後続し、地域内の首長系譜の優劣逆転が認められる。

津堂城山古墳の被葬者は河内政権を樹立した人物とみているが、津堂城山型が多く築造されている様相はない。活躍期は佐紀後半期にあり、佐紀石塚山古墳の被葬者と同世代であったと思われ、主導権を握ったのが晩年で、在位期間が短かったことに起因するとみておきたい。

（2）造山古墳

次に、津堂城山古墳の次世代を取り上げる。まず造山古墳を検討しよう。吉備のなかで、佐紀段階には旭川流域の備前地域に神宮寺山古墳や金蔵山古墳が築かれるが、中期に入ると、吉備の中山を越

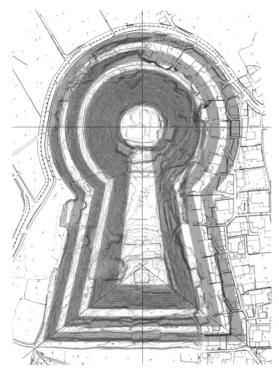

図6　造山古墳の復元案　1/4000　　図7　造山古墳（1/4000）と上石津ミサンザイ古墳（網）

えた足守川流域に巨大な造山古墳が出現する。

　筆者は260歩360mと推定してきたが、発掘調査の成果によれば、3段築成に仕上げられた部分の墳丘規模は245歩339.5mとなるようである。周囲にさらに基壇状の附帯部があるとの見方もあり、墳丘復元はまだ確定していない（図6）。新納泉は、後円部半径72歩100m（1単位4.5歩［6.25m］× 16単位）、軸部長は半径の1.5で108歩150m（24単位）とみる［新納2011］。しかし、後円部各段の復元円弧を西側の状態が良好な部分から描くが、北側ではそれより外へ逸脱する。主軸方向と主軸直交方向では斜面長が異なるが、筆者は設計上の寸法が割り付けられたのは主軸部と考える（後円部半径は75歩103.9m）。主軸直交方向は、後円部を置く丘陵先端の幅が設計円より狭かったのであろう。

　造山古墳は、280歩388mと推測する上石津ミサンザイ古墳にもとづく類型墳とみたい（図7）。全体として津堂城山古墳に平面形は近似するが、後円部・前方部の上段斜面は発達しており、後出することは明らかである。仲津山古墳とも全体の平面形は近似するが、城山古墳と同じ点に加え、後円部径が仲津山古墳の方が相対的に小さい。誉田御廟山古墳と比べると、新納の指摘の通り、後円部の割り付けはほぼ合致するが、前方部の開きが御廟山古墳の方が大きい。総合的な判断としては、上石津ミサンザイ古墳と類似する。前方部前面の割り付けが合わないが、前面部における実施設計上の調整と考えられる。上石津ミサンザイ古墳の前方部前面斜面は、推定復元で水平距離約95m×高低差約27m程度とみており（2面のテラスを含む）、造山古墳との墳丘規模比で縮小すると83m × 23.5mとなるが、実際の造山古墳の斜面長は64m × 22m程度である。高さは近似するが、前面の斜面長がかな

第Ⅲ部　古墳時代中期の社会と中国四国

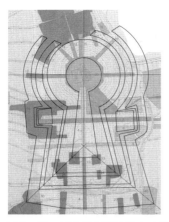

図8　三ツ城古墳の復元案（1/2000）と上石津ミサンザイ古墳（網）

り短く、ミサンザイ古墳より急傾斜の仕上がりである。

　倭国王墓に匹敵する造山古墳の造営に際し、同じ技術基盤をもとに独自に設計されたと考えることも可能であろう。しかし、倭国王墓をもとに複製墳を築造することが前方後円墳共有システムの本質とみる考え方からすると、上石津ミサンザイ古墳の造営時に導かれた設計を基本設計とし、造山古墳の実施設計がなされた蓋然性はあると思われる[5]。

　中四国では、ほかに三ツ城古墳がある。発掘調査の成果が判然としないが、3段築成と考えられ、75歩97mと推測され、TK73型式期であるが、上石津型前方後円墳かもしれない（図9）。

（3）帆立貝形古墳の採用

　前方後円墳の下位に円墳（造り出し付き含む）や方墳を位置付ける序列は佐紀段階に始まる。これに対し、帆立貝形古墳は、古墳時代中期に新たに出現する墳形である［沼澤2006］。

　千足古墳は、円丘部直径45歩、墳丘長60歩83mであろう（図14）。中四国では、上記のように、中期前葉の前方後円墳は限られており、中期に入った段階で、ほとんどが帆立貝形古墳か円墳となる。これらについては後述することとし、ここでは千足古墳に言及しておくにとどめる。

（4）中期前葉の首長系譜の変動

　前期末の佐紀段階の中四国では、特定の首長系譜がそれまでにない大型の前方後円墳を築造した。これは佐紀段階に始まるもので、オオヤマト段階以来、各地で築造された中・小型の前方後円墳や前方後方墳は淘汰される。しかし河内政権になると継続することなく断絶する。五社神型前方後円墳を築造した首長系譜のなかにも継続するものもあるが、宝塚1号墳に続く2号墳や行者塚古墳に続く人塚古墳のように、大型ではあるが帆立貝形古墳や円墳に後退する。

　以上のように、前期から中期への転換期における地域の古墳の変化には二つのあり方がある。ひとつは、都出の指摘のように、地域のなかでも佐紀段階とは別の首長系譜が中期前半に前方後円墳を築くパターンである。もうひとつは、前方後円墳がなくなり帆立貝形古墳や円墳になるパターンである。とはいえ、中期前葉あるいは前半の大型前方後円墳は全国的にも限られたもので、かなりの地域では帆立貝形古墳や円墳へと転じ、より従属的な地位に後退する。また有力首長墓そのものが見当たらない地域も少なくない。中四国のほとんどの地域で、中期前半の大型前方後円墳は築かれていない。

3．中期中葉の主導権交代

　433年即位（454年没）の允恭即位（倭王済・大仙古墳被葬者）により河内政権内の主導権の交代があり、旧勢力（いわゆる履中系）の抑圧が始まる。5世紀前葉・前半に上石津ミサンザイ・誉田御廟山型の大型前方後円墳を築造した各地の有力勢力は後退し、帆立貝形古墳や円墳に転化し断絶する。転換点は誉田御廟山古墳と大仙古墳の間である。大仙古墳の埋葬時期はON46型式期だが、被葬者の活躍期はTK216型式期が中心だろう。TK216型式期を境に地域の優劣が逆転する。

（1）造山古墳群の後退

　足守川沿いの平野に面した南側の丘陵末端に築造された造山古墳のあと、小造山古墳は105歩145.5mに縮小し、次世代の新庄車塚古墳は帆立貝形となり、断絶する。

（2）大仙型前方後円墳

　造山古墳群の後退と連動して、作山古墳が総社南部に出現し、主導勢力の交代が認められる。作山古墳は大仙型で、185歩＊277mと推定する（図9）（＊は南朝尺）。大仙古墳の350歩＊と後円部中心をあわせると、後円部径は主軸直交方向で比較的近似するが、後端側は作山古墳が外へ逸脱し（約8.5m程度）、その分、前方部前端位置は大仙古墳より短くなっている（図なし）。作山古墳は墳丘のほとん

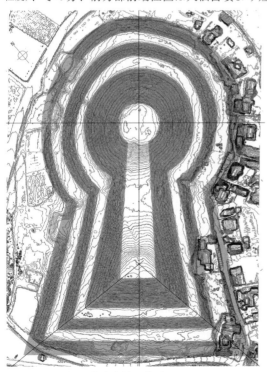

図9　作山古墳の復元　1/3000

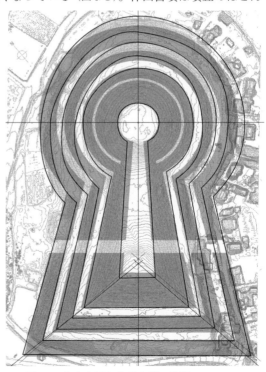

図10　作山古墳と大仙古墳の比較　1/3000

第Ⅲ部　古墳時代中期の社会と中国四国

図11　宿寺山古墳（1/2000）と土師ニサンザイ古墳　　図12　両宮山古墳と大仙古墳　1/2500

どを自然丘陵を利用しており、丘陵を掘削して前方部前面を成形するため、前方部中心点から前方部前端までをやや短くし、逆に後円部後端側をのばしたと考えられる。作山古墳の後円部はかなりいびつであるが、上段については墳頂平坦面を含めて大仙古墳にほぼ重なること、前方部前面の位置をずらせば前方部3段の割り付けがほぼ近似することから（図10）、大仙型と認定したい。

　後続する宿寺山古墳は土師ニサンザイ型で、75歩＊112.5mと推定する（図11）。TK208型式期とされ、備中における中期大型前方後円墳の最後である。

　一方、備前では、未完成であるが大仙型である両宮山古墳135歩＊202mが築造される。作山古墳と両宮山古墳は墳丘からすると同一時期である。

　上石津ミサンザイ型や誉田御廟山型という前代の類型墳に対し、同じ地域の別系譜が新たに大仙型を築造することはほとんどない。そのなかで、備中では大仙型への交代があり、さらに備前・両宮山古墳が登場する。2基の大仙型が築造されていることは、この地域の前期以来の前方後円墳の破格の規模からうかがえる地域権力の大きさ、あるいは吉備地域の重要性をよく表している。允恭政権下においても、なお自立的な地域権力として大型前方後円墳を築造している。

4．帆立貝形古墳と円墳の時代

　古墳時代中期は、帆立貝形古墳が新たに加わり、前方後円墳の築造規制の進行にしたがって、前期後葉／中期前葉／中期中葉以降の段階と、帆立貝形古墳や大型円墳が増加する。中期前葉に大型前方

後円墳を築いた地域では、基本的に中期中葉になると前方後円墳はなくなり、規制された大型円墳（造り出し付き含む）等となり、大仙型が代わって現れることはほとんどない。こうした帆立貝形古墳や円墳の時期判断には、築造に用いられた尺度が手がかりのひとつとなる。南朝尺で造営された最初の倭国王墓は大仙古墳であるが（ON46型式期）、柴原聡一郎はウワナベ古墳が南朝尺によることを明らかにしており、漢尺から南朝尺への転換はTK216型式期にあると思われる［柴原2022］。

　中期前葉の漢尺段階および中葉以降の南朝尺段階の、帆立貝形古墳、造出付円墳・円墳を、岡山県・広島県について一部の事例を挙げておく（図13・14）。墳端と思われる円弧あるいは小方部前端を推測し、その規模をもとに、漢尺5歩6.93mあるいは南朝尺5歩7.5mのどちらが適合的であるかにもとづき判定したものである。墳端の確からしさも様々であり、これが妥当かどうかさらに検討が必要であるが、ひとつの分析視角として提示する。また墳丘長や直径でなくとも、発掘調査で例えばテラス面の幅など、各部寸法が判明した数値についても検討可能である。古墳時代には中国尺が一般尺として定着していると考えており、新たな尺度の波及の遅速が多少あるかもしれないが、漢尺であればおよそ5世紀前半まで、南朝尺であれば5世紀中頃以降と考えることができる。

　現在のところ、帆立貝形古墳は、前方後円墳と同じように、小方部を含めた墳丘長で規模が規定され、一方の造り出し付き円墳はあくまで円墳で、円丘部直径で規模が規定されていると予想しているが、まだ十分に検討できていない。また、前方後円墳は5歩刻みでランキングされていたと考えるが、帆

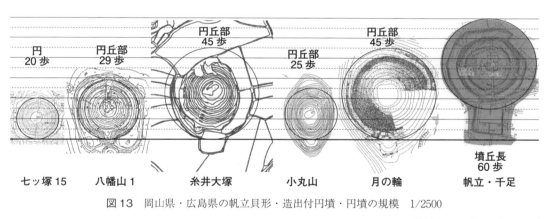

図13　岡山県・広島県の帆立貝形・造出付円墳・円墳の規模　1/2500

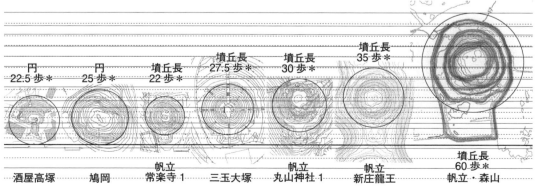

図14　岡山県・広島県の帆立貝形・円墳の規模　1/2500

立貝形古墳や円墳が多くを占めるようになると、全体に墳丘規模は縮小するため、5歩刻みでは階級が限られるので、縮小に応じた対処がなされた可能性も考えられる。図示した南朝尺の事例に、27.5歩＊や22.5歩＊があり、半歩（3尺）が用いられていることが推測される。

まとめ

以上の検討について、前方後円墳の築造規制という観点からまとめておこう（図15）。なお、参考のため、播磨地域の事例も含めている。

佐紀段階　オオヤマト段階は中小の前方後円墳が小地域単位に数多く現れるが、佐紀段階になると淘汰され、特定の首長系譜がそれまでにない大型前方後円墳を築造し、各地の有力首長との連合的なあり方が形成される。一方で、弥生墓の延長的な円形墳や方形墳ではない円墳と方墳が出現し、前方後円墳の下位の墳形として秩序づけられることが始まる。前方後円墳の築造規制の開始として、本稿での主題ではないが、この佐紀段階の変化を最初に位置づけておく必要がある。

前期―中期変動　そして中期に入っての変化である。その直前まで優位であった首長系譜がどう変容したかという点で、五社神型前方後円墳を築いた首長系譜について検討し、断絶するものがほとんどであることを確認した。一方で、中期に入り大型前方後円墳を築造するのは別系譜である。このことから、倭王権の主導勢力が交代したとみたい。この両面のうち、中期に入っての新興勢力の台頭は、佐紀段階において、それまでにない大型の陵山型や五社神型の前方後円墳の出現と現象としては同じ

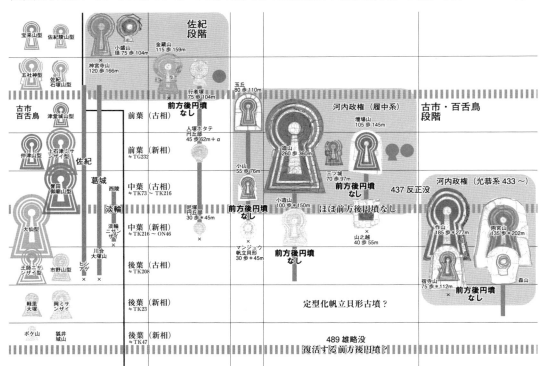

図15　古墳時代中期の政治変動と古墳（播磨を含む）　1/2500

であり、その時々の王権の意向が強く働いていると考えられ、主導勢力の交代を示すという点では弱いかもしれない。そこで、五社神型の大型前方後円墳がほぼ後続しない点について、いま少し言及しておこう。五社神型の大型前方後円墳のあと、断絶するものと、継続するが帆立貝形などへ退転するものは、7：3といった程度であろうか。一方、中期前半の首長系譜は、2世代や3世代程度継続するものが多い。今回挙げたものでは、造山古墳群は3世代継続する。三ッ城古墳群では前方後円墳の1号墳と円墳の2号墳の関係は、前後の首長系譜であるかどうかは明らかでない。播磨でいえば、壇場山古墳から山之越古墳、玉丘古墳群の玉丘古墳から小山・マンジュウ古墳へと継続する。一方、中期前半においても、池田古墳や雲部車塚古墳など大型前方後円墳1代限りのものもある。中期前半期に大型前方後円墳を築いた首長系譜の断絶と継続のあり方について、多くの事例で検討する必要があるが、2～3世代程度継続し5世紀後半に断絶するものが少なくないという印象をもつ。つまり河内政権期において地域権力を従属させていく上で、1代限りのものもあるが、一定期間の首長系譜の継続のなかで進行することが確認できる。それに比べると、五社神型前方後円墳を築きながら次世代に断絶する現象はかなり顕著である。この点は、各地の首長を起用しつつ次には押さえ込んでいくことが基調であるとしても、前期―中期変動時の断絶度の高さは、倭王権の主導勢力の交代があったとみる方が、より理解しやすいのではないだろうか。

中期中葉の変化　河内政権における、いわゆる履中系から允恭系へという主導権の交代を考えている。これは、各地に築造された上石津ミサンザイ型あるいは誉田御廟山型と、大仙型前方後円墳の差として捉えうる。何よりも両者が連続する首長系譜はない。また大仙型には富津市・内裏塚古墳や石岡市・舟塚山古墳などが挙げられるが、多くはない。そのなかで、吉備では作山古墳と両宮山古墳の2基が築造されており、造山古墳から作山古墳への移動は、河内政権内での主導権の交代と連動する備中での勢力交代をよく示すと思われる。作山古墳の後、大仙型の次の土師ニサンザイ型である宿寺山古墳が後続することも、倭国王位の允恭系の継続に対応する。

前方後円墳の築造規制　佐紀段階のあと、中期前葉に大型前方後円墳を築造する首長系譜は限られ、帆立貝形や円墳が増加する。そして中期前半のなかで、前葉に前方後円墳を築造した系譜も、順次、帆立貝形や円墳へと推移する。そして中期中葉の大仙型段階では、吉備の2基は列島的にも限定的なものであり、中期中葉には多くの地域で前方後円墳が認められなくなる。そのあとの雄略期におけるさらなる変容は、十分な見通しはないが、前方後円墳の空白期間に進むのかもしれない。一方で、定型的な帆立貝形古墳が目立つように思われる（図16）。

雄略没後から継体期のはざま　雄略没年は489年と考えられるが、古市古墳群の倭国王墓は140m以下に縮小し、政権の弱体化がうかがえる。継体擁立とともに、前方後円墳が数多く築かれ、右片袖の横穴式石室へと全面転換するが、こうした継体期の新様相が顕在化する前に、中期末・後期初頭の頃に現れる前方後円墳については、今後の課題としたい。

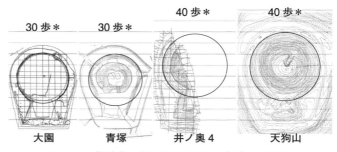

図16　中期後葉の定型的な帆立貝形古墳　1/2500

第Ⅲ部　古墳時代中期の社会と中国四国

註

（1）　五社神古墳については、2023年に航空レーザー測量にもとづく測量図が公表されたので（村瀬陸『佐紀古墳群航空レーザ測量調査 速報成果資料集』）、これにもとづき復元案を修正した［岸本2022］。五社神型前方後円墳については、2011年1月に口頭発表したことがあり、この時の検討を元に、岸和田市・摩湯山古墳、大垣市・昼飯大塚古墳、岡山市・金蔵山古墳、さぬき市・富田茶臼山古墳、伊賀市・石山古墳、松阪市宝塚1号墳、藤井寺市・大鳥塚古墳、加古川市・行者塚古墳を挙げたことがある［岸本2016］。最近では、昼飯大塚古墳105歩145mおよび宝塚1号墳80歩111mについて、より具体的に言及した［岸本2022］。

　　　なお、以下の測量図については、紙幅の関係で出典は省略する。

（2）　したがって、段築構造の異なる五社神古墳のシルエットを重ねても、後円部の段築の割り付けは自ずから相違するが、紙幅の関係もあり五社神古墳との重ね合わせ図のみとする。

（3）　君嶋俊行氏に新しい測量図について、ご教示をいただいた。

（4）　石塚山古墳については、2023年の航空レーザー測量成果にもとづき復元を見直し、津堂城山古墳との関係について再検討する必要がある。

（5）　このためには、ミサンザイ古墳の設計にもとづく調整の合理的な説明を行う必要があるが、そこに言及する準備は整っておらず、新納泉の実証的な議論に到底およばない。しかし、後円部・前方部各段の割り付けに親縁性を見出そうとすることは妥当とは思うが、一方で、後円部半径1に対し軸部長比（OP長比）が1.25／1.5／1.75という類別があるという、新納が指摘する大枠の案分が系列理解の上でより重要と思われる。こうした後円部に対する前方部相対長の差、これに前方部幅を加味した時、粗雑な比較ではあるが、造山古墳にもっとも近似するのは上石津ミサンザイ古墳であると思う。

引用文献

岸本直文　1995「「陵墓」古墳研究の現状」『「陵墓」からみた日本史』　青木書店　pp.43-71

岸本直文　2002「前方後円墳研究の課題」『市大日本史』第5号　大阪市立大学日本史学会　pp.1-14

岸本直文　2011「古墳編年と時期区分」『古墳時代の考古学1 古墳時代史の枠組み』　同成社　pp.34-44

岸本直文　2013「玉手山古墳群・松岳山古墳と河内政権」『百舌鳥・古市古墳群出現前夜』〈大阪府立近つ飛鳥博物館図録〉60　pp.157-164

岸本直文　2016「津堂城山古墳と河内政権」『塚口義信先生古希記念 日本古代学論叢』　和泉書院　pp.47-56

岸本直文　2018「倭王権と倭国史をめぐる論点」『国立歴史民俗博物館研究報告』第211集　pp.15-50

岸本直文　2022「佐紀古墳群の倭国王墓と類型墳の複製」『ヒストリア』第295号　大阪歴史学会　pp.25-50

岸本直文　2023「前方後円墳の型式」『何が歴史を動かしたのか 第3巻 古墳・モニュメントと歴史考古学』　雄山閣　pp.45-56

柴原聡一郎　2022「前方後円墳設計技術の流通構造」『ヒストリア』第295号　大阪歴史学会　pp.1-24

都出比呂志　1988「古墳時代首長系譜の継続と断絶」『待兼山論叢』第22巻史学篇　大阪大学文学部　pp.1-16

新納　泉　2011「前方後円墳の設計原理」『考古学研究』第58巻第1号　pp.16-36

沼澤　豊　2006『前方後円墳と帆立貝古墳』〈考古学選書〉52　雄山閣

橋本達也　2005「古墳時代中期甲冑の出現と中期開始論—松林山古墳と津堂城山古墳から—」『待兼山考古学論集—都出比呂志先生退任記念—』大阪大学考古学研究室　pp.539-556

藤井利章　1982「津堂城山古墳の研究」『藤井寺市史紀要』第3集　pp.1-64

藤井寺市教育委員会　1986『古市古墳群』〈藤井寺の遺跡ガイドブック〉№1

古市　晃　2019『国家形成期の王宮と地域社会』塙書房

安村俊史　2005「玉手山古墳群の実像をめぐって」『玉手山古墳群の研究Ⅴ—総括編—』柏原市教育委員会　pp.33-50

〈研究報告〉

文献からみた古墳時代中期と東アジア

田中　史生

はじめに

　文献史学における奈良時代以前の国際交流史は、国家や王権を基礎単位・主体とする関係史として描かれることが多い。しかし筆者はこれまで、古墳時代は各地の首長層の独自の国際交流が王権の外交と結びついて拡大し、王権もこうした多元的な交流関係を土台に外交を展開していたことを指摘してきた。その概要を、古代時代中期と関連する問題に絞って、発表順に示すと以下のようになる。

（1）古墳時代は、国際的な地域間交流や婚姻関係が王権間交流に規定されて拡大し、複数王権と多重に関係を結ぶ者もあった。王権外交もこれらを基礎に展開した。しかし6世紀以降、その構造的矛盾が認識されるようになり、律令国家の一元的支配でこれが止揚された［田中1997］。

（2）4世紀後半以降、東アジア情勢の緊迫化をうけ、大王に結集して王権外交の実務を担うようになった各地の有力首長層は、その活動を利用して独自に国際交流を行い、威信財や渡来技術者を獲得して、これらを自らの家産に組み入れた。また大王は、倭人の外交を主導し、各首長層に国際交流の機会を分配する大首長としてあった。しかし5世紀中葉以降の国際環境の変化で倭人首長層の国際ネットワークが混乱し、王権外交との対立や矛盾が拡大すると、大王は渡来技術者を再編し、王権工房の生産力を高め、直接的な分配機能を強化していった［田中2002・2005a］。

（3）倭王は中国への遣使を413年に再開し、これを利用し臣僚秩序を形成していった。また5世紀中葉の東アジアの混乱で、王権を支えてきた首長間の対立が深まると、人制や中国官爵の郡太守号を利用し、地域首長層の王権への取り込みを積極化させた。しかし5世紀後半に王権外交が行き詰まると、高句麗をモデルに「治天下大王」を構想していった［田中2013・2015］。

　ところで近年、考古学でも古墳時代中期における地域独自の国際交流が積極的に評価されるようになっている。けれどもこれらの議論において、王権主催の外交との関係性は必ずしも明確ではない。また最近、文献史学では筆者が前提とした先行研究のいくつかに重要な批判も加えられている。そこで本稿では、こうした新たな議論もふまえ、古墳時代中期の列島古代社会の東アジアにおける国際交流について、あらためて検討したいと思う。

1．列島諸地域の国際交流と「倭」

　「一国史」を前提に古代の国際交流史を描きがちな文献史学にあって、門脇禎二の地域国家論は、3世紀後半から6世紀初めに列島各地で諸共同体に君臨する王（キミ）のもと、一定の領域と支配体制を備えた複数の専制的な「地域国家」が存在したとし、列島の国家形成史を多極的な関係構造の矛盾から読み解こうとする点で魅力的な視角を持つ［門脇1981］。地域国家論においてヤマトは、キビ

やツクシなどとならぶ一つの「地域国家」にすぎず、「外交」とはこれら「地域国家」を主体とする相互関係を含むものであって、「ヤマト地域国家」の優位性も、地域国家間の外交的関係における相対的優位性に過ぎない。その後門脇は、地域国家を「地域王国（＝地域国家）」との表現に修正しているが［門脇2000］、論の骨子に変更はない。

しかしこれに対し、都出比呂志は前方後円墳体制論の立場から批判を加え、それぞれの地域権力は独立した小宇宙を自律的に維持できる状況にはなく、威信財となりうる渡来文物の流通も畿内の有力首長によって掌握されていたとし、古墳時代において倭の社会を代表し中国や朝鮮の政治勢力と通行する政治センターの核は一貫して畿内地域にあったとした。都出は、門脇のいう「地域国家」の朝鮮との通行・接触について「政治的動乱期における一時的あるいは散発的な現象にすぎないがゆえに、考古資料に反映するほどの比重をもちえなかったのではないか」とも述べる［都出2005］。

ところが近年、考古学において、古墳時代中期の地域社会が朝鮮半島と直接交渉を行っていたことが様々に指摘されるようになった。そのなかで史料解釈と密接にかかわるものとして、例えば高田貫太は、『日本書紀』（以下『書紀』と略す）の「吉備の反乱」伝承に関し、諸地域社会の持つ朝鮮半島との交渉経路を一元化し物資流通機構の掌握を目論む倭王権が、対朝鮮半島交渉を主体的に行う吉備中心勢力に打撃を与え、その反発をおさえこんだものとする見解を示している［高田2014］。また坂靖は、記紀で葛城氏として登場する奈良盆地の有力集団を、独自の支配領域や生産組織を有し独自の外交を展開してヤマト王権の王と対峙した「かつらぎの王」と位置づけ、彼らが紀ノ川河口部・淡輪の地域集団と相互ネットワークを築き、ヤマト王権の河内湖―大和川ルートとは対立的で個別的な交渉ルートを確保して、独自に渡来人も獲得していたと評価する見解を示している［坂2018・2021］。

これらは必ずしも地域国家論を支持するものではない。けれどもかつて門脇が、独自外交を展開する「吉備王国」が瀬戸内海ルートの要点をおさえていたため、西から新しい文化を取り入れてきた大和との間に競合の緊張関係が生まれ、大和が吉備を周縁部から圧迫していったと説明したことや［門脇1992］、「葛城国」を「倭（ヤマト）国」と支配・従属関係にはない独自の対外関係を展開した「地域王国（＝地域国家）」とし、これが対外的には主に紀ノ川沿いのルートを通じた「海外新文化」を受け止めて成長したと説明することとも［門脇2000］通じる部分が少なくない。

しかし、上記の問題を史料から捉えるならば、5世紀の地域首長独自の国際交流と、倭王権あるいは倭王の外交を、「地域王国（＝地域国家）」による外交として同質的に捉えることは困難だと考える。門脇自身、「それならヤマト以外が外国と折衝した史料を出してくれ、こう言われると非常にヨワイ」と認めるように［門脇1987］、記紀を除いても、史料における国際交流の主体はどれも「倭」と表記されていることの説明ができないからである。

例えば『三国史記』が交渉相手として記録した、4世紀～5世紀の列島勢力は「倭」「倭国」に限られる。これは新羅本紀の「加耶国」（炤知麻立干18年、法興王9年）、「于山国」（智證麻立干13年）、「金官国」（法興王19年）などのように、外交主体としての「国」を指す。

また当該期は、新羅本紀を中心に「倭人」「倭兵」「倭賊」の侵攻が多く伝えられる。新羅を襲撃する「倭」は海賊的集団とする説もあり［旗田1975］、そこに地域首長主導の活動が含まれている可能性は考えられてよいと思う。しかし問題は、それが何らかの倭の地域名や集団名としてではなく、「倭」

という固有名詞でのみあらわれることである。すなわち、これらに特定地域の首長に率いられたものがあったとしても、朝鮮半島からみればその活動も「倭」という枠組みで認識される性格のものであったとしなければならない。

以上のことは、「広開土王碑文」による限り、5世紀の朝鮮半島の認識と認めてよい。すなわち当碑文における高句麗の対外関係の相手は倭と百残（百済）、新羅、安羅、任那加羅、東夫余、粛慎、稗麗である。このうち倭は「倭」「倭人」「倭賊」「倭寇」とあるが、「倭賊」「倭寇」は百済の「百残」「残兵」などと同様、高句麗の国際秩序に敵対する勢力の国名を表記したものに他ならない［鈴木2020］。要するに列島勢力は、その内部が多様であっても、朝鮮半島では「倭」という枠組みで認識されていた。一方『宋書』倭国伝の431年の倭王珍の自称号「使持節都督倭・百済・新羅・任那・秦韓・慕韓六国諸軍事、安東大将軍、倭国王」などが示すように、5世紀前半の珍にとって、中国に軍事権を要求した百済・新羅・任那・秦韓・慕韓などの「国」と並び立ち、自らが「国王」として支配する領域の枠組みも「倭」としてのみ表現されている。先の朝鮮史料と照合すれば、これを、「ヤマト地域国家」の王による、他の並列的「地域国家」の存在を無視した実態のない独善的認識の表明とはし得ない。すなわち、古墳時代中期の列島の国際交流のあり方は、基本的に、日本列島・朝鮮半島の相互においてこのように認識されうる実態をともなったものとして展開していたと理解すべきなのである。

ところで筆者は「はじめに」で述べたように、古墳時代中期の各地首長層の独自の国際交流を積極的に認める立場だが、それは基本的に王権外交と結びつく構造にあったと理解する。またこのために、国際社会の対立関係や矛盾が倭人首長層間の対立を生み出し、それが倭王権の矛盾となって表出したとみる。こうした「倭」の構造的なあり方が、諸勢力や諸「国」の入り混じる東アジアにおいて、列島の多元的な国際交流が「倭」「倭国」の枠組みで捉えられる背景となっていたと考えるのである。

2．「質」と倭王

古墳時代中期以降の倭人の国際交流を倭王が代表・主導することを、朝鮮諸国も承認していたことは、「質」のあり方からも裏付けられる。

朝鮮諸国から倭国に送られた王族を含む「質」は、『書紀』で「ムカハリ」などとよばれ、本国王の身代わりとして相手国との修好を保証するとともに、政治的・軍事的な協力を働きかけることを役割とする外交的存在であった［山尾1989・1992］。また彼らは、珍宝だけでなく専門知識集団や技能者をともない、これらの贈与を「武器」に倭国で活発な外交活動を行った。中国でも紀元前の春秋期に、盟約にともなう国際儀礼の一環として、支配氏族の中枢的地位を占める人物を「質」とし、贈与のための技能者たちを「略」として、ともに相手国に送ることがあり、朝鮮諸王権が倭国に送った「質」と技能者もこれとほぼ同じ性格のものとの指摘もある［仁藤2024a］。

この「質」で特に留意されるのは、彼らの帰国の機会が多くの場合、本国王の交代期におとずれ、また受入国の王の交代の影響を受けることもあったことである。このことは、「質」を介した外交が、両国の王の人格的関係に基づく王権間の関係としての性格を有していたことを示している［田中2005a］。「質」外交において、倭王以外の倭人首長がその主体となることはない。

第Ⅲ部　古墳時代中期の社会と中国四国

　以上をふまえて、次の『書紀』神功皇后摂政紀5年3月己酉条の葛城襲津彦伝承を捉えなおすと、
従来見落とされていた問題が浮かび上がる。

　　新羅王遣ニ汗礼斯伐・毛麻利叱智・富羅母智等ヲ朝貢ス。仍有テ返ニ先質微叱許智伐旱一之情上。是以、
　　詑ニ許智伐旱一、而給之曰、使者汗礼斯伐・毛麻利叱智等、告テ臣曰、我王以坐ニ臣久不一レ還、而
　　悉没ニ妻子ヲ為一レ孥。冀覩ニ還本土一、知ニ虚実一而請焉。皇太后則聴之。因以、副ニ葛城襲津彦ヲ而遣之。
　　共到ニ対馬一、宿ニ于鉏海水門一。時新羅使者毛麻利叱智等、竊分ニ船及水手一、載ニ微叱旱岐一、令レ
　　逃ニ於新羅一。乃造ニ蒭霊一、置ニ微叱許智之床一、詳為ニ病者一、告ニ襲津彦一曰、微叱許智忽病之将レ死。
　　襲津彦使ニ人令レ看ニ病者一。即知レ欺。而捉ニ新羅使者三人一、納レ檻中一以レ火焚而殺。乃詣ニ新羅一、
　　次ニ于蹈鞴津一、抜ニ草羅城ヲ還之。是時俘人等、今桑原・佐糜・高宮・忍海、凡四邑漢人等之始祖也。

　当条の内容は概略次のようなものである。新羅王派遣の毛麻利叱智らが、「質」として倭国にあっ
た微叱許智（来倭記事は神功皇后摂政前紀にあり）を取り返そうと計略をめぐらし、微叱許智の一時帰国
許可を神功皇太后から引き出した。さらに微叱許智送還の使者として新羅へ向かう葛城襲津彦を欺き、
対馬付近で微叱許智を逃がすことにも成功した。そのことを知って怒った襲津彦が、毛麻利叱智らを
捕らえて焼き殺し、そのまま新羅に行って、蹈鞴津に宿営し、草羅城を攻め落とし、俘人を連れ帰っ
た。そして、その俘人が葛城地域の桑原・佐糜・高宮・忍海などの四邑の漢人らの始祖になった。

　なおこれと共通する話は『三国史記』の新羅本紀や朴堤上伝、『三国遺事』紀異第一の奈勿王・金
堤上条にもみえる。それによると、倭で質となっていた王弟を『三国史記』では418年、『三国遺事』
では425年に計略を用い帰還させたとある。その入質は『三国史記』が402年、『三国遺事』が390
年である。また両書は新羅が同時期に高句麗からも質を戻したとするが、これによる両国の衝突はみ
えない。以上について木村誠は、人質を奪還した新羅使をめぐる話は『三国史記』『三国遺事』よりも『書
紀』の方が原伝に近いとする。また高句麗と倭から圧力を受けていた新羅は、両国に質を派遣し両属
的外交をすすめていたが、417年に即位した訥祇王の時代、高句麗南進の圧力を前に、高句麗には一
定の自立性を保ちつつ従属し、倭と対抗する路線に転換したと解釈する［木村2004］。

　ところで「広開土王碑文」には、高句麗が、「辛卯年」（391）以来新羅・百済に侵攻する倭を永楽
10年（400）に新羅から退け、さらに追撃して任那加羅に入って倭・安羅と衝突したとある。また永
楽14年（404）には百済と通じて高句麗の帯方界に侵入する倭を撃破し、永楽17年（407）には「歩
騎五万」によって敵（倭を含むか）を壊滅させたとある。高句麗の守墓役体制とかかわる碑の中で、
王の武勲を高めるために強大な敵に描かれた倭は史実そのままとはできないが、高句麗が百済と結ぶ
倭を圧倒したことは認めてよく、新羅はこうした状況を踏まえて、高句麗に従属的な外交を展開しつ
つ、高句麗と対立する倭王権とは距離を置くようになったと考えられる。

　上記の『書紀』と朝鮮史料にみえる新羅の質伝承について、早くに分析を加えた池内宏は、新羅に
おいて長く語られた伝承が日本に伝わって、『書紀』編者がこれを神功皇后の新羅征討や襲津彦と結
びつけたと考えた［池内1947］。その後、葛城襲津彦伝承について検討した井上光貞も、池内の見解
を引き継ぎつつ、ソツヒコを伝説化された実在の人物、「質」の話を5世紀の一定の史実の反映とし、
これを『書紀』編者が神功皇后紀にかかげたのは、日本に伝えられた最も古い新羅征討物語であった
からであり、ここにソツヒコを登場させたのは、新羅征討の勇将で名高い人物を挿入して話を具体化

338

させようとしたためとみた［井上1965］。近年は襲津彦を実在の人物ではなく、在地の首長層の伝承化されたものとする見解が有力だが、「質」伝承と襲津彦伝承に一定の史実の反映を認めつつ、それぞれを『書紀』が無理に結びつけたとする理解は、現在も有力な見方の一つである［加藤2002］。しかし、「質」に基づく修好関係の一方的破棄に怒った有力首長が、独自にその相手から技術者を略奪して自らの本拠地に置くという筋書きは、天皇のもとに一元化された外交を理想とする律令国家の論理からは導き難い。むしろ「質」が技術者贈与を武器に修好を働きかける存在であったことを踏まえるならば、その関係を一方的に破棄した相手から技術者を奪う論理は、「質」の実態に即している。しかも、それが倭王ではなく臣の葛城襲津彦を主体に描かれたことは、倭国時代の「質」が倭の群臣とも交流関係を結んでいたことと対応し（『書紀』皇極元年4月条）、倭王を中心とした「質」外交のメリットを葛城勢力も得る立場にあったことの反映とみられる。つまり、この話の骨子は、「質」外交の存在した『書紀』以前の様態や論理を踏まえたものとすべきで、ここに、葛城勢力の国際的な活動が倭王の外交のもとに展開していた様相を読み取ることができると考えるのである［田中2005a］。

　朝鮮史料においても、新羅の「質」を受け入れた倭の主体はあくまで倭王である。すなわち『三国史記』『三国遺事』において「質」外交の交渉相手は「倭国」「倭王」で、そのもとで実際に動くのが「倭諸将」「倭人」であった。葛城の首長の立場は、朝鮮半島から見ても、大王のもとにある「倭諸将」と理解される性格のものであったとすべきなのである。

　なお、奈良県御所市の名柄遺跡群や南郷遺跡群からは、5世紀の葛城勢力がその支配拠点で渡来人を用いて手工業生産を行っていたことが明らかとなっている。ただし、ここでは加耶諸国・栄山江流域の出身者が多いこと、百済系・新羅系もあるが、百済系は「親方層」として優遇されていた可能性が高いことなどから、その系譜やあり方は『書紀』の「四邑漢人」の始祖伝承と必ずしも一致しないことが指摘されている［坂2021］。「四邑漢人」伝承で襲津が使用した蹈鞴津は釜山西南の多大浦で［鮎貝1971］、攻撃した草羅城は慶尚南道梁山の、加耶地域と接する新羅の歃良城とみられるから［池内1947］、襲津彦は加耶南部を足がかりに北進し、新羅と加耶の境界領域で戦闘になったというのが伝承の筋書きであろう。したがってこの点は先の「広開土王碑文」とも、また加耶系渡来人が多く、一部新羅人もあるという遺跡の状況とも必ずしも矛盾するとは思われないが、本伝承はあくまで葛城勢力が様々に行っていた国際交流や渡来人受容の象徴的な一場面を伝説的な襲津彦の人格によって説話化し、かつ様々な契機で渡来した人々を「四邑漢人」の始祖伝承としてまとめたものと理解すべきものだから、そもそも遺跡の具体的な状況や実態と直接結びつくような性格のものではない。むしろこれらの史料から読み取るべきは、葛城勢力の国際交流のあり方やその性格の一側面であろう。

3．中国への遣使再開の時期をめぐって

　国際関係における倭王の他の倭人首長層との違いは、対中外交においてより明瞭にあらわれる。3世紀の卑弥呼以降、中国皇帝と外交関係を締結した列島の「王」は、倭人を代表した倭王一人にあったことは史料上疑いようがない。5世紀になると、倭王が中国南朝宋に朝貢して自身とその臣への官爵を要求し、朝鮮半島諸勢力に対する軍事的優位性と、倭王を軸とした臣僚集団の枠組みを、中華王

第Ⅲ部　古墳時代中期の社会と中国四国

朝に認めてもらおうとした。そこには 5 世紀の倭王の外交が、東アジアの軍事的緊張を背景に、倭人支配層（首長層）を代表する性格のものであったことが端的に示されている。

　5 世紀に入るころの中国は、北魏が華北統一に向けた動きを本格化させる一方、江南を支配する東晋は反乱を抱えて著しく疲弊していた。420 年 6 月、東晋の軍官劉裕は、自らが擁立した恭帝から禅譲をうけて宋の武帝として即位し、東晋は滅亡する。翌年、倭讃は、初めて宋朝に遣使して除授を受けた（『宋書』倭国伝）。これが倭の五王による遣中使の確実な記録の初見である。ただし讃には、これ以前の東晋の時代から遣使朝貢を行っていたことを示す次のような史料がある。

　①　『梁書』巻 54・倭伝

　　　晋安帝時、有_倭王賛_。賛死、立_弟弥_。弥死、立_子済_。済死、立_子興_。興死、立_弟武_。

　②　『晋書』巻 10・安帝紀・義熙 9 年(413)条是歳条

　　　是歳、高句麗、倭国及西南夷銅頭大師、並献_方物_。

　③　『南史』巻 79・倭国伝

　　　晋安帝時、有_倭王讚_、遣レ使朝貢。

　④　『太平御覧』巻 981・香部 1・麝条

　　　義熙起居注曰。倭国献_貂皮・人参等_。詔賜_細笙・麝香_。

　⑤　『書紀』応神 37 年 2 月戊午朔条

　　　遣_阿知使主・都加使主於呉_、令レ求_縫工女_。爰阿知使主等、渡_高麗国_、欲レ達_于呉_。則至_高麗_、更不レ知_道路_。乞_知レ道者於高麗_。高麗王乃副_久礼波・久礼志二人_、為_導者_。由レ是、得レ通レ呉。呉王、於_是_、与_工女兄媛・弟媛、呉織、穴織、四婦女_。

　このうち①〜③は中国正史だが、③は①や『宋書』の影響のもとに作文されたもので、オリジナリティは低い［坂元 1978b］。一方、④⑤はこれら中国正史に対応する可能性が指摘される史料で、④は義熙年間（405-418）の東晋朝廷の記録「義熙起居注」の逸文を 10 世紀成立の『太平御覧』が伝えたものである。以上から 413 年の「倭国使」の解釈について、主に次の 3 説が有力説とされている。

　《共同入貢説》高句麗・倭国が共同で入貢した［橋本 1956、池田 2002］。

　《倭人捕虜説》高句麗が捕虜にした倭人を「倭国使」に擬して入貢させた［坂元 1981］。

　《単独入貢説》倭国が単独で入貢した［石井 2017］。

　このうち共同入貢説と倭人捕虜説は、いずれも 413 年の「倭国使」に高句麗の関与を想定するもので、その根拠として重視されているのが④である。④の東晋への献物は高句麗の特産物である一方、東晋からの賜物の細笙は小笙＝和を指し、「和」は同韻国名の倭国への賜物にふさわしい［池田 2002］。よって、413 年の「倭国使」は高句麗の影響下にあるとみるべきというものである。

　ところが近年、④は献物だけでなく賜物の細笙・麝香も高句麗の音楽・仏教事情からみて高句麗に対するものとしてふさわしく、「倭国」は高句麗の誤記・誤引とする説が出され［石井 2017］、④に重大な疑義が生じることとなった。これに対し、⑤に高句麗経由での呉との通交記載があることを軽視すべきではないとする批判もあるが［仁藤 2024b］、⑤は『書紀』の雄略紀にかけられた類似記事の伝承を、さらに古く遡らせた後世の創作で、しかも「呉」に朝鮮半島のクレ（久礼）伝承が混じりこんでいるから［田中 2023］、413 年の共同入貢を示唆する史料とはし得ない。

そうなると、413 年の「倭国使」関連史料としてある程度信が置けるのは①②のみで、このうち②は、あくまで高句麗の遣使と倭国の遣使がそれぞれ 413 年にあったとするのであって、共に来たという意味ではない。つまり、共同入貢説、倭人捕虜説を支える信頼に足る史料はなく、史料批判上は単独入貢とするのが最も妥当な解釈となる。①によれば、その主体が讃の可能性はあるとすべきである。

この 413 年の倭国の遣晋使の背景として、共同入貢説を支持する川本芳昭の見解は注目される。川本は、高句麗が 70 年ぶりに再開した 413 年の東晋入貢が、近海の渤海・黄海に突き出た航路上の要衝の山島半島をおさえた東晋を警戒したものであったこと、このため倭国にとって東晋との交渉開始は「宿敵高句麗を牽制」しうるものたりえたこと、さらに山東ルートの開通で倭国と東晋との交渉が一気に容易となったことも遣使の背景にあったことなどを指摘する［川本 1998］。これは、共同入貢の背景ではなく、単独入貢の背景としてこそ説得力を持つ［田中 2013］。

また当該期の朝鮮半島情勢からも、倭国の遣晋使の必要性は導かれよう。前述のようにこの直前の倭国は、対高句麗関係で国際的に圧倒的劣勢に追いやられ、新羅からも完全に見限られつつあった。それは、対外的に「倭人」を代表する倭王とそこに結集する支配層の立場や、その構造を危うくしうる。こうした状況下で「倭」の体制保証と国際的優位性の付与ができる外部勢力は、中華王朝以外に存在しない。要するに倭国の中国との外交の軸は、対中関係そのものにあるのではなく、倭王を結集核として展開する支配層の朝鮮半島諸勢力との関係にあったということである。

4．中国官爵を利用した王権秩序の形成

5 世紀の倭国の中国への遣使の開始を以上のように理解するならば、倭国が中国南朝に求めた官爵は、王権にとって重要な意味を持っていたことがあらためて示唆されることになる。

『宋書』倭国伝によると、425 年、讃は中国系知識人で司馬の曹達を宋へ派遣した。魏晋期以後の中国では、方面軍を指揮して征・鎮・安・平を冠した諸将軍には府を開くことが認められ、長史・司馬・主簿・功曹・参軍の府官がおかれた。曹達の冠した司馬も、讃が宋に「安東将軍」に除せられたことを根拠とする、安東将軍府の府官としての肩書である［坂元 1978c］。また 438 年に珍は臣僚の倭隋ら 13 人に「平西・征虜・冠軍・輔国将軍」号を仮授し、宋に除正を求めて認められた。さらに 451 年には、倭王済が 23 人に将軍号・郡太守号（「軍郡」）の除正を求め、宋はこれも認めた。

以上の府官や中国官爵の評価について、坂元義種は、曹達の司馬は百済の府官同様、対中外交用の虚職と解し、倭国王以下支配層の中国官爵の仮授・除正も、朝鮮半島南部の「軍事支配」に役立てるためのものとみた［坂元 1978d・1981］。これに対し鈴木靖民は、倭国を含む中国周辺国では、中国官爵の継受を契機に府官を擁する将軍府が開府されると、臣僚らに諸将軍・郡太守の任官も行い、僚属制的政治秩序を形成して、これが一定の実質的支配機構の機能・役割を果たし得たとし、これを「府官制秩序」と呼んだ。また、3 世紀に魏が倭国臣僚に直接与えた率善中郎将・率善校尉には倭王の仮授がなかったこと、しかし 5 世紀は倭王を介した階層的秩序を中国王朝が認める形式となったことに、歴史段階的差を見出した［鈴木 2012］。以後、この鈴木の説が、武器・武具、鏡の分布をめぐる考古学の研究などにも一定の影響を与えることとなった。

第Ⅲ部　古墳時代中期の社会と中国四国

　しかし近年、文献史学では、司馬などの府官の国内的機能を疑い、その称号を外交上の虚職と捉えて、「府官制秩序」を否定的に捉える見解もある。けれども鈴木の「府官制秩序」は、主に百済の例を参考に、倭王を軸とした仮授・除正体制による中国官爵の階層的秩序が、中国王朝の権威に依存し形成されていたとするものであるから、中国系府官の役割に限定した批判は有効ではない。また倭王族とみられる倭隋の「平西」将軍の仮授・除正が、倭王権の所在地を軸とした方位を表すものであるように［武田 1975］、中国官爵が倭王を軸とした秩序の中で位置づけられていたことは確実で、王権の政治支配体制が外交と密接不可分の関係にある 5 世紀において、これを単なる虚職と評価することは適切ではないであろう。なお、百済については、府官のあわせ持つ将軍号・太守号が百済王権の独自の支配体制・階層構造と結びついて機能したことが、ある程度実証されている［井上 2020］。

　ただし「府官制秩序」は、「府官」の語が中国的な府官に限定した概念との印象・誤解を与えているように思われる。そこで以下では、これを「中国官爵を利用した王権秩序」として論じたい。

　5 世紀の倭国の対中外交と王権秩序との関係性については、他にも、史料上の曖昧さや内容的なズレについて、いくつか整理・確認しておくべき問題がある。

　まず『宋書』には、遣使主体の王が誰なのか不明な記事がある。このうち文帝紀・元嘉 7 年（430）正月是月条の遣使は讃のもの、孝武帝紀・大明 4 年（460）12 月丁未条の遣使は済のものとすべきである［坂元 1978e など］。また、順帝紀・昇明元年（477）11 月己酉条の遣使記事は、武王によるものと考えられる［廣瀬 2018］。さらに、元嘉 28 年（451）に宋が済王に与えた将軍号は伝と紀で異なるが、この時、済は安東大将軍に進められたとする見解に従いたい［石井 2017］。

　以上をふまえ、倭国の対中外交の展開と政治的秩序の形成を年表として整理するならば、次のようになる。

　413 年、倭国（讃か）、東晋へ遣使して方物を献ず。

　421 年、讃、宋へ遣使して安東将軍に除せらる。

　425 年、讃、安東将軍府の府官で司馬の曹達を宋に派遣し、表を奉呈し方物を献ず。

　430 年、讃、宋へ遣使して方物を献ず。

　438 年、讃の弟の珍、宋へ遣使貢献し、使持節都督倭・百済・新羅・任那・秦韓・慕韓六国諸軍事、安東大将軍、倭国王と自称して上表し、安東将軍、倭国王に除せらる。倭隋等 13 人の平西・征虜・冠軍・輔国将軍号の除正も求め、認められる。

　443 年、済、宋へ遣使奉献し、安東将軍、倭国王となる。

　451 年、済、宋へ遣使し、使持節都督倭・新羅・任那・加羅・秦韓・慕韓六国諸軍事、安東将軍大将軍が進号される。また臣僚 23 人の将軍号・郡太守号の除正を求め、認めらる。

　460 年、済、宋へ遣使して方物を献ず。

　462 年、「倭国王（倭王）世子」の興、遣使貢献し、安東将軍、倭国王に除せらる。

　477 - 478 年、興の弟の武、宋へ遣使し、使持節都督倭・百済・新羅・任那・加羅・秦韓・慕韓七国諸軍事、安東大将軍、倭国王と自称し、また自ら開府儀同三司を仮し、臣僚にも官爵を仮授して上表し、使持節都督倭・新羅・任那・加羅・秦韓・慕韓六国諸軍事、安東大将軍、倭王に除せらる。

このように古墳時代中期の対中外交を利用した倭王権における政治秩序形成の歩みは、413年に中国との交渉を開始し、讃が安東将軍に除されて将軍府を開くと、曹達などを府官に任じ、宋との外交にあたらせることで軌道にのったことが看取される。また曹達は、百済同様、府官に任用されて対中外交にあたり、外交文書の作成も担った晋をルーツとする中国系人士層で、百済と倭の両王権は、対中外交の要となる中国系府官を共有して、外交戦略において歩調を合わせていたとみられる［田中2005b・2019］。したがってこうした人々の倭王権への関与は、425年の曹達の遣使から始まるのではなく、百済との同盟関係を背景に、それ以前からあったものと考えられる。讃は、中国の高度な漢字文化の知識を駆使できる彼らを保有し、外交にあたらせることで、中国との関係を安定させたのである。こうした対中外交の在り方や、それに必要な渡来文化の保有を、当該期の倭人社会においては倭王以外に確認できない。

次の珍が、自身の臣僚にも将軍号を仮授し、その除正に成功して王権の政治秩序を発展しえたのは、先王讃の「安東将軍、倭国王」を引き継ぐことを前提とし、つまりは讃が安定化させた倭王権と中国南朝との外交関係を継承し得たからである。讃―珍と、済―興―武が異なる王統・系譜にあったとみられるにもかかわらず、異姓間の王位継承を王朝交替とみなす中国に対し、「倭」姓を継承して、政治権力の継続性を主張したのは［義江2011］、前王権の中国王朝との関係を引き継ぎ、その土台の上にさらなる発展を築こうとしていたからに他ならない。また武の時代も中国系人士層が王権の対宋外交に直接関与していたことは、その上表文の漢字表現から確実である［田中2005b］。すなわち、倭王を出しうる有力集団・有力首長層が複数あって、王統が切り替わることはあっても、倭王の継承者は、中国系人士層など、倭王として外交に必要な社会的関係も前王から引き継いでいた。そしてこれが臣僚への将軍号の仮授・除正へと発展するように、その性格はこれら複数の集団を統合するものとして展開していた。この点において、各首長層の国際交流は、それがいかに有力首長によるものであっても、倭王となって行う外交とは次元を異にするものであったと理解すべきなのである。

5．5世紀後半の倭王権と中国

こうして中国官爵を利用した王権秩序は、王統の切り替わりが想定される5世紀半ばの済の段階になると、臣僚への仮授・除正の数が増え、郡太守号が加えられるなど、拡充する。

ただし倭国と百済が、中国系府官を共有し対中外交を展開していたとしても、中国官爵を利用した政治的秩序の在り方は、両国で異なっている。倭国では中国官爵を利用した政治的秩序の形成が430年代から始まるが、百済ではこれが450年代まで遅れる。また、百済は将軍号・太守号だけでなく、爵号の王号・侯号も用いるから、将軍号と太守号だけの倭国とは、その構成も異なる。要するに中国官爵は、各国の事情に対応した運用がなされていたとみられ、倭国が百済にならってこれを整えたと解すこともできない。残念ながら、地方官たる郡太守号について、倭国のものは具体的な名称が伝わらない。しかし論理的に太守号が冠したであろう地域名は、「南朝鮮の支配にたずさわったもの」か［坂元1978a］、列島諸地域の地名にちなむものか［鈴木2012］、あるいはその両者をあわせたものとなろう。この問題に関連し、5世紀中葉の倭王権が、人制に示されるように、地方首長層との結びつきを前代

343

以上に強化していたことは注目してよいと思う。人制は、漢字表記上は「△△人」だけでなく「書者」「作刀者」（江田船山古墳）のように「△△者」も含むもので、各地の首長とその配下の人々、渡来系技能者などが「△△」部分に示される職掌をもって大王のもとに上番・参集し、王宮や王権の工房において目的毎に複合的に編成されて仕奉する体制である。これが5世紀半ばに成立した［田中2013、2015］。このように、王権（中央）と地方の関係を強化する人制の成立時期が、地方官たる郡太守号の登場時期と重なることは注目される。郡太守号に、列島外地域名を冠すものが含まれていたかどうかは不明とせざるを得ないが、少なくとも当時の王権と列島各地の関係強化を反映し、列島内地域名を冠するものがあった蓋然性は極めて高いといえるだろう。

　また以上のように理解する場合、人制の登場は僚属制的政治秩序の拡充の動きと関連すると考えねばなるまい。筆者は、「杖刀人首」のヲワケを、稲荷山古墳を造営した北武蔵の有力首長の子弟で、中央に出仕し、ワカタケル大王のもとで阿倍氏系前身集団の首長の統轄を受けて「杖刀人首」として活躍した人物と理解する。また東国屈指の規模を持つ稲荷山古墳を営んだ北武蔵の有力首長は郡太守となりうるクラス、「杖刀人首」の上に立つ阿倍氏系前身集団の首長は将軍号を与えうる階層とみて不自然ではない［田中2013・2015］。稲荷山古墳造営者や阿倍氏系前身集団の首長に中国的な官職が仮授されたかどうかを史料から確認することはできないが、少なくとも「杖刀人首」を、王号・将軍号・郡太守号を含む中国官爵を利用した王権秩序の下部に僚属するとみても、階層的・構造的矛盾は生じない。

　文献史学において、5世紀中葉以降の倭国の変化を対中外交とのかかわりから捉えるとき、もう一つ重要な論点となるのが、倭王武以降に対中外交が途絶することの評価である。従来、その背景として、倭王権の自立的な成長が想定されてきた。すなわちこれを刀剣銘文の「ワカタケル大王」の「治天下」と結びつけて、王権支配の進展とともに倭国に独自の天下観が生まれ、その世界観と矛盾する中国王朝の天下からは主体的に離脱していった、とする理解である［西嶋1985］。

　この通説的理解には、倭国独自の「天下」観が形成されると、中国王朝の天下とは矛盾するから、中国王朝に対する遣使朝貢を廃止し、そこから離脱することは当然との前提がある。けれども、倭国に先行し5世紀前半代に独自の「天下」観を形成した高句麗は、この時期、中国の冊封体制に参入し続けており、6世紀前半に独自の「天」の思想を形成する新羅でも、同時期に中国との交渉を開始している。すなわち、当時の東アジアにおいては、中国の天下に参入したまま独自の「天下」を構想することは十分に可能であった。実際、武王も、471年以前に大王の「治天下」を成立させながら、478年に自らを宋の天下の一隅に位置づける上表文を奉呈しており、479年には、宋にとってかわった南斉にも遣使を行った可能性がある［田中2013］。

　ここで留意したいのは、この頃、倭国にとって対中外交の維持が困難な客観的条件が存在したことである。北魏は中国南朝から466年に淮北を、469年に山東支配を奪い、480年代初頭にはその支配を淮南にまで延ばした。これにより南朝の権威失墜は明確となり、倭国の遣使ルート確保も困難となった［川本1998］。実際、武王は、471年以前に即位しながらしばらく遣使を行わず、上表文でも百済経由での遣使に困難があると訴えている。倭国にとってそれは単なる交流ルートの問題ではない。南朝が、倭国の内政に直結する朝鮮半島情勢、なかでも高句麗への牽制において、ほとんど影響力のない

存在となったことを意味するからである。つまり武の時代、高句麗との結びつきの強い北魏の勢力拡大によって、倭王権は内外政治を展開する上で重要な後ろ盾としてきた中国南朝を失いつつあった。筆者はこうした王権の直面する困難が、当時の朝鮮半島情勢の混乱やこれと結びついた首長間対立と相まって、ワカタケル、すなわち武の時代頃から、高句麗の「太王」の「天下」をモデルに、「大王」の「天下」を構想した重要な背景の一つになっていたと考える [田中 2013、2019]。結局、北魏と友好的な関係を築く高句麗は、475 年に百済の王都漢城を攻略し、その後しばらく百済王権は衰弱し、武王の抱えた対外的な課題は 6 世紀の王権に引き継がれていくのである。

むすび

　以上、古墳時代中期、倭人の国際交流の軸は朝鮮半島諸勢力との関係にあり、それは倭王が代表・主導すると認識される構造をもっていたこと、また各地の首長層を主体とする国際交流も概ねこの枠組みのなかで展開したことを述べ、その特質が、特に対中外交にあらわれることをみた。倭王権が中国への遣使朝貢を 413 年に開始し、その権威と官爵を利用して王権の政治秩序を整えようとしたのも、列島の支配層が倭王を結集核にすすめていた朝鮮諸勢力との交流関係が、5 世紀に入り高句麗の圧倒的優勢のもとに圧迫され不安定化したことが背景にある。このなかで、5 世紀中葉は、郡太守号を取り入れ、人制も導入するなど、各地の首長層を積極的に王権の政治秩序取り込もうとした。その後、中国南朝の権威や領域が縮小し、倭王権の後ろ盾としての意義が低下すると、5 世紀中葉に拡充された政治的秩序・政治体制を基礎に、高句麗の「太王」の「天下」をモデルとした「大王」の「天下」を構想していったとみられる。一方、対中外交は武王後、途絶することになるのである。

引用文献

鮎貝房之進　1971『日本書紀朝鮮地名攷』国書刊行会　pp.262-268

石井正敏　2017「五世紀の日韓関係」鈴木靖民他編『石井正敏著作集』一　勉誠出版社、初出 2005

池内　宏　1947「神功皇后の新羅御親征の物語と其の批判」同『日本上代史の一研究』近藤書店

池田　温　2002「義熙九年倭国献方物をめぐって」同『東アジアの文化交流史』吉川弘文館、初出 1977

井上直樹　2020「5 世紀後半の百済の王権構造」上野祥史編『東アジアと倭の眼でみた古墳時代』〈国立歴史民俗博物館研究叢書 7〉　朝倉書店

井上光貞　1965「帝紀からみた葛城氏」同『日本古代国家の研究』岩波書店

加藤謙吉　2002『大和の豪族と渡来人』吉川弘文館

門脇禎二　1981「古代社会と国家の形成」同『日本古代政治史論』塙書房、初出 1975

門脇禎二　1987「地域国家の形成」『空白の四世紀とヤマト王権』角川選書

門脇禎二　1992『吉備の古代史』NHK ブックス

門脇禎二　2000『葛城と古代国家』談社学術文庫、初出 1984

川本芳昭　1998「倭の五王による劉宋遣使の開始とその終焉」同『魏晋南北朝時代の民族問題』汲古書院、初出 1988

木村　誠　2004「新羅国家生成期の外交」同『古代朝鮮の国家と社会』吉川弘文館、初出 1992

河内春人　2015「倭国における南朝官爵の史的意義」同『日本古代君主号の研究』八木書店、初出 2010

坂元義種　1978a「倭の五王―その遣使と授爵をめぐって―」同『古代東アジアの日本と朝鮮』吉川弘文館、初出

1970

坂元義種　1978b「倭の五王―中国正史外国伝の研究から見た―」同上、初出 1976

坂元義種　1978c「倭の五王の外交」同上、初出 1972

坂元義種　1978d「五世紀の倭国王」同上、初出 1971

坂元義種　1978e「中国史書対倭関係記事の検討」同上、初出 1969

坂元義種　1981「四一三年の朝貢は讃のものか」同『倭の五王』教育社

鈴木靖民　2012「倭の五王の外交と内政」同『倭国史の展開と東アジア』岩波書店、初出 1985

鈴木靖民　2020「広開土王碑にみえる「倭」」同『古代の日本と東アジア』勉誠出版、初出 2012

高田貫太　2014「地域集団による対朝鮮半島交渉の様態」同『古墳時代の日朝関係』吉川弘文館

武田幸男　1975「平西将軍・倭隋の解釈」『朝鮮学報』77

田中史生　1997「「帰化人」論新考」同『日本古代国家の民族支配と渡来人』校倉書房

田中史生　2002「渡来人と王権・地域」鈴木靖民編『倭国と東アジア』〈日本の時代史 2〉　吉川弘文館

田中史生　2005a『倭国と渡来人』吉川弘文館

田中史生　2005b「武の上表文」平川南他編『文字による交流』〈文字と古代日本 2〉　吉川弘文館

田中史生　2013「倭の五王と列島支配」大津透他編『岩波講座 日本歴史』巻 1・原始古代 1　岩波書店

田中史生　2015「倭の五王の対外関係と支配体制」島根県古代文化センター編『前方後方墳と東西出雲の成立に関する研究』〈『島根県古代文化センター研究論集』14〉

田中史生　2019『渡来人と帰化人』角川選書　pp.65-124

田中史生　2023「秦氏と宗像の神」「神宿る島」宗像・沖ノ島と関連遺産群保存活用協議会『「神宿る島」宗像・沖ノ島と関連遺産群特別研究事業成果報告書』

都出比呂志　2005「前方後円墳体制と地域権力」同『前方後円墳と社会』塙書房、初出 1995

西嶋定生　1985「四〜六世紀の東アジアと倭国」同『日本歴史の国際環境』東京大学出版会、初出 1980

仁藤敦史　2024a「文献よりみた古代の日朝関係」同『古代王権と東アジア世界』吉川弘文館、初出 2004

仁藤敦史　2024b「「治天下大王」の支配観」同上、初出 2015

橋本増吉　1956『東洋史上より見たる日本上古史研究』東洋文庫　pp.594-595

旗田巍　1975「『三国史記』新羅本紀にあらわれた「倭」」朝鮮文化社編『日本文化と朝鮮』2　新人物往来社

坂靖　2018「ヤマト王権と有力地域集団の支配拠点」広瀬和雄他編『古墳時代の畿内』〈講座 畿内の考古学Ⅱ〉　雄山閣

坂靖　2021『倭国の考古学』新泉社　pp.125-126

廣瀬憲雄　2018「倭の五王の冊封と劉宋遣使」同『古代日本と東部ユーラシアの国際関係』勉誠出版社、初出 2014

山尾幸久　1983「倭王権と東アジア」同『日本古代王権形成史論』岩波書店

山尾幸久　1989『古代の日朝関係』塙書房　p.384

山尾幸久　1992「六四〇年代の東アジアとヤマト国家」『青丘学術論集』2

義江明子　2011『古代王権論』岩波書店　pp.136-145

〈地域報告〉

山陰東部

森 藤 徳 子

はじめに

　山陰東部に位置する鳥取県は、旧国名「因幡」地域と「伯耆」地域にあたり、「伯耆」は大山を挟んで東側の天神川流域を中心に「東伯耆」、西側の日野川流域を「西伯耆」に区分される。本稿では、因幡地域（県東部）、東伯耆地域（県中部）、西伯耆地域（県西部）の小地域に区分し、各地域の中期古墳の動向と副葬品の様相、小地域における副葬品の特徴、中期の中での画期について検討を行った。

1．対象資料及び基準とする編年

　鳥取県の中期古墳　鳥取県では開発に伴う古墳群の発掘調査が多く行われており、中期築造とみられる古墳の数は、詳細が不明なものを含めて 300 基を超える。古墳の規模は 10 m 未満のものから最大で 100 m を超えるものまであるが、調査により埋葬施設や遺物、築造時期など詳細な情報が得られた古墳の多くは、小型の円墳・方墳である。近年、新鳥取県史編さんに伴って測量調査等されたことで、小地域ごとの大型古墳の状況が少しずつ明らかになってきている［東方編 2020］。因幡地域最大の前方後円墳は楠間 1 号墳（全長 112 m）である。葺石と埴輪を伴うことが知られており、埴輪は未報告のため正確な築造時期は不明であるが、中期古墳の可能性が高い。東伯耆地域最大の前方後円墳は北山 1 号墳（全長 110 m）であり、甲冑や埴輪を持つ中期初頭築造の古墳である。西伯耆地域最大の前方後円墳は三崎殿山古墳（約 85 m？）であり、従来、中期古墳とする意見が多かったが、柄鏡形を呈する墳形と円筒埴輪が明確でないことから前期に遡る可能性が指摘されている［高田 2020］。このように、30m 以上の中型前方後円墳を含め、重要な古墳の多くは大まかな時期は推定されつつあるものの、詳細が判明していないために築造時期の特定ができていないのが現状である。

　検討資料の抽出方法　今回は、副葬品広域編年と各地域の編年との対応を見るために、鳥取県域の土師器編年（表 1）及び陶邑須恵器編年［田辺 1981］を基準に、検討可能な古墳をピックアップした。集成作業では、第 24 回研究集会資料集成に挙げられた土器出土古墳の一覧（290 基）［君嶋 2021b］を元に、時期が判断できる土器の出土位置を重視し、以下①・②に該当する古墳の抽出を行った。

　　① 副葬品があり、土器を伴うもの（土器は埋葬施設内だけではなく周溝など出土の場合も含む）

　　② 副葬品は伴わないが、埋葬施設から土器が出土しているもの

　使用する土器編年について　土師器については、各小地域の代表となる集落遺跡で編年が行われ、各古墳の報告書でもそれらの編年を基準に時期の判断がされてきた（西伯耆：青木編年など、東伯耆：天神川下流編年など、因幡：岩吉編年）。近年、各遺跡編年の併行関係についてまとめられたところであり［牧本 2020］、中国四国前方後円墳研究会・第 24 回研究集会では、君嶋氏によって東伯耆地域の古墳時代

第Ⅲ部　古墳時代中期の社会と中国四国

表1　基準とする土器編年等の併行関係

西伯耆		東伯耆			因幡	須恵器	埴輪	中四研
青木 清水他1978	笹尾山 岡野2004	土井 1986	東伯 君嶋2021	天神川下流 牧本1999	岩吉 谷口1991	陶邑		
Ⅷ期（古）			前期後葉	天神川Ⅳ期	Ⅵ群（新）		Ⅱ群古相	Ⅴ
Ⅷ期（新）			中1期	天神川Ⅴ期	Ⅶ群（古）		Ⅱ群新相	Ⅵ
	1期		中2期	天神川Ⅵ期	Ⅶ群（新）	TG232	Ⅲ群古相	Ⅶ
			中3期	天神川Ⅶ期		TK73	Ⅲ群新相 Ⅳ群古相	Ⅷ
			中3期	天神川Ⅷ期	Ⅷ期（古） Ⅷ期（新） 土器群2	TK216	Ⅳ群中相	Ⅸ
Ⅸ期	2期	後口谷BⅩ区 21号住	中4期	天神川Ⅷ期	Ⅷ期（新） SD-03	TK208	Ⅳ群新相	Ⅹ
		上種第5 16・17号住 服部Ⅲ期		天神川Ⅸ期		TK23	Ⅳ群新相 Ⅴ群古相	Ⅺ
	3期	イザ原 20号墳周溝	中5期			TK47	Ⅴ群古相	Ⅻ
	4期		後期	天神川Ⅹ期		MT15	Ⅴ群中相	ⅩⅢ

中期の編年作業と併行関係の検討、因幡・西伯耆地域を含めた古墳の時期の検討が行われた［君嶋2021a］。集成作業では、君嶋氏の編年（中1～5）の区分で時期決定を行い、それが判断できなかったものは、各調査報告書に記載された各小地域の集落遺跡編年の区分を引用して整理した。また、広域編年との対応を見るために、埴輪のみ出土した古墳についても取上げた[1]。

2．古墳群の動向と副葬品

　集成の結果、198基の古墳と216基の埋葬施設を抽出し［森藤2022b][2]（表2）、その表を元に副葬品の消長と、古墳群の変遷と副葬品の種類・量を反映した編年図を作成した（図1～4）[3]。なお、時期決定根拠の薄く、時期の曖昧なものは、高田氏の編年を参考に時期を検討した［高田2020］。土器編年と副葬品の関係を整理した結果、時間経過による型式・様式の変化は、副葬品広域編年の傾向と大きな離齬はない。以下、副葬品を中心に各小地域の傾向について述べる。

（1）小地域ごとに見た副葬品の傾向

① 全域での傾向（図1 上段、図3・4）

　ほぼ全時期にわたって出土が確認できるのは、鉄鏃、刀、鏡、玉類、農工具（中でも刀子）である。馬具は因幡地域でのみで出土しており、甲冑は全地域で出土しているものの、伯耆地域では中期の前半段階までしかみられない。伯耆地域では、Ⅸ期前後から副葬品全体の出土点数や組合せ数が因幡地域よりも減少し、副葬品の乏しい古墳が目立つようになる。特に西伯耆では、Ⅹ期以降、鉄鏃・刀剣類をほとんど持たず、因幡地域との差は大きい。なお、小札冑・札甲、胡籙、三輪玉・捩環・外装の確認できる刀剣[4]、金工品、畿内系緑色凝灰岩製勾玉、滑石製刀子、直刃鎌、蕨手刀子は確認できない。

② 因幡地域（図1 下段、図4）

　集成表で小地域ごとに比較すると、因幡地域の古墳では副葬品数が多い傾向にある。特に、倭文6号墳のように規模が10～20ｍ程度の円墳であっても甲冑や馬具を伴うものや、3種類以上の副葬品が組み合うなど、豊富な副葬品を持つ古墳が目立つ。鉄鏃、刀子、玉類を所有する古墳が多く、刀剣類は、全時期にわたって出土する。多角形袋部鉾は、時期未確定のものを含めると西伯耆地域で1点出土しているが、出土点数は因幡地域が最も多く、Ⅺ期以降にみられる。甲冑と馬具については、Ⅵ期以降は甲冑、Ⅺ期以降は馬具がそれぞれ断続的にみられる。滑石製品はⅨ期以降、石製品はⅩⅢ期以降と、中期前半ではみられず、逆に農工具の中でも鋤先や鎌は、中期前半のみ出土が確認できる。

表2 中期古墳集成表（抜粋）

③ 東伯耆地域、西伯耆地域（図2～4）

　東伯耆地域、西伯耆地域ともに中期の前半までは甲冑を副葬する古墳が見られる。この時期、東伯耆地域では副葬品の組合せ・量ともに因幡地域と同じく多い。しかし、東伯耆地域ではⅧ期以降、西伯耆地域ではⅨ期以降、副葬品の組合せ数や量が減少し、副葬品をほとんど持たない古墳が増加する。特に西伯耆ではⅤ～Ⅶ期段階で鉄鏃を含めた武器・武具類で数量の減少傾向が目立つ。そのまま馬具

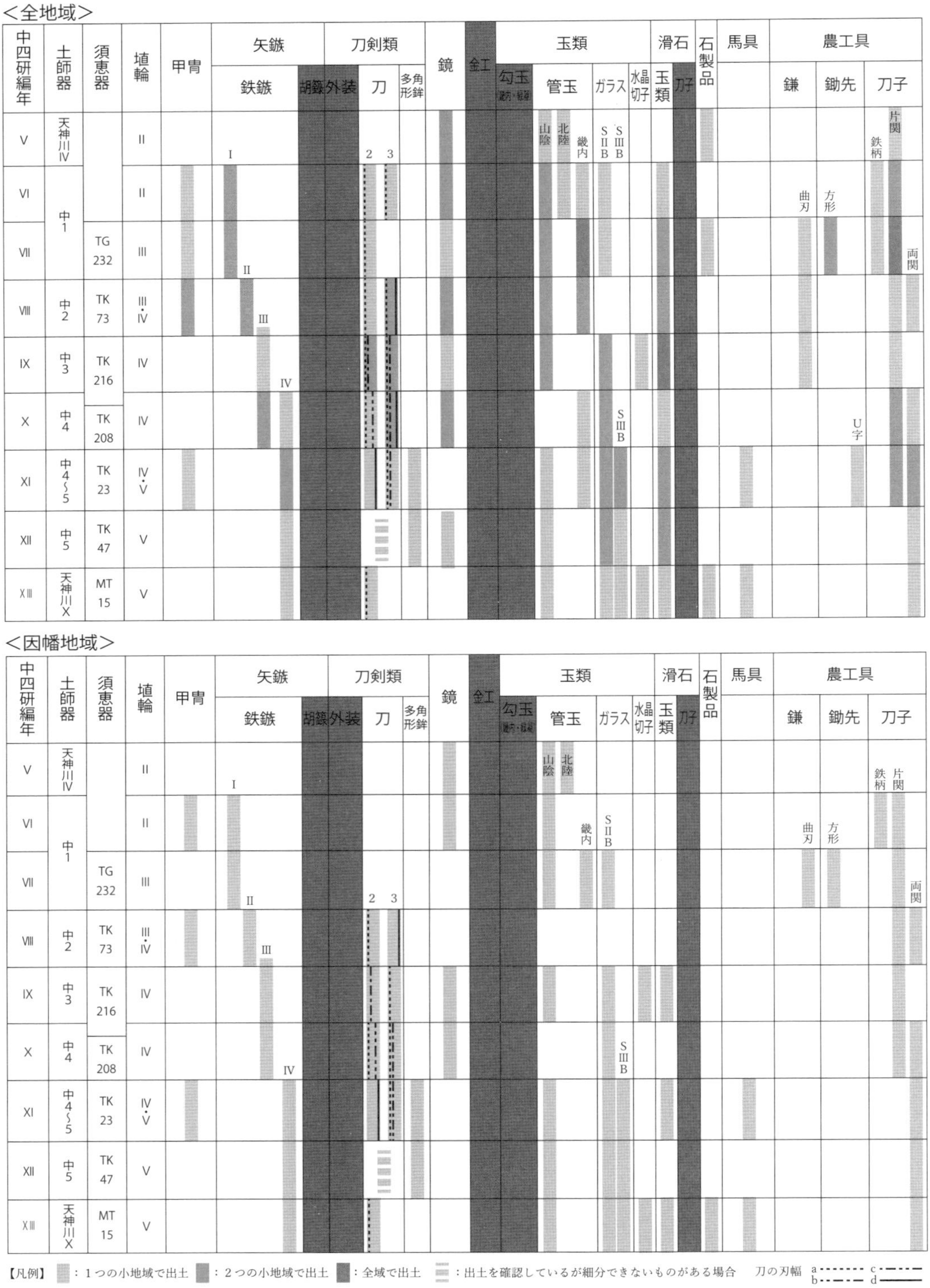

第Ⅲ部　古墳時代中期の社会と中国四国

＜全地域＞

中四研編年	土師器	須恵器	埴輪	甲冑	矢鏃 鉄鏃	胡籙	外装	刀剣類 刀	多角形鉾	鏡	金工	玉類 勾玉	管玉	ガラス	水晶切子	玉類	刀子	滑石製品	石製品	馬具	農工具 鎌	鋤先	刀子
V	天神川Ⅳ		Ⅱ		Ⅰ			2　3					山陰 北陸	畿内	SⅡB SⅢB						鉄柄 片関
Ⅵ	中1		Ⅱ																		曲刃 方形
Ⅶ		TG232	Ⅲ		Ⅱ																両関
Ⅷ	中2	TK73	Ⅲ・Ⅳ		Ⅲ																
Ⅸ	中3	TK216	Ⅳ		Ⅳ																
Ⅹ	中4	TK208	Ⅳ												SⅢB						U字
Ⅺ	中4〜5	TK23	Ⅳ・Ⅴ																		
Ⅻ	中5	TK47	Ⅴ																		
ⅩⅢ	天神川Ⅹ	MT15	Ⅴ																		

＜因幡地域＞

中四研編年	土師器	須恵器	埴輪	甲冑	矢鏃 鉄鏃	胡籙	外装	刀剣類 刀	多角形鉾	鏡	金工	玉類 勾玉	管玉	ガラス	水晶切子	玉類	刀子	滑石製品	石製品	馬具	農工具 鎌	鋤先	刀子
V	天神川Ⅳ		Ⅱ		Ⅰ			2　3					山陰 北陸								鉄柄 片関
Ⅵ	中1		Ⅱ										畿内	SⅡB							曲刃 方形
Ⅶ		TG232	Ⅲ		Ⅱ																両関
Ⅷ	中2	TK73	Ⅲ・Ⅳ		Ⅲ																
Ⅸ	中3	TK216	Ⅳ																		
Ⅹ	中4	TK208	Ⅳ		Ⅳ										SⅢB						
Ⅺ	中4〜5	TK23	Ⅳ・Ⅴ																		
Ⅻ	中5	TK47	Ⅴ																		
ⅩⅢ	天神川Ⅹ	MT15	Ⅴ																		

【凡例】 ▨:1つの小地域で出土　■:2つの小地域で出土　■:全域で出土　▨:出土を確認しているが細分できないものがある場合　刀の刃幅　a------　c------　b------　d------

図1　副葬品の消長（1）

の導入もなく後期を迎える。また、西伯耆地域は全時期を通して石製品が見られない。

（2）小地域ごとに見た古墳群の動向と副葬品

① 因幡地域（図4）

V期は、Ⅳ期の大型前方後円墳である六部山3号墳に引き続き、六部山古墳群で造営が続く。鏡、玉類を所有する20m前後の古墳がみられる。Ⅵ期は、六部山古墳群と谷を挟んだ向かいに築かれた因幡地域最大の前方後円墳である古郡家1号墳が存在し、短甲所有古墳の県内最古事例とみられる。鉄鏃、鏡、刀子など豊富な副葬品を持つほか、礫敷組合せ式木棺とされる中央棺では突起付重圏文鏡（双鈕八ツ手葉形銅器）が出土している。Ⅶ期以降、因幡地域では、副葬品の様相がわかる前方後円墳はない。里仁古墳群では方墳が築造され、鉄鏃、剣、玉類、農工具が副葬される。Ⅷ期は、湯山6号墳（円墳・径13m）に甲冑、鉄鏃、刀剣が副葬される。紙子谷1号墳では円形袋部の鉄鉾が出土しており、銀板巻であることから朝鮮半島との関連が指摘されている。Ⅸ～Ⅹ期は、10～20m級の方墳・円墳から鉄鏃、刀剣、玉類などが出土する。組合せは最大3種類で、甲冑を持つ古墳は確認されていない。Ⅺ期は、倭文6号墳（円墳・径13m）で甲冑、馬具、多数の鉄鏃、刀剣、多角形袋部鉄鉾などが副葬され、円墳としては、種類・数ともに因幡地域では最多である。そのほかの古墳は、鉄鏃、刀剣、玉類のうち1～3種類の組合せで副葬される。Ⅻ期は、鉄鏃、玉類、刀子の組合せが多い。ⅩⅢ期は、横穴式石室の導入期にあたり、円護寺古墳群にて27号墳が、続く陶邑編年TK10併行期には六部山80

＜伯耆地域＞

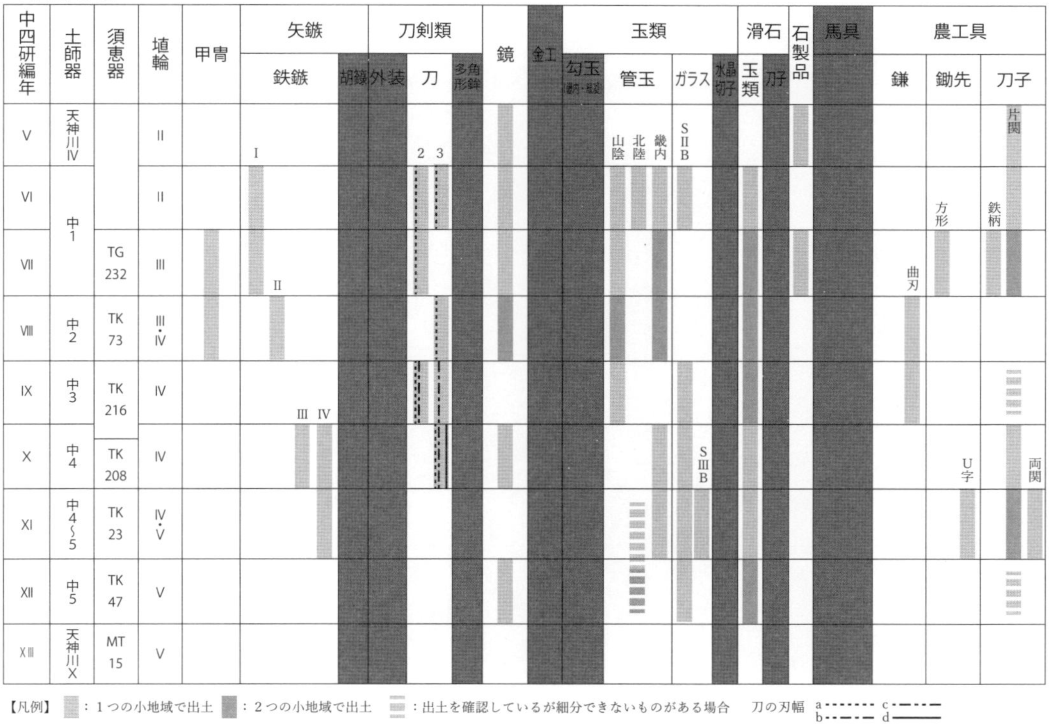

中四研編年	土師器	須恵器	埴輪	甲冑	鉄鏃	胡籙	外装	刀	多角形鉄鉾	鏡	金工	勾玉(鋤形・碧玉)	管玉	ガラス	水晶切子	玉類	刀子	石製品	馬具	鎌	鋤先	刀子
V	天神川Ⅳ		Ⅱ			I		2 3					山陰 北陸 畿内	SⅡB								片関
Ⅵ	中1		Ⅱ																		方形	鉄柄
Ⅶ		TG232	Ⅲ		Ⅱ															曲刃		
Ⅷ	中2	TK73	Ⅲ・Ⅳ																			
Ⅸ	中3	TK216	Ⅳ		Ⅲ Ⅳ																	
Ⅹ	中4	TK208	Ⅳ											SⅢB							U字	両関
Ⅺ	中4～5	TK23	Ⅳ・Ⅴ																			
Ⅻ	中5	TK47	Ⅴ																			
ⅩⅢ	天神川X	MT15	Ⅴ																			

【凡例】▒：1つの小地域で出土　▓：2つの小地域で出土　░：出土を確認しているが細分できないものがある場合　　刀の刃幅　a‥‥‥‥　c‥－‥－　b－‥‥　d———

図2　副葬品の消長（2）

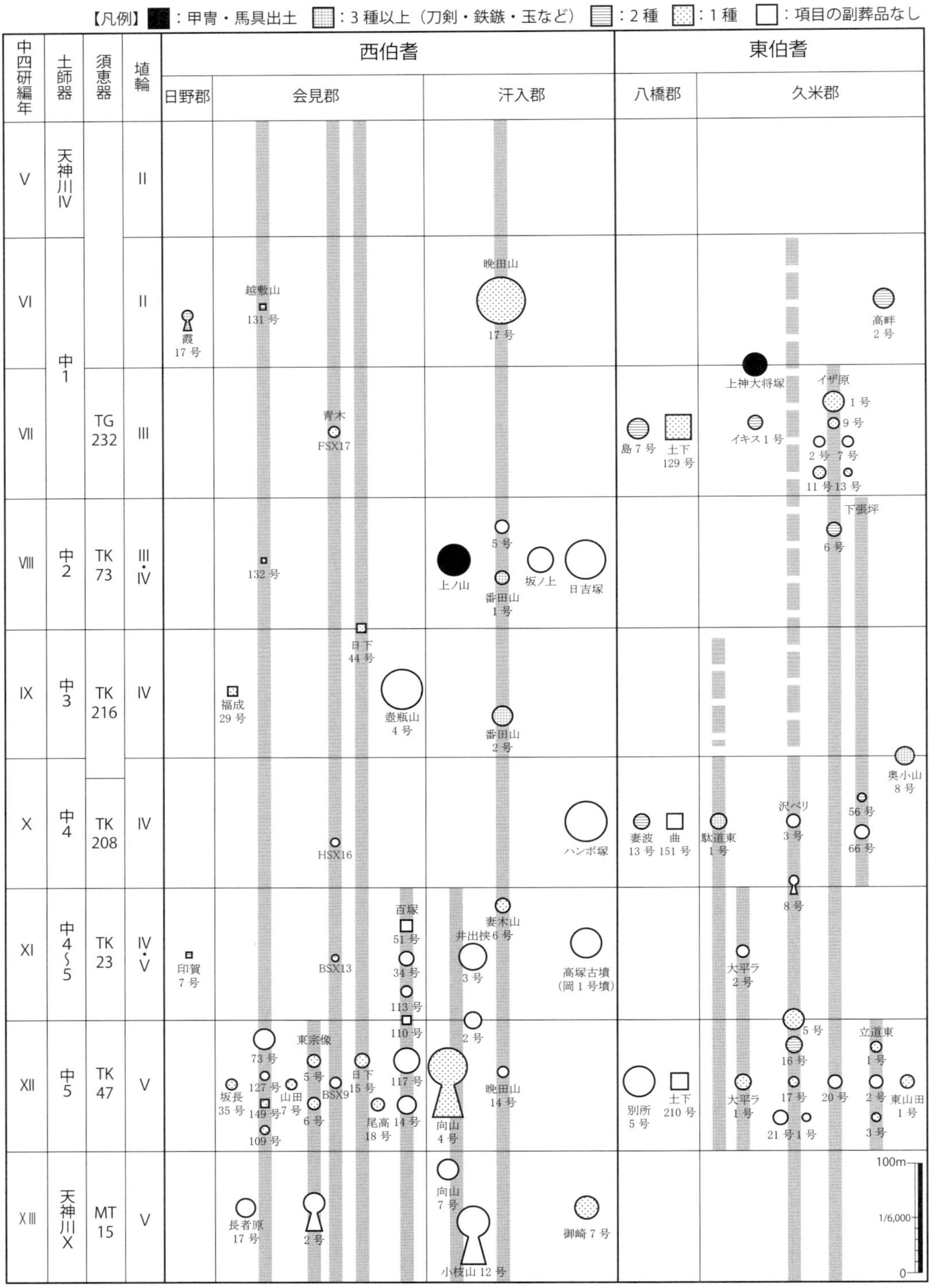

【凡例】　■：甲冑・馬具出土　▨：3種以上（刀剣・鉄鏃・玉など）　▨：2種　▨：1種　□：項目の副葬品なし

中四研編年	土師器	須恵器	埴輪	西伯耆			東伯耆	
				日野郡	会見郡	汗入郡	八橋郡	久米郡
V	天神川Ⅳ		Ⅱ					
VI	中1		Ⅱ	霞 17号	越敷山 131号	晩田山 17号		高畔 2号
VII		TG232	Ⅲ		青木 FSX17		島7号　土下129号	上神大将塚　イキス1号　イザ原 1号・9号・2号・7号・11号・13号
VIII	中2	TK73	Ⅲ・Ⅳ		132号	上ノ山　5号　番田山1号　坂ノ上　日吉塚		下張坪 6号
IX	中3	TK216	Ⅳ	福成 29号	日下 44号　壺瓶山 4号	番田山 2号		
X	中4	TK208	Ⅳ		HSX16	ハンボ塚	妻波13号　曲151号	駄道東1号　沢ベリ3号　56号　66号　奥小山8号
XI	中4～5	TK23	Ⅳ・Ⅴ	印賀 7号	BSX13　百塚51号　34号　113号　110号　2号	妻木山　井出挟6号 3号　高塚古墳（岡1号墳）		大平ラ2号　8号
XII	中5	TK47	Ⅴ		東宗俊　73号　127号　坂長35号　山田7号　149号　109号　BSX9　5号　6号　日下15号　尾高18号　14号　117号　晩田山14号　向山4号		別所5号　土下210号	5号　16号　立道東1号　大平ラ1号　17号　20号　2号　東山田1号　21号　1号　3号
XIII	天神川Ⅹ	MT15	Ⅴ	長者原17号　2号		向山7号　御崎7号　小枝山12号		

100m
1/6,000
0

図3　副葬品を基軸とした古墳編年図（1）

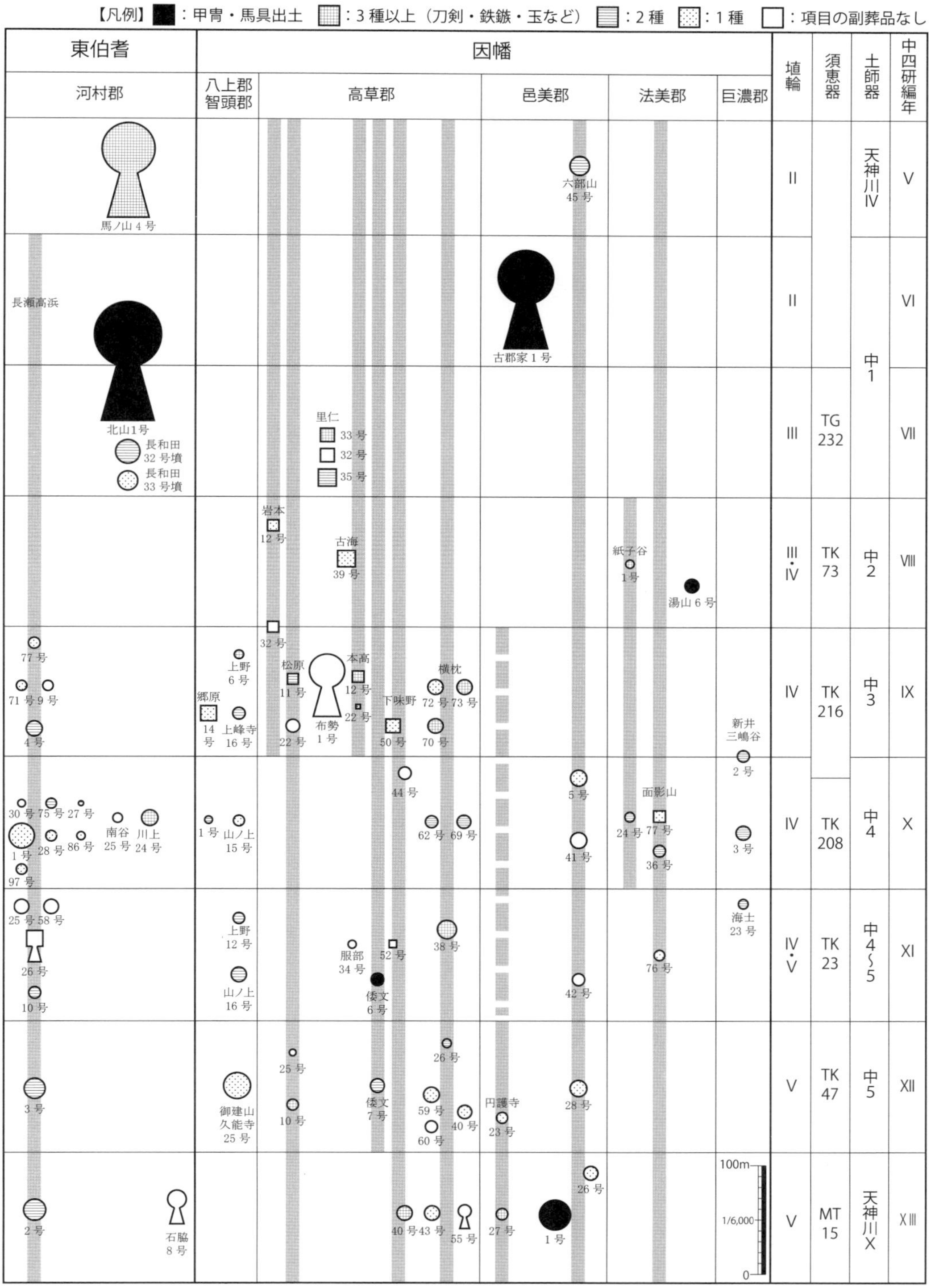

【凡例】 ■：甲冑・馬具出土　▨：3種以上（刀剣・鉄鏃・玉など）　▨：2種　▨：1種　□：項目の副葬品なし

東伯耆 河村郡	因幡 八上郡 智頭郡	高草郡	邑美郡	法美郡	巨濃郡	埴輪	須恵器	土師器	中四研編年
馬ノ山4号			六部山45号			II		天神川IV	V
長瀬高浜			古郡家1号			II		中1	VI
北山1号　長和田32号墳　長和田33号墳		里仁33号　32号　35号				III	TG232		VII
	岩本12号	古海39号		紙子谷1号　湯山6号		III・IV	TK73	中2	VIII
77号　71号9号　4号	上野6号　郷原14号　上峰寺16号　32号	松原11号　本高12号22号　布勢1号22号　下味野50号70号　横枕72号73号			新井三嶋谷2号	IV	TK216	中3	IX
30号75号27号　南谷25号　川上24号　1号28号86号　97号	1号　山ノ上15号	44号　62号69号	5号　41号	面影山24号77号　36号	3号	IV	TK208	中4	X
25号58号　26号　10号	上野12号　山ノ上16号	服部34号　倭文6号　52号　38号	42号	76号	海土23号	IV・V	TK23	中4～5	XI
3号	御建山久能寺25号　25号　10号	倭文7号　59号60号40号　26号　円護寺23号	28号			V	TK47	中5	XII
2号　石脇8号		40号43号55号　27号　1号	26号			V	MT15	天神川X	XIII

100m　1/6,000　0

図4　副葬品を基軸とした古墳編年図（2）

第Ⅲ部　古墳時代中期の社会と中国四国

号墳がある。同時期に六部山１号墳（円墳・径28ｍ以上）で馬具が副葬される。

　② 東伯耆地域（図3・4）

　Ⅴ期は、馬ノ山４号墳（前方後円墳・全長88ｍ）が築造される。刀剣、玉類、石製品などの豊富な副葬品を持ち、中心埋葬は竪穴式石槨で、そのほか箱式石棺や埴輪棺など多くの埋葬施設を伴う。Ⅵ期は、高畔２号墳（円墳・径20ｍ）では、鉄鏃、剣、鉄鋌などが副葬される。Ⅶ期は、東伯耆最大の前方後円墳である北山古墳が築かれる。埋葬施設は竪穴式石槨とされ、撹乱により副葬品が失われているが、短甲や畿内系管玉などがある。Ⅶ～Ⅷ期は、イザ原古墳群など10～20ｍの円墳・方墳において、刀剣、畿内系管玉（畿内・L）、滑石製玉類、刀子などの組合せで副葬される。Ⅷ期以降、副葬品のわかる大型の前方後円墳は確認できない。Ⅸ期は長瀬高浜遺跡で径10ｍ程度の円墳のみがあり、玉類のみなど副葬品をほとんど持たない。Ⅹ期は、箱式石棺の長瀬高浜１号墳、割竹型木棺の奥小山８号墳といった径20ｍ前後の円墳が築かれ、鉄鏃、刀、滑石製玉類などが副葬される。Ⅹ～Ⅻ期は径10～20ｍの円墳に鉄鏃と刀、剣と玉類など、2種類程度の組合せで副葬され、因幡地域ほど豊富な副葬品はみられず、ⅩⅢ期も同様の傾向が続く。

　③ 西伯耆地域（図3）

　Ⅴ期～Ⅶ期にかけて、時期を確定しうる大型前方後円墳はない。霞17号墳（前方後円墳・全長20ｍ）では、小型の竪穴式石槨から鉄鏃、刀剣、鏡が出土している。その他の円墳・方墳は10ｍ程度の規模のものが多く、副葬品も１～2種類程度と数は少ない。Ⅷ期には、2基の竪穴式石槨を持つ上ノ山古墳（円墳・径30ｍ）から、甲冑、鉄鏃、刀、鏡、玉類が出土している。Ⅸ期は、10ｍ程度の円墳・方墳で１種類のみ副葬品を持つものが多い。番田山２号墳（円墳・径20ｍ）では、鉄鏃、刀、曲刃鎌を伴っている。Ⅹ～ⅩⅢ期まで、10～20ｍ程度の規模の古墳では、玉類など１種類か副葬品を持たないものがほとんどで、東伯耆地域よりもさらに副葬品は乏しい。Ⅻ期には、竪穴系横口式石室が出現するが、副葬品は他の古墳と同様に鉄鏃や刀子など１種類のみで差はみられない。西伯耆地域では大型の前方後円墳の代わりに葺石や埴輪を持つ円墳があるが、副葬品が確認された例はほとんどない。Ⅻ期（あるいはⅪ期）頃から向山古墳群で大型の前方後円墳が築かれるが、副葬品の様相はわかっていない。

3．副葬品から見た画期

　今回の検討により、副葬品から見た画期は3段階を確認できる。全域での画期は、前期（Ⅴ期）と中期（Ⅵ期以降）との間、もう一つは後期（ⅩⅢ期）より前のⅩ期～Ⅺ期とⅫ期との間であり、小地域的に見れば、伯耆地域におけるⅧ～Ⅸ期の画期である。

　画期1　　Ⅵ期以降…甲冑やⅠ様式の鉄鏃など、武器・武具類の新要素の追加。

　画期2　　Ⅷ期以降（東伯耆）、Ⅸ期以降（西伯耆）…副葬品数の組合せ数や量の減少。甲冑や馬具などの優品は持たない。

　画期3　　Ⅹ期～Ⅺ期以降…Ⅳ様式の鉄鏃の出現、多角形袋部鉄鉾やSⅢBのガラス小玉、馬具、U字形鋤先、両関刀子の増加など、新様式や新素材製品の追加。

354

副葬品の画期を古墳の墳形と規模との関連でみると、画期1のⅥ期以降は、東伯耆地域では地域最大の前方後円墳が出現する時期にあたり、画期2以降は全域で明確な大型前方後円墳が確認できないことと関連する可能性がある。画期3は後期開始の前段階で始まり、全地域的に方墳が減少し、円墳に緩やかに切替わる状況と連動している。一方で、埋葬施設との関連では、Ⅻ期に竪穴系横口式石室、ⅩⅢ期に横穴式石室が出現するが、副葬品に目立った変化は見られない。

おわりに

今回、副葬品と土器から古墳群の編年を検討した結果、副葬品広域編年と大きな齟齬はなく古墳の動向を追うことができ、副葬品から見た当該地域での画期を設定することができた。しかし、中期築造の可能性がある大型の前方後円墳をはじめ、重要な古墳は検討から外さざるを得ず、今回の編年は、あくまで現時点での小型の円墳・方墳を中心とした副葬品の傾向である。今後は、墳形・規模と副葬品、埋葬施設と副葬品の関係や、埴輪編年、古墳群や古墳群内の支群ごとの比較など、古墳時代中期の課題の解決に取り組む必要がある。

註

（1）　当該地域の埴輪出土古墳については、中国四国前方後円墳研究会・第14回研究集会の中期古墳埴輪集成を基に、埴輪のみ出土した古墳も集成に加えた［君嶋・東方・岩垣編2011］。鳥取県下の埴輪研究においては、地域性が注目されるものの、詳細な編年研究は途中段階にあり、特に川西編年Ⅳ・Ⅴの埴輪について、中四研編年に即した検討は不十分である［東方2020］。今回は、土器類と埴輪の出土が確認されている古墳については、土器類を基準に位置づけを行い、埴輪の出土のみ確認されている古墳の時期については、今後の検討課題としたい。

（2）　中期前後の変化を捉えるため、中四研Ⅴ～ⅩⅢ期までの古墳を対象として集成し、前期のⅤ期と後期のⅩⅢ期については、主要な古墳や画期を考えるうえで必要な古墳のみ扱った（表2では割愛）。集成表の各時期内の古墳の並びについては、土師器・須恵器が出土している古墳は土師器を基準に並べ、同じ時期のものは東から順に地域ごとに整理した。よって、各時期内での副葬品の先出・後出は表上では反映されない場合がある。

（3）　古墳群の造営期間については、集成表に掲載した古墳以外で周溝などからの出土土器で時期がわかるものを確認し、灰色実線で表現している。支群によって造営期間が異なり、古墳が存在しない時期や、地理的に近い他の古墳群に造営が移る可能性が考えられ、いずれは支群単位の小集団での比較を行うべきだと考えている。

（4）　外装が残る刀剣は、馬ノ山4号墳、長瀬高浜1号墳、倭文6号墳で確認されているが、詳細な分類が判断できなかったため、今回の検討からは除外した。

引用文献

岩崎孝平・真木大空（編）　2022「文献　中期古墳編年（鳥取県）」『中期古墳研究の現状と課題Ⅵ～新編年で読み解く地域の画期と社会変動～』中国四国前方後円墳研究会第25回研究集会　同実行委員会　pp.204-208

岩本　崇　2006a「古墳出土鉄剣の外装とその変遷」『考古学雑誌』第90巻第4号　日本考古学会　pp.1-34

岩本　崇　2017a「古墳時代倭鏡様式論」『日本考古学』第43号　日本考古学協会　pp.59-78

岩本　崇　2017b「古墳時代中期における鏡の変遷─倭鏡を中心として─」『中期古墳研究の現状と課題Ⅰ～広域編年と地域編年の齟齬～』中国四国前方後円墳研究会第20回研究集会　同実行委員会　pp.9-20

大賀克彦　2002「凡例　古墳時代の時期区分」『小羽山古墳群』清水町埋蔵文化財発掘調査報告書Ⅴ　清水町教育委

員会　pp.1-20

大賀克彦　2013「①玉類」『副葬品の型式と編年』古墳時代の考古学 4　同成社　pp.147-159

岡野雅則　2004「第 8 節　古墳時代中期から後期の土器について」『茶畑遺跡群　古御堂笹尾山遺跡　古御堂新林遺跡』
　　鳥取県教育文化財団調査報告書 93　財団法人鳥取県教育文化財団埋蔵文化財センター　pp.3-198-204

片山健太郎　2018「馬具からみた倭文 6 号墳」『倭文 6 号墳出土遺物の研究　出土品再整理報告書』鳥取市教育委員
　　会　pp.46-73

片山健太郎　2020「古墳時代中期の馬具編年—中期後半を中心として—」『中期古墳研究の現状と課題Ⅳ〜副葬品に
　　よる広域編年再考〜』中国四国前方後円墳研究会第 23 回研究集会　同実行委員会　pp.9-24

川畑　純　2016『甲冑編年の再構築に基づくモノの履歴と扱いの研究』平成 24 〜 27 年度科学研究費（学術研究助成
　　基金助成金（若手研究（B））研究成果報告書（課題番号：24720368）　奈良文化財研究所

君嶋俊行　2021a「地域報告　鳥取県」『中期古墳研究の現状と課題Ⅴ〜古墳時代中期の土師器・須恵器をめぐって
　　〜　発表要旨集・資料集成』中国四国前方後円墳研究会　第 24 回研究集会　pp.59-88

君嶋俊行　2021b「中期古墳出土土器集成【鳥取県】」『中期古墳研究の現状と課題Ⅴ〜古墳時代中期の土師器・須恵
　　器をめぐって〜　発表要旨集・資料集成』中国四国前方後円墳研究会　第 24 回研究集会　pp.279-298

君嶋俊行・東方仁史・岩垣　命（編）2011『埴輪から見た中期古墳の展開　発表要旨集・中期古墳出土埴輪集成』
　　中国四国前方後円墳研究会　第 14 回研究集会

齊藤大輔　2017「古墳時代中期刀剣の編年」『中期古墳研究の現状と課題Ⅰ〜広域編年と地域編年の齟齬〜』中国四
　　国前方後円墳研究会第 20 回研究集会　同実行委員会　pp.73-88

清水真一ほか 1978『青木遺跡発掘調査報告書Ⅲ』青木遺跡発掘調査団

鈴木一有　2003「中期古墳における副葬鏃の特質」『帝京山梨文化財研究所研究報告』第 11 集　帝京山梨文化財研
　　究所　pp.49-70

鈴木一有　2017「志段味大塚古墳と 5 世紀後半の倭王権」『埋蔵文化財調査報告書 77　志段味古墳群Ⅲ—志段味大塚
　　古墳の副葬品—』名古屋市文化財調査報告 94　名古屋市教育委員会　pp.175-186

鈴木一有　2018「副葬品組成からみた古墳時代中期から後期への変革」『待兼山考古学論集Ⅲ—大阪大学考古学研究
　　室 30 周年記念論集—』大阪大学考古学研究室　pp.475-496

高田健一　2020「鳥取県における古墳研究」『新鳥取県史　考古 2　古墳時代』鳥取県　pp.6-17

谷口恭子　1991「第 4 章 まとめ 第 2 節　土器」『岩吉遺跡Ⅲ』鳥取市文化財報告書 30　鳥取市教育委員会　pp.285-308

田辺昭三　1981『須恵器大成』角川書店

土井珠美　1986「鳥取県の状況」『弥生時代後期から古墳時代初頭のいわゆる山陰系土器について』第 18 回埋蔵文
　　化財研究会　pp.17-30

牧本哲雄　1999「第 9 章　遺構、遺物の検討　第 1 節　古墳時代の土器について」『長瀬高浜遺跡Ⅷ　園第 6 遺跡』
　　鳥取県教育文化財団調査報告書 61　財団法人鳥取県教育文化財団　pp.151-160

牧本哲雄　2020「土器の編年」『新鳥取県史　考古 2　古墳時代』鳥取県　pp.18-26

東方仁史（編）　2020『新鳥取県史　考古 2　古墳時代』鳥取県

東方仁史　2020「古墳出土資料の概要」『新鳥取県史　考古 2　古墳時代』鳥取県　pp.47-55

森藤徳子　2022a「鳥取県」『中期古墳研究の現状と課題Ⅵ〜新編年で読み解く地域の画期と社会変動〜』中国四国
　　前方後円墳研究会第 25 回研究集会　同実行委員会　pp.75-87

森藤徳子　2022b「別刷り資料 全国・中国四国地方各県の中期古墳副葬品編年表 鳥取県」『中期古墳研究の現状と課
　　題Ⅵ〜新編年で読み解く地域の画期と社会変動〜』中国四国前方後円墳研究会第 25 回研究集会　同実行委員会

図表出典

図 1・2：森藤 2022a の図 5 〜 8 を加筆修正。図 3・4：森藤 2022a の図 3・4 を加筆修正。　表 1：君嶋 2021a
の表 3 に加筆。表 2：森藤 2022b から抜粋、加筆修正。報告書文献番号は、岩崎・真木編 2022 に対応。

〈地域報告〉

山陰中西部

吉 松　優 希

はじめに

　山陰中西部は、現在の島根県東部、旧国の出雲国を指す。本稿では山陰中西部（出雲地域、以下出雲地域と表記）を対象に中期古墳編年の検討、そこから見出される画期について論じたい。本来的には島根県全域を検討対象とすべきだが、石見地域、隠岐地域ともに中期古墳の発掘調査例が少なく、副葬品の内容の判明している事例も極めて少ない。石見地域では古墳時代前期末〜中期には、大元１号墳（益田市・方円）やスクモ塚古墳（益田市・方円）、周布古墳（浜田市・方円）など目立った首長墳が存在するが副葬品の内容など分かっているものはほとんどない。そのため、本稿においては県内でも調査事例の多い、出雲地域を検討の対象とする。

１．出雲地域における中期古墳編年の現状

（１）これまでの研究

　出雲地域における中期古墳編年は、これまで多くの先学の蓄積がある［松本 1990、渡辺・内田・曳野・松本 1991、大谷 2011、池淵 2015a、岩本 2015・2018 など］。これらについて、代表的なものを整理、紹介しておきたい。松本岩雄氏は山陰地域の主要古墳の変遷を概観し、地域的な特色について整理する［松本 1990］。前方後円墳集成では出雲、石見、隠岐について整理がされる［渡辺・内田・曳野・松本 1991］。いずれも主要古墳を中心とした整理で、限られた資料による整理である点は課題が残る。大谷晃二氏は山陰地域の平野部に展開した政治集団の動向を概観、地域・時期的な特徴を整理する［大谷 2011］。中小の古墳や古墳群に目配せをした編年や地域的な特徴も示されている。

　総論的な内容で島根県域の古墳編年は整理されてきたが、これらの研究を中期古墳に着目して深化させたのが、島根県古代文化センターによる「前方後方墳と東西出雲の成立に関する研究」である［島根県古代文化センター 2015］。その中で池淵俊一氏により、出雲の古墳編年が整理されている［池淵 2015a］。池淵氏は『出雲国風土記』に記された郡郷の行政区分を参考に地域区分を設定し、土器編年に基づいて各古墳の相対的な位置づけの検討を行っている。一方で岩本崇氏は、北近畿・山陰を対象に広域な視点から円筒埴輪の編年を基軸とし、他の器物との組み合わせによる古墳の変遷を示している［岩本 2015・2018］。

（２）課　題

　ここまでごく簡単に出雲地域におけるこれまでの中期古墳編年の研究動向について整理した。島根

357

第Ⅲ部　古墳時代中期の社会と中国四国

県域における古墳編年は、これまで総論的な整理が中心であった。資料数の制約や首長墳の様相が不明な点が大きく影響していると考えられる。その点で、島根県古代文化センターの「前方後方墳と東西出雲の成立に関する研究」は、島根県域における中期古墳研究の上で大きな画期といえよう。

また、古墳編年は、土器や埴輪を中心とした相対的な位置づけが示されることが中心で、他の器物との組み合わせによる検討はまだまだ進んでいないといえる。これも先に指摘したとおり、資料数の制約や首長墳の様相が不明な点が大きく影響しているためといえる。

本稿では、出雲地域を対象に副葬品の組み合わせが判明する例を中心に、中小の古墳や古墳群の内容も整理したうえで、島根県域における中期古墳の変遷、地域的な画期について整理したい。

2．中四研編年をもちいた出雲地域の中期古墳編年案

先に述べたように出雲地域では首長墳の副葬品の内容が判明しているものが極めて少ない。また、中小の古墳においても良好な副葬品の組み合わせが判明するものはごく少数に限られる。そのため、中四研編年に土器編年［松山2021］との対応を図り、時期比定を行った。なお、首長墳については、副葬品の内容が不明であっても埴輪や土器編年との対応関係から位置づけを行っている（表1）。

Ⅵ　期　　　土器では、大東1期が対応する。この段階の指標となる古墳は現状みられない。Ⅴ期に出現した大型円墳の築造が大垣大塚1号墳などで継続する[1]。また良好な副葬品の組み合わせをもつものは少ないが、玉類の副葬をする古墳があり、奥才12号墳で管玉（山陰JFb）、客山1号墳で管玉（畿内領域L）の副葬がみられる。

Ⅶ　期　　　土器では、大東1～2期が対応する。出雲地域では現状、この時期に位置づけられる古墳は皆無である。副葬品の様相は全く不明だが、長尾古墳や柴2号墳で初期須恵器の出土があり、この段階に位置づけられるだろう。

Ⅷ　期　　　土器では、大東2期が対応する。この時期の指標となるのは、毘売塚古墳や丹花庵古墳である。両者ともに板甲が出土している。毘売塚古墳ではⅡa～Ⅱb様式の鉄鏃が出土しており、副葬品の組み合わせは少ないながら、この段階に位置づけられる。このほか、大橋川沿岸に築造される廟所古墳は副葬品の内容は不明ながら、出土した埴輪からこの時期に位置づけられる。

Ⅸ　期　　　土器では、おおむね大東2期が対応する。この時期においても副葬品の内容が判明する古墳は少数である。二名留3号墳で、Ⅲ様式の鉄鏃が出土している。この時期も大橋川沿岸に首長墳が築造されるが、いずれも副葬品は不明で、埴輪や土器による位置づけをしている。ここで注意が必要なのが石屋古墳である。石屋古墳は出土した埴輪（Ⅳ中～新）と須恵器（ON46）からこの段階に位置づけている。石屋古墳からは馬形埴輪（図1）が出土しており、その中に剣菱形杏葉の剥離片が存在する［椿2015］。剣菱形杏葉はTK208型式期に出現することが指摘されている［片山2020］。椿氏は全体のバランスから小型品としているが、出現時期との問題から判断を保留する［椿2015］。これは石屋古墳の時期、また剣菱形杏葉の出現を考えるうえで重要な課題といえる。石屋古墳はⅨ～Ⅹ期と幅をもたせて考えることも必要かもしれない。

Ⅹ　期　　　土師器では、大東3期が対応する。甲冑や鉄鏃が出土する古墳が目立ち、広域編年の中

山陰中西部（吉松）

表1　出雲地域における副葬品編年

時期区分	古墳名	板甲 革綴	板甲 鋲留	川畑板甲段階	矢鏃 様式	鳥舌鏃	短頸鏃	長頸鏃	刀剣 外装	刀	舶載鏡	倭鏡 前	中	後古	後新古	管玉 山陰JFb	山陰Jfa	畿内領域L	ガラス玉 SⅡB	SⅢB	滑石	石製品	鍬鋤先 方形	U字	刀子 片関	両関	埴輪	須恵器	土師器	埋葬施設
VI期	奥才12号										○																		大東1	木棺直葬
	北小原3号											○																	大東1	箱式石棺・土器棺
	大垣大塚1号																											Ⅱ新		
	客山1号													●		○	○								○				大東1	木棺直葬
VII期	長尾																											初須		
VIII期	毘売塚	○			Ⅱa〜Ⅱb	○																								舟形石棺
	井ノ奥1号																													
	廟所																											Ⅳ古		
	丹花庵	三角板																												類長持形石棺
	古曽志大塚1号																											Ⅳ古		
	軍原				○				○							○	○													組合家形石棺
	西谷16号																								○					石棺直葬
	北光寺						○		○																					竪穴式石槨?/舟形石棺
	神代									3a		○																		木棺直葬
IX期	石屋																											Ⅳ中〜新	大東2	
	観音山1号																											Ⅳ中		
	二名留3号				Ⅲ?		○		○																		○		大東2	箱式石棺
X期	月坂放レ山5号			横別板 8	Ⅳa	○	○						○																	
	一の谷				Ⅲ〜Ⅳ?		○																					Ⅰ		木棺直葬
	山崎				Ⅳa		○			2a																				木棺直葬
	玉造築山			横別板	Ⅳa?		○				西晋									臼玉						○				舟形石棺
	池田						○									○	○			臼玉			○							石棺直葬
XI期	宮山1号																										V		大東2	
	島田1号									3a														○			V	Ⅰ古		舟形木棺
	観音寺2号				Ⅳa		○		○															○			V			木棺直葬
	才ノ峠1号				Ⅳ		○																	○	○					木棺直葬
	増福寺3号				Ⅲ〜Ⅳ?		○																					○	大東3	
	増福寺4号				Ⅲ〜Ⅳ?		○																						大東3	
	井の奥4号								○																		V	Ⅰ古		
	金崎1号															○	○	○					○		○			Ⅰ中		竪穴系横口式石室
	薬師山				Ⅱa	○			○													有孔円板、剣形						Ⅰ古	大東3	
	塚山	三角板										○									○	臼玉			○	○	V	Ⅰ古		木棺直葬
	六重城南1号																												大東3〜4	
XII期	小馬木2号													●											○				大東3〜4	木棺直葬
	竹矢岩船																										V			舟形石棺
	奥山3号				Ⅳc		○																							
	米坂1号				○																								大東3〜4	
	米坂2号				○																								大東3〜4	
	古曽志大谷1号				Ⅳc		○			2c															○		V	Ⅰ中〜新	大東3	礫槨
	神庭岩船																										V			舟形石棺
XIII期	谷ノ奥3号						○						水晶		○										○			Ⅰ新	大東4	木棺直葬
	敷居谷3号									3a																			大東4	木棺直葬

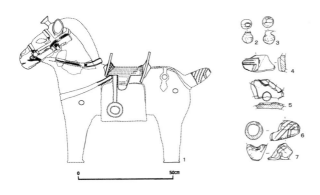

図1　石屋古墳出土馬形埴輪（S=1/20）

で位置づけをすることができる。月坂放レ山5号墳では8期に位置づけられる横矧板鋲留板甲が出土しているが、鉄鏃Ⅳa様式が出土していることから、この段階に位置づけた。この段階に多くの古墳で鉄鏃Ⅳa様式の長頸鏃が出土しており、鉄鏃Ⅳa様式は出雲地域では大東3期に対応するのであろう。

　Ⅺ期　　土師器では大東3期、須恵器では大谷1古～中が対応する。また、埴輪もⅤ期のものになるが、おおよそこの時期から地域的な底部調整の埴輪が導入される［大谷2003、山内2003］。この時期の指標となる古墳としては、金崎1号墳や塚山古墳、観音寺2号墳、オノ峠1号墳などがある。観音寺2号墳では鉄鏃Ⅳb様式の長頸鏃が出土している[2]。

　Ⅻ期　　土師器では大東3期、須恵器では大谷1中～新が対応する。この時期の指標となる古墳に古曽志大谷1号墳がある。古曽志大谷1号墳や奥山3号墳では鉄鏃Ⅳc様式の長頸鏃が出土しており、この段階に位置づけることができる。

　XIII期　土師器では大東4期、須恵器では大谷1新が対応する。副葬品の内容が判明する例は少ないが、谷の奥3号墳からは水晶製管玉が出土している[3]。

3．出雲地域の古墳時代中期における画期

（1）対外交渉からみた画期

　出雲地域においては土器類と鉄器が対外交渉をうかがわせる主な渡来系資料としてあげられ、交渉の実相についていくつかの段階があることが整理されている［岩本2018］。

　古墳出土資料を見ると鉄製品と玉類に渡来系の要素を見出すことができる。西谷16号墳からは嶺南地域に特徴的なタビやU字形刃先が出土しているほか、六重南1号墳では鉄鐸や鑷子が出土している。この中で注目されるのが金崎1号墳の存在である。金崎1号墳の竪穴系横口式石室は洛東江以東を中心とした朝鮮半島東南部に系譜が求められることが指摘され、初期須恵器や九州系のU字形刃先、鉄鉾などの副葬からもこの推定は傍証される［高田2018］。

　以上、古墳から出土している渡来系資料は少数であり、大きな画期を見出すことはできない。出雲地域における対外交渉の画期を考える上では出雲国府下層遺跡や夫敷遺跡など、意宇平野における陶質土器や軟質土器、初期須恵器の存在が重要であると考えられる。出雲国府下層出土の陶質土器は昌寧様式の新羅土器と位置づけられる［松尾2023］。出雲国府下層遺跡では、断面長方形の板状柱根から推定される祭壇状施設の存在［角田2008］、大型方形区画の存在［池淵2013］が指摘されている（図2）。

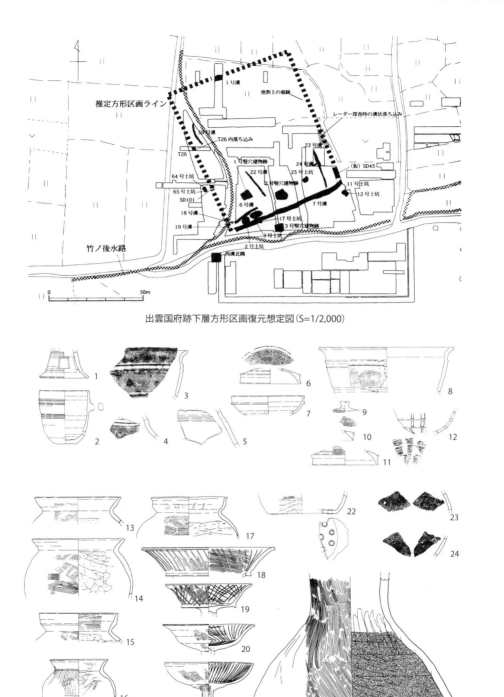

出雲国府跡下層方形区画復元想定図(S=1/2,000)

1〜5 11・12号土坑　6 25号土坑　7 3号土坑　8〜12 耕作土　13〜25 2号土坑

図2　出雲国府下層遺跡の方形区画と朝鮮半島系土器

第Ⅲ部　古墳時代中期の社会と中国四国

この大型方形区画は豪族居館と評価され、意宇平野の開発拠点として、そこに渡来系集団が深く関与していたことが指摘されている［池淵2013］。これらの方形区画（溝）出土土器は中期中葉〜中期後葉に位置づけられる。古墳の築造状況と対比すると、中期中葉の大型方墳の出現、中期後半の古式群集墳の出現と対応し［岩本2018］、古墳の築造状況ともあわせて大きな画期と評価できる。

（2）王権との交渉からみた画期

出雲地域における王権との関係は円筒埴輪にみることができる（図3）。すなわち大橋川沿岸に築造される大型方墳に用いられる、いわゆる王陵系埴輪である［高橋2008］。これらの埴輪は外面調整などの製作技法や形象埴輪の造形などから、古市・百舌鳥古墳群造営集団との直接的な関係を示すものと評価される［岩本2015］。これらの埴輪を導入する大橋川沿岸の大型方墳の評価をめぐっては、王権主導の序列化によるものとする見解があるが［仁木2015］、山陰でみた場合には墳丘形態の選択に出雲地域の地域的事情が反映された可能性もある［岩本2015・2018］。

このほか丹花庵古墳にみられる類長持形石棺の存在も注目される。丹花庵古墳も大型方墳と同様にⅧ期に位置づけられる。いわゆる王陵系埴輪の導入、類長持形石棺の存在、大型方墳の築造など、この時期に王権とのなんらかの交渉、関係性の強化によって、出雲地域にもたらされたのであろう。このことから、埴輪と大型方墳の存在などからみた画期は、中期中葉頃とみることができよう（Ⅷ〜Ⅸ期）。

（3）出雲地域の古墳時代中期の画期

まず、簡単に出雲地域の古墳の築造動向を整理したい。そのうえで、半島との交渉、王権との交渉の状況についても加味しつつ、出雲地域の古墳時代中期の画期について見出したい（図4）。

Ⅵ期は大型円墳である大垣大塚1号墳が築造される。大型円墳はⅤ期に登場するもので、それが継続する。このほか、出雲西部では常楽寺柿木田1号墳が築造されるなど、首長墳の築造がある。Ⅶ期

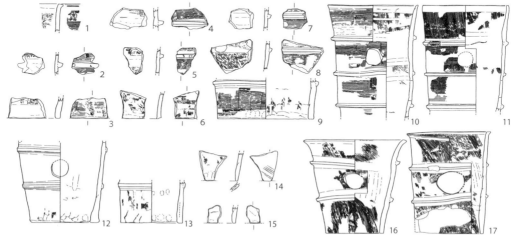

1〜3　廟所古墳　4〜6　荒神畑古墳　7〜8　古曽志大塚1号墳　9　観音山1号墳　10〜11　石屋古墳
12〜15　井ノ奥4号墳　16〜17　古曽志大谷1号墳

図3　出雲地域におけるⅧ〜Ⅸ期・Ⅺ〜Ⅻ期の埴輪

山陰中西部（吉松）

には出雲地域では目立った古墳の築造は知られていない。

　Ⅷ期では、出雲地域の各地に首長墳が登場する。もっとも大きな変化としては、大橋川沿岸に廟所古墳などの大型方墳が築造されることである。これらの古墳にはいわゆる王陵系埴輪が採用される。

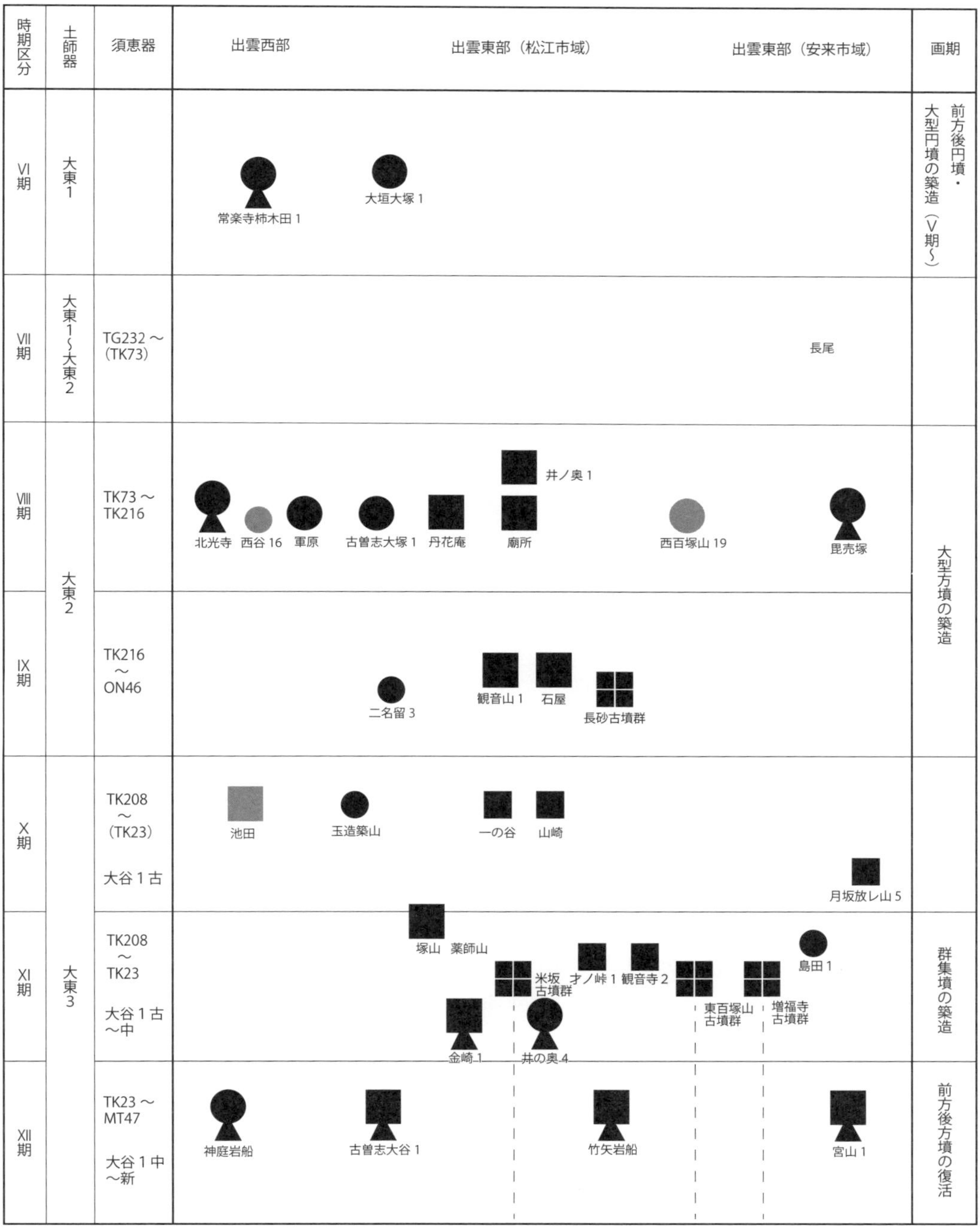

時期区分	土師器	須恵器	出雲西部	出雲東部（松江市域）	出雲東部（安来市域）	画期
Ⅵ期	大東1		常楽寺柿木田1	大垣大塚1		前方後円墳・大型円墳の築造（Ⅴ期〜）
Ⅶ期	大東1〜大東2	TG232〜（TK73）			長尾	
Ⅷ期	大東2	TK73〜TK216	北光寺　西谷16　軍原　古曽志大塚1　丹花庵	井ノ奥1　廟所	西百塚山19　毘売塚	大型方墳の築造
Ⅸ期	大東2	TK216〜ON46	二名留3	観音山1　石屋　長砂古墳群		大型方墳の築造
Ⅹ期	大東2	TK208〜（TK23）／大谷1古	池田　玉造築山	一の谷　山崎	月坂放レ山5	大型方墳の築造
Ⅺ期	大東3	TK208〜TK23／大谷1古〜中	塚山　薬師山／金崎1／井の奥4	米坂　才ノ峠1　観音寺2　古墳群	東百塚山古墳群　増福寺古墳群　島田1	群集墳の築造
Ⅻ期	大東3	TK23〜MT47／大谷1中〜新	神庭岩船　古曽志大谷1	竹矢岩船	宮山1	前方後方墳の復活

図4　出雲地域の古墳編年

第Ⅲ部　古墳時代中期の社会と中国四国

そのほかの地域では安来地域に毘売塚古墳、宍道湖北岸に丹花庵古墳、出雲西部に軍原古墳などが築造される。これらの古墳の埋葬施設は各種の石棺である。それぞれに系譜が異なり、各地の首長の各地域との多様な交渉を示すものと考えられる［大谷2015］。出雲西部に築造される北光寺古墳 [4] も舟形石棺の様相からこの時期に位置づけられると考えられる。Ⅸ期では、群集墳の築造が開始される。初期の群集墳としては、長砂古墳群があり、初期須恵器を副葬する。大橋川沿岸の大形方墳の築造も石屋古墳などで継続する。

Ｘ期〜Ⅺ期にかけて出雲地域通有の須恵器が副葬される。この時期になると大橋川沿岸での大型方墳の築造は停止する。Ⅺ期は群集墳の築造が活発化する時期である。松江市に所在する東・西百塚山古墳群はこの時期に造墓のピークをむかえ、ＸⅢ期まで継続する［大谷・吉松2022］。中小の首長墳としては塚山古墳や金崎１号墳などがこの時期に位置づけられる。この時期に埴輪には地域的な底部調整の埴輪が導入される［大谷2003、山内2003］[5]。

Ⅻ期に出雲東部では地域の首長墳として、前方後方墳の築造が再開（復活）する。安来地域では宮山１号墳、大橋川沿岸では竹矢岩船古墳、宍道湖北岸では古曽志大谷１号墳である。出雲西部においても神庭岩船古墳（前方後円墳）で竹矢岩船古墳と同様の舟形石棺がみられ、出雲型舟形石棺が定型化する［大谷2010・2015］。

以上を整理すると出雲地域の古墳時代中期の画期としては大きく４つの画期を見出すことができる。すなわち①Ｖ〜Ⅵ期の前方後円墳の築造と大型円墳の築造、②Ⅷ〜Ⅸ期における大橋川沿岸への大型方墳の築造と各種石棺の導入、③Ⅺ期の群集墳の築造の活発化、④Ⅻ期の前方後方墳の復活と出雲型舟形石棺の定型化である。②の大型方墳の築造にあたっては山陰・北近畿の諸地域で首長墳の築造状況が一斉に画期をむかえる点で重要であり、その背景には倭王権との強い結びつきと地域の主体性があると考えられる［岩本2015］。④の前方後方墳の首長墳への採用は出雲東部の地域的な主体性の顕在化とする理解［岩本2015］や出雲地域内の地域秩序の再編・統合化を図るため、最高首長層の連携を表象する存在として地域内で創出・採択されたものと理解される［池淵2015b］。

おわりに

ここまで出雲地域を中心として、古墳時代中期の副葬品の状況を整理した。副葬品の組合せが判明する事例が少なく、副葬品の組合せからの画期は見出しがたいのが現状である。ただし、出雲地域における埴輪の動向と画期、すなわちⅧ期における王陵系埴輪の導入、Ⅺ期における底部調整の導入と出雲地域における大型方墳の築造、前方後方墳の復活、出雲型舟形石棺の定型化は大きく関わっているようにみえる。副葬品の組合せが見えづらい現状では、古墳の築造動向と副葬品の組合せ、埴輪などから画期などを把握していく必要がある。

註
（１）　上野１号墳は出土遺物と土器（小谷４式）からＶ期に位置づけている。出土円筒埴輪はⅥ期に位置づけられる

鋤崎古墳と類似することや畿内の布留3式が小谷4式新相と大東1式にまたがって併行することから古墳編年上はⅥ期に位置づけるべきという指摘がある［久住2023］。

（2）　この段階の指標になりうる古墳として薬師山古墳がある。土師器と須恵器の組合せからこの時期に位置づけられるが、この古墳から出土している鉄鏃はⅡa様式のもので半世紀以上前のものが副葬されている点は注意が必要である。

（3）　水晶製管玉の製作時期はMT15～TK10型式期に限られるとされ［大賀2009］、土器編年との併行関係がとられる［松山2021］。

（4）　表中には示していないが、北光寺古墳からは馬具（銜か）が出土している。小片で判断は難しいが、馬具であれば古墳時代中期の出雲地域では唯一のものであろう。

（5）　井の奥4号墳では、出土した埴輪の底部調整は端部切り取り前のハケメ調整を欠き、古曽志大谷1号墳などでみられるハケメ後端部切り取りがみられないものである。出雲における底部調整導入と展開を明らかにする基準資料となりうると評価される［岡崎・丹羽野・田中2023］。

引用文献

池淵俊一　2013「出雲国府跡における古代以前の遺構について」『史跡出雲国府跡』- 9総括編 - 島根県教育委員会 pp.283-291

池淵俊一　2015a「出雲の古墳編年について」『前方後方墳と東西出雲の成立に関する研究』島根県古代文化センター pp.19-32

池淵俊一　2015b「出雲における中・後期前方後方墳の成立と展開」『前方後方墳と東西出雲の成立に関する研究』島根県古代文化センター　pp.291-319

岩本　崇　2015「山陰における古墳時代中期首長墓の展開と「地域圏」の形成―古墳時代中期の地域社会と集団関係―」『前方後方墳と東西出雲の成立に関する研究』島根県古代文化センター　pp.210-225

岩本　崇　2018「島根県地域における古墳時代中期の交流とその諸相」『中期古墳研究の現状と課題』Ⅱ～古墳時代中期の交流～中国四国前方後円墳研究会　pp.104-118

大賀克彦　2009「山陰系玉類の基礎的研究」『出雲玉作の特質に関する研究―古代出雲における玉作の研究Ⅲ―』島根県古代文化センター・島根県埋蔵文化財調査センター　pp.9-62

大谷晃二　2003「円筒埴輪基底部再調整の技法復元」『宮山古墳群の研究』島根県古代文化センター・島根県埋蔵文化財調査センター　pp.193-208

大谷晃二　2010「山陰―出雲地方を中心に―」『日本考古学協会2010年度兵庫大会研究発表資料集』日本考古学協会2010年度兵庫大会実行委員会　pp.377-381

大谷晃二　2011「山陰」『古墳時代』（上）講座日本の考古学7　青木書店　pp.175-212

大谷晃二　2015「多様な石棺と出雲型舟形石棺」『前方後方墳と東西出雲の成立に関する研究』島根県古代文化センター　pp.241-244

大谷晃二・吉松優希　2022「大草丘陵古墳群出土遺物について―大草丘陵古墳群の調査（2）―」『古代文化研究』30　島根県古代文化センター　pp.1-24

岡崎雄二郎・丹羽野裕・田中　大　2023「井ノ奥4号墳の発掘調査の概要について」『松江市歴史叢書』16 松江市 pp.81-100

角田徳幸　2003『史跡出雲国府跡』1 島根県教育委員会

角田徳幸　2008「出雲国府跡下層の古墳時代集落」『島根考古学会誌』25　島根考古学会　pp.99-113

片山健太郎　2020「古墳時代中期の馬具編年―中期後半を中心として―」『中期古墳研究の現状と課題』Ⅳ～副葬品による広域編年再考～　中国四国前方後円墳研究会　pp.9-24

久住猛雄　2023「『中期古墳研究の現状と課題Ⅵ』へのコメントと感想」『中四研だより』51　中国四国前方後円墳研究会　pp.19-20

第Ⅲ部　古墳時代中期の社会と中国四国

島根県古代文化センター　2015『前方後方墳と東西出雲の成立に関する研究』
高田貫太　2018「古墳時代中期における中国・四国地域の竪穴式石室・竪穴系横口式石室・木槨～韓半島東南部との比較を通して～」『中期古墳研究の現状と課題』Ⅲ～埋葬施設の型式・構築方法・儀礼の地域的展開と被葬者像～中国四国前方後円墳研究会　pp.25-41
高橋克壽　2008「『王陵系埴輪の地域波及と展開』に寄せて」『古代文化』59 古代学協会　pp.81-83
椿　真治　2015「石屋古墳出土埴輪の復元整理作業報告」『前方後方墳と東西出雲の成立に関する研究』島根県古代文化センター　pp.71-82
仁木　聡　2015「巨大方墳の被葬者像」『前方後方墳と東西出雲の成立に関する研究』島根県古代文化センター　pp.113-140
松尾充晶　2023「山陰西部における古墳時代の渡来系遺物」『先史・古代の日韓交流の様相―山陰を中心として―』第50回山陰考古学研究集会事務局　pp.122-139
松本岩雄　1990「山陰」『古墳時代の研究』10 雄山閣　pp.113-140
松山智弘　2021「島根県」『中期古墳研究の現状と課題』Ⅴ～古墳時代中期の土師器・須恵器をめぐって～ 中国四国前方後円墳研究会　pp.89-116
守岡正司　2003『史跡出雲国府跡』2　島根県教育委員会
山内英樹　2003「埴輪研究の現状と課題～「基底部調整」をめぐる諸問題～」『宮山古墳群の研究』島根県古代文化センター・島根県埋蔵文化財調査センター　pp.181-192
渡辺貞幸・内田律雄・曳野律夫・松本岩雄　1991「出雲」『前方後円墳集成』中国・四国編 山川出版社　pp.46-53

図表出典
図1：椿2015。図2：角田2003、守岡2004、池淵2013。図3：岩本2015を改変。図4：吉松作成。表1：吉松作成。

〈地域報告〉

山陽東部

寒川　史也

はじめに

　旧国別の既往の編年の要点を整理し、調査成果の蓄積も踏まえながら、現状での編年研究の動向と絡めて順次述べていきたい。
　備前地域では、湊茶臼山古墳が集成3期と考えられていたが、近年の発掘調査の成果から中四研編年のⅦ期に位置づける。その他は二時期をまたぐような変動はない。集成6期つまり中四研Ⅷ期に首長墳の築造がみられないことから、大きな政治的な変化が見出されている［宇垣1991］。
　備中地域においても特段の変更点はないが、造山古墳の築造時期をどのように見積もるかで、その歴史的な位置づけも変わってくる。造山古墳の被葬者を吉備連合体の大首長と捉え、古墳の築造に呼応する形で、中小首長層が前方後円墳の築造を停止するかわりに、大型方墳を採用するといった首長墳再編の動きが指摘されている［葛原1992］。造山古墳は、発掘調査により徐々に埴輪の様相が明らかになりつつあるが、樹立埴輪の中に黒斑をもつ個体も多い。一方で、窖窯焼成による個体も確かに存在し、焼成方法に関しては移行期に該当するとみられる。これら埴輪の編年的な位置づけは、今後の調査成果のさらなる蓄積に期したい。最近の古墳編年としては、出土埴輪の様相を基に組まれているものがあり［安川2019］、本稿でもそれに依拠した部分が多い。
　美作地域では、集成当時は調査例が少なかったが、小墳を中心として分析で、箱式石棺をもつ方墳から木棺直葬で須恵器副葬の円墳への変化が集成7期と8期の間に起こることが重視される［安川1992］。以降は発掘調査や測量調査により資料が増加し、編年はそれらの情報を踏まえたものが提示されている［澤田2017］。

1．副葬品・埴輪編年の県内概要

　先に示された中四研編年の指標に則り、県内における古墳の時期的な位置づけを行った。列記した通り前方後円墳で埋葬施設および副葬品の詳細が明らかになった例は限られており、帆立貝形古墳、円墳や方墳の調査例が主体となる。
　Ⅵ期の指標となるのは、金蔵山古墳（中央石槨・副室）の出土品となる。後円部墳頂における方形埴輪列で中央区画の鰭付き円筒埴輪は、4条

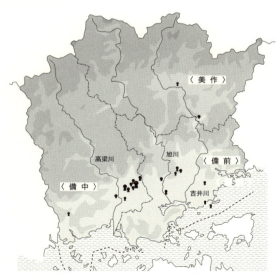

図1　主要前方後円墳の分布（帆立貝形含む）

第Ⅲ部　古墳時代中期の社会と中国四国

5段で、半円形の透かし孔が縦列に配される。埴輪編年Ⅱ期新相の時期と考えられ、建物形、蓋形、盾形、甲冑形、靫形？といった各種形象埴輪もみられる。墳丘テラスの円筒埴輪は、有黒斑、3条4段の構成で、透かし孔は三角形、方形、円形、半円形、その他など各種存在する。段間の配置は直交のものが多い一方、縦列のものもある。口縁部高が突帯間隔の数値に近づくが、やや下回る個体も含まれている。

　Ⅶ期に入ると、旗振台古墳、佐野山古墳において、甲冑と鉄鏃の様相がよく把握できる。しかしながら、出土埴輪についての情報が少ない。中央主体から革綴短甲が出土した月の輪古墳の円筒埴輪は有黒斑、3条4段、透かし孔も三角形、方形、円形で直交式の配置、口縁部高が突帯間隔と等しいものが主体で、埴輪編年Ⅲ期に当たるものとみられる。

　Ⅷ期は、埴輪編年Ⅲ期新相からのⅣ期古相に該当する埴輪が出土するが、当地域において両者を峻別することは難しい。ここでは、窖窯焼成による個体が散見するようになるため、Ⅳ期古相に考えておく。透かし孔も円形、段間の配置は直交のものに統一されるが、この段階においてもB種ヨコハケが施される例は少数である。千足古墳では、革綴短甲片が出土している。他の古墳例から、副葬品の組成の中にU字形鋤鍬先が入るのもこの時期と捉えられる。

　Ⅸ期を代表する例としては、随庵古墳が挙げられる。鋲留の甲冑が出土し、長頸鏃や馬具を伴うが、埴輪と須恵器は確認されていない。他古墳では革綴の甲冑や短頸鏃を副葬するものもあり、前段階の様相をとどめる例も存在する。埴輪は、埴輪編年Ⅳ期中相に入って無黒斑の資料が割合的に増え、外面二次調整に明確にBc種ヨコハケを施す個体が確認できる。

　Ⅹ期の正崎2号墳では、札甲とf字形鏡板付轡の組み合わせがみとめられるが、埴輪と須恵器を欠いている。Ⅸ期と同様に、出土埴輪の内容をうかがえる古墳の例に乏しいが、埴輪編年Ⅳ期新相に相当する。円筒埴輪はBd種ヨコハケが施され、形象埴輪には人物埴輪が新たに含まれる。

　Ⅺ期の我城山6号墳、寺山7号墳、勝負砂古墳、一貫西3号墳、長畝山北3号墳からは馬具が出土しており、編年的な位置づけの根拠となっている。埴輪は断続ナデや底部調整を観察できる資料が少ないが、埴輪編年のⅤ期に入るものとみられる。円筒埴輪は突帯の扁平化傾向がみられ、外面二次調整を省略した個体が増加する。加えて、形象埴輪には石見型埴輪が出現している。

　Ⅻ期の例は県北部の古墳が大半を占めている。美作の古墳群においては埋葬施設に須恵器が副葬される例が多く、その型式から時期を比定することができる。また、備前の古墳からは同型鏡群が出土している。一方で、埴輪については、二次調整にヨコハケが施す個体が残存しているなど、Ⅺ期とⅫ期の間で線引きは難しい。

　ⅩⅢ期は、須恵器のMT15型式期に該当する古墳例を取り上げる。鉄鏃や馬具の副葬品編年にも大きく依っているが、円筒埴輪は完全に二次調整を欠くものとなり、時期を検討する上で一助となる。

2．墳丘・外表施設・埋葬施設ごとにみた諸要素の変遷

　墳丘に関して、Ⅶ期では、方墳の大型化の傾向が強まる。円墳は美作の月の輪古墳のように造り出しをもつ例があらわれる。Ⅷ期、帆立貝形古墳として備中の造山古墳群中に千足古墳が築造され

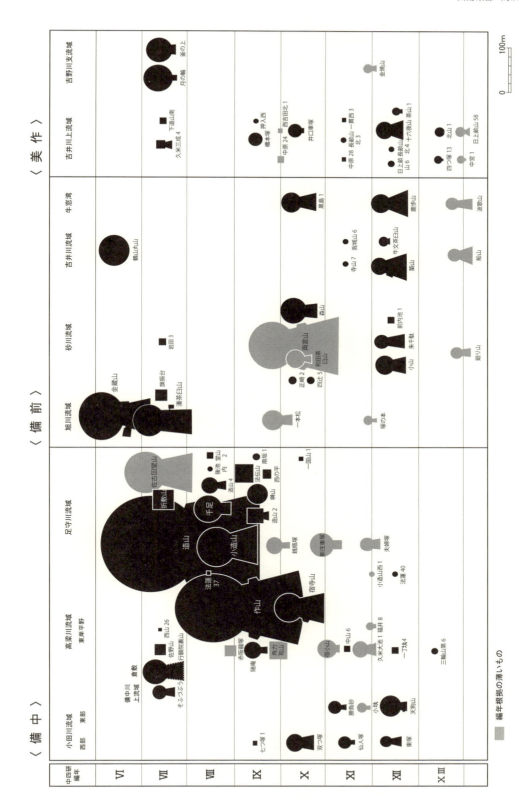

図2 岡山県における古墳編年

第Ⅲ部　古墳時代中期の社会と中国四国

表1　岡山県における

時期区分	古墳名	冑革綴	冑鋲留	板甲革綴	板甲鋲留	川畑板甲段	札甲	様式	鳥舌鏃	短頭鏃	長頭鏃	盛矢具	刀	振環	多角形鉾	舶載鏡	倭鏡前	倭鏡中	倭鏡後古	倭鏡後新古	倭鏡後新新	帯具金具	管玉山陰JFb	管玉山陰JL	管玉山陰Jfa	管玉北陸F	管玉畿内L	水晶切子	ガラス玉SⅡB	ガラス玉SⅢB	滑石	石製品
Ⅵ期	鶴山丸山															IⅣ	○										○					車盤盒子
	金蔵山（中央）							前・Ⅰ	○														○				○					鍬
Ⅶ期	岩田3号																										○	○				
	金蔵山（南）		○					Ⅰ	○	○								○					○				○	○			勾	
	旗振台（中央）			○				Ⅱa	○																							
	旗振台（北）	○						Ⅱa	○				2a																			
	旗振台（南）							Ⅱa					2a																		勾臼	
	湊茶臼山（2）							Ⅱa																								
	佐野山		○				5	Ⅱa																			○					
	西山26号							Ⅱ																			○				勾	
	殿山8号																										○					
	月の輪（中央）		○					（Ⅱ）												○							○					
	月の輪（南）																			○											臼	釧
	久米三成4号（1）																			○												
Ⅷ期	千足（1）		○					Ⅱ									○															
	後池内							Ⅱb	○																							
	佐古田堂山2号																															
	法蓮37号																															
	狩谷3号（1）							Ⅱa	○																						臼	
〜	小造山	○	○																									○				
	前山北3号							Ⅱ					2a																			
	長砂10号																										○				臼	
	今岡10号							Ⅱb					2c																			
Ⅸ期	法伝山																															
	榊山																		○													
	造山第2																															
	南坂1号（2）			○																												
	随庵（中央）	●		●			8	Ⅲ			●		2a？			○															勾板臼円	
	一丁坑38号																															
	七つ塚1号							（Ⅲ）			●																				勾板臼	
	橋本塚（2）							Ⅱb	○				2a																			
	押入西							（Ⅰ）																								
〜	四辻1号（1）																														●	
	一本松	●		●																												
	西吉田北1号												2a																			
	男戸嶋							Ⅲ					2b・3c																			
Ⅹ期	黒島1号																															
	正崎2号（1）	●		●		10	2	Ⅳ			●								○								○					
	四辻5号（B）												3a																			
	森山																															
	木鍋山																														勾板臼	
	一国山1号（1）												2a・3a														○			（●）		
	一国山1号（2）							Ⅳ		●	Ⅱ																					
	宿寺山																○				●											
	宿寺山（造）			●				Ⅳ	○		●																					
	法蓮22号																															
Ⅺ期	我城山6号			●				Ⅳ			●																					
	寺山7号							Ⅳ			●																					
	中山6号（1）																															
	中山6号（2）							Ⅳa			●																●			（●）	臼	
	勝負砂			●				Ⅳ						●					○												臼	
	仙人塚																															
	一貫西3号																															
	長畝山北3号							Ⅳb																								
	中原28号							Ⅳb			●																					
Ⅻ期	築山		●			（3）										●同											●					
	牛文茶臼山	●				3										●同						獅										
	前内池4号												3c				●同															
	朱千駄																●同										●		●	（●）		
	法蓮40号			●				Ⅳc			●	Ⅱ	3a																			
	天狗山					3新		Ⅳb			●	Ⅱ					○															
	東塚（前）							Ⅳc			●										●										臼	
	山之越1号							Ⅳc			●		2a・b																			
	十六夜山																															
	長畝山北1号							（Ⅳc）			●																					
	長畝山北4号																												●	（●）		
	長畝山北5号（1）							Ⅳb			●	Ⅱ																	●			
	長畝山北9号（1）							Ⅳb			●																					
	日上畝山6号							Ⅳb			●																●					
	門の山8号							Ⅳb			●		3b																			
ⅩⅢ期	三輪山第6号							後Ⅰ			●			●													●	算盤	●			
	四つ塚13号（中）							後Ⅰ			●																		●	●		
	北山1号（2）							後Ⅰ			●		3c														●		●	（●）		

370

山陽東部（寒川）

副葬品編年

時期区分	器種	刀子様相	轡f字段階	轡f字型式	轡楕円段階	轡楕円型式	鈴付	その他	剣菱段階	剣菱型式	鈴段階	鈴型式	鐙	鞍金具	三環鈴	片山段階	諌早段階	直刃	曲刃	方形	U字	鉄柄	片関	両関	埴輪	土師器・須恵器	古墳名
VI期	坩器台																								(II)		鶴山丸山
																		○		○				○	II新		金蔵山(中央)
VII期																									III		岩田3号
	刀剣鎌	6																							III		金蔵山(南)
																									(III)		旗振台(中)
																									(III)		旗振台(北)
																									(III)		旗振台(南)
																									III	TG232〜ON231	湊茶臼山(2)
																									(III)		佐野山
																								○	III		西山26号
																								○	—	河合8期	殿山8号
																								○	III		月の輪(中)
																									III		月の輪(南)
																									—	河合8期	久米三成4(1)
VIII期																									IV古	~TK216	千足(1)
																								○	IV古		後池内
																				●					IV古		堂山2号
																		●						○	(IV)	TK73	法蓮37号
																		●		●					—	TK73	狩谷3号(1)
〜																									IV中		小造山
																									IV		前山北3号
																									—	河合9期	長砂10号
																									—		今岡10号
IX期																									IV中	TK73	法伝山
																									IV中		榊山
																									IV中	ON231	造山第2
																									IV中		南坂1号
						鐶環					IIB	双棒				III	4	●					○	○	—		随庵(中央)
																					●				IV中	TK216	一丁坑38号
																									—	TK73	七つ塚1号
																									(IV)		橋本塚(2)
																		●							—	TK73	押入西
〜																									IV	TK208	四辻1号(1)
																									—		一本松
																									—	TK216	西吉田北1号
																									—		男戸嶋
X期																									IV新	TK73〜216	黒島1号
			1	鉄I											●		5	●							—		正崎2号(1)
																									IV新		四辻5号(B)
																	5	●		●					IV新	TK208〜23	森山
					1	鉄II											5			●					—	TK216〜47	木鍋山
																				●					—	TK208	一国山1号(1)
																				●					—	TK208	一国山1号(2)
																									IV新	TK208	宿寺山
																									IV新	TK208	宿寺山(造)
																								○	IV新	TK208	法蓮22号
XI期													輪				6								V	TK208	我城山6号
						鐶環											6								V	TK216	寺山7号
						鐶環											6	●	●	●	●			●	V	TK23〜47	中山6号(1)
																	6	●	●	●			○	●	V	TK23〜47	中山6号(2)
						鐶			2c	五VI	IIB1	双棒					6								V		勝負砂
																									V	TK23	仙人塚
						鐶											6		●						—	TK23〜47	一貫西3号
						鐶											6							●	—	TK23〜47	長畝山北3号
																									—	ON46	中原28号
XII期		3		一体被I					1	金銅縁別被I							7								V		築山
																									V		牛文茶臼山
																									V	TK23〜47	前内池4号
																									V	TK23〜47	朱千駄
																									V	TK23〜47	法蓮40号
		2		金銅縁別被					1	鉄縁別被I	IIB1	双ル					7				●			●	V	TK47	天狗山
						複											7	●	●						—		東塚(前)
																									V	TK47	山之越1号
																									V	TK23〜47	十六夜山
																									—	TK23〜47	長畝山北1号
																								●	V	TK23〜47	〃4号
																		●							—	TK23〜47	〃5号(1)
																									—	TK23〜47	〃9号(1)
																								●	V	TK23〜47	日上畝山6号
																								●	—	TK47	門の上8号
XIII期													鉄輪							●	●				V	MT15	三輪山第6号
						複				鉄縁III							8								V	MT15	四つ塚13(中)
																		●					●	●	V'	MT15	北山1号(2)

第Ⅲ部　古墳時代中期の社会と中国四国

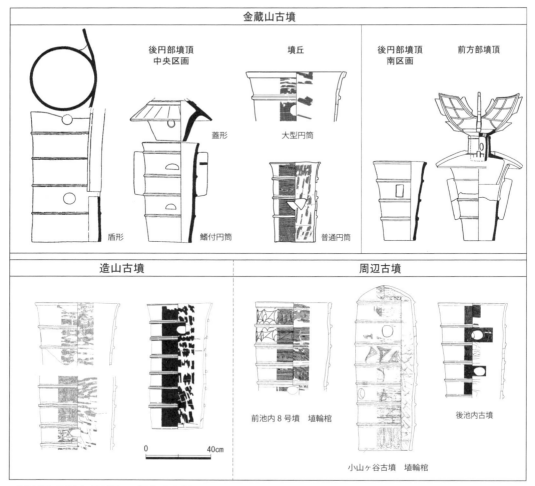

図3　金蔵山古墳と造山古墳周辺における円筒埴輪の概要

る。Ⅸ期も前段階の流れを引き継ぎ、備中で帆立貝形古墳や大型方墳が分布するが、方墳と認識されていた造山第2古墳は最近の調査成果から前方部や造り出しがつく可能性が出てきた。Ⅹ期に考えられる備前の両宮山古墳では、二重周濠を伴っており、畿内的な周濠の導入との位置づけがなされる［宇垣 2011］。また、帆立貝形古墳で馬蹄形の周濠が整うのもこの段階と考える。ⅩⅠとⅩⅡ期になると、大型方墳は姿を消し、備中で前方後円墳と帆立貝形古墳の規模の差も縮まる一方で、備前と美作においては墳丘の格差は保持されている。

　外表施設で、葺石はその変遷を追えるだけの資料は揃っておらず、埴輪も一古墳の中で全体像を把握できる例は限られる。墳丘テラスの幅や埴輪列の位置などは、追及できれば地域性を検討できる余地がある。加えて、埴輪生産に窖窯焼成の導入がⅧ期にみられることの意味は大きい。また、形象埴

山陽東部（寒川）

表2　古墳出土形象埴輪の組成

	古墳名	墳形	家	蓋	盾	甲冑	靫	人物	石見型	その他
VII期	岩田3号	方				○				
VII期	金蔵山(南)	前方後円	○	○	○	○				
VII期	湊茶臼山	前方後円	○		○	○				
VII期	折敷山	方	○			○				
VII期	前池内9号	方								
VII期	行願院裏山	前方後円?	○	○						
VII期	西山26号	方	○	○	○	○	○			鶏
VII期	西山1号	方	○	○		○	○			
VII期	月の輪	造円	○	○	○	○	○			囲形
VII期	釜の上	造円	○				○?			
VII期	下道山南	方				○				
VIII期	造山	前方後円	○	○	○		○			
VIII期	千足	帆立貝形	○	○	○	○	○			
VIII期	造山第4	前方後円?	○	○		○				
VIII期	前池内10号	方	○		○					
VIII期	後池内	円								
VII期	堂山2号	方	○		○					
VIII期	法蓮37号	円	○							
VIII～IX期	赤阪龍塚	方	○		○					
IX期	法伝山	方			○					
IX期	西の平	方				○				
IX期	榊山	円?			○					
IX期	造山第2	前方後方?		○	○(盾持?)		○			
IX期	南坂1号	円	○	○						
IX期	作山	前方後円		○		○				
IX期	一丁坑38号	方	○?	○						
IX期	橋本塚	円								
IX～X期	用木11号	方			○?					
IX～X期	四辻1号	円			○?					
IX～X期	角力取山	方								
X期	黒島1号	前方後円	○	○				○		
X期	四辻5号	円	○							
X期	森山	帆立貝形	○?	○						
X期	宿寺山	前方後円		○						
X期	法蓮22号	円								
X期	法蓮23号	円								
X期	双つ塚	前方後円		○	○					
X期	井口車塚	帆立貝形	○		○			○		
XI期	寺山7号	円							○?	
XI期	中山6号	方	○					○		動物
XI期	勝負砂	帆立貝形								
XI期	仙人塚	帆立貝形		○						
XI～XII期	宮山4号	円	○							
XI～XII期	雲上山11号	方								
XI～XII期	小造山西1号	円						○		
XI～XII期	福井8号墳	帆立貝形								動物?
XII期	築山	前方後円		○						
XII期	前内池1号	方						○	○	動物?
XII期	前内池4号	方	○						○	
XII期	朱千駄	前方後円			○			○		
XII期	小山	前方後円		○						
XII期	天狗山	帆立貝形		○						
XII期	一丁坑4号	方						○		馬
XII期	法蓮40号	円								
XII期	小造山西3号	方						○?		
XII期	十六夜山	前方後円		○	○				○	
XII期	才ノ峪1号	円								
XII期	日上畝山6号	円								
XII期	日上畝山68号	円	○					○		

第Ⅲ部　古墳時代中期の社会と中国四国

輪を主にその組成で整理すると、まずⅦ期には埴輪編年Ⅱ新からみられるようになる甲冑形、靫形埴輪が方墳から出土している状況が注目できる。続いて、Ⅹ期の段階では人物埴輪が出現し、Ⅺ期以降は各地域に広がる。Ⅺ期以降については、石見型埴輪をもつ古墳もあらわれているが、分布は備前、美作の地域内に集中する傾向がかねてより指摘されている［尾上 1998］。

　埋葬施設は地域の特質をよく表出しているとされるが、その構築はⅦ期に入って、墳丘の築造途中で墓壙を掘り構築する掘込墓壙 b［和田 1989］の導入例があり、以降数が増加する。Ⅶ期から竪穴式石室は長さが 4 m に満たないものが主体的となる。これらの内、幅狭のものを北部九州でみられる石棺系竪穴式石室［重藤 2011］と同列に扱うことに関しては慎重になるべき点もあるが、Ⅷ期の千足古墳では初期横穴式石室が取り入れられていることから等閑視はできない。また、瀬戸内海沿岸域で特徴的に分布する渡来系竪穴式石室の初源的な例は、Ⅸ期の備中で随庵古墳が挙げられる［高田 2019］。渡来系遺物について補足すると、儀礼とも関連深いものとして、副葬品に須恵器がみられ始めるのもⅨ期の頃からと考える。石棺については、造山古墳前方部墳頂上に存在する例の詳細な来歴が明らかではないが、Ⅻ期、小山古墳で北肥後型家形石棺、朱千駄古墳で竜山石製長持形石棺、築山古墳で中肥後型家形石棺と、備前の古墳で数多く採用されている。横穴式石室の本格的な導入は、その後のⅩⅢ期に入ってからとみられる。

　以上をまとめると、当地域においては、Ⅶ期：方墳を中心に墳丘の大型化、幅狭の石室や甲冑形埴輪や靫形埴輪などの形象埴輪の採用、Ⅷ期：帆立貝形古墳の出現、埴輪生産における窖窯焼成の導入、Ⅸ期：埋葬施設などに渡来系要素の顕在化、Ⅹ期：周濠の整備、人物埴輪の登場、Ⅺ期：大型方墳の消失、石見型埴輪の波及、Ⅻ期：石棺確認例の増加といった各時期の変化の様相がみえてくる。

ま と め

　備前・備中・美作地域における古墳築造の動態と画期を捉える上で、副葬品や出土埴輪の断片的な情報しかない古墳例も含まれるが、現状での編年的な位置づけを述べる。Ⅶ期、100m 超の前方後円墳として備前に湊茶臼山古墳、備中に佐古田堂山古墳、造り出し付の大型円墳として美作に月の輪古墳が築造され、方墳の副葬品の中にも帯金式甲冑が含まれるようになる。Ⅷ期になると備前、美作では造墓活動は低調となり、一方で備中は造山古墳を頂点とするいわゆる階層構成型の古墳群が造営される［和田 1994］。埴輪の生産・供給体制の整備はその動きを反映していると考えられている。古墳の立地も、後の山陽道に近い位置で、指摘されるように海岸・河川から陸路を重視したものへと移り変わっていく過程がうかがえる［澤田 2017］。次のⅨ期、同じく備中の作山古墳は陪塚をもたないかわりに、周辺部で帆立貝形古墳や大型方墳の築造が目立つ。美作で後の出雲道のルート沿いの古墳立地を意識させられるのはこの時期以降である。Ⅹ期は備前で最大となる両宮山古墳の時期が想定されることが多いが、それぞれの地域をみても主要古墳の空隙が少ない時期である。造山古墳、作山古墳と続く備中側の一極集中的な古墳の造営はここで途切れている。Ⅺ期は備中で帆立貝形古墳が主体となるが、備前、美作の様相は明確ではない。続いてⅫ期、備前で石棺、同型鏡群、石見型埴輪といった要素で特徴づけられる古墳の例が分布しており、有明海地域−畿内地域という政治的な紐帯への参

374

画を示しているとも考える。また、美作でも最大規模の十六夜山古墳の築造時期がこの段階に入っている。

　古墳時代中期は、列島内だけではなく対外的な交渉の舵取りが各地域に求められた時期であり、関連する考古資料の量にも裏付けられている。文献史料から複数有力豪族の連合体である吉備氏は、列島内外で多元的な通交関係を有していたとされ、その配下の豪族は倭王権と地域有力者の両者に奉仕した二重身分的な存在であったと考えられている［森 2013］。中小首長層の自立と畿内勢力との結合は順次進んでいくとみられ、造山古墳、作山古墳、両宮山古墳といった巨大前方後円墳の周辺部において、帆立貝形古墳が築造されたり、渡来系文物が顕著にみられることは、上記の文献史学の成果と照らし合わせても示唆に富んでいる。

　また、反乱伝承のある吉備では、ワカタケル大王の時代の前後に、御名代の部民が多く置かれたとされる［狩野 2001］。記事の信憑性等については従来から数々論じられている通りで、その背景になんらかの史実が存在することにも注意が払われる。XII期においては、大阪府の古市古墳群でも 200m を超える前方後円墳の築造は停止するとみられ、各地でも 100m 超の前方後円墳の数が減少している。県内古墳の消長図からは、VIII期からIX期にみられた備中側の地域を中心とした地域の強固な結集のあり方も X 期には弛緩するように捉えられ、XII期には前方後円墳と帆立貝形古墳の規模の差が縮まる備中と、そうではない備前と美作といった対照的な姿が浮き彫りとなる。今後の課題であるが、X III期以降、備前では前方後円墳の築造が続いている可能性があり、埴輪、埋葬施設、副葬品等がそれぞれどのような内容をもつのか注視される。牛窓湾を囲む古墳の造営主体を、海上交通を担う吉備海部直と想定する考え［吉田 1995］に沿うと、軍事行動のため半島へ出征したとされる紀氏や膳氏の拠点で紀伊や若狭の地域でもこの時期 60 〜 80m の前方後円墳の築造が活発化しており、半島への渡航や対外的な活動が伝えられる勢力の動向が目につく形となる。

引用文献

岩本　崇　2022「中期古墳の相対編年と歴年代」『中期古墳研究の現状と課題VI』中国四国前方後円墳研究会

宇垣匡雅　1991「備前」『前方後円墳集成』中国・四国編　山川出版社

宇垣匡雅　2011「四 山陽」『講座日本の考古学7 古墳時代（上）』青木書店

尾上元規　1998「十六夜山古墳の築造年代と評価」『十六夜山古墳』岡山県埋蔵文化財発掘調査報告 130　岡山県教
　　育委員会

加藤一郎　2014「誉田御廟山併行期の埴輪」『古代』第 132 号　早稲田大学考古学会

狩野　久　2001「5・6 世紀のヤマトとキビ」『考古学研究』第 48 巻第 2 号　考古学研究会

亀田修一　2018「古墳時代の渡来人－西日本－」『専修大学古代東ユーラシア研究センター年報』第 4 号　専修大学
　　社会知性開発研究センター

川西宏幸　1978「円筒埴輪総論」『考古學雑誌』第 64 巻第 2 号　日本考古學會

岸本直文　2011「古墳編年と時期区分」『古墳時代の枠組み』古墳時代の考古学　同成社

木村　理　2018「古墳時代中期における古市古墳群出土埴輪の系統と生産」『考古学研究』第 65 巻第 1 号　考古学
　　研究会

木村　理　2019「百舌鳥古墳群における埴輪生産の展開－窖窯焼成導入以降を中心として－」『古代学研究』第 220
　　号　古代學研究會

木村　理・廣瀬　覚　2023「吉備中枢における埴輪の展開－金蔵山・造山・作山－」『季刊考古学』163　雄山閣

草原孝典　2014「造山古墳の基礎的考察」『岡山市埋蔵文化財センター研究紀要』第６号　岡山市教育委員会

草原孝典　2021「５世紀末から６世紀初頭における前方後円墳一類型－キビとカワチからみた首長の存在形態の転機－」『岡山市埋蔵文化財センター研究紀要』第13号　岡山市教育委員会

葛原克人　1992「造山古墳とその時代」『吉備の考古学的研究』（下）　山陽新聞社

近藤義郎（編）　1960『月の輪古墳』月の輪古墳刊行会

澤田秀実　2009「竪穴式石槨研究の現状と課題」『季刊考古学』第106号　雄山閣

澤田秀実　2017『前方後円墳秩序の成立と展開』同成社

重藤輝行　2011「埋葬施設－その変化と階層性・地域性－」『九州島における中期古墳の再検討』第10回九州前方後円墳研究会

髙木恭二　1994「九州の刳抜式石棺について」『古代文化』第46巻第5号　古代學協會

高田貫太　2019「古墳時代中期における中国・四国地域の竪穴式石室・竪穴系横口式石室・木槨～朝鮮半島東南部との比較を通して～」『中期古墳研究の現状と課題Ⅲ』中国四国前方後円墳研究会

都出比呂志　1988「古墳時代の首長系譜の継続と断絶」『待兼山論叢』22

新納　泉　2018「前方後円墳の設計原理と墳丘大型化のプロセス」『国立歴史民俗博物館研究報告』第211集　国立歴史民俗博物館

西川　宏　1964「吉備政権の性格」『日本考古学の諸問題』考古学研究会十周年記念論文集刊行会

野崎貴博　2000「造山古墳と小方墳」『古代吉備』第22集　古代吉備研究会

野崎貴博　2017「中国地方における古墳時代中期の埴輪の広域編年構築にむけて」『中期古墳研究の現状と課題Ⅰ～広域編年と地域編年の齟齬～』中国四国前方後円墳研究会

春成秀爾　1983「造山古墳とその周辺」『岡山の歴史と文化』福武書店

広瀬和雄　1992「第3章 前方後円墳の畿内編年」『前方後円墳集成』近畿編　山川出版社

廣瀬　覚　2015『古代王権の形成と埴輪生産』同成社

廣瀬　覚　2021「6世紀の埴輪生産からみた「部民制」の実証的研究」『平成28～令和2年度科学研究費助成事業（基盤研究C）研究成果報告書』奈良文化財研究所

松木武彦　2006「吉備地域における古墳築造パターンの変化」『「雄略朝」期と吉備地域』考古学研究会例会シンポジウム記録五　考古学研究会

森　公章　2013『古代豪族と武士の誕生』吉川弘文館

安川豊史　1992「古墳時代における美作の特質」『吉備の考古学的研究』（下）山陽新聞社

安川　満　2019「岡山：造山古墳・作山古墳・両宮山古墳～古墳時代中期吉備王権の性格～」『一般社団法人日本考古学協会2019年度岡山大会研究発表資料集』

柳澤一男　2019「中期埋葬施設の多様性と階層性～九州地方を中心に～」『中期古墳研究の現状と課題Ⅲ』中国四国前方後円墳研究会

吉田　晶　1995「吉備地方における国造制の成立」『吉備古代史の展開』塙書房

和田晴吾　1989「葬制の変遷」『古代史復元』第6巻　古墳時代の王と民衆　講談社

和田晴吾　1994「古墳築造の諸段階と政治的階層構成」『古代王権と交流』5 名著出版

〈地域報告〉

山陽中部

村田　晋

はじめに

　山陽中部にあたる広島県では全国的にみても数多い、一万一千基超の古墳が確認されている。しかし、その大部分は中小古墳で、豊富な副葬品を備えた古墳の調査例は限られている。古墳数の割には資料不足気味な本県において、副葬品を主とした新編年が通用する見通しは得られるのか。編年を通して古墳の変化に画期が見つけられるのか。本稿ではこの二点の課題に取り組みたい。なお本稿の原案となる発表は、2022年度島根大会において永野智朗氏と連名で行い、本県の古墳編年における須恵器の運用、埋葬施設からみた画期に関する部分については同氏が担当して発表した［村田・永野2022］。本稿における当該部分もその内容を基礎としている。

1．広島県の中期古墳編年研究略史

　広島県を対象とした本格的な古墳編年研究は『前方後円墳集成』中国・四国編から始まる。多様な遺物、埋葬施設、墳形や外表施設等の諸要素の組合せを重視した総合的な古墳編年であったが、明記されたように［広瀬1991］、埴輪［川西編年：川西1978］、須恵器［陶邑編年：田辺1981］型式を編年の基本に、諸要素を加えて行われた編年であった。桑田俊明氏は備後、古瀬清秀氏は安芸をそれぞれ対象に、共通基準である畿内編年に対応させた編年を行った［桑田1991、古瀬1991］。

　その後、古瀬氏は備後北部、三次盆地を対象に、古墳時代を通じた古墳築造動向を、小地域ごとに整理している［古瀬1992］。大塚初重氏による古墳時代の七期区分［大塚1966］を基に、埴輪と須恵器の編年を加味しながら、埋葬施設や墳形といった遺構属性まで含めた総合評価を行っている。

　脇坂光彦氏は『全国古墳編年集成』のなかで、安芸・備後の古墳編年案を提示している［脇坂1995］。編年図の備考欄を見ても明らかなように、中期古墳の相対年代決定には須恵器と埴輪を重視している。

　宇垣匡雅氏は広島県（安芸・備後）も含めた山陽地方の古墳を12期区分した編年図を提示している［宇垣2011］。広域的・俯瞰的な視点から各地の古墳が位置づけられる一方、編年方法よりは各期の築造動向を追うことに力点を置いた論説となっている。

　古墳編年は出土品すべてを踏まえた総合的位置づけであるため、複数種の遺物が出土した古墳に対しては、できるだけ複数種の遺物の型式を用いて時期を決定することが理想である。しかし本県では豊富な副葬品を備えた古墳が少ない状況も手伝い、結果として古墳の時期決定における須恵器、埴輪への依存度が高くなっている。

377

第Ⅲ部　古墳時代中期の社会と中国四国

2．古墳編年を行う前に

　2022年度島根大会では、中国四国地方各地の古墳を同一基準から編年するため、まずは広域性があり、かつ地域色の生じにくいと理解される遺物を取り扱うこととした。各遺物について提示されている、型式・組成分類、共伴遺物の検討等を踏まえた全国的視野での精緻な編年案［川畑2016、鈴木2003・2017ほか］を採用し、研究集会での基準とした［岩本2022］。

　広域性ある遺物は広島県にも分布するが、特に編年に有効と考えられている甲冑、鉄鏃、しかも型式まで判断できる事例は決して多くなく、両方が一古墳に備わっている事例となればさらに限られる。そこで本稿では、広島県の中期古墳でも比較的多く出土する円筒埴輪、土器と、広域性ある遺物との関係を確認し、広域編年の補強を目論んだ。円筒埴輪編年については新たに構築が必要となった。土器編年も本書第Ⅱ部にあるように新たに作成した。

　なお、須恵器も普遍的に出土する遺物であるが、広島県内では操業が中期に遡ることが確実な須恵器窯は未発見であり、消費地から出土した須恵器にも地域色は確認できていない［村田・永野2022］。過去には、新谷武夫氏［新谷1978］、妹尾周三氏［妹尾1987］、安間拓巳氏［安間2010・2014］らによる編年研究において県内出土須恵器と和泉陶邑産須恵器が形態上は支障なく対比され、胎土分析の結果から5・6世紀代の県内出土須恵器のほとんどが陶邑から搬入されたとの指摘もある［三辻2013］。以上により、本稿における県内出土中期須恵器の時期は、陶邑編年を参考に考える。

3．広島県の中期円筒埴輪編年

（1）先行研究略史と課題

　円筒埴輪について、広島県域を対象とした編年的研究は少ない。川西宏幸氏は「円筒埴輪総論」において、山城を中心に組み上げた円筒埴輪の5期区分編年案を全国の古墳に適応試行した［川西1978］。扱った古墳数は後期を含めて10基に満たないながら、安芸・備後の円筒埴輪出土古墳についても年代的位置づけを行った。島崎東氏は川西氏による5期区分と編年指標を参考に中国四国の円筒埴輪編年を試み、同時に各期の資料に伴う須恵器の型式を確かめた［島崎1992］。山田俊輔氏は山陽地方の中期円筒埴輪の変遷を、出土須恵器の年代観等をもとに整理・概観している［山田2011］。各種形象埴輪まで含めた様式的観点から各期の円筒埴輪を理解しようとした点がそれまでの研究と異なるほか、埴輪の系統把握にも関心があった。この他、発掘調査報告書や資料紹介文等において各古墳出土資料の位置づけを中心に検討が行われている。先行研究を概観してわかるのは、広島県域を対象とした、客観的な属性分類とその組合せに基づく型式把握を踏まえた円筒埴輪の編年研究は、「円筒埴輪総論」が最初にして最後ということである。その後の発掘調査例の増加も手伝い、今のところ、広島県の円筒埴輪出土遺跡は管見では110遺跡を超す数となっている。改めて編年的検討を行い、今日的な基準を設定する必要があるだろう。

山陽中部（村田）

（２）編年方法と編年案の提示

　ここでは、円筒埴輪の諸属性をできるだけ客観的に分類し、その組み合わせに基づく型式設定を行った後、同一古墳出土の他資料を根拠に各型式の相対年代を決定していく方法を採る。なお、円筒埴輪の編年研究は近畿を中心に深化し、多くの着眼点が提示されている。将来的な当該地方の埴輪との比較にも耐えるよう、属性・型式の分類は近畿地方の諸先学の成果を参考とし、さらに今後の再検証・修正を難しくしないよう、判断のぶれが生じにくい外見的属性を中心に選んでいる。

　検討資料は須恵器・短甲が伴出している事例に限定したが、段構成の判明する資料や、Ⅲ群以前の資料は事例が少ないためできるだけ検討対象に含めた。属性としては①透孔（数、位置関係、形）、②プロポーション（底部高、突帯間隔、口縁部高の比較）、③焼成技法、④外面調整、⑤基底部調整、⑥突帯（形、割付技法：図１）、⑦口縁形状（図２）、⑧内面調整を主に取り扱い、その他に特筆すべき点があれば適宜分類に用いた。そして、次に示す基準により群分けを行い、それぞれ広島〇群と仮称する（本稿では「広島」は省略）。本県の円筒埴輪は、群によっては完形品が少なく、破片資料を多く扱わざるを得ない資料条件にある。中心的に扱う属性の取捨選択を迫られる現実があるが、近畿の円筒埴輪と比較できるように、当該地方で適応される群分けの基準に従ったつもりである［川西 1978、一瀬 1988、廣瀬 2011・2015、木村 2022］。

　Ⅰ　群　　①一段３孔以上・円形以外の透孔顕著、③野焼き焼成（黒斑あり）、④二次ヨコハケなし、⑥突出・台形突帯主体、⑦外折・外反口縁主体（※前期）

　Ⅱ　群　　①一段２孔・縦列配置・最下段穿孔あり・円形以外の透孔顕著、②底部高＞突帯間隔、③同上、⑥同上、凹線以外の割付技法あり、⑦直立系口縁に加えて外反口縁顕著、⑧内面ケズリあり

　Ⅲ　群　　①一段２孔・千鳥配置・円形透孔卓越※、②底部高≧突帯間隔※、③同上、④二次ヨコハケ B(a)、⑥台形突帯主体、⑦直立系口縁主体、⑧内面ハケ・ナデに統一（※は資料不十分のため実際には未確認）

　Ⅳ　群　　①同上、②底部高≒突帯間隔、③窖窯焼成、④二次ヨコハケ Bc・Bd、⑥台形・低平台形突帯主体、⑦直立系口縁卓越、⑧同上

　Ⅴ　群　　①同上だが円形以外の透孔微増、④二次調整省略、⑤基底部調整顕在化、⑥低平台形突帯主体・断続ナデ突帯あり、突帯割付省略品が登場、⑦同上、⑧同上

　⑥突帯の形状・⑦口縁部の形状は、群分けの直接的材料ではなく、補助的属性として様相を記述しているが、⑥・⑦各形状の出現頻度は群ごとに違いが出ていることが確認できるため、他の属性と合わせることで群分けの参考となろう。

　上述の基準によって群を分類し、各群と他遺物との対応関係を表１に整理した。資料が少ない群もあるが、基本的に他遺物の変遷と矛盾なく推移し、近畿地方で用いられる分類基準の大枠が本県でも有効であることが確認できる。ただし、プロポーションや透孔の位置関係は不明な資料が大半である点、Ⅳ群内の時期区分に関わる B 種ヨコハケ［一瀬 1988］の細別を確認できる資料に恵まれない点、突帯間隔割付技法が判明する資料に乏しい点等が資料的制約となり、近畿ほど高精度の細分編年を行

379

第Ⅲ部　古墳時代中期の社会と中国四国

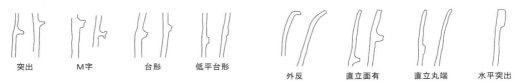

図1　円筒埴輪突帯分類　　　　　　　　　　　　　　　図2　円筒埴輪口縁分類

表1　広島県円筒埴輪分類・編年表

| 古墳名 | 群別 | 共伴遺物 ||| 円筒以外の器種 | 段構成 | 突帯形状 ||||| 口縁形状 ||||| 透孔 || 外面調整 | 内面調整 | 備考 | 焼成 | 出典 |
		須恵器	鉄鏃	甲冑 |||| 突出	台形	M字	低台形	断続ナデ	直立面有	直立丸端	外折	外反	水平突出	円形	その他					
尾ノ上	Ⅰ	-	-	-	朝顔・壺	3条4段	○						○				○		二次タテハケ	ナデ・ケズリ?			1
黒崎山	Ⅰ?	-	不明	-	朝顔・壺	不明	○	○					○	○			不明		ハケ・ナデ	ナデ・ハケ			2
辰の口	Ⅰ	-	-	-	-	4条5段	○	○				○					○		タテハケ	ナデ・ハケ			3
長者スクモ塚第1号	Ⅱ古	-	不明	-	朝顔・壺・蓋	不明	○	○	○						○			タテハケ・ナデ	ナデ・ケズリ・ハケ	突帯補充技法		4
宮の本第24号	Ⅱ	-	Ⅰ～Ⅱa	-	朝顔・家	2条3段・3条4段?	○						○			○	○		タテハケ・二次ヨコハケ・ナデ・ケズリ	タテハケ・ヨコハケ・ナデ・ケズリ			5
甲立第1号	Ⅱ	-	-	-	蓋・甲冑	4条5段							○			○		○	タテハケ・ナデ	タテハケ・ナデ	方形刺突		6
糸井大塚	～Ⅱ	-	不明	-	-	不明	○											不明		タテハケ	ナデ	方形刺突	黒斑有	7
大元山	～Ⅲ	-	不明	-	朝顔・壺・家・蓋・甲冑・盾	不明									○			不明		タテハケ・二次ヨコハケ?	ナデ	凹線割付?		8
兜山	～Ⅲ	不明	不明	-	あり	3条4段?									?		○		タテハケ?	不明		黒斑有	9
イコーカ山	～Ⅲ	-	不明	-	朝顔	不明	○		○			不明						不明		タテハケ・二次ヨコハケA・B?	ハケ・ナデ			10
浄楽寺第12号	Ⅲ	-	あり	-	革綴	壺・家							不明			○			○		タテハケ・二次ヨコハケB?	ナデ・ハケ	凹線割付	黒斑有	11
狐が城	Ⅲ	-	-	-	朝顔・家	不明							○					○		二次ヨコハケB	ハケ・ナデ			12
三ッ城第1号	Ⅳ古	TK73	Ⅲ	-	朝顔・家・蓋・甲冑・靫・盾・水鳥・鶏	3条4段・4条5段?	○		○						○			○		タテハケ・二次ヨコハケ・二次ナデ	ハケ・ナデ			13
大横第1号	Ⅳ	-	-	-	朝顔	3条4段	○												二次ハケ?・ナデ	ハケ・ナデ	基底部調整		14
福礼	Ⅳ	-	-	-	-	不明										○		不明		二次ヨコハケBb～Bc?	ハケ・ナデ		須恵質	15
松本	Ⅳ	-	-	-	朝顔・家・蓋・盾・水鳥・合子?	不明	○		○								?	不明		二次ヨコハケBb	不明		須恵質	16
池ノ内第3号	Ⅳ	TK208?	-	-	朝顔・家・馬	不明							○					○		二次ヨコハケBc?	ハケ			17
尾首	-	-	-	-	-	2条3段													二次ナデ	ナデ			18
岡遺跡	Ⅳ	-	-	-	朝顔	2条3段?・3条4段?							○					○		二次ヨコハケB・C?	ハケ・ナデ			19
三玉大塚	Ⅳ新・Ⅴ古	TK208	Ⅳ	横鋲甲	朝顔・家・蓋・人物・馬	3条4段						A古							○		一次タテハケ垂・二次ヨコハケBb	ハケ・ナデ	基底部調整		20
瓢山	Ⅳ新?・Ⅴ	-	-	-	-	不明											○		一次タテハケ斜?・二次ヨコハケ	ハケ・ナデ	凹線割付	須恵質	21
千田平ノ前	Ⅳ新・Ⅴ	-	-	-	朝顔・家・盾・人物・馬	3条4段?											○		一次タテハケ垂・斜・二次ヨコハケBb・Bc	ハケ・ナデ		窖窯	22
打堀山遺跡群B地点付近	Ⅴ	-	-	-	-	3条4段?							不明						○		一次タテハケ垂?	ナデ			23
西尾	Ⅴ	-	あり	横鋲甲	朝顔	不明							不明						○		一次タテハケ垂	ナデ		須恵質	24
みたち第2号	Ⅴ	TK23	Ⅳb	-	-	不明													一次タテハケ垂・斜	ナデ			25
手坊谷第2号	Ⅴ	TK23	あり	-	-	3条4段	○										○		一次タテハケ垂	ハケ・ナデ			26
岡田山第3号	Ⅴ	-	-	-	家	3条4段?	○	○					?			○			一次タテハケ垂	ナデ・ケズリ?			27
四拾貫小原第17号	Ⅴ	TK23～47	-	-	-	3条4段													一次タテハケ垂	ナデ	基底部調整?		28
野稲南第9号	Ⅴ	TK23～47	-	-	-	3条4段?													一次タテハケ垂	ナデ			29
酒屋高塚	Ⅴ中	TK47～MT15	-	-	朝顔	不明					○	B古							一次タテハケ垂・斜	ハケ・ナデ	基底部調整		30
池ノ内第2号	Ⅴ	TK47～MT15	-	-	朝顔・家	3条4段?	○												一次タテハケ斜	ナデ・ハケ	基底部調整?		26
大坂第7号	Ⅴ	TK47～MT15	-	-	-	不明													一次タテハケ垂?	ナデ			31
大坂第8号	Ⅴ	MT15	-	-	-	不明					○		不明					不明		一次タテハケ垂?	ナデ			31
緑岩	Ⅴ	MT15～TK10	あり	-	朝顔・人物・馬	4条5段	○												一次タテハケ斜	ハケ・ナデ	焼け歪み顕著	窖窯	32
駅家町法成寺	Ⅴ	-	-	-	盾	5条6段													一次タテハケ斜	ハケ・ナデ	焼け歪み顕著	窖窯	33
馬立第2号	Ⅴ	TK10～	-	-	朝顔	3条4段	○												一次タテハケ斜	ナデ	焼け歪み顕著	須恵質	34
大坂第6号	Ⅴ	TK10～	-	-	朝顔	不明											不明		一次タテハケ垂?	ナデ	基底部調整		31

380

山陽中部（村田）

うことはかなわないが、見通しだけ述べておきたい。

Ⅳ群埴輪においては、TK73型式の須恵器（西側造出）を伴う三ッ城第1号古墳［木村編年Ⅳ─1：木村2022］と、Ⅴ群埴輪を伴う三玉大塚古墳、千田平ノ前古墳（前者はTK208型式の須恵器、川畑10段階の横矧板鋲留短甲を備える）のBb種ヨコハケを比較すると、Ⅴ群埴輪を伴う二者の方が中小品目なのにも関わらず、ヨコハケ工具幅が大きくなっているものが確認できる。資料が少なく根拠は弱いが、時間的変化を示す可能性がある属性の一つと考えておく。Ⅴ群埴輪は相当数の遺跡で出土しており、共伴須恵器からみた時期幅も広い。外面調整タテハケに注目すると、TK47期までのⅤ群埴輪では、一次タテハケが垂直に近いものが多く、ハケ目は細かいものが目立つが、MT15期にかかる以降のⅤ群埴輪では一次タテハケが斜めに近いものが多く、ハケ目は粗いものが目立つ。時間的変化傾向を示す属性の一つと考えておく。

段構成は、2条3段がⅡ・Ⅳ群で、3条4段がⅠ・Ⅱ・Ⅳ・Ⅴ群で、4条5段以上がⅡ・Ⅳ・Ⅴ群でそれぞれ確認できる（Ⅲ群は不明）。Ⅳ・Ⅴ群はともに3条4段が最多となる。4条5段以上の大型品は、Ⅱ群で甲立古墳、Ⅳ群で三ッ城第1号古墳と大型古墳にのみ確認でき、中小古墳では3条4段以下が用いられている。中小古墳のⅤ群埴輪にも4条5段以上の大型品が認められるが、焼け歪んだ粗製品で、精美なⅣ群以前の大型品と価値が同一かは疑わしい。

突帯間隔割付技法が判明する資料が極めて少ないが、管見の限り、方形刺突はⅡ群にのみ確認でき、Ⅲ群以降は凹線のみが確認でき、近畿地方と同様の傾向にあるようである。凹線はMT15期までは残るようだが、直線的で整ったもの（Ⅳ群：瓢山古墳）、上下に波打ち、水平を保っていないものの二者が確認できる（Ⅴ群古：三玉大塚古墳）。何の差を示すのか、資料の増加を待って検討したい。

また、突出突帯は、Ⅰ群に編年される円筒埴輪にももれなく備わっている細部型式であり、Ⅱ群のそれは、前時期からの継続とみられる。この他、やや新しい時期、Ⅳ群の三ッ城第1号古墳、大槻第1号古墳でも突出突帯が認められる。西条盆地の地域色かもしれない。

ここでは中期埴輪を中心に、できるだけ客観的な型式分類、共伴資料に基づく編年案の提示および様相整理に努めた。資料的制約もみえたが、今後は前期・後期の円筒埴輪も含めて通時的に型式学的検討を深めることで、中期埴輪の相対化が進む可能性がある。また、製作技術等からみた編年細分の可能性、各種形象との対応関係など整理すべき課題も多く残っている。

4．広島県の中期古墳編年と画期

以上に扱ってきた埴輪の編年案、土器の編年案（第Ⅱ部参照）、広域性ある遺物の編年案を束ねて、出土遺物の組合せに基づく古墳編年を試行した（図3・表2）。編年に扱いやすい甲冑、矢鏃、埴輪、須恵器について、そのすべてを備えていたり、型式まで判明する古墳は僅少となるが、それぞれの新古関係に大きな矛盾は生じていない。各期における代表的な遺物は、他地域とも違いがなく、中四研新編年（岩本編年）は広島県においても通用する蓋然性が高い。なお今回、比較的多種品目を備えた古墳の抽出に努めたものの、時期の限定にまでは至らない古墳が大半であった。副葬品のうち特に鈴釧等の装身具類、滑石製品、馬具の項目については出土古墳そのものが僅少であり、現状、本県での

381

第Ⅲ部　古墳時代中期の社会と中国四国

古墳編年における汎用性は低い。これらの副葬品を備えた古墳が少ないことがむしろ地域色と言えるのかもしれない。

　さいごに、新編年を用いた古墳の変化にみる画期を考えたい。表２掲載の情報に加えて、外来系要素のあり方も参考に評価を試みる［村田2018、永野2019、村田・永野2022・2023］。まず第一に、Ⅸ期以降、渡来系要素が増えてくる。時期のやや古い渡来系竪穴式石室としての可能性も残る宮の本第24号古墳［高田2019］を除けば、中小田第２号古墳の渡来系竪穴式石室、城ノ下第１号古墳の金銅製垂飾品、三玉大塚古墳の鎹と推定墳丘後行型構築法、寺山第３号古墳の鎹、酒屋高塚古墳の渡来系竪穴式石室と鉄釘等、渡来系要素の事例はⅨ期以降となる［高田2014、村田2018］。これらは甲冑、埴輪列、鏡な

集成編年	中四研新編年	安芸				備後	
		太田川下流域	西条盆地周辺	沼田川下流域	可愛川流域	北部（三次・庄原盆地周辺）	南部（芦田川流域・松永湾岸）
	Ⅴ		長者スクモ塚1号				
4	Ⅵ				甲立1号●	宮の本24号	糸井大塚○
	Ⅶ	狐が城		兜山○		浄楽寺12号	亀山1号　イコーカ山　大元山●
5	Ⅷ	大久保	三ッ城1号●			四拾貫小原1号	
6							
	Ⅸ	中小田2号　池の内2号		福礼		上四拾貫6号	松本○
7	Ⅹ	城ノ下1号	大明地2号			曲2号	国成　　池ノ内3号
	Ⅺ	西尾		みたち2号		三玉大塚○　上定27号　瓢山●	手坊谷2号　千田平ノ前
8	Ⅻ	寺山3号				四拾貫小原17号　野稲南9号	
9	ⅩⅢ				古保利44号	酒屋高塚○　　大坂7号？	池ノ内2号
	ⅩⅣ～					緑岩　　大坂6・8号？　馬立2号	

※集成編年と中四研新編年の対応関係は岩本2022を参照した。帯の高さは期の重複幅・存続幅を意味しない。また、同枠内の古墳名の上下は時期差を意味しない。●は前方後円墳、○は帆立貝形古墳（造出付円墳含）、？は墳形不明、その他はすべて円墳である。

図3　広島県の主要中期古墳編年図

表2　広島県の主要中期古墳編年表

時期区分	古墳名	冑(鋲留)	板甲(革綴)	板甲(鋲留)	川畑板甲段階	札甲	矢鏃様式	短頭鏃	長頭鏃	多角形鍔	刀	舩載鏡	倭鏡前	倭鏡中	倭鏡後古	垂飾耳飾	冠帽	勾玉(畿内/緑凝)	管玉山陰JFb	管玉山陰Jfa	管玉畿内領城L	ガラス玉SⅡB	ガラス玉SⅡB	滑石	石製品	滑石製品器種	刀子様相	その他	轡	鞍金具	片山段階	鎌(曲刃)	鍬鋤先方形	鍬鋤先U字	刀子片関	刀子両関	埴輪	須恵器	土師器	文献
Ⅵ	宮の本第24号(SK24-1)											○																									Ⅱ	-	中1	1
Ⅵ	宮の本第24号(SK24-2)						Ⅰ～Ⅱa	○																													Ⅱ	-	中1	1
Ⅶ	浄楽寺第12号		あり				あり									?	?																			あり	Ⅲ			2
Ⅶ～Ⅷ	亀山第1号	三					Ⅱa	○	3a							?					勾・臼						刀	5	甲							あり				3
Ⅷ	四拾貫小原第1号(A)											○																									-	あり	中2～3	4
Ⅷ	四拾貫小原第1号(B)								2a													○		臼													-	あり		4
Ⅷ	四拾貫小原第1号(C)						Ⅱb	○																		乙											-	あり		4
Ⅶ	大久保(1)										あり										子持勾																-	TK73		5
Ⅷ	大久保(2)						Ⅱ?	?	?					○																							-	TK73		5
Ⅶ	三ッ城第1号(1)								2c					●			○					○			紡錘車・東造出												Ⅳ	TK73	中2	6
Ⅶ	三ッ城第1号(2)						あり																						甲・東造出								Ⅳ	TK73 西造出	中2	6
Ⅸ	三ッ城第1号(3)						Ⅲ	●																													Ⅳ		中2	6
Ⅸ	上四拾貫第6号						Ⅱb～Ⅲ	○	?																												-	TK216	あり	7
Ⅸ	中小田第2号	衝角	三	8			Ⅲ	●	2c					○																		あり					-		あり	8
Ⅹ	城ノ下第1号			横 10?			Ⅳa	●	3a・2a		あり			○										?					甲	あり		あり				あり		TK216～208		9
Ⅹ	国成										あり			○								○	○	臼												あり	Ⅳ			10
Ⅹ	大明地第2号						Ⅳa	●																		乙												TK208		5
Ⅹ	曲第2号	三横併		10				●	2a	?	あり																			あり							-	TK208	中3	11
Ⅹ	池ノ内第3号																																				Ⅳ	TK208?	あり	12
Ⅺ	三玉大塚			横10			Ⅳ	○	2b												?	○		臼・円					あり 双棒			あり					Ⅳ・Ⅴ	TK208		13
Ⅺ	西尾			横10?			あり				あり										?								あり								-			14
Ⅺ	みたち第2号						Ⅳb	●			あり			二						○	○				蝋石円盤											V	TK23	あり	15
Ⅺ	上定第27号							○	●					○							○											あり				V	TK23		16
Ⅺ	手坊谷第2号						あり																								あり					V	TK23		12
Ⅻ	四拾貫小原第17号																																			V	TK23～47	中4	17
Ⅻ	野稲南第9号																																			V	TK23～47	中4	18
Ⅻ	寺山第3号						Ⅳ	●	2a																				甲			あり					TK47		19
ⅩⅢ	酒屋高塚(1)							○			あり・位置不明																					あり			あり	V	TK47～MT15		20
ⅩⅢ	酒屋高塚(2)										あり・位置不明											○		臼												V	TK47～MT15		20
ⅩⅢ	古保利第44号					●	Ⅳc																													-	TK47～MT15		21

村田・永野2022掲載の第4表から該当のない項目を削除して再掲。編年根拠の薄い古墳は非掲載。

どの「畿内」的要素と共存する例が目立ち、渡来系要素の流入に「畿内」が介在している可能性がある。また、同じくⅨ期以降、外来系と判定しうる埋葬施設に、前時期までにみられた粘土槨等の「畿内」系に加えて、九州系、朝鮮半島系が現れることが窺える。永野智朗氏によれば、中小田第2号古墳・酒屋高塚古墳の渡来系竪穴式石室や空長第1号古墳の竪穴系横口式石室（いずれも半島系）、上定第25号古墳・豊ケ崎古墳・寺山第3号古墳の石棺系竪穴式石室（九州系）等が代表例である［高田2014・2019、永野2019］。こうした状況に加えて、時期の限定までは困難ながら中期後半を前後する時期の県北部にみられる初期群集墳の増加といった状況も関連付けてよいならば、Ⅸ期を画期として、それ以降に活発な人口移動があり、古墳の様相も変化していると考えられよう。

第Ⅲ部　古墳時代中期の社会と中国四国

おわりに

　広島県の古墳に対しても広域編年（中四研新編年）が適用可能である蓋然性が高いことを示し、それを踏まえた古墳の様相変化上の画期を考えた。副葬品の推移との比較に先立ち、未整備だった県内の埴輪編年案の構築にも取り組んだ関係で紙幅を圧迫したが、今回の作業を叩き台に、広島県内でも古墳や遺物の基礎研究が進展することを期待したい。

引用文献

安間拓巳　2010「広島県出土の古式須恵器」『古文化談叢』第 65 集（2）　九州古文化研究会　pp.135-160

安間拓巳　2014「古墳出土資料から見た広島県の須恵器の変遷」『広島の考古学と文化財保護』松下正司先生喜寿記念論集　広島の考古学と文化財保護刊行会　pp.101-124

一瀬和夫　1988「古市古墳群における大型古墳埴輪集成」『大水川改修にともなう発掘調査概要』Ⅴ　大阪府教育委員会　pp.65-100

岩本　崇　2018「副葬品と埴輪による前期古墳広域編年」岩本崇・中国四国前方後円墳研究会編『前期古墳編年を再考する』六一書房　pp.137-148

岩本　崇　2022「中期古墳年代論－相対編年とその暦年代－」『新編年で読み解く地域の画期と社会変動』中期古墳研究の現状と課題Ⅵ　中国四国前方後円墳研究会第 25 回研究集会（島根大会）実行委員会　pp.1-20

宇垣匡雅　2011「山陽」『古墳時代』（上）　講座日本の考古学 7　青木書店　pp.213-242

大塚初重　1966「古墳の変遷」『古墳時代』（上）　日本の考古学Ⅳ　河出書房新社　pp.39-100

川西宏幸　1978「円筒埴輪総論」『考古学雑誌』第 64 巻第 2 号　日本考古学会　pp.1-70

川畑　純　2016『甲冑編年の再構築に基づくモノの履歴と扱いの研究』奈良文化財研究所

木村　理　2022「古墳時代中期の円筒埴輪」『埴輪の分類と編年』埴輪検討会　pp.25-50

桑田俊明　1991「備後」『前方後円墳集成』中国・四国編　山川出版社　pp.82-88

島崎　東　1992「中・四国」『古墳Ⅲ　埴輪』古墳時代の研究 9　雄山閣　pp.68-81

新谷武夫　1978「安芸・備後の古式須恵器」『古文化談叢』第 5 集　九州古文化研究会　pp.69-104

妹尾周三　1987「広島県における古式須恵器について」『山陽自動車道建設に伴う埋蔵文化財発掘調査報告』（Ⅳ）　広島県埋蔵文化財調査センター　pp.298-308

鈴木一有　2003「中期古墳における副葬鏃の特質」『帝京大学山梨文化財研究所研究報告』第 11 集　帝京大学山梨文化財研究所　pp.49-70

鈴木一有　2017「志段味大塚古墳と 5 世紀後半の倭王権」『志段味古墳群Ⅲ－志段味大塚古墳の副葬品－』名古屋市文化財調査報告 94　名古屋市教育委員会　pp.175-186

高田貫太　2014『古墳時代の日朝関係』吉川弘文館

高田貫太　2019「古墳時代中期における中国・四国地域の竪穴式石室・竪穴系横口式石室・木槨」『埋葬施設の型式・構築方法・儀礼の地域的展開と被葬者像』中期古墳研究の現状と課題Ⅲ　中国四国前方後円墳研究会第 22 回研究集会（広島大会）実行委員会　pp.25-41

田辺昭三　1981『須恵器大成』角川書店

永野智朗　2019「広島県」『埋葬施設の型式・構築方法・儀礼の地域的展開と被葬者像』中期古墳研究の現状と課題Ⅲ　中国四国前方後円墳研究会第 22 回研究集会（広島大会）実行委員会　pp.68-78

広瀬和雄　1991「前方後円墳の畿内編年」『前方後円墳集成』中国・四国編　山川出版社　pp.24-26

廣瀬　覚　2011「西日本の円筒埴輪」『古墳時代史の枠組み』古墳時代の考古学 1　同成社　pp.173-186

廣瀬　覚　2015『古代王権の形成と埴輪生産』同成社

古瀬清秀　1991「安芸」『前方後円墳集成』中国・四国編　山川出版社　pp.89-94

古瀬清秀　1992「古墳時代における備後北部の特質」『吉備の考古学的研究』（下）　山陽新聞社　pp.183-206

三辻利一　2013「窯跡出土須恵器の分析化学的研究」『新しい土器の考古学』同成社　pp.31-84

村田　晋　2018「広島県」『古墳時代中期の交流』中期古墳研究の現状と課題Ⅱ　中国四国前方後円墳研究会第 21 回研究集会（岡山大会）実行委員会　pp.71-75

村田　晋・永野智朗　2022「広島県」『新編年で読み解く地域の画期と社会変動』中期古墳研究の現状と課題Ⅵ　中国四国前方後円墳研究会第 25 回研究集会（島根大会）実行委員会　pp.109-132

村田　晋・永野智朗　2023「広島県」『中四研だより』第 51 号　中国四国前方後円墳研究会　p.13

山田俊輔　2011「山陽地域における古墳時代中期の埴輪」『埴輪から見た中期古墳の展開』中国四国前方後円墳研究会第 14 回研究集会（鳥取大会）実行委員会　pp.20-29

脇坂光彦　1995「安芸・備後」『全国古墳編年集成』雄山閣出版　pp.36-39

図表出典

図 1・2：村田・永野 2022。図 3：村田・永野 2022 を基に作成。表 1：1．福山市教育委員会編 2000『尾ノ上古墳』、2．安川　満 2016「黒崎山古墳」『地域の画期と社会変動』前期古墳編年を再考するⅢ　中国四国前方後円墳研究会第 19 回研究集会（山口大会）実行委員会、3．古瀬清秀 1995『辰の口古墳』広島県神石町教育委員会・広島大学文学部考古学研究室、4．豊　元國編 1954「広島県古墳総覧」『三ッ城古墳』広島県教育委員会、松村昌彦 1979「スクモ塚 1 号古墳」『広島県の主要古墳』芸備第 9 集 芸備友の会、古瀬清秀 1991「広島県」『前方後円墳集成 中国・四国編』山川出版、野島　永ほか 2023「東広島市長者スクモ塚第 1 号古墳発掘調査報告（第 6 次調査）」『広島大学考古学研究室紀要』第 13 号、5．梅本健治編 2013『中国横断自動車道尾道松江線建設に伴う埋蔵文化財発掘調査報告』(29) 広島県教育事業団、6．川尻　真・沖田健太郎編 2015『甲立古墳』安芸高田市教育委員会、川尻　真・沖田健太郎編 2019『史跡甲立古墳　平成 30 年度遺構確認調査』安芸高田市教育委員会、川尻　真・沖田健太郎編 2021『史跡甲立古墳　令和元年度事前遺構確認調査』安芸高田市教育委員会、7．川尻　真編 1988『糸井馬場第 2 号古墳 糸井塚ノ本第 2 号古墳』広島県埋蔵文化財調査センター、沖田健太郎 2021「尾道市高須町大元山古墳採集の埴輪」『芸備』第 53 集　芸備友の会、8．村上正名 1961「備後芦田川下流域の古墳群（Ⅱ）」『古代吉備』第 4 集 古代吉備研究会、古瀬清秀 1991「広島県」『前方後円墳集成 中国・四国編』山川出版、八幡浩二 2011「備後松永湾沿岸における中期古墳の一様相」『都市をデザインする　福山市立大学開学記念論集』「福山市立大学開学記念論集」編集委員会、沖田健太郎 2021「尾道市高須町大元山古墳採集の埴輪」『芸備』第 53 集　芸備友の会、9．吉野益見 1937「安藝豊田郡沼田東村兜山古墳」『考古学雑誌』第 27 巻第 3 号　日本考古学会、福井万千 1977『三原市史』第 1 巻通史編 1、松崎寿和 1979『広島県史 考古編』、10．川西宏幸 1978「円筒埴輪総論」『考古学雑誌』第 64 巻第 2 号　日本考古学会、松崎寿和 1979『広島県史 考古編』、山岡　渉編 2020『福山市史跡イコーカ山古墳第 1 次調査報告書』福山市教育委員会・株式会社イビソク、11．松崎寿和・潮見　浩 1954「広島県三次市神杉常楽寺古墳群調査概報」『広島大学文学部 紀要』第 6 号、植田千佳穂 2003「史跡浄楽寺・七ッ塚古墳群測量調査報告」『広島県立歴史民俗資料館 研究紀要』第 4 集、伊藤　実 2004「古墳時代・古墳」『三次市史』Ⅱ、12．阿部　滋 1985『岡谷遺跡 狐が城古墳発掘調査報告』広島市教育委員会、13．松崎寿和・豊　元國・木下　忠・池田次郎 1954『三ッ城古墳』広島県教育委員会、石井隆博編 2004『史跡三ッ城古墳発掘調査報告書』東広島市教育文化振興事業団、14．藤岡孝司 1993「大槇第 1 号古墳」『西条第一土地区画整理事業地内埋蔵文化財発掘調査報告書』Ⅱ 東広島市教育委員会、15．金井亀喜編 1973『福礼古墳発掘調査報告』広島県教育委員会、福井万千 1977『三原市史』第 1 巻通史編 1、16．村上正名 1954「広島県下における史跡指定の古墳について」『三ッ城古墳』広島県教育委員会、福山市教育委員会文化財課編 2017『福山市内遺跡発掘調査概要』Ⅺ、福山市教育委員会文化財課編 2018『福山市内遺跡発掘調査概要』Ⅻ、17．金井亀喜編 1976『県営駅屋住宅団地造成地内埋蔵文化財発掘調査報告』広島県教育委員会、小森由佳利・藤井雅大・藤井翔平 2012「後

第Ⅲ部　古墳時代中期の社会と中国四国

期埴輪集成【広島県】」『後期埴輪の特質とその地域的展開』中国四国前方後円墳研究会第15回研究集会（倉敷大会）実行委員会、18. 青山　透ほか1984『尾首城跡発掘調査報告』広島県教育委員会、19. 金井亀喜ほか1972『岡遺跡発掘調査報告書』広島県・岡遺跡発掘調査団、20. 桑原隆博ほか1983『三玉大塚』広島県双三郡吉舎町教育委員会、21. 古瀬清秀1991「広島県」『前方後円墳集成 中国・四国編』山川出版、向田裕始1985「芸備地方における須恵器生産（1）」『芸備古墳文化論考』芸備第15集　芸備友の会、藤野次史・宮野淳一・森田　稔1983『旧寺古墳群測量報告』広島大学文学部考古学研究室、22. 福山市教育委員会編2004『千田平ノ前古墳』、23. 岡野将士編1997『打堀山遺跡群A・B地点』広島県埋蔵文化財調査センター、24. 豊　元國編1954「広島県古墳総覧」『三ッ城古墳』広島県教育委員会、木下　忠1958『矢野町史』上巻、松崎寿和1979『広島県史 考古編』、小林浩治編1985『目で見る矢野町史』古代編　ダイコロ株式会社、向田裕始1985「芸備地方における須恵器生産（1）」『芸備古墳文化論考』芸備第15集　芸備友の会、伊藤実2010「考古学　わき道話」『発喜のしおり』第136号　発喜会（広島市矢野公民館内）、25. 恵谷泰典2004『みたち第2・3号古墳』広島県教育事業団、26. 金井亀喜編1976『県営駅屋住宅団地造成地内埋蔵文化財発掘調査報告』広島県教育委員会、27. 梅本健治編1984『岡田山第3号古墳発掘調査報告』広島県埋蔵文化財調査センター、28. 向田裕始編1980『下山遺跡群発掘調査報告』広島県教育委員会・広島県埋蔵文化財調査センター、29. 菟原仁美編2004『野稲南第8〜11号古墳』三次市教育委員会、30. 青山　透・小都　隆・伊藤　実1983『酒屋高塚古墳』広島県教育委員会、妹尾周三1992「江の川流域の古墳 その1－酒屋高塚古墳の検討－」『芸備』第22集 芸備友の会、31. 落田正弘編1985『大坂遺跡』大坂遺跡発掘調査団、32. 桑田俊明編1983『緑岩古墳』広島県教育委員会、33. 田邊英男1989「福山市駅家町法成寺出土の円筒埴輪」『草戸千軒』No.193　広島県草戸千軒町遺跡調査研究所、34. 岩井重道・阿賀岡希子1998『浅谷山東B地点遺跡　清水3号遺跡』広島県埋蔵文化財調査センター。表2：岩本崇の原案に基づき作成した村田・永野2022掲載表を改変。村田・永野2022掲載表の遺物型式入力に際しては、出土鏡について岩本崇氏から、出土玉類について米田克彦氏にご協力をいただいた。1. 表1出典5と同じ、2. 表1出典11と同じ、3. 新谷武夫編1982『亀山遺跡 第1次発掘調査概報』広島県教育委員会、桑原隆博編1983『亀山遺跡 第2次発掘調査概報』広島県教育委員会、4. 潮見　浩ほか1969『四拾貫小原』四拾貫小原発掘調査団、新谷武夫1978「安芸・備後の古式須恵器」『古文化談叢』第5集　九州古文化研究会、5. 広島県埋蔵文化財調査センター1987『山陽自動車道建設に伴う埋蔵文化財発掘調査報告』（Ⅳ）　広島県埋蔵文化財調査センター、6. 表1出典13と同じ、7. 向田裕始1978「上四拾貫古墳群」『中国縦貫自動車道建設に伴う埋蔵文化財発掘調査報告』（1）　広島県教育委員会、8. 潮見　浩ほか1980『中小田古墳群』広島市教育委員会、高下洋一2004『史跡中小田古墳群遺構状況確認調査報告』広島市文化財団、平田　太ほか2021『史跡中小田古墳群総括報告書』広島市教育委員会・広島市文化財団、9. 多森正晴1991「城ノ下古墳群」『城ノ下A地点遺跡発掘調査報告書』広島市歴史科学教育事業団、10. 村上正名1965『国成古墳』神辺町教育委員会、松崎寿和1979『広島県史 考古編』、11. 山澤直樹編2011『中国横断自動車道尾道松江線建設に伴う埋蔵文化財発掘調査報告』（16）　広島県教育事業団、12. 表1出典26と同じ、13. 表1出典20と同じ、14. 表1出典24と同じ、15. 表1出典25と同じ、16. 道上康仁編1987『大判・上定・殿山』広島県埋蔵文化財調査センター、17. 表1出典28と同じ、18. 表1出典29と同じ、19. 高下洋一・村田亜紀夫1997『寺山遺跡発掘調査報告』広島市歴史科学教育事業団、20. 表1出典30と同じ、21. 古瀬清秀・川越哲志1976「古保利第44号古墳」『龍岩・古保利・上春木 埋蔵文化財発掘調査報告書』龍岩・古保利発掘調査団。

〈地域報告〉

山陽西部

岡田 裕之

1．山陽西部の地域区分と中期古墳の分布

　本稿における山陽西部は現在の山口県に対応し、旧国の周防と長門に相当する範囲とする（図1）。両地域は、東部（周防東部）、中部（周防西部）、西部（長門西部）・北部（長門北部）の4地域に区分される。さらに周防東部は熊毛（・玖珂）・都濃・大島地域、周防西部は吉敷・佐波地域、長門西部は豊浦・厚狭地域、長門北部は美祢・大津・阿武地域からなり、概ね律令期の旧郡の範囲と対応する。

　県内の中期古墳は、これらの地域を単位として展開しており、とくに周防東部の熊毛・都濃地域、周防西部の吉敷地域、長門西部の豊浦・厚狭地域といった瀬戸内沿岸に主要古墳が分布している。

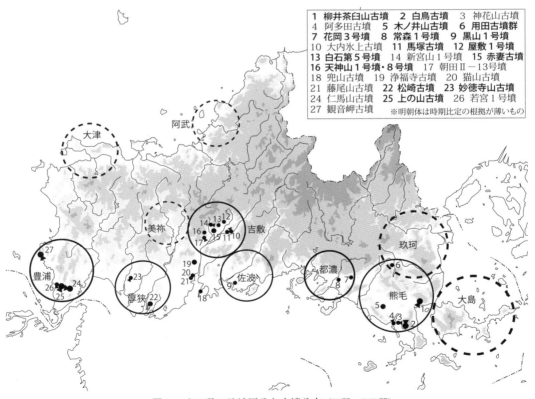

図1　山口県の地域区分と古墳分布（Ⅴ期～ⅩⅢ期）

第Ⅲ部　古墳時代中期の社会と中国四国

２．山口県の中期古墳編年案

（１）古墳構成要素からみた相対編年

　山口県における中期古墳編年は、広域編年では『前方後円墳集成』［中村1991］（以下、「集成編年」）、『全国古墳編年集成』［森田1995］、地域編年では『山口県史』［中村2007］がある。一方、古墳構成要素である鉄鏃や円筒埴輪の個別編年については低調である。土器編年は、田畑直彦氏による前期の土師器編年［田畑2018］や、小林善也氏による中期以降の土師器・須恵器編年［小林2008・2021］があり、古墳時代全般をとおして土器による相対編年が可能となっている。

　以下、中国四国前方後円墳研究会が提示する古墳構成要素に則り、広域編年（以下、「中四研編年」）を試みるが（表1）、編年の指標となる副葬品を欠く古墳については、小林善也氏の土師器編年案［小林2021］を補足的に用いている。

　　Ⅴ　期　　柳井茶臼山古墳（第1主体部）は、舶載鏡Ⅳ期の画文帯神獣鏡と前期倭鏡の鼉龍鏡等のほか、北陸系・領域Fの緑色凝灰岩製管玉をもつが、円筒埴輪がⅡ期新相に比定されており［廣瀬2011］、次の時期に下る可能性を残す。

　　Ⅵ　期　　白鳥古墳は、前期倭鏡が斜縁神獣鏡系と環状乳神獣鏡系、管玉が北陸系・領域Fと山陰系・領域JFaから前期の様相をもつが、棒状鈕3類の巴形銅器の副葬時期がⅤ～Ⅵ期であること、円筒埴輪が半円形透孔でⅡ期新相の特徴をもつこと等から、この時期に比定できる［岩本ほか2023］。

表1　古墳構成要素

時期区分	古墳名	冑革綴	板甲革綴	川畑板甲段階	様式	鳥舌鏃	短頸鏃	長頸鏃	刀	三輪玉	舶載鏡	倭鏡 前	倭鏡 中	倭鏡 後新新	鈴釧	勾玉 畿内緑凝	管玉 山陰JFb	管玉 山陰JL	管玉 山陰Jfa	管玉 北陸領域F	管玉 畿内領域L
Ⅴ期	柳井茶臼山（第1主体部）								2a		Ⅳ	○								○	
Ⅵ期	白鳥											○							○	○	
	松崎								○		Ⅵ	○						碧玉管玉		○	
Ⅶ期	天神山1号墳		長	4	Ⅰ・Ⅱa	○	○		2a												
	赤妻	三衝	三	4〜6							○	○	○						○	○
	妙徳寺山										○						○	○		○	
Ⅷ期	木ノ井山（北槨）								2a												
	白石第5号墳																				
Ⅸ期	花岡3号墳								3a												
	天神山8号墳								3a										○		
Ⅹ期	常森1号墳（2号石棺）				Ⅳ			●													
Ⅺ期	屋敷1号墳																				
	黒山1号墳										○							○	○	●	
Ⅻ期	用1号墳				Ⅳc			●													
	上の山								●金				●	●				碧玉管玉			
	馬塚				Ⅳc			●													

山陽西部（岡田）

　松崎古墳は、舶載鏡Ⅵ期の銅鏡と前期倭鏡の仿製三角縁神獣鏡のほか、山陰系・領域 JFb の管玉と、Ⅴ期以降に普及する北陸系・領域Ｆの管玉があり、古い要素をもつが、<u>滑石製勾玉</u>が出現することから当期に位置づける。

　Ⅶ　期　天神山１号墳は、長方板革綴短甲が川畑４段階でⅥ期からの要素であるが、細根形鉄鏃はⅠ期とⅡａ期が併存しており、当期に位置づける。赤妻古墳は、三角板革綴衝角付冑と三角板革綴短甲が川畑４〜６段階、四獣鏡が斜縁神獣鏡Ｂ系、捩文鏡が三日月文系であり［岩本2017］、畿内系・領域Ｌの緑色凝灰岩製管玉をもつことから、Ⅵ期以降の副葬品組成を示し、円筒埴輪が<u>Ⅲ期古相</u>であることから当期に位置づける。妙徳寺山古墳は、山陰系・領域 JFb と北陸系・領域Ｆの管玉がⅤ期以降、滑石製勾玉がⅥ期以降の要素であるが、土師器編年ⅠＡ〜ⅠＢ期であり［小林2021］、集成編年４〜５期に併行し、集成５期に近いことから、当期に位置づける。

　Ⅷ　期　木ノ井山古墳（北槨）は、<u>Ｕ字形鍬鋤先</u>をもち、円筒埴輪が<u>Ⅳ期古相</u>であることから、当期に位置づける。白石第５号墳は、曲刃鎌がⅦ期以降の要素であり、土師器編年ⅠＢ期で、集成編年５期に併行することから、当期に位置づける。

　Ⅸ　期　花岡３号墳と天神山８号墳は、鉄刀がいずれも隅抉尻茎鉄刀 3a 式［齊藤2017］でⅥ期以降である。前者は、曲刃鎌がⅦ期以降で、方形鍬鋤先が残存するのがⅨ期までであること、土師器編年Ⅱ〜Ⅲ期（集成編年６〜８期併行）で集成７期が主体となることから、当期に位置づける。

　Ⅹ　期　常森１号墳（２号石棺）は、曲刃鎌がⅦ期以降、Ｕ字形鍬鋤先がⅧ期以降、長頸鏃がⅨ期以降の要素である。円筒埴輪は Bc 種ヨコハケとそれを省略したものが共存する<u>Ⅳ期新相</u>の特徴をもち、須恵器が<u>TK216 型式併行期</u>であることから、当期に位置づける。

　Ⅺ　期　屋敷１号墳は、Ｕ字形鍬鋤先がⅧ期以降の要素で、土師器編年Ⅳ期（集成編年８期併行）

編年表（山口県）

水晶切子玉	ガラス玉 SⅡB	ガラス玉 SⅢB	滑石	轡 鈴付	轡 その他	鞍金具	片山段階	鎌 直刃	鎌 曲刃	鍬鋤先 方形	鍬鋤先 U字	刀子 片関	刀子 両関	埴輪	須恵器	土師器（小林2021）	古墳名
														（Ⅱ新）			柳井茶臼山（第1主体部）
									○					Ⅱ新			白鳥
			勾					○	○								松崎
								○	○								天神山1号墳
	ガラス小玉		白											Ⅲ古			赤妻
			勾								○					ⅠA〜ⅠB期	妙徳寺山
								○		○	●			Ⅳ古			木ノ井山（北槨）
									●							ⅠB期	白石第5号墳
									●	○						Ⅱ〜Ⅲ期	花岡3号墳
																	天神山8号墳
									●		●		（○）	（Ⅳ新）	TK216		常森1号墳（2号石棺）
											●					Ⅳ期	屋敷1号墳
																	黒山1号墳
															MT15		用田1号墳
●	ガラス小玉			○f			7										上の山
	ガラス小玉				環	○	8						●		MT15		馬塚

第Ⅲ部　古墳時代中期の社会と中国四国

であることから、当期に位置づける。黒山1号墳は、前期倭鏡や山陰系・領域JFbの管玉等の古い要素をもつが、山陰系・領域JFaの碧玉製管玉がⅪ期以降の要素であることから、当期に位置づける。

ⅩⅡ　期　　当期に該当する古墳は認められない。

ⅩⅢ期　　用田1号墳は、長頸鏃がⅣc式でⅫ期以降の要素であり、須恵器がMT15型式併行期であることから、当期に位置づける。上の山古墳は、金銅製三輪玉がⅪ期以降、後期倭鏡新・新段階の鈴付鏡と、鈴付f字形鏡板付轡が片山7段階［片山2018］でいずれもⅫ期以降の要素であり、水晶製切子玉をもつことから、当期に位置づける。馬塚古墳は、長頸鏃がⅣc式でⅫ期以降の要素であり、環状轡が片山8段階、須恵器がMT15型式併行期であることから当期に位置づける。

（2）他の編年との対応関係

中四研編年案と集成編年［中村1991］との対応関係を表2に示す。以下、中四研編年は「中四研○期」、中四研編年と集成編年との対応関係は「集成○期（中四研○期併行）」と記す。

周防東部では、柳井茶臼山古墳が中四研Ⅴ期＝集成3期で、両編年はほぼ対応するが、白鳥古墳は中四研Ⅵ期、集成5期であり、集成編年より古く位置づけられた。阿多田古墳は中四研Ⅴ～Ⅵ期としたが、中四研Ⅲ期（前期中葉）を上限とし、そこから大きく下らないとする見解も指摘されている［岩本ほか2023］。よって、柳井茶臼山と阿多田の順序が入れ替わる可能性を否定できないが、現状では、集成編年と同様、柳井茶臼山→阿多田→白鳥の順序を考えておきたい。なお、「県史編年」［中村2007］では、白鳥→阿多田の順序が考えられている。神花山古墳は両編年とも時期比定の根拠が乏しい。

周防西部では、天神山1号墳と赤妻古墳をともに中四研Ⅶ期に比定した。前者は集成5期（中四研Ⅶ～Ⅷ期併行）でほぼ対応するが、後者は集成6期（中四研Ⅷ～Ⅸ期併行）であり、本案より一段階後に

表2　中四研編年と集成編年との対応関係（山口県主要古墳）

中四研編年	長門	周防西部	周防東部	集成編年 （中村1991）	長門	周防西部	周防東部
Ⅴ期			柳井茶臼山	3期	妙徳寺山 松崎		柳井茶臼山
Ⅵ期	（仁馬山） 松崎		（阿多田） （神花山） 白鳥	4期			阿多田
Ⅶ期	妙徳寺山	天神山1号 赤妻					
Ⅷ期	（若宮1号）	（新宮山1号）		5期	仁馬山 観音岬	天神山1号	白鳥
				6期	若宮	赤妻 黒山1号	神花山
Ⅸ期							
Ⅹ期				7期		大内氷上 朝田13号	
Ⅺ期		（朝田13号） 黒山1号					
Ⅻ期				8期			天王森 耳取
ⅩⅢ期	上の山			9期	上の山		

※中四研編年の（古墳名）は、時期比定の根拠が薄いものを示す。

位置づけられる。両古墳は、集成編年と県史編年ともに天神山1号→赤妻の先後関係にあるが、中四研編年では同時併存と比定できる。新宮山1号墳は、副葬品による時期比定の根拠に乏しいが、埋葬主体の竪穴式石室が集成5期に相当し、天神山1号墳以降とする見解［森田 2023］から、天神山1号・赤妻→新宮山1号の順を考える。

　朝田13号墳（Ⅱ-13号墳）は、中四研Ⅹ～Ⅺ期で、集成7期（中四研Ⅸ～Ⅺ期併行）であり、ほぼ対応する。黒山1号墳は、集成6期（中四研Ⅷ～Ⅸ期）であるが、中四研Ⅺ期に比定でき、集成編年より

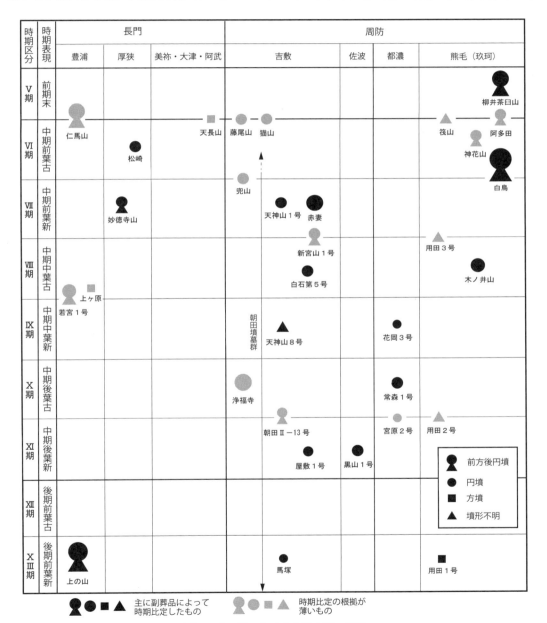

図2　山口県における中期古墳の消長

第Ⅲ部　古墳時代中期の社会と中国四国

大きく時期的に下る。

　長門西部では、松崎古墳と妙徳寺山古墳がともに集成3期（中四研Ⅴ期併行）であるが、中四研編年では、松崎古墳が中四研Ⅵ期、妙徳寺山古墳が中四研Ⅶ期で、いずれも集成編年より下るとともに、松崎→妙徳寺山の先後関係となった。仁馬山古墳と若宮1号墳は、中四研編年においても時期比定の根拠を明らかにできなかった。上の山古墳は、中四研ⅩⅢ期＝集成9期で両編年観は対応する。

3．古墳築造状況の展開と画期

（1）周防東部（熊毛・都濃地域）

　中四研Ⅳ期以前の都濃地域には、舶載三角縁神獣鏡を出土した竹島古墳や宮ノ洲古墳が分布する。Ⅴ期以降、熊毛地域では、柳井茶臼山古墳から阿多田古墳、（神花山古墳）、白鳥古墳にかけて前方後円墳系列がⅥ期まで継続する（図2・3）。これを広域的な視点からみると、都濃地域から熊毛地域への首長墳系列の移動が把握できる。これらの古墳は、いずれも集成1～5期（中四研Ⅰ～Ⅷ期併行）までの主要古墳にみられる「海洋指向型」であり、畿内色が濃い副葬品をもつとされるが［増野2012］、埋葬施設をみると、柳井茶臼山古墳と阿多田古墳では畿内系の竪穴式石槨、神花山古墳と白鳥古墳では在地系の箱式石棺を採用している。すなわち、いずれも瀬戸内航路の要衝に位置する在地豪族の墳墓であり、王権との直接的な交渉がうかがえる。

　Ⅷ期になると、熊毛地域では、前方後円墳が築造を中断し、円墳が主流となる。田布施川中流域に築かれる木ノ井山古墳（円墳・27m）は「内陸指向型」であり、副葬品としてU字形鋤先や鋳造鉄斧等の渡来系遺物が出土する。都濃地域でも、Ⅸ期の花岡3号墳で曲刃鎌、Ⅹ期の常森1号墳でミニチュアのU字形鋤先等の渡来系遺物が出土しており、いずれも内陸指向型と考える。

　この時期の熊毛地域周辺では、主要古墳の他にも渡来系遺物を出土する墳墓がみられる。岩国市用田3号墳では、ジョッキ形陶質土器と砥石を副葬し、中四研Ⅶ～Ⅷ期に比定できる。中四研Ⅸ～Ⅹ期併行に比定する周防大島町逗子南遺跡では、性格不明遺構から曲刃鎌やU字形鋤先、TK216～

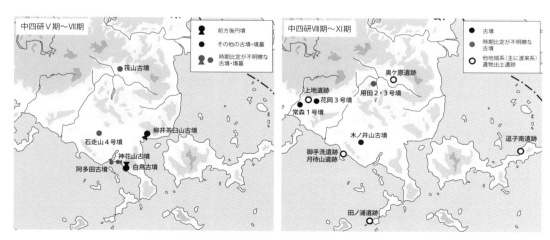

図3　主要古墳と他地域系資料出土遺跡の分布（周防東部）

392

TK218型式併行期の初期須恵器壺が出土しており、渡来系遺物の存在に加え、東九州との関係が指摘されている［石井2013］。このように、Ⅷ期以降の周防東部には、小領域単位の在地勢力が存在し［中里・岡田2018］、独自に他地域との交渉を行ったと考える。

集落遺跡では、熊毛地域海浜部の上関町田ノ浦遺跡で韓式系軟質土器の平底深鉢形土器や多孔甑が出土し［石井編2007］、光市御手洗遺跡・月待山遺跡では韓式系軟質土器の甕・平底鉢、韓式系瓦質土器の壺・鍋・杯等の破片が多数出土している［横山編2005・2016］。内陸部の岩国市奥ヶ原遺跡でも多孔甑が出土しており［和田編1992］、中期の熊毛地域一帯で渡来系集団と関わる集落が営まれたことがわかる。

熊毛・都濃両地域で再び前方後円墳が出現するのは、いずれも後期中葉以降で、都濃地域では天王森古墳や耳取古墳、熊毛地域では納蔵原1号墳が築かれる。

（2）周防西部（吉敷・佐波地域）

当該地域では、中四研Ⅳ期以前の大型古墳は確認できない。Ⅴ～Ⅵ期に、いずれも海洋指向型の大型円墳である藤尾山古墳（約30m）と猫山古墳（24m）が築かれる（図2・4）。Ⅶ期の天神山1号墳と赤妻古墳はいずれも内陸指向型の円墳で、県内で2例のみ現存する甲冑副葬古墳であり[1]、後者は埋葬施設の一つに舟形石棺をもち、いずれも畿内系の要素が強い。後者の円筒埴輪も、細部調整まで極めて端正な仕上げを行う等、畿内からの直接的な影響が指摘される［山田2011］。

墳丘形態をみると、周防西部の吉敷地域ではⅦ期まで円墳が優位だが、Ⅶ～Ⅷ期に新宮山1号墳、Ⅹ～Ⅺ期に朝田Ⅱ-13号墳と大内氷上古墳の小規模な前方後円墳が築造される。このように、集成6～7期（中四研Ⅷ～Ⅺ期併行）に前方後円墳の築造が始まる現象は、岡山県の動向とも同調的である［中里・岡田2018］。

埋葬施設では、Ⅹ～Ⅺ期の朝田Ⅱ-13号墳は竪穴式石槨を採用し、王権との関係がうかがえる一方で、集成8期（中四研Ⅺ～Ⅻ期併行）の朝田Ⅰ-10号墳では、北部九州系の竪穴系横口式石室が導入される［増野2014］。副葬品では、Ⅷ期の白石第5号墳は曲刃鎌、Ⅺ期の屋敷1号墳はU字形鋤先

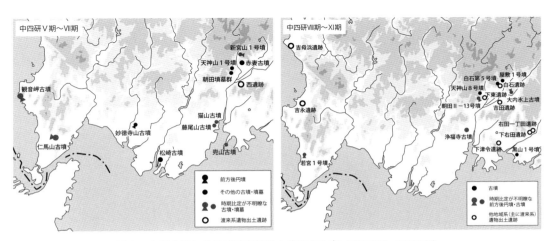

図4　主要古墳と他地域系資料出土遺跡の分布（周防西部～長門西部）

第Ⅲ部　古墳時代中期の社会と中国四国

を副葬する等、渡来系の要素をもち、周防東部と同様の傾向を示す。このように、Ⅷ期以降、畿内系をはじめ渡来系や北部九州系といった他地域との交渉が活発に行われたと考える。

また、同地域には、弥生時代中期から朝田墳墓群が継続的に墓域を形成する。この墳墓群は、在地的な埋葬施設である箱式石棺が最優位であったが、古墳時代前期以降、割竹形木棺等の他地域の墓制が導入され、その優位性が失われることが指摘されている［増野 2016］。このように、在地勢力が他地域との交渉をとおして、新たな墓制を導入するなかで、その最上位に王権との結びつきが強い支配層が出現すると考える。

一方、佐波地域では、Ⅺ期の黒山 1 号墳まで明瞭な首長墳が認められないが、後期中葉以降、前方後円墳の築造が活発となり、首長層の勢力が吉敷地域に対して優勢となる。

その他の要素をみると、吉敷・佐波地域において、カマド付住居や初期須恵器に加えて、中期〜後期に盾形滑石製模造品が集中的に分布しており、両地域が西日本全体でも固有の特性をもつ［中里・岡田 2018］。とくに、滑石製模造品の分布は、製塩土器やミニチュア土器との相関関係が高いことが指摘されており［古賀 1991］、王権との結びつきが強いと考える。

（3）長門西部（豊浦・厚狭地域）

豊浦地域の中期古墳は、副葬品による時期比定の根拠が薄いが、Ⅴ〜Ⅵ期に仁馬山古墳、Ⅷ〜Ⅸ期に若宮 1 号墳が築かれる（図 2・4）。前者が内陸指向型で、後者は港湾部に立地する。観音岬古墳は明瞭な時期が不明な海洋指向型の前方後円墳であるが、両古墳の間に位置づけられれば、この地域でⅤ期からⅧ〜Ⅸ期まで前方後円墳が継続する可能性がある。その後、豊浦地域では前方後円墳の築造が中断するが、この現象は、Ⅷ期以降の周防東部の状況と同調的である。ⅩⅢ期に築かれる上の山古墳は 108 m の前方後円墳で、六鈴鏡や銅釧、馬具等の副葬品を出土しており、後期前葉以降、再び豊浦地域の首長層の勢力が顕著となる。

厚狭地域では、Ⅳ期に長光寺山古墳、Ⅵ期に松崎古墳、Ⅶ期に妙徳寺山古墳の首長墳が継続して築造される。大判山古墳は明瞭な時期比定ができないが、Ⅷ期以降の可能性が高い。豊浦地域の中期古墳との関係では、厚狭の長光寺山から豊浦の仁馬山へ、仁馬山から再び厚狭の松崎・妙徳寺山へというように、両地域で首長墳系列が移動したとみることもできる。しかし、豊浦地域の観音岬古墳が松崎・妙徳寺山両古墳と、若宮 1 号墳が大判山古墳とそれぞれ併行する時期に築造されたとすれば、両地域で拮抗する、または優劣関係にある勢力が併存した可能性もある。

副葬品をみると、Ⅵ〜Ⅶ期には、厚狭地域の松崎古墳や妙徳寺山古墳で、銅鏡や山陰系・北陸系の玉類等、王権との交渉による副葬品をもつが、埋葬施設は前者が箱式石棺、後者が石棺系竪穴式石室であり在地色を備える。豊浦地域では、Ⅷ〜Ⅸ期の若宮 1 号墳は、副葬品に他地域系の管玉をもつが、埋葬施設は在地の箱式石棺である。集成 8 期（中四研Ⅺ〜Ⅻ期併行）の下関市夕陽ヶ丘古墳は、竪穴系横口式石室を埋葬施設とし、北部九州との交渉がうかがえる［山口県埋蔵文化財センター編 1990］。

豊浦地域における中期の集落では、響灘沿岸の下関市吉母浜遺跡で軟質土器［村田編 1985］、同吉永遺跡で多孔甑の渡来系遺物［藤本編 1999］が出土しており、渡来人の存在が示唆される。

おわりに

　以上のように、山口県内の中期古墳は、VII期とVIII期との間に大きな画期を見出せ、瀬戸内沿岸の3地域でほぼ連動する。すなわち、VII期以前は、いずれの地域でも王権との交渉が盛んだが、VI期までは周防東部が畿内との結び付きが強く、VII期にその主体が周防西部に移る。そして、3つの地域の勢力は、支配領域も広域的であったと考える。

　VIII期以降、各地域とも渡来系遺構や遺物が出土し、直接的な渡来人の痕跡もみられるのに加え、周防東部では畿内系や瀬戸内系、周防西部や長門では畿内系や北部九州系等、それぞれの立地に即した他地域との交渉が活発となる。その主体は、より小領域単位の在地勢力であったと考える。

　この画期を経て、各地の主体となる勢力が次第に頭角を現し、後期には周防東部の熊毛地域、長門の豊浦地域が中心となる。周防西部では、吉敷地域から佐波地域へとその中心が移っていく。

　本稿は、研究会後に発表された岩本崇氏らや森田孝一氏の論考を踏まえ、研究会での発表内容について、とくに年代観に関わる点で一部を変更しました。なお、本稿の作成にあたり、下記の方々に御教示をいただきました。末筆ながら記して感謝申し上げます。
　　岩本　崇　　中里伸明　　増野晋次　　森田孝一　　吉村慎太郎

註
（1）　現存しないが、吉敷郡秋穂村大字大海所在古墳（現山口市秋穂東）と宇部市西区宇部新川駅前所在古墳（現宇部市上町カ）で帯金式甲冑が出土した可能性が指摘されている［田中 2013］。

引用文献
石井龍彦　2013「周防大島町逗子南遺跡の発掘調査」『陶埴』第 26 号　（公財）山口県ひとづくり財団山口県埋蔵文化財センター

石井龍彦（編）　2007『田ノ浦遺跡』山口県埋蔵文化財センター調査報告第 59 集　（財）山口県ひとづくり財団山口県埋蔵文化財センター

岩本　崇　2017「古墳時代中期における鏡の変遷－倭鏡を中心として－」『中期古墳研究の現状と課題Ｉ～広域編年と地域編年の齟齬～』中国四国前方後円墳研究会第 20 回研究集会　pp.9-20

岩本　崇　2018「銅鏡・青銅製品」『前期古墳編年を再考する』　六一書房　pp.19-30

岩本　崇・上野祥史・谷澤亜里　2023「山口県白鳥古墳と阿多田古墳の副葬品」『器物の「伝世・長期保有」「復古再生」の実証的研究と倭における王権の形成・維持』　2019 ～ 2022 年科学研究費補助金　基盤研究（B）研究成果報告書（研究代表者　岩本崇）　島根大学法学部　pp.247-361

大賀克彦　2013「玉類」『古墳時代の考古学』4　同成社　pp.147-159

尾上元規　2017「古墳時代中期鉄鏃の編年と地域性－中国四国地方を中心として－」『中期古墳研究の現状と課題Ｉ～広域編年と地域編年の齟齬～』　中国四国前方後円墳研究会第 20 回研究集会　pp.61-72

片山健太郎　2018「古墳時代中期の馬具編年－中期後半を中心として－」『中期古墳研究の現状と課題IV～副葬品による広域編年再考～』　中国四国前方後円墳研究会第 23 回研究集会　pp.9-24

河野正訓　2018「山陽西部」『前期古墳編年を再考する』　六一書房　pp.333-340

古賀真木子　1991「山口県内のミニチュア土器と模造品」『山口大学構内遺跡調査研究年報IX』　山口大学埋蔵文化

財資料館　pp.115-130

小林善也　2008「周防・長門の須恵器出現以降の土器－周防西部を中心に－」『古墳時代集落遺跡出土の須恵器・土師器』　山口考古学フォーラム調査研究報告書1　山口考古学フォーラム　pp.1-14

小林善也　2021「山口県」『中期古墳研究の現状と課題V～古墳時代中期の土師器・須恵器をめぐって～』　中国四国前方後円墳研究会第24回研究集会　pp.153-186

齊藤大輔　2017「古墳時代中期刀剣の編年」『中期古墳研究の現状と課題Ⅰ～広域編年と地域編年の齟齬～』　中国四国前方後円墳研究会第20回研究集会　pp.73-88

阪口英毅　2017「中期古墳編年と甲冑研究」『中期古墳研究の現状と課題Ⅰ～広域編年と地域編年の齟齬～』　中国四国前方後円墳研究会第20回研究集会　pp.47-60

鈴木一有　2003「中期古墳における副葬鏃の特質」『帝京大学山梨文化財研究所研究報告』第11集　pp.49-70

田中良作　2013「山口県域に投影された畿内政権の動静」『やまぐち学の構築』第9郷　山口大学研究推進体「やまぐち学」推進プロジェクト　pp.15-33

田畑直彦　2018「山陽西部」『前期古墳を再考する』（中国四国前方後円墳研究会編）　六一書房　pp.201-212

中里伸明・岡田裕之　2018「山口県」『中期古墳の現状と課題Ⅱ～古墳時代中期の交流～』　中国四国前方後円墳研究会第21回研究集会　pp.76-92

中村徹也　1991「周防」「長門」『前方後円墳集成』中国・四国編　山川出版社　pp.95-102

中村徹也　2007「古墳が造られた時代」『山口県史』通史編　原始・古代　山口県　pp.53-61

廣瀬　覚　2011「西日本の円筒埴輪」『古墳時代の考古学』1　同成社　pp.173-186

藤本有紀（編）　1999『吉永遺跡（Ⅲ－西地区）』豊浦町の文化財第16集　豊浦町教育委員会

増野晋次　2012「山口県域における瀬戸内の前期古墳について－中期前半までを対象に－」『海の古墳を考えるⅡ－西部瀬戸内、灘と瀬戸から見た古墳とその景観－』　海の古墳を考える会　pp.91-106

増野晋次　2014「山口県域における横穴式石室の導入について」『山口考古』第34号　山口考古学会　pp.59-82

増野晋次　2016「山口市朝田墳墓群の箱式石棺墓について」『山口考古』第36号　山口考古学会　pp.45-54

増野晋次　2019「山口県」『中期古墳の現状と課題Ⅲ～埋葬施設の型式・構築方法・儀礼の地域的展開と被葬者像～』　中国四国前方後円墳研究会第22回研究集会　pp.56-67

村田多津江（編）　1985『吉母浜遺跡』　下関市教育委員会

森田孝一　1995「長門・周防」『全国古墳編年集成』　雄山閣出版　pp.32-35

森田孝一　2023「山口盆地における古墳時代中期首長墓に関して－赤妻古墳と新宮山1号墳の検討－」『山口考古』第43号　山口考古学会　pp.13-48

山口県埋蔵文化財センター（編）　1990『夕陽ヶ丘古墳』　豊北町教育委員会

山田俊輔　2011「山陽地域における古墳時代中期の埴輪」『埴輪から見た中期古墳の展開』　中国四国前方後円墳研究会第14回研究集会　pp.20-29

横山成己（編）　2005『山口大学埋蔵文化財資料館年報1－平成15年度－』　山口大学埋蔵文化財資料館

横山成己（編）　2016『山口大学埋蔵文化財資料館年報10－平成24年度－』　山口大学埋蔵文化財資料館

米田克彦　2020「中四国地方における中期古墳の玉類副葬」『中期古墳研究の現状と課題Ⅳ～副葬品による広域編年再考～』　中国四国前方後円墳研究会第23回研究集会　pp.69-84

和田喜之（編）　1992『奥ヶ原遺跡』山口県埋蔵文化財調査報告第150集　財団法人山口県教育財団・山口県教育委員会

※編年に用いた各古墳の報告書については割愛

〈地域報告〉

四国南東部

栗 林 誠 治

はじめに

　古墳時代前期の四国南東部（徳島県域）では、前山１号墳等に代表される地域的属性が強い多様な小形前方後円墳が小水系を単位に築造される。前期後半には、築造数の減少と共に旧律令郡単位で中型前方後円墳（愛宕山古墳等）が築造され、序列化・統合の強化が進展する。

　中国四国前方後円墳研究会では、第20回研究集会を初回として中期古墳編年の再検討に着手した。本稿では、研究集会にて提示された編年案を元に四国南東部における中期古墳編年を再考する。

１．各種編年との整合

（１）土師器・須恵器（図１）

　集落遺跡出土土師器編年は、庄・蔵本遺跡出土資料を基に提示されており、吉野川流域の資料に限定される［田川2021］。甕が編年基準とされ、法量（器高20cm以上・未満）と形態から分類されている。甕の口縁部屈曲が強く球形胴部を呈するタイプと、屈曲部が弛緩し長胴化したタイプに大別される。高坏は椀形杯部と外面稜線を有する一群に大別される。

　第１画期は布留４式併行期が終焉した空白期である。第２画期はTK208～TK23型式併行期である。甕の長胴化と新器種（甌・椀）が出現する。更に須恵器が供膳具・土師器が煮沸具とする機能分化が認められる［田川2021］。中期中葉の空白期に関しては、自然環境の変位や災害に起因する可能性がある。

　渋野丸山古墳出土の土師器小型丸底壺・高坏・広口壺・籠目土器のうち、高坏坏部の器高がやや低い形態から布留５式段階とした。尼塚古墳出土須恵器甕は口唇部直下の三角突帯状の折り返しが特徴で、TK73型式併行期とする。カネガ谷２号墳の墳頂部からは須恵器坏身・坏蓋・無蓋高坏・甕が出土し、TK216型式併行期とした。浄土寺山古墳群SD1001出土須恵器坏身・杯蓋・有蓋高坏・把手付無蓋高坏はTK208型式併行期である。宝幢寺３号墳周溝出土須恵器壺もTK208型式併行期とした。新居見遺跡SD4007出土須恵器坏身・杯蓋はTK47型式併行期とした。

（２）円筒埴輪（図２）

　山陽・四国地域の分類・編年案［野崎2017］に従い、徳島県内の円筒埴輪を検討する［栗林2022］。２段階（新）には大代古墳やマンジョ塚２号墳が該当する。大代古墳例のC形態口縁が特徴で、焼成も軟質の個体が多い。３段階には渋野円山古墳が該当する。口縁形態は12個体，B形態７個体、C

第Ⅲ部　古墳時代中期の社会と中国四国

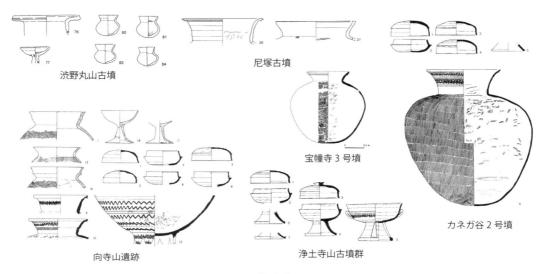

図1　中期古墳出土土器

形態 8 個体とばらつきがある。突帯形状は i に限定される。透孔形状は円形が主体で一部に半円形が残る。4-1 段階には土成丸山古墳や尼塚古墳・カニ塚古墳が該当する。土成丸山古墳出土円筒埴輪の口縁部は A 形態、突帯形状 i は 8 個体、ii 形態は 3 個体、iii 形態は 4 個体に限定される。カニ塚古墳は口縁部 C 形態（2 個体）、突帯形状 i 形態（7 個体）、ii 形態（2 個体）と C 形態が主流である。尼塚古墳は口縁部 A 形態（7 個体）、B 形態（3 個体）、C 形態（4 個体）、突帯形状 i 形態が 20 個体と、口縁部 A 形態の残存及び B 形態の非主流化と突帯 i 形態の主流化が伺われる。4-2 段階には勝明寺谷古墳群が該当する。勝明寺谷古墳群では、口縁部 B 形態（2 個体）、C 形態（4 個体）、突帯形状 i 形態（7 個体）、ii 形態（5 個体）、iv 形態（8 個体）と、口縁部 A 形態の消滅と突帯形状 iv 形態の出現・主流化が特徴である。この段階から焼成も埴質でも硬質や須恵質の個体が増加する。5（古）段階には田浦遺跡（子安観音古墳、お子守塚古墳関連）が該当する。口縁部形態は B 形態（3 個体）、突帯形状 i 形態（2 個体）、iii 形態（21 個体）、iv 形態（1 個体）、基底部形態は a 形態が 6 個体と主流（c 形態・1 個体）であるが、淡輪技法に類する形態も 1 個体確認された。焼成も埴質硬質・須恵質も含むが、埴質軟も依然と主体である。5（中）段階は川端遺跡が該当する。口縁部 A 形態（2 個体）、B 形態（8 個体）、突帯形状 i 形態（2 個体）、ii 形態（8 個体）、iii 形態（11 個体）、底部形態 a 形態（3 個体）、b 形態（3 個体）、e 形態（1 個体）、倒立技法（7 個体）と、口縁 B 形態と突帯 iii 形態が主流になる。

2．四国南東部の中期古墳編年と動向（図3）

　徳島・鳥取大会の広域編年案に併せ各古墳の年代的位置付けと各期の埋葬施設や階層構造について概観する。

　Ⅵ 期　　旧律令制郡・地域群単位に 50 〜 60m 級の統合型前方後円墳（大代古墳、山ノ神古墳）もしくは中型円墳（マンジョ塚 2 号墳、国高山古墳）が築造される事により集約が完了する。この集約過

四国南東部（栗林）

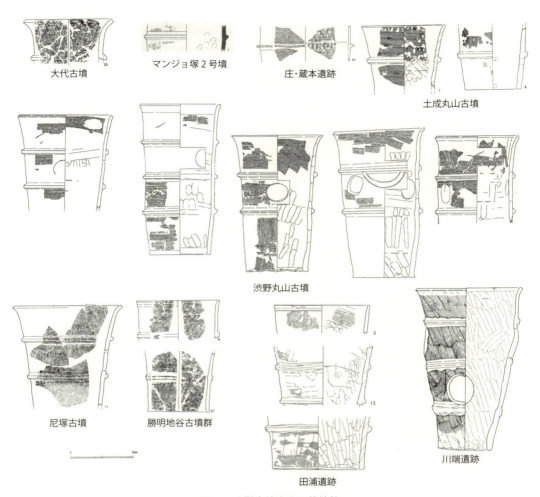

図2　中期古墳出土円筒埴輪

程においてに小形前方後円墳の築造は停止する。

　大代古墳はⅡ新〜Ⅲ古段階の埴輪を樹立し、火山産凝灰岩製舟形石棺を埋葬主体部に採用し、長方板革綴短甲（川畑3）、鳥舌鏃や短頸鏃（矢鏃Ⅰ）、中期倭鏡（獣形鏡）、玉類、農工具を副葬する。国高山古墳を前方後円墳とするか円墳とするかは今後の課題であるが、結晶片岩製の竪穴式石槨に、長方板革綴短甲（川畑3）、鳥舌鏃（矢鏃Ⅰ）、前期倭鏡（内行花文鏡）、滑石製品（刀子c）を副葬する。マンジョ塚Ⅱ号墳は、竪穴系の埋葬主体にⅡ新段階の埴輪が樹立される。

　Ⅶ期　旧国単位の統合型前方後円墳が築造される。100m級大型前方後円墳の渋野丸山古墳に集約され、墳丘規模大型化・築造数制限が極まり、定型化過程を通じた階層秩序の完成形である。

　渋野円山古墳は、三段築成の前方後円墳で盾形周壕を伴う。Ⅲ古段階の埴輪が樹立し、くびれ部出土の土師器高坏、小型丸底壺は布留5式併行期の年代が与えられる。津田浦臨海地域の小型円墳である恵解山1号墳は短頸鏃（Ⅱa）や五獣鏡（中期倭鏡）が出土している。

　Ⅷ期　旧律令郡単位に直径40m級二段築成円墳が築造される一方で、前方後円墳築造は停止

399

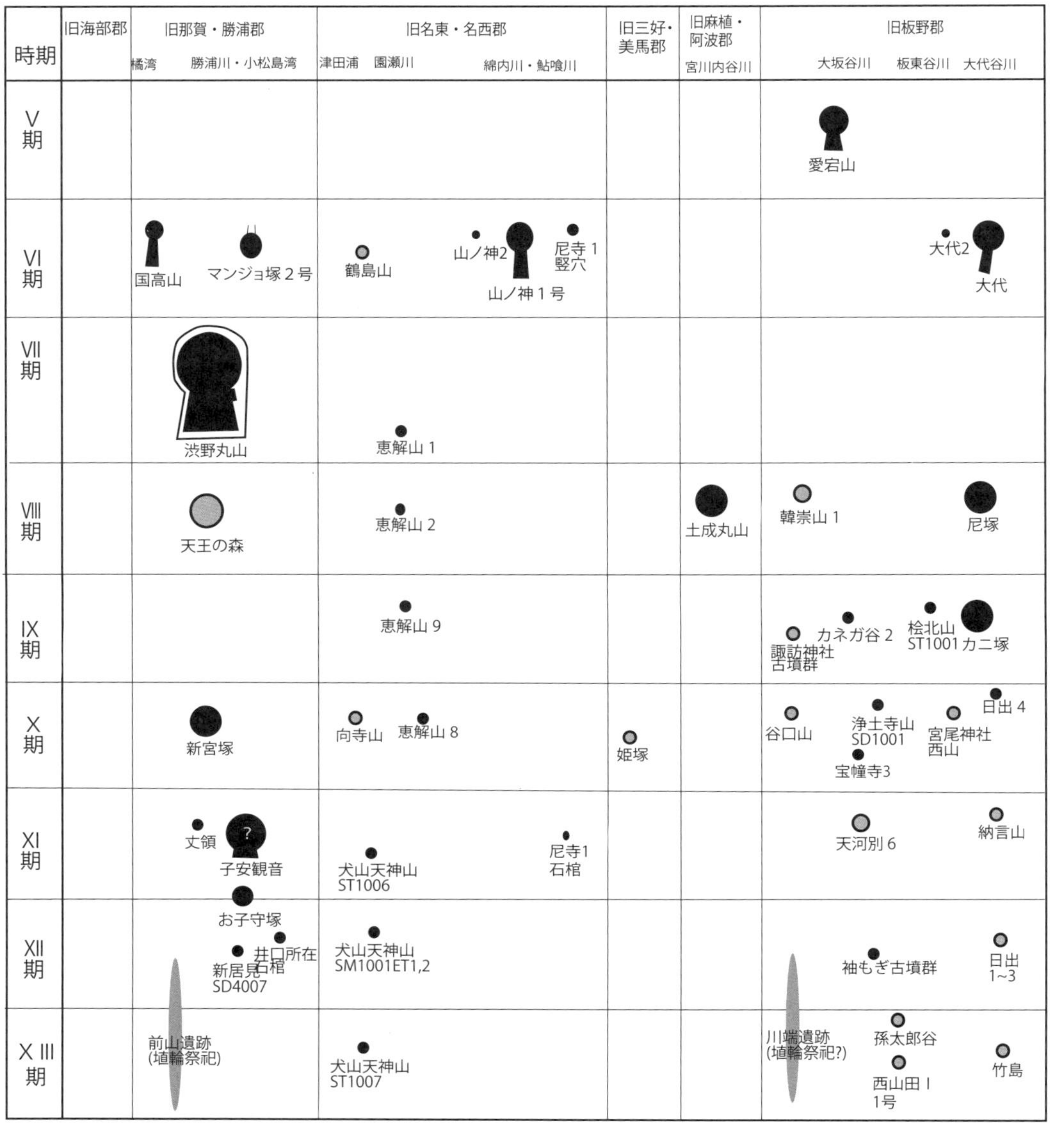

第Ⅲ部　古墳時代中期の社会と中国四国

時期	旧海部郡 橘湾	旧那賀・勝浦郡 勝浦川・小松島湾	旧名東・名西郡 津田浦	園瀬川	綿内川・鮎喰川	旧三好・美馬郡	旧麻植・阿波郡 宮川内谷川	旧板野郡 大坂谷川	板東谷川	大代谷川
Ⅴ期								愛宕山		
Ⅵ期	国高山	マンジョ塚2号	鶴島山		山ノ神2 尼寺1竪穴 山ノ神1号					大代2 大代
Ⅶ期	渋野丸山			恵解山1						
Ⅷ期	天王の森			恵解山2			土成丸山		韓崇山1	尼塚
Ⅸ期				恵解山9					カネガ谷2 諏訪神社古墳群	桧北山ST1001 カニ塚
Ⅹ期		新宮塚		向寺山 恵解山8		姫塚			谷口山 浄土寺山SD1001 宝幢寺3	日出4 宮尾神社西山
Ⅺ期		丈領 子安観音(?)		犬山天神山ST1006	尼寺1石棺				天河別6	納言山
Ⅻ期		お子守塚 新居見SD4007 井口所在石棺		犬山天神山SM1001ET1,2					袖もぎ古墳群	日出1~3
ⅩⅢ期	前山遺跡(埴輪祭祀)			犬山天神山ST1007			川端遺跡(埴輪祭祀?)		孫太郎谷 西山田Ⅰ1号	竹島

図3　四国南東部（徳島県）の中期古墳編年

状態である。土成丸山古墳（旧阿波郡）、尼塚古墳（旧板野郡）は円形周溝を伴う二段築成墳丘を有し、埴輪（Ⅳ古段階）が樹立される。埋葬主体に関しては不明である。

渋野丸山古墳の後続としては、同一地域の尾根上に天王の森古墳が築造されるが、周壕は伴わず埋葬主体も不明である。小型墳は津田浦や園瀬川地域に築造される。恵解山2号墳東棺には刀剣（2c）や鼉龍鏡（中期倭鏡）を副葬する。同墳西棺には三角板革綴短甲（甲冑5段階）・三角板革綴衝角付冑、短頸鏃・長頸鏃（Ⅱa）、鹿角装剣、竹製漆塗櫛、琴柱型石製品が副葬される。小規模墳ながら最新甲冑がセットで副葬されるのが特徴である。

四国南東部（栗林）

Ⅸ　期　　旧郡単位の盟主墳築造は停止し、小水系単位の小型墳が増加する。旧板野郡内では尼塚古墳に続いて同規模・同形態のカニ塚古墳が築造されるが、土成円山古墳の後続墳は未築造である。

　吉野川河口域北岸のカネガ谷２号墳は直径10mの円墳で、木棺直葬である。桧北山ST1001は不明瞭な墳丘（盛土・区画無し）に砂岩による組合式箱形石棺を採用し、直刀（3a）を副葬する。諏訪神社古墳群は結晶片岩製組合式箱形石棺を埋葬主体として採用し、吉野川南岸地域からの搬入石材を確保しているが、副葬品構成は不明である。

　恵解山９号墳は直径14mと不整円墳に竪穴式石槨と結晶片岩製組合式箱形石棺を採用し、三角板鋲留短甲、衝角付冑、肩甲、頸甲、五獣鏡（後期倭鏡古）、短頸鏃（Ⅱb）、鉄刀（3c）、圭質砂岩製管玉や臼玉を副葬する。前段階に続き最新甲冑が津田浦地域に配布されている。また恵解山９号墳の竪穴式石槨は前期以来の徳島では系譜を追うことが出来ない矩形平面プランを呈するのが特徴である。

　概して当該期の小型墳は副葬品構成が貧弱である。その点、津田浦地域の恵解山古墳群の様相は階層性を検討する上でも特異でもある。

Ⅹ　期　　Ⅸ期同様に小水系単位には結晶片岩製組合式箱形石棺を埋葬主体に採用した小型円墳が築造される。恵解山８号墳は同一墳丘２主体を採用する。東棺には刀剣（3b）、短頸鏃を副葬する。西棺には刀剣（2c）を副葬するが、甲冑は副葬されていない。日出４号墳（鳴門海峡）・谷口山古墳（吉野川河口域北岸）は、箱形石棺に琴柱型石製品を副葬するが、石棺石材が小型化する。宝幢寺３号墳（吉野川河口域北岸）は、木棺直葬に直刀（3d）や鑓を副葬する。

　埋葬主体は箱形石棺や木棺直葬など多様であり、石棺石材には砂岩等の在地石材の採用など石材産地との関係性が反映される。箱形石棺墳は、副葬品が伴わないのが主流であり、それまで卓越した保有状況を維持した津田浦地域においても武器・武具組成の貧弱化が読み取れる。

Ⅺ　期　　旧国単位もしくは旧郡単位で盾形周溝を伴う帆立貝形古墳（前方後円墳？）が築造される。勝浦川南岸の小松島湾臨海の子安観音古墳である。推定墳長60m級に馬蹄形の周壕が伴い、埋葬主体は不明であるが、金銅装甲冑（三角板鋲留短甲、小札冑）を副葬する［橋本2015］。

　勝浦川北岸の渋野丸山古墳後続となる新宮塚古墳は直径20m級の円墳で、結晶片岩製組合式箱形石棺に四神鏡１、勾玉文鏡１、鉄刀４（2d）、鉄剣２、長頸鏃11（Ⅳb）、勾玉１、碧玉製管玉９、凝灰岩製管玉10を副葬する。水系単位の首長墳と位置付けられる。小水系単位では無・低墳丘に結晶片岩製組合式箱形石棺や在地石材製組合式箱形石棺を採用した古墳が築造される。殆どが副葬品を伴わず、その階層性が反映されており、子安観音古墳の隔絶性が顕著である。

Ⅻ　期　　大型古墳は断絶する。唯一、子安観音古墳に隣接するお子守塚古墳は方墳に埴輪（Ⅴ古）が伴うが、水系単位とする中型古墳は稀となる。小水系単位では、前段階同様の無・堤墳丘に結晶片岩製組合式箱形石棺採用する小型墳が築造される。

　園瀬川水系の犬山天神山古墳１号墳は、同一墳丘２主体（結晶片岩製箱形石棺）で、南棺には、捩文鏡（前期倭鏡）、水晶製算盤玉、碧玉製管玉、ガラス小玉を副葬する。北館は武器類が主体となり、短頸鏃・長頸鏃（Ⅳc）や直刀（2c）と土玉が副葬されている。被葬者の機能性が反映される副葬品構成である。勝浦川流域では、新居見遺跡SD4007の様な小型円墳が築造されるが、埋葬主体は不明である。

ⅩⅢ期　　小水系単位の小規模墳が主流であるが、横穴式石室の導入もしくは影響を受けた埋葬主

第Ⅲ部　古墳時代中期の社会と中国四国

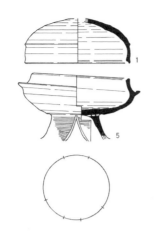

敷地遺跡出土須恵器坏蓋有蓋高坏

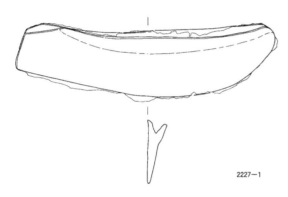

大柿遺跡出土鋤先転用鎌

川端遺跡出土突帯設定技法

図4　王権との関わりが想定される遺物

体が出現する。徳島において、当該期の横穴式石室は未確認である。

園瀬川流域の犬山天神山7号墳は区画溝のみの方墳で、横穴状墓坑に結晶片岩製組合式箱形石棺が設置される。MT15型式併行期の須恵器坏身が区画溝内より出土した。吉野川河口域北岸の西山田（Ⅰ）1号墳は、石室石材は流出しているが横穴式石室墓坑内よりガラス製勾玉、碧玉製管玉、水晶製算盤玉、ガラス小玉、と須恵器（MT15型式併行期）が出土した。

四国南東部では、横穴式石室は当該期には導入され、在地墓制に影響を与えた事が確認される。

3．渡来系・王権との交流

四国南東部では、陶質土器・軟質系土器は古墳・集落出土共に未確認である。敷地遺跡包含総出土有蓋高坏5が産地不明の個体である（図4上）。甑に関しては、TK23併行期に出現する。「単孔つつぬけ」タイプが主流であり、多孔式やスノコ支えありタイプは後期以降である。

板野郡板野町川端遺跡出土のB種ヨコハケの川端1類埴輪の突帯設定技法に「凹線技法」・「B手法」が確認された（図4下）。突帯剥落箇所に2条の凹線が施されている［栗林1999］。この突帯設定技法は小松島市田浦遺跡出土埴輪でも確認されており、埴輪製作集団の活動範囲や地域内でにおける埴輪の供給や技術交流が反映されている。また、同技法は山陽東部や摂津でも確認されており、四国南東部では、河内に限らず東部瀬戸内地域の埴輪製作集団との直接的な人的・技術交流が存在し、その交流は一定期間存続した事が伺える。

大柿遺跡TK23、47式併行期の竪穴住居から出土した曲刃鎌は、U字型鋤先を切断（もし

402

四国南東部（栗林）

くは破損か）し、基部に折り返し加工を施すことで鎌へと再生している（図4中）。集落内での鉄器再生産・再加工する技術確保と素材が供給・入手が可能であった事を示す。集落及び生産域を開発・維持にあたっては、非自給物資の入手可能状態が保証されていたことが伺われる。

4．中期の画期

　四国南東部における中期最大の画期は、Ⅶ期の渋野丸山古墳築造である。前期より続いた小水系単位の小型前方後円墳築造から旧律令郡単位の統合型前方後円墳築造へと集約され、最終的には旧国単位へ統合され「前方後円墳体制」が完遂した事を示す。同時に伝統的な古墳築造域である鮎喰川流域から勝浦川・小松島湾地域へのシフトの結果、渋野丸山古墳が築造された。前期より進展した序列化・統合の頂点であり、地域的属性は皆無な"畿内化"が完了する。

　第2の画期は、Ⅺ期の子安観音古墳の築造である。中期を通じて勝浦川流域・小松島湾臨海地域や津田浦沿岸地域は重視され、小型墳への甲冑副葬は王権による直接的掌握が反映されていると推定される。突如、金銅装甲冑を副葬する盾形周溝を伴う帆立貝形古墳が築造される。王権中枢との強い関係が想定される。但し、古式群集墳などは形成されないことや、吉野川河口域北岸郡（旧板野郡域）は甲冑副葬が認められることから前期同様に一定程度の重視はあった。

　第3の画期は、ⅩⅢ期の西山田（Ⅰ）1号墳に見られる横穴式石室の導入である。同時に地域色の強い埋葬様式（結晶片岩製組合式箱形石棺）へ影響を与え、同様式は衰退する。

おわりに

　「独自性を放棄する事により地域的階層秩序を完成させ、広域秩序への参入」した古墳時代中期後葉の四国南東部では上位墳は低調な造墓状況とされてきた［大久保2011］。

　播磨灘～斎灘沿岸地域には、渡来系木槨墓・渡来系竪穴式石室や緊結金具が伴う組合式箱形木棺が導入されている。また、集落出土の渡来系文物は内陸部からも出土している。同様の現象は横穴式石室と阿蘇溶結凝灰岩製石棺においても認められる。こうした分布の粗密は瀬戸内海航路との関係性（航路に対しての周縁）が反映されていると想定される。

　そうした状況下で、小松島市子安観音古墳の再確認は再検討を促す事になる。金銅装甲冑保有状況からは、子安観音古墳被葬者は王権中枢においても序列上位と位置付けられる。当地における盟主墳築造域が勝浦川流域へ移動した背景には、従来の瀬戸内航路だけでは無く紀伊水道－太平洋航路開拓に伴い四国側基点としての機能強化とその盟主墳と位置付けられる。

　四国島における盟主墳での地域的独自性の放棄が認められる一方で、中小規模墳埋葬施設には多様性が認められ、「地域的結集志向の弱化」と捉えられるが、一律では無く四国南東部の様に地域的独自性を維持・創出する地域も存在し、王権や他地域との関わりは多様である。この多様性は後期初頭の横穴式石室導入以降の階層秩序に反映される。

403

第Ⅲ部　古墳時代中期の社会と中国四国

引用文献

大久保徹也　2005「四国の前・中期古墳築造状況」『第10回中国・四国前方後円墳研究会　前半期の首長墳の消長』中国・
　　四国前方後円墳研究会　pp.20-29

大久保徹也　2011「二　四国」『講座　日本の考古学7　古墳時代』上　青木書店　pp.147-174

大久保徹也　2012「津田湾・津田川古墳群の検討」『比較文化研究所年報』徳島文理大学　pp.3-24

大久保徹也　2013「津田湾・津田川流域に所在する前半期主要古墳の編年的整理」『津田古墳群調査報告書』さぬき
　　市教育委員会　pp.50-60

栗林誠治　1999『中央構造線断層帯調査に伴う埋蔵文化財発掘調査報告書　金泉寺遺跡・川端遺跡』徳島県埋蔵文化
　　財センター調査報告書第32集　財団法人徳島県埋蔵文化財センター

栗林誠治　2002「阿波における前方後円墳の廃絶」『論集徳島の考古学』徳島考古学論集刊行会　pp.557-558

栗林誠治　2002「「阿波式石棺」再考」『論集徳島の考古学』徳島考古学論集刊行会　pp.489-530

栗林誠治　2008「徳島・吉野川下流域における前期古墳の多様性と画期」『地域と文化の考古学Ⅱ』明治大学考古学
　　研究室　pp.475-792

栗林誠治　2014「勝浦川流域における前・中期古墳の動態」『青藍』第10号　考古フォーラム蔵本　pp.77-91

栗林誠治　2022「徳島県出土円筒埴輪の基礎的整理（1）」『青藍』第14号　考古フォーラム蔵本

田川　憲　2021「徳島県」『中期古墳研究の現状と課題Ⅴ』中国四国前方後円墳研究会　pp.187-208

野崎貴博　2017「中国地方における古墳時代中期の埴輪の広域編年構築に向けて」『中期古墳の現状と課題Ⅰ』中国
　　四国前方後円墳研究会　pp.21-30

橋本達也　2015「小松島市田浦出土甲冑の再発見と子安観音古墳」『新居見遺跡・田浦遺跡発掘調査報告書』小松島
　　市教育委員会

〈研究報告〉

四国北東部

真 鍋　貴 匡

はじめに

　四国北東部は香川県をさし、県内の前方後円墳の集成や変遷の検討された研究には下記の代表的なものがある。

　　寺田貞次　1935「讃岐に於ける前方後円墳」『考古学雑誌』25 巻 5 号

　　玉城一枝　1979「讃岐の前方後円墳」『香川史学』第 8 号

　　近藤義郎　1991『前方後円墳集成』中国・四国編

　　國木健司　1994「香川の中期古墳―編集方針と概観―」『香川考古』第 3 号

　　大久保徹也　2005「四国の前・中期古墳築造状況」『第 10 回中国四国前方後円墳研究会前半期
　　　　の首長墳の消長』

　　大久保徹也　2011「四国」『古墳時代 』上

　　蔵本晋司　2012「四国」『古墳時代の考古学 2　古墳出現と展開の地域相』

　寺田貞次氏による前方後円墳の集成が基本となり、新たな知見など検討が加えられ現在に至っているが、やはり『前方後円墳集成』中国・四国編［1991］や香川の中期古墳の集成が行われた『香川考古第 3 号』［1994］の刊行によって研究が一歩前進したといえる。また、香川県の前方後円墳の築造時期の偏りが著しく、『前方後円墳集成』［1991］における検討でも述べられている通り、香川県に築造された前方後円墳などの大型墳は 80 基程度であるが、半数以上が古墳時代前期に属し、未調査や出土品が乏しく詳細な時期比定が困難なものが多いことが指摘され、検討が十分に進まないひとつの課題となっている。

　それらの研究が基礎となり、大久保徹也氏や蔵本晋司氏の四国全体を主眼とした論考の深化や中国四国前方後円墳研究会の古墳時代中期の検討でも、2019 年の高上拓氏による埋葬施設の検討、2021年の蔵本晋司氏の須恵器と土師器の検討は、古墳時代中期の研究に進展をもたらしたといえる。また、年代の物差しとなる古墳時代をとおした蔵本氏の埴輪の検討も進んでおり、今報告にも援用している。

　埋葬施設や、須恵器土師器、埴輪の検討をもとに四国北東部を報告することとしたい。

編年の軸

　中国四国前方後円墳研究会の第 20 回大会などで丁寧な副葬品の編年や時期が示され、第 25 回大会において、岩本崇氏による「中期古墳年代論―相対編年とその暦年代―」として、編年案が提示された。その編年案に従い、香川県の中期古墳で副葬品や須恵器などが判明しているものを抽出し、古墳編年を作成した。さらに報告にあたり、副葬品が判明している古墳は非常に少なく、埴輪のみが判明

第Ⅲ部　古墳時代中期の社会と中国四国

図1　地域区分

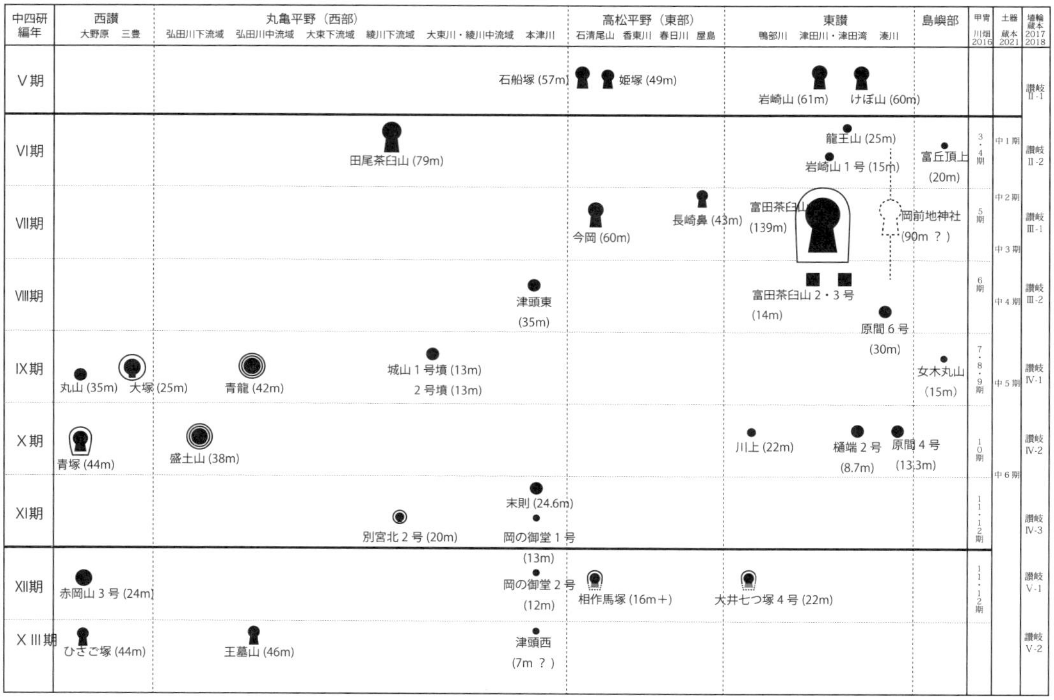

図2　香川の古墳編年

している古墳が非常に多いことから、香川県内の埴輪を広域にわたって検討した蔵本氏の研究成果を援用した［蔵本 2016・2017］。

蔵本氏は埴輪検討会編年を援用し、讃岐Ⅰから讃岐Ⅴの５期に大別し、Ⅰ期５段階、Ⅱ期２段階、Ⅲ期２段階、Ⅳ期３段階、Ⅴ期３段階の小期を設定し、域内の埴輪の動向を整理している。それらの区分のうち、副葬品と埴輪が共伴している高屋丸山古墳、岡の御堂１号墳、大井七つ塚４号墳などを指標とし、蔵本氏の讃岐Ⅱ-2から讃岐Ⅴ-2としている小期が、中四研編年Ⅵ期からⅩⅢ期におおむね対応する。古墳の位置関係については、『前方後円墳集成中国・四国編』に則して示した（図１）。

中四研編年Ⅵ期

副葬品の組成からは、さぬき市岩崎山１号墳・龍王山古墳、土庄町富丘頂上古墳が位置付けられる。特に、岩崎山１号墳及び龍王山古墳は、古墳時代前期から続く津田古墳群の最終段階の古墳であり、以後同古墳群の築造が停止する。埴輪からは坂出市田尾茶臼山古墳が位置付けられる。埴輪の組成としては、引き続き壺形埴輪を龍王山古墳には採用しているが、同時期と考えられる田尾茶臼山古墳や岩崎山４号墳には採用されておらず、古墳時代前期以来の壺形埴輪を使用するという埴輪祭祀に、在地的要素の欠落が表れはじめている。

当該期の特徴として、古墳時代前期から継続して古墳が築造された津田古墳群、石清尾山山塊はこの期を境として、ほぼ前方後円墳の築造を停止し、次期に後続する前方後円墳がみられない。

中四県編年Ⅶ期

副葬品の組成からは現状で位置付けられる古墳がないものの、埴輪からは高松市今岡古墳・長崎鼻古墳、さぬき市富田茶臼山古墳が位置付けられる。

当該期の特徴としては、四国最大の前方後円墳である富田茶臼山古墳（139 m）が築かれ、墳丘の段築を３段とし、周堤と目される周濠の外側に広がる余白の採用や、次の期には陪塚が前方部に展開するなど、畿内的な要素が非常に強い古墳といえる。そしてこの期を境として、前方後円墳の築造が完全に停滞する非常に大きな画期と考えられる。

外来系の要素としては長崎鼻古墳が屋島の先端、瀬戸内海を見渡す場所に築造され、埋葬施設に県内では通有の火山産や鷲の山産の石棺ではなく、阿蘇石の石棺が用いられている点も特徴的であり、阿蘇石を用いた香川県内では最初の古墳である。

中四県編年Ⅷ期

副葬品組成からは、綾川町津頭東古墳、東かがわ市原間６号墳が位置付けられる。埴輪からは、富田茶臼山２号墳・３号墳が築造される。埴輪の組成としては、古墳時代前期以来の壺形埴輪の採用が津頭東古墳を最後に採用されなくなり、埴輪の器種からは在地的要素が完全に欠落したといえる。

第Ⅲ部　古墳時代中期の社会と中国四国

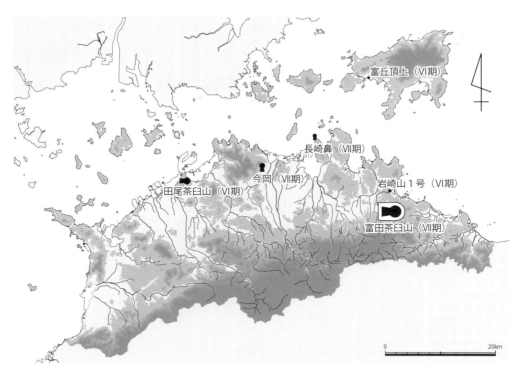

図3　Ⅵ・Ⅶ期の古墳分布

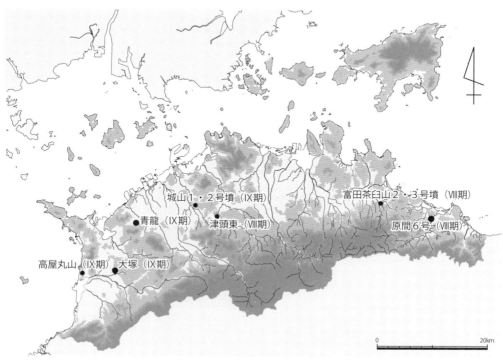

図4　Ⅷ・Ⅸ期の古墳分布

原間6号墳は、埋葬施設に木槨木棺墓、副葬品に三累環頭太刀がある。この古墳は「洛東江下流域を中心とした朝鮮半島と瀬戸内地域との関係の中で新旧の要素を混在させて構築された」と高田貫太氏には評価されている［高田2019］。また原間6号墳を契機としてTK47型式期まで造墓が続き、計11基で構成される原間古墳群は、当初の原間6号墳に渡来系要素が色濃く残されているものの、後続する古墳にはそれらの要素が欠落し、副葬品の種類も減少する。

津頭東古墳は、綾川中流域に古墳時代後期まで展開する古墳群の最古段階の古墳であり、埋葬施設を5基程度を有している点など、非常に特異な要素をもつ。

当該期の特徴としては、富田茶臼山古墳の周辺での造墓活動が当該期で終了し、継続する前方後円墳の築造がみられなくなるなど、古墳の築造が停滞する時期であることである。本期の津頭東古墳や原間6号墳の築造など、古墳時代前期に顕著な古墳がみられなかった地域に突如として築かれ、古墳群形成の契機となるような古墳である。また、埴輪の器種からは本期を最後に壺形埴輪が欠落する。

中四研編年IX期

副葬品の組成からは、丸亀市城山1号墳・2号墳、観音寺市高屋丸山古墳、女木丸山古墳がある。高屋丸山古墳は、燧灘を臨む小高い山の山頂に位置し、肥後系の横穴式石室を埋葬施設とし阿蘇石の舟形石棺を棺とする古墳である。埴輪から善通寺市青龍古墳、三豊市大塚古墳が位置付けられる。渡来系要素としては、女木丸山古墳が垂飾付耳飾が出土している。

当該期の特徴としては、原間古墳群などが継続して築造される一方で、単独墳的様相を呈する大型円墳が築造される。特に高屋丸山古墳は燧灘を一望する山の最高所に築かれており、その特徴的な立地や外来系の埋葬施設の要素、女木丸山古墳も女木島の鞍部に築かれるなど、VII期の長崎鼻古墳と同様に瀬戸内海航路との関係を想起させる位置関係に築造されている。

中四研編年X期

副葬品の組成から、東かがわ市原間4号墳と樋端2号墳、さぬき市川上古墳がある。原間4号墳や樋端2号墳も、原間6号墳に後続する古墳であるが、埋葬施設や副葬品に渡来系要素はみられない。川上古墳は、無墓壙で木蓋竪穴式石槨を採用し、壁体より内側に石列が認められる点から、木槨が想定されることなど渡来系の埋葬施設といえる［香川県歴史博物館2003］。

埴輪などからは、多度津町盛土山古墳、観音寺市青塚古墳が位置付けられる。特に青塚古墳は、埋葬施設に阿蘇石の舟形石棺を採用しており、IX期の高屋丸山古墳に引き続き、九州との関係性がうかがえる古墳である。また、帆立貝式古墳とされる青塚古墳は、沼澤豊氏［2006］が整理された後円部の直径を24等分した際の企画をもとに確認すると、突出度合いが9単位であり、前方後円墳とするか否か境界の古墳にあたると考えられる。この古墳が前方後円墳とするか否かで、古墳時代中期の大きな流れが著しく変える要素ではないものの、今後詳細な検討が必要である。

当該期の特徴としては、原間古墳群などが継続がみられる一方で、渡来系要素や九州との関係を見

第Ⅲ部 古墳時代中期の社会と中国四国

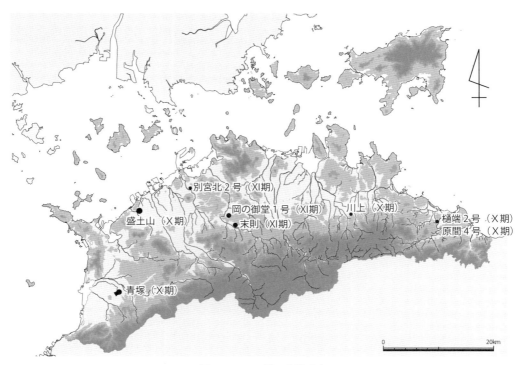

図5　Ⅹ・ⅩⅠ期の古墳分布

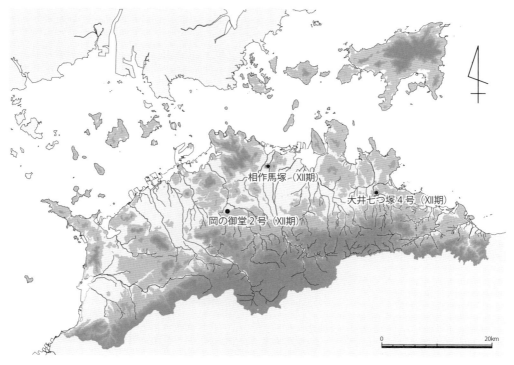

図6　ⅩⅡ期の古墳分布

四国北東部（真鍋）

いだせる川上古墳や青塚古墳の築造がみられるが、単独墳的様相を呈し後続する古墳はみられない。

中四研編年XI期

　副葬品の組成から、綾川町岡の御堂1号墳がある。埴輪からは綾川町末則古墳、坂出市別宮北2号墳がある。岡の御堂1号墳は、中四研VIII期の津頭東古墳から800m程度しか離れていない位置にある。津頭東古墳と岡の御堂1号墳との間を埋める古墳は現在確認されていないが、周囲には小規模墳が多く展開することや、津頭東古墳の5基の埋葬施設や未調査古墳にその間を埋める古墳が想定される。別宮北2号墳も小規模な群集墳でさほど継続しない。

　渡来系要素としては、調査時に明確に確認されていないが、岡の御堂1号墳は、埋葬施設とともに墳丘を構築する方式を採用している可能性が高いことが指摘されている［高上2019］。

中四研編年XII期

　副葬品の組成から、さぬき市大井七つ塚4号墳、高松市相作馬塚古墳、綾川町岡の御堂2号墳がある。大井七つ塚4号墳は4基の埋葬施設を同一墳丘内に有しており、VIII期の津頭東古墳と同様に、県内では特異な古墳といえる。

　当該期の特徴としては、相作馬塚古墳は墳丘規模・墳形が未確定であるが、大井七つ塚4号墳のように、群集墳内において最大級の帆立貝式古墳が築造されることである。また相作馬塚古墳には鋲を採用し、墳丘と埋葬施設を一体で構築する方式を採用するなど、渡来系の要素が色濃く残されている。

対外交流

　対外交流を示す副葬品や埋葬施設は、金製垂飾付耳飾（IX期女木丸山古墳）、木槨木棺墓（VIII期原間6号墳）、阿蘇石の石棺（IX期丸山古墳、X期青塚古墳、VI期長崎鼻古墳）、渡来系竪穴式石槨（X期川上古墳、XII期相作馬塚古墳・大井七つ塚4号墳4号石槨）がある。それらの要素をみていくと、木槨木棺墓を採用した原間6号墳、渡来系竪穴式石槨を採用した相作馬塚古墳、大井七つ塚4号墳4号石槨は群集墳内でも上位に入る古墳であり、それらの古墳の築造は、当該古墳を含む群集墳の最初期段階の古墳に位置付けられる。しかし内容がある程度判明している原間古墳群においては、原間6号墳築造以後は、渡来系要素が欠落する。ほかの渡来系要素を持つ古墳群も同様である。

　阿蘇石を採用した高屋丸山古墳や青塚古墳、長崎鼻古墳は、立地場所が瀬戸内を臨む場所、もしくは単独墳的な位置に築かれ、地域には特異な古墳として位置付けられる。

　以上簡単ではあるが、渡来系要素もしくは対外交渉を示す古墳を概観すると、前段階の系譜が追えない地域に突如として古墳が築造される傾向にあり、その後も継続して古墳が築かれるが副葬品や埋葬施設に渡来系要素が欠如する群集墳、当該古墳のみで継続しない古墳などあるが、いずれにしても大型円墳や帆立貝式古墳に採用されている点では共通している。

411

第Ⅲ部　古墳時代中期の社会と中国四国

ま と め

　本報告で対象となるⅥ期からⅫ期を確認すると、Ⅶ期、Ⅸ期、ⅩⅢ期に画期といえるような古墳の動向がみられる。

　Ⅶ期は、「第1段階末（5期）に完成した淘汰と統合」［大久保2011］に指摘されているように、香川県の古墳時代前期をけん引してきた津田湾古墳群や石清尾山古墳群を中心とする高松平野の前方後円墳の築造が終焉を迎え、富田茶臼山古墳が築造されるが、次期をみても継続しない。こうした動きは「畿内勢力を頂点とする広域的秩序への参入」［大久保2011］と評価されている。

　Ⅸ期は前方後円墳築造や大型円墳の築造が低調であったにもかかわらず、県内では大型円墳に属する高屋丸山古墳などが築造される。しかし古墳の築造は非常に単発的ではあり、その後に継続することはない。こうした古墳のありようは大久保氏が「巨大前方後円墳に近侍すべき陪冢群の分置された姿」［大久保2011］に評されている。また大型円墳や帆立貝式古墳を確認すると、阿蘇石を用いた石棺が丸山古墳や青塚古墳に採用され、在地勢力とは異なる被葬者像がうかぶ。また当該期から、在地的要素であった壺形埴輪の採用が完全に欠落するなど、埴輪祭祀においても大きな変化がみられる。

　ⅩⅢ期は、「地域的階層秩序の再建志向」［大久保2011］と評されるように、それまで大型円墳や帆立貝式古墳の築造が限界であった地域に、墳長60m前後の王墓山古墳や前方後円墳が築造され、その後に継続する契機となっている。埋葬施設にも変容がみられ、横穴式石室が採用されはじめる。

引用文献

大久保徹也　2005「四国の前・中期古墳築造状況」『第10回中国四国前方後円墳研究会前半期の首長墳の消長』中国四国前方後円墳研究会

大久保徹也　2011「四国」『講座日本の考古学7　古墳時代 上』青木書店

大久保徹也　2014『讃岐の前期古墳展〜快天山古墳の時代〜』丸亀市教育委員会

香川県歴史博物館　2003『祖襴みずから甲冑をつらぬき〜古墳時代の武人』部門展示解説シート No79

香川史学　1979「讃岐の前方後円墳」『香川史学』第8号　香川歴史学会國木健司　1994「香川の中期古墳—編集方針と概観—」『香川考古』第3号　香川考古刊行会

蔵本晋司　2016「2　出土埴輪の編年的位置関係」『仲戸遺跡・仲戸東遺跡』香川県埋蔵文化財センター

蔵本晋司　2017「四国における前半期古墳出土埴輪の基礎的研究—香川県今岡古墳出土埴輪を中心として—」『香川県埋蔵文化財センター年報平成27年度』香川県埋蔵文化財センター

高上　拓　2019「香川県」『中期古墳研究の現状と課題Ⅲ〜埋葬施設の形式・構築方法・儀礼の地域的展開と被葬者像〜』中国四国前方後円墳研究会第22回研究集会（広島大会）実行委員会

髙田貫太　2019「古墳時代中期における中国・四国地域の竪穴式石室・竪穴系横口式石室・木槨〜朝鮮半島東南部との比較を通して〜」『中期古墳研究の現状と課題Ⅲ〜埋葬施設の形式・構築方法・儀礼の地域的展開と被葬者像〜』中国四国前方後円墳研究会第22回研究集会（広島大会）実行委員会

近藤義郎　1991『前方後円墳集成』中国・四国編　山川出版社

寺田貞次　1935「前方後圓墳に關する資料　讃岐に於ける前方後圓墳」『考古学雑誌』第25巻5号　日本考古学会

沼澤　豊　2006『前方後円墳と帆立貝古墳』雄山閣

〈地域報告〉

四国北西部

冨田 尚夫

はじめに

　本稿は、従来の中期古墳の編年研究を整理した上で、近年の調査研究動向を紹介し、当地域（愛媛県）の古墳築造状況の展開と画期を明らかにすることを目的とする。また、その背景にある地域間交流、渡来系集団や手工業生産とのかかわりなどの社会変動についても適宜触れることとしたい。

　『前方後円墳集成　中国・四国編』［長井・岡田1991］刊行以降、当地域の中期古墳の編年研究は低調であり、岡田敏彦氏［岡田2001］において首長墓が整理されているのみといっても過言ではない。1993年に発掘調査が行われた松山市船ヶ谷向山古墳の報告書［栗田他編2014］が刊行され、また、近年、松山市祝谷9号墳が新規の埋没古墳として発掘調査が行われ［小笠原他2017］、帆立貝形古墳が増加している。しかし、埋葬施設等は残存しておらず、副葬品を用いた編年研究の再構築までには至っていないのが現状である。そうした中、本研究会の「中期古墳の現状と課題」による既存資料の見直しや土師器編年研究の進展は成果が大きく、特筆される［松永2018・今井2019・三吉2021］。また、今治平野では、これまで検出事例が少ない初期群集墳の検出があり［首藤・松村2020］、今後はその報告にも注目される。

　四国全体の中での位置づけとしては大久保徹也氏［大久保2011］が四国地域の古墳築造を概観する中でこの時期の「四国全域で古墳築造が極めて低調」であると指摘している。

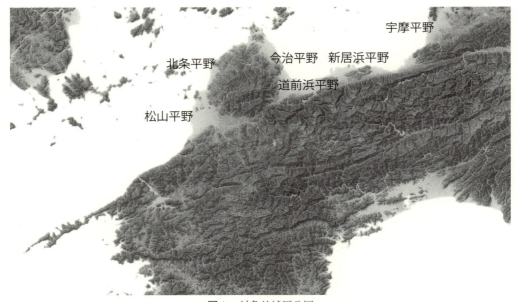

図1　対象地域区分図

第Ⅲ部　古墳時代中期の社会と中国四国

１．愛媛県内の中期古墳と特色と編年

（１）渡来系文物の流入と初期須恵器の生産・流通

　当地域の中期古墳研究では、渡来系文物による朝鮮半島との交流に関する研究が進展している［松永 2018・2020］。松永氏は、陶質土器、金属製品、渡来系竪穴式石室・木槨、鑣、竈付住居、韓式系軟質土器を中国四国に対象地域を広げて検討し、瀬戸内海ルートの重要性を指摘している。さらに陶質土器では大加耶様式のものの出土が目立つことを指摘している。また、初期須恵器である伊予市市場南組系須恵器の展開も注目される。特に、鹿児島県大隅半島の神領 10 号墳において消費地での状況が報告され［橋本編 2021］、海を介した交流として、その評価が課題である。生産地である伊予市市場南組窯跡群においても 10 次に亘る発掘調査が継続されている。また、近年報告書が刊行された伊予市上三谷篠田・松前町鶴吉遺跡［池尻他 2018］においても県内出土資料の分布図が掲載されている（図 3）。

（２）既存編年・既存資料の再検討

　埴輪の編年研究では、山内英樹氏［山内 2008］が、前期から後期の円筒埴輪、朝顔形埴輪、壺形埴輪、形象埴輪を対象として埴輪編年を構築し、Ⅰ期からⅣ期に区分し、中期の埴輪も編年対象としている。
　初期群集墳については、今井哲令氏［今井 2019］が、松山平野の中期群集墳の集成作業を行っている。首長墓の主体部や副葬品が不明な点が多い中、群集墳への視点も必要な視点であると思われる。なお、市場南組系須恵器や渡来系遺物が出土し、松山平野南部の初期群集墳として注目される松山市土壇原古墳群の資料が公表された［岡田 2017］が、概要のみであり、古墳群の評価がされていないのは残念である。
　渡来系竪穴式石室の再評価としては、高田貫太氏［高田 2019］が、瀬戸内海沿岸の資料を集成する中で、本県では、新居浜市金子山古墳、松山市桧山峠 7 号墳を氏の分類の A 類型の典型として挙げている。そして、「前代からの在地の首長系譜に位置付けられるというよりも、突如として出現し、単独的に立地する傾向にある。」ことを指摘している。

（３）中期古墳編年案の提示

　今回の編年表（表 1）作成にあたっては、56 基の古墳を対象とした。時期別には、Ⅵ期 - 0 基、Ⅶ期 - 0 基、Ⅷ期 - 3 基、Ⅸ期 - 0 基、Ⅹ期 - 2 基、Ⅺ期 - 12 基、Ⅻ期 -35 基、Ⅹ Ⅲ期 - 4 基である。時期別に多寡があるのは、これまでの資料集成を基に作成したためで、時期が明確であるⅪ期・Ⅻ期は対象数が多くなっている。しかし、副葬品等の情報が判明している首長墓クラスの古墳は限られ、Ⅹ期の今治市樹之本古墳、Ⅺ期の新居浜市金子山古墳、松山市波賀部神社古墳、ⅩⅢ期の松山市三島神社古墳、播磨塚天神山古墳、今治市高橋仏師 1 号墳が編年等を明確にできる古墳である。
　Ⅴ期からⅪ期の首長墓の築造が低調であることは、先に紹介したように大久保氏［大久保 2011］が

414

四国北西部（冨田）

表1　愛媛県における古墳時代中期の編年

	宇摩平野	新居浜平野	道前平野	今治平野	北条平野	松山平野北部	松山平野西部	松山平野東部	松山平野南部
VI期									
VII期				● 相の谷杉谷2					●　■ 猪の窪1 釈迦面山1
VIII期									猿ヶ谷2 （墳形不明）
IX期				● 樹之本					
X期				● 蔡ヶ岡					
XI期		● 金子山	●　● 二番山　後谷	■ 古谷犬山谷	上難波10 （墳形不明）	● 船ヶ谷向山 ○○○○○ 鶴ヶ峙古墳群		● 桧山峠7 ○○○○○ 東野古墳群	
XII期								● 波賀部神社	
XIII期	● 四ッ手山			● 髙橋仏師1				●　● 三島神社 播磨塚天神山	

指摘した通りである。また、甲冑等出土古墳を見ても、高度経済成長期に発見され、出土状況や古墳の状況が明確でないことも研究が進捗しない一因であるとも考えられる。その一方、ⅩⅢ期以降に小規模な首長墓が松山平野、今治平野に築造されることは注目される。大久保氏はこの現象を「地域的階層秩序の再建指向」と評価している［大久保2011］。

415

改めて、IX期〜XI期の首長墓を見てみると、樹之本古墳、金子山古墳は、いずれもそれまで首長墓が築造されていない地域に築造された首長墓クラスの円墳であり、「新興勢力」であるといえる。特に、樹之本古墳で発見された陶質土器（図2）は大加耶様式とされており、同型鏡が出土する意味も合わせて、その築造の意味を検討する必要がある古墳である。

また、金子山古墳出土垂飾付耳飾については、金宇大氏の研究［金2017］によると長鎖式心葉形乙類に分類され、大加耶の系譜を受けて、国内で製作されたことが指摘されている。渡来系竪穴式石室の主体部と合わせて、渡来系遺物が出土している点で注目に値する古墳である。

2．愛媛県の中期古墳と対外交流

（1）対外交流と王権との交渉

王権との交渉を示す遺物としては、「同型鏡」が新居浜市金子山古墳、今治市樹之本古墳で確認されている［辻田2018］。金子山古墳出土鏡は、画文帯対置式神獣鏡に、樹之本古墳出土鏡は、細線式獣帯鏡Eに位置付けられている。特に樹之本古墳では、高霊式の陶質土器が出土しており、白井克也氏の高霊IB期に位置付けられ［白井2003］、実年代では、450年という下限の年代が付与されており、数少ない実年代を推定できる古墳である。

伊予市市場南組系須恵器の流通については、本地域の対外交流の一つの特色であるといえる。同窯跡出土須恵器については、これまでの研究により、松山平野を中心に東は奈良県、西は鹿児島県まで広域に流通し、陶質土器の技術系譜にあり、その製作に加耶系の渡来工人が関与していたことも指摘されている［橋本2016］。また、周辺の伊予市猿ヶ谷2号墳封土内出土陶質土器との関連から、朴天秀氏は「阿羅加耶を通じて招聘した初期須恵器の工人」［朴2007］を想定している。本窯跡における初期須恵器生産にどれだけ当時の中央政権が関与していたのか、どのような経緯を経て、広域に流通したのかなど、本窯跡に関する検討課題とその解釈については、中期における中央と地域、地域と地域の関係を探る上で大きな問題が存在する。また、三吉秀充氏により県外出土資料を含めた型式分類・編年作業も進められている［三吉2016］。本窯跡の発掘調査は現在も継続して行われており、生産地の実態が明らかにされることが課題であると考える。

このように市場南組系須恵器の生産実態については、渡来工人の関与が徐々に明らかになりつつあるが、今後、地域における渡来工人の活躍を検討する上で地域首長が渡来系工人集団の把握にどれだけ関与していたのか、次の田中史

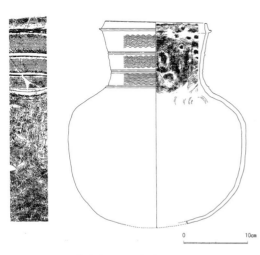

図2 今治市樹之本古墳出土陶質土器

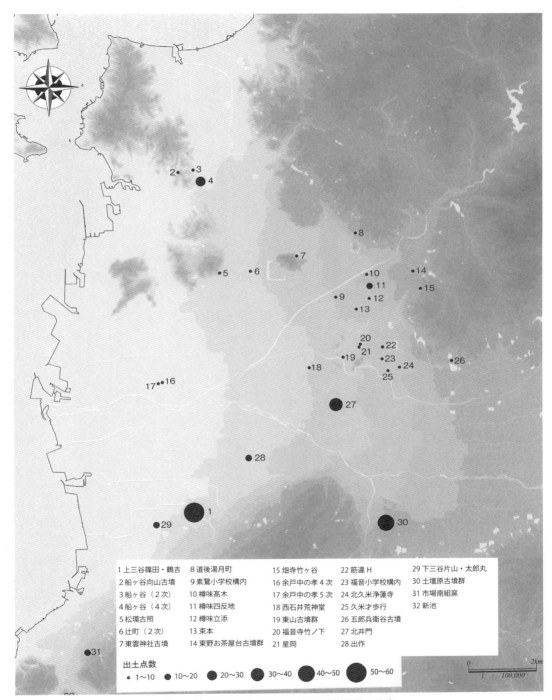

図3　松山平野における市場南組系須恵器の分布

生氏の指摘は、当地域の地域首長の対外交流を考える上で、示唆に富むものと考える。「五世紀前半頃までには、近畿の大王権力との接近を強め、倭の外交に積極的に関与・参加しながら、その一方で

自らの拠点に渡来人を呼び込む首長層が各地に次々と登場してくる」［田中2002］。

（2）地域における画期

　古墳の築造状況からみた画期としては、松山平野で帆立貝形古墳が2基確認されている。松山市船ヶ谷向山古墳（全長32m）・同市祝谷9号墳（全長31.5m）といずれも小規模である。それに先行する前述した新居浜市金子山古墳（径25mの円墳）、今治市樹之本古墳（40×30mの円墳）がこれまで、古墳が確認されていない地域に築造されることが第一の画期といえよう。古墳の築造状況が低調であるため、渡来系遺物の流入等に画期を見出すとすれば、松山平野南部では、5世紀前半に伊予市猿ヶ谷2号墳において、陶質土器を副葬した古墳[1]が築造されたことが想定でき、渡来系遺物の流入から見た画期はⅧ期前後といえよう。

　また、Ⅺ期・Ⅻ期に初期群集墳が築造されることも大きな画期といえるであろう。

まとめ

　近年、ⅩⅢ期に位置付けられる松山市三島神社古墳及び同二つ塚古墳出土埴輪を再整理した山内英樹氏により、後期首長墓編年及び後半期の古墳編年案について、整理されている［山内2020・2022］（図4）。松山平野東部の久米地域に所在する前方後円墳について、「特定首長の系譜・系列的なものではなく、一定の距離と緊張関係を保った「複数首長層の同時代的な造墓活動」と捉える」ものである。今回の中期古墳の編年とは、やや論点はそれるが、Ⅻ期に前方後円墳の築造が復活する当地域の造墓活動について、重要な指摘であるので、追記しておきたい。また、後期前方後円墳の復活については、当地域における大きな特徴である。一地域に複数の造墓主体が乱立することがありえるのかについては、今後、検討を要すると考える。

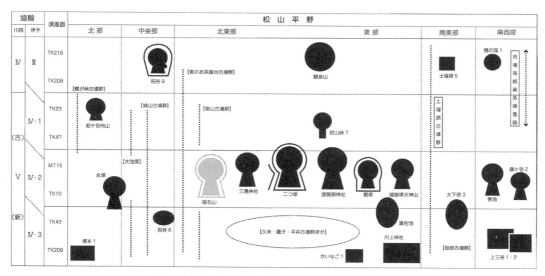

図4　松山平野における古墳時代後半期の古墳編年案

四国北西部（冨田）

　以上、当地域の中期古墳の特色を中心に検討してきたが、中期古墳築造の低調さは、「盟主的前方後円墳の不在は、かつてそこで表象された機能が畿内あるいは吉備を基盤とする外部の政治勢力に回収されたことを示すだろう」［大久保2011］という評価に合致するものと考え、前期・後期とは違う本地域の中期古墳の動態を示しているといえよう。現状では、明確な盟主的前方後円墳（地域首長墓）の不在があるからこそ、大陸や外部地域との対外交流など、他地域では目立たない様相が見えるのが本地域の特徴である。

謝　辞
　本論作成及び編年表作成において、島根大会実行委員会の吉松優希氏、石貫弘泰氏、三吉秀充氏、山内英樹氏にご教示いただきました。記して深謝します。

註
（1）　報告書では、封土内出土として、陶質土器が一括して報告されている［多田他1998］。他の主体部等が検出されていない状況から、先に陶質土器を副葬した古墳を破壊して、後期古墳である猿ヶ谷2号墳を築造したと解釈している。

引用文献
池尻伸吾・石貫睦子・多田仁・土井光一郎他　2018『旗屋遺跡Ⅱ上三谷篠田・鶴吉遺跡』(公財)愛媛県埋蔵文化財センター
今井哲令　2019「地域報告　愛媛県」『中期古墳研究の現状と課題Ⅲ～埋葬施設の形式・構築方法・儀礼の地域的展開と被葬者像～』中国四国前方後円墳研究会第22回研究集会実行委員会　pp.113-127
大久保徹也　2011「古墳文化の地域的諸相　四国」『講座日本の考古学7　古墳時代（上）』青木書店　pp.147-174
小笠原善治・山本健一・作田一耕他　2017「祝谷大地ヶ田遺跡5・6・7次調査」『松山市埋蔵文化財調査年報29』松山市教育委員会・(公財)松山市文化・スポーツ振興財団埋蔵文化財センター　pp.12-17
岡田敏彦　2001「愛媛県における首長墳素描」『紀要愛媛』第2号　(財)愛媛県埋蔵文化財調査センター　pp.1-36
岡田敏彦　2017「土壇原古墳群の内容　発掘調査を実施した全ての古墳概要」『紀要愛媛』第13号　(公財)愛媛県埋蔵文化財センター　pp.15-42
金　宇大　2017「第Ⅰ部第4章日本列島出土垂飾付耳飾の系譜と製作主体」『金工品から読む古代朝鮮と倭』京都大学出版会　pp.123-154
栗田茂敏他（編）　2014『三味線山古墳船ヶ谷向山古墳』松山市教育委員会・(公財)松山市文化・スポーツ振興財団埋蔵文化財センター
定森秀夫　1995「陶質土器・初期須恵器からみた瀬戸内海と朝鮮」松原弘宣編『瀬戸内海地域における交流の展開』名著出版　pp.141-177
白井克也　2003「日本における高霊地域加耶土器の出土傾向－日韓古墳編年の並行関係と暦年代－」『熊本古墳研究』創刊号　熊本古墳研究会　pp.81-102
首藤久士・松村さを里　2020「新谷古新谷2次」『年報愛比売　2019年度年報』(公財)愛媛県埋蔵文化財センター　pp.11-13
高田貫太　2019「古墳時代中期における中国・四国地域の竪穴式石室・竪穴系横口式石室・木槨～朝鮮半島東南部との比較を通して～」『中期古墳研究の現状と課題Ⅲ～埋葬施設の形式・構築方法・儀礼の地域的展開と被葬者像～』中国四国前方後円墳研究会第22回研究集会実行委員会　pp.25-41
多田　仁・和田　賢　1998「猿ヶ谷2号墳」『四国縦貫自動車道埋蔵文化財発掘調査報告書XⅡ』(財)愛媛県埋蔵文化財調査センター

田中史生　2002「渡来人と王権・地域」鈴木靖民（編）『倭国と東アジア』吉川弘文館　pp.247-277

辻田淳一郎　2018『同型鏡と倭の五王の時代』同成社

長井数秋・岡田敏彦　1991「伊予」『前方後円墳集成　中国・四国編』山川出版社

朴　天秀　2007『加耶と倭』講談社

橋本達也　2016『大隅大崎神領 10 号墳の研究Ⅰ』鹿児島大学総合研究博物館

橋本達也　2021『大隅大崎神領 10 号墳の研究Ⅱ』鹿児島大学総合研究博物館

松永悦枝　2018「地域報告　愛媛県」『中期古墳研究の現状と課題Ⅱ〜古墳時代中期の交流〜』中国四国前方後円墳
　　研究会第 21 回研究集会実行委員会　pp.129-138

松永悦枝　2020「朝鮮半島系資料からみた瀬戸内地域の日韓交渉と地域間関係」『柳本照男さん古稀記念論集』柳本
　　照男さん古稀記念論集刊行会　pp.121-130

三吉秀充　2003「伊予出土陶質土器に関する基礎的研究」『古文化談叢』第 49 集　九州古文化研究会　pp.77-106

三吉秀充　2016「市場南組窯跡産須恵器の型式分類と編年」『古文化談叢』第 77 集　九州古文化研究会　pp.91-116

三吉秀充　2021「地域報告　愛媛県」『中期古墳研究の現状と課題Ⅴ〜古墳時代中期の土師器・須恵器をめぐって〜』
　　中国四国前方後円墳研究会第 24 回研究集会実行委員会　pp.209-236

山内英樹　2001「愛媛県出土埴輪の基礎的研究（2）−特異な形態・技法を有する埴輪について」『紀要愛媛』第 2
　　号　（財）愛媛県埋蔵文化財調査センター　pp.37-58

山内英樹　2008「伊予の埴輪編年」『紀要愛媛』第 8 号　（財）愛媛県埋蔵文化財調査センター　pp.13-46

山内英樹　2020「出土遺物整理・三島神社古墳出土埴輪」『松山市埋蔵文化財調査年報 32』松山市教育委員会・（公財）
　　松山市文化・スポーツ振興財団埋蔵文化財センター　pp.55-62

山内英樹　2022「出土遺物整理・埴輪（二つ塚古墳）」『松山市埋蔵文化財調査年報 34』松山市教育委員会・（公財）松
　　山市文化・スポーツ振興財団埋蔵文化財センター　pp.66-79

図表出典

図 1：「川だけ地形図」Copyright 2009-2015 gridscapes.net all rights reserved.　図 2：山内 2008 より転載。図 4：
山内 2022 より転載。表 1：筆者作成。

〈地域報告〉

四国南西部

宮里　修

はじめに

　南四国において古墳時代中期以降に顕在化する所謂「水辺の祭祀」遺構は、墳墓築造が低調な南四国の古墳時代を考えるための縁（よすが）であり、また古墳時代祭祀全体を多面的に捉えるための重要資料でもある。四万十市具同中山遺跡、古津賀遺跡の調査で大きな成果が得られたが関連する研究は少ない。具同中山・古津賀発見以前の断片的な資料を総合した井本葉子［1983］や、具同中山・古津賀の特徴を整理し評価した出原恵三［1990］の取り組みがある程度で、報告書の考察を除けば現在にいたるまで目立った進展はみられない。筆者は2022年に開催された第25回中四国前方後円墳研究会において南四国の古墳時代中期を検討する機会を得た。古墳を対象とした研究が困難であるため具同中山遺跡、古津賀遺跡を対象とし、遺構の立地、器物の構成と配置の特徴、須恵器に基づく時期差などの相関関係を検討した結果、これまで明示されてこなかった祭祀遺構のパターンと推移を示すことができた［宮里 2022］。時間をおき改めて考えてみると、筆者が示した類型は今後の研究のための重要な指針となるように思えた。ここでは水辺の祭祀に関わる遺構の類型を再提示し、派生する課題について考えてみる。

古墳時代水辺の祭祀遺構の類型と特徴

　前稿［宮里 2022］では、水辺の祭祀遺構について「共食型」「呪物混在型」「呪物顕在型」「呪物独立型」の4つの類型を設定した。4つの類型は主に器物の構成と配置により設定したが、時期差および立地との相関を加えることでその理解は一層深いものとなる。立地は河川との関係から、自然堤防（斜面を含む）、川縁（かわべり）、低地（後背湿地）に区分される。図1のように各調査区は立地区分に対応しており、各遺構との対応関係を表1のように整理できる。図1の範囲外となる古津賀遺跡はいずれも後川下流左岸の川縁にあたる。時期区分は須恵器を基準とした4分期であり、須恵器以前（古墳時代前期〜中期前葉）、初期須恵器期（TK73型式〜TK208型式）、5世紀後半（TK23・47型式）、6世紀前半（TK10型式前後）となる。

　対象となった約80の遺構のうち類型が比定できたのは70例である。器物の構成・配置、立地、時期を総合した各類型の特徴は以下のように整理される。

（1）共食型

　共食型は20例がある。器物は土師器を中心に構成される。甕が多くを占め、高坏・坏が加わる。手捏土器を含む事例が4例ある。弥生時代以来の事象でもあり通常の廃棄行為との弁別に難があるが、

第Ⅲ部　古墳時代中期の社会と中国四国

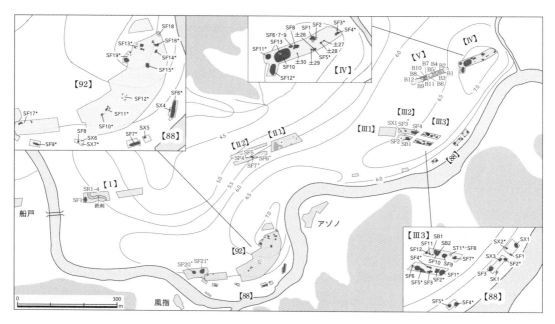

図1　具同中山遺跡調査区位置

図2　模式図凡例

場の継続性を根拠に既往の判断を引きつぎ祭祀遺構と考える。土師器が主体であり編年研究の不振から時期比定はやや困難であるが、およそ須恵器以前から5世紀後半までの時期におよび、立地も自然堤防・川縁・低地のいずれかに偏ることがない。むしろ水辺祭祀遺構の基本型であり、呪物[1]が加わることにより以後多様な展開をみせたと考えることができる。

　具同中山Ⅳ区SF6・SF7（図3・4）を例に共食型の内容をみると、当該遺構は、SF6→SF7→SF9と重畳する3つの祭祀遺構として、遺跡最高所となる自然堤防上のおよそ6×3m範囲に、それぞれ厚さ約20cmの層中に含まれる遺物群として検出された。最上部のSF9が呪物混在型であるため、共食型が先行し、のちに呪物が加わることで呪物混在型が派生したと分かる。SF6の器物は748点の土師器であり、うち95%が甕で高坏や丸底壺が加わる。甕の周囲の3箇所には数十cm範囲におよぶ焼土の広がりがあり煮炊きの痕跡とみられる。SF7には471点の器物があり甕が90%を占め高坏・壺・砥石などが加わる。1箇所に焼土の広がりがあり、炭化材の集中箇所も認められる。最上部のSF9には1,050点の器物があり、SF6・7と同様の土師器類に須恵器・手捏土器・土製勾玉などが加わる。焼土の広がりは相対的に小さい。新たに登場した比較的少量の呪物類は土師器のあいだに疎らに位置しており、呪物混在型のなかでも初期的な様相と考えられる。

422

四国南西部（宮里）

表1　具同中山遺跡・古津賀遺跡祭祀遺構一覧　＊遺構名のトーンは図示した遺構

区域	遺構名	範囲(m)	時期	タイプ	備考
中筋川88	SF1	3×1		共食型	礫集中.手捏含む
中筋川88	SF2	4.5×4.8	TK216	呪物混在型	
中筋川88	SF3	7×6		共食型	
中筋川88	SF4	6.0×6.5	TK23	呪物混在型	須恵器坏に小石
中筋川88	SF5	5×5.5	TK208	呪物混在型	SF4の下層
中筋川88	SF6	27×6	TK208	呪物混在型	
中筋川88	SF7	4×17	TK208	呪物混在型	
中筋川88	SF8	3×3	TK23	呪物混在型	須恵器甕囲い
中筋川88	SF9	10×2	TK23	呪物混在型	須恵器甕囲い
中筋川88	SX1	3.6×2.9		共食型	
中筋川88	SX2	5×8	TK47	呪物混在型	
中筋川88	SX3	3.1×6		共食型	
中筋川88	SX4	5.5×1.8		共食型	
中筋川88	SX5	4.5×3		共食型	
中筋川88	SX6			—	
中筋川88	SX7			—	
中筋川92	SF10	3×5	TK47	呪物混在型	須恵器・土師器別区
中筋川92	SF11	8×7	TK47	呪物混在型	5ブロック
中筋川92	SF12	14×7	TK23	呪物混在型	2小ブロック
中筋川92	SF13	10×11	TK23	呪物混在型	4ブロック
中筋川92	SF14	5.4×3.8	TK23	呪物混在型	
中筋川92	SF15	8×8	TK47	呪物混在型	2ブロック
中筋川92	SF16		TK47	呪物混在型	4ブロック
中筋川92	SF17		TK47	呪物顕在型	円形ブロック3
中筋川92	SF19		TK47	呪物混在型	
中筋川92	SF20		TK47	呪物混在型	焼土跡8
中筋川92	SF21		TK47	呪物混在型	径50cm石囲い
具同I	SF1	2×9		共食型	手捏含む
具同I	SR4			—	鉄剣,方頭鏃,圭頭鏃
具同II-2	SF4	2×4	TK47	共食型	
具同II-2	SF5	2×1		共食型	
具同II-2	SF6	4×2	TK216	共食型	
具同II-2	SF7	4×2	TK47	共食型	
具同III-2	SB1	2.8×?		—	西妻梁間2間
具同III-2	SF2	14×9	TK47	呪物混在型	
具同III-2	SF3	7×4	TK208	呪物混在型	
具同III-2	SF4	22×5	TK208	呪物混在型	
具同III-3	SF1	8×9	TK23	呪物顕在型	
具同III-3	SF2	8×7	TK208	呪物独立型	
具同III-3	SF3	8×4		呪物混在型	中央レンズ状落込み
具同III-3	SF4	6×4	TK208	呪物混在型	中央に焼土φ36cm

区域	遺構名	範囲(m)	時期	タイプ	備考
具同III-3	SF5	13×7	TK23	呪物顕在型	須恵器のみ
具同III-3	SF6	3×4		共食型	手捏含む
具同III-3	SB1	2×2間		—	ST1と同時ヵ
具同III-3	SB2	2×2間		—	ST1と同時ヵ
具同III-3	ST1	3.8×3.6	TK73	共食型	手捏含む.上にSF8
具同III-3	SF7	7×6	TK208	呪物混在型	円礫集中.手捏に円礫
具同III-3	SF8	4×4		呪物混在型	ST1上面.SF2・7と同一
具同III-3	SF9	7×6	TK208	呪物混在型	4ブロック
具同III-3	SF10	9×8		呪物混在型	SB1・2を覆う
具同III-3	SF11	6×3	TK208	呪物混在型	
具同III-3	SF12	5×3		呪物混在型	
具同IV	SF1	9.2~3.4		共食型	
具同IV	SF2	8.8×5.2		共食型	
具同IV	SF3	1.9×3.6	TK208	呪物混在型	焼土
具同IV	SF4	6.4×2.7	TK10	呪物混在型	
具同IV	SF5	5.6×2.4	TK47	呪物混在型	
具同IV	SF6	5.6×2.5	布留3	共食型	焼土
具同IV	SF7	6.8×2.4		共食型	
具同IV	SF8	9.7×5.2		共食型	
具同IV	SF9	6×3.2	TK23	呪物混在型	
具同IV	SF10	20×14	TK23	呪物混在型	炭化物塊.手捏内に円礫
具同IV	SF11	5.6×7.2	TK208	呪物混在型	
具同IV	SF12	7.2×15.2		呪物混在型	
具同IV	SF13	4.1×1.6		共食型	
具同V	集中1			—	
具同V	集中2	1×1.5		—	
具同V	集中3	1×2.5		—	
具同V	ブロック7	8×5		—	
具同V	ブロック8	11×5		—	
古津賀	SF1	0.8×1.0		呪物独立型	
古津賀	SF2	2×2.5	TK10	呪物独立型	甕に円礫
古津賀	SF3	0.6×0.7		呪物独立型	4本柱
古津賀	SF4	1.8×1.5	TK43	呪物混在型	
古津賀	SF5	4×4	TK43	呪物混在型	砥石,叩石
古津賀	SF6	1.5×2.3	TK10	呪物混在型	
古津賀	SF7	0.6×0.6	TK10	呪物混在型	坏内に臼玉・円礫
古津賀	SF8	2×2	TK10	呪物混在型	
古津賀	SF9	2×1.2	TK208	呪物混在型	
古津賀	SF10	3×2.5	TK10	呪物独立型	
古津賀	SF11	2.5×1.5		呪物混在型	
古津賀	SF12			共食型	

（2）呪物混在型

　呪物混在型は42例があり類型中では最多である。内容は多様でさらにいくつかのパターンに分かれるが現時点では一括する。相対的に規模が大きく、20m範囲に広がるブロック群をひとつの祭祀遺構としたものもある。規模に応じて遺物量が多く、しばしば数千点におよぶ。土師器の構成は共食型と同様であり、これに多様な須恵器、石製品、土製模造品などが加わる。須恵器は高坏・蓋坏が多く、甕や𤭯も一定度みられる。石製品は臼玉が卓越し、他に有孔円盤・剣形・紡錘車などがある。また碧玉製の勾玉や小礫の集中などもみられる。土製模造品には勾玉形・鏡形があり、手捏土器も顕著に増加する。これら器物の種類はつづく呪物顕在型・呪物独立型でも同様である。呪物混在型の特徴は、呪物が共食型の各所に疎らに混じたような配置にある。ただし詳しくみると祭祀遺構を構成する小ブロックのなかで呪物が偏った構成をとるものも認められ、幾つかは呪物顕在型に含めるか、ある

第Ⅲ部 古墳時代中期の社会と中国四国

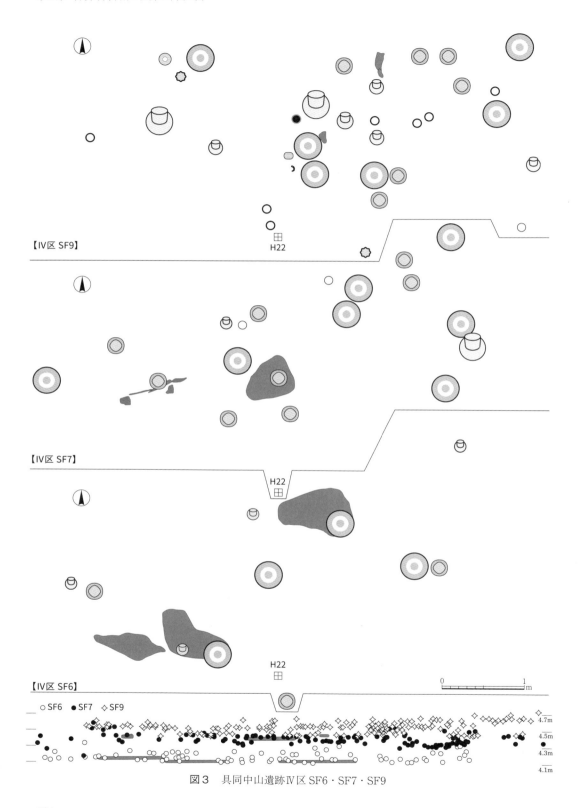

図3 具同中山遺跡Ⅳ区 SF6・SF7・SF9

四国南西部（宮里）

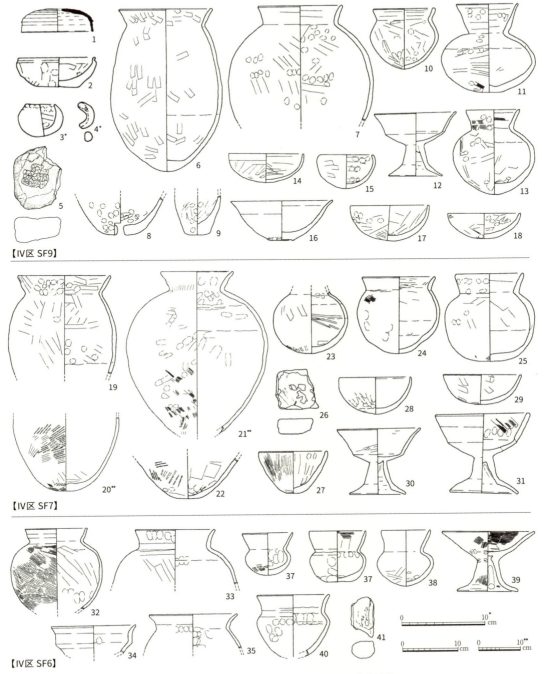

図4　具同中山遺跡Ⅳ区SF6・SF7・SF9出土遺物

いは中間的様相として独立させる余地がある。時期は初期須恵器から5世紀後半、6世紀前半まで万遍なくあるが、他に比べて初期須恵器期の割合が圧倒的に高く、呪物顕在型・呪物独立型に先行して現れたと判断できる。立地も低地以外には等しくあるが、やや自然堤防の割合が高いのは時期と共に

425

第Ⅲ部　古墳時代中期の社会と中国四国

川縁の割合が高まることと関係がある。

中筋川88－SF6（図5）を例に呪物混在型の内容をみると、当該遺構は川縁に沿った緩斜面の幅6m、長さ27mの範囲に3つのブロックの集合体として検出された。各ブロックは土師器の甕と高坏を中心に構成され、それぞれに呪物類が加わる。北ブロックではU字形に配置された土師器群のなかに甑があり、中央ブロックでは須恵器の高坏・蓋坏が疎らにあって、南ブロックにおいては南西端では須恵器甕が混在し、北東部では須恵器蓋坏・甑、土製勾玉、鏡形土製品などの集中傾向が認められた。ブロックごとに呪物の傾向が異なることは呪物混在型を再検討する際のひとつの基準となろう。

（3）呪物顕在型

呪物顕在型は3例がある。やや僅少であるが呪物混在型の見直しにより類例が増加すると考えられる。器物の種類は呪物混在型と同様である。呪物混在型との区分が曖昧なものもあるが、呪物中心のブロックを含むものや、土師器との共存においても顕著な呪物集中部分が認められるものを呪物顕在型とした。立地はいずれも自然堤防で、時期は5世紀後半である。

中筋川92－SF17（図6）を例に呪物顕在型の内容をみると、当該遺構は自然堤防上の他の遺構とはやや距離をおいた位置にあり、5.1×2.2m範囲にひろがる3つのブロックの集合体として検出された。約2,700点の器物の大部分は甕を中心とする土師器で、呪物類については須恵器が約70点、石製品・土製品が約50点となる。3つのブロックは北東・南西の大きなブロックの間に、小ブロックが位置する。中間の小ブロックは土師器に少量の須恵器高坏・蓋坏が混じる構成である。北東ブロックは須恵器甕・高坏・蓋坏、手捏土器が中心となる呪物中心の構成で、南西ブロックは土師器甕・坏による環状帯のなかに手捏土器、土製勾玉、鏡形土製品、土玉、須恵器蓋坏などが凝集する様相であった。呪物の集合体が独立的に存在する点が呪物混在型から派生した祭祀の新しいスタイルを示しているといえよう。

（4）呪物独立型

呪物独立型は5例がある。うち4例が古津賀遺跡の事例である。器物は須恵器、石製品、手捏土器をふくむ土製品からのみ構成される。土師器を欠くことと相俟って規模の縮小が著しい。具同中山遺跡の1例は隣接遺構との区分が不明瞭であるため古津賀遺跡の事例が基準となる。すると呪物独立型は、時期は6世紀前半で、川縁の立地が特徴となる。

古津賀遺跡SF2・SF3・SF10（図7）を例に呪物独立型の内容を確認する。当該遺構はいずれも後川左岸の川縁に位置する。SF2は2×2.5m規模で、土師器甕・埦、須恵器蓋坏2点、手捏土器10点から構成される。甕の内部には小円礫があり、別途32点の小円礫も確認された。SF3はSF2の東2.2mに位置する。4本の柱で囲まれた範囲の西側河川寄りの位置に手捏土器11点と小円礫が確認された。柱は幅16～20cm、柱材はヒノキで柱間は183～250cmである。SF10は3×2.5m規模で、須恵器を中心とした器物により構成される。器高84cm、胴径70cmの須恵器大甕の傍に須恵器蓋坏約20点、土師器甕があり、やや間をおいて土師器高坏・坏、須恵器蓋坏が置かれていた。須恵器蓋坏には小円礫を収めたものがあり、土師器甕には煤が確認された。呪物顕在型から呪物群が独立した格好であり、

426

四国南西部（宮里）

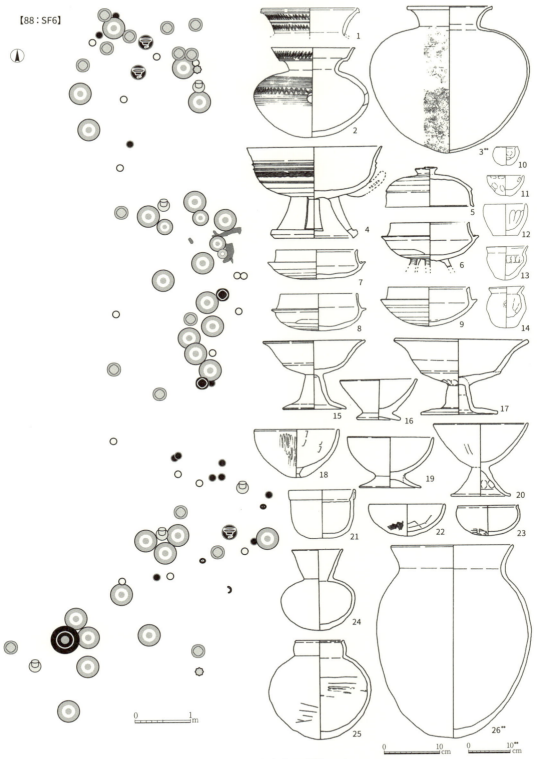

図5　具同中山遺跡 88 報告 SF6

第Ⅲ部　古墳時代中期の社会と中国四国

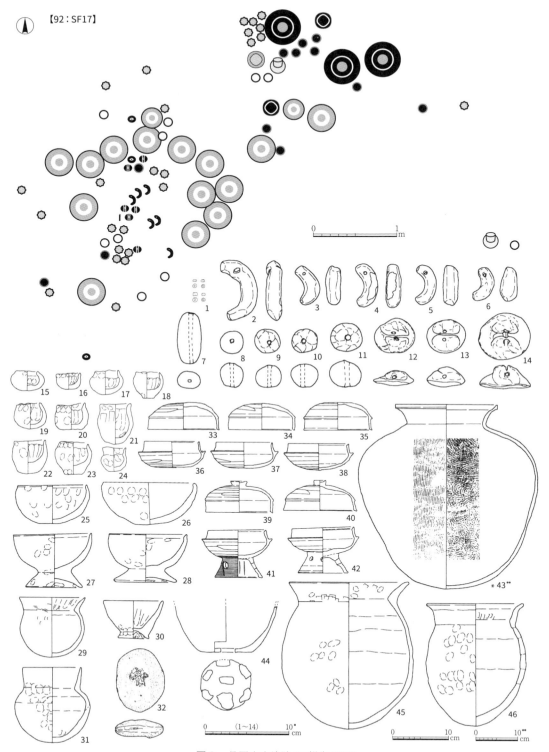

図6　具同中山遺跡92報告SF17

四国南西部（宮里）

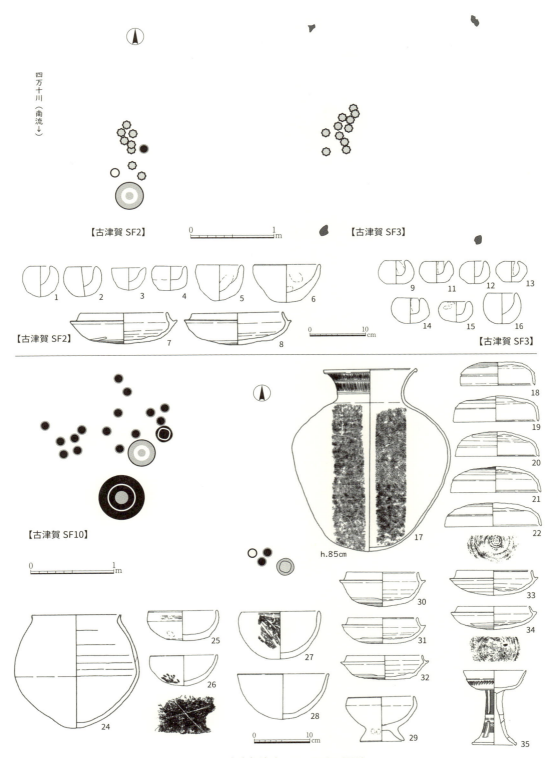

図7　古津賀遺跡 SF2・SF3・SF10

第Ⅲ部　古墳時代中期の社会と中国四国

呪物の構成・配置は、より整った作法による儀礼の執行を窺わせる。

むすび —課題—

　以上のように水辺の祭祀遺構は、古墳時代前期以来の共食型に須恵器・石製品・土製品が加わることで構成や内容が変質した。5世紀後半以降、段階的に呪物が独立した祭祀空間を形成していき、祭場はより水辺に近づく傾向を示した。水辺の祭祀の展開を適確に図式化できたと思うが、あとに残した検討課題も少なくない。竪穴建物跡問題、関連施設問題、低地祭祀問題などである。竪穴建物跡問題は竪穴建物跡への廃棄遺物でないことの確証および原位置の証明であり、これは準備された発掘調査により取り組むべき課題であるため今後に期するほかない。関連施設問題は、具同中山遺跡Ⅲ3区で発見されたST1・SB1・SB2のような施設を祭祀遺構とどのように関連づけるかという課題であるが、これには土師器をはじめとする年代比定の問題が横たわる。低地祭祀問題は具同中山遺跡Ⅰ区で出土した流路脇の鉄剣などに関する問題である。土器を中心として自然堤防・川縁に展開したものとはことなる祭祀の存在が注意される。県中央部の居徳遺跡などで確認された丘陵縁辺から低地にかけての境界祭祀があるいはこの問題を解く鍵になるかと期待される。

　水辺の祭祀は古墳における埋葬儀礼と相互に関わりをもちながら進行したと考えられる。将来の総合化に向けさらに検討を進めたい。

註

（1）「呪物」の語は必ずしも適切でないが、日常生活との結びつきが強い土師器と対比される一群をまとめる名称として強いて使用した。呪物にあたるのは、須恵器、滑石製などの石製品、土製模造品、手捏土器で勾玉も含めて考えている。祭祀遺構の脈絡では鉄剣も呪物に分類されるため、適用には幅がある。今後、語法の厳密な検討が必要となる。

引用文献

井本葉子　1983「高知県の祭祀遺跡について」『高知の研究第1巻　地質・考古篇』　清文堂出版　pp.329-371

出原恵三　1990「祭祀遺跡の諸段階—古墳時代における水辺の祭祀—」『考古学研究』第36巻第4号　考古学研究会　pp.93-110

宮里　修　2022「南四国古墳時代中期の水辺のまつり」『中期古墳研究の現状と課題Ⅵ　発表要旨集・資料集』　中四国前方後円墳研究会第25回研究集会実行委員会　pp.178-198

報告書

高知県教育委員会（出原恵三他）編　1988『後川・中筋川埋蔵文化財発掘調査報告書Ⅰ　古津賀遺跡・具同中山遺跡』

高知県文化財団埋蔵文化財センター（前田光雄他）編　1992『後川・中筋川埋蔵文化財発掘調査報告Ⅲ　具同中山遺跡群』高知埋文1

高知県文化財団埋蔵文化財センター（松田直則他）編　1997『具同中山遺跡群Ⅰ』高知埋文28

高知県文化財団埋蔵文化財センター（松田直則他）編　2000『具同中山遺跡群Ⅱ－1』高知埋文46

高知県文化財団埋蔵文化財センター（筒井三菜）編　2000『具同中山遺跡群Ⅲ－1』高知埋文48

高知県文化財団埋蔵文化財センター（廣田佳久他）編　2000『具同中山遺跡群Ⅱ-2』高知埋文53
高知県文化財団埋蔵文化財センター（久家隆芳）編　2000『具同中山遺跡群Ⅱ-2』高知埋文56
高知県文化財団埋蔵文化財センター（小野由香）編　2000『具同中山遺跡群Ⅴ』高知埋文58
高知県文化財団埋蔵文化財センター（松田直則他）編　2001『具同中山遺跡群Ⅳ』高知埋文59
高知県文化財団埋蔵文化財センター（廣田佳久他）編　2001『具同中山遺跡群Ⅲ-2』高知埋文46
高知県文化財団埋蔵文化財センター（廣田佳久他）編　2002『具同中山遺跡群Ⅲ-3』高知埋文70
※「高知埋文」は「高知県埋蔵文化財センター発掘調査報告書第○集」の略

図出典
図1・3～7：各報告書を改変し作成。図2：筆者作成。

〈総　括〉

中期古墳編年の到達点と課題・展望

岩　本　　崇

　本書では、今日的な研究の到達点となる中期古墳編年の確立をめざして、①編年指標としての各種の副葬品や埴輪、さらには②土師器を中心に土器の編年研究の現状を確認しつつ、③集成編年［広瀬 1991］にかわる中四研編年を提示して、その有効性を中国四国の各地の様相にもとづき検証した。ここでは、そうした本書の取り組みを総括するとともに、成果と今後の課題を確認する。

1．中期古墳編年の指標としての副葬品

　本書では、第Ⅰ部の副葬品を主対象とした広域編年の検討により、古墳時代中期を中心とした時期の相対編年案を新たに提示した。相対編年の策定にあたり、副葬される器物の廃棄パターンの差を析出する必要があると考え、古墳時代中期を象徴する器物である帯金式甲冑とこれに共伴する鉄鏃の組み合わせを時期区分の基軸とした。もちろん、帯金式甲冑とそれに共伴する鉄鏃が、資料的な特性として、①画一性、②広域性、③一括性（帯金式甲冑はこの点が弱く、鉄鏃によって補完）、④細分安定性といった、編年基軸となりうる資料が備えるべき4条件を満たしている点はいうまでもない［岩本 2020、e.g. 阪口 2017］。この帯金式甲冑と鉄鏃の組み合わせによる廃棄パターンの差は、古墳時代中期をどの程度に区分しうるかの目安となるものである。結果として、帯金式甲冑が古墳に副葬される時期を対象に7期に区分し、中期古墳広域編年の基本的枠組みとした［第Ⅲ部岩本研究報告］。
　そのうえで、共伴するほかの副葬品によって、帯金式甲冑と鉄鏃の組み合わせにみる廃棄パターンの差（広域編年の基本的枠組み）を時期差とみなしうるかを検証し、あわせて墳丘に樹立される点で副葬品とは出土状況を異にする埴輪編年との整合性を点検した。検討の結果、帯金式甲冑と鉄鏃の組み合わせの差は、ほかの副葬品の時期差とも矛盾なく推移するとともに、埴輪編年ともおおよそ整合することが明らかとなった［第Ⅰ部各研究報告］。すなわち、副葬品による中期古墳広域編年の有効性が、古墳時代中期を中心とする時期においても確認できたことになる。その成果が広域編年Ⅵ期からⅫ期におよぶ7期区分案である。
　ただし、今回の中期古墳広域編年では、馬具編年とほかの副葬品編年とのずれを解消するには至っていない［第Ⅰ部片山研究報告］。こうした器物どうしの編年にみる対応関係の不一致は、製作から廃棄に至るまでのプロセスが器物ごとに異なる以上は必然の結果でもある。そして、本来的に存在する器物どうしの変化のタイミングの不一致をできるだけ吸収してモデル化した結果が、副葬品による広域編年案である。器物どうしの編年上の対応関係の不一致の解消については、各種器物の編年研究の進展によって解決可能な部分もあり、今後に期したい。しかし、こうした課題もあるなかで強調しておきたいのは、古墳時代中期を時期区分するうえでは、その期間に通時的に存在する器物によって一貫した方法にもとづき編年の枠組みを構築する必要性である。そして、古墳時代中期を

433

総　括

象徴する器物としては、帯金式甲冑にかわる器物を想定しがたい。こうした編年にたいする考え方をふまえるならば、本書で示した中期古墳広域編年の基本的枠組みは方法論的にみて妥当性が高いものであり、将来的にも大きく変更する余地はないと考える。

　なお、本書で示した副葬品による中期古墳広域編年は理念的に構築した枠組みであり、運用には注意を要する。というのも、個々の事例における器物の保有期間が一定でない以上、広域編年上の位置づけは古墳の築造年代の上限の目安を示すにすぎないからである。したがって、実際に広域編年案を参照して古墳の時期比定をおこなう場合には、できるだけ多くの指標を根拠とする必要があり、指標としうる資料が少なければ時期比定の確らしさは低くなる。この点は十分に考慮しておかねばならない。

2．副葬品編年と埴輪編年・土器編年

　古墳時代中期の年代論をより高精度なものとし、古墳時代中期社会の実像に迫るためには、副葬品による広域編年だけでなく、埴輪編年や土器編年との整合を図る必要がある。ただし、副葬品と埴輪、土器のそれぞれは、古墳という場においては出土状況を異にすることが多く、厳密な意味での「共伴関係」にない事例も少なくない。すなわち、古墳の内部施設から出土する副葬品にたいし、埴輪は墳丘上に配列され、中期古墳では土器も内部施設から出土する例は限定的である。このように、中期古墳の副葬品・埴輪・土器の存在背景には異なる側面があり、編年においてそれぞれは異なるレイヤーとしてとりあつかう必要がある。

　副葬品の広域編年と埴輪編年の対応関係は、中国四国各地の地域報告でなされた検証作業でも大きな矛盾はなく、整合的な対応関係がみとめられる［第Ⅲ部各地域報告］。埴輪編年で注意を要するのは、Ⅲ群からⅣ群への推移、さらにはⅣ群からⅤ群への推移を必ずしも時期差だけで説明できない点である。とくに、Ⅳ群からⅤ群への推移は複雑な様相を呈するが、埴輪の大別時期区分においてはⅤ群埴輪の出現を無視することはできない［e.g. 川西 1978・1983］。この埴輪生産にみる画期を古墳時代の画期としうるかは、古墳時代中期の社会をいかに評価するかとも不可分である。

　いっぽうで、従来の古墳時代中期以降の年代論では、須恵器編年が時期表現としても多用されてきた経緯がある。それは、須恵器が広域性（②）や細分安定性（④）に長けるとみられてきた点に起因する。また、須恵器には集落などの消費地遺跡において木製品と共伴する例が存在し、年輪年代によって暦年代の定点を付与しうる長所もある［第Ⅱ部田中基調報告］。しかし、地方窯の存在から須恵器生産の画一性（①）には未検証部分が多く、それゆえ広域性（②）のなかには異なる製作地に由来する系統差が確実に含まれ、ひいては広域における細分安定性（④）には保証されない部分が存在することになる。したがって、須恵器の年代を副葬品編年に重ね合わせるには、系統差を考慮しつつ古墳時代中期の須恵器編年を広域にわたって検証・再構成する作業が不可欠となるが、資料数が限られる地方窯をとりまく資料状況を勘案すると、その実現は容易でないといわざるを得ない。こうした点もふまえると、手工業生産としての須恵器の展開・波及や古墳への須恵器の利用状況の把握など、年代論や過度に陶邑編年に依拠しない分析を進めていくことが、古墳時代中期の実相に

迫るうえではより重要な意味をもつようにも思われる。

　以上の課題意識のもと、本書第Ⅱ部では須恵器だけでなく、より資料数の豊富な土師器を対象に系統性をふまえた編年整理を地域ごとに進める作業を実施した。これにより中国四国でも古墳時代中期に相当する時期を土師器によって4～5時期程度に整理する見通しを得ることが可能となった［第Ⅱ部各地域報告］。近畿中部および九州を含めた西日本の広域を対象とした本書の成果が、今後の研究に資するところは大きいといえよう［第Ⅱ部各研究報告］。

　各地の土師器の特徴が把握されることによって、近畿中部における土師器の多様な系統の併存が同地を核とした列島各地におよぶ集団の移動をともなう交流の産物として具体的に説明しうるようになった点も、古墳時代中期の近畿中部の主導性の内実に迫るうえでは注目に値する［第Ⅱ部中野研究報告、池淵2022］。この近畿中部の様相は、西日本各地の土師器編年の併行関係を整理するにあたって、①須恵器を介した「交差年代」、②土器の類似性をもって同時性を推測する「様相比較」の二つの方法に頼らざるを得ない現状を打開する可能性をも有する。すなわち、近畿中部における諸地域に由来する系統の同時存在を明確にできれば、それを列島各地の土師器の併行関係を推測する手がかりとすることも可能となろう。今後のさらなる研究の進展を期待したい。

3．画期としての古墳時代中期

　ここまでやや安易に古墳時代中期なる時期表現を使用してきたが、本書の成果をふまえて画期としての古墳時代中期の捉え方についても若干ながら言及しておこう。

　ただし、その前に古墳時代中期の評価とかかわる論点として暦年代論をとりあげる。古墳時代中期に限ったことではないが、古墳相対編年に暦年代を付与するうえで根拠としうる考古資料はなおも豊富な資料に恵まれてはおらず、暦年代の決定においてはその定点の少なさが最大の課題である。論者により暦年代観に相違が生ずるのも、資料不足がその原因にほかならない［第Ⅲ部諫早研究報告］。けれども、5世紀と6世紀とでは倭をとりまく国際環境が変化したことも指摘されるなど［第Ⅲ部田中研究報告］、古墳時代を東アジアの国際交流史に位置づけるには暦年代が不可欠であり、古墳時代中期の評価に直結する視座をもたらす。

　くわえて、既往の暦年代論には方法論的な課題も多い。すでに述べたが、古墳時代中期以降は須恵器編年が時期区分の重要な指標となり、ゆえに暦年代もまずは須恵器に付与して運用されてきた。暦年代資料となる副葬品を介して陶邑須恵器型式に暦年代をあてる方法がとられてきたが、そもそも陶邑編年はかならずしも広域に適用可能な枠組みではない。そこで、本書ではこの課題を克服するために、副葬品による広域編年に暦年代の定点を付与することを試みた［第Ⅲ部岩本研究報告・諫早研究報告］。この試みによって、暦年代資料となる副葬品について、そのライフヒストリーをふまえた評価が可能となり、たんに須恵器型式に暦年代を付与していた従来の方法とは異なる認識レベルで暦年代を議論することが可能となった。今後の古墳時代中期を中心とした時期の暦年代論に、本書で示した考え方や方法が寄与するところは少なくないと考える。

　さて話を本題に戻すと、古墳時代中期の特質を考える際に注目すべきは、大阪平野南部における

王陵級古墳を含む巨大前方後円墳の継続的築造であることは論を俟たない。これらは築造規格において政権内での主導権交代が想定されるものの、王陵級前方後円墳の築造はその後も同地で継続しており、強いまとまりを維持する［第Ⅲ部岸本研究報告］。

それゆえに、中期の開始についての評価は、細部の相違はあるものの、古市・百舌鳥古墳群における巨大前方後円墳の築造開始を重視する点で大枠としての捉え方は一致する。細部に目を向けると、広域編年Ⅵ期とⅦ期のいずれを中期の開始とするかの違いがあり、前者では津堂城山古墳の築造、後者では仲津山古墳や上石津ミサンザイ古墳の築造に注目する。後者では、埴輪編年におけるⅢ群（外面二次調整のＢ種ヨコハケ）の出現も評価指標として重視されている［川西1978など］。とはいえ、広域編年Ⅵ期かⅦ期かの違いはさほど大きくはなく、移行期にあたる部分のどこを評価するかの違いに帰結する。

これにたいし、古市・百舌鳥古墳群における巨大前方後円墳の築造終焉はやや不明瞭なところがあり、中期の終焉の捉え方には相違点が生じている。大きくは、群集墳の発達を重視して王権と地域社会の関係にみる変化を古墳時代後期の指標とするＡ説と［和田1987、第Ⅰ部和田基調報告］、倭の五王の時代を象徴する器物とみなしうる帯金式甲冑がもつ社会的意義の変質を古墳時代中期の終焉と重ねるＢ説とがある［橋本2010、鈴木2018、第Ⅲ部岩本研究報告］。別の説明をすると、Ａ説は地域社会にたいする王権の影響力の変化を、Ｂ説は一定期間における王権構造の一体性を重視する見方でもある。中期の終焉時期は、Ａ説では広域編年Ⅹ期、Ｂ説では広域編年Ⅺ期ないしⅫ期となる。Ｂ説のなかでの時期差は、帯金式甲冑の終焉にたいする評価の違いに起因しており、Ⅺ期とするB1説は後期への副葬品様式の変化を重視する見方で、Ⅻ期とするB2説は帯金式甲冑の分配終了をより重視する見方と換言できよう。これらの見解は、いずれも画期としての古墳時代中期を説明するうえでは重要な論点を提供しており、複眼的な捉え方の必要性を示すものでもある。

以上のとおり、古墳時代中期の捉え方にはいくつか見解の相違はあるが、王権構造論を含めた政治史、手工業生産や地域開発にもかかわる地域社会史、多様な東アジア国際交流史といった諸側面の画期として古墳時代中期を評価しうることは本書の成果からも明白である。すなわち、古墳時代中期を設定することによって、古墳時代史をより鮮明に叙述しうる点を再確認できよう。

4. 課題と展望

以上、本書では新たな中期古墳編年として、帯金式甲冑が副葬される時期を対象に、副葬品の組み合わせの変化により7期区分する案を示した。ただし、既往の編年案で指標としてきた須恵器編年とは一定の距離をおいたため、運用しづらい編年案となった点が最大の課題である。しかしこれについては、土器がもつ系統性を認識したうえで、副葬品の組み合わせと地域ごとの土器（土師器・須恵器）編年の関係を整理する作業を積み重ねることによって解決を図れると考える。それが実現されれば、副葬品や埴輪のみならず土器を含めた古墳時代中期の総合編年を確立することが可能となり、古墳の築造動向にくわえて、集落の動態を同じタイムスケールで捉えることにつながる。本書がそうした古墳時代中期の社会を俯瞰的に分析・議論するための確かな一歩となれば幸いである。

引用文献

池淵俊一　2022「中期古墳研究の現状と課題Ⅴ　参加記」『中四研だより』第49号　中国四国前方後円墳研究会
　　pp.20-21

岩本　崇　2020『三角縁神獣鏡と古墳時代の社会』六一書房

川西宏幸　1978「円筒埴輪総論」『考古学雑誌』第64巻第2号　日本考古学会　pp.1-70

川西宏幸　1983「中期畿内政権論―古墳時代政治史研究―」『考古学雑誌』第69巻第2号　日本考古学会　pp.1-35

阪口英毅　2017「中期古墳編年と甲冑研究」『中期古墳研究の現状と課題Ⅰ～広域編年と地域編年の齟齬～』中国四
　　国前方後円墳研究会第20回研究集会　同実行委員会　pp.47-60

鈴木一有　2018「副葬品組成からみた古墳時代中期から後期への変革」『待兼山考古学論集Ⅲ―大阪大学考古学研究
　　室30周年記念論集―』大阪大学考古学研究室　pp.475-496

橋本達也　2010「古墳時代中期甲冑の終焉とその評価―中期と後期を分かつもの―」『待兼山考古学論集Ⅱ―大阪大
　　学考古学研究室20周年記念論集―』大阪大学考古学研究室　pp.481-501

広瀬和雄　1991「前方後円墳の畿内編年」『前方後円墳集成』中国四国編　山川出版社　pp.24-26

和田晴吾　1987「古墳時代の時期区分をめぐって」『考古学研究』第34巻第2号　考古学研究会　pp.44-55

後　記

　本書は、2017年11月から2022年12月までの足掛け6年におよぶ中国四国を中心とした古墳時代中期の社会像に迫ろうとする『中期古墳研究の現状と課題』と題した取り組みの一端であり、前書『前期古墳編年を再考する』（2018年）の続編にあたる内容として企画した成果図書である。この間、2019年末から2022年にかけて新型コロナウイルス感染拡大という世界規模の疫禍により、中国四国前方後円墳研究会の活動も多大な影響を受けた。しかし、何よりも研究集会を地道に重ねることこそが研究コミュニティにとって有意義だと考え、役員会での議論を通じて研究集会のオンライン開催といった新たな手段を駆使することで、上記の困難に立ち向かうこととした。継続的な研究集会の実施に際し、発表者はもちろん研究集会の参加者各位にはご不便とご迷惑をおかけした。この場をお借りして深くお詫び申し上げるとともに、種々に賜ったご高配に篤く御礼申し上げる。

　上述のとおり、研究活動の着手から本書が刊行に至るまでには、当初の予定よりも長い年月をかけることになった。そのため、中国四国前方後円墳研究会としても予想だにせず、またわたくし個人としてもしばらく受け入れることのできなかった事態に見舞われた。本書に至る取り組みの嚆矢にあたる2017年の徳島大会で帯金式甲冑を報告された阪口英毅さんが、2020年12月15日に49歳の若さで還らぬ人となってしまわれたのである。折しも2020年12月12・13日開催の鳥取大会では、2017年の徳島大会で積み残した副葬品編年の再考をはたすべく準備を進めていた。この鳥取大会の討論において阪口さんからもコメントを頂戴したい旨のメールを12月1日にお送りしたのだが、結局このお願いが私が阪口さんにお送りした最後の連絡となってしまった。こうした経緯もあり、12月15日に阪口さんの訃報に接し、同月18日にお別れに伺ったものの、その後しばらくは求めるばかりの自分に何ができたのかを自問しつづけるなかで、本書の計画は棚上げとなってしまった。しかしその後、阪口さんとともに取り組んだ別の共同研究の成果をまとめる作業を通じて、遺された図面等を整理するなかで、つねに学問に真摯に向き合われた阪口さんの姿勢にあらためてふれ、本書刊行へと気持ちを向けることができた。本書を阪口さんのご霊前に捧げることで、頂戴した学恩の数々にあらためて深謝申し上げるとともに、心よりご冥福をお祈りしたい。

　こうした経過を経て、本書の刊行計画は2023年7月に具体化したため、以降の作業は急ピッチで進めることとなった。そのため、執筆者各位には多大なるご迷惑をおかけしたことを末筆ながらお詫びするとともに、我儘なお願いをお聞き入れいただいたことに衷心よりお礼申し上げる。

　最後に、本書の刊行にあたり、六一書房の八木唯史氏にはさまざまなご配慮を頂戴した。この場を借りて感謝申し上げたい。

2024年9月

岩　本　　崇

執筆者一覧 （五十音順）

諫早　直人　（京都府立大学）

岩本　　崇　（島根大学）

魚津　知克　（福井県埋蔵文化財センター）

岡田　裕之　（山口県埋蔵文化財センター）

尾上　元規　（岡山県古代吉備文化財センター）

片山健太郎　（埼玉県立歴史と民俗の博物館）

河合　　忍　（岡山県教育庁）

川畑　　純　（奈良文化財研究所）

寒川　史也　（岡山市教育委員会）

岸本　直文　（大阪公立大学）

北山　峰生　（奈良県立橿原考古学研究所）

君嶋　俊行　（鳥取県教育文化財団）

蔵本　晋司　（香川県教育委員会）

栗林　誠治　（徳島県埋蔵文化財センター）

小林　善也　（下関市立考古博物館）

齊藤　大輔　（島根県立八雲立つ風土記の丘）

重藤　輝行　（佐賀大学）

田川　　憲　（徳島県埋蔵文化財センター）

田中　清美　（日本考古学協会会員）

田中　史生　（早稲田大学）

土屋　隆史　（宮内庁書陵部）

冨田　尚夫　（愛媛県歴史文化博物館）

中野　　咲　（奈良県立橿原考古学研究所）

野﨑　貴博　（岡山大学）

初村　武寛　（元興寺文化財研究所）

松山　智弘　（島根県埋蔵文化財調査センター）

真鍋　貴匡　（香川県埋蔵文化財センター）

宮里　　修　（高知大学）

三吉　秀充　（愛媛大学）

村田　　晋　（広島県教育事業団）

森藤　徳子　（鳥取県教育文化財団）

吉松　優希　（島根県古代文化センター）

米田　克彦　（岡山県古代吉備文化財センター）

和田　晴吾　（立命館大学名誉教授）

中期古墳編年を再考する

2024 年 10 月 15 日　初版発行

編　者　中国四国前方後円墳研究会
発行者　八木　唯史
発行所　株式会社　六一書房
　　　　〒 101-0051 東京都千代田区神田神保町 2-2-22
　　　　TEL　03-5213-6161　　　　FAX　03-5213-6160
　　　　https://www.book61.co.jp　　　E-mail　info@book61.co.jp
　　　　振替　00160-7-35346
印　刷　藤原印刷　株式会社
装　丁　篠塚明夫

ISBN978-4-86445-183-3　　© 中国四国前方後円墳研究会 2024　　Printed in Japan